HISTOIRE

DES

CORPORATIONS DE MÉTIERS

DU MÊME AUTEUR

Le Compagnonnage. Son histoire, ses coutumes, ses règlements et ses rites. *(Couronné par l'Académie française.)* — A. Colin, 1901. — 1 vol. in-18.

Cartells et Trusts. — Gabalda. — 1 vol. in-12 de la *Bibliothèque d'Economie sociale*. (Médaille d'or à l'Exposition universelle de Saint-Louis, 1904.) *Troisième édition*, 1909.

Le Petit Commerce français. Sa lutte pour la vie. — Gabalda, 1 vol. in-12 de la *Bibliothèque d'Economie sociale*. *Deuxième édition*, 1911.

Syndicalisme ouvrier et Syndicalisme agricole. — Librairie de la Maison Rustique, 1920. 1 vol in-16.

L'organisation professionnelle de l'avenir. — Vitte, 1905, brochure in-8 *(épuisée)*.

La Crise de l'apprentissage et l'Enseignement professionnel. — Lyon, *Chronique du Sud-Est*, et Paris, Roustan, 1908; broch. in-8.

L'Age d'admission des enfants au travail industriel et le Travail de demi-temps. (Rapport à l'Association nationale pour la protection légale des travailleurs.) — F. Alcan, 1903; broch. in-18.

Le Travail de nuit des adolescents dans l'industrie française. (Rapport présenté au Congrès de l'Association internationale pour la protection légale des travailleurs, Genève, 1906.) F. Alcan, 1906; broch. in-8.

L'Organisation du crédit au petit commerce et à la petite industrie. — Lyon, *Chronique sociale de France*, et Paris, Roustan, broch. in-8, 1912.

HISTOIRE

DES

CORPORATIONS DE MÉTIERS

Depuis leurs origines jusqu'à leur suppression en 1791

SUIVIE D'UNE ÉTUDE SUR

L'ÉVOLUTION DE L'IDÉE CORPORATIVE

DE 1791 A NOS JOURS

ET SUR LE MOUVEMENT SYNDICAL CONTEMPORAIN

PAR

Etienne MARTIN SAINT-LÉON
Conservateur de la Bibliothèque du Musée Social

TROISIÈME ÉDITION REVUE, MISE AU COURANT ET AUGMENTÉE

OUVRAGE COURONNÉ PAR L'ACADÉMIE FRANÇAISE

PARIS
LIBRAIRIE FÉLIX ALCAN
108, BOULEVARD SAINT-GERMAIN, 108

1922

Tous droits de traduction et de reproduction réservés

AVANT-PROPOS DE LA PREMIÈRE ÉDITION
(1897)

L'ouvrage que nous soumettons au jugement du public est à la fois une étude historique, une étude juridique, une étude d'économie sociale. Retracer l'histoire des corporations de métiers, c'est-à-dire d'une institution qui a été pendant près de sept siècles le type essentiel de l'organisation du travail en France; étudier l'évolution de l'idée corporative depuis la suppression des communautés d'arts et métiers par la loi du 17 mars 1791 jusqu'à la loi du 21 mars 1884 sur les syndicats professionnels et exposer en les commentant par les décisions de la jurisprudence les réformes réalisées par cette dernière loi; enfin examiner à quelles conditions l'organisation corporative ou syndicale du travail pourrait contribuer au rapprochement des classes et au rétablissement de la paix sociale : tel est le triple but que nous avons tenté d'atteindre dans ce livre auquel nous aurions pu donner ce titre : *l'Association professionnelle hier, aujourd'hui, demain.*

Tout d'abord (et c'était là de beaucoup la partie la plus difficile de la tâche que nous avions assumée), nous avons entrepris d'écrire d'histoire des corporations de métiers depuis leurs origines jusqu'en 1791. Il importe, pour prévenir une confusion possible, de définir nettement les limites que nous avons assignées à cette étude et l'objet précis que nous nous sommes proposé. Nous n'avons voulu écrire ni une histoire de l'industrie en France, ni une histoire encyclopédique des corporations de métiers reproduisant dans son intégralité le texte de leurs statuts successifs et relatant toutes les particularités qui les concernent, mais seulement l'histoire générale et synthétique des institutions corporatives. Dégager des règlements et des statuts particuliers des métiers l'idée directrice qui les inspira, énumérer les liens qui unissaient tous les travailleurs d'une même profession ainsi que les droits et les devoirs des individus envers la communauté, définir la mission réservée à la corporation, décrire son fonctionnement, raconter ses luttes avec le pouvoir royal et la lente transformation qui d'une association autonome et fraternelle a fait une institution d'État, instrument d'un monopole et obstacle permanent au progrès industriel, telle est la tâche que nous nous sommes efforcé de remplir et l'idée générale qui nous a guidé en écrivant cette étude historique. Il nous faut maintenant indiquer brièvement quel plan nous avons suivi et quelles divisions nous avons adoptées.

Le livre I de cet ouvrage est consacré à l'étude des origines de la corporation et plus particulièrement du collège d'artisans gallo-romain et de la guilde germanique; dans le chapitre III de ce même livre nous avons examiné la part d'influence qui a pu être exercée par ces associations sur la corporation française du Moyen Age et recherché les causes multiples qui ont déterminé le grand mouvement corporatif des XII° et XIII° siècles.

La corporation est née. La codification d'Etienne Boileau lui a donné son organisation définitive. Dans le livre II nous prenons donc comme sujet d'étude la corporation type, le métier parisien réglementé par le *Livre des Métiers* et nous décrivons toutes les parties de ce grand organisme : la hiérarchie corporative (apprentis, compagnons, maîtres); les droits et les devoirs qui correspondaient à chacun de ces degrés; l'administration du métier et les fonctions des prud'hommes ou jurés; le patrimoine corporatif; les règles de compétence et de juridiction; la réglementation du travail et de la vente. Enfin, après une étude sur la condition économique du maître et de valet, nous passons en revue tous les métiers parisiens du XIII° siècle en indiquant pour chacun d'eux, avec le titre du *Livre des Métiers* qui renfermé ses statuts, le genre d'industrie qui s'y rattaché.

Le livre III, qui comprend l'histoire des corporations de 1328 à 1461, est relativement court. La législation des métiers subit, pendant cette période, peu de modifications. C'est cependant l'époque où le compagnonnage devient obligatoire et où la coutume du chef-d'œuvre s'introduit dans les statuts corporatifs.

Le livre IV retrace l'histoire des corporations de 1461 à 1610. C'est à cette époque que la royauté commence à empiéter sur l'autonomie des corporations. L'organisation des bannières en 1467, les Edits de

1581 et de 1597 sont les premières tentatives faites par le pouvoir royal pour transformer les métiers en une institution d'Etat.

Dans les quatre premiers livres de cet ouvrage, nous avons surtout étudié la corporation parisienne. Mais les corporations de province ont, elles aussi, leur histoire souvent très digne d'intérêt, et notre tableau historique des institutions corporatives eût été incomplet si nous n'avions cherché à décrire à grands traits la physionomie de ces institutions telle qu'elle apparaît modifiée par les circonstances locales et les influences particulières dans les diverses parties de la France. Dans un appendice aux quatre premiers livres, nous avons donc étudié les corporations de province depuis leurs origines jusqu'en 1610, époque à partir de laquelle ces associations perdent de plus en plus leur caractère original pour se modeler sur un type commun à toutes les corporations du royaume.

Le livre V est consacré à l'histoire des corporations de 1610 à 1715. Le pouvoir royal fait de plus en plus sentir son autorité aux communautés au privilège desquelles il attente par la délivrance de lettres de maîtrise. C'est l'époque des persécutions fiscales sous prétexte de créations d'offices. Nous avons placé à la fin de ce livre une revue des communautés parisiennes en 1715, une statistique de ces communautés et de leurs membres, enfin un aperçu sur la condition économique de l'artisan à la fin du XVII° siècle et au début du XVIII°.

Le livre VI qui termine la partie historique de cet ouvrage comprend l'histoire des corporations de 1715 à 1791. La corporation est attaquée de toutes parts. Il lui faut se défendre à la fois contre la fiscalité royale qui l'accable de ses exactions et contre les économistes qui la dénoncent comme une atteinte à la liberté du travail. Une première fois supprimée par Turgot (février 1776), elle est rétablie quelques mois plus tard. Mais l'organisation nouvelle dans laquelle, sous prétexte de connexité, des communautés différentes d'esprit et de traditions ont été fondues en une seule, a enlevé à la corporation sa meilleure défense, l'esprit de corps, sans d'ailleurs corriger ses abus, ni élargir ses règlements. Sa résurrection aura été éphémère et elle disparaîtra au premier souffle de la Révolution.

Indiquons brièvement les sources principales auxquelles nous avons puisé :

ORIGINES DE LA CORPORATION. — Pour les collèges d'artisans : les historiens de Rome, le Digeste, le Code Théodosien, le Code de Justinien, les Novelles ; — les recueils d'épigraphie latine d'Orelli, de Steiner, de Gruter, de Mommsen, de de Boissieu.

Pour les guildes germaniques et anglo-saxonnes : les travaux de Wilda, d'Hartwig, d'Otto Gierke, de Lujo Brentano, de Max Pappenheim et de Gross. Les statuts des guildes anglo-saxonnes sont analysés d'après les textes originaux publiés : 1° par Toulmin Smith sous ce titre : *More than hundred early english gilds*, Londres, 1870, et 2° par M. Gross dans le second volume de son ouvrage, *The gild merchant. A contribution to englisy municipal history*, Oxford, 1890.

STATUTS ET RÈGLEMENTS DES MÉTIERS. — Nous avons consulté à cet égard : le *Livre des Métiers* dont deux éditions ont été publiées l'une par M. Depping, l'autre par MM. de Lespinasse et Bonnardot; — les recueils des statuts corporatifs publiés par les diverses communautés; — *le Guide des corps des marchands et des communautés d'arts et métiers*, Paris, 1766, in-8°, — la collection des *Ordonnances des Rois de France*; — le *Recueil des anciennes lois françaises* de M. Isambert; — le *Traité de police de Lamare*, 1705-1738; — *Métiers et corporations*, recueil des statuts des métiers parisiens publiés par M. de Lespinasse dans la collection de l'histoire de Paris; — les *Etudes sur l'industrie au XIII° siècle* par M. Fagniez (Paris, 1877).

Aux Archives Nationales, nous avons consulté sur les statuts corporatifs : la *Collection Rondonneau* AD XI, 12 à 28, et AD XI, 42), les documents relatifs aux maîtrises et jurandes cotés K 1030 à 1032 et le *Livre des Métiers, coutumes et péages de Paris*, au XIV° siècle (KK 1337).

A la Bibliothèque Nationale, département des manuscrits, nous avons consulté les *Ordonnances et documents sur les métiers* (Ancien Fonds Colbert. Fonds français 5294; — Ancien Fonds Saint-Germain 1782 et 1783[1]) : les *Ordonnances sur les arts et métiers* F. fr. 8075 à 8100; — *les arrêts du Parlement relatifs aux métiers* conservés sous les cotes 8114 et 8115; — la *Table d'Ordonnances et pièces relatives*

---

1. Le volume coté 1783 renferme un curieux Recueil des ordonnance de la prévôté des marchands orné de vignettes représentant les attributs des divers métiers en l'an 1500.

aux Métiers d'après les livres de couleur du Châtelet (8617), les *Extraits des registres du Châtelet* (21556), le *Code de police de La Mare* (21557 à 21559), les *Ordonnances et pièces diverses* tirées des Livres de couleur (Ancien Fonds Saint-Victor. F. fr. 24070).

Procès entre métiers ou entre maitres, ou entre maitres et valets; litiges relatifs a l'apprentissage, etc. — Boutaric, *Actes du Parlement de Paris; Olim*, édition Beugnot; — Fagniez, op. cit. — Levasseur, *Histoire des classes ouvrières en France*, 1857.

Les Archives Nationales conservent parmi les archives du Châlet *des registres d'audience de la prévôté de Paris* (1395-1563), cotés Y 5220 à 5246 et des *Avis du procureur du Roi relatifs à des contestations entres maîtres des métiers*, Y 9372 à 9396. Dans l'impossibilité de dépouiller complètement des collections aussi considérables, nous avons spécialement étudié plusieurs des volumes qui les composent et nous leur avons fait divers emprunts.

Comptes des communautés. Finances corporatives. — Les Archives Nationales possèdent parmi les archives classées sous la rubrique *Commissions extraordinaires du Conseil du Roi* deux séries de documents : la première cotée V⁷ 420 à 443, relative à la revision des comptes des communautés au XVIIIᵉ siècle, la seconde cotée V⁷ 277 à 296, relative à la liquidation des dettes des communautés supprimées. Nous avons étudié une grande partie de ces documents et nous en avons extrait divers renseignements et citations.

CONDITION ÉCONOMIQUE DE L'ARTISAN. SALAIRES. STATISTIQUE DES MÉTIERS. — Nous avons consulté à ce sujet divers ouvrages anciens et modernes, notamment Bois Guillebert, le *Détail de la France;* — Vauban, *Dîme royale;* — Dutot, *Réflexions sur le commerce* (1735); — Dupré de Saint-Maur, *Essai sur les monnaies* (1746), in-4°; — Levasseur et Fagniez, op. cit. — Natalis de Wailly, *Dissertation sur les dépenses et les recettes ordinaires de Saint-Louis*, tome XXI du Recueil des Historiens de la France; — Géraud, *Registre de la Taille de 1292* (1837); — Leber, *Essai sur l'appréciation de la fortune privée au Moyen Age* (1847); — Lefort, *Essai sur les salaires au XVIIIe siècle dans la généralité de Rouen;* — d'Avenel, *Histoire économique de la propriété, des prix et salaires de l'an 1200 à 1800;* — enfin aux Archives Nationales diverses pièces cotées KK. 1338 et 1339.

ELECTIONS DES JURÉS. — On conserve aux Archives Nationales les *Minutes d'élection des gardes des métiers* (de 1725 à 1786) cotées Y 9396. Nous avons consulté ces minutes dont l'intérêt est d'ailleurs médiocre, car elles ne contiennent guère que les noms des élus et le chiffre des voix obtenues.

AFFAIRES DIVERSES. — Sur le fonctionnement des institutions corporatives et les affaires multiples auxquelles les corporations ont été mêlées, nous avons étudié au moins en partie les documents originaux suivants : aux Archives Nationales, les *Registres des Jurandes et Maîtrises* (de 1585 à 1789) (Y 9306 à 9334), les *Lettres des communautés d'Arts et Métiers* (1776

1786) (F^{12} 204 à 206), correspondance du contrôleur général avec les intendants et les procureurs du roi dans les provinces relative à la réorganisation des communautés, l'*Inventaire de leurs papiers* (F^{12} 207), mais surtout les *Registres des Six Corps des Marchands* (KK 1340 à 1343), où se trouvent relatés jour par jour, de 1620 à 1789, tous les événements remarquables et toutes les délibérations importantes des Six Corps. Nous avons fait de larges emprunts à ce répertoire dont, à notre connaissance du moins, les précieuses richesses n'avaient pas encore été utilisées[1].

Si cet ouvrage avait un caractère purement historique, il devrait avoir pour terme la loi du 17 mars 1791 qui a supprimé les corporations de métiers. Mais il nous a paru qu'assigner de telles limites à notre travail c'eût été renoncer à tirer de l'histoire des corporations l'enseignement qu'elle comporte, cette haute leçon de l'expérience des siècles que le présent est en droit de demander au passé. Aussi bien, la loi du 17 mars 1791 a pu supprimer la corporation de métier; mais elle n'a pu mettre à néant le principe supérieur dont cette institution n'était plus que l'imparfaite expression : le principe de l'association professionnelle, cette idée éternelle de l'union entre les travailleurs d'un même corps d'état, de la solidarité entre tous ceux qu'un même genre de vie rapproche et qui coopèrent à la même œuvre. Cette persistance

---

[1]. En dehors des sources indiquées ci-dessus nous avons consulté un très grand nombre d'ouvrages dont on trouvera l'indication dans les notes. M. Blanc a publié en 1885 une excellente Bibliographie des Corporations ouvrières (en 1141 numéros) qui nous a été d'un grand secours.

de l'idée corporative s'est affirmée presque au lendemain même de la loi de 1791 par les pétitions des corps d'état qui sous l'Empire et la Restauration réclamaient le rétablissement des anciennes communautés; elle s'est affirmée à nouveau sous Louis-Philippe par les écrits des Buchez, des Villeneuve-Bargemont, des La Farelle; en 1848, par les associations ouvrières et coopératives qui se sont organisées à cette époque; sous Napoléon III par la constitution des premières chambres syndicales ouvrières et la multiplication des syndicats patronaux. Enfin on peut dire que l'idée corporative a remporté une première victoire par la loi du 21 mars 1884 qui, en abrogeant la loi du 14 juin 1791 et l'art. 416 du Code pénal, a rendu aux travailleurs cette liberté d'association dont la Constituante les avait dépouillés.

Tels sont les faits à la fois d'un réel intérêt historique et d'une haute importance sociale que nous avons étudiés dans le livre VII de cet ouvrage sous ce titre : *l'Evolution corporative au XIX° siècle*. On trouvera dans le chapitre Ier de ce livre le texte de la loi du 21 mars 1884 avec un commentaire juridique de cette loi.

Parvenu au terme de cet ouvrage, nous avons cru devoir examiner une dernière question : quel est l'avenir réservé aux institutions corporatives? Nous avons exposé le plus clairement et le plus fidèlement qu'il nous a été possible les jugements portés sur ces institutions par les écrivains des diverses écoles : économistes, socialistes, catholiques. Nous nous sommes efforcé de reproduire sans les affaiblir les critiques formulées contre l'organisation corporative du travail aussi bien que les arguments invoqués en faveur de cette organisation. Après avoir donné la parole aux représentants des écoles et des doctrines les plus opposées, nous nous sommes cru le droit d'exprimer à notre tour une opinion personnelle et de définir le rôle social qui nous paraît devoir être réservé à la corporation de l'avenir. Au lecteur impartial qui aura bien voulu nous suivre jusqu'à la fin, de juger et de conclure.

AVANT-PROPOS DE LA DEUXIÈME ÉDITION
(1909)

C'est pour l'historien une véritable bonne fortune que de pouvoir, à l'occasion d'une édition nouvelle, reprendre en mains son ouvrage, en vérifier la solidité, le consolider et le corriger au besoin, le remettre enfin, comme disent les ouvriers, à l'état de neuf. Pas plus que les autres sciences, l'histoire n'échappe en effet à l'influence de la grande loi d'évolution qui entraîne le monde moderne. Le perfectionnement de ses méthodes, la découverte de sources nouvelles, les progrès de la critique transforment insensiblement, parfois même brusquement, les idées et les images à l'aide desquelles nous nous sommes jusqu'ici représenté le passé. D'où la nécessité de retoucher sans cesse tel ou tel des traits de l'esquisse. Le portrait sera-t-il jamais identiquement semblable au modèle ? Question sans réponse, car les seuls témoins irrécusables ont à jamais disparu ! Question qui cependant demeure l'éternel charme, l'invincible attrait de la recherche historique. Chaque siècle, chaque peuple, chaque être n'a-t-il pas son originalité propre, sa personnalité inimitable qui ne se reproduira plus telle quelle dans aucun autre et que nous ne sommes jamais assurés de saisir lorsque notre regard tente de sonder l'horizon du passé.

Notre âge sera lui aussi bientôt le passé et lui, du moins, nous le connaissons ou nous croyons le connaître. Encore faut-il nous hâter de fixer l'impression présente et fugitive, de poursuivre, sans l'interrompre un instant, notre examen, d'effacer ou ajouter toujours quelque chose dans nos notes ou nos croquis pour ne pas être déçus ou distancés par une humanité qui sans cesse se renouvelle et se métamorphose.

Douze ans se sont écoulés depuis la publication de la 1ʳᵉ édition de ce livre. L'histoire sociale des corporations s'est enrichie depuis lors de bien des apports nouveaux. Pour ne citer que les plus importants, M. LEVASSEUR a publié en 1900-1901 la 2ᵉ édition remise à jour de son grand ouvrage encyclopédique devenu si justement classique : l'*Histoire des classes ouvrières et de l'industrie jusqu'en 1789*; M. FRANKLIN, son *Dictionnaire historique des Arts, Métiers et Professions*, 1906 ; M. HAUSER, ses *Ouvriers du temps passé*, 1899; M. GERMAIN MARTIN, ses livres sur *les Associations ouvrières au XVIIIᵉ siècle*, 1900, sur l'*Histoire de la Grande Industrie sous Louis XIV et sous Louis XV*, 1899-1900; M. EBERSTADT, ses études : *Das französische Gewerberecht vom dreizehnten Jahrhundert bis 1581* et *Magisterium und Fraternitas* (SCHMOLLER, *Staats-und Socialwissenschaftliche Forschungen*, 1897 et 1899). Les contributions des érudits de province ont été nombreuses et l'on ne peut que rendre à la plupart de leurs auteurs un hommage mérité en regrettant toutefois qu'ils aient cru devoir trop souvent contester à d'autres le droit d'écrire, même avec prudence, une histoire plus générale. Une monographie bien faite est sans doute une œuvre précieuse ; mais il ne s'ensuit pas que tout essai de synthèse historique soit condamné d'avance. Nous avons, quant à nous, été très heureux de profiter, sans, bien entendu, jamais négliger de citer nos sources, d'ouvrages tels que le remarquable *Essai sur l'Organisation du travail en Poitou* de M. Boissonnade (1900), les *Recherches sur les anciennes corporations ouvrières et marchandes de la ville de Rennes* de M. Rebillon (1898) ou les *Recherches sur l'histoire des corps d'Arts et Métiers du Roussillon* de M. Drapé (1898).

Nous nous sommes abstenu à dessein d'augmenter sensiblement les dimensions du livre en puisant dans la masse immense des matériaux et des faits : nous aurions craint, ce faisant, d'alourdir notre travail volontairement très condensé et de nuire à la clarté des idées directrices qui doivent émerger des notions objectives et les dominer.

En dehors donc du travail de revision générale et de mise en concordance avec les acquisitions nouvelles de la science dont tous les chapitres de cette 2ᵉ édition portent la marque, les additions ou modifications de texte se rencontrent principalement aux passages suivants :

Le chapitre III du livre Iᵉʳ : *Origines de la corporation en France*, a été entièrement remanié. On y trouvera l'exposé critique et approfondi des principales théories mises en avant pour expliquer l'origine des corporations et notamment de la célèbre théorie du droit domanial (*Hofrechtstheorie*) qui fut si longtemps en faveur des deux côtés du Rhin et que les travaux de MM. Von Below et Keutgen pour l'Allemagne et Pirenne pour la Belgique et la France du Nord ont, à notre avis, victorieusement réfutée.

La section i du chapitre iv (Réglementation du travail) a été sensiblement modifiée et nous avons tenté d'y introduire certaines précisions nouvelles.

L'Appendice aux quatre premiers livres (*Corporations de province*) a été tout particulièrement revu et augmenté. On y trouvera des éléments nouveaux : l'analyse historique de la réglementation des métiers du Roussillon, de Bourgogne, de Blois, du Poitou, de Beauvais. L'histoire des corporations de Strasbourg a été entièrement écrite à nouveau d'après les travaux de Schmoller, de Dettmering et après consultation des chartes municipales et statuts publiés par Below et Keutgen (tome I des *Urkunden zur stadtischen Verfassungsgeschichte*, Berlin, 1901). Il nous a paru intéressant en prenant pour sujet d'étude une ville que tant de souvenirs ont depuis cette époque rattachée à notre pays, de permettre au lecteur de comparer l'organisation des métiers dans une cité rhénane du Moyen Age avec celle des métiers parisiens à la même époque. On se convaincra aisément qu'en dépit des inévitables différences de formes, l'esprit des corporations du xiiie et du xive siècle était le même en France et en Allemagne, comme du reste en Angleterre et dans toute la chrétienté. La même foi religieuse qui pénétrait alors toute la société civile se reflète en tous pays dans les institutions et donne naissance à des coutumes identiques ou analogues. On cherche à empêcher quelques-uns de s'enrichir abusivement au détriment de la collectivité; on veut assurer à chacun son pain quotidien selon le commandement du *Pater* et des moyens d'existence conformes à son état, selon la doctrine des théologiens. *Vivre et laisser vivre !* cette maxime encore populaire en Allemagne (*Leben und leben lassen !*) traduit bien la pensée foncière du métier du Moyen Age.

La notice relative aux corporations de Flandre a été augmentée ; ici encore nous avons mis à contribution les travaux de M. Pirenne et surtout son *Histoire de Belgique* ainsi que le *Recueil de documents relatifs à l'histoire de l'industrie drapière en Flandre* publié par MM. G. Espinas et Pirenne, Bruxelles, 1906.

Les livres V et VI n'ont pas subi de changements importants. Par contre le livre VII (l'*Evolution de l'idée corporative au XIXe et au début du XXe siècle. Le Présent et l'Avenir*) a été en grande partie remanié non seulement en raison de la nécessité de mettre notre commentaire de la loi de 1884 au courant de la jurisprudence et d'étudier les divers projets de revision de cette loi, mais encore par suite d'une modification de plan qui entraînait le remplacement des deux derniers chapitres de la 1re édition, par deux chapitres entièrement nouveaux. Il nous a paru en effet qu'au lieu d'un exposé purement dogmatique des doctrines des diverses écoles, relativement au problème corporatif (ch. ii de l'édition de 1897 : *La Corporation devant l'opinion; Ecole libérale, Ecole socialiste; Ecole catholique; les Economistes*), il était préférable de présenter un historique aussi fidèle et complet que possible du mouvement syndical ouvrier ou patronal depuis 1884 en traitant successivement du syndicalisme révolutionnaire, réformiste, catholique et jaune, en résumant les programmes, et en indiquant la tactique et la force de chaque parti. De même la rédaction du chapitre III qui renferme, comme dans la 1re édition, les conclusions du livre, est dans le présent volume entièrement nouvelle ; les idées fondamentales de l'auteur n'ont assurément pas changé et se sont même plutôt fortifiées qu'affaiblies ; mais le souci de les adapter à une situation de fait notablement modifiée depuis 1897 nous engageait à les formuler différemment. Le but à atteindre est resté le même ; l'expérience a pu conseiller certaines rectifications d'itinéraire dont il était prudent de tenir compte.

Ainsi replacé plus immédiatement en contact avec les faits contemporains, ce livre est peut-être plus encore que sous sa première forme, une synthèse de l'association professionnelle française à tous les âges. Assurément il y a un abîme entre le syndicat professionnel de 1909 et la corporation supprimée en 1791, qui, elle-même, différait tant du métier d'Etienne Boileau ! Les trois institutions n'en sont pas moins trois manifestations d'une même force : le *travail organisé ;* elles représentent toutes trois un effort collectif heureux ou malheureux, généreux ou égoïste, pour orienter vers certaines fins et pour multiplier, en les fédérant, les énergies individuelles ; elles traduisent en dernière analyse, sous des modalités variables, l'immuable aspiration humaine vers le bonheur. « Le monde, a dit Schiller, vieillit et rajeunit sans cesse et toujours l'homme espère l'amélioration de son sort ! » C'est pourquoi, en dépit d'éclipses passagères, la question de l'organisation du travail par l'association a été, est et demeurera l'éternelle actualité.

AVANT-PROPOS DE LA TROISIÈME ÉDITION
(1922)

Pas plus que la précédente, cette édition nouvelle n'est une simple réimpression. A la vérité, il n'a été apporté que peu de changements aux six premiers livres de cet ouvrage qui traitent des anciennes corporations de métiers. Nous avons cependant mis à profit tous les travaux historiques parus depuis 1909 et ayant trait à notre sujet, spécialement les études consacrées aux métiers de diverses villes de provinces.

Par contre toute la partie du livre VII consacrée à l'étude du mouvement syndical depuis la loi du 21 mars 1884 a été complètement remaniée et notablement augmentée. On y trouvera un commentaire complet de la loi du 12 mars 1920 qui a profondément modifié la législation antérieure sur les syndicats professionnels, un historique du syndicalisme ouvrier continué depuis 1909 jusqu'en 1922, période caractérisée par des événements d'une importance capitale : la guerre mondiale, le bolchevisme, la scission du syndicalisme en deux Écoles; une étude des doctrines et des tactiques mettant en évidence le contraste entre l'ancienne C. G. T. maintenant néo-réformiste et adhérente à l'Internationale d'Amsterdam et la C. G. T. U. nouvelle affiliée à l'Internationale communiste de Moscou.

Le syndicalisme catholique, force naissante qui s'affirme chaque jour, le syndicalisme féminin, le Compagnonnage n'ont pas été oubliés. Le mouvement patronal avec ses groupements de types variés a été décrit dans ses grandes lignes. Enfin nous avons placé à la fin de ce volume un chapitre entièrement inédit contenant des observations personnelles et des conclusions soumises à l'appréciation du lecteur. Bien que l'orientation de notre pensée soit demeurée invariable, treize années — et quelles années! — écoulées depuis que ce travail a été pour la seconde fois présenté au public, devaient nous amener presque inévitablement à modifier sur certains points nos jugements, à reviser quelque peu, pour les élargir, certaines de nos idées primitives. Si l'organisation professionnelle du travail paraît à l'auteur plus que jamais indispensable, il se sent enclin d'une part à attendre plus qu'il n'était porté à la faire autrefois, de la collaboration de ce grand artisan, le Temps, qui ne garde pas ce qu'on a fait sans lui et qui semble déjà avoir si activement coopéré à la réalisation de cette grande œuvre; d'autre part il a été amené à considérer cette réforme, si importante soit-elle, non comme un but unique à poursuivre, mais comme l'acheminement à un système social nouveau fondé sur la représentation de toutes les vies collectives, de tous les grands intérêts nationaux.

Des aspirations nouvelles se sont révélées, des tendances nouvelles se sont manifestées ; l'incompétence de l'État, l'impuissance de l'individu à remédier à des maux certains, à faire valoir des plaintes ou des revendications légitimes se sont avérées, de nouveaux problèmes se sont superposés à celui de l'organisation corporative du travail tout en laissant ce dernier au premier plan. Nous ne pouvions qu'indiquer au terme de cette étude ce nouvel aspect des choses tel qu'il nous est apparu. L'impression que nous emportons de cet examen et de ces réflexions n'est aucunement pessimiste. Certes, le voyageur ne doit pas se laisser éblouir et décevoir par les mirages de la route, mais toutes les visions ne sont pas des mirages et ce n'est pas parce qu'à l'horizon les détails d'une perspective d'abord vaguement entrevue se précisent, ce n'est pas parce que les édifices de la cité prochaine semblent se multiplier, parce que les murailles de ses remparts semblent plus hautes, parce que les tintements des cloches de ses églises deviennent perceptibles, que l'image va se fondre en nuée. Tous ces signes annoncent au contraire au pèlerin qu'il approche du terme de l'étape et que l'heure du repos n'est plus éloignée.

HISTOIRE

DES

CORPORATIONS DE MÉTIERS

LIVRE PREMIER

Origine des corporations de métiers

CHAPITRE PREMIER

LA CORPORATION ANTIQUE. LES COLLÈGES D'ARTISANS A ROME. LEUR HISTOIRE. — NOMENCLATURE, ORGANISATION ET CONDITION JURIDIQUE DE CES COLLÈGES. — LES COLLÈGES D'ARTISANS DANS LA GAULE ROMAINE.

L'organisation corporative du travail remonte à une antiquité reculée. Si l'on ne peut en effet affirmer avec certitude que des communautés d'artisans aient existé chez le peuple juif dès le règne de Salomon [1], il est tout

---

[1]. Il est dit dans la Bible que Salomon « avait 70.000 hommes pour porter les fardeaux, 80.000 pour tailler les pierres sur la montagne, sans compter ceux qui avaient l'intendance sur chaque ouvrage, lesquels étaient au nombre de 3.300 et donnaient des ordres au peuple et à ceux qui travaillaient ». Les *Rois*, liv. III, chap. v, 15 et 16. Ce passage révèle bien chez les artisans occupés à la construction du Temple de Salomon l'existence d'une certaine hiérarchie professionnelle, mais ne prouve nullement que des corporations d'artisans aient été organisées dès cette époque. On ne peut en effet accorder aucune confiance aux récits légen-

au moins hors de doute que les associations professionnelles furent connues des Grecs qui les désignaient sous le nom d'hétairies. Une loi de Solon dont le texte nous a été conservé par Gaïus[1] permet aux divers collèges ou hétairies d'Athènes et particulièrement à celui des bateliers (nautes) de se donner librement des règlements, pourvu que ces règlements ne soient pas contraires aux lois de l'Etat.

Toutefois et bien que l'organisation corporative du travail n'ait été à Rome qu'une institution d'importation étrangère, c'est à Rome seulement qu'il est possible, en recueillant le témoignage de ses historiens et en mettant à profit les découvertes si riches en révélations de l'épigraphie moderne, de se faire une idée précise et complète de ce que fut la corporation antique.

D'après Plutarque, les collèges d'artisans auraient été fondés à Rome par Numa. « Parmi tous ses établissements (de Numa) celui qu'on estime le plus, c'est la distribution du peuple par arts et métiers; car la ville était composée de deux nations, ou, pour mieux dire, divisée en deux factions qui ne voulaient en aucune manière s'unir, ni souffrir qu'on effaçât cette différence qui faisait naître tous les jours entre eux des querelles et des débats. Il pensa donc que comme les corps solides qui ne peu-

---

daires et fabuleux acceptés comme articles de foi chez les compagnons du Tour de France et d'après lesquels les compagnonnages auraient été créés par Salomon.

1. Digeste, liv. XLVII, tit. 22, *De Collegiis et Corporibus*, loi 4. « Sodales sunt qui ejusdem collegii sunt : quam Græci ἑταιρίαν vocant. His autem potestatem facit lex pactionem quam velint sibi ferre. Sed hæc lex videtur ex lege Solonis translata esse : nam illuc ita est : Ἐὰν δὲ δῆμος, ἢ φράτορες, ἢ ἱερῶν ὀργίων, ἢ ναῦται, ἢ σύνσιτοι,... ὅ τι ἂν τούτων διαθῶνται πρὸς ἀλλήλους, κύριον εἶναι, ἐὰν μὴ ἀπαγορεύσῃ δημόσια γράμματα. — Id est : Si autem plebs, vel fratres, vel sacrorum sacramentales, vel nautæ, vel confrumentales... enimvero ad negotiationem aut quid aliud : quidquid hi disponent ad invicem firmum sit, nisi hoc publicæ leges prohibuerint. »

vent se mêler ensemble pendant qu'ils sont entiers, s'incorporent très facilement quand on les a brisés et réduits en poudre, la petitesse des parties facilitant ce mélange, il fallait de même diviser le peuple en plusieurs petites parties et le jeter par là dans des intérêts particuliers qui effaceraient et emporteraient entièrement cet intérêt principal qui ne serait plus rien quand on l'aurait affaibli et divisé en tant de parties différentes. Il partagea donc le peuple par métiers comme de joueurs d'instruments, d'orfèvres, de charpentiers, de teinturiers, de cordonniers, de tanneurs, de forgerons, de potiers et ainsi des autres, mettant tous les artisans de chacun en un seul et même corps, ordonnant des confréries, des fêtes et des assemblées, et leur marquant le service qu'ils devaient rendre aux dieux selon la dignité de chaque métier, et par là, il fut le premier qui bannit de la ville cet esprit de parti qui faisait dire à l'un : « Je suis sabin », à l'autre : « Je suis romain », à celui-là : « Je suis sujet de Tatius », à celui-ci : « Je suis sujet de Romulus. » De telle sorte que cette division fut proprement un mélange et une union de tous avec tous[1]. »

L'assertion de Plutarque d'après laquelle Numa aurait été à Rome le fondateur des collèges d'artisans n'a pas été universellement admise. S'appuyant sur un texte de Florus[2], plusieurs auteurs et surtout Heineccius (*De Collegiis et Corporibus opificum*, p. 378) ont émis l'opinion que la création de ces collèges ne datait pas de Numa, mais seulement de Servius Tullius, ou que tout au moins

---

1. *Vie de Numa.* Traduction de M. Dacier dans le tome I des *Vies des Hommes illustres,* p. 329.

2. « Servio Tullio populus romanus relatus in censum, digestus in classes, curiis atque collegiis distributus. » *Epitome Rerum romanarum,* liv. I, chap. vi. — M. Waltzing (*Etude historique sur les corporations professionnelles chez les Romains,* Louvain, 1895, I, 65-69) admet la haute antiquité des collèges. Les membres de ces collèges étaient des hommes libres plébéiens, clients ou affranchis.

l'organisation primitivement établie par Numa avait été éphémère et qu'abolis par Tullus Hostilius, les collèges n'avaient eu une existence continue et régulière qu'à partir du règne de Servius Tullius.

Quelle que soit la vérité sur ce point d'histoire encore mal éclairci, il est certain que les collèges d'artisans apparaissent sous Servius Tullius avec le caractère d'une institution définitive. Ils forment en effet une des parties essentielles de la vaste constitution promulguée par Servius Tullius et qui demeura en vigueur jusqu'en l'an 241 avant J.-C.[1].

Le système politique établi par cette constitution avait, on le sait, pour base la division de tous les Romains en six classes et en cent quatre-vingt-treize centuries, chaque classe comprenant un certain nombre de centuries. Les citoyens étaient répartis eux-mêmes dans les six classes d'après leur fortune, mais si aristocratique était l'esprit qui avait présidé à cette répartition que la première classe, de beaucoup cependant la moins nombreuse, puisque en faisaient seuls partie les citoyens possédant plus de 100.000 as et les chevaliers, ne formait pas moins de 98 centuries et possédait ainsi la majorité dans les comices. Les quatre classes suivantes pour lesquelles le cens était de 75.000, 50.000, 25.000 et 11.000 as ne comptaient ensemble que pour 94 centuries, et la sixième classe, la plus nombreuse et celle de la populace pour une seule centurie. Le suffrage des classes moyennes et inférieures était donc à peu près annihilé par celui des riches et des patriciens.

---

1. Cette date de 241 av. J.-C. est celle à laquelle la plupart des auteurs placent la réforme de l'organisation des centuries. V. MARQUARDT, *Handbuch des romischen Alterthümer*, Leipzig, 1843-1867. — MISPOULET, *Les institutions historiques des Romains*, t. I, p. 46. — WILLEMS, *Le Droit public romain*, Louvain, 1888, p. 93. D'autres auteurs ont assigné à la réforme des dates différentes : 287, 263 et même 220 av. J.-C. Cette dernière date est proposée par Mommsen.

Dans cette organisation électorale dès diverses classes de citoyens, quelle place était réservée aux collèges d'artisans? Il s'en faut de beaucoup que cette question soit entièrement résolue.

Des huit collèges énumérés par Plutarque trois seulement sont cités par les historiens comme ayant été compris dans la nouvelle constitution : ce sont ceux des *tignarii* (charpentiers), des *ærarii* (ouvriers en bronze ou en cuivre) et des *tibicines* (joueurs de flûte) ou *cornicines* (trompettes) qui formaient chacun une centurie, mais on n'est pas d'accord sur la classe dont ces centuries pouvaient faire partie. Tandis que Tite-Live range les charpentiers et les forgerons dans la première classe, Denys d'Halicarnasse les fait figurer dans la seconde ; enfin Cicéron classe les charpentiers dans la première classe, les forgerons dans la seconde[1]. Le classement de la centurie des trompettes n'est pas moins sujet à controverse ; elle appartenait selon les uns à la quatrième, selon les autres à la cinquième classe[2]. Chacune de ces centuries se divisait suivant l'usage romain en deux catégories jeunes gens et vieillards (*juniores-seniores*).

Divisés d'opinions quant au rang de ces trois professions, les historiens romains sont muets par contre au sujet des cinq dernières. Le double témoignage de Plutarque et de Florus ne permettant pas de révoquer en doute l'existence de ces collèges et d'autre part nulle mention n'en étant faite dans l'énumération des corps politiques investis de droits électoraux, il nous semble que la conclusion la plus rationnelle à laquelle on puisse s'arrêter est la suivante : les cinq derniers collèges

---

1. Unde factum est ut modo primæ (Livius), modo secundæ (Dionysius) adjicerentur modo tignarii primæ (Cicero) modo ærarii secundæ adjicerentur. Mommsen, *De Collegiis et Sodalitiis*, p. 29.
2. Mommsen, p. 30.

d'artisans ne formaient pas des centuries particulières. Ils avaient bien une organisation professionnelle officiellement reconnue, une vie corporative autonome, mais ils n'existaient pas en tant que corps politiques. Leurs membres étaient répartis individuellement dans les centuries où les appelait leur fortune, le plus souvent sans doute dans les dernières classes, l'industrie à peine naissante devant être alors peu rémunératrice.

Cette opinion, si on l'admet, implique entre les diverses professions alors existantes une véritable inégalité de droits et de condition : les trois premiers collèges étant dotés de prérogatives politiques et comptant au nombre des corps de l'Etat, tandis que les autres étaient strictement renfermés dans le cercle de leurs attributions professionnelles. Mais cette inégalité s'explique aisément si l'on tient compte de ce qu'était Rome aux premiers siècles de son histoire : un Etat essentiellement militaire dont les citoyens étaient avant tout des soldats. Les collèges d'artisans privilégiés qui formaient des centuries particulières sont, en effet, ceux qui étaient appelés à rendre les plus grands services à un peuple vivant presque perpétuellement en état de guerre. Ne sont-ce pas des soldats presque autant que des artisans, ces *ærarii* qui forgent les boucliers et les épées des défenseurs de la cité, ces *tignarii* qui construisent, réparent et, au besoin, manœuvrent les engins de destruction, balistes ou catapultes, ces *cornicines* enfin dont les fanfares guerrières animent au combat les cohortes romaines? N'est-il pas naturel et juste que ces auxiliaires des armées de Rome, après avoir contribué pour une part à la victoire de ses armes, aient par contre leur place marquée dans le Forum lorsque le temple de Janus a fermé ses portes, et qu'ils soient investis, comme les chevaliers, du droit de participer en corps aux délibérations du peuple? Tout autre est le caractère des professions qui correspondent aux cinq autres collèges. Il ne s'agit plus ici d'artisans à demi soldats dont la profession puisse être considérée comme utile à la défense de la cité, mais de potiers, d'orfèvres, de teinturiers, de cordonniers et de foulons, c'est-à-dire de simples artisans[1]. Or, l'esprit romain a toujours été dédaigneux du travail manuel dans lequel il voyait un abaissement, une sorte de prostitution de la dignité de l'homme libre. Ce sentiment qui se retrouve chez les plus grands écrivains de Rome et à toutes les époques de son histoire[2] suffit à expliquer la différence qui existait dans la vie publique entre les artisans dont le travail n'avait d'autre but que le lucre et ceux dont l'intelligence et l'activité s'employaient si utilement au service de la patrie.

Dès les premiers temps de l'histoire romaine, les collèges d'artisans fonctionnent donc comme des institutions officiellement reconnues, bien que tous ne constituent pas des corps politiques. Et cependant depuis leur fondation sous Numa ou sous Servius Tullius jusqu'à la fin de la République, on ne découvre qu'à de rares intervalles la trace de ces collèges. Sans doute leur histoire se confond le plus souvent avec celle des plébéiens ; sans doute les artisans qui les composaient furent mêlés aux luttes intestines des premiers siècles avec Menenius Agrippa ; avec les Gracques, plus tard avec Marius ils durent combattre

---

1. « Plutarque ne mentionne ni les tisserands, ni les tailleurs parce que les femmes tissaient la laine et filaient les vêtements, ni les foulons, ni les meuniers, ni les boulangers, ni les cuisiniers, ni les barbiers dont les métiers n'étaient pas sortis de la famille, ni les argentiers et les forgerons en *fer* qui étaient inconnus. » WALTZING, I, 67. L'usage du fer était en effet assez rare chez les anciens Romains. Porsenna l'avait interdit sauf pour l'agriculture et il était proscrit dans les temples.

2. « Illiberales et sordidi quæstus mercenariorum omnium quorum operæ, non quorum artes emuntur. » (CICÉRON, *De Officiis*, lib. I, cap. 42.)

« Vulgares opificum artes quæ manu constant et ad instruendam vitam occupati sunt, in quibus nulla decoris, nulla honesti simulatio est. » (SÉNÈQUE, *Epistola* LXXXVIII.)

la puissante oligarchie du patriciat; la réforme démocratique opérée dans l'organisation politique par la refonte des centuries en l'an 241 accrut leur influence en détruisant la suprématie que les nobles avaient dans les comices. Mais quelle part les collèges prirent-ils, en tant que corps constitués, à ces dissensions intestines? Leurs membres mirent-ils au service de la cause populaire cet instrument puissant de cohésion et d'action commune, ou le collège en tant qu'association se renferma-t-il dans ses attributions professionnelles? Il est impossible faute de renseignements de se prononcer avec certitude sur ces diverses questions. Le seul fait incontestable, c'est la persistance du collège d'artisans [1], type désormais essentiel et permanent de l'organisation de l'industrie romaine.

Il faut arriver au Ier siècle avant notre ère pour trouver un événement politique relatif à l'histoire des collèges d'artisans : c'est à cette époque, en effet, que fut promulguée la loi Julia abolitive des collèges et des sodalitia. Avant toutefois d'examiner quelle a été la portée de ce sénatus-consulte, il nous faut dire quelques mots des associations autres que les collèges d'artisans. L'histoire de ces associations politiques ou religieuses allait avoir en effet sur le destinées des institutions professionnelles une répercussion qu'il est nécessaire d'étudier.

L'esprit d'association se développa de bonne heure à Rome où tout concourait à favoriser ses progrès : la vie

1. Tive-Live (l. II, ch. xxvii) fait mention en l'an 493 (259 av. J.-C.) d'un collège de marchands à propos du différend qui s'éleva entre les consuls Appius et Servilius pour savoir qui consacrerait le temple de Mercure. M. WALTZING admet que jusqu'en l'an 64 avant J.-C. les corporations privées de tous genres purent s'établir librement (I, 83). La multiplication de ces collèges tendrait à prouver qu'en dépit de la défaveur avec laquelle Rome traitait les arts mécaniques, une classe industrielle et commerçante d'artisans libres s'était formée au Ier siècle avant notre ère; sur le nombre et les fonctions de ces collèges sous la République, voir le même auteur p. 87-89.

publique des Romains, vie si active et si intense où l'union
d'efforts coalisés dans un même but pouvait seule assurer le succès d'un parti ou l'élection d'un candidat, leur
vie privée, si profondément empreinte de cette influence
religieuse et de ce culte des aïeux qui créaient entre les
hommes issus d'un même sang les liens d'une vaste et
indissoluble fédération. Chez nul peuple ne se retrouvent
au même degré dans chaque manifestation du génie national, comme dans chaque trait de mœurs, le besoin de
s'unir, l'esprit de solidarité, la mise en commun des
affections et des haines. Associations en même temps
que groupements politiques, ces centuries qui réunissent
des hommes de même race et de même condition sociale;
associations, ces grandes familles patriciennes, les Mé-
tellus, les Cornélius, les Fabius, autour desquelles se
serrent par légions les parents moins fortunés, les affranchis, les clients; associations enfin, avec un caractère
tantôt religieux, tantôt politique, ces *collèges compitaliciens* et ces *sodalitia* dont il faut, pour bien comprendre
la loi qui les abolit, donner un très rapide aperçu.

Les *collèges compitaliciens* dont l'existence a été mise en
doute[1] auraient été des sortes de confréries religieuses
ayant à leur tête des prêtres dénommés curions et dont
toute la population plébéienne et servile de Rome aurait
fait partie. Une fois l'an se célébrait la fête des dieux

1. M. WALTZING (I, 99) nie l'existence de ces collèges. « Le nom de
collegia compitalicia, dit-il, est une invention de Mommsen, du moins
pour Rome et pour l'époque de Clodius. Une inscription de Fésules qui
date de l'Empire, peut être du III° siècle de notre ère, ne prouve rien pour
Rome et pour la république »; mais le même auteur reconnaît cependant
l'existence de jeux de quartier et de cortèges des habitants qui allaient
sacrifier aux lares des carrefours *(lares compitales)* sous la conduite de
chefs dits *magistri vicorum*. Les collèges professionnels auraient pris
part à ces réunions populaires. C'est en ce sens qu'il faudrait interpréter ce passage d'Asconius (*In Pisonem*, p. 6, éd. Kiessling et Schoell) :
« Solebant magistri collegiorum ludos facere, sicut magistri vicorum
faciebant, compitalicios prætextati. »

Lares, c'était là un jour de repos et de joie bruyante pour toute la plèbe qui se pressait aux carrefours (*compita*) où devant les statues des dieux s'offraient les dons et les sacrifices. Mais ces fêtes étaient en même temps le signal des plus grossières réjouissances, parfois troublées par de graves désordres. Ces divertissements que protégea longtemps l'apparence religieuse dont ils étaient revêtus présentaient donc pour l'ordre public de véritables dangers en ramenant chaque année, pour une population toujours croissante et composée d'éléments très hétérogènes, une cause d'effervescence et de tumulte dont un factieux pouvait tirer un dangereux parti.

Bien autrement dangereux toutefois pour la sécurité de l'Etat étaient les *sodalitia* dont le caractère est moins déterminé que celui des collèges compitaliciens. Les *sodalitia* ne remontaient guère à Rome qu'aux derniers temps de la République; leur essor n'en fut pas moins prodigieux. Chaque année, l'élection des consuls, des préteurs, des édiles, ramenait l'occasion d'assemblées populaires. A ces réunions des comices tenues à époques fixes s'ajoutaient les convocations extraordinaires de rigueur lorsqu'une loi était soumise au peuple ou lorsqu'il avait à statuer sur une accusation publique. Pour parvenir aux fonctions publiques comme pour assurer l'adoption d'une loi, pour repousser ou faire triompher une accusation, il fallait donc se faire un parti, coaliser ses efforts. D'où la formation de sociétés appelées collegia ou sodalitia qui établissaient entre leurs membres une solidarité d'intérêts et de sympathies, un lien spécial distinct des relations d'amitié qui pouvaient exister d'autre part entre leurs adhérents[1]. Les sodalitia eurent leurs lieux de réu-

---

1. Eutychus : Mane, mane obsecro, Charine.
    Charinus : Quis me revocat?
      Eutychus : Eutychus, tuus amicus et *sodalis*
(Plaute, *Mercator*, acte II, scène II. vers 7.)

nion particuliers, leurs assemblées à jours fixes[1]. Ils présentèrent et soutinrent ouvertement des candidats tels que ce Philippe dont la défaite est notée par Cicéron comme une preuve éclatante de la popularité d'Herennius son heureux concurrent. (*Brutus*, 45.) Ils devinrent le centre d'intrigues et de cabales d'autant plus dangereuses que le foyer où elles prenaient naissance ne s'éteignait jamais[2].

Cette ingérence des collèges et des sodalitia dans les comices ne tarda pas à donner lieu à des abus scandaleux : la corruption des fonctionnaires et l'achat des suffrages se pratiquaient en plein jour. Les sodales ne se bornaient pas à solliciter pour leurs candidats[3], mais soulevaient des tumultes et ne reculaient même pas devant l'assassinat[4]. Leur suppression devint bientôt une nécessité vitale pour la République et fut réclamée par tout ce que Rome comptait de citoyens clairvoyants et d'esprits politiques. Elle n'allait pas tarder à être réalisée par la loi Julia.

La date de cette loi si importante n'est pas encore définitivement précisée. Certains auteurs la placent en l'an 67 avant J.-C. Mommsen la fixe à l'an 64[5]. Quoi qu'il en soit, au plus tard en l'an 64, le sénatus-consulte qui pronon-

---

1. Venit in ædes quasdam in quibus sodalitium erat eodem die futurum. (Cicero, *ad Herennium*, IV, 51.)
2. Voir Waltzing, I, 50 et 107.
3. Il existait aussi, mais nous ne les mentionnons ici que pour mémoire, des sodalitia constitués en apparence dans un but religieux, mais qui, en réalité, n'étaient que des réunions d'amis, joyeux convives désireux de boire et de deviser ensemble. Tels étaient le collège de Cybèle dont Cicéron était membre et celui de Vénus Génitrix dont parle Horace. (*Odes*, liv. III, carmen xviii, *ad Faunum*.)

    Larga nec desunt Veneris sodali
    Vina crateræ...

4. Dion Cassius, *Histoire romaine* (liv. XXXVI, § 37).
5. Telle est également l'opinion de Liebenam : *Zur Geschichte und Organisation des römischen Vereinwesens*. Leipzig, Teubner, 1890, p. 23. Cet auteur considère la loi Julia comme une loi de circonstance, une loi politique dirigée contre les collèges qui soutenaient Catilina.

çait la dissolution des collèges avait acquis force de loi :
il ne fut pas aussi aisé d'en assurer l'exécution.

On put bien retirer à ces sociétés leur caractère public,
mais on ne put les empêcher facilement de continuer
leurs menées sous une forme clandestine et de tenir des
conciliabules secrets. Les sodalitia devaient au reste
revivre bientôt au grand jour, et une loi proposée par
Clodius dont ils servaient les projets et l'ambition les
rétablit en l'an 59. Mais peu après, le pouvoir personnel
restauré dans Rome par César prenait ombrage de ces
turbulentes institutions et les supprimait de nouveau en
l'an 56 [1]. Les collèges essayèrent pourtant une fois de plus
de se reconstituer, car Suétone nous apprend qu'ils furent
encore dissous sous Auguste [2]. La suppression cette fois
fut définitive. C'est avec une défiance toujours en éveil et
dont ne purent même triompher la faveur et l'éloquence
d'un Pline [3] que les empereurs s'opposèrent à la résurrection de tout collège ayant de près ou de loin le caractère
des anciens sodalitia dont le rôle historique est désormais
terminé.

La loi Julia comportait cependant des exceptions,
comme le prouve un texte de Marcien devenu la loi 1,
livre XLVII, titre 22, au Digeste : « Mandatis principalibus præcipitur præsidibus provinciarum ne patiantur
esse sodalitia, neve milites collegia in castris habeant, sed
permittitur *tenuioribus* stipem menstruam conferre : dum
tamen semel in mense coeant, ne sub prætextu hujusmodi

---

1. « Collegia cuncta præter antiquitus constituta dissolvit. » (SUÉTONE, *César*, XLII.) Parmi les collèges conservés figurait le collège religieux des Juifs établis à Rome et qui avaient une caisse commune. (JOSÈPHE, *Ant. jud.*, éd. Bekker, XIV, 188.)

2. SUÉTONE, *Octave*, XXXII.

3. Pline appelé à gouverner la Bithynie écrivit à Trajan pour lui demander l'autorisation de créer à Nicomédie, sous un contrôle rigoureux, un collège de 150 ouvriers. L'empereur répondit par un refus formel. (Lettre XLIII, liv. X.)

illicitum collegium coeat. » Les *tenuiores* auxquels fait allusion ce texte sont selon toute vraisemblance les artisans dont les collèges purement professionnels ne tombèrent pas sous le coup de la proscription qui frappait les associations politiques. Les collèges subirent toutefois le contre-coup de la loi Julia; on leur permit de vivre, mais on les soumit à une réglementation rigoureuse. Les banquets ne purent avoir lieu qu'une fois par mois (loi 1, *de collegiis et corporibus* déjà citée[1]); il fut défendu de faire partie de plus d'un collège (même loi, § 2). Le régime de liberté qui jusqu'ici a été la règle de ces institutions va faire place à un système d'autorisation, de surveillance administrative qui sous les derniers empereurs dégénérera en véritable servitude.

Il importe toutefois de ne pas s'y tromper. La politique impériale ne se montra pas systématiquement hostile aux collèges d'artisans qui se renfermaient dans leurs attributions professionnelles; elle en favorisa même souvent le développement. On a vu Trajan interdire la formation d'un collège d'ouvriers que les troubles récemment survenus en Bithynie lui faisaient considérer comme dangereux pour l'ordre public; mais ce même empereur fondait en même temps à Rome le collège des boulangers qui devait bientôt devenir un des plus importants de la cité. Marc-Aurèle accordait aux collèges le droit de recevoir des legs (Digeste, liv. XXXIV, tit. 5, *de rebus dubiis*, loi 20), Antonin le Pieux et Valentinien leur accordaient de nombreux privilèges (liv. XIV, tit. 2, *de privilegiis corpo-*

---

1. Cette loi, dit Mommsen (*De Collegiis*, p. 89), a torturé l'esprit de tous les interprètes, mais en vertu d'une sorte de droit du talion, ceux-ci se sont vengés d'elle en la torturant à leur tour *a non minus ab iis vexata est, jure talionis* ». Et le savant auteur rappelle en la qualifiant d'absurde l'opinion d'Heineccius qui explique l'interdiction des banquets par le souci d'éviter aux collegiati l'occasion de s'enivrer trop souvent. Cette préoccupation morale dut en effet entrer pour peu de chose dans les raisons toutes politiques qui inspirèrent cette mesure.

ratorum. Cod. Théod.). Enfin Alexandre Sévère organisait en collèges les marchands de vin, les marchands de légumes, les cordonniers et tous les métiers en général, non seulement à Rome et en Italie, mais encore dans les provinces [1], « quod non tantum in Urbe sed in Italiâ et in provinciis locum habere divus Severus rescripsit » (loi 1, *de colleg. et corp.*, liv. XLVII, tit. 22, Digeste, déjà citée). Mais si les empereurs encourageaient ainsi les institutions corporatives, c'était à la condition d'en faire des instruments de gouvernement et de les faire servir à leur œuvre de centralisation : cet assujettissement des collèges d'artisans servit surtout à merveille la politique tracassière et les exigences fiscales des derniers empereurs. C'était l'époque où, accablés par d'effroyables charges financières, les sujets de l'Empire s'efforçaient de se dérober au paiement des impôts, où chacun défendait son bien contre des confiscations déguisées. Le pouvoir public, pour déjouer les fraudes, multipliait les mesures draconiennes, édictait des solidarités et des responsabilités arbitraires, prenait dans chaque ville et dans chaque bourgade de véritables otages dans la personne des curiales ou magistrats municipaux devenus les prisonniers de leurs fonctions. La répartition des artisans en corporations fournissait au fisc une arme trop précieuse pour qu'il hésitât à s'en saisir. Telles sont les causes qui expliquent l'intervention presque quotidienne du pouvoir impérial dans l'administration des collèges, la rigueur et la minutie des règlements qui leur étaient imposés, enfin l'inféodation obligatoire et héréditaire de familles entières au même métier, c'est-à-dire autant de mesures tyranniques et vexatoires sur lesquelles nous aurons à revenir.

L'histoire générale des corporations sous l'Empire peut donc se résumer dans les deux faits suivants : 1° le déve-

---

1. Cf. LAMPRIDE, *Alex. Sévère*, 21-32. Sur ce changement de politique des empereurs, voir WALTZING, I, 153.

loppement continu de ces associations qui, dans Rome seulement, atteignent sous Alexandre Sévère le chiffre de 32 collèges; 2° leur subordination de plus en plus grande à l'Etat qui en usurpe la direction et les détourne de leur véritable but pour en faire des agents de sa domination.

Il est temps maintenant d'aborder l'étude de l'organisation des collèges d'artisans[1] à l'époque impériale, la seule qui nous soit complètement connue. Nous diviserons nos explications à ce sujet en deux sections. La première sera consacrée à la nomenclature des principales corporations publiques et privées; la seconde traitera de leur administration, de leurs ressources, de leurs charges, en un mot, de tout ce qui constitue l'économie de cette institution.

Nomenclature des principaux Collèges

On peut diviser les collèges en deux grandes catégories selon qu'ils affectent un caractère public ou privé.

A. — *Collèges publics*[2]

Ces collèges comprennent toutes les professions nécessaires à la subsistance du peuple et par suite indispensables à la sûreté de l'Etat : les naviculaires, les boulangers, les charcutiers, etc. Les membres de ces professions jouissent d'un certain nombre d'avantages en dehors du salaire auquel ils ont droit. Ils sont exempts des fonctions

---

1. Nous omettons intentionnellement l'étude des ateliers publics d'artisans et des gynécées impériaux où des ouvriers gagés et des esclaves travaillaient sous la surveillance d'officiers spéciaux. Ces établissements officiels ne présentaient pas un caractère corporatif et par suite ne sauraient nous intéresser.
2. Pour une étude complète de ces collèges publics voir WALTZING, *op. cit.*, t. II.

publiques et notamment des charges municipales, si onéreuses à la fin de l'Empire; ils sont dispensés de toute tutelle; ils n'encourent pas les incapacités édictées par les lois Julia et Papia contre les *cœlibes* et les *orbi;* accusés, ils ne sont pas soumis à la torture; enfin, à partir de Valentinien, ils sont exonérés de tout service militaire. (Code Théodosien, liv. XIV, tit. 2, *de privileg. corporatorum*, lois 1 et 3; — liv. XIII, tit. 5, *de naviculariis*, lois 4, 5, 7 et 8.)

Mais quelle contre-partie à ces avantages! Le collegiatus est rivé à son métier comme le forçat à sa chaîne[1]. Rien ne peut en principe le soustraire à ce joug, l'empereur lui-même s'interdit de lui accorder sa libération[2]. (Code Théodosien, liv. XIII, tit. 5, *de navic.*, lois 2, 3, 19.)

Cette sujétion, au surplus, ne pesait pas sur un seul individu, elle était héréditaire dans le sens le plus rigoureux, et l'obligation de continuer la profession du *de cujus* était imposée non seulement aux héritiers du sang, mais encore aux héritiers institués et aux successeurs aux biens. (Code Théodosien, liv. XIII, tit. 5, *de navic.*, loi 19.)

La revue des divers collèges investis de secours publics fera mieux comprendre encore dans quel esprit vexatoire et tyrannique était conçue la législation qui les régissait. Ces collèges étaient les suivants :

1° Les naviculaires (*navicularii*). C'étaient les nautonniers chargés de transporter le blé, les vivres, les impôts des provinces jusqu'à Ostie (lois 4, 10, 38, liv. XIII, tit. 5,

---

1. Il semble, il est vrai, que dans le dernier état du droit, le collegiatus ait pu s'affranchir personnellement en abandonnant ou en transmettant son fonds à un autre; c'est ce qui paraît résulter de la loi 1, *de calcis coctoribus*, « non personas sed fundos astringi », et de la loi 1, *de suariis*. Mais il ne devait pas être aisé de trouver dans ces conditions un homme libre qui consentît à servir de remplaçant et les collegiati déjà soumis à la profession n'étaient naturellement pas admis.

2. « Si quis naviculariorum ex nostræ Perennitatis indulto fori translationem potuerit obtinere, fructu careat impetrati. » Code Théod., liv. XIII, tit. 5, *de navic.*, loi 12.

de navic., Code Théodosien[1]). A Ostie, les chargements étaient transbordés sur des bateaux plus légers, ceux des *caudicaires* qui les amenaient jusqu'à Rome. Les naviculaires faisaient aussi les transports de blés d'Egypte à Constantinople (loi 14, *de navic.*).

Le caractère officiel attribué aux naviculaires s'explique par l'importance de cette profession au point de vue du ravitaillement de la capitale du monde. L'Italie ne suffisait plus depuis longtemps à la nourriture de ses habitants; des flottes entières amenaient du dehors (à l'origine de la Sicile, plus tard de l'Espagne, de l'Afrique et de l'Egypte) le blé nécessaire à la subsistance des Romains; un retard dans l'arrivée de la flotte pouvait causer la disette. On conçoit donc la raison de l'étroite réglementation à laquelle cette profession fut astreinte.

Le naviculaire construisait le navire à son compte. Il contractait l'obligation de transporter en bon état, sauf le cas de force majeure, les denrées dont il était chargé; en retour, l'Etat l'exemptait de toutes charges municipales et des impôts (loi 5, *de navic.*), il lui accordait sa protection contre toute violence en cours de voyage (loi 9, *ibid.*[2]) et lui payait un salaire d'un solidus par chaque millier de mesures de blé (loi 7, *ibid.*). Un rôle était ouvert entre les divers naviculaires et chaque patron partait à son tour pour la mission qu'il avait à remplir.

Les règles relatives à la transmission héréditaire des fonctions de naviculaires étaient très rigoureuses; le légataire universel succédait à la fonction comme l'héritier (lois 19 et 22, *ibid.*[3]). Un naviculaire ne pouvait aliéner

---

1. « Ex quocunque Hispaniæ littore portum Urbis Romæ navicularii navis intraverit... eamdem sine interpellatione cujusquam abire præcipimus. » L. 4, *de navic.*

2. « Nullam vim oportet navicularios sustinere delegatas annonarias species transferentes. »

3. « Ac si cum obierint, sobolem non relinquent, quique eorum facultatibus successerit auctoris sui munus agnoscat. » L. 19, *de navic.*

ses biens par une vente générale si l'acquéreur ne consentait à le remplacer. Une famille s'éteignait-elle, le préfet du prétoire en désignait d'office une autre pour lui succéder dans ses fonctions (loi 14, *ibid.*).

2° Les boulangers (*pistores*). Cet ordre avait été créé par Trajan. Il comprenait 250 titulaires placés sous l'autorité du préfet de la ville et d'un magistrat nommé *præfectus annonæ*.

Dès l'âge de vingt ans, le fils du boulanger doit exercer la profession paternelle; jusqu'à cet âge, il est placé sous la protection de l'*ordo* (loi 5, liv. XIV, tit. 3, *de pistoribus*), le gendre devient boulanger par le seul fait de son mariage[1]; parfois aussi on condamnait un délinquant à devenir boulanger, car le métier était réputé très dur (lois 3, 5, 6 et 7, *de pœnis*, Code Théod., liv. IX, tit. 40).

Il était très difficile de sortir de cette profession; il était même défendu à un boulanger de se faire prêtre, afin qu'il ne pût se soustraire à sa fonction : toutefois, les prescriptions semblent ici moins rigoureuses que pour les naviculaires, et l'on admet quelques dérogations, par exemple au profit du premier des patrons boulangers; après ses cinq ans de magistrature, il peut vendre son établissement à un étranger et se reposer, « otio et quietate donetur » (loi 7, *de pistoribus*).

3° Les charcutiers (*suarii*). La besogne des suarii était assez complexe. Ils étaient chargés d'aller en Campanie, en Lucanie, dans le Samnium, prendre livraison des porcs que fournissaient ces provinces, d'amener à Rome ces animaux, de les abattre et d'en débiter la viande au peuple. Leur salaire consistait dans le prélèvement d'un cinquième de la viande et dans une allocation collective

---

1. Cette incorporation forcée était si odieuse qu'on vit des gendres de boulangers dissiper exprès la dot de leurs femmes pour échapper au four et au pétrin. Valentinien Ier les assujettit malgré tout au métier de leurs beaux-pères (Code Théod., XIII, 5, 13.)

de 17.000 amphores de vin qu'ils avaient à se partager (loi 4, liv. XIV, tit. 4, Code Théod., *de suariis*). En outre, et sans doute en vertu de la maxime : *non bis in idem*, ils avaient été exemptés par l'empereur Gratien de tout office servile, « ne sordidis unquam muneribus subjacerent » (loi 6, *ibid.*).

Les règles relatives à l'hérédité de cette charge sont conformes à celles qui ont déjà été relatées.

4° Les « *calcis coctores et vectores* ». Ces artisans étaient chargés de transporter à Rome et de faire cuire la chaux destinée aux constructions ; ils recevaient en échange un salaire proportionné au travail accompli. Ils n'étaient pas personnellement assujettis à leurs fonctions ; mais leur fonds était affecté à leur charge (loi 1, liv. XIV, tit. 6, *de calc. vect.*, Code Théod.).

Telles étaient les principales corporations investies de services publics ; mais est-ce à dire que les très nombreuses corporations ayant un caractère privé dont il nous faut maintenant parler ne relèvent pas, elles aussi, sous plus d'un rapport, des pouvoirs publics ? Sans doute ces artisans ne rendent pas à l'Etat les mêmes services que ceux des corporations privilégiées ; ils ne sont pas rémunérés par lui ; mais leur salaire n'est pas pour cela abandonné à la libre discussion des parties. Divers règlements, dont le principal fut édicté par Dioclétien, fixèrent des tarifs que l'on ne put dépasser. De même, s'il paraît certain qu'à l'origine les membres de ces corporations échappèrent à la législation draconienne de l'inféodation héréditaire qui pesait sur les collèges publics, l'intérêt du fisc finit par les soumettre au même esclavage professionnel. C'est ce qui résulte tout d'abord d'une constitution d'Arcadius (loi 1 au Code Théodosien, liv. XIV, tit. 7, *de collegiatis*) qui ordonne de faire reconduire *dans les villes où ils auraient leur domicile* les collegiati qui se seraient enfuis. Cette loi prouver claiement que la tyrannie du pouvoir public ne s'exerça pas seulement à Rome dans le sein des collèges auxquels était dévolu le soin d'assurer la subsistance de la ville, mais qu'elle finit par peser sur les collèges des provinces. Une autre preuve de la sujétion à laquelle avaient fini par être réduits les artisans de toutes les professions nous est encore fournie par un rescrit de Constantin (loi 1, liv. XIV, tit. 8, Code Théod., *de centonariis et dendrophoris*), qui prescrit d'inscrire obligatoirement ces derniers artisans — étrangers portant à tout service public — dans les collèges de centonarii et de fabri. Dans le dernier état du droit, la distinction des collèges publics ou privés n'a donc plus d'intérêt qu'au point de vue des attributions professionnelles de leurs membres.

B. — *Collèges privés*

Ces collèges étaient formés par tous ceux qui exerçaient l'une des professions suivantes :

1° Les *argentarii*. C'étaient les banquiers ou prêteurs d'argent, comme cet Alphius dont Horace[1] raille plaisamment les fantaisies champêtres si tôt oubliées. Entre autres faveurs exorbitantes dont jouissaient ces collegiati, ils pouvaient réclamer le paiement de leurs créances aux fidéjusseurs qui avaient cautionné le débiteur principal sans que ces fidéjusseurs eussent le droit de leur opposer le bénéfice de discussion (Novelle CXXXVI). Les argentarii reconnaissants de la haute protection qui leur

---

[1].
  Beatus ille qui procul negotiis
  Ut prisca gens mortalium,
  Paterna rura bobus exercet suis
     Solutus omni fœnore...
  Hæc ubi locutus fœnerator Alphius
  Jamjam futurus rusticus
  Omnem redegit idibus pecuniam.
     Quærit Kalendis ponere.
              HORACE, *Epod.*, carmen II.

était accordée affectaient un grand dévouement pour les empereurs, et on les voit ériger pour le salut de la maison impériale un temple consacré à Isis et à Osiris[1].

2° Les *dendrophori* et les *tignarii*. De nombreuses controverses se sont élevées au sujet de ces deux professions ; il est certain tout au moins que ces artisans travaillaient à des ouvrages en bois. A Rome, le collège des tignarii qui remontait à Servius Tullius était fort important. On a retrouvé la trace de divers collèges de ce nom dans des inscriptions découvertes notamment à Nice[2], en Suisse[3], dans le grand-duché de Nassau[4].

3° Les *lapidarii et marmorii*, ouvriers en pierre et en marbre de diverses catégories. (Cf. Steiner, § 2473.)

4° Les *centonarii* ou fabricants de couvertures signalés notamment par des incriptions trouvées dans la Carniole et à Obervillach. (Steiner, §§ 3849 et 4049.)

5° Les *negotiatores vini* ou marchands de vins. Comme les suarii, ils sont dispensés des « sordida munera ».

6° Les *medici* et les *professores*. Les médecins formaient le plus souvent des collèges spéciaux consacrés à Esculape et à Hygie[5]. Parfois, comme à Avenche en Helvétie, ils ne formaient qu'un seul collège avec les professeurs[6].

Mentionnons encore : les *negotiatores artis cretariæ* ou potiers[7], les *negotiatores artis vestiariæ* ou tailleurs[8], les

---

1. Orelli : *Inscriptionum latinarum selectarum amplissima Collectio*, 1885. Cf. dans les *Inscriptiones regni neapolitani* de MOMMSEN, n° 6908, une inscription relative à un collège de *fœneratores*.
2. ORELLI, 6590.
3. *Inscriptiones confederationis helveticæ* de MOMMSEN, 1854, n° 12. Inscription trouvée à Amsoldingen près Thun en 1816.
4. « Genio collegii tignariorum. » STEINER, *Corpus Inscriptionum latinarum Rheni*, Darmstadt, 1837, § 227.
5. ORELLI, 2417. Inscription trouvée au palais Barberini.
6. MOMMSEN, n° 164.
7. STEINER, § 162, inscription trouvée à Lorch (Westphalie) et 2495.
8. STEINER, § 2473.

fullones ou foulons[1], les *aquarii* ou porteurs d'eau[2], les *cannofori* ou fabricants de nattes faites avec des roseaux, les *asinarii* ou âniers[3].

Tels étaient les principaux collèges d'artisans revêtus d'une existence légale. Il nous reste maintenant à étudier leur organisation et leur fonctionnement.

Organisation et condition juridique du Collège d'artisans

On examinera tour à tour le collège en tant qu'association professionnelle et en tant que personne civile.

Du Collège d'artisans considéré comme association professionnelle

Et d'abord comment naît le collège ? Comment s'éteint-il ? Les explications déjà données tant dans l'historique général du collège romain que dans la section précédente à propos des lois qui assuraient le recrutement des collegiati nous permettent d'être bref sur ce point. Un collège ne peut exister qu'à la condition d'être autorisé ; cette autorisation une fois donnée n'a pas besoin d'être renouvelée, mais elle peut toujours être retirée. Par contre, un collège ne s'éteint pas par le seul consentement de ses membres ; il faut encore que cette extinction soit sanctionnée par l'autorité.

Le collège est né, quels seront ses statuts ? En principe, ses membres les discutent et les adoptent librement pourvu qu'ils ne soient pas contraires à l'ordre public. (Dig., loi 4, livre XLVII, titre 22.)

1. ORELLI, 4091.
2. MOMMSEN, 744.
3. ORELLI, 7206. Sur tous les métiers précités et sur beaucoup d'autres encore que nous n'avons pu citer ici voir LIEBENAM, *op. cit.*, p. 67 à 126.

Le collège a comme toute société sa hiérarchie. Le premier et le plus bas degré est occupé par le simple collegiatus; le plus souvent, celui-ci est le fils d'un artisan ayant exercé la même profession; mais il n'en est pas nécessairement ainsi. Il se peut qu'il soit soumis à cette condition soit comme gendre, soit comme successeur aux biens d'un collegiatus, soit en vertu d'une condamnation ou d'une décision du préteur l'inscrivant d'office pour compléter le collège ; enfin il peut avoir été admis sur sa demande. Les esclaves peuvent faire partie des collèges. Sous la République les bouchers romains (*lanii*) ont deux *magistri:* l'un affranchi, l'autre esclave (*Corpus inscript. latin.*, VI, 167). Il existait même des collèges uniquement composés d'esclaves artisans (LIEBENAM, p. 173; WALTZING, I, 54 et 346). On trouve aussi des collèges féminins : à Rome des *sociæ mimæ*, à Sæpinum un *collegium cannoforarum* (*Corpus inscr.*, VI, 10109 et IX, 2480).

Il est dressé une liste générale des membres ou *album*[1].

Le nombre des membres du collège fut tout d'abord illimité, mais par la suite un certain nombre de corporations adoptèrent des dispositions restrictives ou se les virent imposer : c'est ainsi qu'un testament fait au profit du collège d'Esculape impose à ce collège l'obligation de ne pas admettre plus de soixante membres [2].

Au-dessus des collegiati, se trouvent les magistrats de la corporation élus par leurs pairs et recrutés dans le sein même du collège. Ce sont : 1° les *décurions*[3], chefs de groupes de dix membres, dont l'importance paraît avoir été fort médiocre; 2° les *curateurs, procurateurs, syndics* et *questeurs,* officiers dont il est assez difficile de délimiter exactement les multiples attributions. Ils étaient chargés de la gestion du patrimoine commun et représentaient

---

1. Cf. DE BOISSIEU, *Inscriptions romaines de la Gaule*, p. 458.
2. ORELLI, 2417.
3. ORELLI, 2785, 4057, 4517, 5372.

le collège dans les actes de la vie civile (loi 1, livre III, titre 4, au Digeste). Le curator devait, en outre, surveiller la composition de la société, prendre des informations sur les personnes qui demandaient à entrer dans le collège et donner son avis à cet égard; 3° les *juges* des corporations institués par Alexandre Sévère (Lampride, *Alex. Sévère*, 33). Ils avaient dans leur juridiction la connaissance des délits professionnels.

Au-dessus de ces divers magistrats se placent les chefs effectifs de la corporation. Parfois, comme chez les *argentarii* d'Ostie (Orelli, 4109), ces chefs portent le titre de *patrons* qui désignait aussi, comme on le verra bientôt, une tout autre fonction ; parfois on les nommait *duumvirs* (Orelli, 4135), parfois *quinquennales* (*ibid.*, 4091), parfois enfin *magistri* (*ibid.*, 6590). La durée de leur mandat est très variable : de cinq ans chez les boulangers, elle tombe parfois à deux ans ou à un an, comme aussi parfois cette magistrature est conférée à vie.

Il convient enfin de ne pas oublier les chefs honoraires des corporations, choisis parmi les citoyens influents dont le crédit s'employait en faveur des intérêts communs. Ces protecteurs appelés *patrons* étaient quelquefois à la tête de plusieurs collèges et même de tous ceux d'une cité[1]. Il arrivait aussi souvent que la dignité de patron d'une corporation se transmettait de père en fils dans une famille puissante[2].

En résumé, on peut dire que la hiérarchie corporative à Rome comporte trois degrés : les simples membres du collège ou collegiati, les divers officiers électifs chargés des intérêts sociaux (questeurs, curateurs, syndics), enfin les premiers magistrats du collège qui sous des noms divers

---

1. Patronus omniun corporum Interamnæ. (Orelli, 2643.)
2. C. Vibio Crespino ab ovo et majoribus collegiorum civitatis patrono collegium martense verzobianum. (Orelli, 4128.)

et pour une durée de temps variable, mais le plus souvent quinquennale, président à toutes les délibérations.

L'organisation du collège paraît avoir été très démocratique. Une maison commune ou *schola* est spécialement affectée aux assemblées et à l'installation des services qui dépendent du collège (Orelli, 4088). C'est là que se conserve l'*arca* ou caisse de la communauté[1]. C'est là aussi que se donnent les repas présidés par un *magister cœnæ*[2]. C'est là enfin devant les autels et les images des dieux que se célèbrent les sacrifices et que se retrouvent à certains jours, unis dans un sentiment de pieuse solidarité, ces artisans d'une même profession et ces fervents d'un même culte.

Il ne faut pas l'oublier en effet, l'*ordo* a ses dieux tutélaires de même que chaque famille a ses lares. Ces divins protecteurs, l'*ordo* les choisit un peu partout. Souvent il fait sien et vénère plus particulièrement tel dieu auquel la mythologie prête des attributions en rapports avec les travaux quotidiens de ses membres[3]; d'autres fois ce sera un empereur défunt ou même la famille impériale[4] ou encore une divinité étrangère[5]; parfois enfin simplement le génie du collège[6].

La communauté de culte a pour effet naturel de resserrer les liens entre les fidèles. Il semble qu'il en ait été ainsi à Rome et qu'une sorte de solidarité qui portait les membres d'un même collège à se prêter secours et assistance dans les circonstances de la vie, ait existé entre

1. Orelli, 1702.
2. Ces repas, parfois splendides, n'étaient par contre, chez certains collèges peu fortunés, qu'une collation des plus simples : ainsi, à Lanuvium, la mense se bornait à une bouteille de vin, à un pain de deux as et à quatre sardines par convive.
3. Par exemple, Silvain pour les *dendrophori* (Orelli, 6085); Esculape pour les médecins. (*Ibid.*, 20417.)
4. Léon Renier, *Recherches sur l'ancienne ville de Lambèse*, xxxiii.
5. Les argentarii de Rome adoraient Isis et Osiris. (Orelli, 1885.)
6. *Genio collegii peregrinorum*. Steiner, 724.

artisans, surtout après la pénétration et sous l'influence des idées chrétiennes. Certains textes du Code Théodosien comme certaines inscriptions montrent à l'état de germe plusieurs des œuvres charitables qui devaient prendre un si admirable essor au sein de la société du moyen âge. On peut citer en ce sens la loi 5, *de pistoribus* (Code Théod.), qui offre l'exemple d'une sorte d'adoption ou tout au moins de patronage exercé par les artisans d'une même profession sur les orphelins dont les pères appartenaient au collège : « Filios pistorum qui in parvula ætate relinquuntur usque ad vicesimum annum ætatis a pistrini sollicitudine defendi jubemus [1]. » Une lettre de Trajan répondant à Pline (*Epist. ad Traj.* 93) établit également que les *éranes* d'Amisus, ville libre de Bithynie, s'occupaient entre autres fonctions de soulager la misère des confrères pauvres; on ne sait, il est vrai, si c'était par des dons ou des prêts gratuits [2].

Mais c'est surtout lors de la mort d'un de ses membres que le collège intervenait pour lui assurer des obsè-

[1]. Une inscription qui mérite d'être signalée est celle du collège de Velabre antérieure au triomphe du christianisme et dans laquelle les collegiati sont qualifiés de frères : « Deo sancto, deo magno Libero patri et adstatori hujus collegii... Domitius secundus curator et restaurator *fratribus suis.* »

[2]. M. WALTZING (*Etudes histor. sur les corporations professionnelles chez les Romains*, I, 300-322) discute longuement pour la réfuter l'opinion de MOMMSEN, *De Collegiis*, p. 91, et de LIEBENAM, *op. cit.*, p. 40, d'après laquelle les collèges auraient été en un certain sens des sociétés de secours mutuels. D'après cet auteur l'assistance mutuelle aurait été tout à fait exceptionnelle à Rome, sauf en ce qui touche les funérailles. L'exemple d'Amisus et celui d'Hiérapolis où une sorte d'atelier d'apprentissage aurait été annexé au collège des teinturiers en pourpre, ne concerne que des villes grecques. Les collèges militaires de Lambèse avaient surtout pour but d'assurer la sépulture et de faire face à certaines dépenses inhérentes à la carrière militaire; en tous cas c'étaient des associations très spéciales. La mutualité véritable n'apparut qu'avec le christianisme et c'est un « esprit nouveau » (p. 319) qui se reflète dans le célèbre passage où Tertullien (*Apolog.* 39) décrit les diaconies chrétiennes fondées pour nourrir et inhumer les pauvres, les enfants indigents et orphelins, les vieux serviteurs, les naufragés, etc.

ques honorables et veiller à l'accomplissement des rites prescrits. Sur ce point, la confrérie du moyen âge a certainement été devancée par le collège romain dont les règlements méritent d'être rapportés. En entrant dans l'association, chaque membre payait une redevance[1]; des cotisations mensuelles étaient en outre perçues et allaient grossir l'*arca* dont le curateur avait la garde. Ces contributions augmentées des legs, héritages, fidéicommis, dons des patrons ou des bienfaiteurs, etc., formaient un fonds dont le collège avait la libre disposition. A des époques déterminées, le curator rendait ses comptes par recettes et dépenses (*accepta et expensa*) et devait les faire approuver par l'assemblée convoquée à cet effet. Or, au premier rang des dépenses autorisées se trouvaient celles qui étaient occasionnées par les funérailles des membres du collège. Ces frais supportés par l'*arca* formaient le *funeraticum* auquel avait droit tout collegiatus qui s'était acquitté de ses obligations sociales. Le montant de ces dépenses funéraires était fixé à l'avance par les statuts à une certaine somme égale pour tous et que devait le collège quel qu'eût été le nombre des années pendant lesquelles le défunt en avait fait partie.

Les funérailles d'un collegiatus, par le fait même de l'intervention de ses pairs, avaient une importance exceptionnelle. Accompagné de tous les collegiati, précédé de musiciens et de pleureuses, le corps était conduit au bûcher et incinéré; les cendres étaient recueillies dans une urne qui prenait place au *columbarium;* une inscription gravée sur la pierre relatait le nom, l'âge, la profession, la dignité du défunt. On revenait ensuite à la maison du mort où avait lieu une cérémonie de purification appelée *suffitio*. Mais là ne se bornaient pas les cérémonies

---

[1]. Dans le collège des adorateurs de Diane et d'Antinoüs, cette redevance était de cent sesterces et une amphore de vin. (ORELLI, 6186.)

auxquelles participait l'association; pendant neuf jours et jusqu'à la fête appelée *silicernium*, on se réunissait à diverses reprises pour pleurer le mort et exalter sa mémoire; un repas solennel réunissait les confrères. Enfin à certains jours de l'année, aux *parentalia* et aux *rosalia*, les collegiati venaient mêler leurs offrandes à celles de la famille, sacrifier sur la tombe du mort et l'orner de fleurs [1].

Pour terminer ce tableau du collège antique considéré comme association professionnelle, il reste à se demander si cette organisation corporative n'avait pas été le point de départ d'une réglementation du travail. Cette réglementation, au sens où nous entendons aujourd'hui ce mot, ne parait pas avoir existé, au moins jusqu'au Bas-Empire, époque où les persécutions fiscales durent resserrer les liens entre les membres d'une même corporation, et il est facile d'en concevoir la raison. L'artisan libre travaillant pour le compte d'autrui, ou, pour l'appeler de son nom moderne, l'ouvrier salarié ne se rencontrait dans la cité romaine qu'à titre exceptionnel; la main-d'œuvre, nécessaire au maître artisan ou au marchand lui était fournie principalement par le travail servile [2]; or, si l'on peut citer certains édits du préteur, certains rescrits ou certaines constitutions impériales qui interdisent au maître de l'esclave de le mettre à mort ou d'exercer sur lui, sans motif, des sévices

1. Si le collegiatus était mort hors de la ville, on envoyait des délégués pour s'occuper de ses funérailles. Pour plus de détails, voir *Dictionary of greek and roman Antiquities*, Londres, 1849, v° *Funus*, et la savante monographie de Lessing, « Wie die Alten die Tod gebildet haben ».

2. Liebenam parait admettre dans un passage de son livre que les artisans libres s'unissaient pour protéger leur travail contre celui de l'esclave. « Cette association, dit-il, était d'autant plus facile que les métiers comme à Athènes étaient cantonnés dans certains quartiers : les potiers sur l'Esquilin, les ouvriers en soie à Tuscus, les huiliers, les changeurs à Venabre » (p. 9). Mais le même auteur écrit plus loin (p. 257) : « Aucune preuve ne fortifie l'opinion que l'exploitation du métier conformément à des statuts obligatoires ait pu avoir lieu ou que l'association ait exercé un contrôle sur la vie industrielle de ses membres. » Cette opinion est partagée par Waltzing, t. I, p. 184-189.

graves, ces mesures de protection ne sont pas spéciales aux esclaves employés à un travail industriel et n'ont, à aucun degré, le caractère de dispositions protectrices de ce travail. La seule réglementation qui paraît avoir existé est celle qui avait trait à la fixation du salaire dû aux *collegiati* eux-mêmes, c'est-à-dire aux membres des corporations publiques : une ordonnance de Dioclétien compléta et modifia à cet égard la législation établie par les empereurs, ses prédécesseurs, en établissant une échelle des salaires auxquels producteurs et marchands pouvaient prétendre.

L'antiquité n'a pas ignoré les grèves. A Magnésie de Méandre les boulangers ayant cessé tout travail, le gouverneur romain intervient : il leur défend de former une *hétairie* ou collège et leur enjoint de fournir du pain régulièrement; il semble résulter de ce texte, que malgré tout les collèges furent parfois des centres d'agitation professionnelle (Waltzing, I, 192).

Du Collège d'artisans considéré comme personne civile.

Nous nous bornerons, en ce qui concerne la condition juridique des collèges d'artisans et leur fonctionnement, en tant que personnes civiles, à retracer brièvement les règles principales du droit romain.

Le collège d'artisans autorisé jouissait de la personnalité civile; il n'acquit pourtant pas de suite tous les avantages attachés à cette qualité. La rigueur des anciennes règles de droit créa en effet maint obstacle aux manifestations de l'activité corporative. Le collège n'étant pas un individu ne peut tout d'abord figurer en personne comme l'exigeait le droit primitif dans les actes de la vie publique; il n'est pas conscient, il n'a pas d'*animus;* donc à l'origine le collège ne put ni acquérir, ni posséder, ni recueillir un legs.

La subtilité du préteur suppléa par la suite à ces lacunes du droit pur; la corporation put acquérir par l'intermédiaire de ses esclaves, par voie de tradition ou de mancipation; de même l'esclave posséda pour le collège et lui servit ainsi d'instrument pour l'usucapion et pour acquérir le droit d'obtenir les interdits possessoires. Dans le dernier état de la jurisprudence, tous les droits réels, sauf l'usage, pouvaient appartenir au collège. Du reste, en dehors même des collèges autorisés et jouissant de la capacité civile, il existait des collèges illicites n'ayant qu'une existence de fait, exposés à être dissous par le pouvoir, mais généralement tolérés, sauf aux époques de troubles. C'est en ce sens qu'on a pu dire : « C'était moins la fondation d'une association que l'obtention pour elle d'une capacité juridique qui dépendait de l'autorisation de l'Etat. » (LIEBENAM, *op. cit.*, p. 234.)

Par des procédés analogues, la rigueur du droit qui empêchait le collège d'acquérir à cause de mort comme n'ayant aucun rapport de famille finit par fléchir devant les nécessités pratiques. On reconnut au collège non seulement le droit de recueillir le pécule de ses esclaves affranchis (l. 1, § 3, au Code, liv. VII, tit. 7, *de servo communi manumisso*), mais un droit de succession ab intestat sur les biens de ses affranchis (Digeste, liv. XXXVIII, tit. 3, *de libertis universitatum*), enfin un droit de succession éventuel sur le patrimoine de ses membres (loi 1, au Code, liv. VI, tit. 62, *de heredit. decur.*). Quant aux institutions d'héritier faites au profit d'un collège, elles étaient nulles en principe comme faites à une personne incertaine (loi 8, Code, liv. VI, tit. 24, *de heredibus instituendis*); mais cette nullité put être éludée bientôt, les collèges étant réputés capables de recueillir par fidéi-commis et les fidéi-commis étant devenus depuis Auguste obligatoires pour le grevé. Marc-Aurèle permit enfin aux collèges de recueillir des legs (loi 20, Digeste, liv. XXXIV, t. 5, *de rebus dubiis*).

Il reste à définir la condition juridique du collège au point de vue des droits personnels. Ici, comme pour les droits réels, l'esclave intervient; il oblige l'universitas à laquelle il appartient; celle-ci est tenue d'exécuter ses engagements par les actions utiles *quod jussu* et *de peculio*. (Dig., liv. XIV, tit. 5, *quod cum eo qui in aliena potestate est, negotium gestum esse dicetur.*)

Il était plus difficile d'arriver à assurer aux collèges le droit d'agir en justice contre leurs débiteurs; l'esclave ne pouvait en effet exercer aucune action. On eut recours d'abord à des procurateurs qui agissaient en leur nom. (Gaius, livre III, tit. 4, loi 1.) Ils furent ensuite remplacés par des *actores* ou représentants de la communauté, spécialement désignés à cet effet par les décurions. La participation directe de l'universitas aux actes juridiques était dès lors admise.

Des Collèges d'artisans dans la Gaule romaine

L'extraordinaire puissance de propagande et d'assimilation qui caractérise le génie romain ne se manifesta jamais avec plus d'éclat qu'après la conquête de la Gaule. Tout séparait les Celtes des Romains : la religion, la langue, les mœurs, le ressentiment de la défaite. Et cependant jamais conquête morale ne fut aussi rapide et aussi complète; moins de trois siècles suffirent à Rome pour pénétrer la Gaule de sa civilisation, pour lui imposer ses dieux, son langage, sa législation, pour faire disparaître entièrement en un mot tout ce qui constituait son génie propre et sa nationalité. Il n'est donc pas surprenant que l'institution des collèges d'artisans, forme essentiellement romaine de l'organisation du travail, se soit implantée de bonne heure en Gaule où elle était appelée à remplir un rôle si important. Le tableau qui vient d'être tracé de la corporation romaine nous dispense d'insister sur les caractères de la corporation gallo-romaine dont la constitution est identique, mais il paraît intéressant de rechercher, autant que le permettent les trop rares indications fournies par les auteurs contemporains et par l'épigraphie, les progrès accomplis en Gaule par l'idée corporative ainsi que d'en noter les principales manifestations.

C'est surtout dans les provinces du Midi, dans cette Gaule transalpine dont le littoral était déjà peuplé de ses colonies que les mœurs et les coutumes de Rome devaient remporter une facile victoire; il n'est donc pas surprenant que les collèges d'artisans aient été dans cette région plus nombreux que dans aucune autre.

Les collèges d'artisans existaient tout d'abord à Nice. Une inscription reproduite par M. Bourquelot (*Mémoires des Antiquaires de France*, 1850, p. 127) constate dans cette ville la trace d'un collège de *centonarii* et fait allusion aux festins funéraires en usage; une autre inscription célèbre la reconnaissance de trois collèges d'artisans de Nice envers un certain Aurelius réputé pour son équité, sa douceur, sa générosité (inscr. 29). On rencontre également à Nice, comme en Italie, les *lapidarii* qui font un vœu à Hercule, leur divinité tutélaire.

Les collèges n'étaient, sans doute, pas moins nombreux à Narbonne où ont été relevées des inscriptions relatives à des collèges de *propolæ* (Orelli, 4269), de *clavarii materiarum* (*ibid.*, 4164), de *lardarii* (Gruter, 643,10), et à Nîmes où l'on rencontre les *unctores* et les *medici* (Gruter, 635-636). A Vaison (aujourd'hui département de Vaucluse), des fouilles ont également mis au jour des inscriptions relatives à des collèges de *centonarii* et de *lapidarii*. (*Mémoires de la Société des Antiquaires*, t. IV, nouvelle série, 1842.)

Comme la Narbonnaise, la Lugdunaise avait complètement adopté les institutions romaines, et ainsi que l'ont établi les savants travaux de M. de Boissieu[1] l'organisation des professions en collèges d'artisans s'y était implantée. A Lyon comme à Rome, on retrouve groupés par collèges les corps de métiers de l'alimentation (*negotiatores vinarii, negotiatores artis macellariæ*), de l'habillement et des tissus (*sagarii, centonarii*), de la construction (*tignarii et dendrophori*), les *negotiatores artis cretariæ* (potiers), les *nummularii* (banquiers), etc., et aussi les *nautæ* ou bateliers qui, divisés en trois collèges, se partageaient la navigation du Rhône et de la Saône. Tous ces collèges sont inscrits sur un *album* où ne figurent que les associations régulièrement constituées (corpora licite coeuntia). Les collèges sont étroitement associés à la vie municipale. « Les villes, dit Waltzing (II, 189), élevaient des statues aux bienfaiteurs des collèges ; elles leur concédaient des emplacements pour leurs monuments, pour bâtir un local. Au théâtre, au cirque, elles leurs accordaient des places réservées. »

L'existence de nombreuses corporations dans le midi et le centre de la Gaule est donc surabondamment démontrée[2]. Il n'en est pas de même pour les contrées du nord de la Gaule, notamment pour l'Armorique et la Belgique. On rencontre sans doute fréquemment dans ces régions la trace de professions identiques à celles qui ont déjà été signalées ; mais les textes qui les mentionnent ne renferment pas des indications permettant d'affirmer qu'elles aient été organisées corporativement. C'est ainsi par exemple que les nombreuses inscriptions romaines relevées par Gruter et par Orelli conservent le souvenir de divers artisans des villes de Metz, Langres, Trèves (Gruter, pages 636

---

1. *Inscriptions antiques de Lyon*, reproduites d'après les monuments ou recueillies dans les auteurs. Lyon, 1846, in-f°.
2. La liste des collèges professionnels antérieurs au IV° siècle a été publiée par M. Waltzing (II, 145 à 159). Elle mentionne l'existence de nombreux collèges à Marseille, à Aix, à Arles, à Vienne, à Valence, à Nîmes, à Lyon.

31; 641, 3; 651, 1. Orelli, 4247, 4716); mais ces inscriptions funéraires ou votives, bien qu'elles indiquent la profession du défunt ou du consécrateur, ne font pas mention, contrairement à l'usage romain, du collège auquel cet artisan aurait appartenu.

Il serait toutefois exagéré d'affirmer d'une manière absolue que la corporation romaine n'avait pas pénétré dans le nord de la Gaule : il est au contraire à présumer que dans la plupart des grandes villes de cette région des collèges d'artisans s'étaient constitués. A Paris spécialement, les fouilles faites en 1715 sous l'église Notre-Dame ont mis au jour une inscription dédiée par les *nautæ parisiaci* à Jupiter[1]. Bien que le mot de *collège* ne se trouve pas dans cette inscription, elle prouve que les nautes de Paris avaient une organisation collective. La consécration par eux d'un autel dédié à Jupiter ne peut être en effet que le résultat d'une délibération commune. Sans doute, cette corporation ne fut pas la seule qui se fonda à Lutèce ; les bouchers de Paris semblent en effet, ainsi qu'on le verra par la suite, avoir eu de toute antiquité une organisation collective ; d'autres villes encore de la Gaule Belgique, celles surtout où dominait l'élément romain, durent connaître ce régime : mais le collège d'artisans demeura toujours dans ces provinces plus rebelles à l'influence romaine, une institution exceptionnelle[2]. Non seulement cette institution ne se généralisa pas, mais elle s'atrophia et demeura comme frappée de stérilité. Il n'appartenait qu'à l'esprit chrétien du moyen âge de rendre la vie à cette institution à demi morte, de rallumer ce foyer presque éteint et d'en faire jaillir une vivifiante flamme de pur dévouement, de générosité et de charité.

1. Tib. Cæsare. Aug. Jovi optumo massumo nautæ parisiac. publice posuerunt.
2. M. Waltzing constate (II, 197) que les collèges d'artisans, nombreux dans la Narbonnaise, restèrent toujours clairsemés dans les trois Gaules, en Bretagne, en Espagne.

CHAPITRE II

LES GUILDES GERMANIQUES ET ANGLO-SAXONNES

L'étymologie du mot *guilde* n'a jamais été fixée avec certitude. Suivant une première opinion soutenue par Weigand (*Worterbuch der deutschen Synonymen*, I, 245), ce mot serait dérivé du mot allemand *gelten*, valoir (en gothique *gildan*). Suivant d'autres auteurs, il tirerait son origine de l'anglo-saxon *gylta* (en haut allemand *gelt* ou *kelt*[1], dette, sacrifice), terme fréquent dans les formulaires de confession ; ce vocable devenu en anglo-saxon plus moderne *gegylta* signifiait société religieuse.

Quoi qu'il en soit, le mot *guilde* a servi à désigner chez les peuples germaniques une institution corporative dont il est nécessaire de retracer les origines et d'indiquer les principaux caractères.

Origines de la Guilde

La guilde se rattache, sans aucun doute, à l'une des plus anciennes coutumes germaniques, celle du *convivium*. Tacite signale déjà la coutume particulière aux Germains de traiter à table, en se livrant à des libations répétées, les affaires les plus sérieuses : « C'est là, dit-il, que les vieilles inimitiés s'oublient, que se concluent les alliances,

---

1. Oscar SCHADE, *Worterbuch der altdeutschen Sprache*. Halle, 1872. « Les sacrifices païens étaient célébrés par des repas et des banquets. C'est pourquoi les assemblées de buveurs (*Trinkgelage*) se nommaient *Gildi* (sacrifices) en vieux northmann (*altnordisch*). » HEGEL, *Städte und Gilden der germanischen Völker*. Leipzig, 1891, t. I, p. 4.

que l'on élit les chefs, que l'on traite de la paix ou de la guerre[1]. » Une véritable fraternité naissait ainsi au choc des coupes et au bruit des chansons entre les guerriers qui avaient bu à la coupe de l'amitié (*Minne*). Chacun des convives devait, sur le champ de bataille comme à l'assemblée (*Mâl*), défendre de son épée ou protéger de son crédit celui avec qui il avait partagé les joies du festin. Un des convives était-il tué, les autres se constituaient ses vengeurs, honoraient sa mémoire en vidant, en son honneur, dans des banquets funéraires, des cornes pleines de cervoise. Cette coutume remonte à la plus haute antiquité. Un auteur allemand contemporain, M. Max Pappenheim[2], signale déjà dans les vieux chants de l'Edda une association ou fraternité (bruderschaft) de ce genre; les confrères s'unissent en mêlant leur sang et en buvant ensemble. Dans le chant de Lokasenna, Loki parle ainsi :

>Denkst du daran, Odin,
>Wie wir beim Ambeginn
>Blut zusammen mischten......

Un passage de la gisla-saga, cité par le même auteur, fournit sur ces associations une indication encore plus précieuse; c'est celui qui fait un devoir de venger son convive à l'égal d'un frère. M. Pappenheim s'appuie sur ce texte pour faire ressortir l'analogie entre les convivia et les guildes qui en furent, d'après lui, l'émanation[3].

1. De reconciliandis invicem inimicis, et jungendis affinitatibus et adsiscendis principibus, de pace denique ac bello plerumque in conviviis consultant. XXII. *De Moribus Germanorum.*
2. *Die Schutzgilden.* Berlin, 1885, p. 27. Sur ces usages voir aussi Hegel, *Städte und Gilden*, 1891, t. I, p. 7. Cette coutume du mélange du sang n'est du reste pas spéciale aux anciens Germains. Hérodote la signale déjà chez certains peuples asiatiques; elle a été retrouvée par des voyageurs chez des tribus sauvages polynésiennes et aussi chez des peuplades nègres d'Afrique. V. Doren, *Untersuchungen zur Geschichte des Kauffmannsgilden des Mittelalters.* Leipzig, 1893, p. 9.
3. *Ibid.*, p. 41.

Les idées de fraternité d'armes, de défense et d'assistance mutuelles se retrouvent donc dans les plus anciens monuments de la race germanique, mais il reste à examiner comment et à quelle époque ces idées se précisent et comment elles finissent par aboutir à la constitution de sociétés régulièrement organisées.

Diverses thèses ont été mises en avant au sujet des origines de la guilde. Suivant Wilda[1], à l'opinion duquel s'est rallié plus récemment M. Gross dans son savant ouvrage sur les guildes marchandes[2], la guilde devrait son origine à l'influence des idées chrétiennes de charité et de fraternité[3]. Suivant Hartwig[4], la guilde ne serait autre chose que la corporation romaine dont le type importé par les apôtres de la foi chrétienne dans les contrées septentrionales s'y serait transformé[5]. Enfin Brentano dans son Essai sur l'origine des guildes[6], s'est efforcé de coordonner ces deux systèmes en les mitigeant par l'admission d'un troisième facteur, les traditions païennes.

1. *Das Gildwesen im Mittelalter*. Halle, 1831, p. 31.
2. *The Gild Merchant. A contribution to british municipal history.* Oxford, 1890.
3. They doubtless originated spontaneously among Christians for mutual support in things temporal and spiritual. (Gross., *op. cit.*)
4. *Untersuchungen über die ersten Anfænge des Gildwesens.*
5. Dans un article intitulé : « The English gilds of the Middle age », publié par la revue catholique anglaise *The Month*, en décembre 1893, le Rev. Strappini adopte l'opinion de Hartwig.
6. *Esay on the history and development of gilds by Lujo* Brentano, Londres, 1870. Voir également en ce sens: J. Flach, *Les origines de l'ancienne France.* Paris, 1893, t. II, p. 375, et Doren, *op. cit.*

M. Van der Linden rejette toutes ces explications et ne veut voir dans la naissance des guildes marchandes qu'un phénomène économique déterminé par la transformation sociale, commerciale et industrielle de l'Europe occidentale à partir du XIe siècle (*Les Gildes marchandes dans les Pays-bas au Moyen-âge*, Gand, 1896, p. 6). Il est certain que les circonstances et les nécessités économiques exercèrent une influence déterminante sur la formation des guildes. Mais l'institution comme le nom de *la guilde* étaient bien antérieurs au XIe siècle et il s'agit précisément de savoir où et quand était né cet organe auquel va être assignée une fonction nouvelle.

C'est à cette dernière opinion que nous croyons devoir nous rallier, malgré les attaques dont elle a été l'objet de la part d'un historien aussi érudit que M. Gross. Toutefois, il est nécessaire de bien définir en quel sens l'opinion de Brentano nous semble fondée. Chacune des trois causes qu'il énumère nous paraît avoir eu sur l'origine et le développement de la guilde une influence indéniable, mais cette influence ne s'est pas exercée de la même manière et n'a pas eu le même caractère.

Et d'abord, il nous paraît certain qu'antérieurement au VIIe siècle, c'est-à-dire à la grande diffusion du christianisme chez les peuples du nord de l'Europe les guildes étaient inconnues en tant qu'institutions corporatives proprement dites. L'édit de Charlemagne interdisant les *diabole gilde* des Saxons, dont l'origine aurait été déjà fort ancienne, ne fournit pas un argument contre cette conclusion[1] à défaut de toute indication permettant de fixer le sens exact du mot employé; il est permis de croire que Charlemagne a fait allusion à des pratiques païennes ou à la vieille coutume du convivium. En l'absence de toute trace de la guilde dans les anciens monuments de l'histoire scandinavique ou germanique, on doit donc rejeter comme purement arbitraire l'opinion qui fait dériver la guilde en tant qu'association définie et organisée des anciennes mœurs et traditions septentrionales[2].

Est-ce à dire qu'il faille écarter absolument toute influence germanique comme étrangère aux origines de la

---

1. On verra par la suite que du temps de Charlemagne des guildes sociales et religieuses étaient déjà constituées; mais au IXe siècle, les idées chrétiennes et romaines avaient déjà pénétré dans la société franque. Aussi les observations qui précèdent ne s'appliquent-elles qu'aux guildes des Saxons d'origine déjà ancienne au IXe siècle et qui ne nous paraissent pas avoir été des guildes au vrai sens du mot.

2. MUNTER, *Kirchengeschichte von Danemarck und Norwegen*, p. 182. En notre sens, HARTWIG, p. 154.

guilde et ne voir dans cette institution qu'une adaptation du collège romain ou une émanation des collèges monastiques ? Ce serait là, à notre avis, commettre une erreur inverse et non moins grave. Certains statuts des guildes s'inspirent évidemment des vieilles coutumes germaniques et reflètent manifestement le même esprit que les sagas scandinaves. Telle l'obligation pour les membres de la guilde de venger le meurtre de leur frère et de poursuivre le meurtrier jusqu'à ce qu'il ait composé[1]; une telle prescription ne se retrouve dans aucun des statuts de collèges romains et est directement contraire aux enseignements chrétiens. Elle est évidemment dictée par l'ancien esprit germanique.

Il est plus difficile de justifier le système de Brentano en ce qui concerne l'influence médiate et indirecte, il est vrai, des institutions corporatives de Rome sur la création de la guilde. Et cependant, certaines analogies que présentent à bien des points de vue les collegia romains et les guildes saxonnes fortifient l'hypothèse qui attribue à la plus ancienne de ces associations une part d'influence sur le développement de la seconde[2]. — Cette organisation professionnelle inconnue des anciens Germains, ce culte même rendu à un médiateur surnaturel (dieu ou génie pour les *collegia* romains à Rome, saint pour les guildes saxonnes), ce sont là des traits caractéristiques d'institutions anciennes que le christianisme a régénérées et animées d'un esprit nouveau, mais qu'il n'a pas créées.

1. Cette disposition se trouve, notamment, dans les guildes danoises. Cf. Brentano, p. 102.
2. Il est à noter également que l'on rencontre de bonne heure des colonies de marchands dans la plupart des vieilles villes romaines du Rhin, à Cologne, à Worms, à Mayence, à Bâle. A Cologne la guilde est déjà pleinement organisée au XIIe siècle. (Doren, *op. cit.*, p. 88.) Le statut de cette guilde de Cologne dont la plupart des membres étaient d'origine étrangère à la ville a été publié par Ennen et Eckertz, *Quellen zur Geschichte der Stadt Köln*, t. I, 153.

En résumé, la race germanique a connu de tout temps les fraternités d'armes et les banquets qui établissaient entre des hommes, souvent de familles ou de tribus différentes, des liens d'amitié et de solidarité. Mais strictement limitées aux besoins d'une vie barbare, ne s'élevant pas au-dessus des mobiles purement personnels dont elles étaient issues, ces unions sont éloignées de la guilde, même la plus rudimentaire, de toute la distance qui sépare l'Anglo-Saxon ou le Germain encore incultes des premiers âges, de l'Anglo-Saxon ou du Germain devenus chrétiens et déjà presque conquis à la civilisation. La guilde ne fût jamais sortie des traditions confuses et barbares de la Germanie, si le souffle du christianisme n'était venu les féconder. Les institutions corporatives qui se développèrent alors étaient-elles, comme l'ont soutenu Wilda et Gross, le produit direct des idées nouvelles, une pure adaptation à des intérêts séculiers de cet esprit chrétien d'association qui suscitait partout des communautés et des confréries? Il nous semble plus probable que les premiers apôtres originaires d'Italie ou de Gaule ont apporté de leur pays le plan des institutions nouvelles, et que l'idée première de la guilde a été empruntée au collège romain; cette idée, régénérée et transformée par l'esprit chrétien, s'est combinée avec les traditions et les coutumes qui formaient l'héritage moral irréductible de la race germanique; elle s'est *christianisée* et *germanisée;* elle est devenue la guilde.

La coïncidence des premières manifestations de la guilde et des conquêtes du christianisme est surtout frappante en Angleterre. Prêché pour la première fois dans la Grande-Bretagne en 597, le christianisme triomphe définitivement en 655 par la victoire du Bretwalda Oswin, roi de Northumberland, sur le dernier roi païen de Mercie : tour à tour la Mercie, le Wessex, le Sussex, et Wight se convertissent, et au commencement du VIIe siècle la

Grande-Bretagne entière est chrétienne. Or, c'est précisément à la même époque que les lois d'Ine, roi du Wessex, mentionnent pour la première fois la guilde[1] dont il nous faut maintenant étudier l'histoire et analyser l'économie.

Les guildes peuvent être ramenées à trois catégories : les guildes religieuses ou sociales, les guildes de marchands, les guildes d'artisans. Bien que les guildes de cette dernière classe rentrent seules à vrai dire dans le sujet de notre étude, il est nécessaire de retracer à grands traits la physionomie des guildes des deux premières classes qui précédèrent et préparèrent l'organisation des guildes d'artisans.

I. — Guildes religieuses ou sociales

Les premières guildes qui apparaissent dans l'histoire n'ont à aucun degré le caractère d'associations de commerce ou de travail. Ce sont des associations de défense mutuelle ou des associations religieuses. Au Xe siècle encore, ces guildes sont les seules qui existent, et elles se perpétuent même après l'apparition des guildes de marchands et d'artisans.

Dans quel pays rencontre-t-on pour la première fois trace de la guilde[2]? Cette question a, elle aussi, divisé les

---

1. D'après M. Gross, il est vrai, le mot « gegylta » usité dans ces lois, n'aurait pas le sens précis de guilde, mais un sens plus vague.
2. Les guildes marchandes ne se rencontrent que dans la basse Allemagne (la haute Allemagne ne les connut jamais), la France du Nord, l'Angleterre et l'Ecosse. D'après Von Below, *Grosshandler und Kleinhandler im deutschen Mittelalter* (*Jahrbücher für National Œkonomie III*. Folge. XX Bd. 1900), il n'aurait existé en Allemagne, pas plus au Nord qu'au Midi, de guildes marchandes *stables :* les guildes auxquelles on a attribué ce caractère seraient en réalité des guildes d'artisans comme celle des tailleurs de Bâle que l'on nommait marchands : *Kaufleute,* d'où l'erreur ! » Et quant aux guildes de marchands voyageurs (*Kauffahrer Gilden*) elles comprenaient non seulement de gros marchands, mais de

interprètes. Longtemps on s'en est tenu à l'opinion de Brentano qui voulait voir dans l'Angleterre le berceau de la guilde[1]. Brentano s'appuyait pour soutenir cette théorie sur le texte des lois d'Ine. M. Gross a entrepris sur ce point comme sur tant d'autres de réfuter Brentano. Il conteste la signification du texte saxon et cite comme la plus ancienne mention faite de cette institution un capitulaire carolingien de l'an 779. Sans prendre parti sur la question de texte, nous pensons avec le savant professeur d'Harvard que Brentano a été beaucoup trop affirmatif en posant en axiome l'origine britannique des premières guildes[2]. L'absence de données certaines interdit à cet égard toute conclusion positive et, comme le dit M. Gross, si, au XIe siècle, les guildes sont plus nombreuses et plus fortement constituées chez les Anglo-Saxons que sur le continent, ce fait tient sans doute à l'indulgence des rois saxons et aux incursions danoises, mais ne prouve pas l'origine anglaise de l'institution.

Dès le IXe siècle, des guildes existaient en Angleterre. D'après Brentano, les *judicia civitatis Londoniæ* rédigés sous le règne d'Athelstane (895-940) se référeraient à cette

petits détaillants associés. Les guildes danoises et norvégiennes ne sont que des guildes religieuses ou de protection mutuelle sans caractère commercial. En Suède, les corporations d'artisans ne s'appellent pas guildes, mais compagnies ou *offices*. Le but des guildes danoises et norvégiennes est le salut des âmes, l'association fraternelle sans acception de profession, d'âge ou de sexe ; celui des guildes suédoises est l'exercice d'un métier déterminé avec distinction des maîtres et des apprentis. HEGEL, *Städte und Gilden*, t. I, p. 335-339. DOREN, *op. cit.*, p. 56.

1. *Op. cit.*; LVII : « I wish to declare most emphatically that I consider England the birthplace of guilds. »

2: « Même si l'on admet que les guildes soient citées dans les lois d'Ine et d'Alfred, on n'est pas en droit d'en conclure que les guildes se sont manifestées pour la première fois sur le sol britannique. » GROSS, p. 175 : Telle est également l'opinion de M. Max PAPPENHEIM : « Autre chose est de constater que l'Angleterre est le pays où l'on trouve les premières traces de la guilde, ou bien d'affirmer que l'Angleterre est le berceau de la guilde et que toutes les guildes des autres pays tirent de là leur origine. » *Die Altdanischen Schutzgilden*, p. 16.

institution. « Elles renferment, nous dit-il, des prescriptions particulièrement étendues au sujet de la répression du vol. Non seulement les membres étaient obligés de poursuivre et de traquer le voleur, mais la personne volée recevait une indemnité sur le fonds commun. Chaque mois, les membres de la guilde s'assemblaient en un banquet où leurs intérêts communs, l'observation des statuts et d'autres questions semblables étaient discutées. A la mort d'un membre, chaque associé de la guilde devait offrir un morceau de bon pain pour le salut de son âme et chanter cinquante psaumes dans l'espace d'un mois. Tous les participants à cette ligue ne devaient s'affilier à aucune autre; ils étaient tenus de mettre en commun leurs affections et leurs haines, de venger toute insulte faite à un de leurs frères comme si elle leur avait été faite à tous. La guilde anglaise des chevaliers était peut-être une de ces guildes unies. A Canterbury, une guilde, formée dans le même but, était, vers la même époque, à la tête de la cité et deux autres existaient à côté d'elle. »

M. Gross[1] a entrepris de réfuter ces assertions; d'après cet auteur, les institutions visées par les *judicia civitatis Londoniæ* seraient non des guildes, c'est-à-dire des associations libres, mais des créations de la loi, des sortes de corporations publiques sur lesquelles M. Gross ne s'explique pas. Le fait que les membres de la « gegilda », se réunissaient dans un banquet mensuel ne prouve rien, les Saxons ayant en toute occasion l'habitude de s'assembler pour boire. Quant aux prières pour les morts, c'est bien là une coutume ordinairement pratiquée dans les guildes, mais elle ne leur est pas spéciale : c'est un fait bien connu qu'à cette époque les hommes saisissaient toutes les occasions de s'assurer après leur mort des prières pour le salut de leur âme.

Sans doute Brentano a été trop affirmatif en présentant

1. *Op. cit.*, p. 179, t. I.

comme un fait incontestable l'identité avec la guilde de l'institution décrite par les *judicia civitatis Londoniæ;* cette identité est purement conjecturale, mais, à tout bien considérer, la conjecture n'a rien d'invraisemblable et paraît tout aussi admissible que celle dont M. Gross est l'auteur et qu'il propose de lui substituer. Reconnaître aux associations dont les *judicia* nous ont conservé la trace, le caractère de corporations publiques, c'est-à-dire d'institutions qui eussent été uniques en leur genre à cette époque et dans ce pays, c'est là, à notre avis, formuler une hypothèse tout aussi audacieuse que celle qui consiste à voir dans ces associations une des manifestations les plus anciennes de la guilde qui, de l'aveu même de M. Gross, existait en Angleterre dès le IXe ou le Xe siècle. — Au surplus, fût-il exact, comme le pense M. Gross, que les rois soient intervenus pour réglementer ces associations, s'ensuit-il nécessairement qu'elles aient eu un caractère obligatoire et que l'adhésion de leurs membres n'ait pas été volontaire? Et si l'on admet que cette adhésion a été volontaire, en quoi ces associations diffèrent-elles essentiellement des guildes?

La critique de M. Gross, si sévère contre Brentano, nous semble donc ici en défaut. Elle ne réussit pas à démontrer la fausseté d'une opinion qui, pour ne pas avoir la valeur d'une certitude, demeure cependant très acceptable et même très vraisemblable.

Quoi qu'il en soit, les guildes religieuses et sociales existaient dès la période saxonne, et M. Gross lui-même les fait remonter au IXe siècle[1]. Mais les plus anciens statuts que l'on ait conservés sont ceux des guildes d'Abbotsbury, d'Exeter et de Cambridge, qui datent du commencement du XIe siècle. Ces statuts présentent une certaine analogie avec ceux décrits par les *judicia*. Une

---

1. *Op. cit.*, p. 183. « The cnihts gild existed in some of the principal cities of England in the *ninth*, tenth and eleventh centuries. »

fois par an à Abbotsbury, trois fois par an à Exeter, les confrères se réunissaient pour adorer Dieu et prier le saint patron; on prenait un repas en commun, les pauvres en avaient leur part. On s'assistait mutuellement en cas de maladie, d'incendie ou en cours de voyage; on punissait les insultes faites par un membre à un autre; on assistait au service funèbre d'un confrère décédé. La forme la plus répandue des guildes dites sociales paraît avoir été la *cniht's gild*, dont l'objet est assez mal déterminé. Le mot *cniht* paraît avoir désigné une sorte de vassal de condition noble [1]. Il existait aussi des guildes d'un caractère religieux qui se multiplièrent après la conquête normande, et surtout au XIII siècle. Telle était notamment la guilde du *Corpus Christi* fondée à York pour accompagner le saint-sacrement, et celle de Sainte-Marie de Beverley, dont les membres représentaient des mystères religieux.

En Allemagne, on rencontre également des guildes sociales, mais la plupart affectent un caractère municipal ou celui d'une ligue de propriétaires (Hausgenossenschaft). La plus célèbre était la *Richerzechheit*, ou ligue des riches, fondée à Cologne à la fin du XII siècle.

En Danemark, les guildes jouèrent un rôle important, comme le prouve un fait historique. Magnus, fils du roi Nicolas de Danemark, avait tué le duc Canut Lavard, alderman ou protecteur de la ligue du Sleswig, nommée *Hezlagh* (fraternité jurée). En 1130, le roi ayant voulu visiter la ville, malgré la défense à lui faite par les *congildi*, fut massacré avec toute sa suite.

Les statuts des guildes danoises et surtout ceux des guildes de Saint-Kanut de Flensbourg et d'Odense (1200) renferment des clauses analogues à celles des guildes anglaises. Tout nouveau membre paie un droit d'entrée

1. GROSS, p. 184, et les textes cités par lui : « He was not a mere page or servant, but the armed attendant of some great lord. »

destiné au fonds commun. Le meurtre d'un *congildus* est puni d'une amende; il en est de même des voies de fait. Une étroite solidarité unit les *congildi*. L'un d'eux a-t-il tué un étranger, on l'aide à s'enfuir en lui fournissant, selon les cas, un bateau et des rames ou un cheval (loi 2 d'Odense). L'assistance aux assemblées est obligatoire; il est défendu d'interrompre son frère ou de lui dire : « Tu mens » (loi 33 de Flensbourg), de répandre à terre sa bière ou de s'enivrer. De nombreux articles visent l'assistance due entre frères : on veille les malades (loi 44 de Flensbourg); on les accompagne à leur dernière demeure (loi 45, *ibid.*); tout démêlé entre congildi est soumis à l'arbitrage des autres membres [1].

II. — *Guildes de marchands.* — *Guildes d'artisans*

Les guildes des marchands furent-elles organisées comme les guildes sociales et religieuses, dès l'époque saxonne? Brentano l'affirme et attribue ce caractère à diverses guildes dont les statuts sont perdus, comme celle de Douvres; mais cette assertion est purement gratuite, et sur ce point M. Gross a pleinement raison d'écrire « qu'il n'existe aucune trace de semblables guildes dans la période saxonne et que l'histoire de cette guilde commence avec la conquête normande... Il est impossible de dire avec certitude s'il n'y a là qu'une adaptation spontanée de la guilde à des intérêts nouveaux ou si l'institution a été directement importée de Normandie. Cette dernière opinion s'appuie sur ce fait que la guilde marchande existait déjà sans aucun doute dans le nord de la France au temps de la conquête » (p. 4). La guilde marchande est mentionnée pour la première fois en Angleterre dans une charte accordée aux bourgeois de Burford (1087-1107), et en Flandre dans une charte concédée par le comte Bau-

1. Sur les guildes danoises, suédoises et norvégiennes, voir Hegel, *op. cit.*, t. 1.

douin et la comtesse Richilde à la guilde de Valenciennes en 1167[1] et par une autre charte du XIIᵉ siècle approuvant les statuts de la guilde de Saint-Omer[2].

Les guildes de marchands avaient surtout pour but d'assurer à leurs membres la protection de leurs personnes et de leurs biens, Souvent les guildes de plusieurs villes se fédéraient et formaient des ligues commerciales, comme la Hanse dite de Londres à laquelle, ainsi qu'on le verra par la suite de cet ouvrage, plus de quinze cités continentales étaient affiliées ; chaque cité nommait des délégués dont la réunion formait le conseil de la Hanse. Les statuts assez analogues à ceux des guildes sociales n'avaient aucun caractère professionnel. Du reste, les artisans n'en étaient pas exclus ; mais on ne les admettait que s'ils avaient quitté depuis un an leur métier et à charge par eux de payer un droit d'entrée d'un marc d'or[3] : sans doute beaucoup de marchands cumulaient le trafic des matières premières et la fabrication. Mais le développement du commerce insulaire après la conquête devait amener nécessairement la division des industries et par suite la fondation d'associations spéciales d'artisans dont le type existait déjà sur le continent. Les premières guildes d'artisans ou guildes des métiers (*craftgilds*) apparaissent en Angleterre sous le règne d'Henri Iᵉʳ (1100-1133) (tisserands d'Oxford, d'Huntingdon, de Londres, foulons de Winchester). En Allemagne, les guildes d'artisans paraissent dater de la même époque (tisserands de Mayence, 1099 ; pêcheurs de Worms, fin du XIᵉ siècle). Ces guildes (furent d'abord pour les artisans des métiers (boulangers, charpentiers, tailleurs, tisserands) des associations de protection et de mutuelle assistance qui peu à peu élargirent le cercle de

---

1. *Mém. de la Société des antiquaires de France*, 4ᵉ série, t. VIII. Voir cependant FLACH, *op. cit.*, II, 381.
2. GROSS, *op. cit.*, I, 290.
3. Voir l'excellente monographie de M. PIRENNE : *La Hanse flamande de Londres*. — Bruxelles, Hayez, 1899.

leurs attributions, réglementèrent le travail et s'élevèrent au rang de véritables corporations professionnelles.

L'histoire des *craftgilds*, pendant les premiers siècles qui suivirent leur apparition en Angleterre, nous est encore imparfaitement connue, bien que de nombreux statuts de corporations aient été mis au jour depuis un demi-siècle. D'après Brentano, dont l'opinion a fait longtemps loi en Angleterre sur toutes les questions relatives à l'origine et à l'histoire des corporations, les *craftgilds* humbles associations d'artisans pauvres et dont un pénible travail manuel était l'unique gagne-pain, auraient été tenues pendant les XIe, XIIe et même XIIIe siècles dans une sorte de servage politique et économique par les riches guildes de marchands dont l'égoïsme soupçonneux avait pris ombrage de ces associations d'hommes du peuple; après avoir lutté pendant longtemps pour leur indépendance, les *craftgilds* seraient enfin parvenues à la conquérir au XIVe siècle. Cette thèse de Brentano a été énergiquement combattue par M. Gross, d'après lequel la lutte prétendue entre guildes de marchands et guildes d'artisans, lutte qui aurait pris fin par la victoire de ces dernières associations, ne serait qu'un mythe dont Brentano aurait été l'éditeur responsable[1]. Il ne saurait entrer dans notre esprit d'entreprendre la discussion de cette question qui appartient au domaine de l'histoire de l'Angleterre et des institutions anglaises. Nous nous bornons donc à signaler cette controverse et nous revenons à l'étude des guildes d'artisans dont il importe d'étudier l'organisation, afin de permettre au lecteur d'apprécier par la

1. « All this is a myth for the wide acceptance of which Brentano i mainly responsible. » *The Gild merchant*, p. 109. Pour la Flandre et aussi à un degré moindre pour l'Allemagne cet antagonisme et ces luttes sont absolument établis ; chaque ville avait son patriciat marchand, ses *majores*, ses lignages (*Geschlechter*) et sa classe inférieure, ses *minores* (nos menus). Voir PIRENNE, *Histoire de Belgique*, t. I, p. 342-359, et G. VON BELOW, *Das altere deutsche Stadtwesen und Burgertum*, Bielefeld, 1898, p. 95.

suite la part d'influence qui peut être attribuée aux influences saxonnes ou germaniques dans l'histoire des origines de la corporation française.

Le trait caractéristique des guildes d'artisans, comme des guildes marchandes, c'est avant tout la fusion des intérêts, la mise en commun des efforts, l'étroite alliance du travail avec le travail. « Si, dit Gierke, la classe ouvrière en Allemagne ne fut que très tard accessible à l'idée de l'union, c'est cependant par elle que se révéla pour la première fois d'une manière merveilleuse la force de ce nouveau principe. L'aisance et le crédit, l'éducation et le perfectionnement professionnel, les vertus civiques et enfin la prédominance dans les cités, tout cela fut le fait de l'union des corporations libres et de l'organisation des *Zünfte*[1]. » Cet éloge peut être adressé tout aussi justement aux *craftgilds* anglaises et paraît de tout point justifié lorsque l'on a étudié les statuts de ces associations et que l'on voit apparaître l'admirable esprit de fraternité et d'équité qui les anime.

A la tête de la guilde ouvrière se placent des chefs (en Angleterre aldermen, wardens, senators) auxquels sont adjoints des officiers d'un rang inférieur. Ils ont la haute main sur toutes les affaires corporatives, surveillent la bonne qualité des produits, gèrent le fonds commun; ils interviennent au besoin auprès des pouvoirs publics. Ces magistrats sont généralement élus. Ils exercent aussi la justice; aucun membre de la guilde ne peut être cité devant une autre autorité pour faits se rattachant à l'exercice de son métier.

L'entrée dans la guilde est subordonnée à certaines conditions. Il faut : 1° être citoyen de la ville; c'est par exception que certains statuts permettent à l'étranger l'accès de la corporation; 2° avoir une bonne conduite

---

1. Otto Gierke, *Rechtsgeschichte des deutschen Genossenschafts*. Berlin. 1868, t. I, p. 368.

et des mœurs régulières; quelques statuts ajoutent la condition d'être issu d'une union légitime (of lawful blood); 3° acquitter certains droits d'entrée (deux pences chez les foulons de Lincoln, 2 shillings chez les tailleurs de Londres); 4° faire un apprentissage ordinairement fixé à sept années et constaté par un contrat écrit.

Les statuts des premières guildes germaniques, saxonnes ou scandinaves ne renferment que peu de renseignements sur la hiérarchie professionnelle. Si à Bergen, en Norwège, on trouve la classique division tripartite en discipuli (apprentis), famuli (compagnons), magistri (maîtres), les anciennes chartes anglaises ne font mention de l'ouvrier que très accessoirement, par exemple, pour interdire au maître d'embaucher un ouvrier avant l'expiration de son engagement chez un autre maître. La classe des ouvriers salariés était en effet peu nombreuse; la plupart des *craftsmen* travaillaient seuls ou avec un apprenti. Ce fut seulement au XIVe siècle que le développement de l'industrie décida les *craftsmen* à prendre des auxiliaires et que l'on vit se constituer une véritable classe de prolétaires.

L'organisation des guildes était, comme leur composition, très démocratique. Tous les membres de la guilde sans exception avaient accès aux assemblées qui se tenaient de une à deux ou trois fois l'an. On y récitait des prières, on y élisait des wardens, parfois aussi un conseil d'assistants; on examinait les comptes des wardens sortant de charge et on délibérait sur les affaires communes. On infligeait des amendes aux absents ainsi qu'à ceux qui refusaien de remplir les fonctions auxquelles ils avaient été élus [1].

1. Il nous est impossible de renvoyer aux sources pour la justification de chacune de ces propositions. On trouvera le texte des principaux statuts des guildes saxonnes : 1° dans le recueil de TOULMIN SMITH, *More than hundred early english gilds* (ce recueil est précédé de l'étude de BRENTANO, *Essay on the development of gilds*), et 2° dans le second volume de l'ouvrage déjà cité de M. GROSS. Pour les guildes flamandes, voir l'ouvrage précité de VAN DEN LINDEN. Pour les guildes allemandes

La bonne exécution du travail donne lieu à de nombreuses prescriptions ou prohibitions. Il est interdit de mêler des matières premières de bonne qualité avec des matières de qualité inférieure, de vendre comme neufs des objets ayant déjà servi, de continuer à travailler après le couvre-feu, ou avant le lever du soleil.

Mais l'esprit chrétien de la guilde se révèle surtout dans les clauses relatives à l'assistance réciproque que se doivent les *congildi*. Tous les risques, tous les accidents qui peuvent survenir dans une existence humaine sont prévus par les statuts; la guilde secourt ses membres malades, les assiste en toute occasion, honore la mémoire des confrères défunts et se charge d'élever les enfants, parfois même de les doter. « Si aucun de la guilde, dit la charte des tailleurs de Londres, tombe dans la misère et se trouve sans moyens d'existence, il recevra, chaque semaine sept pences, sa vie durant. » Des secours étaient également alloués aux pèlerins.

La guilde, si soucieuse des intérêts matériels et moraux de ses membres, devait tout faire pour maintenir entre eux la concorde. Aussi de nombreuses clauses sont-elles conçues dans cet esprit. On prohibe les querelles; on inflige des amendes à quiconque nuit à la réputation ou à la fortune de son frère; on prescrit aux membres de soumettre tous leurs différends aux aldermen qui jugent tous les litiges dont l'origine est un fait professionnel et s'efforcent de concilier les autres. Toutes ces prescriptions sont sanctionnées par diverses dispositions pénales qui vont parfois même jusqu'à l'exclusion du coupable.

Les femmes pouvaient faire partie de la guilde [1].

---

voir Hegel, *Städte und Gilden*, t. II, liv. VIII (Cologne, Dortmund, Münster, Soest, Goslar, etc.) et Doren, *op. cit.*

1. « When any of the *bretheren* or *sisteren* dies, the rest shall give a penny each, to buy bread to be given to the poor, for the soul's sake of the dead. » (Gild of the fullers of Lincoln, Toulmin Smith, *op. cit.*, p. 180.) V. encore le statut des tailleurs de Lincoln, T. Smith, p. 182.

CHAPITRE III

ORIGINES DE LA CORPORATION DE MÉTIER EN FRANCE

La période qui s'étend du V⁰ siècle au XI⁰ est sans contredit la plus obscure et la plus mal connue de notre histoire. Aucune époque n'a été en effet traversée par de plus tragiques événements. Le naufrage de la civilisation romaine emportée par le flot furieux des invasions barbares, les guerres incessantes des temps mérovingiens; puis après l'intervalle trop court de paix prospère et glorieuse que donna à la France le règne de Charlemagne, de nouveaux fléaux déchaînés, les guerres privées partout rallumées, l'autorité royale impuissante et bravée, le désordre et l'anarchie devenus la seule loi, telles sont les images qui pendant six siècles s'offrent aux regards de l'historien. La rareté des documents originaux, le laconisme des annalistes qui se bornent le plus souvent à une sèche nomenclature des événements et des dates rendent particulièrement difficile l'étude des mœurs et des institutions de cette lointaine époque. C'est donc avec une grande circonspection et sans prétendre apporter au débat d'autre contribution que celle d'une opinion fondée sur une interprétation personnelle des faits et des témoignages que nous entreprendrons de rechercher les origines de la corporation française.

Une question se pose tout d'abord. Que sont devenues, au milieu des invasions et des guerres incessantes qui se sont succédé du V⁰ au XI⁰ siècle, les anciennes corporations romaines jadis si florissantes dans le midi de la

Gaule et qui avaient même pénétré, comme on l'a vu, dans les provinces septentrionales de ce pays? Cette question est du plus haut intérêt pour l'histoire des origines de la corporation en France. En effet, la corporation apparaissant au XII⁰ et au XIII⁰ siècle avec tous les caractères d'une institution déjà organisée et dotée d'une constitution régulière, il y a lieu de se demander si on ne se trouve pas en présence d'une émanation directe de la corporation romaine dont la tradition se serait secrètement perpétuée en France, ou si au contraire il faut assigner à la corporation une origine plus récente, soit germanique, soit autochtone?

Il est également impossible de soutenir ou de réfuter avec preuves à l'appui le système d'après lequel la corporation de métiers du moyen âge se relierait au collège d'artisans romain; il ne faut pas demander à ces époques troublées et à demi barbares, la même abondance et la même précision d'informations qu'à des époques calmes et civilisées, ni se presser de conclure à la disparition d'une coutume ou d'une institution, parce qu'une éclipse temporaire obscurcit son histoire. « La confusion, l'obscurité sont universelles à cette époque et la société féodale y est plongée aussi bien que la société municipale. Dans les IX⁰ et X⁰ siècles, la société féodale elle-même n'a point d'histoire et il est impossible de suivre le fil de ses destinées. La propriété était alors tellement livrée aux hasards de la force, les institutions étaient si peu assurées, si peu régulières, toutes choses étaient en proie à une anarchie si agitée, qu'aucun enchaînement, aucune clarté historique ne se laissent voir [1]. »

Un exemple de cette incertitude de l'histoire entre le VI⁰ et le X⁰ siècle se rencontre dans la controverse bien connue qui s'est élevée au sujet du maintien ou de la disparition des institutions municipales gallo-romaines.

1. GUIZOT, *Histoire de la civilisation en France*, 16⁰ leçon.

La persistance du régime municipal romain a été affirmée par Raynouard dans son *Histoire du droit municipal en France* (1829) et niée formellement, notamment par M. Flach (*Les origines de l'ancienne France*, t. II, p. 224 et suiv.). Tous les textes autrefois invoqués par Raynouard ont été interprétés dans un sens opposé à celui qu'il leur attribuait[1].

Il est certain tout au moins que le régime municipal romain a duré aussi longtemps que l'Empire. Un Edit d'Honorius ordonne en effet en 418 la convocation des assemblées principales qui à cause des désordres des sept dernières années n'avaient pu se réunir, et une lettre de Sidoine Apollinaire raconte en 468, qu'un préfet des Gaules est accusé devant le Sénat de Rome par l'assemblée de sa province. Que ces libertés locales aient été très fortement atteintes par la domination franque; que l'autorité du comte, représentant du roi, se soit imposée dans toutes les villes, on n'en peut douter. Mais les habitants des cités perdirent-ils complètement leurs anciennes franchises? aucune parcelle du pouvoir municipal ne leur fut-elle abandonnée? Cette question ne peut être résolue avec une absolue certitude, mais la persistance de certaines libertés et de certaines magistratures électives paraît bien probable[2]. C'en aurait été assez au sur-

---

1. « Quant à conclure de la rencontre des mots *curia, curiales, senatores, gesta*, à la persistance du régime municipal, cela est aussi logique qu'il le serait de prétendre que le consulat, la préture, l'édilité, la questure des Romains se sont maintenus à travers le moyen âge, parce que les mots qui les désignent y sont demeurés en usage. L'enveloppe s'est conservée, mais elle est vide de son sens primitif; elle en recouvre un autre. L'expression *municipia* désigne les châteaux forts; *curiales* les officiers de l'entourage du seigneur; *curia* cette cour elle-même; *senatores* les nobles ou les hommes libres. » FLACH, *op. cit.*, p. 229. Il est possible; mais n'est-il pas assez arbitraire de prétendre *a priori* que toujours et dans tous les cas, les mots ont eu une signification contraire à celle qu'ils comportent naturellement?
2. Ainsi le *defensor civitatis* a subsisté (avec une autorité, il est vrai, très diminuée) jusqu'au milieu du IXe siècle. A Angers on trouve encore

plus pour entretenir parmi les citadins cette solidarité latente, cet esprit municipal qui, réveillés à la fin du XI⁰ et au XII⁰ siècle, se manifestèrent par le mouvement communal[1].

Quoi qu'il en soit, la disparition, même admise, des *curies*, des *duumviri* et des autres magistratures romaines n'implique pas nécessairement celle des collèges d'artisans. Aussi les historiens même les plus opposés à la thèse de Raynouard admettent-ils assez volontiers la conservation de certaines traditions corporatives, de certains liens professionnels qui auraient servi de transition entre les anciens collèges et les futures corporations[2].

Cette filiation paraît sinon certaine, du moins extrêmement probable en ce qui touche certaines corporations parisiennes, dont les statuts rédigés au XII⁰ ou au XIII⁰ siècle mentionnent la haute antiquité des cou-

en 804 le *curator reipublicæ* qui a hérité des attributions des anciens duumvirs et de celles des questeurs et des édiles. Il gère les finances municipales et surveille les monuments publics. Voir LABANDE, *Hist. de Beauvais et de ses institutions municipales*, 1892, p. 5.

1. « Trop faible pour influer beaucoup sur les destinées de la société, le régime municipal avait du moins assez de vie, pour se perpétuer obscurément à travers plusieurs siècles du moyen âge et au milieu même des institutions féodales. » FUSTEL DE COULANGES, *L'Invasion germanique et la fin de l'Empire*, p. 43. Le même auteur rappelle (*Ibid.*) que les formules mérovingiennes, celles de Tours et de Bourges, nous montrent la curie siégeant, les *principales*, les *defensores*.

2. « Les artisans et les marchands du temps de Rome étaient répartis, chacun le sait, en corporations, et il est vraisemblable que la tradition indispensable du métier ne laissa jamais entièrement disparaître ces cadres primitifs. En tous cas ils se reformèrent... Les confréries de métiers sortirent donc d'un triple élément : *romain*, chrétien, germanique. » FLACH, *op. cit.*, p. 379.

« Il est possible que le souvenir des institutions de l'époque romaine ne se fût jamais absolument effacé... Les associations et les collèges si fréquemment mentionnés par les inscriptions latines de la région gauloise ont-ils complètement disparu dans le naufrage... de l'invasion barbare ? La critique rigoureuse n'a pas le droit de le supposer. » LUCHAIRE, *Les Communes françaises*, p. 28.

tumes qu'elles consacrent et par suite du lien corporatif. Il en est ainsi, par exemple, de la puissante association des marchands de l'eau, dont un titre remonte à 1121. Une charte de Louis le Gros de 1170 s'exprime ainsi au sujet des privilèges de cette Hanse : « *Consuetudines tales sunt ab antiquo.* » *Ab antiquo*..., cette expression fait évidemment allusion à des origines très reculées, au moins plusieurs fois séculaires ; il n'est donc nullement téméraire de supposer que les marchands de l'eau étaient investis depuis de longs siècles de prérogatives héritées de l'ancien collège des nautes. Il était du reste de l'intérêt des rois francs, de laisser subsister entre les nautonniers chargés d'assurer le ravitaillement de Paris cette organisation corporative qui assurait le bon fonctionnement de ce service public [1]. Hypothèse, dira-t-on. Soit ! mais hypothèse qui se concilie mieux que toute autre avec l'interprétation du texte ci-dessus cité, comme avec la vraisemblance historique.

D'autres textes constatent également l'origine ancienne d'une autre corporation, celle des bouchers de la grande boucherie. C'est d'abord une charte de 1162 qui atteste l'ancienneté des bouchers et qui confirme ces coutumes :

---

1. M. LEVASSEUR (t. I, p. 355, de la 2ᵉ édition) invoque contre la thèse d'après laquelle les marchands de l'eau se relieraient à l'ancien collège des nautes diverses chartes de 779, 903 et 1022 concédant aux abbayes de Saint-Germain et de Micy des droits de navigation qui seraient incompatibles avec les privilèges de la Hanse, du reste non mentionnés dans ces actes. La Hanse (d'après le savant auteur de l'*Histoire des classes ouvrières*) aurait été constituée postérieurement à la charte de 1022. On ne comprendrait guère alors la charte de 1170 consacrant l'*antiquité* de la Hanse. Il nous semble : 1° que les chartes précitées n'excluent pas l'hypothèse de l'existence de la Hanse à leurs dates ; elles peuvent fort bien être interprétées seulement comme une exemption bénévole des redevances à payer à cette compagnie ; 2° que la charte de 1022 qui du reste n'est pas spéciale à la navigation sur la Seine (elle confère le droit de naviguer sur la Loire, le Cher, la Sarthe) fait allusion aux coutumes ou péages (*consuetudines*) dont les trois navires des moines seront dispensés.

Longo tempore carnifices quasdam habuerunt consuetudines... (*Ordonn. des R. de France*, t. III, 258.) Des lettres patentes de Philippe-Auguste qui datent de 1182 ou de 1183[1], s'expriment encore ainsi : « Noverint universi præsentes... quoniam carnifices nostri Parisienses nostram adierunt presentiam requirentes ut *antiquas eorum consuetudines sicut pater et avus noster Ludovicus* bonæ memoriæ *et alii predecessores nostri reges Francorum* eis concesserunt et in pace tenere permiserunt, ita et nos eis concederemus. » Ainsi Philippe-Auguste proclame solennellement que les privilèges des bouchers ont été confirmés : 1° par son père Louis VII (1137-1180); 2° par son grand-père (*avus noster*) Louis VI (1100-1137); 3° par toute la série des rois des Francs, ses prédécesseurs. Cette dénomination qui n'implique plus aucun rapport de descendance ou de parenté semble bien établir que la communauté des bouchers était déjà investie de ses prérogatives sous les rois carolingiens[1]. Si l'on observe que la possession des étaux se transmet héréditairement dans les mêmes familles et que cette hérédité des charges était l'un des caractères les plus essentiels des collèges publics (et surtout de ceux de l'alimentation) sous le Bas Empire, il paraîtra bien vraisemblable d'admettre que les bouchers de Paris avaient

---

[1]. Dans un arrêt du Parlement de 1282 (BOUTARIC, t. I, n° 480) il est dit que les bouchers de Paris ont depuis l'Édit de 1162 ou (plutôt) *depuis un temps immémorial*) au su et sans contestation possible de personne le privilège exclusif de faire des bouchers dans toute la ville et les faubourgs de Paris (réserve faite des droits des seigneurs qui de temps immémorial ont eu leurs propres bouchers). On ne comprend guère qu'en présence de tels textes un auteur allemand, M. EBERSTADT, *Magisterium und Fraternitas*, Leipzig, 1897 (p. 26-29) ait pu prétendre que jusqu'en 1162 les bouchers ne formaient pas une corporation et n'étaient que les *ministeriales* du roi. « Durch das königliche Privileg empfing die Genossenschaft der Fleischer die Rechtspersönlichkeit. » L'Édit de 1162 est cependant, à n'en pas douter, une confirmation formelle de privilèges antérieurs; autrement il est inexplicable.

continué pendant de longs siècles, obscurément sans doute, mais non sans profit, à exercer les mêmes fonctions dont leurs aïeux étaient déjà chargés au temps de Constantin ou de Julien.

Nous conclurons : la persistance de certaines traditions professionnelles, de certains liens corporatifs datant de l'époque gallo-romaine est très probable sans qu'il soit possible de l'affirmer comme un fait historiquement établi[1].

Au surplus cette persistance ne constitue évidemment qu'un facteur très accessoire de la résurrection des corporations au XII° siècle.

Un tout autre système a, jusqu'à ces dernières années, joui d'une grande faveur. Nous voulons parler de la théorie du droit domanial (*Hofrechtstheorie*) qui prétend rattacher les origines de la corporation à l'organisation du travail dans la *villa* de l'époque franque. C'est à l'intérieur de la villa, dans ces ateliers d'artisans pour la plupart de condition servile que se seraient formés les groupements professionnels, noyau des futures corporations. Cette théorie est très ancienne. Conçue dès 1815 par Eichhorn[2], elle a été soutenue par Heusler[3], par Nitzsch[4], par Bücher[5], par Eberstad[6], enfin par W. Muller[7]. En

---

1. Dans son célèbre ouvrage. *Die Strassburger Tucher und Weberzunft*, p. 376, M. Schmoller insiste sur l'influence trop méconnue que les institutions romaines ont exercée, *même dans l'Allemagne rhénane*, sur le mouvement corporatif au XIII° siècle. « Sans doute, dit-il, les premières corporations du moyen âge ne se relient pas directement aux collèges romains ; les révolutions survenues de 300 à 1100 avaient détruit la plupart de ces corporations : *die meisten der alteren Zünfte vernichtet*. Mais ce qui subsistait, c'était la réglementation romaine du marché, les poids et mesures romains, la monnaie romaine, la police industrielle romaine. »

2. *Ueber den Ursprung der stadtischen Verfassung in Deuschland* (Zeitschrift für gesch. Rechtswissenschaft, I, p. 148, II, p. 165).

3. *Der Ursprung der deutschen Stadtverfassung*, Weimar, 1872

4. *Ministerialität und Burgerthum*. Leipzig, 1859.

5. *Etudes d'histoire et d'économie politique* (trad. franç.), Bruxelles, 1901, p. 98.

6. *Magisterium und Fraternitas*, Leipzig. 1897. *Der Ursprung der Zunftwesen*, 1915.

7. *Zur Frage der Ursprung der mittelalterlichen Zünfte* (Leipziger historische Abhaudlungen, t. XXII, 1910).

France elle a été admise par M. Fagniez[1], par M. Luchaire[2], et par M. A. Bourgeois[3]. Malgré les autorités dont elle se recommande, la thèse du droit domanial a été, à notre avis, péremptoirement réfutée : pour l'Allemagne par M. von Below (*Territorium und Stadt*, Munich, 1900, p. 299 et suiv.) et Keutgen (*Amter und Zünfte*, Iéna, 1903), pour la Belgique et la France par M. Pirenne dans ses articles intitulés : *L'origine des constitutions urbaines au moyen âge*. Paris, 1895; — *Villes, marchés et marchands au moyen âge*, 1898 — (ces deux études extraites de la *Revue historique*) — et dans son *Histoire de Belgique* (p. 157-186)[4].

Les partisans de la thèse de l'origine domaniale se fondaient sur divers arguments.

On a tout d'abord tiré un grand parti (Eberstadt surtout pour les métiers inféodés de Paris) de la nomination des maîtres de divers métiers par le seigneur. Si ce seigneur (à Paris, ville du domaine royal, le roi de France) a qualité, pour nommer lui-même les maîtres des métiers n'est-ce donc pas que ces officiers sont les successeurs des anciens officiers préposés à la direction du travail de la *familia*, du *villicus*, des *ministeriales*?

L'argument est plus spécieux que probant. En effet d'une part le droit de nomination des maîtres des métiers (droit au surplus exceptionnel) se retrouve dans des villes de colonisation récente où manifestement le régime domanial n'a jamais été établi : en Allemagne, par exemple à Fri-

---

1. *Etudes sur l'industrie au XIIIe siècle*. Paris, 1877, p. 3. « C'est de ces groupes d'artisans créés dans les domaines des grands propriétaires que sortirent les corps de métiers du moyen âge. »
2. *Manuel des Institutions françaises, période des Capétiens directs*, 1892, p. 361.
3. « Si l'on tient compte de l'origine du mot métier et du sens primitif du vocable *ministerium*, il est permis de penser que primitivement, un certain nombre de métiers furent la propriété du seigneur. Celui-ci les faisait exercer à son profit par des hommes à lui, des serfs. » (*Les Métiers de Blois*, 1893, p. 23.)
4. Voir aussi. GALLION *Der Ursprung der Zünfte in Paris*, 1910, t. XXIV, p. 7-41-42 et G. ACLOCQUE. *Les corporations à Chartres*, Picard, 1917, p. 78 et aussi DES MAREZ. *La première étape de la formation corporative*, l'*Entraide*. Bruxelles, 1921.

bourg en Brisgau. D'autre part la désignation des chefs des corporations par le seigneur peut fort bien s'expliquer par la prérogative seigneuriale sans impliquer aucunement la préexistence d'un rapport de serviteur à maître. C'est un acte rentrant dans la sphère du droit public et non du droit privé. On l'a dit très justement : « Comme l'autorité seigneuriale avait dans sa compétence les questions industrielles, il lui fallait bien placer à la tête des corporations des magistrats, s'il ne lui convenait pas de laisser à ses vassaux le choix de ces magistrats [1]. »

Un autre argument en faveur du droit domanial se déduisait de l'existence de certaines redevances versées, de prestation en nature fournies par les artisans des métiers à leurs seigneurs. Ces redevances et ces prestations attesteraient leur ancienne dépendance comme ouvriers de la *villa* [2].

Cette explication est purement arbitraire. Dans bien des cas les redevances ou prestations dues par les gens de métiers ont manifestement une origine toute autre que celle qui est attribuée gratuitement et globalement à ces charges en général. Alors même qu'aucune cause précise n'est assignée par les textes à ces services ou à ces taxes, il est absolument inutile d'aller chercher aussi loin que la *familia* pour leur découvrir une raison d'être. En droit féodal en effet le seigneur est investi de la puissance publique et peut donner à fief à prix d'argent non

---

1. Von Below, *Territorium und Stadt*, p. 310. « Da sie die Ordnung der Gewerbeverhältnisse als ihre Obliegenheit ansah, so musste dafür auch Beamte ernennen, wenn sie nicht den Unterthanen die Wahl der Beamten unterlassen wollte. »

2. A Hildesheim le maître des cordonniers devait au seigneur 100 shillings à la Saint-Martin *pro censú quarumdam ararum*. A Erfurth les faiseurs d'enseignes (*Schilderer*) devaient un siège à l'archevêque de Mayence comme prix de la vente d'une parcelle de terre. Below, *op. cit.* p. 314. Or, ces taxes étaient acquittées par les gens de métiers des villes de colonisation récente (*Kolonies tädten*) où le *Hofrecht* n'avait jamais été en vigueur.

pas seulement une terre, mais une charge, un office, un privilège individuel ou collectif. C'est ce qu'on nomme le *fief-office*.

Cette concession apparaît avec son véritable caractère dans plus d'un texte, notamment dans une charte de juillet 1222 de Raimond, comte de Toulouse, donnant en fief à des bouchers de Toulouse des étaux avec privilège exclusif de la vente de la viande [1].

Une démonstration encore plus positive du peu de fondement de la thèse de l'origine domaniale a été fournie par KEUTGEN (*Amter und Zünfte*). Cet auteur a prouvé que l'on ne découvre dans le capitulaire *de Villis*, cette charte organique du travail dans la villa, aucune trace de groupements professionnels. Le *magister* des capitulaires n'est nullement un maître du métier au sens de chef d'une corporation nommé par l'Empereur; c'est tout simplement un bon ouvrier, un ouvrier passé maître dans son genre de travail [2]; le directeur d'atelier se nomme *judex* ou *major*.

Plus tard, ni dans la description du monastère de Saint-Gall adressée en l'an 820 à l'abbé Gozpert, ni dans les statuts de l'abbaye de Saint-Pierre de Corbie nous ne trouvons des groupes professionnels pouvant être l'embryon d'un futur métier. Au surplus ce travail s'est

1. « Noverint universi... quod dominus Ramundus, D. G. comes Tolosae dedit ad feodum omnibus probis hominibus macellariis de banquis majoribus de civitate illâ... tallivum et venditionem in ipsis banquis majoribus de civitate. Tali pacto dedit eis hoc feodum dictus dominus comes quod ullus banquus de carne non possit esse ullo tempore in civitate Tolose. » *Layettes du trésor des Chartes*, pp. Teulet, n. 1541. Voir aussi les privilèges de juridiction concédés en 1187 par Raimond V, comte de Toulouse à ses maîtres de pierre (*magistris lapidum*) de Nimes à charge de certaines redevances et du service militaire personnel pour aider à démolir les châteaux-forts ennemis (*Layettes du trésor des Chartes*, 1, n. 350).

2. On recommande d'envoyer au palais des « magistri qui cervisam bonam ibi facere debeant », c'est-à-dire de maîtres ouvriers brasseurs. KEUTGEN, *op. cit.*, p. 8.

poursuivi dans les monastères comme dans les cours épiscopales ou seigneuriales longtemps après l'organisation des confréries ou communautés d'artisans libres. Ainsi à Saint-Trond, l'abbé Guillaume de Ryckel[1] commande entre 1249 et 1272 à des artisans divers : cinq cuisiniers, deux blanchisseurs, deux tailleurs, deux boulangers, deux brasseurs, etc., et cependant dès 1112 il existait dans la ville de Saint-Trond des ouvriers boulangers, brasseurs et tanneurs de condition libre.

Peut-on voir dans les guildes le berceau de la corporation de métiers ?

Les guildes ou confréries apparurent en France à peu près à la même époque que dans la Grande-Bretagne. Divers capitulaires de Charlemagne[2] et un capitulaire d'Hincmar, évêque de Reims (*Labbæi Concilia*, édition Coleti, 1728, t. X, cap. 16, p. 4), les interdisent au IX⁰ siècle; ce dernier texte s'exprime ainsi : « Ut de collectis quas *geldonias* vel confratrias vulgo vocant jam verbis monuimus et nunc scriptis præcipimus. Id in omni obsequio religionis conjungantur. Pastos autem et commessationes quas divina auctoritas vetat... penitus interdicimus. »

Il est assez difficile de se prononcer sur le véritable caractère de ces guildes ainsi proscrites par l'autorité

---

1. *Le livre de l'abbé Guillaume de Ryckel* publié par H. PIRENNE, Gand, 1895. — « On a tort, dit ailleurs M. Pirenne, de se figurer qu'à l'origine, à côté des marchands jouissant de la liberté personnelle les artisans se trouvaient soumis au droit domanial. Il suffit pour se convaincre de l'inanité de cette thèse d'observer que les artisans non libres des immunités se maintiennent pendant de longs siècles à côté des artisans libres et que par conséquent il ne peut y avoir de filiation entre les uns et les autres. » (*Origine des constitutions urbaines au moyen âge* (Paris, 1895).

2. PERTZ, *Monumenta Germaniæ historica*, Leges, t. 1, p. 37, cap. 16; — p. 59, cap. 29. D'après quelques historiens, ces guildes auraient déjà été condamnées en 658 par le concile de Nantes. Mais le savant compilateur de la *Collectio Conciliorum* déclare suspecte l'authenticité des canons de ce concile.

ecclésiastique. Mais il paraît certain qu'elles n'avaient rien de commun avec l'association professionnelle; c'étaient plutôt des guildes sociales analogues à celles qui apparaissent en Angleterre vers la même époque, peut-être aussi souvent, comme paraît l'indiquer le texte ci-dessus, des réunions bachiques où l'intempérance germanique se donnait libre cours. En dehors de ces associations, il existait encore des guildes purement religieuses, comme cette fraternité de Cluny dont les statuts se réfèrent à des œuvres purement pieuses [1].

Il n'y a rien dans ces divers guildes qui annonce la guilde d'artisans et qui permette d'y découvrir le principe générateur de la future corporation de métier. C'est seulement, en effet, à la fin du XI siècle, en France comme en Angleterre et en Allemagne, que la guilde se manifeste avec un caractère nouveau, celui d'une association de marchands ou d'artisans. La constatation de ce fait historique n'est pas faite pour étonner, si l'on se rappelle ce que nous avons déjà dit de l'état de paralysie et d'annihilation presque totale de l'industrie aux siècles qui suivirent les invasions barbares. Alors que la corporation romaine, cette institution déjà enracinée en Gaule par quatre siècles d'existence, sombrait presque entièrement dans la grande tempête du V siècle, il n'est pas surprenant que la guilde, cette greffe entée par le christianisme sur l'arbre germanique encore sauvage, demeurât encore inféconde, ou du moins n'eût pas encore porté tous ses fruits. L'ère franque et féodale avec laquelle on a souvent si injustement confondu tout le moyen âge fut une longue torpeur de la civilisation, une nuit obscure où toute

---

1. Cf. DU CANGE, v° *Fraternitas*. « Il y a plusieurs fidèles du Christ, tant pauvres que riches, qui, se faisant introduire à notre chapitre demandent à faire partie de notre fraternité. On y consent et on leur donne un livre, afin qu'ils aient part à tous les biens qu'on peut retirer des prédications, des aumônes... »

l'énergie humaine concentrée suffisait à peine à lutter contre la coalition des forces ennemies. Mais des temps plus propices succédèrent enfin à cette sombre époque. Déjà au XI⁰ siècle bien des signes avant-coureurs font présager un réveil prochain de la pensée et de l'activité humaine, en même temps que se raffermit entre les fortes mains des Capétiens l'autorité royale si longtemps méconnue, mais c'est au XII⁰ siècle que se manifeste vraiment la renaissance universelle bientôt affirmée par le prodigieux élan des Croisades. Alors pour la première fois la double fraternité des armes et de la foi opère entre les descendants des vainqueurs et des vaincus cette fusion de races d'où s'est dégagée la nationalité française. Ce n'est plus la crainte seule qui range alors le vilain sous la bannière de son seigneur : il ne combat plus pour une cause étrangère, pour des intérêts personnels et passagers, mais pour le triomphe d'une foi qui ne fait pas de différence entre les hommes. A Nicée, à Antioche, à Jérusalem, le soldat a effacé le manant et a mérité, lui aussi, après son maître, d'être appelé le chevalier de Dieu.

Ces idées d'affranchissement, ces aspirations vers un état social meilleur furent la cause principale du grand mouvement communal du XI⁰ siècle et par là même contribuèrent puissamment à la résurrection des institutions corporatives. Par nature, sinon par essence, la corporation est, en effet, intimement liée aux libertés municipales dont elle est à la fois l'émanation et le reflet. C'est de la décadence et de la disparition partielle des franchises des cités gauloises que date la désagrégation des associations industrielles si florissantes à l'époque romaine ; c'est un réveil de la vie municipale qui va être le signal de leur reconstitution.

On sait quelles polémiques se sont élevées entre les historiens au sujet de cette double question de l'origine des villes et du mouvement communal. Même si l'on admet (avec raison selon nous) qu'un certain nombre de villes antiques ont conservé à travers les siècles d'invasion et de domination franque quelques institutions représentatives et professionnelles, il n'est pas douteux que la vie municipale s'était dans ces cités resserrée et en quelque sorte concentrée dans un espace restreint entouré et protégé par des fortifications [1].

Cette période a été souvent désignée comme l'*âge agricole du moyen âge*. Abstraction faite des artisans libres qui paraissent avoir subsisté dans un certain nombre de villes, il est bien certain que dans les campagnes et dans les villages [2], le travail à l'intérieur de la villa ou du manse était devenu la règle. L'industrie domestique prédomine, ainsi que l'a fort bien montré Bücher. (*Etudes d'histoire et d'économie politique*, p. 65.) « Le petit propriétaire, écrit Bücher, cultive en faire valoir direct ; le grand propriétaire charge de l'exploitation un *villicus*. La terre qui confine à la cour domaniale est exploitée par les serfs de corps qui font partie intégrante de la cour, sont logés et répartis dans les bâtiments de la cour et qui sont employés à la production ou attachés à la personne du maître. Tout dé-

1. « Les villes durent se replier sur elles-mêmes. Les quartiers furent abandonnés, la population se concentra soit dans la citadelle (*castellum*, *burgus*) de l'ancienne cité, soit dans une cité plus restreinte (*castrum*, *civitas*) construite à la hâte (Flach, *op. cit.*, II, 238.). « La ville se concentre en un castrum carré percé de portes, grossièrement construites avec des décombres. — A l'extérieur, la cathédrale, des monastères, des écoles, le palatium de l'Evêque, la tour de l'avoué, les *milites*, les clercs, les *servientes* chargés de cuire le pain, de faire la bière, de tanner les cuirs, des charpentiers. (Pirenne, *Recueil des constitutions municipales du moyen âge*, Paris, 1895, extrait de la *Revue historique*, p. 8.) — Voir aussi Rietschel, *Die Civitas auf dem deutschen Boden bis zum Ausgang der Karolingerzeit*, 1894.

2. A supposer que les villages aient subsisté dans la Gaule franque. D'après Fustel de Coulanges (*L'alleu et le domaine rural*, p. 219), les villages auraient presque entièrement disparu à l'époque mérovingienne. En sens contraire, Flach, *op. cit.*, tit, II, p 47 et suiv.

tenteur de manses est astreint à fournir à la cour certains services et prestations en nature. Ces services consistent en journées de travail soit sur le champ à l'époque des semailles ou de la moisson, soit dans la prairie, le vignoble, le jardin, la forêt, soit dans les ateliers de la cour, soit dans le gynécée où les jeunes filles non libres s'occupaient à filer, tisser, coudre, cuire, brasser. Durant les jours de corvée, les ouvriers dépendants sont entretenus dans la cour domaniale. Les prestations en nature consistent soit en produits agricoles : laine, lin, miel, cire, vins, bœufs, porcs, poules, œufs ; soit en bois préparé, abattu dans la forêt de la marche : bois à brûler ou de construction ; soit en produits de l'industrie domestique : tissus de laine, toiles, chaussures, pain, bière, tonneaux, assiettes, clefs, ferrailles, couteaux [1] ». Le tableau est fort exact et l'erreur de Bücher ne commence que lorsqu'il prétend faire sortir directement de ces ateliers seigneuriaux ou monastiques le travail libre des artisans des villes ainsi que les corporations formées par ces artisans [2].

[1]. Le tenancier du manse, homme libre, colon ou serf, confectionne de même pour son propre compte les objets dont il a besoin. Chez les peuples primitifs, chaque membre de la tribu fabrique lui-même ainsi ses flèches, prépare les peaux des bêtes tuées à la chasse, tisse des nattes d'osier, etc. Il importe toutefois de ne pas exagérer. Ces conditions économiques étaient très générales ; elles n'empêchaient pas cependant des marchands de trafiquer dans les villes de certains produits rares ou précieux dont la valeur permettait de récupérer les frais de transport. Grégoire de Tempa cite la *negotiatorum domus* de Paris ; ailleurs il dit qu'au cours d'une disette les marchands volèrent le peuple à Tours ; *populum spoliaverunt* (*Hist. des Francs*, liv. VI, p. 132, VII, p. 122. On pourrait citer nombre d'autres exemples.

[2]. Une autre erreur non moins grave de Bücher consiste à soutenir que le régime de l'industrie domestique a été remplacé au moyen âge par celui de la location de main-d'œuvre. L'artisan de métier se serait simplement loué à la journée pour un travail à *façon*, la matière étant toujours fournie par le client. Ce système se serait maintenu jusqu'au XVI° siècle. Sans nier que dans certains cas le bourgeois ait fourni la matière première (le drap notamment pour les habits), on peut dire que la thèse de Bücher ést tout à fait inexacte dès le XIII° siècle — sans

Mais dès la fin du XIe et au XIIe siècle une transformation radicale s'annonce dans la vie économique des peuples de l'Europe occidentale. « Avec le XIXe siècle, dit l'un des historiens les plus pénétrants de la société du moyen âge, le XIIe et le XIIIe siècle ont été indiscutablement l'époque la plus importante dans l'histoire des villes allemandes. C'est au XIIe siècle que ces villes nouvelles apparaissent pour la première fois. Au cours des deux siècles suivants fut fondé tout ce qui jusqu'au siècle dernier (le XVIIIe) a formé le contenu de notre vie municipale. C'est alors que les gens de métiers et les marchands se groupèrent en corporations et en guildes. C'est alors que se créèrent les corps de ville et les constitutions urbaines. C'est alors que se construisirent les hôtels de ville et les halles. C'est le temps où fut fondée la Hanse et où commença le trafic des villes de la Haute Allemagne avec l'Italie[1]. »

En France également cette époque est celle où prend fin l'*âge agricole* qui durait depuis le VIe siècle, et où s'ouvre un âge nouveau de civilisation urbaine et industrielle[2].

Il ne saurait entrer dans notre pensée d'entreprendre ici l'étude du problème historique si complexe et si souvent étudié de l'origine des villes nouvelles fondées du XIe au XIIe siècle. Les circonstances qui précèdent ou accompagnent la fondation d'une ville ont été très variables, mais impliquent toujours la garantie pour ses habitants d'une certaine sécurité, la *paix* de la ville. Il est en

doute même dès le XIIe — et pour la très grande majorité des métiers français, ainsi que le prouvent les nombreux textes du *Livre des métiers* réglementant la qualité du produit à façonner et à livrer par l'artisan. Pour l'Allemagne, voir la réfutation de Bücher sur ce point dans von Below, *Territorium und Stadt*, p. 325.

1. G. von Below, *Das ältere deutsche Stadtwesen und Burgertum*. Bielefeld, 1898, p. 7.
2. Nous entendons, bien entendu, ce mot au sens qu'il pouvait comporter au moyen âge.

effet impossible de concevoir la formation d'une agglomération si une autorité assez forte pour faire respecter ses ordres n'assure à ceux qui se groupent dans un même lieu sa protection contre tout acte de violence et la sauvegarde de ses biens et de ses droits[1]. Tantôt c'est un seigneur qui pour mettre en valeur ses terres à peu près désertes tente de fonder un bourg sur son domaine. Il créé alors un lieu franc. Il déclare libres de tout service arbitraire, de toute exaction, dispensés d'impôts pour une période de temps plus ou moins longue, soustraits à toute justice autre que celle du lieu, les hommes qui s'y établiront. C'est la *ville neuve* proprement dite ou le *bourg neuf*, le bourg franc seigneurial ou la ville franche. C'est un territoire auquel les principaux avantages de l'immunité sont garantis et par là une sorte d'asile relatif[2].

Tantôt une église ou un monastère est créé. Non seulement le sanctuaire, mais un certain espace de 30 à 60 pieds autour de l'édifice sacré est déclaré lieu d'asile, fermé à toute poursuite sous peine d'excommunication contre quiconque violerait ces privilèges.

Les marchands sont les immigrants les plus souhaités dans une agglomération récente. Aussi chaque bourg en formation possède-t-il son marché : *mercatum*. Souvent même le nom de ces villes neuves indique leur destination commerciale : *portus, emporium*. Le marché est aborné par des croix (parfois par des épées ou, en Allemagne, par une statue de Roland). La paix fixe du marché

---

1. Cette nécessité d'une justice assurant la stricte exécution des conventions s'imposait surtout pour le commerce. Les riches marchands alors pour la plupart nomades auraient cessé tout trafic avec une ville où la *paix* et le respect des engagements pris auraient été violés. C'est de cette considération si puissante pour une république de marchands que Shylock essaie de tirer parti au IVe acte du *Marchand de Venise* :

Il yon deny me, *fye upon your law !*
There is no force in the decrees of Venice!

2. Voir FLACH, *op. cit.*, II, 165.

venant consolider l'ancienne paix des marchands (c'est-à-dire l'ensemble des franchises et des privilèges concédés aux marchands voyageurs[1]) attire des trafiquants. Des campagnes d'alentour accourent les hommes libres, et aussi les colons et les serfs plus ou moins autorisés par leurs seigneurs mais qui par la force des choses finissent par s'émanciper.

La création des villes caractérise la première période de l'ère nouvelle; leur affranchissement plus ou moins complet ou tout au moins leur érection en villes dotées de certaines libertés[2] suit à intervalles variables cette création. Le système historique d'Augustin Thierry, système d'après lequel l'insurrection aurait été le point de

---

1. Toute une école historique a prétendu trouver dans la paix du marché l'origine exclusive de la création des villes. Schröder, *Lehrbuch der deutschen Rechtsgeschichte*, Leipzig, 1889, p. 590. — R. Sohm, *Die Entstehung des deutschen Stadtwesens*, Leipzig, 1890. — Doren, *Die Kaufmannsgilden im Mittelalter*, p. 28. — Huvelin, *Essai historique sur le droit des marchés et des foires*, Paris 1897, p. 214-222. Ces trois derniers auteurs affirment catégoriquement l'identité de la paix de la ville et de la paix du marché. « La paix de la ville, c'est la paix du marché qui de temporaire est devenue perpétuelle », dit M. Huvelin (dont l'ouvrage est du reste excellent). « La croix du marché, le droit urbain sont des dénominations diverses d'une même chose : le droit du marché permanent; donc les villes royales équivalent aux villes de marchés : daher regales urbes = Markstädte », dit Doren. Voir la critique de cette thèse beaucoup trop absolue dans Pirenne, *Recueil des constitutions urbaines du moyen âge*, 1895, p. 12 et 45; dans Keutgen, *Untersuchungen über den Ursprung der deutschen Stadtverfassung*, 1895, p. 64. (Cet auteur prouve que le *jus mercati* était limité au lieu, au temps et aux affaires du marché; la croix servait souvent, comme à Beaumont, à aborner non le marché, mais la ville.) Voir dans le même sens, G. von Below, *Das altere deutsche Stadtwesen und Burgertum*, et Rietschel, *Markt und Stadt*.

2. Sur la classification très délicate des villes : villes franches (dites aussi villes de bourgeoisie ou villes prévôtales) et villes libres (communes et villes consulaires) voir Luchaire, *Manuel des institutions capétiennes*, IIIe partie, livre II. Sur les villes franches voir Prou, *Les coutumes de Lorris et leur propagation* (1884); Bonvalot, *Le Tiers Etat d'après la coutume de Beaumont*, 1884. Sur les communes-types consulter Flammermont, *Histoire des institutions municipales de Senlis* (1881), et Labande, *Histoire de Beauvais et de ses institutions municipales*, 1890.

départ uniforme du mouvement communal est aujourd'hui universellement abandonné sans qu'il soit possible de lui en substituer un autre reposant sur une conception unique et exclusive. Tantôt c'est une *association de paix* qui s'est formée ou une *commune jurée* qui a précédé et imposé la charte communale. Tantôt, comme à Saint-Omer, c'est une guilde marchande qui a été l'embryon de l'organisation future. Dans tous les cas, il y a corrélation étroite entre cette résurrection de la vie urbaine et la renaissance de l'esprit corporatif qui se manifeste presque aussitôt. L'entente, l'union, l'association étaient à peu près impossibles entre les travailleurs dispersés dans les *villæ* ou dans les manses; elle va devenir facile et naturelle entre des artisans groupés dans la même cité, généralement dans le même quartier, voisins de rues et de travail, paroissiens de la même église [1].

Cette solidarité professionnelle à peine née se manifesta et se resserra encore sur un autre terrain. C'était alors l'époque où le sentiment religieux s'affirmait et se symbolisait en quelque sorte dans des monuments où se reflétait toute l'âme du moyen âge; c'était l'époque regrettée du poète :

> Où sous la main du Christ tout venait de renaître;
> Où Cologne et Strasbourg, Notre-Dame et Saint-Pierre
> S'agenouillant au loin dans leurs robes de pierre,
> Sur l'orgue universel des peuples prosternés
> Entonnaient l'hosanna des siècles nouveau-nés.

---

1. Dans son curieux *Dictionnaire*, Jean de Garlande, — qui d'après son premier éditeur, M. GÉRAUD (*Collection des documents inédits, Paris sous Philippe le Bel*, p. 580) aurait vécu au milieu du XIe siècle, mais dont un éditeur plus récent M. HESELER (Leipzig, 1867) place la vie et les écrits au début du XIIIe siècle, — Jean de Garlande met en évidence le groupement des artisans de mêmes métiers dans la même partie de la ville. Ainsi les archers et les arbalétriers habitent à la porte Saint-Lazare « Ad portam sancti Lazari manent architenentes » (GÉRAUD, p. 589, § XVIII); les changeurs et les orfèvres étaient sur le Grand Pont (§§ XXXV et XXXVI).—Le même auteur mentionne la jalousie collective des bouchers contre les cuisiniers « Coquinarii quibus invident carnifices » (§ XXXIV).

De semblables travaux, poursuivis et exécutés par des milliers d'ouvriers volontaires qu'une même pensée pieuse et persévérante groupait dans un commun effort devait sortir une idée d'union et de solidarité. A Strasbourg, les maçons qui construisent la cathédrale fondent entre eux des confréries au caractère à la fois mystique et professionnel. Les cathédrales de Laon, Noyon, Senlis, Saint-Gervais de Soissons, et cette pure merveille gothique, Notre-Dame de Chartres, furent le berceau d'associations semblables dont les membres, d'humbles artisans, se trouvaient être en même temps d'ardents chrétiens et d'incomparables artistes. Tout concourt donc alors à favoriser le réveil de l'esprit corporatif : la conquête plus ou moins complète des libertés municipales qui rend aux bourgeois des villes le droit de s'organiser librement et de faire revivre les associations d'autrefois ; le souffle créateur et fécond du sentiment chrétien qui ouvre le cœur de l'artisan à la fraternité. Sous ces influences vivifiantes, la tradition presque oubliée de la corporation romaine va se renouer et se rajeunir; la guilde, jusqu'alors limitée à des intérêts personnels ou purement religieux, va s'élargir et se transformer, et de la fusion de ces éléments si divers sortira une institution nouvelle, organisatrice et régulatrice suprême du travail national : la corporation [1].

C'est surtout au nord de la France, dans les riches contrées de la Flandre, de l'Artois et de la Picardie, que la corporation paraît s'être constituée de bonne heure. Nul pays n'égalait alors en richesse ces provinces qui

---

1. Ce terme de *corporation* est d'origine moderne : au XIIIe siècle, l'association d'artisans était connue sous le nom de *métier*. Plus tard, au XVIIe siècle, elle était ordinairement dénommée *communauté*. Nous nous servirons le plus souvent pour désigner le *métier* ou *la communauté* du mot générique de *corporation* qui, à condition de ne pas se méprendre sur l'origine de ce terme, nous paraît le plus propre à caractériser l'association professionnelle.

monopolisaient les industries textiles et spécialement la fabrication de la laine ; nul pays n'avait conservé au même degré le culte de ses libertés. Les premières cités qui obtinrent de leurs seigneurs des chartes d'émancipation se rattachent presque toutes, le Mans excepté, à cette région. Cambrai, Noyon, Saint-Quentin, Laon avaient les premières levé le drapeau de la révolte et forcé l'autorité impériale, royale ou épiscopale à reconnaître leurs droits. L'affranchissement politique devait avoir pour conséquence l'établissement ou plutôt le rétablissement d'une organisation municipale et une des bases mêmes de cette organisation devait être la corporation. Il est certain qu'à partir du XIIe siècle les métiers des villes du nord de la France étaient déjà pourvus pour la plupart d'une organisation régulière; il importe toutefois de rappeler la distinction déjà faite à propos des guildes saxonnes entre les guildes de marchands, associations de riches négociants dont le trafic s'étend au dehors, et les guildes de gens de métiers. Les guildes marchandes apparurent les premières en France comme en Angleterre et à peu près à la même époque; les plus anciennes datent de la seconde moitié du XIe siècle, comme celles de Saint-Omer (1082-1097)[1] et de Valenciennes (1050-1070); plus tard, des guildes marchandes se fondèrent dans d'autres villes, notamment à Amiens, à Arras, à Châlons, à Reims, à Saint-Quentin, à Cambrai, Lille, Douai, Beauvais. Les associations de métiers ne se constituèrent pas aussi rapidement. Parfois même elles n'apparurent que tardivement comme à Amiens, où la plus ancienne corporation ouvrière ne fait dater ses statuts que de 1268. Mais toute-

1. Il résulte de ce premier statut qu'à la fin du XIe siècle cette guilde existait déjà depuis un certain temps. Chaque confrère qui a acheté un lot de marchandises doit, s'il en est requis, en céder une part à ses confrères. En 1127, le comte d'Irlande Guillaume Cliton confirme le second statut de cette guilde qui apparaît déjà comme une institution municipale. Ce statut a été publié par GROSS, *op. cit.*, I, 290.

fois on trouve dès le XI⁰ siècle nombre de guildes d'artisans déjà organisées et en plein fonctionnement. C'est donc à cette époque qu'il faut faire remonter la création ou plutôt la reconstitution des institutions corporatives en France.

La Flandre, la Picardie et l'Artois virent certainement des métiers s'organiser en corporations de très bonne heure; il est difficile d'accorder quelque crédit à l'assertion de Guichardin[1] qui prétend avoir vu des documents attestant que les corporations flamandes auraient été établies dès 865 par Baudouin, fils d'Arnould le Grand; mais il semble probable que dès le XI⁰ siècle certaines d'entre elles existaient déjà. D'après M. Coomans[2], un manuscrit de cette époque mentionne notamment la guilde des corroyeurs de Gand; les drapiers de Valenciennes auraient, eux aussi, été organisés en corporation dès 1167[3]. Mais entre toutes les villes du nord de la France et de la Belgique, c'est peut-être à Rouen que la corporation professionnelle ou plus exactement la guilde d'artisans apparaît pour la première fois avec les caractères de la plus indiscutable authenticité.

Une charte d'Henri I⁰ʳ d'Angleterre (1100-1135), par laquelle il confirme la guilde des cordonniers de Rouen, atteste l'ancienneté de cette corporation. « Sciatis nos concessisse cordewanariis Rotomagi gildam suam, sicut eam habuerunt. » — S'agit-il ici d'une guilde d'origine purement germanique qui se serait formée seulement dans le cours du XI⁰ siècle? ou faut-il admettre que cette guilde était dérivée d'un ancien collège romain déguisé sous un terme germanique? M. Chéruel (*Histoire de l'ad-*

1. *Description des Pays-Bas.* Anvers, 1582, p. 569.
2. *Les Communes belges*, p. 34.
3. Cf. sur cette question des origines des guildes flamandes, WAUTERS, *Les Libertés communales en Belgique et dans le nord de la France.* Bruxelles, 1878, p. 281. — VAN DER LINDEN, *Les guildes marchandes dans les Pays-Bas au Moyen Age.*—GIRY,*Histoire de Saint Omer.*—HUYTTENS, *Recherche sur les corporations gantoises*, Gand, 1861.

ministration communale à Rouen, p. 3) penche pour cette dernière opinion qui nous paraît très vraisemblable. Rouen avait été sous la domination romaine une cité importante, la métropole de la seconde Lugdunaise, et plus tard Dagobert avait confirmé les privilèges spéciaux du commerce de cette ville au nombre desquels figuraient sans doute les institutions corporatives[1].

La charte accordée aux cordonniers par Henri Ier devait être suivie de bien d'autres privilèges : le même roi confirma également les statuts des savetiers. Après sa mort, deux compétiteurs se disputent sa succession. Rouen prend parti pour Mathilde, mariée au duc Geoffroy Plantagenet, et est récompensé après la victoire, par l'octroi de franchises importantes : non seulement la ville est exemptée de tous impôts, mais les marchands de la guilde rouennaise sont dispensés de toute taxe pour leur trafic avec l'Angleterre; ils obtiennent la concession d'un port anglais, Dungeness, et le monopole du commerce avec l'Irlande. Peu après Henri II (1154-1189) confirme les statuts des tanneurs[2] et ceux des pelletiers. Le régime corporatif qui probablement ne s'était jamais dissous entièrement à Rouen y est donc officiellement reconnu et sanctionné dès le XIe siècle.

Les corporations de Paris ne sont pas aussi anciennes que celles de Rouen. Sans doute, comme il a été déjà dit, certaines traditions corporatives de l'époque romaine

1. Que l'on admette l'une ou l'autre de ces opinions, il est certain que les corporations étaient constituées à Rouen au plus tard dès le XIe siècle. Toutes les chartes du XIIe siècle ne sont en effet que la confirmation de statuts antérieurs. D'après un jeton conservé à la Banque de Rouen, la communauté des tisserands remonterait à cette époque.

2. « Sachez que j'ai accordé et confirmé par cette charte à mes tanneurs de Rouen leur guilde, leur état, leur tan et leur huile, ainsi que les droits et privilèges inhérents à leur guilde, afin qu'ils en jouissent honorablement, librement; que personne ne puisse exercer le métier de tanneur à moins d'appartenir à leur guilde. » (*Archives municipales de Rouen*, reg. V, f° 295, recto).

avaient pu se conserver dans quelques communautés, chez les marchands de l'eau par exemple et chez les bouchers; mais il est infiniment probable que la grande majorité des artisans n'étaient unis entre eux par les liens d'aucun groupement professionnel; là même où certains liens s'étaient conservés, la discipline devait être des plus relâchées et la réglementation se réduisait à quelques dispositions d'origine coutumière.

Il faut arriver au commencement du XIIe siècle pour trouver des indices certains sur l'histoire des corporations : la première en date comme la plus puissante est la communauté des marchands de l'eau. Ces marchands, sans doute successeurs des anciens *nautes parisiens* de l'époque romaine, avaient conservé entre eux des liens traditionnels et formaient une confrérie particulière. Mais au XIIe siècle, cette association prend un développement considérable. La confrérie devient *hanse* comme les grandes guildes saxonnes dont il a été question plus haut et reçoit des privilèges importants. En 1121, le roi lui avait déjà abandonné son droit de lever 60 sous sur chaque bateau chargé à Paris pendant la vendange. (FÉLIBIEN, *Hist. de Paris*, I, 96.) En 1140, Louis VII lui vend un terrain place de Grève. Mais ses droits étaient bien autrement étendus; elle possédait en effet le monopole de la navigation sur la basse Seine à partir du pont de Mantes à Paris. Aux termes d'un édit confirmatif de 1170 (*Ordonnances des Rois de France*, II, 433), aucun bateau chargé de marchandises ne pouvait remonter la Seine au delà de Mantes si son propriétaire n'était bourgeois hansé de la ville de Paris ou s'il n'avait reçu du prévôt des marchands compagnie bourgeoise, c'est-à-dire s'il ne s'était fait désigner comme entrepositaire ou comme correspondant un marchand de Paris auquel il payait moitié du prix de ses denrées. Ces prérogatives exorbitantes ne suffisaient pas encore à l'ambition des Parisiens : ils obtinrent en 1192 un édit qui faisait défense à tous marchands non hansés d'amener du vin à Paris par la haute Seine, s'ils ne l'avaient vendu à un bourgeois de la ville qui seul pouvait le débarquer [1].

Les métiers ou corporations d'artisans furent plus longs à s'organiser que la grande corporation marchande. On ne peut en effet accorder aucune créance à la version dépourvue de preuves d'après laquelle les statuts des pâtissiers remonteraient à 1060 et ceux des chandeliers à 1061 [2]; mais dès la seconde moitié du XIIe siècle des textes certains attestent l'existence de certaines corporations : en 1137 les merciers reçoivent un droit de place dans les Halles des Champeaux moyennant un cens annuel de cinq sous (Félibien, I, 172); en 1162 les anciennes coutumes des bouchers sont confirmées [3]; les anciens statuts des drapiers datent de 1188 [4]; ils fondèrent cette même année une confrérie sous le vocable de sainte Marie l'Egyptienne. En même temps diverses industries sont placées sous l'autorité de grands personnages ou de hauts dignitaires qui y trouvent sans doute une source de bénéfices, puisqu'ils vendent le droit d'exercer la profession, mais qui leur accordent une protection efficace et exercent sur elles leur juridiction. Parfois aussi les métiers sont inféodés à un riche marchand ou à un particulier qui a acheté cette charge de l'autorité royale. Ainsi en 1160, Louis VII donne cinq métiers : ceux des mégissiers, boursiers, baudriers, savetiers et

---

1. Cf. *Archives nationales*, KK., 1337, f° 60. (Livre des Métiers du XIVe siècle), le procès d'un fourbisseur non hansé, accusé, en 1303, d'avoir amené par eau de Rouen à Paris 13 meules à moudre et des épées. On trouvera dans Depping (*Introduction au Livre des Métiers*) l'histoire complète de ces démêlés de la Hanse parisienne avec les marchands de Rouen et d'Auxerre.

2. *Dictionnaire historique de Paris*, Béraud et Dufey, t. I.

3. *Ordonnances des Rois de France*, t. III, p. 258.

4. V. le préambule d'une Ordonnance de 1362 (*Ordonnances des Rois de France*, t. III, 582) où cette date de 1188 se trouve précisée.

sueurs à la femme et aux héritiers d'Yves Lacohe (Depping, p. lxxix) : plus tard les boulangers furent rangés sous la juridiction du grand panetier, les forgerons sous celle du grand maréchal, etc.

En résumé, les corporations parisiennes ne sont pas encore toutes constituées dès le XII° siècle[1]; mais de cette époque date le mouvement qui va prendre de si grandes proportions au siècle suivant et aboutir à la grande codification de saint Louis.

Au Midi comme au Nord[2], le réveil des idées corporatives se manifeste au XI° siècle comme une conséquence de la révolution communale. Dès le siècle précédent, les cités lombardes avaient donné l'exemple en secouant, à la faveur de la guerre des Investitures, le joug de leurs évêques suzerains : elles ne tardèrent pas à être imitées. Marseille et Avignon les premières, puis Arles en 1131, se donnent des constitutions libres et placent à leur tête des podestats et des consuls. Béziers en 1131, Nîmes en 1145, Narbonne en 1148, Toulouse en 1188, proclament également leur autonomie. Cette émancipation des villes du Midi fut, sans nul doute, une des principales causes de la reconstitution des corporations d'artisans qui, dans ces contrées encore toutes remplies des traditions romaines avaient dû laisser des souvenirs vivaces et n'avaient peut-être jamais complètement disparu. On verra, dans un des chapitres suivants, quelle

---

1. Sur les origines et l'histoire des plus anciens métiers de Paris antérieurement au XIII° siècle, voir l'étude déjà citée de Gallion. *Der Ursprung der Zünfte in Paris*, 1910.
2. En Allemagne les plus anciennes corporations de métiers connues sont celles des pêcheurs de Worms auxquels l'évêque concède en 1106 ou 1107 le privilège exclusif et héréditaire de vendre du poisson; des cordonniers de Wurzbourg dont le statut confirmé en 1128 est antérieur à cette date : « jura quædam ab antecessoribus nostris sibi antiquitus tradita et collata » ; quiconque voulait faire partie de ce métier devait payer une taxe de 30 sous dont 23 demeurent auxdits cordonniers. Voir encore les textes relatifs aux confréries des tisserands de couvertures de Cologne (1149), des tourneurs de Cologne (1178 ou 1182), des cordonniers de Magdebourg (1152-1192). —Von Below et Keutgen, (*Urkunden zur städtischen Verfassungsgeschichte* t. I). Berlin, Felber, 1901, p. 354 et suiv.

part considérable les corporations réorganisées prirent au XIII° siècle dans l'histoire municipale de la Provence et plus spécialement dans l'histoire locale de Nîmes et de Montpellier : mais bien qu'ici encore la grande rareté des sources laisse subsister de nombreuses obscurités, il est certain que dès le XII° siècle, les corporations s'étaient en grande partie reconstituées. C'est ainsi qu'à Arles les arts et métiers sont, dès cette époque, gouvernés par un *collegium capitum mysteriorum* ou collège des chefs de métiers, véritable conseil corporatif lié intimement à l'organisation municipale de la cité [1].

Nous avons fini de retracer l'histoire des origines et des premières manifestations de la corporation. Nous avons successivement étudié l'ancien collège romain et la guilde germanique ; vu pâlir et presque s'effacer pendant les longs siècles de l'époque franque et féodale les institutions corporatives de l'ancienne Gaule; assisté, tant au Nord où domine l'élément germanique, qu'au Midi encore tout pénétré de la civilisation romaine, à la renaissance de cet esprit d'association qui va transformer la vie sociale de l'artisan et organiser sur un plan nouveau le travail national. Il nous faut maintenant poursuivre cette étude : après avoir dit quand et comment la corporation se constitua, il reste à en dégager les traits et à en décrire l'organisation. Au surplus, l'ère des incertitudes et des conjectures est close. L'institution désormais se précise, se fixe et s'éclaire. Le XII° siècle a jeté les fondements de l'édifice corporatif. Le XIII° siècle va en assurer l'achèvement et le couronnement définitifs.

---

1. Cf. ANIBERT, *Mémoires historiques et critiques sur l'ancienne république d'Arles*, 1779-1781, t. I, p. 126.

LIVRE II

La Corporation au XIII⁰ siècle

CHAPITRE PREMIER

HISTOIRE DE LA RÉDACTION DU LIVRE DES MÉTIERS ORGANISATION GÉNÉRALE DE LA CORPORATION

Si les origines de la corporation sont antérieures au XIII⁰ siècle, c'est seulement à cette époque que l'institution apparaît définitivement organisée et que fut élaborée la législation qui, dans ses dispositions essentielles, devait continuer à la régir jusqu'en 1791. Avant le *Livre des Métiers*, sans doute, la coutume, cette loi souveraine des sociétés qui commencent, avait déjà imposé aux artisans des métiers l'obéissance à certaines prescriptions et le respect de certaines prohibitions professionnelles ; mais il restait à fixer et à resserrer dans une réglementation claire et précise ces traditions et ces usages souvent obscurs, souvent incomplets ou même contradictoires ; il restait à donner à l'industrie son code, au travail son organisation, au régime corporatif sa formule. Cette œuvre allait être accomplie par un homme dont le nom demeure indissolublement attaché à l'histoire de l'industrie française, par Etienne Boileau.

On sait peu de chose sur la vie d'Etienne Boileau ou Boiliaue comme l'appellent les manuscrits. Il dut naître vers 1200; car il se maria en 1225. Il suivit le roi à la croisade en 1248, fut fait prisonnier en 1250 et mis à rançon. Son rôle politique ne commença qu'en 1258, date à laquelle il fut appelé à la prévôté de Paris, la fonction la plus élevée de la cité, et dont le titulaire avait hérité des attributions et prérogatives exercées jusqu'au XIe siècle par les vicomtes. Le prévôt était donc le premier magistrat de la ville et le représentant immédiat de l'autorité royale : il administrait les finances de Paris, il commandait en chef le guet bourgeois, il était chargé d'assurer l'ordre et la sûreté publique. De plus, il était investi du pouvoir judiciaire et avait le droit de légiférer. A son tribunal, qui du lieu où il siégeait avait pris le nom de Châtelet, se jugeaient les procès civils et criminels qui n'avaient pas été dévolus à raison de leur caractère spécial à d'autres juridictions particulières, et l'exécutoire de ses jugements était rendu en son nom : « M. le prévôt de Paris dit : Nous ordonnons. » A ces attributions presque souveraines, le prévôt joignait le pouvoir d'édicter tous règlements municipaux dans le ressort de la vicomté de Paris ; après le roi, il était la première autorité de la grande ville. Il n'est donc pas surprenant qu'Etienne Boileau ait entrepris une tâche aussi vaste que la codification et la revision de tous les statuts des corporations. Si importante que fût une telle œuvre, elle n'excédait en rien sa mission et son pouvoir.

Boileau conçut-il seul l'idée première de ce grand travail ou faut-il croire qu'il obéit à l'inspiration du génie profondément sagace, organisateur et politique, de saint

Louis? C'est là un point d'histoire qu'il est impossible d'éclaircir. Quoi qu'il en soit, Boileau poursuivit son œuvre avec une persévérance et une force de volonté remarquables. C'était, au témoignage des contemporains, un homme droit et probe, d'une austérité et d'une sévérité implacables ; on cite de lui des traits vraiment dignes d'un romain de la République. C'est ainsi qu'au dire des *Grandes Chroniques* (t. IV, ch. LXXIII, année 1256), il fit pendre son propre neveu *parce que sa mère lui dit qu'il ne se pooit* (pouvait) *tenir d'embler* (voler); il fit subir le même sort à son compère, parce qu'il avait nié avoir reçu une guelle (bourse) que son hôte lui avait confiée. On peut croire que sous la magistrature d'un tel homme, Paris fut bien gardé. S'il faut en croire Joinville, les malfaiteurs s'enfuirent épouvantés : « ne nul n'en demeura que tantôt ne fût pendu ou détruit. »

Mais la sécurité des rues ne devait pas rester le seul souci du prévôt. Il entreprit encore de mettre de l'ordre dans le chaos des dispositions coutumières qui régissaient les corporations, de prévenir les malfaçons et les déloyautés, et d'enseigner à tous leurs obligations et leurs droits. Le préambule si net et si précis du *Livre des Métiers* indique clairement dans quel esprit ce travail fut conçu.

« Pour ce que nous avons veu à Paris en notre tans moult de plais, contens (discussions), par la delloial envie qui est mère de plais et deffernée (d'effrénée) convoitise qui gaste soy-meime et par le non sens as jones (jeunes) et as poisachans (point sachants), entre les estranges gens (étrangers) et ceus de la vile qui aucun mestier usent et hantent, pour la reson de se qu'ils avoient vendu as estranges aucunes choses de leur mestier qui n'estoient pas si bones ne si loïaus que eles deussent : et entre les paageurs (péagers) et les coustumiers de Paris et ceux qui les coustumes et paages doivent et ceus qui ne les i doivent pas et mesmement entre nous et ceux qui justice ou juridiction ont à Paris que ils le nous demandoient et requeroient autre que ils ne le doivent avoir... »

Boileau entreprend donc de réunir, dans une seule codification, tous les usages et règlements en vigueur à Paris et, dans ce but, il divise son ouvrage en trois parties. Dans la première, il traitera des métiers de Paris, de leurs *ordinances* (règlements), des *entrepresures* (délits) de chaque métier et des amendes ; dans la seconde, des redevances et impôts de toute sorte, « *chaucies, tonlieus, travers, conduits,* etc. » ; dans la troisième, des *joustices et juridictions*. Nous n'analyserons ici que la première partie du *Registre des métiers;* la troisième n'a malheureusement jamais été rédigée, et la seconde, à laquelle il sera fait quelques emprunts lorsque nous énumérerons les charges qui pesaient sur l'industrie, n'a qu'un intérêt secondaire et ne rentre qu'indirectement dans le sujet de cette étude.

La première partie du *Registre des métiers* est divisée en cent titres dont chacun a trait à une corporation. Tous les métiers n'y figurent pas : on n'y trouve, par exemple, ni les statuts des bouchers, ni ceux des tanneurs, des mégissiers, des changeurs, mais ce sont là des exceptions dont il faut chercher sans doute la cause dans la défiance de certains artisans. La plupart des métiers, au contraire, répondirent à l'appel du prévôt. Une enquête fut ouverte au Châtelet de Paris, en vue de rechercher les usages des corporations et de les enregistrer. Tour à tour les représentants des métiers comparurent et firent connaître leurs coutumes qu'un des clercs de la prévôté consignait par écrit. Les comparants du reste ne se bornèrent pas toujours à ce rôle de témoins ; souvent ils formulèrent des requêtes, sollicitèrent des faveurs. Les couteliers demandent à se faire remplacer au guet par leurs valets (t. XVII). Les tréfiliers d'archal (t. XXIV), représentant qu'ils étaient trop peu pour élire un maître, prièrent le prévôt de faire lui-même jurer à ceux qui entreraient dans le métier l'observation des statuts.

Les déclarations des gens de métiers, auxquelles il ne semble pas que le prévôt ait fait subir des changements importants, fixèrent la législation des corporations d'une manière définitive. Le registre de Boileau devait rester à travers les âges le bréviaire des métiers de Paris. Quant à l'auteur de cette grande œuvre, on ignore à quelle époque il mourut. On sait seulement qu'en 1267 il était encore prévôt et qu'il ne l'était plus en 1270.

Ce court historique de la rédaction du *Livre des métiers* permet d'aborder l'étude de la corporation dont ce livre nous révèle l'organisation et la législation. Nous tracerons d'abord le tableau général de l'institution et nous en esquisserons à grands traits la physionomie; puis nous examinerons un à un, pour les étudier plus en détail, chacun des rouages du mécanisme corporatif.

La corporation prise dans son ensemble a pour base la division de tous les artisans en trois classes : *apprentis, valets, maîtres* : ceux qui s'instruisent, ceux qui servent, ceux qui commandent. A chacun de ces trois échelons correspondent des droits et des devoirs d'une nature particulière, dont l'énumération se trouve dans les statuts du métier. L'apprentissage, première étape de la vie d'un artisan, est un temps d'épreuve et d'étude pendant lequel le futur ouvrier apprend tout ce qui concerne son état et doit, par contre, à son maître et instituteur une soumission de tous les instants. Du reste, l'apprenti n'est pas abandonné sans protection à l'arbitraire du maître; celui-ci doit exercer envers lui un véritable patronage moral et professionnel; il a charge d'âme, et s'il manque à l'engagement solennel qu'il a contracté envers son élève, la corporation intervient pour lui rappeler ses obligations.

Mais l'apprenti a grandi et est devenu un homme; il

a terminé son apprentissage. Quelquefois, il devient maître en sortant d'apprentissage; en effet, c'est seulement à partir du XIVe siècle qu'un nouveau stage *(le compagnonnage)* est imposé au candidat à la maîtrise. Mais au XIIIe siècle déjà, l'apprenti ne parvient le plus souvent à la maîtrise qu'après avoir été valet (on dira plus tard compagnon). Dès ce moment, il fait définitivement partie de la corporation à laquelle il ne se rattachait jusque là que par un lien conditionnel. Il n'est pas rivé, comme l'apprenti, au service d'un seul maître; sa personnalité se dégage et apparaît. Il choisit librement le maître au service duquel il veut entrer; il discute librement les clauses de son engagement; il peut enfin, à la condition de respecter les termes de son contrat et les prescriptions des statuts, quitter son maître pour entrer au service d'un autre. Il y a plus : il a sa part d'influence dans l'administration de la communauté; il intervient souvent dans le choix de ses magistrats; il est membre participant de la confrérie et, comme tel, il a droit, en cas de besoin, aux secours de la collectivité. Bref, s'il dépend pour l'exécution de son travail, du maître qui l'a engagé, s'il lui doit dans l'accomplissement du labeur journalier déférence et soumission, il n'en demeure pas moins un homme libre dont la dignité est toujours respectée.

Au sommet de la hiérarchie se trouve le maître. Ancien apprenti et le plus souvent ancien valet, il travaille enfin à son compte, soit qu'il ait succédé à son père, soit qu'il ait réuni les ressources nécessaires pour avoir un *ouvroir* (boutique) à lui. Il a dû pour cela payer certaines redevances à la confrérie du métier, parfois au roi, enfin au maître du métier s'il y en a un dans sa corporation. Il embauche alors généralement un ou deux valets, prend un apprenti et exerce les droits attachés à la maîtrise. Il assiste aux assemblées où il a voix délibérative ; il concourt à l'élection des magistrats (jurés ou prud'hommes) qui dirigent la corporation et est appelé lui-même par la suite à remplir ces fonctions.

Apprenti, Valet, Maître, telle est donc l'échelle de la hiérarchie professionnelle, mais tous ne parviennent pas au degré supérieur. Tandis que l'apprentissage finit nécessairement avec le temps pour lequel il a été conclu, la promotion à la maîtrise suppose des connaissances et un certain avoir que beaucoup ne posséderont jamais. Le compagnonnage reste donc la condition définitive d'un certain nombre de travailleurs, d'une minorité toutefois, semble-t-il.

Toute organisation collective suppose une autorité supérieure chargée de connaître des différends et d'assurer le respect des règlements. Cette autorité est confiée dans la corporation à des *prud'hommes jurés* pris parmi les maîtres et en général désignés par l'élection, sous la condition de la ratification de cette élection par le prévôt de Paris. Ces magistrats ont des fonctions multiples : tantôt financières, tantôt de police. Ils préparent le budget de la communauté, font état de ses ressources, liquident et soldent ses dettes, surveillent la fabrication, dressent procès-verbal des malfaçons, font des visites domiciliaires et pratiquent, s'il y a lieu, des saisies. Ils sont les protecteurs-nés des apprentis. Enfin ils exercent une sorte de magistrature officieuse dans tous les cas intéressant la sécurité de leurs subordonnés ou les intérêts généraux du métier. Leurs fonctions sont temporaires, et ils doivent rendre leurs comptes à l'assemblée des maîtres.

Cet aperçu sommaire de la corporation serait incomplet si l'on n'y joignait l'énumération des diverses autorités supérieures qui exerçaient un droit de contrôle sur les affaires de la corporation. La première de ces autorités était le prévôt de Paris, juge ordinaire de toutes les contestations et de tous les différends des métiers.

La juridiction du prévôt était la seule qui de droit fût imposée aux corporations[1]. Mais, par la suite, certaines dérogations furent apportées à cette règle : l'intérêt fiscal ou la faveur royale avaient entraîné l'inféodation de certains métiers à des particuliers ou à des grands officiers. Souvent ces offices n'étaient considérés par leurs titulaires que comme des sources de revenus. Il n'en fut cependant pas toujours ainsi, et la juridiction de ces officiers s'exerça quelquefois très effectivement et contrebalança même celle du prévôt.

Tel est dans ses traits essentiels le tableau de la corporation du XIIIe siècle avec sa hiérarchie à trois degrés, sa constitution fondée sur le principe de l'élection, ses magistratures. Il faut maintenant reprendre pour les étudier tour à tour les divers rouages qui la composent, en décrire le fonctionnement, en rechercher l'utilité. C'est seulement après avoir achevé cette analyse qu'il sera possible de comprendre la grandeur de l'institution et la puissance du souffle qui l'anime.

[1]. Cette observation ne s'applique qu'aux métiers de la ville de Paris proprement dite. Sur les métiers des faubourgs et des terres seigneuriales, v. *infra*, ch. III, sect. IV.

CHAPITRE II

HIÉRARCHIE DE LA CORPORATION. APPRENTIS. VALETS. MAITRES

Section I. — De l'apprenti

Aucune limite d'âge *minima* n'est fixée pour l'entrée en apprentissage : l'enfant commence généralement à apprendre le métier vers 12 ans, parfois dès 10 ans [1]. On n'exige pas qu'il soit issu d'une union légitime, mais, seuls, les enfants nés de *loïal mariage* peuvent prétendre aux avantages réservés aux fils de maîtres.

Aucune condition particulière n'est requise en principe chez l'apprenti. Il suffit qu'il soit agréé par un maître et qu'il satisfasse aux formalités exigées pour l'admission. Il n'en est pas de même pour le patron. Nombreuses sont les conditions qui viennent restreindre chez lui l'exercice de ce droit professionnel.

Il faut tout d'abord posséder la *maîtrise*. Toutefois il existe à cette règle certaines exceptions et quelques statuts de métiers autorisent des valets travaillant à leur compte à engager et à former des apprentis. Nous reviendrons sur ce sujet lorsque nous étudierons la condition des valets.

Au surplus, la maîtrise ne suffisait pas toujours à con-

---

[1]. Reg. d'audience du Châtelet, Y. 5.222, cité par M. FAGNIEZ, *Etudes sur l'industrie française au XIX° siècle*, 1877, p. 56.

férer à celui qui l'avait obtenue le droit d'engager un apprenti : les règlements des métiers ne permettent à un maître d'avoir un apprenti que s'il offre toutes les garanties désirables dans l'intérêt de l'enfant dont il demande à avoir la garde et à devenir l'instituteur. Cette pensée de protection pour l'enfant a visiblement inspiré un certain nombre de dispositions relatives à l'apprentissage que renferme le *Livre des Métiers*. Ainsi chez les faiseurs de clous pour *atachier* boucles (t. XXV) et chez les corroiers (t. LXXXVII), il est interdit au nouveau maître de prendre un apprenti avant un an et un jour. Ce laps de temps était jugé nécessaire pour lui permettre d'acquérir l'expérience et la liberté d'esprit nécessaire, les embarras d'une entreprise industrielle à ses débuts ne laissant pas toujours à un artisan les loisirs nécessaires à l'instruction d'un apprenti. D'autres statuts (cristalliers, t. XXX, Depping, p. 71) interdisent à la veuve d'un maître qui continue son industrie d'engager un apprenti : *Nul fame qui tiegne le mestier après la mort de son seigneur ne puet prendre aprentis. Car il ne semble pas que fame puet tant savoir du mestier que éle soufesist (suffise) à aprendre un enfant.*

Mais au-dessus de ces dispositions spéciales à quelques métiers, il en est une qui se retrouve dans la plupart des statuts et qui, sous-entendue dans les autres, peut être considérée comme ayant régi toutes les corporations ; c'est l'obligation imposée aux maîtres et jurés des métiers de s'assurer que l'enfant sera bien traité et recevra une instruction professionnelle sérieuse. Les jurés doivent s'informer du caractère du maître, savoir s'il est honnête homme, apte à diriger une éducation, si enfin ses ressources lui permettent de nourrir et d'entretenir convenablement un apprenti. On procède à une véritable enquête. « Li mestre et li deus jurés, dit le statut des toisserans de lange (tisserands), doivent regarder se li mestre est

suffisant d'avoir et de sens pour apprentiz prendre[1]. »
Le maître paraît-il trop pauvre pour prendre un apprenti,
maîtres et jurés du métier s'opposent à la conclusion du
contrat. Quelquefois ils ont recours à un moyen terme :
on fait donner au patron bonne *plegerie* ou caution *d'entériner les convenances (observer les stipulations, remplir les engagements pris) envers l'apprentiz, si que li aprentiz ne perdent leur tans et son père ne perd son argent*[2].

La prévoyance des statuts va plus loin : elle réglemente le nombre des apprentis que les maîtres de chaque corporation peuvent prendre à leur service. Dans nombre de métiers, il n'est pas permis d'en avoir plus d'un (orfèvres, t. XI; cordiers, t. XIII; ouvriers d'étain, t. XIV; boucliers de fer, t. XXI)[3]. Il est permis d'en avoir deux chez les fileresses de soie à petits fuseaux (t. XXXVI) et chez les ouvriers de draps en soie (t. XL), trois chez les fileresses de soie à grands fuseaux (t. XXXV). Quelques métiers ne fixent par exception aucune limite au nombre des apprentis : tréfiliers de fer (t. XXXIII), cristalliers (t. XXX), batteurs d'étain (t. XXXII), fondeurs (t. XLI), chauciers (t. LV), etc.

Les statuts fondent cette restriction du nombre des apprentis sur l'intérêt de l'apprenti lui-même, dont les progrès seront d'autant plus rapides que le maître n'aura pas à partager ses leçons et ses soins entre de trop nombreux disciples[4]. Cette limitation du nombre des apprentis entraînait aussi par voie de conséquence la restriction du nombre des valets et des maîtres, c'est-à-dire de la concurrence tant entre les valets travaillant

---

1. Que nul ne puisse prendre aprentif s'il ne tient chief d'ostel, c'est à savoir feu et leu (tit. XXVIII des patenôtriers de corail), — se il n'est si saige et si riche qu'il le puist aprendre et gouverner (tit. XXI, boucliers de fer).
2. Tit. L, toisserans de lange.
3. A Ypres on retrouve dans les statuts des fondeurs (fin du xiii⁰ siècle) et des cordiers 1306 à 1308, cette même règle (Des Marez. *L'Apprentissage à Ypres à la fin du XIII⁰ siècle*. Lille, 1911, p. 24-25).
4. « Les maîtresses sont assez chargées en aprendre bien une. » (Liniers, t. LVII.)

pour autrui qu'entre les maîtres travaillant pour leur propre compte.

La limitation du nombre des apprentis comportait divers tempéraments. En dehors du nombre réglementaire, le patron pouvait toujours diriger l'apprentissage de ses enfants nés de « loïau mariage » ou de ceux que sa femme aurait eus d'un premier lit (tit. XVI-XXX-XXXV), parfois même celle de ses jeunes frères (foulons, t. LIII); semblable dérogation existait chez les peintres selliers (t. LXXVIII) et chez les chapuiseurs (t. LXXIX) pour les enfants pauvres, pourvu qu'on le fît : *pour Dieu, sans convenance d'argent et de service*. L'esprit de famille au premier cas, le sentiment de la charité au second font ici brèche à la rigueur des principes[1]. Enfin on permet souvent au maître d'engager un second apprenti quand le premier est arrivé à la dernière année de son temps (t. XLVIII, maçons).

Lorsque l'enquête conduite par les jurés a prouvé que le maître offrait des garanties suffisantes, on conclut le

1. Une ordonnance du 7 juillet 1307 publiée pour la première fois par M. Richard (*Mém. de la Soicété de l'Hist. de France*, t. II p. 133) supprima momentanément les dispositions restrictives du nombre des apprentis qui purent être engagés à tel terme et pour tel prix que l'on voudrait. Un auteur allemand, M. EBERSTADT, *Das französische Gewerberecht von dreizehnter Jahrundert bis 1581*, Leipzig, Duncker, 1899, p. 154, — a prétendu attribuer une importance extraordinaire à cette ordonnance, la première par laquelle le pouvoir royal ait légiféré sur les métiers en général. Ce fut cette première intervention qui inaugura, d'après M. Eberstadt, la *législation indépendante de l'Etat*. Cette appréciation est très exagérée; en 1307 le pouvoir monarchique était depuis longtemps assez fort pour que le roi eût pu, s'il l'avait cru bon antérieurement, légiférer par une ordonnance générale. La codification des statuts des métiers sous saint Louis n'avait pas été un simple enregistrement et le prévôt avait parfaitement le droit de refuser sa sanction à telle ou telle prescription. Si un roi comme saint Louis ne promulgua pas au point de vue industriel des règlements généraux — spécialement à Paris dans le domaine propre de la couronne — ce ne fut pas qu'il doutât le moins du monde de son droit, comme le pense M. Eberstadt, ce fut parce que les circonstances ne l'y obligèrent pas.

contrat d'apprentissage[1] et tout d'abord on en détermine la durée, conformément aux statuts de chaque métier. Ces statuts la font varier entre les limites extrêmes de deux ans chez les cuisiniers (t. LXIX), et de douze ans chez les patenôtriers de corail (t. XXVIII)[2]. Il ne faut pas s'y tromper. Le délai fixé par les statuts n'est qu'un minimum au-dessous duquel on ne peut descendre, mais que l'on peut dépasser d'un commun accord entre le maître et les parents de l'apprenti : *Plus service peut il prendre si avoir le peut* (titres XIII-XVI-XVII-XXX-XXXV, etc.). Quelques métiers allaient même plus loin et avaient consacré dans leurs statuts le principe de l'entière liberté des conventions quant à la durée de l'apprentissage (barilliers, t. XLVI; chaussiers, LV; tailleurs de robes, LVI).

La fixation de la durée de l'apprentissage se liait à une autre question : celle du prix qui devait être payé au maître de l'enfant lors de la signature des conventions. Ici encore les statuts interviennent pour fixer un minimum variable selon les conventions (20 sols chez les boîtiers, t. XIX; les tréfiliers d'archal, t. XXIV; les fileuses de soie, t. XXXV; 40 sols chez les boucliers de fer, t. XXI; laceurs de fil, t. XXXIV et jusqu'à six livres chez les ouvriers en drap de soie, t. XL). Mais ce minimum s'élève ou s'abaisse selon que l'apprentissage doit être de courte ou de longue durée. Il est clair en effet, que la prolongation de l'apprentissage, en assurant au maître la continuation des services d'un auxiliaire déjà expéri-

---

1. MM. Espinas et Parenne ont publié dans le tome I de leur *Recueil de documents sur l'industrie drapière en Flandre* (p. 121) le contrat par lequel Mathieu Haimart, maître tisserand à Arras, prend en apprentissage pour quatre ans Mikelet, fils de Ouede Fescanne, avec faculté pour l'apprenti de racheter, en payant 33 sous, le temps de service dû pour les deux dernières années.

2. Quatre ans : cordiers, t. XIII; six ans : braaliers, t. XXXIX, tapissiers de tapis notrez, LII; fèvres couteliers, t. XVI; liniers, LVII; chandeliers, LXIV; batteurs d'archal, t. XX; maçons, XLVIII; sept ans : fileuses de soie à grands et petits fuseaux, XXXV et XXXVI; huit ans : tapissiers sarrasinois, LI; couteliers faiseurs de manches, XVII; ymagiers tailleurs, LXI; dix ans : orfèvres, XI, etc., etc.

menté, lui donne la certitude d'un bénéfice futur et par suite lui permet d'exiger moins d'argent lors de l'entrée en apprentissage. Par exemple, les laceurs de fil et de soie (t. XXXIV) ne pouvaient prendre un apprenti à moins de 40 sols parisis d'argent si l'apprentissage était fixé à la durée normale de six ans. Mais s'il devait durer huit ans, il pouvait être convenu que le patron ne recevrait rien en argent. Chez les tisserands (t. L), l'échelle des équivalences était encore plus graduée ; le prix à payer au maître était de quatre livres parisis pour un apprentissage de quatre ans, de 60 sous seulement pour cinq ans, de 20 sous pour six ans : si l'apprentissage est de sept ans, on peut ne rien exiger en argent[1].

En tant qu'elle fixe un minimum au-dessous duquel on ne peut faire descendre ni le prix, ni la durée de l'apprentissage, cette réglementation se justifie sans peine. Il est certain qu'à moins d'un temps assez long, il est impossible d'enseigner à un enfant la profession qui doit être la sienne. Il est certain, d'autre part, que si on laissait un maître imprudent s'engager à élever, à nourrir et à instruire un apprenti qui de longtemps coûtera plus qu'il ne rapporte, sans se faire au préalable indemniser au moins en partie de ses frais, il serait à craindre que le maître ne cherchât à les récupérer en ne subvenant pas suffisamment aux dépenses d'entretien de l'enfant ou en le surmenant. On s'explique moins par contre l'absence de toute clause ayant pour but d'empêcher les patrons d'exiger un prix trop élevé ou d'abuser de la pauvreté d'une famille pour faire contracter à un enfant un apprentissage d'une longueur excessive ; nous ne croyons pas cependant que cette lacune doive être interprétée comme révélant un certain égoïsme patronal

---

1. A Ypres la somme versée au maître par les parents de l'apprenti n'était qu'une avance, un prêt temporaire qui devait être restitué à la fin de l'apprentissage. Des Marez, *op. cit.*, p. 29.

de la part des chefs des métiers ; il ne faut pas oublier en effet que tous les contrats d'apprentissage étaient soumis à l'examen et à l'approbation des jurés qui se refusaient sans doute à admettre les clauses qui auraient été trop onéreuses pour l'apprenti. A notre avis, l'existence, dans le *Livre des Métiers*, de nombreuses dispositions interdisant aux maîtres d'exiger moins d'un certain prix et d'abaisser en deçà d'une limite déterminée la durée de l'apprentissage, jointe à l'absence de toute disposition interdisant d'exiger plus d'un certain prix ou de prolonger l'apprentissage au delà d'un certain terme, s'explique par ce fait que l'offre de la main-d'œuvre d'apprenti était au XIII° siècle, époque de prospérité et de renaissance industrielle, inférieure à la demande ; la concurrence à réglementer était donc plutôt celle qui s'établissait entre les maîtres pour se procurer un apprenti que celle qui aurait existé entre les parents des futurs apprentis à l'effet de trouver des maîtres à leurs enfants. Plus tard, en 1307 et 1351, la situation fut inverse, et c'est pourquoi à ces deux dates on s'empressa de supprimer ces mesures restrictives.

On a critiqué également la différence qui existe entre les statuts des divers métiers au point de vue de la fixation du temps d'apprentissage. Il est étrange, en effet, de voir ce temps fixé à dix ans pour les tréfiliers d'archal comme pour les orfèvres. On ne s'explique pas que le métier de patenôtrier de corail et de coquilles (fabricant de chapelets) exige un stage de douze ans, tandis que celui autrement difficile de tapissier de tapis sarrazinois, c'est-à-dire de tapis de haute lisse, ne demande que huit ans. Peut-être faut-il chercher la raison de ces anomalies dans l'encombrement de certains métiers et dans le désir de restreindre le nombre des nouveaux maîtres.

Les conventions sont verbalement arrêtées entre les parties, c'est-à-dire entre le père ou le tuteur et le maître qui engage l'apprenti[1]. Elles sont répétées de vive voix ou *recordées* en présence des gardes du métier, de deux maîtres, parfois de deux valets[2]. Le contrat d'apprentissage rédigé soit par un acte sous seing privé, soit par-devant notaire, était ensuite déposé entre les mains des jurés dans les archives de la corporation; ces diverses formalités donnaient ouverture à la perception de certaines redevances. Ainsi, le nouvel apprenti payait 5 sous au roi et 3 sous aux gardes du métier chez les fourreurs de chapeaux (t. XCIV), 5 sous aux jurés chez les boucliers de fer (t. XXI), 5 sous au profit de tous les maîtres chez les batteurs d'archal (t. XX). Souvent les bénéficiaires apparents de ces redevances devaient en faire un emploi déterminé : ainsi les cinq sous payés aux jurés des boucliers de fer devaient servir à secourir les pauvres enfants du métier et à garder les droitures (droits) des apprentis envers leurs maîtres; les cinq sous perçus chez les batteurs d'archal formaient une sorte de prime d'assurance moyennant laquelle le métier s'engageait envers l'apprenti à le replacer chez un autre maître, si le sien venait à mourir.

Les redevances les plus fréquentes sont celles que l'on acquitte envers la confrérie. L'apprenti paie de ce chef deux sous chez les tabletiers (t. LXVIII), cinq sous chez les patenôtriers de corail (t. XXVIII), chez les cristalliers (t. XXX), les boutonniers (t. LXXII), chez les chapeliers de feutre (t. XCI) et les chapuiseurs de selles (t. LXXIX). Souvent le maître doit verser une somme égale.

L'enfant est devenu un apprenti. Il a des devoirs à rem-

---

1. *Archives nationales*, Reg. d'audience du Châtelet, Y. 5.222, mai 1399. « Ordené est, présent Richart Jehan coustier, que Alipson la fournière par manière de provision se pourra louer et mettre en apprentisse, dont curateur est, pour prendre un état... »
2. « Li mestre qui prent apprentiz il doit huchier aux convenances du marchié deux des maîtres et deux des vallès... » Tit. XXVI, tréfiliers d'archal. Chez les crespiniers de soie le contrat était recordé devant deux des jurés seulement. T. XXXVII.

plir envers son patron, comme des droits à faire valoir contre lui. Étudions tour à tour ces devoirs et ces droits.

Devoirs de l'apprenti. — L'apprenti doit obéir à son maître et le respecter. Il doit s'efforcer de le satisfaire, lui « *faire gré* », comme le dit énergiquement un des règlements[1]. On reconnaît au patron un droit de garde, de surveillance et de correction.

1° Un droit de garde. L'apprenti loge chez lui; il ne peut, même les jours de fête, quitter la maison de son maître sans l'autorisation de celui-ci.

2° Un droit de surveillance. Le patron règle à son gré l'emploi de son temps et contrôle sa conduite.

3° Un droit de correction. Si l'apprenti se montre indiscipliné, paresseux ou vicieux, le patron peut le punir. Ce droit de correction comprenait, conformément aux idées du temps, celui d'user de châtiments corporels, mais sans excéder toutefois les limites d'une répression raisonnable. Le droit de frapper l'apprenti ne peut jamais être délégué par le patron, même à sa femme; il doit l'exercer en personne[2] et avec modération. S'il se laissait aller à dépasser les limites d'une juste correction, il encourait lui-même une pénalité, une condamnation à des dommages-intérêts ou à la prison. Parfois même la résiliation du contrat était prononcée sur la demande de l'apprenti[3].

Devoirs du maître. — Le maître avait, lui aussi, des devoirs à remplir envers l'apprenti. Il devait le traiter en « fils de prud'homme », l'héberger, le nourrir, l'habiller, lui fournir, sauf convention contraire, la lumière et le blanchissage. Par contre, il semble que les frais de ma-

---

1. DEPPING, *Ordonnance du métier de forceterie*, p. 359.
2. « Senz le faire battre, mais le bate lui-même s'il mesprent. » Reg. du Châtelet, Y. 5.222, f° 84 (cité par M. FAGNIEZ).
3. *Ibid.*, f° 95.

ladie étaient à la charge des parents; ceux-ci au surplus devaient vraisemblablement reprendre chez eux leur fils malade et le soigner. Le montant de la dépense quotidienne d'un apprenti devait s'élever au moins à 6 deniers[1]. C'est, en effet, cette somme que le règlement des charpentiers (t. XLVII) autorise le maître à réclamer pour le prix de la journée de son apprenti et *pour ses despens jusqu'au soir*, pendant la première année de son engagement.

Il semble que la fuite de l'apprenti de chez son patron ait été un fait assez fréquent. La légèreté de l'enfance, la nostalgie du foyer paternel chez les uns, l'attrait du vagabondage chez d'autres, parfois aussi la rigueur du maître étaient la cause de fugues nombreuses. Les ordonnances des métiers avaient prévu le cas et renferment diverses prescriptions à ce sujet. Une première fuite de l'apprenti n'entraîne jamais la rupture du contrat si l'absence a été de courte durée. Cette résiliation n'est encourue qu'après un délai assez long : un an chez les patenôtriers d'os et de cor (t. XXVII), lorsque la dernière année du temps fixé par les conventions est commencée chez les boîtiers (t. XIX). Si le fugitif revient avant le terme

1. D'après M. le vicomte d'Avenel, dont nous aurons souvent à citer les travaux et que nous prendrons pour guide dans l'examen de cette difficile question de l'appréciation de la valeur des anciennes monnaies par rapport à la monnaie moderne, la livre tournois aurait valu de 1226 à 1290 au *pouvoir nominal* de l'argent, c'est-à-dire eu égard aux variations subies depuis cette époque jusqu'à nos jours par l'*argent métal*, 20 francs de notre monnaie et le sou tournois 1 franc; par suite, la livre parisis qui correspond à 25 sous tournois aurait valu, au moment de la rédaction du *Livre des Métiers*, 25 francs. Les six deniers auxquels s'élevait la dépense quotidienne de l'apprenti valaient donc au *pouvoir nominal de l'argent* environ 62 cent. 1/2, puisqu'une livre parisis renferme 20 sous et 1 sou douze deniers. Au pouvoir réel de l'argent, c'est-à-dire en tenant compte de la dépréciation subie depuis le XIII° siècle jusqu'à nos jours par la valeur d'échange de l'argent, dépréciation que M. d'Avenel estime à 4, les six deniers en question représenteraient exactement 2 fr. 50 de notre monnaie. Cf. *La Fortune privée à travers sept siècles*, par le vicomte D'AVENEL, p. 37 et 70.

fixé par les statuts, il reprend son travail interrompu, à charge seulement par lui « *de restorer tout le service* » dont il a lésé le maître. Il devra en outre lui rembourser tous les coûts et dommages qu'il aura eus par sa faute (tisserands, t. L). Si l'apprenti ne revenait qu'après le délai imparti par les statuts, le contrat d'apprentissage était rompu et il était chassé du métier. Cette même peine était encourue par celui qui, rentré avant l'expiration du délai, s'enfuyait encore à plusieurs reprises. « Si l'apprenti, dit le registre des couteliers (t. XVII), s'enpart d'entour son mestre sanz congié par sa *folour* ou sa *joliveté* par trois fois, le maître ne le doit pas prendre à la tierce, ne nul autre el mestier devant dit. »

Il faut enfin signaler chez les boîtiers (t. XIX, a. 5), les épingliers (t. LX, a. 6) et les garnisseurs de gaines (t. LXVI, a. 3), la disposition qui interdit au patron le remplacement de l'apprenti fugitif[1]. Cette interdiction préjudiciable au maître qu'elle obligeait à restreindre sa fabrication s'explique par divers motifs. Si le maître avait eu toute liberté de remplacer l'apprenti absent, il eût été à craindre que des maîtres peu scrupuleux ne fussent portés à provoquer sa fuite par leurs mauvais traitements, par antipathie contre l'enfant ou dans le but de le remplacer et de toucher le prix d'un nouvel apprentissage. D'ailleurs n'y a-t-il pas souvent de la faute du maître lorsque son apprenti s'insurge contre lui au point de devenir un vagabond et un révolté? Les législateurs des métiers le pensaient sans doute et jugeaient utile que le maître eût un intérêt personnel à rendre la vie supportable à son apprenti : telle est la raison de la clause qui vient d'être mentionnée[2].

1. Chez les patenôtriers d'os et de cor (t. XXVII, a. 4), le maître peut, après avoir attendu un an l'apprenti fugitif, en prendre un autre. Chez les tabletiers, le délai n'est que de 26 semaines ou six mois (t. LXVIII, a. 10).
2. Cette idée que la fuite de l'apprenti implique une certaine respon-

Il arrivait parfois que l'apprenti fugitif trouvait asile chez un maître des environs de Paris et continuait à y apprendre le métier, sans plus se soucier de ses premiers engagements. Pour déjouer ce calcul, les statuts interdisaient d'acheter aucune denrée au patron du fugitif tant qu'il ne s'était pas engagé par serment et sous caution à le mettre dehors (t. LXXI, déiciers). Cette interdiction n'était du reste que la conséquence logique de la règle qui défendait aux maîtres de « *fortraire* » l'apprenti d'un de leurs confrères (t. XVI, couteliers, t. XXIV, tréfiliers d'archal. — Ordonnance des feseresses d'aumônières sarrazinoises, Depping, p. 384).

Il nous reste à étudier de quelle manière prend fin l'apprentissage. Il faut distinguer à cet égard entre l'apprentissage entendu au sens absolu du mot, c'est-à-dire comme le temps d'épreuve qui est imposé à quiconque prétend à la maîtrise, et l'apprentissage au sens relatif du mot, c'est-à-dire considéré comme le contrat particulier qui intervient entre les parents de l'apprenti et tel maître. Certaines causes en effet délient l'apprenti de toute obligation envers son premier maître, mais ne le libèrent pas de l'apprentissage. D'autres causes au contraire ont pour effet de mettre fin à tout apprentissage et d'émanciper définitivement l'apprenti.

L'apprentissage entendu au sens relatif c'est-à-dire le contrat d'apprentissage conclu avec un maître déterminé, prend fin de deux manières : par la mort du maître et par la vente à un autre patron.

1° *Mort du maître*. Ce n'est pas là une cause nécessaire de résiliation. Souvent en effet la femme continue le commerce de son mari défunt (t. LXIV, chandeliers).

---

sabilité du maître apparaît très nettement dans le règlement des tisserands. Si l'apprenti s'enfuit, on recherche si sa fuite n'a pas eu pour cause des sévices exercés sur lui par le maître. S'il en est ainsi, les jurés font appeler ce dernier et le réprimandent sévèrement. En cas de récidive, on lui retire l'apprenti qui est confié à un autre maître.

L'apprenti demeurait alors auprès d'elle et continuait son service. Il en était autrement si le défunt était veuf ou si la femme ne lui succédait pas dans l'exercice du métier : en ce cas, les jurés du métier plaçaient l'apprenti chez un autre maître (t. XL).

2° *Vente à un autre maître.* Cette vente ou cession n'était autorisée que dans des circonstances exceptionnelles, « si le maître gisait à lit de douleur, s'il allait outremer, s'il abandonnait le métier, ou enfin pour cause de pauvreté » (t. XXI, boucliers de fer ; t. XXIX, patenôtriers d'ambre; t. LXXXVII, corroiers); elle n'était souvent autorisée qu'après un délai d'an et jour (ord. de 1291, Depping, p. 360). Ces restrictions n'avaient pas toujours existé ; elles furent introduites par les prud'hommes pour remédier à certains abus. Des apprentis mécontents de leurs maîtres ou sollicités par des concurrents de ceux-ci qui leur promettaient des conditions plus avantageuses forcèrent leurs maîtres en leur « faisant des ennuis », comme le dit naïvement le statut des corroiers (t. LXXXVII), en se montrant « félons et orgueilleux » (boucliers de fer t. XXI), à les céder à d'autres patrons. Certains de ces mauvais apprentis se dérobaient ainsi à l'exécution de leurs engagements avant d'avoir fait le quart du temps fixé par leur contrat[1].

Ces deux causes, la mort du maître, la cession à un autre patron, faisaient passer l'apprenti des mains d'un maître à celles d'un autre; elles mettaient fin au contrat et non à l'apprentissage. Au contraire, les causes ci-dessous énumérées mettaient fin à l'apprentissage lui-même.

1. *Livre des Métiers*, éd. Depping, p. 230 : « Nus (nul) corroiers ne puet (ne peut) vendre son apprentis se li mestre ne va outre-mer ou il ne gist ou (au) lit de langueur, ou si le mestre ne veut lesier (abandonner) son métier du tout (tout à fait) et ce ont li preudome establi por les garçons qui s'enorgueillissent, ains (avant) qu'ils aient fait la moitié de son terme ou le quart » (*des corroiers de Paris, de leurs vallès et de leurs aprentis*, tit. LXXXVII).

1° *Rachat* de l'apprentissage, c'est-à-dire convention ayant pour effet d'abréger moyennant paiement d'une somme d'argent la durée de ce temps d'épreuve. Comme on l'a indiqué plus haut, cette faculté d'émancipation n'est accordée que difficilement par les règlements et de nombreuses précautions sont prises pour qu'elle ne dégénère pas en abus. Le rachat n'est autorisé qu'après un temps déjà long (quatre ans chez les tisserands, t. L; six ans chez les braaliers de fil, t. XXXIX). L'apprenti émancipé ne peut lui-même engager un apprenti qu'à l'expiration du laps de temps primitivement fixé par son apprentissage (t. XXX, cristalliers; t. XXXV, filleresses de soie à grands fuseaux; t. XXVIII, patenôtriers de corail). Une clause commune à la vente de l'apprenti et à son rachat défendait au maître d'engager un autre apprenti avant l'expiration du même délai (t. XXI, boucliers de fer; t. XXVII, patenôtriers d'os et de cor; t. XXVIII, patenôtriers de corail; t. XLIV, tisserandes de queuvrechiers).

2° L'*expulsion* de la corporation de l'apprenti fugitif rentré après le terme fixé par les règlements ou récidiviste.

3° *La mort de l'apprenti.*

4° *L'expiration du terme fixé par le contrat.* C'est la cause la plus fréquente et la plus naturelle de la cessation de l'apprentissage.

Chez les orfèvres (t. XI), en vertu d'une disposition spéciale des statuts, l'apprenti pouvait être tenu quitte du temps qui lui restait à faire pour compléter son apprentissage, lorsqu'il était reconnu capable de gagner cent sous par an, plus son despens de boire et manger.

Section II. — Des Valets [1]

Son temps d'apprentissage terminé, un jeune artisan

---

1. L'ouvrier au service d'autrui est aussi quelquefois appelé *sergent* ou *serjant* (talemeliers, t. I, a. 44, — couteliers, t. XVII, a. 4; — fre-

pouvait immédiatement acquérir la maîtrise, comme le prouve la clause déjà citée, qui se borne à interdire à l'apprenti racheté d'engager lui-même un apprenti avant le terme fixé par le contrat ainsi résilié [1]. Ce fut seulement au XVe siècle ou au plus tôt à la fin du XIVe que s'introduisit dans les règlements la disposition en vertu de laquelle un artisan fut tenu de faire, en qualité de compagnon (terme qui remplaça vers cette époque celui de valet), un stage distinct de l'apprentissage avant d'obtenir le brevet de maîtrise. Sans doute, déjà au XIIIe siècle, la plupart des maîtres avaient exercé le métier, non seulement comme apprentis, mais comme ouvriers. L'apprenti, son temps expiré, avait rarement les ressources et l'instruction professionnelle suffisantes pour s'établir de suite. Mais aucune règle absolue ne lui interdisait cependant la maîtrise.

Le valet qui veut s'embaucher se rend dans le lieu où se concluent d'ordinaire les contrats de ce genre : pour les foulons, par exemple, le rendez-vous était près de l'église Saint-Gervais, devant une maison ou taverne à l'enseigne de l'Aigle (t. LIII). Les maîtres, toutefois n'étaient pas obligés de se rendre sur ces emplacements s'ils trouvaient ailleurs un artisan.

Pour embaucher un ouvrier, il faut naturellement,

mailliers de laiton, t. LXII, a. 16). Le terme de valet, le seul usité dans le Registre des métiers, n'impliquait aucunement l'idée humiliante qu'il évoque aujourd'hui; il signifiait aide, jeune serviteur, écuyer

si dotèrent
desquels des vallès rois fesoient.

WACE, *Roman de Rou*, vers 6624.

1. Par exception, l'obligation de faire un stage en qualité de valet avant de prétendre à la maîtrise se rencontre dès le XIIIe siècle dans les statuts de trois corporations : ouvrières de tissus de soie, t. XXXVIII, DEPPING, p. 88 ; — faiseuses d'aumônières sarrazinoises, Ord. de 1299 DEPPING, p. 384; — épingliers, LX, p. 253. Le temps de compagnonnage était d'un an et un jour pour les deux premiers métiers, d'un an pour le troisième.

en principe du moins[1], appartenir au métier et avoir la maîtrise (t. XXXVIII, ouvrières tisseuses de soie). Cette condition ne suffisait pas toujours. Ainsi, chez les foulons (t. LIII), il faut en outre que le maître ait douze deniers de robe, et chez les fourbisseurs [2], cinq soudées, pour tenir leurs *valets nettement* (leur assurer une tenue décente).

Le maître, par contre, peut et doit exiger de l'ouvrier qu'il embauche, la production de certaines justifications. Il doit tout d'abord le mettre en demeure de prouver qu'il a bien fait son apprentissage (t. XIX, boîtiers, Depping, p. 54; XXII, boucliers d'archal, p. 60; XXIV, tréfiliers d'archal, p. 63; LXXXVII, corroiers, p. 235). *A fortiori*, est-il interdit d'engager un artisan qui n'aurait pas appartenu au métier (Ord. des lormiers, Depping, p. 362). Tous les moyens de preuve sont admis, même le témoignage et le serment de l'intéressé (t. XXV, p. 64, feseurs de clous; LXI, p. 156, ymagiers[3]).

La preuve de l'apprentissage rapportée, le valet devait encore établir qu'il était libre de tout engagement antérieur (t. XXXV et XXXVI, fillaresses à grands et petits fuseaux, p. 82 et 83; LXVI, p. 166, garnisseurs de gaines[4]).

Non seulement le valet devait parfaire le temps pour lequel il s'était « alloué », mais il lui était même interdit de contracter un nouvel engagement avant l'expiration complète de son temps. On ne dérogeait à cette règle qu'en faveur du maître actuel de l'ouvrier qui pouvait valablement conclure avec lui un nouveau contrat dans le dernier

1. Voir en effet ci-après, p. 107.
2. Ordonn. de 1290. *Liv. des Mét.*, p. 366.
3. Chez les fourreurs de chapeaux n'était reçu qu'en qualité d'apprenti tout valet du dehors qui ne savait point faire un chapel.
4. Il semble que cette preuve n'ait pas toujours suffi et qu'on ait parfois exigé de l'ouvrier la production d'une sorte de témoignage de satisfaction délivré par son maître et certifiant qu'il « avait fait son gré » (patenôtriers de corail, t. XXVII, p. 69).

mois de son temps de service (t. XXIV, p. 63, tréfiliers d'archal).

Les prescriptions qui précèdent avaient pour but de faire respecter les règlements corporatifs, d'assurer une sanction à l'obligation de l'apprentissage et à des conventions librement consenties. D'autres prescriptions procèdent de considérations morales : ce sont celles qui interdisent l'embauchage d'ouvriers dont l'influence, en raison de leurs mauvais antécédents, eût été pernicieuse sur leurs camarades. On ne doit pas engager un valet larron ou meurtrier (t. LIII, p. 131, foulons), ni banni de ville pour mauvais cas (ord. sur les tisserands, p. 391), ni *réveeur* ou mauvais garçon, qu'il soit de Paris ou d'ailleurs (t. XXII, boucliers d'archal, p. 61). On était aussi exigeant pour la moralité que pour la probité. On excluait donc tout valet *houlier* (débauché) (t. XL, p. 93), et tout artisan vivant en état de concubinage, sa maîtresse habitât-elle en dehors de Paris.

Lorsque l'ouvrier avait fourni toutes ces références, le contrat se concluait verbalement. Mais au préalable, le valet jure *sur les saints* qu'il fera le métier bien et loyaument et que s'il apprend qu'aucun du mestier méprend en aucune chose, il le fera savoir aux gardes (t. XXXI et XXXIII, p. 74 et 77, batteurs d'or et d'argent à filer et en feuilles; XXXV, p. 82, fillaresses de soie; LXXXII, p. 223, lormiers). A l'inverse de l'apprenti, l'ouvrier d'alors ne paye aucun droit lors de son embauchage. Les ouvriers tapissiers doivent, il est vrai, un sou aux gardes, mais cette somme n'est due que le jour où l'artisan quitte son maître. Loin d'entraver les contrats de louage de services, on cherchait donc à prévenir leur rupture. Les conditions du contrat se débattent librement entre les parties; la durée et le type de l'engagement sont essentiellement variables. Parfois l'ouvrier est embauché à la journée [1], à

---

1. Ord. des feseurs de tapis sarrazinois, 1290, DEPPING, p. 408, « que

la semaine, au mois, plus souvent à l'année[1]. Enfin toute une catégorie d'ouvriers ne travaillaient qu'à la tâche; mais ce mode de travail était envisagé avec défaveur par les législateurs de la corporation; le règlement des huchers va jusqu'à défendre aux patrons de confier des outils aux ouvriers de cette catégorie.

Souvent l'ouvrier avait un domicile à part. Il n'en était pourtant pas toujours ainsi; les ouvriers à l'année étaient nourris et logés chez leur maître[2].

La condition de valet ou d'ouvrier n'étant pas au XIIIe siècle comme celle d'apprenti une étape nécessaire pour parvenir à la maîtrise, il est naturel qu'aucun délai n'ait été fixé pour en déterminer la durée. A condition d'achever le temps pour lequel il s'est engagé envers son patron, l'ouvrier peut, à tout moment, se faire recevoir maître, comme inversement, s'il n'est pas assez riche ou intelligent pour entreprendre lui-même un commerce, il peut rester toute sa vie au service d'autrui.

Le nombre des valets n'est pas limité[3]. Les raisons qui avaient entraîné la restriction du nombre des apprentis n'existaient plus ici. L'ouvrier était censé connaître le métier et servir chez son maître moins pour s'instruire que pour tirer profit de son instruction acquise.

Si l'ouvrier ne logeait pas habituellement chez son maître, c'est là cependant qu'il travaillait. Quelques corporations seules faisaient exception. Ainsi les chapeliers de coton confiaient leurs laines à des ouvriers qui les préparaient chez eux et les rapportaient ensuite à « l'ouvroir » du maître.

l'on mette les ouvriers en œuvre à l'année ou à journées si comme l'on voudra ».

1. T. LIII, p. 131, foulons. Cf. encore Ord. des huchers, Depping, p. 374.
2. Fagniez, Études sur l'industrie au XIIIe siècle, p. 89.
3. Liv. des Métiers, éd. Depping, cordiers, p. 41, serruriers, p. 52, tréfiliers de fer, p 61, tréfiliers d'archal, p. 62, liniers, p. 145, huiliers, p 159.

Quelquefois aussi, le travail se faisait chez le client ; il importe toutefois de distinguer à cet égard le travail effectué pour le compte du patron et le travail effectué par l'ouvrier traitant directement et en son nom personnel avec un bourgeois. Au premier cas, nulle difficulté, l'artisan restait étranger aux conditions du marché qui se débattaient entr son patron et le client; le salaire de l'ouvrier, la durée du travai demeuraient fixés conformément au contrat qui le liait au maître. Mais plus délicate est l'hypothèse où l'ouvrier aurait loué directement ses services à un client. Une telle convention était-elle licite? Quelles en étaient les clauses habituelles ? Quelques explications sont nécessaires à ce sujet.

En principe, et comme il a été dit, il était interdit à un artisan de louer ses services à tout autre qu'à un maître du métier (*Livre des Métiers*, éd. Depping, p. 88 et 381). On voulait éviter que des particuliers qui n'auraient pas subi les épreuves préliminaires à l'obtention de la maîtrise et se seraient ainsi affranchis des charges qu'elle comportait fissent concurrence aux maîtres du métier en embauchant des ouvriers et en trafiquant des produits de leur travail. Mais les motifs qui dictèrent cette prohibition en restreignirent par là même la portée. S'il était défendu de s'engager chez un bourgeois pour y travailler d'une manière permanente et régulière, il était généralement permis ou du moins toléré que l'ouvrier travaillât chez lui-même, ou accidentellement, chez le client, pour le compte de ce dernier. On permettait ainsi aux bourgeois d'embaucher soit à la tâche, soit à la journée, des ouvriers foulons, tonneliers, couturiers, fourreurs, cordonniers, etc.[1]

Il était également interdit dans plusieurs métiers d'envoyer les ouvriers et ouvrières travailler chez les Juifs

---

1. Toutefois, chez les ouvriers de drap de soie, il n'est pas permis d'aller ouvrer en ville, excepté chez « très noble prince ». XL, p. 92.

(t. XCV, feseresses de chapeaux d'orfrois, p. 256, et Ord. de mai 1290, oublicrs, p. 351). Une telle prohibition avait pour cause dans cette dernière corporation des motifs d'ordre religieux : les oubliers étaient chargés de faire les hosties destinées au culte, et on voulait éviter de mettre en rapports directs les artisans de ce métier avec les ennemis de la religion chrétienne qui auraient pu, par des sacrilèges, se venger de la réprobation qui pesait sur eux ou des mauvais traitements qui leur avaient été infligés.

L'engagement de l'artisan se termine le plus souvent par l'arrivée du terme fixé par la convention. Jusque là, les parties sont liées l'une envers l'autre et tout manquement à la parole donnée entraînerait une condamnation pécuniaire contre le délinquant; de plus, ce dernier ne pourrait s'engager chez un autre maître tant qu'il n'aurait pas réparé le tort fait à son dernier patron. Le terme de l'engagement arrivé, chacun reprend sa liberté : tel est du moins le droit commun; mais il existe à cette règle des exceptions. Le statut des fourbisseurs (Depping, p. 367), notamment, renferme une clause très favorable aux ouvriers. Le maître, dit ce statut, ne peut « donner congié à son varlet *s'il ne treuve reson aperte par quoi il le doit fere au dit* (au jugement) *et à l'esgart des quatre mestres gardes et de deux varlez dudit mestier* ». Le germe de nos conseils de prud'hommes se trouve dans cette disposition.

Telles sont les règles principales qui présidaient au XIIIe siècle aux rapports des patrons avec leurs ouvriers : ceux-ci au surplus faisaient réellement partie de la corporation. Souvent même ils concouraient à la nomination des jurés et ils étaient éligibles à ces fonctions (voir *infra*, p. 122 et 123).

Après avoir étudié la condition des valets en service chez un maître du métier ou travaillant occasionnellement chez un bourgeois, il nous faut signaler en terminant ce fait anormal au premier examen et pourtant avéré, qu'il est fait allusion dans certains statuts de métiers à des valets travaillant à leur compte et formant des apprentis (t. XXV, feseurs de clous, Depping, p. 65[1]; XXXIV, laceurs de fil, p. 79[2]); il est assez difficile de trouver une explication à cette dérogation aux règles ordinaires des métiers : dans quelques-uns de ces textes le mot valet pourrait être interprété comme un équivalent de jeune maître n'ayant bénéficié d'aucun privilège, par exemple n'étant pas fils de maître ; il en est ainsi par exemple du passage du règlement des laceurs de fil où le valet est opposé au fils de maître et aussi certainement pour le valet cloutier qui a dû tenir son métier un an et un jour et demandait à prendre un apprenti. Mais cette explication est évidemment inadmissible pour d'autres métiers, par exemple, pour les gantiers. « Li vallez gantiers de Paris ne peuvent tenir, ne prendre, ne fortraire les apprentis à leurs maîtres si ce n'est par leur congié » (tit. LXXXVIII, art. 12). Ici il est évident qu'il s'agit bien d'un vrai valet qui cependant formait personnellement des apprentis[3]. On ne saurait trop rappeler du reste qu'au XIIIe siècle la ligne de démarcation entre le maître et le valet est encore loin d'être aussi nettement tracée qu'elle le fut plus tard. Le maître n'est lui-même qu'un ouvrier plus aisé que le valet, mais d'une condition sociale qui ne diffère pas de celle du valet.

1. « Il est accordé que nul vallet du mestier dessus dit ne puisse prendre nul aprentis ou dit (audit) mestier, devant qu'il ait tenu son mestier un an et un jour. »

2. « Se un valet qui le mestier face ou un fils de maître veut avoir un aprentis, il le puet avoir en la manière devant dite. »

3. Parfois aussi les statuts défendent au valet de prendre apprenti ; ce qui prouve qu'en fait ils agissaient ainsi. « Nuls varlets dudit mestier ne pourra tenir aprentis » (st. des pourpointiers de 1323, art. 4, LESPINASSE, t. III, p. 208). « Nus (nul) vallez ne puet (peut) aprentiz prendre tant qu'il soit en autrui service. Nus vallez ne nus mestres ne puet aprentiz prendre pour mettre en œvre (en œuvre) en autrui ovroer ouvroir) que en son propre ovroer » (st. des tabletiers, t. XVIII).

Section III. — Des Maîtres

Pour obtenir la maîtrise, il faut tout d'abord prouver que l'on a accompli son apprentissage ; mais il n'est pas indispensable d'avoir été apprenti à Paris. L'apprentissage fait en province est considéré comme valable, pourvu qu'il ait été d'une durée au moins égale à celle que prescrivent les statuts du métier pour la ville de Paris (t. XLII, des fremailliers de laitons, Depping, p. 95 ; XXII, des boucliers d'archal, p. 59).

L'obligation de justifier de son apprentissage était-elle la seule condition exigée du candidat à la maîtrise, et le futur maître n'était-il pas tenu de prouver qu'il possédait les connaissances et l'habileté professionnelles requises pour l'exercice du métier ? On a souvent répété que le chef-d'œuvre était inconnu au XIIIe siècle et que cette épreuve solennelle, ayant pour but de constater la capacité de l'artisan, ne s'introduisit dans les mœurs et dans les règlements des métiers qu'au XIVe ou au XVe siècle. Cette assertion est exacte, si on entend par là que le chef-d'œuvre ne se retrouve pas dans les Registres d'Etienne Boileau sous la forme concrète et précise qui caractérisa plus tard cette épreuve (entrée en loge, confection d'un ouvrage déterminé, etc.). Le mot *chef-d'œuvre* n'est prononcé qu'une fois dans les statuts des chapuiseurs (t. LXXIX, Depping, p. 216), et si ce terme est déjà synonyme d'ouvrage type, il est évident qu'il ne s'agit pas dans ce texte d'un travail prescrit en vue de l'obtention de la maîtrise, mais seulement d'une œuvre destinée à prouver que l'apprenti a acquis un certain degré d'expérience professionnelle et à améliorer sa condition sans le faire sortir d'apprentissage. « Se li aprentis set (sait) faire un chef d'œvre tout sus, ses mestres puet (peut) prendre un autre aprentiz, pour la réson de ce que quant un aprentis set faire son chef d'œuvre, il est reson qu'il se tiegne (tienne) au mestier, et soit en l'ouvroir, et est reson qu'on l'oneure (respecte) et deporte plus que celui qui ne le set faire, si que ses mestres ne l'envoit mie la ville quère (quérir) son pain et son vin... »

Si le chef-d'œuvre proprement dit n'existait pas au XIIIᵉ siècle, on exigeait par contre du candidat à la maîtrise des garanties d'un autre genre. Parfois c'est un examen que le futur maître doit subir devant les gardes du métier. « Quiconque voudra tenir le métier, dit le statut des ouvriers en drap de soie, il conviendra qu'il le sache faire de tous points de soy sans conseil ou ayde d'autruy et qu'il soit à ce point examiné par les gardes du métier » (t. XL, p. 91). « Nus (nul) menisteriaus du mestier ne peut lever établi de ci a donc que li mestres qui gardent le mestier ait vu et regardé s'il est ouvrier souffisant de coudre et taillier » (statuts des tailleurs de robe, t. LVI, p. 142)[1]. Dans ces divers textes, l'obligation de satisfaire à un examen professionnel est nettement proclamée; d'autres règlements sont muets à cet égard. Mais faut-il conclure de leur silence à l'absence de tout contrôle sur la valeur du candidat, sur son savoir professionnel et sur son intelligence? Ce serait méconnaître l'esprit de prudence qui animait les législateurs de la corporation. Divers passages des règlements insérés au Livre des Métiers fortifient cette opinion. « Quiconque, dit par exemple le statut des ymagiers (t. LXI, p. 155), veut être ymagier à Paris estre le peut *pour tant qu'il sache le mestier*[2]. » A moins d'admettre que ces derniers mots ne soient qu'une simple superfétation, on est amené à penser que dans tous les métiers, soit par un examen devant les jurés, soit par tels autres procédés dont le détail ne nous

---

1. V. encore t. LXXXIV, p. 228, cordonniers.
2. Cette clause se retrouve encore dans nombre de règlements. Cf. t. XIII, cordiers; XIX, boitiers; XX, batteurs d'archal; XXIII et XXIV, tréfiliers de fer et d'archal; LVII, liniers; LIX, chavenaciers, etc.

est point connu, le candidat devait prouver son aptitude et ses connaissances techniques. En résumé, si le chef-d'œuvre n'existait pas au XIIIᵉ siècle en tant qu'institution officielle, il paraît certain que les candidats à la maîtrise étaient mis en demeure de justifier d'une manière quelconque de leur savoir professionnel.

Droits d'entrée. Caution. Serment professionnel

Le candidat ne devait pas seulement prouver sa capacité, mais acquitter les taxes ou redevances imposées par l'autorité royale ou par la coutume. Ces taxes étaient de diverses catégories.

Il existait d'abord une série de taxes sur lesquelles il est nécessaire d'insister. Ce sont celles qui représentent le droit d'exercer la profession, « *l'achat du métier* ». L'esprit féodal avait pénétré dans les rapports de la royauté et des métiers et les avait transformés. On a vu comment sous l'influence du souffle émancipateur qui traverse le XIIᵉ siècle, les idées d'autonomie et d'association industrielles se sont tout à coup réveillées. La royauté elle-même s'est faite l'auxiliaire de ce mouvement et l'a favorisé de toutes ses forces. Mais dès sa naissance l'institution nouvelle doit compter avec la société féodale au milieu de laquelle il lui faut vivre. Tout dans cette société relève du seigneur; il est le maître de la terre et de ses habitants; tous les actes de la vie civile de ses vassaux, leur droit d'acquérir, de léguer, d'hériter ne sont que des concessions, des octrois de sa volonté souveraine; il est donc naturel que le travail, source de toute acquisition, soit soumis à l'autorisation du seigneur et qu'il en subordonne le libre exercice au payement de certaines redevances. Ces idées d'inféodation auraient suffi à expliquer la règle en vertu de laquelle, à Paris, ville royale, tout futur maître pouvait être tenu d'acheter le métier du roi son seigneur ou de celui à qui il avait délégué ce droit. Et cependant tel avait été l'élan du mouvement de liberté auquel la corporation devait sa naissance que ce fut seulement par degrés et comme timidement que la royauté osa la soumettre à la loi commune. Au XIII° siècle, c'est à peine si l'inféodation des métiers est commencée. Sur cent corporations dont les statuts figurent au Registre des métiers, une vingtaine seulement relèvent du roi ou de grands officiers auxquels il faut payer des redevances pour parvenir à la maîtrise.

Les métiers qui relèvent directement du roi sont en petit nombre. Ce sont : les braaliers (t. XXXIX, p. 90), les ouvriers en drap de soie (t. XL, p. 91), les potiers de terre (t. LXXIV, p. 191). La redevance pour l'achat du métier est souvent indéterminée; souvent aussi les statuts en fixent la quotité qui varie de cinq sols (potiers) à vingt sols (braaliers).

D'autres métiers sont inféodés à de grands officiers de la Couronne auxquels le roi délègue son autorité. En général, chaque grand officier a sous sa juridiction le métier dont l'objet se rapproche le plus des fonctions qu'il remplit auprès du roi. Ainsi le grand panetier est maître des talmeliers ou boulangers[1]; le grand maréchal est maître des fèvres-maréchaux, des fèvres-couteliers et des serruriers[2]; le grand chambrier est maître des fripiers et des gantiers (tit. LXXVI et LXXXVIII); le barbier du roi est maître des barbiers chirurgiens; les écuyers du roi sont maîtres des savetiers (Depping, p. 427). Parfois

1. « Li rois a doné à son mestre panetier la mestrise des talemeliers... et la petite justice et les amendes des talemeliers, des joindres et des vullès. » *Liv. des Mét.*, t. 1, p. 9.

2. « Nus ne puet (peut) être fèvre à Paris, c'est à savoir marischax (maréchal), greifier, haumier, veillier, grossier, que il n'achate le mestier du Roy et le vent (vend), de par le Roy son maître marischal. » T. XV, p. 44.

la maîtrise du métier est partagée entre deux de ces grands officiers : il en est ainsi pour les peintres selliers qui dépendent à la fois du chambellan et du connétable [1]. Parfois aussi, le roi, en déléguant ses pouvoirs, retient une partie des droits pécuniaires. Il en est ainsi chez les gantiers [2].

D'autres métiers sont inféodés à diverses personnes. Cette catégorie comprend d'abord les métiers qui, en raison de leur caractère public, relèvent du prévôt des marchands : tels sont les crieurs, jaugeurs, mesureurs. En outre la maîtrise d'un certain nombre de métiers est concédée par le roi contre argent comptant à divers particuliers : cette concession a le caractère d'un véritable fermage. On peut citer comme exemple d'une telle inféodation les regratiers de pain et de sel, les regratiers de fruit et d'aigrun, les tisserands, les baudroiers, les boursiers braiers, les charpentiers, les pêcheurs de Seine, les poissonniers d'eau douce ou de mer [3].

La quotité du droit payé pour l'achat du métier est variable. Parfois la fixation en est laissée aux intéressés ; parfois au contraire les statuts énoncent un chiffre qui tantôt est un maximum [4], tantôt représente le montant exact de la taxe à acquitter. Ce tarif évolue entre

---

1. « Nus ne puet être seliers à Paris, s'il n'achate le mestier du Roy et le vent de si à XVI sols cilz à qui le Rois l'a doné : desquieux (desquels) XVI sols li Rois a doné X à son mestre chanberlanc et VI au conestable de France. » T. LXXVIII, p. 207.

2. « Il convient qu'il achate le mestier du Roy et du comte d'Eu à qui le Roy a donné une partie de son mestier. » T. LXXXVIII, p. 240, Gantiers.

3. « Nul ne peut être poissonnier d'eau douce s'il n'achète le métier du Roy et le vend cil qui de par le Roy l'a acheté. » T. XCIX. — « Cil qui la *baillie* en a. » T. C. — « Cil qui la coustume a acheté du Roi. » T. L.

4. « Vent (le métier de fèvre) à l'un plus, à l'autre moins, le mestret mareschal, selon ce qu'il plera dessi à V sols, lesquels V sols il ne peu passer. » T. XV. DEPPING, p. 44.

douze deniers (savetiers, t. LXXXVI, p. 233) et seize sous (dix au chambellan, six au chambrier) chez les cordonniers (t. LXXXIV, p. 227).

Cette obligation d'acheter le métier du roi ou de son représentant fut étendue, postérieurement à la promulgation du Registre des métiers, à plusieurs autres corporations : en 1304, aux potiers d'étain; en 1316 aux brodeurs; en 1327 aux chaudronniers : elle prit vers la fin du XIV° siècle une telle extension que les corporations indépendantes devinrent l'exception. Mais au XIII° siècle, ces corporations sont encore en grande majorité et représentent plus des deux tiers des métiers.

Le nouveau maître acquittait encore diverses redevances qui pour les membres des corporations inféodées se superposaient à la taxe d'achat du métier, et qui pour ceux des corporations libres en tenaient lieu. Il fallait ainsi payer des droits soit aux gardes du métier « por la peine et le travail qu'ils auront du mestier garder[1] », soit à la confrérie du métier[2]; parfois aussi comme chez les bouchers, on devait offrir à ses nouveaux confrères des repas de bienvenue dits *past* et *abreuvement*. (*Ordonnances des rois de France*, t. VI, 595.) Dans quelques métiers le nouveau maître devait donner caution pour garantir sa solvabilité. « Quiconque voudra être boucher en ladite boucherie (porte l'ordonnance d'août 1381 relative à la Boucherie Sainte-Geneviève), sera tenu de bailler bonne caution en ladicte jusqu'à la somme de XL livres pour la seurté de payer les marchands à qui il prendra denrées. » (*Ord. des R. de F.*, t. VI, 616.)

Les conditions d'aptitude vérifiées, les taxes acquittées, le récipiendaire prêtait serment devant le prévôt et sur les saints de se conformer aux us et coutumes de la

1. Ouvrières de tissus de soie, t. XXXVIII, p. 89.
2. « Par païant trois sous d'entrée à la confrarie du mestier. » Corroiers, t. LXXXVII, p. 234.

vicomté de Paris[1], et de faire bonne œuvre et léalt (loyale). L'accomplissement de cette formalité marquait la fin des épreuves prescrites, et le serment prêté, le candidat était définitivement admis à la maîtrise[2].

Admission des femmes à la maîtrise. Dispositions diverses des règlements de métiers relatives au cumul, au contrat de société, aux coalitions, au guet.

Les femmes étaient admises à la maîtrise dans deux cas bien distincts :

1° Certains métiers étaient composés exclusivement de femmes ; dans certains autres métiers, les femmes étaient admises à la maîtrise concurremment avec les hommes. Les métiers de la première catégorie étaient les suivants : filleresses de soie à grands et à petits fuseaux, — ouvrières de tissus de soie, — tisserandes de quevrechiers (couvre-chefs) de soie, — feseresses de chapeaux d'orfrois, — feseresses d'aumônières. Parmi les métiers de la seconde catégorie on peut citer les crespiniers de fil et de soie, les liniers et les poulaillers.

2° Dans un second cas encore les femmes étaient admises à la maîtrise. Les veuves de maîtres étaient autorisées à continuer le métier du défunt. On présumait qu'elles avaient acquis une expérience professionnelle suffisante[3].

1. Tréfiliers d'archal, t. XXIV, p. 63.
2. Des dispositions toutes particulières régissaient l'admission à la maîtrise chez les boulangers ou talmeliers. L'exercice de la profession y était distinct de la maîtrise. Le nouveau boulanger devait attendre quatre ans avant de devenir maître. Durant ce stage, au cours duquel il payait certains droits, il pouvait faire et vendre du pain, mais non assister aux assemblées, former un apprenti, etc. Le stage révolu, une cérémonie réunissait tous les maîtres, les premiers garçons et le récipiendaire. Ce dernier offrait au maître des boulangers un pot rempli de noix et d'oublies ; puis le pot était brisé contre le mur de la maison et l'on entrait fêter à table le nouveau maître.
3. *Livre des Métiers*, t. XXX, XL, LXX, et *Olim*, édit. Beugnot, t. I p. 569, année 1249 : Relictæ bolengariorum possunt facere panem.

La veuve vient-elle à se remarier, on distingue. Le nouveau mari appartient-il au métier, la femme continue à pouvoir tenir ouvroir et à jouir des avantages de la maîtrise. Epouse-t-elle un étranger, elle est déchue de la maîtrise ou tout au moins perd le droit de former des apprentis (t. XXVIII, XL et LIII).

Sous la réserve de cette double exception, l'accès de la maîtrise est fermé aux femmes; mais il est certain qu'on les employait souvent comme apprenties et même comme ouvrières. Leur main-d'œuvre plus économique que celle de l'homme était recherchée surtout dans les industries de luxe et d'habillement.

Le valet a prêté serment, il a été reçu maître. Ce titre lui confère des droits et lui impose des devoirs nouveaux; il lui faut se soumettre à la discipline corporative qui régit tous les maîtres du métier. Cette législation professionnelle peut être envisagée à plusieurs points de vue. Nous n'étudierons quant à présent que les dispositions relatives à l'exercice de la profession considérée en général et *in abstracto*.

Et d'abord, le cumul était-il interdit? pouvait-on au contraire exercer simultanément divers métiers? Il existe une certaine catégorie de métiers connexes qu'il devait être permis de pratiquer conjointement : il en est ainsi pour les métiers de tanneurs, sueurs, savetiers, baudroiers. Quiconque avait acheté l'un de ces métiers pouvait sans apprentissage ni redevances nouvelles exercer librement les autres. Il devait seulement acquitter les coutumes et se conformer aux statuts des divers métiers. Pour les corporations que n'unissait aucun lien, il est difficile de se prononcer. Le cumul de deux métiers devait être en tout cas un fait très exceptionnel; la spécialisation de la profession était en effet un des caractères de l'industrie à cette époque.

Le contrat de société n'était pas inconnu au moyen

âge; depuis longtemps les marchands lombards venus en France, pour y trafiquer, avaient formé entre eux des sociétés de commerce[1] et toutes les formes du contrat de société étaient décrites dans le Livre de Jostice et Plet[2] comme étant en usage dès le XIIIe siècle.

Il ne semble pas toutefois que les gens de métiers aient formé entre eux des sociétés, et il est très douteux qu'un semblable contrat conclu entre les maîtres d'une même corporation eût été valable; deux des statuts insérés au Registre des métiers, celui des cuisiniers (t. LXIX)[3], et celui des foulons (t. LIII)[4], interdisent en effet formellement toute compagnie entre maîtres. L'association de capitaux qui eût permis aux maîtres entre lesquels elle fût intervenue de faire concurrence aux autres maîtres eût dérangé l'équilibre que les statuts s'efforçaient de maintenir entre les membres d'un même métier.

A plus forte raison était-il interdit de former entre membres d'un même métier des coteries ou des ligues ayant pour but de substituer l'action particulière de certains groupes à l'action collective de la corporation. Aussi, les statuts corporatifs prohibent-ils rigoureusement les coalitions entre maîtres ou entre valets, les premières[5]

---

1. BOUTARIC, *Actes du Parlement*, t. I, arrêt de 1270, n° 1365, p. 136.
2. Le *Livre de Jostice et Plet* (liv. VII, tit. XV) distingue la compagnie faite à toujours, à terme ou par condition ; la compagnie faite *divisément*, c'est-à-dire par la mise en commun de « ce qui est devisé et non plus », ou au contraire *simplement*, c'est-à-dire « de tot (tout) ce que l'on pot (peut) atraire (acquérir) ».
3. « Que nulz... ne fasse *compagnie de marchands* sur peine de X sols et de forfaire la marchandise. »
4. « Doi (deux) mestre(s) du métier ne pueent (peuvent) estre compagnons ensamble (associés) en un ostel. » — Pareille interdiction existait aussi dans les statuts des bouchers d'Amiens, sauf pour les bœufs et vaches achetés vivants; l'associé devait être présent lors de l'achat. A. THIERRY, *Doc. Hist. Tiers-Etat*, I, 243.
5. *Rég. Mét.*, T. L, tisserands. DEPPING, p. 122. « Se aucuns des mestres faisoient en leur mestier aucune alliance, li prévoz defferait leur aliance. »

ayant pour but de maintenir le prix des denrées à un taux concerté ou de mettre obstacle à la liberté des enchères pour l'achat des matières premières[1], les secondes poursuivant la réduction de la journée du travail ou l'élévation du salaire[2]. La Coutume de Beauvaisis punit de prison toute « aliance faite contre le commun profit si est quand aucunes manières de gens fiancent ou conviennent qu'ils n'ouverront plus à si bas *fuer* (prix), comme devant; ains(i) croissent le fuer de leur autorité... Et mettent entre eux peine ou menaces sur les compagnons qui leur aliance ne tiendront ». (BEAUMANOIR, éd. Beugnot, p. 429.) C'est en germe la coalition ouvrière et la grève.

Dans les métiers drapants qui nous offrent au moyen âge par la séparation entre les maîtres drapiers fournissant la matière première et les tisserands qui louent leur main-d'œuvre, l'image d'une industrie capitaliste en formation, les conflits ne sont pas très rares. A Provins, en 1279, le maire est mis à mort par les ouvriers drapiers qu'avait exaspérés une ordonnance municipale prolongeant d'une heure la durée du travail[3].

A Rouen, en 1285, une ordonnance du bailli[4] rejette une requête des *attournés à tisserands* ou compagnons tisserands qui avaient demandé la concession d'une place pour « eus alouer ». L'ordonnance constate qu'effectivement les

---

1. Le 13 septembre 1249 le doyen du chapitre de Chartres oblige les maîtres et les jurés de la communauté des bouchers de Chartres à jurer qu'ils n'ont pas fait de pacte ou de coalition par lesquels ils se seraient engagés à ne pas vendre leurs viandes au chapitre au-dessous d'un certain prix — ou à révoquer cet accord. LEPINOIS ET MERLET, *Cartulaire de N. D. de Chartres*, II, p. 142.
2. On trouve un exemple de cette interdiction dans les Archives législatives de Reims, IIe p^{ie}, t. I. *Collect. des Documents inédits*, p. 973. « A été interdit à tous gens mécaniques audit Reims de soy assembler en plus haut nombre que neuf personnes, ne faire entre eux statuts, édicts ne ordonnances... » Les statuts des barbiers-chirurgiens qui mentionnent cette interdiction sont de 1473.
3. BOURQUELOT, *Histoire de Provins*, I, 239.
4. FAGNIEZ, *Etudes sur l'industrie*, p. 76, note 3.

compagnons tisserands avaient eu autrefois la jouissance d'un emplacement situé près la maison appelée Damiette, mais que cette faveur leur avait été retirée il y avait plus de cinquante ans, « car ils firent compilacions, taquehans mauveses montées et enchiérissements de leurs euvres et moult d'autres vilains faiz qui ne sont pas à recorder, au dommage du commun de la draperie et de la ville de Rouen ». — La place Damiette était en un mot devenue une sorte de Bourse du travail où les ouvriers s'occupaient de grèves autant que d'embauchages.

Les maîtres avaient à supporter une charge qui les mécontentait fort et contre laquelle ils ne cessaient de protester : celle du *guet*. Le guet était une milice bourgeoise qui, en temps de paix, veillait à la sécurité publique, et en temps de guerre concourait à la défense de la cité. Deux clercs du guet, nommés par le prévôt, convoquaient les maîtres et les répartissaient entre les divers postes où ils devaient passer la nuit. Ce tour de garde revenait toutes les trois semaines.

On conçoit que la plupart des métiers aient tenté de se soustraire à ce service fatigant et incommode ; plusieurs avaient obtenu leur exemption : les chapeliers de fleurs et de paon (t. XC et XCIII), en raison des services qu'ils rendaient à la sainte Eglise et aux gentilshommes, les barilliers (t. XLVI) parce qu'ils servaient les riches hommes et les hauts hommes, les haubergiers et les archers (t. XXVI et XCVII) parce qu'ils fournissaient leur armement aux chevaliers, escuiers et sergents, et parce qu'en cas de guerre ils tenaient garnison dans les châteaux. On exemptait encore, pour divers motifs, les mesureurs, les jaugeurs, les estuveurs et divers autres métiers dont les règlements ne figurent pas au Livre des Métiers (libraires, enlumineurs, parcheminiers, escrivains, tailleurs de pierre, voirriers, etc.[1]).

1. Cf. dans Depping, p. 425, l'ordonnance sans date, intitulée : « Métiers qui jouissent de l'exemption du guet. »

Dans les métiers inféodés, le guet était parfois devenu un prétexte à des taxes perçues par le maître du métier au profit du roi. Ces redevances représentaient une dispense du guet[1]. Parfois aussi les métiers astreints à la taxe demeuraient tenus du guet[2].

L'exemption du guet était réclamée vainement par plusieurs métiers : les batteurs d'or et d'argent en feuilles (XXXIII, p. 77), les tailleurs (LVI, p. 144), les foulons (LIII, p. 130).

Malgré les dispenses que l'usage avait consacrées, la majorité des métiers était soumise au service du guet[3]. Mais dans les métiers eux-mêmes on admettait souvent des exemptions personnelles. Étaient ainsi dispensés :

1° Les maîtres et jurés de divers métiers, savoir :

a) Tous les maîtres et jurés des métiers qui comptaient au moins douze jurés, c'est-à-dire les plus importants ;

b) Les maîtres et les jurés de nombre d'autres métiers (liniers, chavenaciers, huiliers, tabletiers, baudroiers), etc.[4] ;

2° Tous les maîtres âgés de plus de 60 ans[5] ;

3° Les boiteux et les infirmes, ceux dont les femmes gisent en mal d'enfants, tout hostieux (hôte de femme veuve), tous ceux en un mot qui pouvaient invoquer une raison valable[6].

---

1. *Livre des Métiers*, esculiers, XLIX, p. 113.
2. L'Ordonnance précitée sur les métiers exempts du guet, oblige par exemple les crieurs de vin et les tisserands à payer pour le guet, les premiers XX sols et les seconds XXII sols XII deniers. Cependant les uns et les autres n'en doivent pas moins faire le guet toutes les trois semaines.
3. Il résulte des Règlements de Métiers et du relevé des exemptions (Depping, p. 425) que le nombre des métiers composant cette milice dépassait 50. Le tour de guet revenait toutes les trois semaines.
4. *Liv. des Métiers*, éd. Depping, p. 147, 152, 161, 174, 226.
5. *Ibid.*, p. 149, 152, 203, 219, etc.
6. *Ibid.*, p. 48, 51, 52, 76, 80, etc.

CHAPITRE III

ADMINISTRATION DE LA CORPORATION

Section I. — Pouvoir exécutif. Maîtres de métiers. Gardes jurés. Leurs fonctions

Les divers éléments dont se composait la corporation du moyen âge sont maintenant connus, on a étudié tour à tour les trois échelons de cette hiérarchie sur laquelle reposait le système corporatif : l'apprentissage, le compagnonnage, la maîtrise. Il reste à décrire l'institution elle-même et à dégager des notions préliminaires qui en ont préparé l'intelligence, la physionomie et le caractère de l'être moral qui s'appelle la corporation.

La corporation, disons-nous, est un être moral. Ce mot ne désigne pas seulement une collectivité d'hommes réunis par des intérêts communs. Il désigne un être idéal et abstrait, dont les existences individuelles sont bien la condition nécessaire, mais qui ne se confond pas avec elles : type permanent de l'organisation du travail, moteur et régulateur de l'activité humaine, la corporation existe en soi et est distincte et indépendante des unités qui la composent.

Toutefois, si la corporation en tant qu'association doit être considérée comme un être moral et impersonnel, le fonctionnement de cette institution implique évidemment la coopération de tous ses membres aux actes nécessaires, à l'accomplissement de l'œuvre commune. Mais, cette coopération elle-même ne peut être dans tous les cas directe et immédiate; il est impossible en effet de convoquer tous les membres d'une corporation chaque fois qu'il y a lieu de délibérer sur une question intéressant la collectivité. D'où la nécessité de déléguer à quelques-uns le droit d'administrer au nom de tous, ou en d'autres termes, d'instituer un pouvoir exécutif. Ce pouvoir exécutif est exercé par les jurés[1].

D'autre part, aucune association ne peut se constituer sans l'autorisation du pouvoir politique, lequel peut subordonner cette autorisation à certaines conditions : il peut, par exemple, imposer à la société des chefs de son choix qui jouiront de prérogatives définies. Ces chefs imposés par le pouvoir politique, investis par lui d'attributions précises, ce sont les maîtres des métiers.

Maîtres des métiers[2]. — Les maîtres des métiers, sont tantôt les grands officiers, tantôt des particuliers auxquels certains métiers étaient inféodés, ainsi qu'il a été dit au précédent chapitre. Les maîtres du métier étaient investis de prérogatives judiciaires, que nous aurons bientôt à étudier. Il semble toutefois que leur rôle ait été surtout honorifique; ces grands dignitaires de la Couronne se souciaient peu de leurs humbles clients; ils déléguaient à des lieutenants leurs fonctions judiciaires et se bornaient à toucher fort exactement les taxes auxquelles ils avaient droit, se désintéressant au surplus des affaires intérieures de la corporation. L'autorité des maîtres du métier ne fut

---

1. Le Livre des Métiers désigne le plus souvent ainsi les officiers des métiers « des preudomes (prud'hommes) qui le métier garderont. » Nous nous servirons cependant du mot « *jurés* » qui fut attribué par la suite à ces officiers des corps de métiers. Ce terme d'ailleurs se trouve déjà dans quelques statuts du Livre des Métiers. « El mestier devant dit a deux preudeshommes jurés et serementez... », t. LXIII, des huiliers. V. encore t. LI, p. 117. « Li mestro et li dui *juré*... »

2. V. l'énumération des *maîtres des métiers*, *suprà*, ch. II, p. 111-112.

effective que dans les corporations où elle était exercée non par un grand seigneur, mais par un membre influent de la corporation : il en était ainsi notamment chez les bouchers et les poissonniers.

Gardes et jurés. — Si les chefs nominaux de la corporation étaient les maîtres du métier, les chefs effectifs étaient les gardes et jurés. Ce sont ces magistrats, véritables mandataires de tous les maîtres du métier, qui détiennent et exercent l'autorité au nom de la collectivité.

Dans un certain nombre de métiers, les gardes et jurés sont élus directement par leurs confrères. Il en est ainsi notamment chez les orfèvres, batteurs d'archal, patenôtriers de corail, laceurs de fil et de soie, épingliers (Livre des Métiers, t. XI, XX, XXVIII, XXXIV, LX, éd. Depping, p. 39, 56, 70, 79, 153). D'autres métiers avaient adopté un mode d'élection à deux degrés : c'est ainsi que chez les tailleurs de robe (t. LVI) trois délégués, nommés par le prévôt de Paris, élisaient les huit ou dix gardes du métier. Parfois enfin c'était le maître du métier qui nommait les jurés (talemeliers, t. I, p. 10; fèvres, t. XV, p. 45). Le prévôt nomme les jurés de nombre de métiers.

Dans un certain nombre de corporations, les valets nommaient, eux aussi, des jurés valets, qui exerçaient ces fonctions concurremment avec les jurés élus par les maîtres. Ainsi les valets foulons élisaient deux jurés valets sur les quatre du métier; les valets boucliers d'archal en comptaient deux sur cinq[1]. Chez les épingliers on élisait des maîtres jurés et des maîtres valets (annotation marginale de 1298 et de 1318 au titre LX, Lespinasse, p. 127). Chez les mégissiers on élisait deux valets jurés (stat. de 1324, Lespinasse, *Métiers et corporations de Paris*, t. III, p. 326). Il y avait aussi des valets jurés chez les corroyers en 1319 et en 1321 (Lespinasse, *Liv. des Mét.*, p. 193). Il

---

1. *Livre des Métiers*, t. LIII et XXII, éd. Depping, p. 133 et 61.

semble même que dans nombre de métiers les valets avaient eux aussi droit de suffrage pour l'élection des jurés ordinaires[1].

Les jurés sont en nombre variable : les chapeliers de fleurs n'en ont qu'un seul, improprement appelé maître (t. XC). D'autres métiers en ont deux (cervoisiers, orfèvres, potiers d'étain, cordiers, batteurs d'archal). Ce nombre s'élève jusqu'à six (fèvres, t. XVI, p. 45; chirurgiens (ordonnance sans date, — Depping, p. 420, — qui, d'après Lespinasse, aurait formé le titre XCVI du *Livre des Métiers*), et même jusqu'à douze (talemeliers, p. 10).

Après leur élection, les jurés se rendaient devant le prévôt pour prêter serment. Ils juraient de garder le métier « *bien et léaument* (loyalement), de faire savoir au prévôt toutes les entrepresures (délits) qui seraient faites au métier et de ne déporter (décharger), ne grever nul par amour, ne haine ».

1. Il est dit que les jurés sont élus *du commun assent* (assentiment) *du métier* ou par *le commun du métier* (fremailliers t. XLII, gaigniers de fourreaux t. LXV, fourreurs de chapeaux t. XCIV, merciers t. LXXV, batteurs d'archal t. XX). Les valets étaient-ils compris dans cette collectivité : *le commun du métier*? Nous le croyons. Chez les gaigniers de fourreaux où le prévôt a mis un prud'homme du métier à la requête de *tous ceux du métier* (art. II), l'art. 10 nous apprend que cette ordonnance est faite *par le commun assent de tous ceux du métier, mestres et varlez*. Chez les fourreurs de chapeaux il est prescrit *à tous ceux du métier soient maistres ou valets* d'arrêter les faux chapeaux; les valets faisaient donc partie *du métier, du commun du métier*. Mais le texte le plus significatif est une lettre de Regnaut Barbou, prévôt de Paris, approuvant en mai 1270 les statuts des oubliers (LESPINASSE, *Métiers et corporations de Paris*, I, 369). « Faisons à savoir que par devant nous vinrent *le commun des obliers maîtres et valets d'oubloierie* et recognurent qu'ils *avaient fete cette ordonnance* de leur métier et accordé... en la manière qui s'ensuit. » Les deux gardes du métier sont établis par le prévôt à *la requête des maîtres et des vallez* (a. 10). Ainsi dans cette circonstance les valets interviennent en corps non seulement pour l'élection ou du moins la proposition de nomination des gardes, mais encore pour la rédaction des statuts soumis au prévôt. Par contre dans d'autres métiers l'élection est faite seulement par les preudhommes (chapeliers de fleurs), ou par la greigneur (majeure) partie du commun.

Les principales fonctions des jurés qui ont été, ou seront étudiées en détail étaient les suivantes :

1º La surveillance des contrats d'apprentissage et la protection des apprentis (*suprà*, ch. II);

2º La convocation du guet (*suprà*, p. 118);

3º L'examen des candidats à la maîtrise, la perception des droits, la réception du serment des nouveaux maîtres (*suprà*, ch. II);

4º La présidence des assemblées, même dans les métiers soumis à un maître (*infrà*, section II);

5º La gestion des finances de la corporation (*infrà*, section III).

6º Le contrôle de la fabrication et de la vente, le droit de faire des visites domiciliaires pour constater les malfaçons, dresser des procès-verbaux et opérer des saisies (*infrà*, ch. IV).

La durée des fonctions des jurés variait selon les métiers. Dans le plus grand nombre des métiers, les jurés n'étaient élus que pour un an : quelquefois, ils restaient en charge plus d'une année. Chez les foulons, les jurés étaient changés « chacun an par deux fois, c'est à savoir à la Saint-Jehan et au Noël » (Liv. des Métiers, t. LIII, p. 133).

Section II. — Contrôle du pouvoir exécutif
Assemblées délibérantes

Le Livre des Métiers qui renferme des détails circonstanciés sur les jurés, leur mode d'élection et leurs attributions est, en revanche, très avare de renseignements sur les assemblées délibérantes et sur le contrôle que ces assemblées exerçaient sur le pouvoir exécutif. Les rares notions certaines qui s'en dégagent peuvent se résumer ainsi :

Les assemblées du métier étaient périodiques ou extraordinaires. Dans les assemblées périodiques tenues annuellement, soit au Châtelet, soit dans l'église siège de la confrérie du métier, l'ordre du jour avait pour objet capital l'élection des nouveaux jurés ou plus exactement la désignation à l'agrément du prévôt, de candidats à ces fonctions. En outre, les gardes et jurés rendaient leurs comptes à leurs confrères.

Mais ces réunions périodiques n'étaient pas les seules où les gens de métier pussent échanger leurs vues et délibérer sur les questions intéressant la collectivité. Si les gardes et jurés jouissaient d'une certaine latitude pour la gestion des affaires corporatives, ils ne pouvaient cependant prendre une résolution grave, engager une négociation importante sans l'autorisation de leurs pairs. De là des convocations extraordinaires, des réunions où l'on délibérait en commun. Toute proposition tendant à modifier les statuts devait par exemple être sanctionnée par l'assemblée des gens de métier[1]. L'assemblée décidait également s'il y avait lieu d'engager un procès ou de défendre à une action judiciaire, si un immeuble devait être vendu ou acquis; parfois même les jurés ne pouvaient, sans être autorisés par l'assemblée du métier, poursuivre devant le prévôt la répression d'une malfaçon (Livre des Métiers, t. LXXVIII, selliers, p. 207[2]).

L'initiative de la convocation appartenait aux jurés; mais ceux-ci avaient recours au prévôt pour contraindre les négligents et les récalcitrants de se rendre à cet appel. A cet effet, on envoyait un sergent au domicile de ceux qui se refusaient à venir, et s'ils persistaient dans leur abstention, on leur infligeait une amende.

En résumé, la collectivité exerçait sur ses mandataires

---

1. Depping, p. 364, 386.
2. « Tout cil qui sont du mestier des séliers à Paris sont tenuz de venir et d'assembler ensemble et à la requête des quatre maîtres ou des deux, quant ils ont mestier (besoin) d'avoir leur consueil, si come quand ils ont pris une fause euvre... »

un véritable contrôle. Les magistrats de la corporation géraient les affaires sociales et prenaient soin de tous les intérêts communs; mais, d'une part, ils devaient recourir à leurs commettants pour se faire autoriser par ceux-ci toutes les fois qu'il y avait lieu d'engager sérieusement l'action corporative; d'autre part l'obligation qui pesait sur eux de rendre des comptes à l'expiration de leurs fonctions sauvegardait les droits de tous et rendait effective leur responsabilité.

Section III. — Personnalité civile de la corporation. Son patrimoine. Son budget

La corporation jouit de tous les droits civils. Elle est investie de toutes les actions réelles dérivant du droit de propriété, comme aussi de toutes les actions possessoires : elle peut contracter, stipuler, s'obliger par l'intermédiaire de ses représentants naturels et légaux, les jurés du métier. Elle possède un patrimoine; elle dispose en propre de ses revenus et supporte par contre diverses charges.

La corporation, disons-nous, possède un véritable patrimoine. Elle peut donc acquérir ou aliéner des immeubles, comme le prouvent de nombreux textes. Ainsi en 1183 les drapiers de Paris reçurent du roi, moyennant cent livres parisis, 24 maisons confisquées sur les Juifs[1]. Plus tard encore, en 1219, la confrérie des drapiers acquérait de Raoul Duplessis, bourgeois de Paris, une maison sise derrière le mur du Petit-Pont, ainsi que toutes les redevances que Duplessis était en droit de perce-

---

1. SAUVAL, *Antiquités de Paris*, t. II, p. 471. — JAILLOT, *Recherches sur Paris*, t. I, p. 45. Ce dernier auteur affirme que de son temps la charte relatant cette concession se trouvait encore dans le Registre de la ville sans doute, comme le supposent MM. de LESPINASSE et BONNARDOT (Introd. au Livre des Métiers, Collect. de l'Histoire générale de Paris, p. IV), le Livre rouge du Châtelet dont la plus grande partie est perdue.

voir sur les maisons voisines de l'hôtel où les drapiers s'assemblaient[1].

Nous n'avons que peu de renseignements sur le mode de gestion des affaires financières de la corporation proprement dite. Les gardes et jurés devaient soit par eux-mêmes, soit par des clercs directement placés sous leurs ordres, opérer le recouvrement des créances et acquitter les dettes sociales. Leurs comptes étaient, à l'expiration de leur mandat, soumis à l'examen de leurs confrères.

Les principaux articles de recette étaient :

1º Les droits payés par les nouveaux apprentis ou par leurs maîtres (Livre des Métiers, tit. XXVIII, XXX, LXVIII, XCI[2]);

2º Les droits payés par le récipiendaire, lors de son admission à la maîtrise (tit. LXXIV-LXXXVII[3]);

3º Les diverses cotisations payées par les maîtres;

4º Une partie des amendes (t. XXXI, p. 75). Le surplus était attribué soit au roi, soit aux jurés à titre d'indemnité personnelle pour la peine qu'ils avaient eue d'en opérer le recouvrement (t. XVI, Depping, p. 48, XX, p. 56; XXXIII, p. 78);

5º Les donations et legs;

6º Le revenu des immeubles corporatifs.

Les dépenses principales étaient :

1º Les frais qu'entraînaient les institutions de bienfaisance de la confrérie (nourriture des vieillards, honoraires des chapelains, frais d'inhumation et de messes, luminaire, aumônes);

2º L'entretien de la maison et des immeubles du métier;

---

1. *Bibliothèque de l'Ecole des chartes*, Ire série, t. V, p. 476.

2. « Li mestre qui prent son aprentiz... doit paier V s. à la conflarie des perriers pour chacun de ses aprentis ains (avant) que li aprentis mete main au mestier devant dit et li aprentis doit paier V s... » Statuts des cristalliers et pierriers, t. XXX, DEPPING, p. 72.

3. « Nus potier ne puet commencier le métier de poterie à Paris jusqu'à tant qu'il est (ait) paié V s. à la confrérie », t. LXXIV, p. 191.

3° Les repas et les fêtes corporatives, les frais nécessités par la participation aux solennités publiques ;

4° Le service des rentes et le payement des dettes corporatives ;

5° Les taxes perçues dans un intérêt commun sur tous les maîtres, celle par exemple qui avait pour objet le rachat du guet.

Une comptabilité tenue par les jurés enregistrait les opérations financières de leur gestion et servait de justification à leurs comptes annuels.

Section IV. — Procès entre corporations, entre maîtres et compagnons ou apprentis. Conflits de compétence

Les procès intéressant les gens de métier se divisaient en deux catégories : 1° les procès de métier à métier suscités par des rivalités professionnelles, par des empiètements d'une corporation sur les attributions d'une autre; 2° les procès entre membres d'une même corporation c'est-à-dire ceux qui s'agitaient entre maîtres ou entre maîtres et ouvriers. Il est nécessaire d'étudier séparément chacune de ces deux classes de litiges.

I. — Procès de corporation à corporation

La juridiction de droit commun (c'est-à-dire le prévôt de Paris en premier ressort et le Parlement en appel) est ici seule compétente en principe. Mais souvent la solution de l'affaire est renvoyée devant des commissaires spécialement institués et pris en nombre égal dans chacun des deux métiers, avec adjonction, en cas de désaccord, d'un expert supplémentaire désigné par le prévôt.

Ces litiges entre corporations étaient déjà fréquents au XIII° siècle. Un des plus importants métiers de Paris, celui des tisserands, était continuellement en procès avec les métiers exerçant des industries voisines; en 1270, il plaide contre les foulons auxquels il conteste le droit de vérifier les draps et de poursuivre les malfaçons; un arbitrage est ordonné. Mais en 1277 et en 1279, de nouveaux procès éclatent avec les teinturiers, certains tisserands se chargeant en fraude des règlements de la teinture des étoffes, et les teinturiers par contre tissant au lieu de se borner à teindre. Une ordonnance royale, qui défendit à chaque métier ces usurpations, ne paraît pas avoir été obéie[1].

La concurrence donne souvent lieu à des différends. Ainsi en 1303, les fripiers poursuivent les fripiers colporteurs qui, disent-ils, font exprès de stationner devant leurs boutiques et d'en rendre l'accès difficile. Il fut interdit aux colporteurs de stationner devant les fenêtres, avec cette réserve que si l'un d'eux avait été arrêté par un acheteur devant la boutique d'un marchand, il pouvait y stationner pendant une heure au maximum, temps jugé nécessaire pour le déballage de sa marchandise et pour la discussion du marché[2].

Parfois, bien qu'un arrêt définitif eût résolu la question de principe, certains membres du métier qui avait succombé continuaient la lutte en invoquant des raisons particulières. En 1303, un arrêt du Parlement avait interdit d'une manière générale aux garnisseurs de fourreaux de Paris la fabrication des fourreaux qui rentrait dans le domaine des fourbisseurs. Trois garnisseurs, Jean de

---

1. Sur les procès entre tisserands et drapiers, v. BOUTARIC, *Arrêts du Parlement de Paris*, t. I, 3142, p. 25.

2. « Dictum et pronuntiatum fuit quod prædicti moniti forparium portatores residenciam excessivam facere non poterunt stando vel morando ante domos, fenestras... forpariorum, verumtamen quod conveniendo de precio ipse portator horæ spatium potuit se arrestare in loco in quo emptor arrestaverit deferentem. » *Olim*, ou Registres des arrêts rendus par la Cour du Roi, édition Beugnot. Collection des documents inédits t. II, p. 463, année 1303.

Glisy, Henri de Saint-Richard et Thomas de Boissac, lésés par cette décision, prirent le parti d'aller se fixer à Saint-Denis d'où, réclamant les mêmes droits que les autres forains, ils expédiaient leurs marchandises à Paris. Poursuivis de nouveau par les fourbisseurs, ils s'entendirent défendre, par arrêt du mercredi avant la Saint-Michel 1303, de continuer leur trafic. Mais sur un nouvel examen du procès, ils obtinrent qu'une enquête fût ordonnée, et celle-ci ayant établi la réalité de leur établissement à Saint-Denis, ils eurent enfin gain de cause[1].

Au surplus, les corporations ne plaidaient pas seulement entre elles, mais aussi contre des particuliers. Ainsi, en 1212, à propos d'un procès entre les bouchers de Paris et les habitants de Chelles, il fut jugé que la pâture de cette localité serait commune entre les parties[2]. Plus tard, en 1282, les mêmes bouchers eurent encore des démêlés avec les chevaliers du Temple[3].

Enfin, les exigences fiscales donnaient souvent lieu à des difficultés entre les métiers et les collecteurs[4]. Tous ces procès étaient naturellement déférés en premier ressort à la juridiction du Châtelet, c'est-à-dire du prévôt, et en appel au Parlement.

II. — *Procès entre membres d'une même corporation Conflits de compétence*

La concurrence entre les maîtres et la diversité d'inté-

---

1. *Olim*, tome II, p. 465.
2. Boutaric, *Actes du Parlement de Paris*, t. I, p. CCC, n° 8.
3. *Ibidem*, t. I, p. 373, n° 480 : « ... Notum facimus... quod, cum contentio verteretur in curiâ nostrâ inter preceptorem et fratres domus militie *(sic)* Templi parisiensis, ex una parte, et magistrum carnificum nostrorum Parisius *(sic)* et communitatem eorumdem, ex alterâ, super eo quod prædicti fratres ædificabant... in terrâ suâ in suburbio pariensi... carniflceriam de novo... concessimus quod ipsi habeant libere et quiete... solum duos stallos (deux étaux) ad vendendum carnem. »
4. Les taverniers eurent à soutenir, en 1289, un procès de ce genre contre les receveurs de la ville.

rêts entre maîtres et ouvriers donnaient également lieu à de fréquents litiges que l'intervention officieuse des jurés s'appliquait à concilier. Lorsqu'un accord n'avait pu s'établir, l'affaire était soumise au prévôt, et en cas d'appel au Parlement. Ces mêmes autorités judiciaires étaient investies d'une juridiction répressive sur les gens des métiers et pouvaient seules connaître des délits professionnels ou de droit commun qu'ils avaient commis.

Ces règles de compétence ne sont toutefois pas applicables à toutes les corporations sans exception : les métiers inféodés, tels que les bouchers, boulangers, fripiers, cordonniers, etc., ne relèvent pas du pouvoir judiciaire du prévôt, mais de celui du maître du métier, grand dignitaire ou simple particulier. C'est le maître du métier qui connaît des contestations entre patrons et ouvriers ou de celles qui naissent entre maîtres. Il peut revendiquer le jugement de tous les délits professionnels, et notamment statuer sur les poursuites intentées à un maître pour malfaçon[1], mais par contre, il ne juge pas les délits de droit commun commis par les gens de métier; leur répression appartient au prévôt.

Au surplus, les maîtres de métiers n'exerçaient que rarement en personne leurs fonctions judiciaires; ils les déléguaient d'ordinaire à des lieutenants chargés de les représenter et connus sous des dénominations diverses[2]. Ils se réservaient seulement quelquefois un droit d'appel. Les maîtres des métiers ne disposant pas de la force armée devaient pour l'exécution de leur sentence recourir au prévôt qui, sur leur réquisition, mettait des sergents en mouvement.

1. Le duc de Bourgogne, grand chambrier, avait dans ses attributions « cognitionem et judicium falsi operis cordubaniorum et bajannariorium ». Boutaric, *Actes du Parlement*, t. I, § 639, p. 406.
2. Le lieutenant du panetier (maître des talemeliers) s'appelait, lui aussi, maître. Celui du grand chambrier s'appelait maire.

L'étude des diverses juridictions appelées à connaître des procès de la corporation soulève une question délicate. Les seigneurs laïques ou ecclésiastiques qui possédaient des terres dans Paris même ou dans ses faubourgs connaissaient-ils des procès des métiers, ou au contraire leur juridiction s'effaçait-elle devant celle du prévôt et des maîtres des métiers? Il est difficile, comme le fait justement observer M. Fagniez, de faire à cette question une réponse absolue. « Il faut distinguer les temps, les lieux, les seigneurs. » Les seigneurs justiciers revendiquaient unanimement le pouvoir judiciaire sur les métiers, et en général ils eurent gain de cause. Le 26 mars 1314 notamment, le Parlement rendit à la demande des seigneurs justiciers de Paris un arrêt révoquant, dans l'octroi fait à Jehan de Gisors de la maîtrise des charpentiers, la clause par laquelle il avait obtenu juridiction sur tous les ouvriers en bois de la capitale (Boutaric, *Actes du Parlement*, t. II, § 4254, p. 121). Les artisans établis sur les terres seigneuriales abusèrent souvent de cette franchise de juridiction pour commettre des empiètements sur les droits des métiers, en trafiquant en dehors même des limites de la seigneurie. Ce fut là le germe de fréquents procès qui amenèrent plus d'une fois l'intervention du Parlement, lequel confia souvent à des arbitres le soin de juger ces différends. Ainsi, le 2 janvier 1321, un arrêt renouvela les pouvoirs de commissaires précédemment désignés pour juger des contestations pendantes entre le prévôt des marchands et l'évêque, au sujet des usurpations reprochées aux francs métiers de l'évêché[1].

En résumé, trois autorités bien distinctes se partagent la juridiction sur les affaires contentieuses des gens de métiers : 1° le prévôt, tribunal de droit commun pour la

---

1. Boutaric, *op. cit.*, § 6204. — Pour une étude plus approfondie des justices seigneuriales, v. Fagniez, *Études sur l'industrie au XIII° siècle*, p. 143.

majeure partie des métiers; 2° les maîtres des métiers (grands officiers de la Couronne ou particuliers) pour les métiers inféodés; 3° les seigneurs justiciers laïques ou ecclésiastiques pour les artisans établis sur leurs terres. Le Parlement juge tous les appels.

Section V. — Vie extérieure de la corporation. Ses relations avec l'autorité publique. Sa participation aux événements politiques.

La sphère d'action d'une institution investie de privilèges exceptionnels et dotée d'une législation particulière, telle que la corporation, ne pouvait demeurer limitée à la défense des intérêts professionnels de ses membres. Dans une société en voie de formation, où l'autorité publique ne suffisait pas toujours à assurer le respect des lois et le perfectionnement des institutions, la corporation devait être inévitablement amenée à prendre une part active aux affaires publiques.

Cette extension des attributions de la corporation fut au début encouragée par la royauté elle-même qui par la création du guet donnait aux gens de métier une organisation militaire à part et qui déléguait aux magistrats corporatifs le soin de présider à la répartition des impôts entre les membres des métiers. Une telle politique paraissait en effet n'offrir que des avantages. En laissant aux chefs des métiers le soin d'organiser, sous leur responsabilité, un corps de troupe destiné à maintenir l'ordre et à défendre la cité, en les établissant percepteurs des taxes publiques, la monarchie s'assurait dans la personne de ces maîtres de métiers et de ces jurés des garants et des cautions de l'exécution fidèle de ses ordres. Mais les métiers ne devaient pas toujours par la suite se renfermer dans ce rôle, et la puissance que l'organisation collective leur avait donnée allait en des temps troublés s'exercer plus d'une fois dans un sens que la monarchie n'avait pas prévu. On le vit bientôt lorsque les exactions fiscales et les altérations de monnaies de Philippe le Bel déchaînèrent des soulèvements populaires. En 1305 déjà il avait fallu recourir à des mesures exceptionnelles et interdire toute réunion de plus de cinq personnes quel qu'en fût l'objet[1]. En 1306, une dernière fraude monétaire fit éclater l'orage. Les propriétaires de maisons, exigeant le payement des loyers en monnaie au titre fort, ce qui équivalait à une augmentation des taux des loyers, le populaire se révolta, assiégea le roi dans le Temple et incendia la maison d'Etienne Barbette, auquel on attribuait la responsabilité des altérations de l'argent[2]. La répression fut sévère; nombre de séditieux furent pendus, dit le chroniqueur Jean de Saint-Victor, et d'autres n'échappèrent que par la fuite au châtiment qui les attendait[3].

Les métiers avaient pris une part active à la rébellion, ils n'échappèrent pas aux représailles. Les confréries furent supprimées et le prévôt de Paris reçut l'ordre de les empêcher de se reconstituer. Mais ces rigueurs ne durèrent pas. Dès 1309, une ordonnance autorisait le rétablissement de la confrérie des drapiers[4]. Les autres confréries se reconstituèrent peu après.

L'énergie de Philippe le Bel avait étouffé pour un temps l'esprit de révolte et ramené les métiers sous une étroite obéissance. De grandes fêtes ayant été données en 1313 en l'honneur du prince Louis, fils aîné du roi, qui venait d'être armé chevalier, les métiers s'imposèrent de grands

1. *Ordonnances des rois de France*, t. I, p. 428.
2. Gérard de Frachet, *Historiens de la France*, XXI, p. 27.
3. *Histor. de la France*, XXI, p. 647.
4. *Ordonnances des Rois de France*, t. III, p. 583.

sacrifices pour y figurer dignement[1]. Mais si l'on ne s'arrête pas au décor des réjouissances officielles, on voit qu'une misère générale avait succédé à la prospérité d'antan.

« Tous métiers firent laide chère », dit Godefroy de Paris, qui résume ainsi en un mot les calamités de l'époque à laquelle il écrit[2]. C'est qu'en effet, le métier, au XIVe siècle, n'est autre chose que le travail organisé ; il résume toute la vie du peuple, il confond ses destinées avec les siennes. Etudier l'histoire des métiers, c'est donc étudier dans ses sources les plus profondes l'histoire du peuple.

1. La feut vu et Evangile
    Crois et flos et Hersent qui file
    Et d'autre part Adam et Eve
    Et Pilate que ses mains leve (lave)...
    Tout ce firent les *tisseranz*...
    Corroiez aussi contrefirent
    Qui leur entente en ce bien mirent
    La vie de Renart sans faille
    Qui mangeoit et poussins et pailles
    (Chronique rimée de Godefroy, au vers 4989.
    Historiens de la France, t. XXI.)

2. Marchandise fut petite ;
    Maint gens en moururent de rage
    Et moult en devinrent volages.
    Si en fut le roy plus haï...
    Tous métiers firent laide chère
    Si n'orent à mettre en leur bec
    Se ne fut un poi de pain sec.
    (GODEFROY, vers 5465.)

CHAPITRE IV

RÉGLEMENTATION DU TRAVAIL ET DE LA VENTE

Section I. — Réglementation du travail

Il ne suffisait pas d'avoir assuré, par un ensemble de garanties et de règles protectrices de l'intérêt public, la capacité et l'expérience professionnelle des gens de métiers. Il fallait encore assurer la loyauté de la fabrication, prévenir toute tentative d'exploitation de l'artisan par son maître, enfin maintenir égales entre les membres d'une même corporation les conditions du travail et les chances de succès. C'est à cette triple nécessité que correspond toute une catégorie de prescriptions qui vont être analysées successivement.

Les dispositions qui réglementent le travail corporatif peuvent se diviser en deux classes selon qu'elles ont pour objet d'en restreindre la durée ou d'en contrôler l'exécution.

1° Durée de la journée de travail. Dimanches et jours fériés

Il n'est pas de question qui intéresse plus directement la classe ouvrière que celle de la durée de la journée de travail. Aussi la sollicitude des métiers s'était spécialement portée sur ce point. L'idée qui paraît animer les règlements du XIIIe siècle et qui se justifie par des considérations de bon sens, d'humanité et d'intérêt professionnel sainement entendu, est la suivante : il n'est ni juste, ni avantageux de surmener l'ouvrier; la fixation de la journée de travail ne doit donc pas être abandonnée à l'arbitraire des patrons, mais doit au contraire être réglementée par les statuts de chaque corporation, conformément à l'équité et aux usages.

Cette idée admise, il restait à déterminer les limites de la journée de travail. La presque unanimité des statuts en fixe le commencement au lever du soleil ou à l'heure qui suit ce lever. Pour beaucoup de métiers, le signal précis de la reprise du travail était donné par le son de la corne annonçant la fin du guet de nuit[1]. Par contre, le travail ne finissait pas à la même heure pour tous les métiers. Parfois, il ne se terminait qu'à la tombée de la nuit, c'est-à-dire à une heure variable selon les saisons. Parfois, au contraire, le signal de la cessation du travail était donné par la cloche de l'église voisine sonnant complies, ou par le premier crieur du soir[2]. D'autres métiers quittaient l'ouvrage plus tôt encore, à vêpres sonnées[3].

Le motif le plus souvent donné pour justifier cette limitation de la durée du travail est la crainte que la fatigue de l'ouvrier et l'insuffisance de la lumière n'exercent une influence fâcheuse sur la qualité de la fabrication. « La clarté de la nuit, dit le statut des potiers d'étain, n'est mie si souffisanz qu'ils puissent faire bone œuvre et loïal. » Mais l'intérêt de l'artisan lui même n'est évidemment pas étranger à l'adoption de cette mesure. D'après le statut des baudroiers, la limitation de la journée de travail a été instituée « pour eux reposer ; car les jours sont loncs et le métier trop pénible » (*Liv. des Mét.*, t. XX, éd. Depping,

---

1. De la gueste cornant au matin, *Livre des Métiers*, t. XL, éd. Depping, p. 92 ; de biau jour, XLVI, 97.
2. Batteurs d'archal, t. XX, p. 56 ; faiseurs de clous, t. XXV, p. 64.
3. Boîtiers, t. XIX, p. 53, patenôtriers d'os et de cor, t. XXVII, p. 67.

p. 56)¹. Par exception, quelques rares corporations autorisent le travail de nuit (t. XIV, ouvriers de menues œuvres d'étain et de plomb; t. LIV, teinturiers; t. LXII, tailleurs d'images; t. LXIII, huiliers; t. LXVII, boursiers). Chez les foulons, le travail finissait au premier coup de vêpres (en carême, à complies), ce que les statuts expriment en disant que les valets ont leurs *vesprées* (leurs soirées). Mais si le maître avait *métier* (besoin d'eux), il pouvait les allouer par contrat spécial pour la durée de la vêprée, après s'être entendu avec eux sur le prix (tit. LIII, Lespinasse, p. 108). Toutefois cette vêprée ne pouvait se prolonger au delà du coucher du soleil, ce qui signifie sans doute ici : jusqu'à la disparition complète du soleil. — La journée ouvrable était ainsi, moyennant un salaire supplémentaire, allongée de deux ou trois heures.

Les règles qui précèdent permettent de déterminer assez exactement la durée de la journée normale de travail dans les corps de métier. La journée, commençant presque uniformément avec le jour² et se terminant le plus souvent au soleil couchant, sa durée était évidemment variable selon les saisons. Théoriquement, cette durée de la journée de travail eût dû varier d'un minimum de 8 heures 1/2 en hiver à un maximum de 16 heures en été. Mais ce maximum de 16 heures n'était jamais atteint, et le travail effectif ne devait dépasser en aucune saison 14 heures à 14 heures 1/2. En effet, les règlements ou la coutume accordaient à l'ouvrier deux repos d'une durée totale d'environ 1 heure 1/2³ pour prendre son repas; en outre et comme il vient d'être dit, dans un grand nombre de mé-

---

1. « Li mestres et li vallès ont leurs vesprées pour eux reposer » (tréfiliers d'archal, t. XXIV, p. 63).
2. Ou tout au moins dans l'heure qui suivait le lever du jour.
3. Chez les ouvriers tondeurs de drap, au XIVᵉ siècle, il était accordé une demi-heure pour le déjeuner et une heure pour le dîner. Livre rouge du Châtelet, fᵒ 87, cité par M. Fagniez, *Études sur l'industrie*, p. 83.

tiers, le travail se terminait en toute saison à complies (7 heures), ou même à vêpres (4 heures du soir). Sur ces correspondances entre les heures de vêpres et de complies et les heures de la journée voir infra, p. 142 et suiv.

Quelques statuts renferment des dispositions spéciales. Ainsi, les statuts des foulons du 24 juin 1467 paraissant constater un ancien usage, fixent la durée du travail en hiver à 11 heures (de 6 heures du matin à 5 heures du soir); et en été à 14 heures (de 5 heures du matin à 7 heures du soir); mais il y a lieu de déduire de cette durée au moins 1 heure 1/2 pour les repas, ce qui suppose une journée de travail effectif de 9 heures 1/2 en hiver, à 12 heures 1/2 en été[1]. Chez les ouvriers tondeurs de drap, la journée d'abord fixée en hiver à 13 heures 1/2 avec travail de nuit fut réduite en 1284[2] à 9 heures 1/2 par suite de la suppression du travail de nuit; en été, ces ouvriers commençaient et finissaient le travail avec le jour.

En résumé, dans les métiers où le travail commençait et finissait avec le jour, la journée variait, déduction faite du temps des repas, de sept à huit heures en hiver à environ quatorze heures en été. Pour d'autres métiers en assez grand nombre, la journée de travail effectif évoluait entre huit à neuf heures en hiver et dix à douze heures en été.

La journée de travail de l'artisan du moyen âge telle qu'elle vient d'être évaluée paraît au premier examen plus longue que celle de l'artisan moderne : elle était surtout

---

1. *Ordonnances des Rois de France*, t. XVI p. 589. « Que tous iceulx varlets ouvriers, vendront (viendront) et seront tenus entrer et venir en besongne, chacun jour audict mestier, ès hostelz de leurs maîtres, c'est assavoir depuis la Saint-Remy jusqu'aux Brandons (premier dimanche de Carême) à 6 heures du matin et laisseront l'ouvroir à 7 heures du soir, et depuis les Brandons jusqu'à ladite Saint-Remy, entreront chacun jour en besogne à cinq heures du matin et laisseront l'ouvroir à cinq heures du soir. »

2. *Ordonnances des Rois de France*, t. VII, p. 98, et FAGNIEZ, *loc cit.*

plus irrégulière. Sans doute peu d'ouvriers travaillent aujourd'hui treize et quatorze heures comme l'artisan du XIIIᵉ siècle en été. Mais aussi la journée de l'ouvrier moderne descend bien rarement aux sept ou huit heures que l'on se bornait, dans la plupart des métiers, à exiger en hiver de l'artisan d'autrefois. Au surplus, pour se faire une idée de la somme de travail fournie annuellement par l'ouvrier, il ne suffit pas d'apprécier la durée de la journée de travail, mais il faut tenir compte du nombre de jours de chômage consacrés au repos ou à la célébration des fêtes. Si l'on prend en considération cet élément d'appréciation, il devient évident que l'on n'exigeait pas de l'ouvrier du moyen âge un travail sensiblement supérieur à celui de l'ouvrier contemporain : l'artisan du XIIIᵉ siècle paraît même avoir été sous ce rapport plus favorisé que celui du XIXᵉ siècle. L'énumération suivante des chômages obligatoires démontrera cette proposition.

Le chômage est partiel ou complet selon les circonstances.

Chômage complet — Le travail est entièrement suspendu à certains jours consacrés au repos et à la célébration de cérémonies religieuses. Il en est ainsi :

1° Tous les dimanches de l'année. L'interdiction du travail se retrouve dans tous les registres des métiers et est sanctionnée par de sévères pénalités[1].

2° Les jours de fêtes religieuses. Ces fêtes étaient alors très nombreuses[2] :

---

1. Archives nationales. Registres du Châtelet, Y. 5223, f. 36, 17 mars 1401 : « Condémpnons Jehan le Mareschal esguilletier en 10 sols tournois d'amende pour ce que dimanche passé il exposa esguillettes en vente. »

2. De graves auteurs du XIIIᵉ siècle s'élèvent contre la multiplicité de ces fêtes qui donnaient lieu à des abus : « Ex illa antiqua vigiliarum consuetudine plerique adhuc temporibus nostris in nonnullis præcipuis celebratibus vigilas agunt sed turpes et erubescendas. » — CLÉMENGIS, *De novis celebritatibus non instituendis*, p. 149. — Cf. encore GERSON, t. II, p. 730.

Le statut des talemeliers (titre I du *Livre des Métiers*) les énumère. La liste en est longue :

Les fêtes de l'Ascension et des Apôtres, le lundi de Pâques et la Pentecôte, Noël et les deux jours qui suivent Noël.

Janvier. — Sainte Geneviève et l'Epiphanie.

Février. — La Purification de la Sainte Vierge.

Mars. — L'Annonciation.

Mai. — Saint Jacques le Mineur et Saint Philippe ; l'Invention de la Sainte Croix.

Juin. — La Nativité de Saint Baptiste.

Juillet. — Sainte Marie Madeleine ; Saint Jacques le Majeur et Saint Christophe.

Août. — Saint Pierre ès-Liens : Saint Laurent ; l'Assomption ; Saint Barthélemy.

Septembre. — La Nativité de la Sainte Vierge ; l'Exaltation de la Sainte Croix.

Octobre. — Saint Denis.

Novembre. — La Toussaint et les Morts ; la Saint Martin.

Décembre. — Saint Nicolas.

Au total 27 fêtes auxquelles il faut en ajouter sans doute encore, si l'on veut tenir compte des chômages collectifs ou individuels, une demi-douzaine d'autres : la fête du saint patron de la confrérie, celle des saints patrons de la paroisse, de chaque maître en particulier, de sa femme, etc.

En somme le travail était complètement suspendu chaque année pendant environ 80 à 85 jours.

Chômage partiel — L'ouvrier bénéficie d'une réduction de la journée de travail :

1° Tous les samedis, soit 52 jours par an.

2° Les veilles ou vigiles de fêtes religieuses communément chômées « *que commun de ville foire* ». Ces veilles de fêtes représentent un nombre de jours sensiblement moindre que les fêtes elles-mêmes, car on ne compte qu'une vigile pour Noël contre trois jours fériés (Noël et les deux jours suivants) : qu'une vigile contre les deux fêtes consécutives de la Toussaint et des Morts, etc. Les vigiles de certaines fêtes comme celles du patron de la confrérie, du patron de l'église paroissiale, etc., n'étaient pas chômées. Il n'en reste pas moins une vingtaine de vigiles de fêtes pendant lesquelles on chômait une partie de la journée. Il s'ensuit que pendant 70 autres journées environ le travail quotidien était sensiblement diminué.

Mais ici se pose une question très délicate. Dans la majorité des métiers le travail doit cesser le samedi au premier coup de vêpres [1] ; dans certains autres à none ou à complies ou à tel signal donné par les cloches d'une église voisine. Parfois la cessation du travail à lieu : en *charnage* après vêpres ; en carême à complies. A quelles heures correspondaient ces offices et quel temps désignent ces dénominations *charnage* et *carême*.

On est d'accord pour admettre que *none* correspondait à trois heures de l'après-midi. Mais en ce qui touche l'heure réelle de la célébration des vêpres et des complies au moyen âge, de sérieuses divergences se rencontrent entre les érudits.

---

1. Filleresses de soie à grands fuseaux, t. XXXV, art 3 : « Nulle fillaresse ne puet ne ne doit ouvrer... au samedi en charnage puis que vespres sont sonnées à Notre Dame ne en quaresme puis que l'aumone est sonnée à Saint Martin des champs ; » — lampiers, t. XL art. 7. « Nul ne puisse ouvrer à feste d'apotre ou au samedi puis le premier coup de vespres sonnées à Notre Dame ; » — maçons et tailleurs de pierre, t. XLVIII, art. 10. « Nus (nul) ne puet ouvrer ès mestiers dessus diz puis none sonnée à Notre Dame en charnage et en quaresme au samedi puis que vespres sont chantées à Notre Dame ; » — tapissiers de tapis sarrazinois, t. XXVII, art. 7. « Tout cil du mestier doivent lesier huevre touz les samediz dê l'an et toutes les veilles des festes que l'on jeune, au tiers coup de vespres qu'ils orront sonner en la parroache ; » — t. LXVIII tabletiers. « Nus ne puet ouvrer de nuit ne au samediz en charnage puis vespres sonans ne au samedi en quaresme puis complies sonant ; » — t. LXXXV cavetonniers, art. 7. « Nus chavetonnier ne puet ouvrer de nuiz ne au samedi puis vespres de Sainte Opportune. »

D'après M. de Lespinasse (*Livre des Métiers*, p. 109, note) l'heure de vêpres était au moyen âge six heures du soir environ et celle de complies neuf heures du soir. La même opinion est adoptée par M. Eberstadt (*Das franzsösische Gewerberecht vom dreizehnten Jahrhundert*, p. 98) et par M. Alfred Franklin (*Dictionnaire des corporations des arts et métiers*, 1906, v° *Vêpres*).

Par contre M. Fagniez (*Etudes sur l'Industrie à Paris au XIII*e *siècle*, p. 98) émet cette opinion que vêpres se chantaient à quatre heures et complies à sept heures.

Sans prétendre apporter ici une affirmation qui ne pourrait s'appuyer sur des preuves catégoriques, nous pensons que la fixation proposée par M. Fagniez est la plus conforme à la vérité. Nous serions même tenté d'aller un peu plus loin et de dire que vêpres se chantaient entre 3 et 4 heures (peut-être avec un changement d'horaire selon la saison).

En faveur de ce système milite tout d'abord un argument de bon sens. La disposition des statuts qui ordonne de cesser le travail le samedi à vêpres ou à complies a évidemment pour but, en abrégeant la durée du travail quotidien la veille du dimanche, de permettre à l'artisan d'assister ce soir là aux offices religieux; c'est *une mesure de faveur*[1]. Où serait la faveur si le travail ne devait cesser l'hiver pendant les jours les plus courts qu'à 6 heures du soir et l'été pendant les jours longs qu'à 9 heures? Cette disposition serait alors non plus une réduction, mais plutôt une prolongation de la durée habituelle du travail quotidien qui doit finir normalement avec le jour. Car le jour finit en hiver bien avant six heures et même en

---

[1]. Cette cessation prématurée du travail le samedi et les veilles de fêtes n'est pas spéciale aux métiers français. Elle se retrouve en Angleterre où cette coutume ne disparut qu'à la Réforme. Voir BRENTANO, introduction au livre déjà cité de T. SMITH, *More than hundrect early english guilds*.

juin et juillet, pendant la saison des jours les plus longs, avant neuf heures !

Exemple : le statut des garnisseurs de gaines et des faiseurs de viroles (titre LXVI) renferme cet article 4 : « Nus du mestier ne doit ouvrer en jour de feste que commun de vile foire ne au samedi en charnage (de) puis vespres, ne en samedi en quaresme (de) puis complies, ne *par nuit en nul tans.* » Il est clair que cette prohibition de travailler la nuit en nul temps eût été violée chaque samedi en plein hiver si les ateliers étaient demeurés ouverts jusqu'à six heures et chaque samedi d'été où la nuit tombe avant neuf.

Si au contraire on fixe vêpres à 4 heures environ et complies à 6 ou 7, il en résulte une abréviation notable de la durée du travail chaque samedi, surtout l'été en ce qui touche ceux des métiers où ce travail du samedi finit en toutes saisons à vêpres.

La tradition ecclésiastique est du reste favorable à cette interprétation. « Tous les témoignages prouvent, écrit l'abbé Martigny (*Dictionnaire des Antiquités chrétiennes*, v° *Offices*, p. 73) que la psalmodie de vêpres — vespertina — avait lieu (dans la primitive église) après le coucher du soleil. Aussi soit en Orient (Socrate, *Hist. ecclés*, v, 21) soit en Occident (Hiéron, *Comm. in psalm.*, cxviii), l'heure de vêpres fut-elle appelée *lucernarium* parce qu'on allumait les flambeaux pour cet office. On continua à chanter vêpres après le coucher du soleil chez les Grecs comme chez les Latins jusqu'au VIII° et au IX° siècle. Ce n'est qu'à partir de cette époque que s'introduisit en Occident l'usage de l'Eglise de Rome qui récitait vêpres immédiatement après nones, avant le coucher du soleil. » *Nones* est fixé d'un avis unanime[1] à trois heures du soir. Il n'est donc pas téméraire de conclure que vêpres devaient être chantées vers

---

1. Par M. de Lespinasse lui-même, p. CXXXI.

4 heures, peut-être même plus tôt en hiver vers 3 heures ou 3 heures 1/2. La même cloche aurait alors sonné none et vêpres qui suivaient immédiatement none.

Nous disposons à cet égard d'un témoignage qui jusqu'ici n'a jamais été produit dans ce débat et qui nous semble fort intéressant. En ce qui touche au moins le XVI⁰ siècle, l'heure de la célébration de vêpres à Paris est fixée par un texte précis. « Tous compagnons apprentys dudit métier (portent des lettres patentes de Charles IX de juin 1571 confirmant les statuts des patenôtriers d'os et de corne, Lespinasse, *Les métiers et corporations de Paris*, II, p. 115) seront tenuz de laisser besognes les quatre festes annuelles... après le tiers coup de vêpres *qui est à trois heures après midy.* » Le texte cette fois est formel ; il date, il est vrai du XVI⁰ siècle et non du XIII⁰ ; mais dans cet intervalle la fixation de l'heure des vêpres avait-elle changé à Paris? Nous ne le pensons pas. En 1514 en effet, une sentence du prévôt de Paris rendue à la demande des cordonniers [1] vise une requête de ces derniers disant que par les anciennes ordonnances du dit métier « avait été ordonné que nuls cordouenniers de Paris ne pourront ouvrer le jour du samedi *depuis que le dernier coup de vêpres serait sonné en la paroisse* ». Ces anciennes ordonnances sont le titre LXXXIV du *Livre des Métiers* dont le texte est expressément visé dans la sentence de 1514.

Or si l'heure à laquelle vêpres étaient sonnées avait été avancée ou reculée de 1268 à 1514, il paraît presque certain que les cordonniers en requérant en 1514 toute liberté de travailler désormais de nuit comme de jour et *le samedi même après vêpres* eussent fait mention de ce changement d'horaire ; ils insistent en effet avec détail sur les modifications survenues dans la technique de leur métier (plus grande difficulté dans la façon des souliers) ;

1. Lespinasse, III, p. 348.

alors qu'ils présentent la réglementation du *temps de travail* comme demeurée invariable depuis deux cents ans. « Lorsque icelles ordonnances avaient été faites ne y avait à Paris, grand nombre de cordouenniers-varlets ne serviteurs et que de présent audit métier l'on ne se réglait sur lesdites ordonnances parce que deux cents ans et plus avaient été faites... »

Nous conclurons donc qu'au XIII° siècle les vêpres devaient être chantées entre 3 et 4 heures. Quant à complies, l'heure de neuf heures paraît également beaucoup trop tardive; les données précises d'une fixation manquent encore plus que pour vêpres ; mais 6 à 7 heures paraissent bien correspondre à l'esprit des statuts qui font finir le jour ouvrable à *complies* en charnage pendant les jours longs [1].

Que faut-il entendre maintenant par *charnage* et par *carême*, termes que les statuts de métiers opposent l'un à l'autre pour faire finir le travail du samedi et des vigiles à vêpres en charnage et à complies en carême ? « Le temps du charnage ou carnaval qui précède le carême a été, dit M. de Lespinasse, employé chez les gens de métier pour

---

1. « Complies, — nous écrit un ecclésiastique très compétent en ces matières, — complies n'a jamais été une heure comme tierce, sexte, none qui représentaient la 3°, la 6°, la 9° heure du jour, terme en usage de l'Evangile chez les Juifs. Prime n'existait à l'origine (en tant qu'office du matin du moins) pas plus que complies en tant qu'office du soir. Il y avait bien un office dit de matines (du matin) suivi de laudes puis l'office du jour, enfin celui de vêpres ou du soir. Mais *matines étant dites dès la nuit*, on permettait aux moines de dormir après, et c'est au IV° siècle qu'à Lérins ou à Arles, Cassien ou saint Césaire semble avoir introduit prime comme prière du matin avant de se mettre à table. De même on a ajouté complies ou prière du soir avant de se coucher. L'horaire liturgique serait : none à 3 heures, vêpres à 4 ou 5, complies à 5 ou 6 en hiver, 6 ou 7 en été. Les moines et les chanoines se couchent de bonne heure ; or c'est pour les gens d'église que les heures canoniales existaient, non pour le peuple. » Notre érudit correspondant rejette en tous cas comme absolument inadmissible l'opinion qui fixe à 9 heures l'heure des complies.

désigner les jours courts depuis la saint Rémi (9 octobre) jusqu'aux Brandons, premier dimanche de Carême, comme l'ont dit quelques-uns. Puis le carême et le dimanche des Brandons qui coïncident avec les premiers jours de printemps ont été le point de départ de la saison des jours longs. » L'explication est séduisante ; nous n'oserions toutefois quant à nous rien affirmer; certains textes établissent en effet la division de l'année en deux saison: de la Saint-Rémi aux Brandons ; des Brandons à la Saint-Rémi suivante. Mais aucun de ces textes n'identifie clairement les deux termes de cette division avec le charnage et le carême. L'opinion qui considère le mot *carême* comme comprenant dans le langage des métiers environ six mois de l'année — avril à octobre — la saison des jours longs, cette opinion paraît néanmoins assez vraisemblable; car il serait étrange que le carême fini, et pendant toute la belle saison (d'avril aux premiers jours d'octobre), on fût revenu à des règles qui ne conviennent qu'à la saison d'hiver. Toutefois on ne peut ici apporter aucune certitude.

En définitive et tout compte fait, il résulte de ce qui précède que l'ouvrier du moyen âge : 1° commençait et finissait son travail avec le jour. La journée était donc parfois plus courte, parfois plus longue que la journée actuelle ; 2° l'ouvrier fournissait dans une année un nombre de journées et d'heures de travail plutôt inférieur à celui que l'on exige de l'artisan moderne. La moindre activité de la production, l'absence de toute spéculation, la régularité de la demande permettaient au maître de prévoir la quantité et la nature des objets qu'il devait fabriquer sans être obligé d'imposer à l'ouvrier des efforts extraordinaires. L'ouvrier travaillait donc moins longtemps, mais aussi son travail mieux équilibré, moins nerveux, moins surmené était plus soutenu, plus appliqué, plus consciencieux.

2° *Bonne exécution du travail* (*Visite, marque*)

L'énumération des nombreuses prescriptions techniques et professionnelles que renferment les statuts des métiers et qui ont pour but d'assurer la bonne exécution du travail excéderait de beaucoup les limites de cette étude; il suffira d'indiquer à titre d'exemples les principales. Telle est la défense faite aux cristalliers de mêler du verre peint au cristal et aux pierres fines (*Livre des Métiers*, t. XXX, éd. Depping, p. 73), l'interdiction pour les ouvrières de tissus de soie d'ourdir du fil ou du flourin (bourre) avec de la soie (t. XXXVIII, p. 88). Il est défendu aux barilliers de faire usage de bois autres que ceux de quatre espèces désignées (t. XLVI, p. 103). D'autres articles répriment la fraude qui consiste à vendre du vieux pour du neuf à l'aide d'une habile réparation destinée à tromper l'acheteur (t. XLV, p. 101)[1]. La malfaçon est punissable : le teinturier qui a mal teint la laine à lui confiée, le chapuiseur qui a mal confectionné un arçon, le savetier qui a mal cousu un soulier sont mis à l'amende (Depping, p. 137, 215, 233).

Plusieurs métiers précisent minutieusement les dimensions et le type de l'ouvrage : souvent même, ils prescrivent le dépôt au Châtelet d'un étalon sur lequel les gens du métier doivent modeler leur fabrication. « Que nul, « dit le statut des ouvriers de drap de soie ne doye faire « œuvre quelle qu'elle soit plus étroite que la mesure « que le commun dudit mestier ont baillée au Châtelet « de Paris pour la décevance où le noble et le marchant « dehors sont déçus aucune fois par plusieurs draps « plus estroits » (t. XL, p. 91). Chez les tisserands, la largeur, la longueur des pièces d'étoffe, l'épaisseur de la trame sont réglementées. Il n'est pas permis par exemple de tisser l'estanfort ni le camelin à moins de 22 cents la

---

1. Sur cette question de la fraude voir l'étude très nourrie de M. DE GAILHARD BANCEL. *Les anciennes corporations de métiers et la lutte contre la fraude*. Paris, Bloud, 1913.

laine pleine et à moins de sept quartiers de lé (t. I, p. 118). Les huiliers ne peuvent vendre leur huile que par some (28 quartes), par demi-some (14 quartes) ou par quart de some (7 quartes) (t. LXIII, p. 159). Enfin les pêcheurs de Seine doivent se servir de filets conformes aux modèles que détient le maître de la corporation, Maître Guérin (t. XCVIII, p. 262).

En présence de cette réglementation, on conçoit la nécessité d'un pouvoir chargé d'exercer la police du métier, de constater les contraventions et d'en assurer la répression. Ces fonctions sont dévolues aux maîtres et jurés du mestier. Ce sont eux qui ont mission de procéder à des visites domiciliaires, de vérifier les denrées, de saisir celles qui ne seraient pas conformes aux statuts. Mais leur autorité s'arrête là: ils ne peuvent eux-mêmes (sauf pourtant les maîtres des corporations inféodées) prononcer la pénalité encourue; seul, le prévôt de Paris a ce pouvoir.

L'exercice du droit de contrôle des jurés est nettement délimité par les règlements. Les jurés, à leur entrée en charge, jurent de faire connaître au prévôt toutes les infractions aux statuts ou *mesprensures* qu'ils découvriront (Depping, p. 84, 87, 99, 127). Ils doivent en outre surveiller la fabrication et poursuivre activement la recherche des délits; leurs devoirs varient à cet égard. Chez les talemeliers, il suffit que les jurés fassent des visites toutes les fois que le maître les en requiert; chez les poissonniers, au contraire, les jurés doivent faire en temps ordinaire trois visites par semaine[1], et en carême des visites quotidiennes.

La pénalité la plus ordinaire est l'amende qui varie, selon la gravité du délit, de 2 à 20 sols[2]; le produit de cette amende est attribué pour la plus forte part au roi et

1. Les mercredis, vendredis et samedis.
2. *Livres des Métiers*, éd. Depping, p. 54, 56, 58, 98, 136, etc.

pour le surplus aux jurés. La confiscation de l'œuvre convaincue de malfaçon est aussi fréquemment prononcée[1]. Enfin, au cas de récidive, le coupable peut être expulsé du métier ou même banni[2].

Section II. — De la vente. Limitation de la concurrence. Lotissement. Colportage. Pesées. Halles et marchés

Dans tous les pays et à toutes les époques où l'industrie est encore à son stade primitif, on voit les artisans de chaque métier habiter plus spécialement certaines parties de la ville qui deviennent ainsi le centre d'un commerce ou d'une fabrication déterminée. Cette localisation de l'industrie dont on trouverait peu d'exemples dans nos villes de France au XIXe siècle, s'est conservée en Orient où chaque profession a élu domicile dans une rue ou sur une place qui lui est exclusivement affectée[3]. Il en était exactement de même en France au XIIIe siècle. C'est ainsi qu'à Paris les orfèvres habitaient sur le Grand-Pont et

1. Lorsqu'une marchandise mal fabriquée a été saisie chez un maître et qu'il établit l'avoir achetée de bonne foi à une foire, il n'encourt pas l'amende, mais cette denrée doit être revendue également en foire et le vendeur doit rapporter un certificat prouvant que l'acheteur a traité en connaissance de cause : « Après que Guyot Caubert, Jehan Bernard, Guiot..., tous cordonniers, ont affirmé, par serment, que 19 cuirs, arrêtés ès halles de Paris par les jurés de ce qu'ils étaient mauvaisement tannés, ils avaient acheté au Lendit, cuidant qu'ils fussent bons... avons ordonné que iceux cuirs seront rendus sans amende et avons défendu que iceux cuirs ils ne vendent en la prévôté de Paris, synon en Lendit, et seront tenus de rapporter certificats de ceux à qui ils auront iceux vendus. » Archives nationales. Registres du Châtelet. Y. 5222, f° 34 v°. Juin 1399. Cf. encore Y. 5223, f° 2.

2. *Livre des Métiers*, éd. DEPPING, p. 47 et 39.

3. Quiconque a visité les Souks de Tunis, ce spécimen si étrange et si curieux du marché oriental, qui ne le cède en rien, sous le rapport de la couleur et du pittoresque, au Grand Bazar de Constantinople lui-même, a pu se rendre compte de cette localisation de l'industrie en parcourant tour à tour le Souk des parfumeurs, celui des cordonniers, celui des étoffes et tapis, etc., etc.

dans la rue de la Barillerie, les fripiers dans les environs des Halles et de la paroisse Sainte-Opportune, les merciers dans la rue Saint-Martin, les peintres, les selliers et les lormiers dans la rue Saint-Jacques et ses alentours. Il s'en fallait cependant que cette localisation fût absolue, et ce serait s'en faire une idée très exagérée que de lui attribuer un caractère obligatoire. Sans compter divers métiers de première nécessité, tels que les boulangers et les barbiers, que des considérations d'utilité pratique faisaient échapper à la règle, nombre de maîtres habitaient dans des quartiers différents de ceux où résidait la majorité de leurs confrères; dans une rue plus particulièrement vouée à un trafic déterminé, souvent deux ou trois ouvroirs ou boutiques d'artisans étrangers à l'industrie locale venaient ainsi diversifier l'aspect des lieux et en rompre la monotonie[1].

Pour donner au lecteur une idée exacte de ce qu'était au XIII° siècle l'ouvroir d'un artisan, nous ne pouvons mieux faire que de reproduire le passage suivant du savant ouvrage de M. Fagniez[2] :

« Les boutiques, écrit cet auteur, s'ouvraient sur une grande arcade divisée horizontalement par un mur d'appui et en hauteur par des montants de pierre ou de bois. Les baies comprises entre ces montants étaient occupées par des vantaux. Le vantail supérieur se relevait comme une fenêtre à tabatière; le vantail inférieur s'abaissait et, dépassant l'alignement, servait d'étal et de comptoir. Le chaland n'était donc pas obligé d'entrer dans la boutique pour faire ses achats. Le public voyait plus clair au dehors que dans les boutiques qui, à la

1. Sur la paroisse Saint-Germain, au lieu dit le *Perrin-Gascelin*, ou quartier des brodeurs, chapuiseurs, fourbéeurs, on rencontre par exemple, deux fripiers dont l'industrie s'exerçait surtout près des Halles. (*Taille de 1292*, publiée par M. GÉRAUD dans la collection des documents inédits de l'Histoire de France, p. 30.)

2. *Études sur l'industrie au XIII° siècle*, 1877, p. 108.

différence des grandes vitrines de nos magasins, ne recevaient le jour que par des baies étroites. Les auvents en bois et en tôle, les étages supérieurs qui surplombaient le rez-de-chaussée venaient encore assombrir le jour. »

C'est sur le seuil de ces boutiques obscures, où retentissait sans cesse le bruit des instruments de fabrication, que le marché se débattait. Les denrées n'étant presque jamais vendues à prix fixe, la fixation du prix faisait, entre les parties, l'objet de longs pourparlers qui, souvent, n'aboutissaient pas. Mais le problème le plus difficile à résoudre pour les législateurs des métiers avait été la réglementation de la concurrence et la conciliation des divers intérêts en jeu. Chaque industrie, ayant son centre dans un quartier particulier et les marchands d'une même rue vendant pour la plupart les mêmes denrées, des conflits se produisaient fréquemment entre ces voisins qui se trouvaient être des concurrents. Un chaland se présentait-il pour examiner et soupeser une paire de chaussures exposée à l'étal d'un cordonnier, et paraissait-il trouver le prix trop élevé, aussitôt les cordonniers voisins, attentifs à cette scène, interpellaient le client du fond de leur boutique ou même en sortaient pour l'assiéger de leurs sollicitations, lui promettant meilleur marché et qualité supérieure. Fureur du marchand à la devanture duquel le client s'était d'abord arrêté, échange de mots vifs et parfois rixe générale, telle était la scène qui se renouvelait trop fréquemment. Les règlements avaient dû prévoir ces incidents de la vie commerciale et s'étaient efforcés d'y mettre bon ordre. « Si, dit le statut des cuisiniers[1], aucune personne est devant estal ou fenestre de cuisinier pour marchander ou acheter desdits cuisiniers, si un autre l'appelle devant que l'on soit parti de son gré de l'estal ou

---

1. *Livre des Métiers*, t. LXIX, Depping, p. 177.

fenestre, si soit on en la peine de cinq sols. » Les nombreux procès, dont font mention les Registres du Châtelet, prouvent combien peu ces prescriptions étaient respectées.

D'autres dispositions restrictives de la concurrence, ont pour objet la réglementation des opérations relatives à l'achat des matières premières. La condition essentielle pour vendre bon marché et réaliser des bénéfices, c'est en effet d'acheter la matière première à un prix avantageux. Or, il était à craindre que certains marchands, plus riches et plus actifs que leurs confrères, n'achetassent par grandes quantités les denrées nécessaires à la fabrication, ce qui leur eût permis de faire la loi du marché et de ruiner leurs concurrents en vendant au-dessous du tarif ordinaire. Cette éventualité qui dans l'état économique actuel ne soulèverait aucune protestation ne pouvait être acceptée aussi facilement par une législation strictement égalitaire qui avait pour but et pour règle le maintien de l'équilibre économique entre les membres d'un même corps d'état. Aussi les règlements des métiers édictent-ils tout un ensemble de prescriptions contre ce genre d'accaparement.

En premier lieu, il est interdit aux marchands d'aller au-devant des convois qui par eau ou par terre apportent dans Paris les matières premières et de se rendre acquéreurs par avance au détriment des autres maîtres des denrées ainsi envoyées. Le statut des poulaillers fixe à deux lieues le rayon auquel s'étend cette interdiction (t. LXX, p. 179). Celui des regratiers (t. X, p. 34) leur défend d'acheter les œufs et les fromages que des marchands apporteraient dans Paris avant qu'ils aient été débarqués et transportés au parvis Notre-Dame où s'en tenait le marché, en réservant toutefois aux maîtres le droit d'aller eux-mêmes acheter des denrées au dehors et de les amener à Paris pourvu qu'ils n'eussent pas

« compagnie avec homme du dehors » (*ibid.*, p. 36)[1]. Cette clause doit être bien comprise. On n'interdit pas à un marchand de s'approvisionner *lui-même* au dehors chaque fois qu'il en a besoin ; le bénéfice qu'il retire n'est en ce cas que la contre-partie de la peine qu'il a prise ; ce que l'on veut empêcher, c'est qu'au moyen de marchés passés à l'avance avec certains importateurs, ou en allant au-devant des marchands venus du dehors, un des maîtres du métier n'accapare les denrées et ne s'assure par rapport aux autres maîtres une situation privilégiée.

Les mêmes considérations dictèrent encore les clauses qui prescrivirent le *lotissement*. On désignait par ce mot le droit reconnu à chacun des membres d'un métier de participer à tout achat d'un lot de matières premières conclu par un des maîtres. Pour exercer ce droit, il fallait manifester la volonté de prendre part au marché, au moment même où il était conclu entre le vendeur et l'acheteur[2], soit par la paulmée, soit par la remise du denier à Dieu (statut des selliers, t. LXXVIII, Depping, p. 211). Jouissaient seuls en principe du privilège de lotissement les maîtres du métier, à l'exclusion des particuliers ou des petits marchands ambulants (t. LXXVI, fripiers p. 200 ; t. LXXIX, chapuiseurs ; t. LVIII, marchands de chanvre). Toutefois, lorsqu'un maître se rendait à la foire acquéreur de marchandises ou de matières pre-

1. L'esprit chrétien et égalitaire des métiers du moyen âge se reflète dans cette disposition qui mérite d'être reproduite : « Ne puet et ne doit acheter chartée des œs (œufs) ne de fromaches puisqu'elle est charchiée (chargée) pour venir à Paris jusques à tant qu'elle soit descendue à Paris en place commune... car il est reson que les denrées viennent en plain marchié et illuec (là) soient veues si elles sont bonnes et loiaus et illuec soient vendues *si que li povre homme* puissent prendre part avec le riche se il partir y veulent et mestier (besoin) est. »

2. Il paraît résulter d'un texte cité par M. Fagniez (*op. cit.*, p. 111), que chez les cordonniers le lotissement pouvait être réclamé sur les cuirs achetés au marché pendant le jour de la vente et les onze jours suivants. Les jurés achetaient parfois en gros pour répartir ensuite les produits entre les maîtres.

mières, le lotissement pouvait être réclamé même par des personnes étrangères au métier (fripiers, *ibid.*)[1].

L'idée dominante de la législation des métiers n'est toutefois pas de supprimer la concurrence, mais de la réglementer et de veiller à ce que les concurrents luttent à armes égales. Il est interdit de détourner la clientèle du voisin ou d'accaparer les matières premières, mais la concurrence peut encore s'exercer dans d'assez larges limites. C'est par une plus grande habileté dans la fabrication, par une plus grande conscience dans l'exécution, par des qualités toutes personnelles que l'on tentera de conquérir une situation prééminente.

Les clauses relatives aux conditions mêmes de la vente sont rares. Cependant on voit les talemeliers s'interdire de vendre les trois doubleaux de pain moins de 5 deniers et demi, peut-être afin de ne pas être tentés de réduire le poids ou la qualité mais peut-être aussi sous l'influence du désir de s'empêcher réciproquement de se faire concurrence par la baisse des prix (*Livre des métiers*, I, art. 341). Une autre clause qui se rencontre chez les regrattiers interdit la vente à terme (*à la revenue du marchand* ou *à nul terme*) qui comporte le risque d'une fraude du marchand car le client s'engage alors à acheter une marchandise qu'il n'a pas vue et sur la qualité de laquelle il pourra être trompé (*Liv. des M.*, X, art. 6).

Les boutiques n'étaient pas le seul lieu où il fut permis de vendre. L'activité commerciale affectait encore d'autres formes et portait le marchand à se déplacer pour solliciter la clientèle de toutes les manières. Tantôt un trafic ambulant s'établissait par les rues (colportage) : tantôt au contraire le mouvement des affaires se fixait sur certains points déterminés (halles et marchés) ou même fai-

---

1. « Cil qui crient à la cote et à la chape... ne peuvent avoir à nul ferpier de chose nule qu'on vent ne achate devant ans (eux) néant plus que à uns estranges;... mès en foire peuvent ils communaument partir li uns à l'autre. »

sait affluer à certaines dates en un lieu donné des produits venus des contrées les plus éloignées (foires). Etudions rapidement ces différents modes de la vie commerciale.

Colportage. — Les règlements des métiers sont conçus dans un esprit très défavorable au colportage. Les motifs allégués pour justifier les mesures coercitives édictées à son encontre sont ou la crainte que les colporteurs ne vendent de la marchandise de mauvaise qualité [1] ou les vols trop nombreux dont ils s'étaient rendus coupables. Mais le véritable motif de ces rigueurs était l'antagonisme d'intérêts existant entre les marchands sédentaires grevés de taxes nombreuses et ces trafiquants ambulants affranchis de ces charges par la mobilité même de leur industrie.

Les prescriptions des statuts relatives au colportage varient selon les métiers. Certains d'entre eux le proscrivent absolument (chauciers, feiniers ; Depping, p. 139, 243) ou ne l'autorisent que les jours de marché (liniers, p. 145). Chez les corroiers (t. LXXXVII, p. 238), le colportage interdit au marchand qui possède un ouvroir est permis les jours de marché à celui qui n'en a pas.

Néanmoins de véritables corporations de marchands ambulants ou colporteurs s'étaient constituées et les métiers étaient obligés en fait de compter avec elles. Les *crieurs à la cote et à la chape* notamment faisaient aux fripiers une sérieuse concurrence. Ces petits marchands étaient obligés, pour exercer leur industrie, d'acheter le métier de friperie, mais ils ne jouissaient pas des droits attachés à la maîtrise, notamment de celui de lotissement, ni de l'électorat aux offices de jurés. Leur rivalité avec les maîtres étaient permanente et ces derniers réclamaient avec insistance du pouvoir royal l'abolition du marché

---

1. Chaussiers, t. LV, p. 139.

Saint-Séverin, dont les crieurs avaient réussi à faire un centre de transactions fort animé.

Halles et Marchés. — Le plus important de tous les marchés de Paris, le centre de tous les approvisionnements et de toutes les transactions était aux Halles. La Halle des Champeaux, comme on l'appelait alors, occupait tout l'espace compris de nos jours entre la rue Saint-Honoré et la pointe Saint-Eustache. Cet espace était en partie couvert d'étaux, de boutiques et d'échoppes, où vendaient des marchands sédentaires qui payaient un loyer, tandis que les marchands forains vendaient sur le carreau de la halle. Au centre des Halles, se dressaient de vastes bâtiments en bois, les Halles proprement dites, qui se subdivisaient elles-mêmes en plusieurs parties selon l'usage auquel elles servaient et la province dont étaient originaires les marchands qui y vendaient; on distinguait ainsi les Halles de Douai, de Bruxelles, d'Amiens, de Rouen, de Beauvais. « Le Pilori, sorte de tour couverte avec une armature tournante, à la hauteur du premier étage, s'élevait au milieu du marché de la mairie[1]. » Une fontaine construite au XIIIe siècle s'élevait à côté du Pilori.

L'auteur du Traité des louanges de Paris, Jean de Jandun, décrit en ces termes l'aspect des Halles de Champeaux en 1323 : « Là, le joyeux séjour des plus agréables divertissements offre en de très grandes montres pleines de trésors inestimables, toutes les espèces les plus diverses de joyaux réunis[2]. Là, si vous en avez le désir et les moyens, vous pourrez acheter tous les genres d'ornements que l'industrie la plus recherchée, l'esprit le plus

---

[1]. *Paris en 1380*, par M. Legrand. Cet ouvrage fait partie de la collection de l'Histoire générale de Paris, publiée sous les auspices du Conseil municipal.

[2]. « Ista siquidem jucunditatis amenissimæ mansio lætabunda sub inestimabilium preciosiorum gazophilaciis permaximis cunctas et universas jocalium species... præsentat. »

inventif se hâtent d'imaginer pour combler vos désirs... Dans quelques endroits des parties inférieures de ce marché, et on peut dire sous des amas, des monceaux d'autres marchandises, se trouvent des draps plus beaux les uns que les autres; dans d'autres, de superbes pelisses, les unes faites avec des peaux de bêtes, les autres avec des étoffes de soie, d'autres enfin, composées de matières délicates et étrangères, dont j'avoue ne pas connaître les noms latins. Dans la partie supérieure de l'édifice qui forme comme une rue d'une étonnante longueur, sont exposés tous les objets qui servent à parer les diverses parties du corps humain; pour la tête, des couronnes, des tresses, des bonnets, des peignes d'ivoire pour les cheveux; des miroirs pour se regarder, des ceintures pour les reins, des bourses pour suspendre au côté, des gants pour les mains, des colliers pour la poitrine. Dans ces lieux d'exposition, les regards des promeneurs voient sourire à leurs yeux tant de décorations pour les divertissements des noces et les grandes fêtes, qu'après avoir parcouru à demi une rangée; un désir insatiable les pousse vers une autre, et qu'après avoir traversé toute la longeur, une insatiable ardeur de renouveler ce plaisir, non pas une fois, ni deux, mais indéfiniment, leur ferait recommencer l'excursion, s'ils en voulaient croire leur désir : *insatiatus oblectationis affectus, non solum semel neque bis, sed quasi infinitus, ad principium reflectendo, si ratio sibi crederet, inspectiones faceret iterare*[1]. »

C'est sur cet emplacement, qu'une fois par semaine, le samedi généralement, se tenait le marché des denrées de l'alimentation. Chaque corps d'état disposait, pour débiter ses produits, d'un local particulier; il y avait ainsi les

---

[1]. *Paris et ses Historiens*, par LE ROUX DE LINCY et TISSERAND, p. 51, Paris 1867. (Collection de l'Histoire générale de Paris.)

Halles de la draperie, de la mercerie, de la pelleterie, de la chapellerie, de la poissonnerie de mer et d'eau douce, etc. Les marchands des provinces étaient admis à y apporter leurs produits lorsqu'ils ne disposaient pas de locaux spéciaux.

Ces concessions, du reste, n'étaient pas gratuites et donnaient lieu à la perception au profit du roi de droits de hallage. Ainsi chaque charretée de pain introduite au marché de Paris devait acquitter deux deniers, chaque charretée de blé un denier[1]. A ces droits s'ajoutaient ceux de *tonlieu* que nous étudierons bientôt et les péages du Petit-Pont qui conduisait au quartier Saint-Jacques, celui des Halles.

Certains métiers avaient organisé des marchés en dehors des Halles. Nous avons déjà mentionné le marché Saint-Séverin fréquenté par les fripiers ambulants; on peut encore citer le marché de la place Maubert où se débitait le dimanche matin le pain dit de Garlande[2].

Le règlement des halles et marchés de Paris était des plus rigoureux. Le matin, la cloche donnait le signal de l'étalage et le soir celui de la clôture. Pour assurer la fréquentation des marchés, il était enjoint aux maîtres de plusieurs métiers de fermer leurs ouvroirs les jours de marché[3]. Les contrevenants étaient passibles d'une amende.

Les revenus tirés par le roi des droits de hallage suffisent à donner une idée de l'importance des transactions qui s'y effectuaient. Le total de ces revenus s'élevait à 908 livres 10 sols, 4 deniers parisis[4], somme considérable pour l'époque, puisqu'elle représentait le treizième de la taille totale payée par Paris.

---

1. *Livre des Métiers*, II° partie, t. IX, X.
2. *Livre des Métiers*, II° partie, t. IX, p. 311.
3. C'est-à-dire les vendredis et samedis pour une vingtaine de métiers, et les samedis seulement pour une douzaine. DEPPING, 437.
4. DEPPING, p. 433 et suiv.

Foires. — Si les marchés étaient le rendez-vous des marchands de Paris et des environs, les foires étaient des centres d'affaires beaucoup plus étendus où les denrées affluaient de toutes les parties de la France et de l'étranger. Paris avait la foire Saint-Germain, la foire Saint-Ladre tenue aux Halles le lendemain de la Toussaint, enfin le célèbre Lendit tenu dans la plaine Saint-Denis du 11 au 26 juin[1]. Des foires se tenaient encore à Narbonne, à Rouen (foires de la Chandeleur et de Saint-Romain), à Beaucaire; mais nulle part l'animation n'était si grande qu'aux foires de Champagne auxquelles étaient conviés « chrétiens et mécréants ». Là s'étalaient le cuir de Cordoue et les peaux d'Espagne, les laines d'Angleterre, les brocarts de Gênes, les fourrures de Scandinavie. Les vers suivants d'un poète du XIIe siècle[2] donnent une idée de cette immense étendue de campagne toute couverte des marchandises du monde entier.

> A la côte du grand chemin
> Est la foire du parchemin
> Et après trouvai les pourpoints,
> Puis la grande pelleterie...
> Puis m'en revins en une plaine
> Là où l'on vend cuirs crus et laine,...
> Après les joyaux d'argent
> Qui sont ouvrés d'orfèvrerie...

A Paris, un prévôt spécial attaché à chaque foire était autorisé à percevoir de tout marchand y tenant étalage une taxe (le plus souvent 12 deniers)[3]. Ce prévôt était le magistrat suprême de la foire, seul compétent pour juger en premier ressort les différends entre bourgeois et mar-

---

[1]. L'Université s'y rendait en corps et le recteur y achetait la provision de parchemin nécessaire aux travaux scolaires.
[2]. Cités par M. Chéruel, *Dictionnaire des Institutions de la France.* V. *Foire.*
[3]. *Livre des Métiers*, p. 439. Des droits de la foire Saint-Ladre.

chands. Il tenait à cet effet des plaids quatre fois par jour à 8 heures du matin, à midi, au premier coup de vêpres à Saint-Eustache, aux chandelles allumandes. Les appels de ses sentences étaient portés devant le prévôt de Paris.

Aux foires de Champagne, les marchands nommaient eux-mêmes les maîtres des foires dont les jugements étaient exécutoires par toute la France. La rédaction des contrats n'occupait pas moins de quatre notaires. Les marchands de chaque nation étaient représentés par un magistrat appelé capitaine des foires dont les attributions étaient analogues à celles de nos consuls.

Terres seigneuriales. En quels sens sont-elles au XIII° siècle des lieux privilégiés?

Le monopole des corporations de Paris était enfin tenu en échec par le privilège des terres seigneuriales. Ce privilège avait pour effet de soustraire les artisans établis sur ces terres à la juridiction des officiers des métiers en même temps qu'à la juridiction royale. Les seigneuries toutes ecclésiastiques dont les vassaux échappaient ainsi au droit commun étaient l'abbaye de Sainte-Geneviève, le prieuré de Saint-Martin-des-Champs, le chapitre de Saint-Marcel, l'abbaye de Saint-Germain-des-Prés, le Temple. Les artisans établis sur ces terres des faubourgs n'étaient justiciables que de leur seigneur. Mais il ne s'ensuit pas que dans les limites de ces fiefs, chacun eût le droit d'exercer librement un métier, ni que le régime corporatif y ait été inconnu. Il est certain au contraire que les artisans fixés sur ces terres étaient groupés, eux aussi, par corporations; mais ces corporations formaient des associations distinctes de celles de Paris soumises à des règlements spéciaux octroyés par le seigneur. C'est ainsi que l'abbaye Sainte-Geneviève donna à diverses reprises des statuts aux métiers de son ressort, en 1271 aux foulons[1] et en 1363 aux bouchers[2]. On voit également l'abbaye de Saint-Germain-des-Prés convoquer les métiers pour élire des jurés[3]. Des statuts de ces corporations il ressort clairement que la liberté commerciale entendue au sens moderne n'existait pas plus sur les terres seigneuriales que dans Paris même[4]; toutefois l'esprit des statuts de ces métiers semble avoir été moins restrictif. Cette différence entre les métiers du roi et ceux des seigneurs ecclésiastiques, entre les métiers de Paris et ceux des faubourgs s'accentuera bien davantage par la suite : les premiers seront de plus en plus assujettis au contrôle des officiers de la Couronne; les seconds au contraire s'affranchiront peu à peu de toute discipline. Au temps de Colbert, les artisans des faubourgs étaient presque indépendants, leurs officiers recevant à la maîtrise, dit un mémoire contemporain, quiconque s'y présentait. Cette inégalité de condition fut la cause des nombreux conflits qui s'élevèrent au XVIIe et au XVIIIe siècle entre les corporations de la ville et les artisans établis sur les lieux appelés dès lors avec raison privilégiés. Nous reviendrons sur cet antagonisme qui ne prit fin qu'à la Révolution.

1. Bibliothèque Nationale. Mss. 18782. (Ancien Fonds Saint-Germain.)
2. *Ibid.*, et *Ordonnances des Rois de France*, VI, 614.
3. Arch. nat., Zz. 3485.
4. Pour être reçu boucher sur les terres de Sainte-Geneviève il fallait, par exemple, être fils de maître et avoir appris le métier dans une ville.

CHAPITRE V

CONDITION ÉCONOMIQUE :

I. — Du maître. Taxes sur l'industrie. La fortune privée des artisans d'après le Registre de la Taille de 1292.
II. — Du valet. Son salaire. Ses dépenses.

Dans les chapitres qui précèdent, nous avons retracé les règles relatives à la fabrication et à la vente. Nous étudierons dans le présent chapitre la condition économique du maître et du valet (ouvrier).

Section I. — Condition économique du maître. Taxes sur l'industrie. La fortune privée des artisans d'après le Registre de la Taille de 1292.

Le lecteur n'attend pas de nous dans ce chapitre l'établissement du budget d'un maître artisan au XIIIe siècle, *c'est-à-dire le décompte exact de ses recettes et de ses dépenses.*

Pour entreprendre une pareille tâche, il faudrait avant tout ouvrir une enquête minutieuse sur le prix de revient et le prix de vente de chaque denrée, évaluer avec précision toutes les charges qui pesaient sur l'artisan et déterminer ainsi, d'une manière certaine, son bénéfice net, c'est-à-dire un élément qui varie avec chaque ville et avec chaque marchand. De telles investigations, d'une nature particulièrement délicate, ne peuvent être entreprises que pour une époque déterminée et pour une industrie particulière, et encore si la bonne étoile de l'historien lui permet de recueillir sur l'objet de son travail un ensemble de renseignements qui servent de point de départ et de fondement à des conclusions raisonnées. Au surplus, de telles conclusions ne sont jamais susceptibles de généralisation.

Le but que nous poursuivons dans ce chapitre est infiniment plus modeste. Nous nous proposons de donner au lecteur le moyen de se faire une idée d'ensemble de la condition économique des gens de métier au XIIIe siècle, de se représenter la vie qui leur était faite, le rang qu'ils occupaient dans la société, la fortune qu'ils pouvaient acquérir. Cette étude de la condition économique de l'artisan aura pour base un document d'un intérêt tout spécial pour l'histoire des gens de métier : nous voulons parler du *Registre de la Taille* de 1292, dans lequel la fortune privée de chaque habitant de Paris se trouve implicitement déterminée. Avant d'aborder l'étude de ces données, énumérons les charges fiscales autres que la taille qui pesaient sur les gens de métier de Paris ou des provinces.

Les gens de métier, comme les bourgeois et les paysans, avaient à acquitter les impôts suivants :

1[o] La taille, dont nous nous occuperons bientôt tout spécialement ;

2[o] L'impôt personnel du service militaire, c'est-à-dire le service du guet ou de la milice ;

3[o] La dîme ecclésiastique, c'est-à-dire une redevance variable perçue par le clergé. Le concile d'Arles (813) avait déclaré la dîme exigible, même sur les bénéfices des marchands et les salaires des artisans. Cette législation fut modifiée par la suite, et la dîme ne fut plus perçue que sur les produits du sol.

Certains impôts directs étaient spéciaux aux gens de métier. Ces impôts étaient les suivants :

1° Les droits perçus par le roi ou les jurés pour l'achat du métier. (Nous avons indiqué la quotité d'un certain nombre de ces droits.)

2° Les cotisations et redevances périodiques.

3° Le chevage ou capage, sorte de capitation de quatre deniers levée sur les marchands et manouvriers sans héritage.

4° Le hauban. Cet impôt qui, primitivement, consistait en un muid de vin, fut transformé par Philippe Ier en une redevance de 6 sols pour les maîtres dits à hauban complet, avec augmentation ou diminution proportionnelle pour les autres maîtres[1]. Le hauban était une taxe d'une nature particulière moyennant le paiement de laquelle nombre d'autres taxes indirectes, le tonlieu notamment, étaient réduites ou supprimées. Le hauban était considéré, du moins en principe, comme une faveur. Tous les métiers n'en jouissaient pas, et il fallait en obtenir du roi la concession personnelle, si l'on n'appartenait pas à un métier haubanier[2]. Au surplus, le hauban n'était pas obligatoire, et le règlement des talemeliers, métier qui jouissait du hauban, constate l'existence de talemeliers non haubaniers.

Impôts indirects. — Ce sont les plus nombreux. Ils comprennent :

1° Les droits et monopoles féodaux, dont les principaux étaient : *a*) Les droits de *pesage* et de *mesurage* de diverses marchandises. A Paris, le prévôt était détenteur de poids types dits *poids le roi* où les denrées étaient pesées ; le droit de mesurage du blé ou *minage* était d'un denier la mine.

---

1. Du Cange, v° *Halbannum*.
2. *Livre des Métiers*, p. 299.

b) Les *banalités* ou droit exclusif pour le seigneur de moudre tout le blé ou de cuire tout le pain, ou de presser toutes les vendanges ; ces droits remplacés le plus souvent par des redevances en argent ou en nature avaient plus ou moins d'étendue selon les régions. A Paris, les Templiers possesseurs d'étaux ne permettaient pas sur leurs terres l'établissement de boucheries et soutinrent à ce propos un procès contre la corporation[1].

Enfin, *c)* le *banvin*, c'est-à-dire le droit que possédait le seigneur de suspendre tout commerce de vin au détail jusqu'à l'écoulement de sa vendange. Le roi lui-même usait de ce droit et faisait vendre son vin dans les rues par les crieurs publics[2].

2° Droits de *transit* et de *passage*. Ces taxes comprenaient :

a) « *Le conduit de tous avoirs* (*Liv. des Métiers*, II° partie, t. VIII) ou redevance perçue pour le transit de toutes les denrées qui pénétraient dans Paris ou dans une certaine zone d'octroi comprise entre le pont de Charenton au sud, Lagny et Meaux à l'est, Senlis au nord, Poissy à l'ouest. Cette taxe était de deux sous par charretée et de douze deniers par somier (charge d'une bête de somme). En étaient exempts les clercs et les chevaliers pour les objets à leur user, tous les bourgeois de Paris et les habitants de certaine villes, Lorris, Château-Landon, la Rochelle. La marchandise réexportée ne payait pas le droit.

b) Le droit de *chaussée* (4 deniers) était une variété du précédent. Il était dû pour les marchandises qui sans

---

1. Charte de 1358. *Ordonnances des Rois de France*, p. 260.
2. De nos jours encore certains souverains se font ainsi fabricants et débitants de boisson. Une des curiosités de Munich est la Hœfbrau, ou brasserie appartenant au roi de Bavière ; le premier venu peut y venir boire la bière du roi. Si dans les Etats modernes les banalités et le banvin ont disparu, nous avons par contre encore à titre de compensation les monopoles publics comme celui des tabacs et des allumettes, de la poudre, etc.

entrer dans Paris pénétraient dans la zone sus-indiquée (*Liv. des Métiers*, II⁰ partie, t. I).

c) *Le péage du Petit-Pont* (*Liv. des Métiers*, II⁰ partie, t. II) dont le taux était variable. Les bourgeois de Paris en étaient dispensés pour le blé de leurs terres, le vin de leurs vignes ou acheté à leur usage.

d) Le *rouage*[1] était un droit perçu sur le vin exporté de Paris. Le marchand qui ne faisait que réexporter son vin invendu à Paris en était exempté si le fût n'avait pas été déchargé.

e) Diverses taxes de navigation : le *liage* et la *montée* de Marne, le *rivage* de Seine.

3° Droits perçus sur la mise en vente :

a) Le *tonlieu* ou droit de stationnement exigible des marchands qui venaient écouler leurs denrées dans les marchés. Ce mot de *tonlieu* était parfois aussi employé dans un sens différent et désignait un droit de circulation mal défini qui frappait le transport des marchandises dans l'intérieur de Paris : « Si hom de Paris achète marchandise à Paris, quite l'en doit porter en sa meson sans donner paage, por (pourvu) qu'il en ait doné son tonlieu. » (*Liv. des Mét.*, p. 286.) Ce droit était, pour le blé, de deux deniers par charretée.

b) Les droits de *hallage* ou d'*estalage* qui frappent non plus le stationnement, mais la mise en vente des marchandises : chez les escueilliers, chaque étal acquitte un denier (*ibid.*, p. 113).

Les bourgeois non marchands de Paris ne devaient ni tonlieu, ni hallage pour le blé de leurs terres, s'ils ne le faisaient porter aux halles à cheval ou en charrette, c'est-à-dire s'ils le vendaient par petites quantités. Les clercs, les escuyers et les gentilshommes sont exemptés de ces taxes.

---

1. *Livre des Métiers*, I⁰ partie, t. III, p. 295.

c) Le *chantelage* ou droit sur la vente du vin en détail ou en gros dans Paris (*Liv. des Métiers*, II⁰ partie, t. VII). Il pesait exclusivement sur le vendeur et n'était exigible du bourgeois de Paris que s'il avait acheté dans la ville même et non importé du dehors le vin qu'il revendait. A ce droit s'en ajoutait tous les trois ans un autre dit *ceinture de la Reine*.

Telles étaient les principales charges qui pesaient sur le commerce. Ces charges étaient-elles suffisantes pour empêcher les gens de métiers de s'enrichir ? Quelle était au XIII⁰ siècle la condition économique du maître artisan? Un document historique d'un rare intérêt permet d'aborder l'étude de cette question et de se faire une idée au moins approximative de la fortune privée des Parisiens au XII⁰ siècle. Ce document n'est autre que le *Registre de la Taille* de 1292, c'est-à-dire les rôles officiels qui servirent à la perception de cette taxe [1].

La taille était un véritable impôt sur le revenu. A l'origine, cet impôt n'était dû que dans des circonstances exceptionnelles : lorsque le seigneur faisait la guerre, pour le mariage de la fille du seigneur ou lorsque son fils était armé chevalier, lors du départ du seigneur pour les Lieux-Saints ou pour sa rançon. La taille avait encore au XIII⁰ siècle un caractère à la fois réel et personnel ; elle frappait non seulement les revenus des immeubles, mais ceux des meubles et aussi les bénéfices industriels. Ainsi les valets et artisans, bien que ne possédant pas d'immeubles, étaient imposés sur leurs gages et les plus fortes cotes étaient celles des Lombards dont la fortune était presque exclusivement mobilière.

Les bases de la perception étant connues, est-il possible de trouver dans les rôles de la taille des indications permettant d'évaluer avec précision les revenus et par

---

1. *Registre de la Taille* de 1292, publié par M. Géraud. Collection des documents inédits, 1837.

suite la fortune privée des gens du métier ? Théoriquement l'affirmative devrait être exacte. En effet la taille étant un impôt sur le revenu et la cote imposée représentant en principe le cinquantième du revenu du contribuable [1], il devrait suffire de multiplier par cinquante le chiffre de cette cote pour déterminer le revenu imposé. Mais la plus grande circonspection est de rigueur lorsqu'il s'agit d'apprécier les résultats d'une opération fiscale aussi complexe que la taille ; si nous connaissons en effet les bases théoriques de la perception de cet impôt, nous ne possédons que des renseignements très incomplets sur le mode d'évaluation auquel avaient recours les agents du fisc ainsi que sur les tempéraments qu'ils apportaient dans la pratique à l'accomplissement de leur mandat. Quelles charges étaient déduites du revenu brut imposable? des détaxes n'étaient-elles pas accordées aux contribuables les plus pauvres [2]? D'autre part au XIIIe siècle comme à toute autre époque, l'intérêt privé devait recourir à des artifices de toutes sortes (réticences, fausses déclarations, etc.), pour soustraire à la connaissance du fisc une partie des revenus soumis à la taxation.

Il faut donc se garder de considérer comme ayant une valeur absolue et comme susceptibles de permettre une évaluation rigoureusement exacte des revenus industriels

[1]. L'ordonnance qui prescrit la levée de la taille de 1292 n'indique pas, il est vrai, la proportion des cotes avec le revenu imposable. Mais trois ans plus tard, une ordonnance du 13 janvier 1295 (*Ord. des Rois de Fr.*, XII, 333) ordonne de lever une nouvelle taille du cinquantième des biens dans tout le royaume. Cette même proportion paraît s'être maintenue dans toutes les tailles perçues au XIVe et au XVe siècle. Nous croyons donc pouvoir adhérer à l'opinion de M. Géraud, qui considère le cinquantième comme la proportion légale ayant existé entre la taille et le revenu imposable pendant tout le règne de Philippe le Bel.

[2]. On sait seulement que les biens mobiliers étaient estimés à la moitié des immeubles. La taille était répartie par douze élus choisis eux-mêmes par trente ou quarante notables. La base de la fixation du revenu était la déclaration du contribuable : la fausse déclaration du revenu était punie d'une amende. (Géraud, p. 556.)

au XIII° siècle, les indications qui vont être fournies et que nous avons extraites du Registre de la Taille de 1292, en les groupant, afin d'en faciliter l'intelligence au lecteur. Néanmoins et sous réserve de ces observations, l'étude des cotes de la taille de 1292 présente encore un réel intérêt historique. Si large que l'on fasse la part de l'erreur, un impôt sur le revenu perçu sous une administration régulière et après une enquête approfondie, comme le fut certainement celle qui précéda la publication des rôles en 1292, permet toujours de se faire une idée au moins approximative de la fortune privée à l'époque où elle a été conduite. Que les revenus réels des Parisiens aient été supérieurs en moyenne d'un cinquième, d'un quart ou même d'un tiers à ceux qui sont accusés par le *Registre de la Taille*, c'est possible et nous dirons même c'est probable. Nous signalerons nous-même une catégorie d'artisans, ceux de la dernière classe, pour lesquels le rapport de 1 à 50 réputé équivalent à la proportion entre la cote et le revenu est évidemment trop faible. Mais pouvoir estimer même très approximativement la fortune privée des gens de métier au XIII° siècle, c'est encore une véritable bonne fortune. Or, cette estimation, nous la trouvons implicitement renfermée dans le Registre de la Taille dont les indications ne peuvent sans doute être acceptées sans réserves, mais ne sauraient non plus sans injustice être frappées d'une suspicion générale ni récusées sans motif.

Quelques notions sur les monnaies du XIII° siècle et sur leur valeur comparée à celle des monnaies modernes sont indispensables pour l'intelligence de ce qui va suivre.

L'unité monétaire la plus ordinaire au moyen âge était la livre tournois, simple monnaie de compte qui se subdivisait en vingt sous, chaque sou tournois valant à son tour douze deniers. A Paris, une autre monnaie avait cours ; c'était la livre parisis qui valait vingt-cinq sous tournois[1], absolument comme de nos jours le shilling anglais vaut vingt-cinq sous (ou, pour employer les termes légaux, 1 franc 25 centimes) de notre monnaie française. La livre parisis se subdivisait elle-même en 20 sous, chaque sou parisis comprenant lui-même 12 deniers[2].

Mais il ne suffit pas, on le conçoit aisément, de reproduire le taux des salaires ou le montant des cotes de la taille énoncé en livres tournois ou parisis pour donner au lecteur du XIXe siècle une idée exacte de la rémunération que l'artisan pouvait retirer de son travail ou de l'importance de la contribution qui lui était imposée; il faut encore rechercher ce que représentent en monnaie moderne ces monnaies anciennes, convertir en francs et en centimes ces livres, ces sous et ces deniers d'autrefois. Cette conversion constitue l'un des problèmes les plus compliqués de notre histoire économique; il paraît utile d'indiquer rapidement dans quels termes se pose ce problème.

La conversion des monnaies anciennes en monnaies modernes suppose l'examen de la double question suivante : 1º Quel était à l'époque prise comme objet d'étude le *pouvoir nominal* de la monnaie ancienne par rapport à la monnaie moderne, c'est-à-dire quelles variations a subies jusqu'à nos jours la valeur de l'*argent métal?* 2º Quelle a été depuis cette époque jusqu'aux temps modernes la dépréciation subie par la valeur d'échange de l'argent, par comparaison aux denrées nécessaires à la vie ou plus généralement à toutes choses ou services appréciables en argent? autrement dit quel était le *pouvoir réel* de l'ancienne monnaie par rapport à la monnaie moderne? Examinons tour à tour chacune de ces deux questions.

1. En Flandre la livre parisis ne valait, au contraire, que 12 sous 6 deniers tournois.
2. Il existait encore nombre d'autres monnaies locales : la livre de Provins, la livre angevine égale au tournois, la livre du Mans qui valait le double, etc. Nous ne nous occuperons que des deux monnaies les plus usuelles : la livre tournois et la livre parisis.

1° *Pouvoir nominal de l'argent*. La détermination du pouvoir nominal de l'argent est l'opération qui consiste à évaluer pour une époque déterminée la quantité d'argent fin contenu dans une pièce de monnaie et la valeur de l'argent métal exprimée en monnaie moderne. L'appréciation du pouvoir nominal de l'argent suppose la fixation préalable du prix du marc d'argent fin (245 grammes) aux diverses époques de l'histoire; mais cette fixation du prix du marc elle-même ne suffit pas toujours à permettre l'évaluation de la valeur, même nominale de la livre tournois ou de la livre parisis : en effet, les altérations de monnaie ont souvent permis, en abaissant le titre de ces monnaies, de tirer du marc d'argent un nombre de livres tournois supérieur à celui qui correspondait au rapport normal. « Si le marc d'argent, valant cinq livres, on abaisse le titre de la monnaie de moitié, le même poids d'argent vaudra *nominalement* dix livres; de même si l'on déclare que la somme du numéraire représentant 245 grammes d'argent et que l'on appelait « cinq livres », sera désormais appelée « dix livres », dans l'un comme dans l'autre cas, le mot « livre » ne correspond plus qu'à un chiffre de grammes moitié moindre de celui auquel il correspondait précédemment[1]. »

1. *La Fortune privée à travers sept siècles*, par M. le vicomte D'AVENEL, p. 51. Toutefois, d'après M. d'Avenel, les altérations de monnaie n'auraient eu, *en fait*, sur le cours des monnaies, qu'une influence très secondaire et beaucoup moins importante qu'on ne pourrait le supposer. « La livre tournois n'étant que monnaie de compte, les paiements se faisaient en espèces d'or, d'argent ou de billon, françaises ou étrangères. Quand le roi altérait une de ces espèces, quelque monnaie d'argent en général, le commerce se rejetait sur les autres auxquelles on n'avait pas touché », (p. 54). M. d'Avenel estime donc plus sage de prendre, pour établir le prix de la livre tournois en France, la *moyenne* du prix du kilogramme d'argent fin à chaque époque, « en ne tenant compte que dans une très faible mesure des valeurs extravagantes attribuées à ce métal par les décisions éphémères du gouvernement » (p. 59). Sur cette question de l'évaluation du pouvoir de l'argent voir également LEVASSEUR, *Histoire des classes ouvrières avant 1789*, p. 17, 2ᵉ édition, 1900. I, 455.

L'évaluation du pouvoir nominal de l'argent et spécialement de la livre tournois présente donc par elle-même de réelles difficultés; toutefois, ces difficultés ne sont pas insurmontables et les différents écrivains qui ont entrepris de déterminer le pouvoir nominal de la livre tournois au XIIIe siècle ont été amenés à proposer de fixer la valeur de cette livre à des chiffres qui ne diffèrent pas sensiblement les uns des autres. En 1837, M. Géraud, dans sa préface au *Registre de la Taille* de 1292, attribue à la livre parisis de cette époque une valeur nominale de 24 francs 81 centimes; il reconnaît par là même à la livre tournois une valeur d'un peu moins de 20 francs. En 1847, dans son *Essai sur l'appréciation de la fortune privée au Moyen Age*, un autre auteur dont les évaluations ont longtemps été acceptées comme décisives, M. Leber, estimait que 50 livres tournois de la fin du XIIIe siècle correspondaient au prix actuel du marc d'argent à 948 livres 5 sols 6 deniers : la livre tournois de cette époque aurait donc valu au même pouvoir nominal un peu moins de 19 francs. En 1855, M. de Wailly dans sa *Dissertation sur les dépenses et recettes ordinaires de Saint Louis* insérée dans le XXIe tome du *Recueil des Historiens de la France* (p. LXXIX) fixe à 17 francs 97 centimes la valeur intrinsèque de la livre tournois du temps de saint Louis. Enfin, un écrivain qui a ouvert et qui poursuit avec science et méthode une vaste enquête sur tous les prix, salaires et revenus aux diverses époques de notre histoire, M. le vicomte d'Avenel, a proposé les chiffres suivants comme représentant l'équivalence en monnaie moderne, et *au pouvoir nominal* de l'argent, de la livre tournois au XIIIe siècle et pendant la première moitié du XIVe. D'après M. d'Avenel[1] la livre tournois a valu en moyenne :

---

1. *La Fortune privée à travers sept siècles*, p. 70. Ce livre n'est qu'un tirage à part de l'introduction composée par le même auteur pour un ouvrage beaucoup plus détaillé et qui constitue un répertoire des prix

De 1200 à 1225............ 21 fr. 77
De 1226 à 1290............ 20   »
De 1291 à 1300............ 16   »
De 1301 à 1320............ 13   40
De 1321 à 1350............ 12   25

2° *Pouvoir réel de l'argent.* Il ne suffit pas, pour se rendre compte de la correspondance exacte des monnaies anciennes avec les monnaies modernes, de déterminer la valeur du prix du marc d'argent fin aux diverses époques; cette première opération permet seulement d'apprécier les variations de la valeur de l'argent métal considéré aux diverses époques en lui-même et isolément, mais laisse de côté les variations subies par la valeur d'*échange* du même métal monnayé par rapport à toutes les choses nécessaires à la vie. Quels services pouvait-on rémunérer, quelle quantité de marchandises ou de denrées pouvait-on se procurer avec une livre tournois du XIII° siècle et quelle somme d'argent faudrait-il dépenser de nos jours pour se procurer des denrées ou des marchandises, ou des services de quantité et de qualité égales ? Telle est la question qui se pose et qu'il faut résoudre si l'on veut déterminer le *pouvoir réel* de l'argent et apprécier d'une manière complète la valeur exacte des anciennes monnaies comparées aux monnaies modernes.

La valeur d'échange de l'argent ou pouvoir réel, a subi

et des valeurs de tout genre à travers notre histoire. Cet ouvrage, publié par le Ministère de l'Instruction publique dans la Collection des documents inédits de l'histoire de France, a pour titre : *Histoire économique de la propriété, des salaires, des denrées et de tous les prix en général, depuis l'an 1200 jusqu'en l'an 1800.* Paris, Imp. Nationale.—M. DE FOVILLE a proposé les évaluations suivantes qui ne diffèrent pas très sensiblement de celles de M. D'AVENEL. La livre tournois aurait valu de 1258 à 1278 en moyenne 20 fr. 26 en monnaie moderne; de 1278 à 1291, 20 fr. 11. De 1295 à 1330 les altérations continuelles de la monnaie en auraient fait varier la valeur entre 8 fr. 15 minimum (1305) et 20 fr. 26 (1316) au maximum.

du Moyen Age jusqu'à nos jours, — c'est là un fait constant, — une considérable dépréciation. Mais comment évaluer cette dépréciation de la valeur d'échange qui non seulement a varié d'une époque à l'autre, mais qui a été plus ou moins forte selon que l'on considère telle ou telle denrée, tel ou tel salaire¹ ? Pour l'appréciation du pouvoir réel de l'argent, il faut donc non seulement distinguer avec soin chaque période de celles qui la précèdent ou qui la suivent, mais établir en outre *en opérant sur le plus grand nombre d'exemples possibles* quel a été par rapport à chaque denrée, à chaque marchandise, à chaque catégorie de salaires la diminution du pouvoir d'échange de l'argent depuis l'époque que l'on étudie jusqu'à nos jours. Des moyennes ainsi obtenues on déduit une moyenne générale qui peut être considérée comme exprimant la diminution de la valeur d'échange de l'argent de telle époque au XIXe siècle, ou en d'autres termes, le pouvoir réel de l'argent à l'époque en question. On conçoit sans peine ce qu'un tel travail présente de difficultés et avec quelle minutie il doit être conduit sous peine d'induire radicalement en erreur celui qui n'a pas craint de l'entreprendre. Prenons pour exemple la seconde moitié du XIIIe siècle et interrogeons trois écrivains différents. En 1837, M. Géraud, dans sa préface au *Registre de la Taille* de 1292, estime que le pouvoir réel de l'argent à cette époque était cinq fois plus fort qu'au XIXe siècle. En 1847, M. Leber, dans son *Essai sur l'appréciation de la fortune privée au Moyen Age*, attribue à la monnaie d'argent de la fin du XIIIe siècle un pouvoir d'échange six fois supérieur à celui de la monnaie actuelle. Au

---

1. « Par exemple, le blé vaut à peine aujourd'hui plus du double de ce qu'il coûtait en France dans la période 1351-1395 (9 francs l'hectolitre). Mais le lard vaut maintenant quatre fois et la viande de bœuf six fois plus. En revanche, le poisson se vendait alors moitié plus cher. » D'Avenel, *La Fortune privée à travers sept siècles*, p. 3.

contraire et malgré la dépréciation considérable subie par l'argent métal de 1847 à nos jours, M. le vicomte d'Avenel fait de cette dépréciation une évaluation beaucoup plus modérée que celle de MM. Géraud et Leber. D'après cet écrivain en effet (*op. cit.*, p. 37), le pouvoir des métaux précieux de 1200 à 1350, comparé à leur pouvoir actuel pris comme unité, aurait été :

   En 1201-1225.............. de 4 1/2
   En 1226-1300.............. de 4
   En 1301-1350.............. de 3 1/2

Nous adopterons les évaluations de M. d'Avenel qui sont le résultat d'un travail considérable et de minutieuses recherches; toutefois, suivant l'exemple donné par cet auteur lui-même, nous ne convertirons le plus souvent les livres et les sous tournois ou parisis qu'en leur *valeur nominale ou intrinsèque*, laissant au lecteur qui désirerait connaître la *valeur réelle* d'échange de chacune des sommes d'argent qui seront énoncées le soin de déterminer lui-même cette valeur en multipliant par quatre, pouvoir supposé de l'argent en 1292, la valeur nominale ou intrinsèque qui sera indiquée. Si par exemple nous mentionnons une cote de 10 livres parisis en lui attribuant une valeur intrinsèque de 200 francs, le lecteur pourra par un simple calcul mental se rendre compte de la somme qui eût été nécessaire en monnaie moderne pour procurer vers 1900 les mêmes jouissances ou satisfaire aux mêmes besoins; cette somme est celle de 800 francs [1].

Ces notions vont nous permettre d'aborder l'examen du *Registre de la Taille* et de traduire les valeurs qui y sont exprimées en monnaie moderne. En 1292, la livre tournois vaut, d'après M. d'Avenel, 16 francs; la livre

---

[1]. Ces évaluations du reste forcément très approximatives datent de la 1re édition de cet ouvrage (1897). Nous renonçons à les mettre en harmonie avec la situation économique actuelle. Il est clair que le pouvoir d'échange de la monnaie a effroyablement baissé depuis 1914 (il avait déjà baissé de 1900 à 1914)

parisis vaut donc, intrinsèquement, 20 francs, le sou parisis 1 franc et le denier parisis 0,08 (à quelque millièmes près)[1].

Les plus grosses cotes de la taille de 1292 ne sont pas celles des gens de métiers, mais celles des bourgeois proprement dits et surtout des Lombards qui se livraient exclusivement au commerce de l'argent. Le plus fort contribuable de Paris, Gandouffle (Gandolfo) le Lombart[2], ne paie pas moins de 114 livres 10 sous parisis, c'est-à-dire au pouvoir nominal de l'argent 2.290 francs et au pouvoir réel 9.160 francs, cote qui correspondait vers 1900 au même pouvoir réel de l'argent et si l'on admet que la cote était égale au cinquantième du revenu, à 458.000 francs de revenu, chiffre considérable, mais qui ne surprend pas si l'on songe au monopole de fait dont jouissaient les Lombards. Une autre grosse cote suit d'assez près celle de Gandouffle : Fédryc de la Grande Table, un autre Lombard, paie 94 livres : puis viennent deux cotes de 54 livres (Mouchet le Lombart et Bernart l'Espi)[3], deux cotes de 50 livres ; et quatre autres de 46 à 40.

Ce sont là les grandes fortunes de Paris, supposant toutes un revenu d'au moins 2.000 livres (40.000 francs au pouvoir nominal, 110.000 francs au pouvoir réel). Après ces cotes viennent celles de riches bourgeois dont le nom

---

1. Les rôles de la taille de 1292 n'indiquent pas, il est vrai, si l'impôt était perçu en monnaie tournois ou parisis ; mais nous nous rangeons à l'avis de Géraud, le savant éditeur des *Registres de la Taille*, qui, après avoir établi (p. 559) que la monnaie parisis existait dès l'an 1200, fait observer qu'une taille levée à Paris devait, selon toute vraisemblance, être évaluée en monnaie parisienne. Aux textes cités par M. Géraud, on peut ajouter une ordonnance de septembre 1329 (*Ordonn. des Rois de France, II*, 35). Cette ordonnance relative à la frappe de la livre parisis d'or jusqu'alors demeurée simple monnaie de compte divise cette livre en vingt sous parisis de même valeur que ceux qui avaient cours du temps de saint Louis « pro viginti solidis bonorum parvorum parisiensium *illius valoris et quales erant parvi parisienses tempore quo vivebat Beatus Ludovicus rex quondam* ». C'est d'ailleurs en livres, sous et deniers parisis que le *Livre des Métiers* énonce le montant des redevances et amendes qu'il impose aux maîtres, valets ou apprentis. (Depping, p. 57, 85, 142, 143, 155, 229, 299.)
2. *Registre de la Taille*, p. 2.
3. *Ibid.*, p. 3, 2 et 1.

Martin Saint-Léon.

n'était suivi d'aucune mention professionnelle ; ce n'étaient pas là des gens du métier, mais sans doute des bourgeois hansés faisant le commerce en gros d'exportation et d'importation. Ici apparaissent les plus opulentes familles de la bourgeoisie parisienne : les Marcel qui paient à eux tous 102 livres d'impôt (Pierre Marcel le Vieil 58 livres, Pierre Marcel le Jeune et Jacques Marcel 28 livres, etc.), les Gentien qui paient ensemble 50 livres, les Bourdon, domiciliés dans la rue qui porte leur nom, plus de 70 livres, Gautier de Broisselles, 38 livres 10 sous, Jehan Augier, rue aux Lavandières, 34 livres 10 sols, etc.[1]

Si des Lombards et des bourgeois on passe aux gens de métier, les chiffres des cotes s'abaissent beaucoup. Nous les diviserons en cinq catégories variant des plus élevées aux plus basses.

1re *Catégorie*. Cotes supérieures à 10 livres ou 200 francs (revenu minimum présumé 500 livres ou 10.000 francs). Il n'y en a guère qu'une dizaine : Jehan de Croiseu, épicier de la paroisse Sainte-Opportune, et ses valets; Philippe de Fontennes le Provençal, chapelier de feutre et ses valets taxés tous deux à 19 livres ; Michel d'Amiens ; mercier en l'enclos Saint-Merri, 15 livres, etc.

2e *Catégorie*. Cotes de 5 à 10 livres, c'est-à-dire de 100 à 200 francs (revenu minimum présumé 250 livres ou 5.000 francs). Cette catégorie comprend une vingtaine de cotes : Jaque le drapier, 9 livres ; Gile Mau-Pas, changeur, 7 livres 10 ; Maugier le regratier, 7 livres, etc. ; c'est encore la richesse.

3e *Catégorie*. Cotes de 1 à 5 livres, c'est-à-dire 20 à 100 francs (revenu minimum présumé 50 livres ou 1.000 francs). Le nombre des contribuables de cette classe est déjà sensiblement plus considérable. Ce n'est plus

---

1. *Registres de la Taille*, p. 136, 18, 120, 29, etc.

l'aristocratie marchande, mais seulement la classe des marchands aisés.

4ᵉ *Catégorie.* De 5 à 20 sous, c'est-à-dire de 5 à 20 francs (revenu minimum présumé 12 livres 10 sous ou 250 francs); c'est le petit commerce.

5ᵉ *Catégorie.* De 12 deniers à 5 sous, c'est-à-dire de 1 à 5 francs (revenu minimum présumé 50 francs). C'est la classe des **tout petits marchands**, des très modestes artisans, dont l'industrie s'abrite dans des échoppes. Il paraît certain toutefois que pour cette dernière classe et peut-être aussi pour la précédente, le revenu réel était sensiblement supérieur à celui qui est accusé par les rôles, soit que des détaxes fussent accordées aux tout petits marchands, soit que le contribuable réussît à dissimuler une partie de son avoir, soit enfin que d'une manière générale la taille ait été perçue déduction faite non seulement des charges industrielles, mais encore de toutes les dépenses de nourriture, d'entretien, etc. Autrement, ainsi qu'on s'en convaincra par les prix des denrées nécessaires à la vie que nous reproduirons bientôt, il serait à peu près impossible de comprendre comment les artisans de la cinquième catégorie pouvaient vivre.

La plus grande partie des artisans appartenaient aux deux dernières des catégories ci-dessus entre lesquelles nous avons réparti les contribuables. Dans la paroisse Saint-Eustache, qui ne comptait que cinquante artisans de la troisième catégorie, on ne trouve pas moins de 120 cotes de 5 à 20 sols, et 170 cotes de 12 deniers à 5 sols. Les cotes de ces deux dernières catégories sont donc avec celles de la troisième dans un rapport de près de six contre un. Il y a plus : le nombre des seules cotes de la cinquième égale sensiblement celui des quatre premières réunies[1].

1. 1ʳᵉ classe, 2 ; 2ᵉ classe, 2 ; 3ᵉ classe, 50; 4ᵉ, 120. Au total 174 contre 170 de la cinquième. *Reg. de la Taille*, p. 35 et suiv.

Un travail analogue pour la paroisse Saint-Merri[1] donne les résultats suivants : première classe, 1 cote ; deuxième classe, 5 ; troisième classe, 40 ; quatrième classe, 140 ; au total, 186 cotes des quatre premières classes contre 420 à la seule cinquième classe.

La proportion des cotes moyennes se relève dans la paroisse industrieuse de Saint-Barthélemi dans la Cité : deux premières classes, néant ; 11 dans la troisième, 37 dans la quatrième et 31 seulement dans la cinquième[2]. Mais elle retombe pour la paroisse Saint-André-des-Arts[3] aux proportions suivantes : deux premières classes, néant ; 5 cotes dans la troisième, 9 dans la quatrième, 40 dans la cinquième. Pour la paroisse Saint-Nicolas-du-Chardonnay[4], on compte une cote de la troisième classe, 8 de la quatrième, 30 de la cinquième. Enfin, pour l'importante paroisse Sainte-Geneviève[5], les rôles de la taille accusent : 1 cote de la seconde classe, 14 de la troisième, 61 de la quatrième, 130 de la cinquième.

Il nous reste, après avoir recueilli les informations que peut fournir le *Registre de la Taille* de 1292 au sujet de la fortune des artisans, à mentionner le prix des loyers et denrées indispensables à la vie : la comparaison du revenu approximatif des gens de métier, tel que l'accuse le *Registre de la Taille*, avec le prix de la vie permettra de se faire une idée de la condition économique et sociale au XIIIe siècle. Ici encore nous prendrons pour guide principal l'ouvrage de M. d'Avenel, intitulé : *Histoire économique de la propriété, des salaires, des denrées et de tous les prix en général depuis l'an 1200 jusqu'à 1800*[6].

1. *Ibid.*, p. 71 à 87.
2. *Reg. de la Taille*, p. 135.
3. *Ibid.*, p. 157.
4. *Ibid.*, p. 163.
5. *Ibid.*, p. 164 à 170.
6. Il importe toutefois d'observer que, contrairement à Géraud, M. d'Avenel considère la monnaie tournois comme étant celle qui avait cours à Paris au XIIIe siècle ; les prix ci-dessous reproduits sont donc énoncés en cette

Que coûte la nourriture au XIII° siècle ? et d'abord que coûte le blé ? Le setier, mesure de Paris (120 kilogrammes), valait 6 sous 3 deniers, ou 6 francs 25 en 1289, et en 1294, 9 sous ou 7 francs 20[1]. Ces prix subirent une majoration très sensible dans le premier quart du XIV° siècle: un édit de Philippe le Bel, de 1304, fixe la valeur du meilleur froment au prix maximum de 2 livres le setier (26 fr. 80). En 1312, le setier de froment vaut encore 16 sous 3 deniers (10 fr. 89), et en 1328, 17 sous 6 deniers (10 fr. 67)[2].

La farine vaut naturellement un peu plus cher que le blé. En 1313, le setier de farine du même poids que le setier de blé vaut 17 sous, ou 11 francs 39[3].

Le prix du pain est moins facile à connaître que celui du blé ou de la farine ; c'est habituellement en effet le prix des deux premières denrées qui seul a été enregistré par les annalistes ou limité par les édits. M. d'Avenel estime en monnaie moderne à 0 franc 20 centimes la moyenne générale du prix du pain dans l'Ile-de-France, l'Artois et la Picardie, au cours de la période 1301-1350.

monnaie. Si l'on admet au contraire comme nous avons cru devoir le faire (V. *Supra*, p. 167, note 1) que la monnaie parisis était la plus en usage à Paris dès le temps de saint Louis, la plupart des prix qui suivent peuvent être considérés comme exprimés en cette monnaie. La valeur intrinsèque que leur attribue M. d'Avenel devrait être alors augmentée d'un cinquième.

1. D'AVENEL, *op. cit.*, t. II, p. 422, 424, 426 et 430.
2. D'après VAUBAN (*Dîme royale, Collection des principaux économistes*, t. I, p. 90), le pain nécessaire à la nourriture d'une famille de quatre personnes : le père, la mère et deux enfants, représentait 10 setiers, mesure de Paris (le setier était au XVII° comme au XIII° siècle de 240 livres). Si l'on admet ce calcul, une famille d'artisans, ainsi composée, aurait donc dépensé par an 62 fr. 50 en 1289, et 72 francs en 1294 pour acquérir le blé nécessaire à sa subsistance. Mais cette somme doit, en tout cas, être majorée du prix de mouture du blé et de celui de la façon du pain. On conçoit donc que les gens de métier qui ne payaient que 12 deniers de taille, ce qui, au rapport de 1 à 50, supposerait un revenu de 50 sous ou 50 fr., n'auraient pu vivre avec femme et enfants avec un tel revenu, et qu'il faut supposer le revenu au moins double.
3. D'AVENEL, *op. cit.*, t. II, p. 873.

Indiquons encore d'après Leber[1] le prix de quelques denrées, prix empruntés pour la plupart aux registres du Parlement et de Notre-Dame de Paris. En 1302, on paie un millier de poires 12 sous; en 1312, le setier de fèves de Paris vaut 7 sous 3 deniers, un pourceau 14 sous 7 deniers, un mouton 6 sous 8 deniers; en 1319, un bœuf se paie 4 livres 15 sous.

En 1312, l'aune de toile ordinaire se paie 1 livre 3 sous, l'aune de toile grossière 1 livre 1 sou.

Il ne suffit pas de se nourrir et de se vêtir, il faut se loger; on peut le faire à tous les prix. « Si les maisons de la rue de la Harpe, de la Lanterne ou de Notre-Dame se louent pour une somme équivalant à 300 francs, en monnaie moderne au pouvoir nominal de l'argent, un charpentier loue une maison rue Zacharie pour la moitié de ce prix. Le long des rues Saint-Denis et Frogier-l'Asnie qui sont cependant des artères en vogue, il existe des maisons à 100 francs l'an ; et si l'on se contente d'un étage de maison dans la rue Pavée, on se le procurera pour 7 francs en 1286[2]. »

Dans la première moitié du XIV° siècle on relève les loyers suivants: en 1322, un potier d'étain loue 22 livres 10 sous (275 francs 60) une maison près l'hôpital Saint-Jacques; en 1346, un tavernier loue 30 livres (367 francs 50) une maison rue de la Calandre; en 1353, un gainier loue 18 livres 15 sous (136 francs 20) une maison sise rue Jean-Pain-Mollet; en 1355, un maçon loue 8 livres 2 sols 6 deniers (58 francs 95) une maison sise rue des Marmousets; enfin, en 1356, un barbier loue 20 livres (145 francs 20) une maison sise rue Notre-Dame[3].

---

1. *Essai sur l'appréciation de la fortune privée au moyen âge*, 1847, p. 75.

2. D'Avenel, *Histoire économique de la propriété des denrées et de tous les prix en général*, t. I, p. 425. La location des charpentiers de la rue Zacharie date de 1284 (*V. op. cit.*, t. II, 290).

3. D'Avenel, *op. cit.*, t. II, p. 291 et suiv. Rappelons encore que les conversions en monnaie moderne ne sont faites que d'après la valeur

Ces renseignements sur le prix de la vie (alimentation et logement) seraient insuffisants à donner une idée de la condition économique des gens de métiers, s'ils n'étaient complétés par une étude particulière du taux des salaires ; cette étude se lie tout naturellement à celle de la condition de ceux des gens de métier qui ne possédaient pas personnellement un ouvroir et qui travaillaient au compte d'autrui, c'est-à-dire des valets.

Section II. — Condition économique du valet
Son salaire, ses dépenses

Si le *Registre de la Taille* offre un moyen d'évaluer approximativement les bénéfices ou le revenu des patrons, il est par contre difficile d'estimer les salaires des ouvriers ou valets qui varient selon les corps d'état et les conventions intervenues. Nous avons déjà indiqué les principales clauses en usage dans ces contrats. L'ouvrier, on se le rappelle, était le plus souvent nourri, parfois logé chez son maître. Le salaire représentait donc en général un gain à peu près net.

Ce salaire, quel pouvait-il être? Une série de prix conservée aux Archives Nationales[1] renferme à ce sujet des indications précises pour les ouvriers du bâtiment. On y voit à Paris et dans les dernières années du XIII° siècle, cinq maçons recevoir 50 sous (50 francs au pouvoir nominal de l'argent [2]) par semaine, soit dix sous (dix francs)

intrinsèque de la livre tournois. Pour obtenir la valeur réelle d'échange au pouvoir réel de l'argent, il faut, comme il a été dit précédemment, multiplier les prix indiqués par le chiffre représentant la dépréciation subie par l'argent jusqu'à nos jours (quatre pour la période 1226 à 1300 ; trois et demi pour la période 1300 à 1350 ; trois pour la période 1351 à 1375).

1. L. 921. *Mémoires de travaux au couvent des Augustins*, 1299-1301. Voir FAGNIEZ, *Etudes sur l'industrie*, p. 359.
2. Nous supposons ces prix énoncés en monnaie parisis. (V. *suprà*. p. 176, note 1.)

par tête et par semaine, ou vingt deniers par personne et par chacun des six jours ouvrables. Les tailleurs de pierres reçoivent le même salaire.

Un maçon reçoit 18 deniers par jour (1 franc 50) pour faire des sièges, « entour une salle [1] ». Ce salaire s'abaisse à 14 deniers [2] ou même ailleurs à 26 deniers pour des couvreurs et des maçons [3].

Les ouvriers de l'habillement étaient mieux payés que les maçons, ils recevaient de 2 à 3 sous (2 à 3 francs) selon qu'ils étaient nourris ou non [4].

En résumé et sans prétendre établir une moyenne rigoureuse que l'insuffisance des renseignements ne permet pas de calculer avec précision, il semble que pour la période de 1290 à 1300 le salaire moyen du compagnon de métiers se soit sensiblement rapproché à Paris du taux de 18 deniers parisis, soit 1 franc 50 au pouvoir intrinsèque de l'argent, et 6 francs si l'on considère sa valeur d'échange comparée à celle de la monnaie moderne. Le compagnon des métiers qui recevait un salaire de dix-huit deniers, ou même de deux sous par jour, était de toute évidence dans une condition très favorable : ordinairement nourri chez son maître, il n'avait en effet le plus souvent à pourvoir qu'à son logement qu'il pouvait se procurer à très bon compte. Les loyers des maisons ouvrières descendaient souvent jusqu'à moins de cinq livres. En 1286, un étage suffisant pour loger une famille d'ouvriers se louait dans une maison de la rue Pavée, ainsi qu'il a été dit, pour 7 sous 2 deniers. A plus forte

---

1. *Comptes du concierge de l'Hôtel du comte d'Artois*, année 1299. Archives Nationales, KK. 1339, f° 3.
2. *Ibid.* « Pour 22 journées d'aides à 14 deniers par jour, 25 sols 6 deniers. »
3. *Ibid.* « Pour 16 journées de maçons à 26 deniers par jour, 34 sols 8 deniers. »
4. Livre rouge troisième du Châtelet, f° 87, cité par M. FAGNIEZ, *Études sur l'industrie au XIII° siècle*, p. 89, note 3.

raison un valet célibataire devait-il trouver pour 5 ou 6 sous à louer une chambre à l'année.

Les corps de métiers qui, on l'a vu, réglementaient strictement la durée de la journée de travail intervenaient-ils également entre les maîtres et les ouvriers pour fixer soit un minimum, soit un maximum des salaires? Il semble bien que non en ce sens du moins qu'à une exception près dont il va être parlé, nous ne rencontrons ni dans le *Livre des Métiers,* ni dans les statuts du XIV° siècle des fixations directes du taux des salaires. Les foulons se bornent à dire, « que si le maître a besoin d'ouvriers pendant la vêprée, il devra s'entendre pour le prix ou en chercher sur la place » (tit. LIII, art. 12) ; *s'entendre sur le prix*, c'est-à-dire le discuter librement. Chez les tailleurs de robes, le valet tachéeur (payé à la tâche) ne peut demander d'autre loyer « *que le droit prisqu'ils ont usé dès pieça* » (tit. LVI, art. 57), c'est-à-dire plus que le taux d'usage. Mais l'usage n'étant que la moyenne des conditions fixées par les conventions particulières, ce texte revient à dire que la corporation s'en rapportait à ces conventions. Chez les corroyeurs le valet doit travailler toute la semaine au prix auquel il a été embauché le premier jour (tit. LXXXVII, art. 35) ; mais c'est là une règle d'ordre qui ne nous apprend rien sur le salaire lui-même.

L'autorité royale représentée par le prévôt exerçait du reste un pouvoir de conciliation et d'arbitrage : la preuve en est dans un document fort curieux d'avril 1270[1] où intervient Regnaut Barbou, garde de la prévôté de Paris, pour confirmer une sentence arbitrale d'où résulte la détermination *d'un véritable minimum de salaire* en faveur sinon des valets proprement dits, du moins de véritables ouvriers tisserands travaillant à domicile pour le compte

---

1. LESPINASSE, *Les Métiers et Corporations de Paris*, t. III, 140.

d'autres maîtres que nous nommerions de nos jours des fabricants. En voici les passages essentiels :

« A tous ceux que ces lettres verront Regnaut Barbou garde de la prévôté de Paris, salut. Nous faisons assavoir que comme contens litiges et discort feust entre le commun des menuz mestres tessarans (tisserands) de Paris qui font euvres à autrui, d'une part ; et de ceux qui font fere euvres à autrui d'autre part; c'est assavoir que li menuz mestres requièrent aux preudes hommes qui leur dras font fere que l'on meist certain pris en la tisture (tissage) des draps que l'en (on) tistrat... à la parfin par le conseil de bonnes genz et par le commandement au prevost de Paris, dirent Henry d'Atainville, Robert de Louveciennes, Pierre Larrive, Guillaume d'Anjou esleus pour tout le commun des menuz mestres et de tous ceux qui font leurs euvres et qui à autrui font fere leurs euvres c'est assavoir :

1. Seur (sur) tous dras raïez de la Saint Remi jusques à la mi quaresme dix-huit solz parisis pour tistre chacun drap; et... dès la mi quaresme jusques à la Saint Remi[1] des rayez dras sessus diz de chacun drap quinze sols parisis. »

Suivent des articles fixant le prix de façon de toutes les sortes de draps : des estanforz et draps à lisière, des camelins blancs et bruns, etc. Ces prix sont bien des prix minima, comme le prouve l'article 10.

« Nus ne puet avoir moindre *fuer* (prix, de *forum*, prix du marché) de tistre les draz dessus diz fors se mahaing (malfaçon) nia. Et se mahaing y a, il doit être amendé et accordé par le conseil des mestres tessarenz et des quatre jurés. Et qui tistra et pour moins les draps fera qu'il est dit ci-dessus, il l'amendera au Roy de cinq sols parisis dont

---

[1]. Il est probable que les prix de façon sont plus bas de la mi-carême à la Saint-Remi (9 octobre) parce qu'en été la vente du drap est beaucoup moins active; c'est la morte-saison. Cette inégalité des salaires d'été et d'hiver se retrouve pour la façon de la plupart des variétés de draps.

le Roy aura trois sols et li mestre des tessarenz et li jurez deux sols pour leur peine. »

Ce texte est digne de remarque en ce qu'il alloue à l'ouvrier tisserand, au menu maître travaillant à façon pour un maître qui loue sa main-d'œuvre, une rémunération dont le taux minimum est strictement fixé. Il ne faut du reste pas tirer du silence des autres statuts de métiers sur ce point des conclusions défavorables. La question du salaire était alors infiniment moins aiguë qu'elle ne l'est de nos jours. L'esprit égalitaire des métiers se manifestant de tant de manières (limitation du nombre des apprentis, lotissement, obligation d'apporter au marché toutes les denrées et les produits arrivant à Paris, etc.) donnait à chaque maître des moyens d'existence et lui permettait de payer à un taux raisonnable ses ouvriers. Du reste tout ce petit monde antique était fortement imbu des idées chrétiennes sur le juste salaire et le juste prix; sans doute il y avait alors, comme aujourd'hui, des cupidités et des convoitises; mais une règle puissante s'imposait à tous et d'une manière générale exigeait pour chacun le pain quotidien promis par l'Evangile[1].

1. Cette action du sentiment religieux se manifeste au moyen âge non seulement en France, mais dans toute la chrétienté. En Allemagne l'autorité doit veiller à ce que les intérêts du vendeur et de l'acheteur soient également sauvegardés ; le gain du marchand ne doit pas excéder un certain taux ; on voulait, dit M. VON BELOW (*Das altere deutsche Stadwesen und Burgerthum*, Bielefeld, 1898), que le commerce fût fait dans un esprit chrétien et moral : *von christlich-ethischen Geist* (p. 104). Des mesures sévères étaient prises contre l'accaparement et Ulrich de Richenthal raconte dans sa chronique sur le Concile de Constance que les marchands devaient apporter les œufs au marché public pour que le pauvre comme le riche puisse en avoir. M. von Below a pu dire que dès les origines la corporation a manifesté une tendance anticapitaliste : « *Von Anfang an haite der Zunftwesen eine antikapitalistische Tendenz* » (p. 106). Un historien dont la sympathie pour les théories socialistes est bien connue, M. WERNER SOMBART, reconnaît que dans la période primitive du moyen âge l'idée directrice (*Leitidee*) était de s'assurer par son travail personnel et surtout industriel des moyens d'existence conformes à sa condition. L'esprit mercantile et la spéculation n'apparurent que plus tard. *Der moderne Kapitalismus*, 1902, p. 21.

Le valet, avons-nous dit, était le plus souvent nourri par son maître : en était-il autrement, son salaire suffisait à assurer sa subsistance. Si l'on admet avec M. d'Avenel que la valeur moyenne du kilogramme de pain s'est élevée pour la période de 1301 à 1350 à 0 fr. 20 centimes de notre monnaie au pouvoir intrinsèque de l'argent; si l'on tient compte de ce fait déjà mentionné, qu'en 1312, un mouton ne se payait à Paris que 6 sous 8 deniers et un pourceau que 14 sous 7 deniers, ce qui suppose la livre de viande à des prix très peu élevés, on est amené à conclure qu'un salaire de dix-huit deniers ou 1 fr. 50 de notre monnaie, permettait au valet de vivre sans trop de privations. En résumé, la condition du valet du XIIIe siècle était sinon prospère, du moins très supérieure à celle du compagnon du XVIIe ou du XVIIIe siècle, et s'il est vrai, comme nous le pensons, que l'homme heureux est celui dont les ressources sont en harmonie avec ses besoins, on peut dire que le sort de l'artisan du temps de saint Louis était plus enviable que celui de l'ouvrier de nos jours, mieux nourri, mieux vêtu sans aucun doute, mais qui s'est créé des besoins artificiels auxquels il lui est le plus souvent impossible de satisfaire et dont la privation est pour lui une souffrance de tous les instants [1].

Signalons en terminant un fait qui achève de démontrer l'aisance relative dont jouissait l'artisan travaillant au compte d'autrui vers la fin du XIIIe siècle. Le *Registre de la Taille* renferme un certain nombre de cotes de valets imposés pour des revenus personnels. Ainsi Michiel, valet d'un sellier, paie 14 sols (14 francs) d'impôt[2], cote qui suppose un revenu annuel de 35 livres parisis (700 francs au

---

1. Telle est également l'opinion de M. d'Avenel : « L'organisation corporative du travail (écrit cet auteur), bien différente au XIIIe siècle de ce qu'elle deviendra plus tard, améliorait la condition des ouvriers et poussait par suite à l'extension de la population. »
2. *Registre de la Taille*, éd. Géraud, p. 96.

pouvoir intrinsèque de l'argent, et 2.800 francs au pouvoir réel); Jehan de Chambeli, valet d'un escuellier, paie 14 sols[1]; le valet d'un émailleur, 10 sols[2]. Ce sont là, sans doute, des cotes très exceptionnelles, mais on trouve souvent des cotes de valets s'élevant à plusieurs sous[3], et les cotes de 12 deniers sont extrêmement nombreuses[4]. Sans doute, il s'agit là le plus souvent de valets aisés, fils de maîtres et futurs maîtres eux-mêmes; mais il est également possible que la source d'un certain nombre de ces petites fortunes de valets ait été dans les économies qu'ils réalisaient sur un salaire qui paraît avoir été assez largement rémunérateur.

Les salaires des valets de province étaient sensiblement moins élevés que ceux des valets de Paris; en 1307, une ordonnance du sénéchal de Poitou citée par M. Leber, p. 64, fixe à 2 sous 16 deniers tournois par semaine les salaires de garçons boulangers fourniers (qui enfournaient) et à 2 sous le salaire des autres garçons boulangers; d'après cette même ordonnance, les charpentiers et les maçons étaient payés 1 sou par jour sans dépens (non logés ni nourris); les garçons maréchaux et forgerons étaient payés 4 deniers par jour avec dépens (logés et nourris).

1. *Ibid.*, p. 15.
2. *Ibid.*, p. 32.
3. Robin le Normant, valet d'un tailleur, 5 sols; *ibid.*, p. 42. Perrot, valet d'un cordonnier, 5 sols, p. 23. Gautier, valet d'un tailleur, 3 sols; p. 21.
4. Un apprenti est même inscrit comme contribuable. C'est Gervaisot, de Pontoise, en service chez un orfèvre, qui est taxé à 12 deniers; *ibid.*, p. 102.

CHAPITRE VI

CONFRÉRIES. ASSISTANCE MUTUELLE

On peut définir la confrérie une société composée d'artisans exerçant le même métier et ayant pour but : 1° l'union de tous ses membres dans un même sentiment de piété pour prier Dieu, et lui demander le bien moral et matériel des vivants et le bonheur éternel pour les morts; 2° l'établissement d'institutions charitables destinées à secourir les vieillards, les malades et les infirmes de la corporation.

La confrérie proprement dite et considérée comme une association distincte du métier remonte à une haute antiquité. Certaines guildes saxonnes, ainsi qu'il a été dit, étaient de véritables confréries; en France, ces associations sont contemporaines de l'établissement du christianisme et les Capitulaires de Charlemagne en font déjà mention (*suprà*, p. 62); mais il faut arriver au XII° siècle pour rencontrer des confréries de métiers. Dès le XII° siècle, d'après une opinion accréditée, en tout cas dès le XIII° siècle [1], les marchands de l'eau de Paris se constituent

---

1. Le Maire (*Paris ancien et nouveau*, 1685, t. II, p. 178) mentionne l'existence d'une très ancienne confrérie des poissonniers et des bateliers dans l'église de Sainte-Marie-Madeleine; cette confrérie aurait fait place en 1168 à celle de Notre-Dame fondée par les bourgeois de Paris. D'après Sauval (*Antiquités de Paris*, t. I, p. 430), il y avait en 1140 une chapelle dédiée à saint Nicolas où était érigée la confrérie des bateliers. Cette confrérie est mentionnée comme déjà ancienne dans un édit de 1307 cité par Le Roux de Lincy (*Mém. des Ant. de France*, t. XVII, 233, note).

en confrérie dans l'église de Sainte-Marie-Madeleine. Cet exemple est suivi bientôt par les drapiers qui fondent en 1188 la confrérie de Saint-Pierre dans la chapelle de Sainte-Marie-Égyptienne[1]. Ce sont là les premières confréries des métiers dont la date de fondation ait pu être au moins approximativement précisée; mais d'autres sans doute les avaient précédées, et une ordonnance de 1321 autorisant le rétablissement de la confrérie des oubliers constate que son origine remonte à un lointain passé, c'est-à-dire à plusieurs siècles[2].

La confrérie de cette époque ne nous est pas complètement connue, la plupart des renseignements que nous possédons sur cette institution émanant de textes très postérieurs. On peut toutefois indiquer à grands traits l'esprit de l'association. Son but est ainsi défini par un édit de mars 1319, rétablissant une confrérie de Saint-Jacques-et-Saint-Louis abolie en 1307 : « Faire avec le produit des biens de larges aumônes, nourrir les confrères indigents, faire dire des messes tant pour les vivants que pour les morts et s'occuper de diverses œuvres de charité. »

On sait peu de choses des cérémonies religieuses que faisait célébrer la confrérie du XIIIe siècle. C'étaient probablement des messes pour le repos des défunts, et à certains jours des offices solennels auxquels tous les confrères devaient assister[3].

Les œuvres charitables nous sont mieux connues.

1. « Comme dès environs l'an mil cent quatre vins et huit, la confrérie de ladite Drapperie ait été commencée et depuis continuée... » Lettres contenant les statuts pour la confrérie des drapiers, juillet 1362. (*Ord. des Rois de France*, III, 582).

2. « Cum igitur nebularii villæ Parisiensis *a longe retroactis temporibus* confratriam inter se tenere consueverint. » Trésor des Chartes. Reg. 60, pièce 3 citée par M. FAGNIEZ, p. 293.

3. Chaque corporation avait son chapelain. Les frais du culte donnaient lieu à toute une comptabilité. Cf. les reçus pour honoraires de messes. Archives Nationales, K. 1030, n° 130.

Parfois, c'est une coutume de bienfaisance, une aumône en argent ou en nature, à certains jours de l'année; par exemple, chez les orfèvres, un seul ouvroir reste ouvert les dimanches et fêtes, et le produit de la vente sert à offrir un dîner aux pauvres de l'Hôtel-Dieu. Les confrères des Saints Côme et Damien (chirurgiens) s'engagent à panser gratuitement les indigents (*Calendrier des Confréries*, p. 109, note 21)[1].

D'autres fois, la charité s'exerce d'une façon plus efficace. Ainsi chez les boucliers de fer (*Livre des Métiers*, t. XXI, p. 57), les cinq sous payés lors de l'entrée en apprentissage sont employés au profit des pauvres enfants du métier. Si un fils de maître tombe dans l'indigence, les prudhommes doivent lui faire apprendre le métier. Chez les tailleurs, sur chaque amende de cinq sous, deux sous sont versés à la confrérie pour « les pauvres du métier soutenir » (t. LVII, p. 143). Chez les cuisiniers (t. LXIX, p. 177), le tiers des amendes est destiné aux « *povres vieilles gens du mestier* ».

Chez les confrères drapiers (stat. de 1362, *Ord. des R. de Fr.*, III, 581), chaque maître drapier doit un denier parisis par pièce de drap par lui achetée à un tisserand; ce denier est pour acheter blé pour faire aumône. Le confrère qui ne marchande pas (c'est-à-dire le tisserand qui travaille à façon pour le drapier) doit par an 8 sous parisis pour cette aumône. Le jour du siège (assemblée de la confrérie) chaque pauvre de l'Hôtel-Dieu reçoit un pain, une pinte de vin, une pièce de chair (bœuf ou porc); pareille ration est distribuée à chaque accouchée de l'Hôtel-Dieu, à chaque prisonnier du Châtelet. Chaque pauvre venu à l'aumône ce jour-là a droit à un pain. Il est rappelé que les drapiers ont formé le projet de fonder une chapelle pour le divin service et un hôpital pour les œuvres de

---

1. Sur cette confrérie, cf. Sauval (t. I, p. 412). D'après cet auteur, la confrérie des Saints Côme et Damien aurait été fondée en 1255.

miséricorde. Une rente amortie a été achetée dans ce but.

Enfin, il faut signaler la très remarquable organisation de la société fondée par les fourreurs de vair, le 10 février 1319 (Trésor des Chartes, reg. 65², pièce VIII^{xx} XVIII, vidimus de 1328). Dans cette société, qui rappelle à plus d'un titre nos sociétés de secours mutuels chaque membre payait 10 sous 6 deniers d'entrée, plus 1 denier par semaine. Moyennant ces redevances, chaque associé recevait, en cas de maladie, 3 sous par semaine, tant que durait l'incapacité de travail; 3 sous pour la semaine qui suivait la convalescence, et 3 sous une fois payés : ces secours limités aux cas de maladie et d'infirmité, n'étaient pas alloués en cas de blessure. Tout confrère qui cessait de payer sa cotisation pendant plus de six semaines était déchu du bénéfice des statuts. Enfin, la gestion des deniers sociaux était confiée à six des confrères qui devaient en rendre compte une fois par an au commun du métier.

Ces exemples témoignent assez de l'esprit de charité qui animait les métiers au XIIIe et au XIVe siècle; il est vrai que nombre de statuts ne mentionnent aucune institution charitable. Mais il ne s'ensuit nécessairement pas que ces institutions n'aient pas existé. Il est naturel de penser avec M. Depping que la fraternité corporative n'attendait pas les textes et les règlements pour s'affirmer. On ne s'expliquerait pas autrement la clause commune à presque tous les statuts qui attribue à la confrérie partie des droits d'entrée et des amendes qui forment le revenu le plus certain du métier[1].

Malheureusement les confréries ne se renfermèrent pas toujours dans leurs attributions pieuses et charitables. Elles se mêlèrent au début du XIVe siècle aux agitations politiques et formèrent entre elles une sorte de fédéra-

---

1. *Livre des Métiers*, p. 60 et 107.

tion[1]. Telle fut la cause de leur abolition en 1306. Mais cette mesure de coercition ne fut que temporaire. Dès 1307 (12 octobre), le roi autorisait de nouveau la confrérie des marchands de l'eau à se reconstituer[2]; en 1309[3], les drapiers obtenaient la même faveur. D'autres confréries ne furent rétablies que plus tard : celles des pelletiers et des merciers en 1320[4], celles des oubliers en 1321. Les confréries supprimées se reconstituèrent ainsi successivement et servirent de modèles aux nombreuses institutions charitables que vit éclore le XIV° siècle.

1. « Lors s'esmurent plusieurs du menu peuple comme foulons et tisserands, taverniers et plusieurs ouvriers d'autres métiers, et firent alliance ensemble. » *Chroniques de Saint-Denis. Recueil des Historiens de la France* XX, 680.
2. Le texte de ces lettres patentes a été reproduit par M. LE ROUX DE LINCY, *Mémoires des Antiquaires de France*, t. XVII, p. 233.
3. *Ordonnances des Rois de France*, III, 583.
4. *Trésor des Chartes*, reg. 60, pièce 92, et reg. 58, pièce 464. V. FAGNIEZ, p. 281 et 282.

CHAPITRE VII

ÉNUMÉRATION ET GROUPEMENT DES CORPORATIONS AU XIIIe SIÈCLE

Section I. — Marchands de l'eau

On a vu (*supra*, liv. I, ch. III, p. 56) que la plus ancienne des corporations de Paris paraît avoir été celle des marchands de l'eau, dont l'origine remonte selon toute apparence aux *nautes* de l'époque romaine. Bien que cette puissante association ne doive pas être confondue avec les métiers qu'elle domine de toute la hauteur qui sépare encore de nos jours la haute banque ou le commerce de gros du petit commerce de détail, il n'est pas possible de tracer un tableau complet des corporations parisiennes au Moyen Age sans faire une place à la première et à la plus antique de ces corporations. Il ne suffit pas en effet de connaître les monopoles et les privilèges dont jouissait la Hanse[1], il est nécessaire de rechercher quels étaient exactement ces marchands de l'eau, ces bourgeois hansés qui la composaient. Ces privilégiés étaient-ils simplement les principaux marchands des divers métiers, qui à raison de leur fortune et de l'importance de leurs affaires auraient

---

1. Sur ces monopoles et privilèges, voir *supra*, p. 75. Voir aussi LECARON, *Les Origines de la municipalité parisienne* (Mém. de la Société de l'Histoire de Paris, 1881-1882), et DOREN, *Untersuchungen zur Geschichte der Kaufmannsgilden*, p. 67-72.

été les importateurs et les exportateurs de toutes les denrées? Ou plutôt les bourgeois hansés ne constituaient-ils pas une classe à part de riches marchands en gros qui, sans appartenir individuellement à aucun métier, approvisionnaient tous les métiers des matières nécessaires aux diverses industries et monopolisaient le commerce extérieur de Paris? C'est cette dernière opinion que nous croyons devoir adopter. La compagnie des marchands de l'eau, bien que d'origine romaine, correspond absolument par son organisation et ses droits à la guilde marchande du Nord, à laquelle elle a même emprunté son nom de Hanse; or, les membres des guildes marchandes saxonnes ne firent jamais partie des *craftgilds* ou guildes d'artisans et ne tinrent jamais boutique. Il en était de même à Paris au XIIIe siècle, comme le prouve l'inscription sur le Registre de la Taille (*suprà*, p. 177) de riches bourgeois dont le nom n'est suivi de l'indication d'aucune profession et dont la fortune très supérieure à celle des gens de métier les plus aisés ne s'explique que par les revenus que leur procuraient les privilèges attachés à la qualité de membre de la Hanse. Cette démarcation entre les bourgeois hansés et les gens de métier était donc encore très nette au temps de Philippe le Bel; par la suite, elle s'effaça progressivement et finit même par disparaître complètement lorsque les gens de métier cessèrent d'être les humbles artisans d'autrefois et que les marchands des Six Corps se placèrent à la tête de la bourgeoisie parisienne. La fusion s'opéra dès lors entre les deux éléments; elle était faite sans doute depuis longtemps, lorsque en 1672 Louis XIV abolit les privilèges de la Hanse.

La compagnie des marchands de l'eau fut le berceau des institutions municipales de la ville de Paris. La Hanse était en effet le corps électoral qui élisait le prévôt des marchands et les échevins. Ceux-ci gardèrent toujours avec le droit de taxer le prix des denrées juridiction sur la Seine et sur toutes les marchandises apportées par eau.

Section II. — Alimentation

De nombreuses corporations peuvent être classées dans cette catégorie. Passons rapidement en revue les divers produits alimentaires et signalons tour à tour les métiers qui concourent à leur fabrication.

Et d'abord la denrée la plus indispensable de toutes, le pain : trois métiers se rattachent directement ou indirectement à cette denrée : les *blatiers*, les *meuniers*, les *talemeliers* ou *boulangers*. Les *blatiers* (*Livre des Métiers*, t. III), sont les marchands de grains en gros, les importateurs de céréales dans Paris ; on n'en comptait en 1292 que 4 contre 56 meuniers. Les moulins de ceux-ci étaient pour la plupart des moulins flottants amarrés au Grand-Pont entre le Grand-Châtelet et la tour de l'Horloge (aujourd'hui pont au Change). Les *meuniers* (t. II) avaient pour clients soit les talemeliers, soit les bourgeois qui souvent achetaient eux-mêmes leur blé aux blatiers et le donnaient à moudre. Comme celui du blé, le prix de la mouture était soumis à la taxe : un boisseau de blé par setier pour les bourgeois et moitié en sus pour les talemeliers (*Livre des Métiers*, p. 18).

La farine était livrée par le meunier au *talemelier* (t. I) qui était chargé de la cuire. Les fonctions des talemeliers différaient selon qu'ils habitaient les terres privilégiées de Saint-Germain-des-Prés, Sainte-Geneviève ou le domaine direct du roi. Au premier cas, ils n'étaient que des débitants, le seigneur ayant le monopole de la fabrication en vertu du droit de banalité. Au second cas, ils pouvaient, en vertu d'un édit de 1305, qui avait consacré une tolérance déjà établie, cuire eux-mêmes le pain ; mais ils payaient au roi certaines redevances. Les talemeliers poursuivaient avec acharnement tous ceux qui, sans faire partie du métier, se mêlaient de fabriquer du pain[1]. Les boulangers de Paris étaient réputés pour leur savoir-faire et l'excellence de leurs produits. Jean de Jandun, dans son *Traité des louanges de Paris*, composé en 1323, leur attribue une supériorité remarquable sur les boulangers des provinces et de l'étranger; « les matières qu'ils emploient, savoir le grain et l'eau, sont, dit-il, tellement préférables aux autres que les pains qu'ils fabriquent acquièrent un degré incroyable de bonté et de délicatesse ». « *Ut ob hoc panes quos faciunt incommensurabilem suscipiunt bonitatis et delicationis excessum.* »

Deux corporations s'occupaient du débit de la viande : les *poulaillers* (t. LXX) pour la volaille, les *bouchers* pour la viande de bœuf et de mouton. Les *poulaillers* ne vendaient pas seulement la volaille et la sauvagerie (gibier), mais encore diverses autres denrées comestibles, « toute manière de regraterie ». Ils tenaient leur marché derrière le Châtelet, à la porte de Paris, comme les bouchers.

Les *bouchers* sont, avec les marchands de l'eau, la plus ancienne corporation de Paris (cf. *suprà*, liv. I, ch. III, p. 57). L'organisation de ce métier était toute particulière. Quelques familles, les Bonnefille, les Thibert, les Amilly et surtout les Saint-Yon, exerçaient sur toute la corporation un pouvoir oligarchique et héréditaire. Jamais corps d'état ne fut plus jaloux de ses privilèges et ne les défendit plus ardemment. Propriétaires de leurs étaux, les seuls qu'il fût permis d'exploiter, les bouchers refusaient systématiquement de les céder ou de les louer à d'autres qu'aux fils de bouchers[2]. Établis, comme il a été

1. Cf. Boutaric, *Actes du Parlement de Paris*, t. II, § 4500 et 4580. Lettres de rémission en faveur de Hémon le Forestier et de Robert Tinpelins, bannis de Paris à la requête des talemeliers, 27 janv. 1317 et 9 déc. 1316, p. 148 et 156.

2. Cet état de choses durait encore au XVIe siècle. Un candidat présenta requête en 1554 pour que les bouchers fussent contraints de l'examiner,

dit, derrière le Châtelet, ils versaient aux religieuses de Montmartre, anciennes propriétaires de cet emplacement, une redevance annuelle de 50 livres. Leur monopole, confirmé en 1297, n'avait subi qu'une seule atteinte. Les Templiers, se prévalant de leur droit de seigneurie sur un faubourg de Paris, y avaient ouvert des boucheries ; il y eut procès qui se termina en juillet 1282, par un arrêt du Parlement autorisant les Templiers à conserver deux étaux sur leur domaine (BOUTARIC, t. I, n° 480, p. 473). Ce seul fait suffit à prouver la puissance des bouchers ; il est sans exemple, en effet, qu'à cette époque un métier ait réussi à faire restreindre sur une terre seigneuriale et contre le gré du seigneur l'exercice d'une profession.

Les bouchers cachaient soigneusement leurs titres et archives, craignant sans doute que l'autorité royale n'entreprît de diminuer leurs franchises : c'est ainsi qu'ils ne firent pas enregistrer leurs règlements lors de la rédaction du *Livre des Métiers*. Quatre siècles plus tard, Sauval constate encore chez eux le même esprit de défiance et de dissimulation[1]. Les bouchers joignaient au commerce de la viande abattue celui du bétail sur pied et entreprenaient même l'élevage et l'engraissage. On les voit en 1212 plaider devant le Parlement à propos de la pâture de Chelles qu'ils disputaient aux habitants de cette ville (BOUTARIC, *Actes du Parlement*, t. I, n° 8, p. CCC. Reg. LXXXVI, Trésor des chartes).

Les regratiers ou détaillants en denrées qui relèvent de nos jours de la fruiterie et de l'épicerie se subdivisaient

---

et s'il était trouvé capable, de lui bailler un étal. Les bouchers refusèrent ; alléguant leur droit de propriété sur la grande boucherie ; ils eurent gain de cause. Bibl. Nat., mss. 8115, f° 279. Une veuve, qui justifiait avoir sous-loué un étal fut plus heureuse, *ibid.*, f° 317.

1. « Les bouchers, dit-il, ont résolu de ne plus communiquer leurs titres, et les cachent si bien qu'à peine leur avocat a-t-il connaissance de leurs affaires, et ils ne se découvrent à lui qu'autant qu'il le faut. » (*Antiq. de Paris*, t. VI, p. 639.)

en deux classes [1] : l'une (*Liv. des Métiers*, t. IX) vendait le pain, le sel, le poisson de mer, les épices et autres menues denrées comestibles ou de ménage; l'autre (t. X) vendait spécialement du fruit et de l'aigrun (légumes), des œufs et du fromage. Afin d'assurer la bonne qualité de ces denrées, il leur était défendu de les acheter à l'avance et à forfait d'un marchand qui, le marché conclu, eût pu tenter de leur livrer des produits de qualité inférieure.

Les *pêcheurs de l'eau le Roy* (t. XCVIII) c'est-à-dire ceux qui pêchaient en Seine, de l'île de Notre-Dame à Charenton, ne vendaient pas directement au public, mais aux *poissonniers d'eau douce* (t. XCIX) leurs prises (brochets anguilles, carpes et tanches). Ces poissons étaient vendus à la porte du Grand-Pont, à la pierre le Roy et aux pierres à poissonniers. Les *poissonniers d'eau de mer* (t. C) partageaient avec les regratiers le droit de vendre le poisson de mer.

Les *huiliers* (t. LXIII), à la fois fabricants et marchands, débitaient les huiles d'olives, d'amandes, de noix, de chènevis et de pavots, d'après une échelle de mesures dont l'unité est la some (2/3 du muids). Le vendeur payait le mesurage.

Les *oubliers,* dont les statuts datent de Regnaut Barbou, garde de la prévôté (mai 1270, Depping, p. 350), vendaient et faisaient colporter diverses pâtisseries sèches (galettes, échaudés, oublies) et surtout les *nieules,* petits gâteaux très légers dont un ouvrier confectionnait un millier en un jour et qu'il était d'usage le jour de la Pentecôte de

---

1. D'après MM. de Lespinasse et Bonnardot, *Introduction historique au Livre des Métiers*. (Collection de l'*Histoire générale de Paris*, p. XXXII.) Les regratiers de fruit et d'aigrun n'étaient qu'une subdivision des regratiers de pain et de sel. Il semble, en effet, que tous les regratiers n'aient formé qu'une communauté, car bien que le *Livre des Métiers* consacre deux titres à ces métiers, le titre X renferme seul certaines dispositions qui semblent communes à tous les regratiers (fixation du nombre des jurés, clauses relatives au guet et à la taille, etc.).

lancer sur le pavé des églises en même temps que de l'étoupe enflammée, en symbole des langues de feu descendues sur les apôtres[1]. Les oubliers avaient aussi dans leurs attributions la confection des hosties destinées au saint-sacrifice.

Les *cuisiniers* ou *oyers* (t. LXIX) correspondaient à peu près aux rôtisseurs de nos jours, avec cette différence qu'ils vendaient non de la volaille (que débitaient les *poulaillers*), mais de la viande de boucherie toute cuite ainsi que du boudin chaud et de la charcuterie cuite[2].

Cette liste des métiers relatifs à l'alimentation comprend enfin les corporations qui s'occupaient de fabriquer et de vendre la boisson : les *cervoisiers* et les *taverniers*. Les premiers (t. VIII) fabriquaient la cervoise, sorte de bière obtenue par la fermentation de l'orge et du méteil dans l'eau. En temps de disette, on interdisait la fabrication de la cervoise pour réserver toutes les céréales à la consommation[3].

Les *taverniers* (t. VII) étaient les marchands de vin d'alors. Leur vin était crié et vendu dans les rues par une corporation spéciale, celle des *crieurs de vin* (t. V), qui avaient en même temps une mission fiscale : celle de constater la mise en perce de chaque tonneau et de prélever le droit dû à ce sujet. Le ministère des crieurs était obligatoire, et le tavernier, qu'il les employât ou non, leur devait six deniers par jour s'il ne jurait n'avoir pas vendu de vin de la journée. Parfois aussi le crieur se tenait devant la taverne, proclamait à haute voix les prix du vin, sollicitait les passants d'en acheter et leur en versait des

---

1. *Ordinarium Missæ Ecclesiæ Lexoviensis.* Du Cange, v° *Nebula.*
2. La viande de porc crue se débitait chez les bouchers. « Les étaux des cuisiniers marchands d'oies, ouverts dans un quartier voisin des Halles, ont donné leur nom à la rue *aux Oies*, transformée aujourd'hui, par une erreur grossière, en rue aux *Ours*. » De Lespinasse et Bonnardot (*Introd. au Livre des Métiers, Collect. de l'Histoire générale de Paris*), p. XXXIII.
3. *Olim*, édition Beugnot, t. I, p. 554.

rasades dans un hanap qu'il tenait à la main. Lorsque le roi vendait sa vendange, les taverniers devaient cesser tout débit.

Section III. — Construction

Les métiers de cette catégorie sont peu nombreux, mais ils ont une grande importance. Ils se divisent en deux corporations qui groupent les artisans des diverses spécialités du bâtiment.

1º Les *charpentiers* (t. XLVII). Ils se divisaient en plusieurs branches. Outre les charpentiers proprement dits, il y avait les *huchiers* ou ébénistes, les *huissiers* qui ne faisaient que les portes, les *cochetiers* ou charpentiers de navires. Tous ces artisans relevaient de Maître Fouque, charpentier du roi, qui commettait un lieutenant pour chaque spécialité. Leurs règlements dénotent une entente très étroite entre les patrons, entente rendue nécessaire par l'indiscipline des ouvriers du bâtiment[1]. On y trouve également une clause défendant de louer des cercueils; on voulait par là mettre fin à la pratique révoltante de retirer les morts de leurs bières après les funérailles pour faire servir ensuite ces bières à de nouvelles obsèques.

2º Les *maçons, tailleurs de pierre, mortelliers, plâtriers* (t. XLVIII). Ils relevaient de Maître Guillaume de Saint-Patu pour la petite justice.

L'entrepreneur, ce maquignon de l'architecture, n'étant pas connu à cette époque, c'est sous la direction immédiate des plus habiles d'entre eux, devenus leurs chefs (maîtres des œuvres) que les maçons édifient ces monuments gothiques du XIIIe siècle dont la Sainte-Chapelle demeure l'inimitable modèle.

[1]. Sur la demande des maîtres eux-mêmes un règlement déjà cité du garde de la prévôté leur avait enjoint, en 1290, de refuser les outils aux ouvriers qui ne voulaient travailler qu'à la tâche ou à la journée. DEPPING, p. 373.

Section IV. — Métaux

Les métiers de cette catégorie se subdivisent selon qu'ils se rattachent aux métaux ordinaires (fer, étain, cuivre) ou aux métaux précieux (or et argent).

Métaux ordinaires. Dans cette classe, on rencontre les métiers suivants :

Les *serruriers* (t. XVIII). Ces artisans ou plutôt ces artistes confectionnaient ces chefs-d'œuvre de fer forgé que l'on peut encore admirer dans nos cathédrales et nos musées. Ils relevaient, comme tous les ouvriers du fer, du grand maréchal, mais jouissaient en fait d'une grande liberté, ne payant pas de coutume et occupant autant d'apprentis qu'ils voulaient. Il leur était défendu de fabriquer des serrures sur empreintes pour ne pas favoriser les projets des voleurs.

Les *boitiers* (t. XIX). Ils faisaient les serrures pour cassettes, boîtes et coffres. Ce métier obligeait les ouvriers étrangers venus à Paris à prouver qu'ils avaient sept ans de pratique.

Les *fèvres maréchaux, vrilliers, greffiers* et *heaumiers*[1] (t. XV).

Deux corporations de couteliers, les *fèvres couteliers* (t. XVI) et les *fèvres couteliers faiseurs de manches à couteaux d'or, de fust (bois) et d'ivoire* (t. XVII).

Les *boucliers de fer* (t. XXI), les *boucliers d'archal, de cuivre et laiton* (t. XXII), les *faiseurs de clous pour attacher boucles et mordants* (agrafes) (t. XXV); les boucliers faisaient encore les limes et freins pour chevaux. A ces métiers se rattachent les *fondeurs et mouleurs* (t. XLI) qui fondaient et moulaient en cuivre des boules, agrafes, fermoirs.

1. Les greffiers fabriquaient une armure pour les jambes appelée griffe ; les vrilliers faisaient des vrilles ; les heaumiers des casques ou heaumes.

Les *batteurs d'archal* (t. XX) qui battaient le cuivre jaune et le réduisaient en petites feuilles (DEPPING, p. 55).

Les *tréfiliers de fers et tréfiliers d'archal*, ou fabricants de fil de fer et d'archal (t. XXIII et XXIV).

Les *épingliers* (t. LX); les *boutonniers et déiciers d'archal et de cuivre*, faiseurs de dés à coudre (t. LXXII).

Les *batteurs d'étain* (t. XXXII); les *potiers d'étain* (t. XII); les *ouvriers de toutes œuvres d'étain et de plomb* (t. XIV). L'emploi de la vaisselle et de la poterie d'étain était alors général, sauf dans les classes élevées.

Les *fremailliers de laiton* (t. XLII) ou faiseurs d'anneaux et de fermoirs en laiton pour les livres. Le volume des missels ou antiphonaires de l'époque justifie l'existence d'une industrie spéciale pour les fermoirs. Les fremailliers faisaient encore des colliers et des grelots[1].

Les *forcetiers*, ou fabricants d'instruments tranchants, faux et ciseaux. Leurs statuts ne datent que de 1291[2].

Métaux précieux. — La corporation la plus importante de ce groupe est celle des orfèvres. « L'industrie des orfèvres, dit Jean de Garlande (§ XXXVIII), frappe sur une enclume de fer avec de légers marteaux des platines d'or et d'argent et enchâsse des pierres précieuses dans les anneaux dont se servent les barons et les nobles dames[3]. » Cette définition est incomplète. Elle laisse de côté toute une partie de l'orfèvrerie, celle qui a trait au culte et à l'ornementation des édifices publics ou privés. C'est pourtant dans l'orfèvrerie d'église que les artistes du Moyen Age ont excellé. Les trésors des cathédrales et les

---

1. « Manilia pulchra et nolas resonantes. » *Dictionnaire* de GARLANDE, XIX.
2. DEPPING, p. 357.
3. Jean de JANDUN, dans son *Traité des louanges de Paris* (1323), fait également l'éloge des orfèvres parisiens : « Insuper metallicorum vasorum, precipue de auro et argento, figuratores optimi supra Pontem vocatum Magnum, atque in cæteris pluribus locis malleos super incudes faciunt resonare. » IIe partie, ch. IV.

musées sont remplis d'œuvres d'art, châsses, reliquaires, ostensoirs, croix d'autel, qui témoignent d'un travail patient et ingénieux. Les orfèvres faisaient grand usage de l'émail dont les diverses parties étaient fondues et coulées et qu'on employait tantôt comme fond de couleur pour faire ressortir les figures en relief, tantôt comme une couleur que l'on adaptait sur les reliefs eux-mêmes. La nielle était aussi très employée.

Les orfèvres fabriquaient encore la vaisselle d'argent, les hanaps, aiguières, plateaux.

Les *cristalliers de pierres* (t. XXX) faisaient des objets en cristal, pierres fines et aussi en verre naturel ou peint[1]; ils avaient défense de mêler ces diverses substances. Malgré une certaine habileté, ils étaient loin d'égaler leur rivaux d'Italie et surtout ceux de Venise où les premières glaces soufflées venaient d'être fabriquées[2].

Les *batteurs d'or et d'argent à filer* (t. XXXI) et *les batteurs d'or et d'argent en feuilles* (t. XXXIII) étiraient ces métaux pour les réduire les premiers en fils d'or et d'argent, les seconds en feuilles d'une ténuité extrême. Ainsi transformé, l'or servait à l'ornementation des églises, à la parure féminine, à l'enluminure des parchemins, et autres usages.

Section V. — Industries textiles

Divers métiers s'occupaient de la vente et de la préparation du lin et du chanvre. C'étaient d'abord les *liniers* (t. LVII) et les *chanvriers* (t. LVIII). Ces artisans soumet-

---

1. « A cette époque de grand luxe, il n'était pas rare de voir un hanap d'améthyste, une coupe d'agate ou de cristal, un verre d'émeraude ou de rubis. On n'a qu'à jeter les yeux sur les inventaires du Moyen Age et de la Renaissance pour se faire une idée de ces splendeurs. » (LESPINASSE et BONNARDOT, *op. cit.*, p. XXXVIII.)

2. Sur cette corporation des cristalliers, cf. Archiv. Nat., K. 1031.

taient le lin ou le chanvre à diverses opérations. Il était
d'abord roui, c'est-à-dire trempé dans l'eau, puis séché,
battu à l'espadon, enfin serancé ou peigné. Il passait ensuite aux mains des *filandiers et filandières* qui le trans-
formaient en fil par l'étirage et la torsion au fuseau. Les
statuts de ce métier ne figurent pas au Livre des Métiers,
mais des lettres patentes de Philippe VI (1349) confirmant
leurs règlements, il est à présumer que les filandiers
avaient dès le XIIIe siècle une organisation corporative.

Le fil passait aux mains des *tisserands de toile*[1] qui en
faisaient de la toile. L'épaisseur de la trame, le nombre
des fils étaient déterminés par les règlements. On véri-
fiait ensuite si les pièces d'étoffe étaient conformes aux
statuts en mesurant la longueur à l'aide de la verge ou
mesure type, et la largeur à l'aide du *temple* et du *roseau*,
instruments dont le premier servait à tendre la toile et le
second, sorte de peigne, permettait de compter les fils.

La toile une fois fabriquée était vendue à la pièce ou
à l'aune par les *chavenaciers* (t. LIX).

Les *braaliers de fil* (t. XXXIX) cumulaient pour un
genre spécial de fabrication, celle des braies ou hauts de
chausse, les fonctions du tisseur et du marchand de toile.
Enfin les *cordiers* (t. XIII) fabriquaient de la corde soit
avec le fil que leur livrait le chanvrier, soit avec du tilleul
ou même du poil. Ils fournissaient de cordages et de
câbles les bateaux de la Hanse.

La laine était l'objet d'un commerce plus important
encore que la toile. Apportée à Paris du Languedoc, du
Berry ou d'Angleterre, elle subissait diverses préparations
préliminaires : le battage, l'ensimage ou grainage avec de
l'huile destinée à l'assouplir, le cardage ou peignage
qui rendait ses fibres parallèles et propres à être filées,
l'arsonnage ou trituration sur une claie, enfin la filature

---

1. Depping, p. 387.

elle-même. Ces diverses opérations étaient faites par les *filandiers*[1].

La laine une fois filée était travaillée par les *tisserands de lange* ou de drap (t. L). C'était là une des corporations les plus puissantes de Paris. Il était interdit à chaque maître d'avoir plus de deux métiers larges et un étroit. Les statuts entrent dans un détail minutieux, précisent le nombre de fils pour une longueur donnée[2], 2.200 pour les draps dits estanforts ; 2.000 et 1.600 pour les camelins, et les pleins. On interdit de faire du drap épaulé, c'est-à-dire dans lequel la chaîne ne soit pas aussi bonne au milieu qu'aux lisières, de mettre en œuvre de la laine ou du fil teints avec du noir de chaudière.

La laine tissée était livrée au *foulon* (t. LIII) chargé de la dégraisser et de l'aplanir. Le foulage s'opérait en deux reprises coupées par un lavage. On distendait ensuite l'étoffe, puis on l'étirait pour lui donner les dimensions voulues. C'était alors le tour des *tondeurs de drap*[3] qui, armés de longs ciseaux, coupaient les poils de la laine et en égalisaient la surface, puis des *teinturiers* (t. LIV).

Longtemps les tisserands eurent le droit de teindre eux-mêmes leurs draps ; mais en 1277 cette faculté leur fut retirée sur la plainte des *teinturiers*. Les substances les plus employées pour la teinture étaient le pastel (ou guède) et l'alun.

Les métiers qui travaillaient la laine avaient l'humeur particulièrement processive. Ils plaidaient sans cesse contre le prévôt, contre les marchands étrangers ou même entre eux. Il fallut instituer une commission de six membres pour en finir avec les démêlés des foulons et des tisserands et un arrêt du Parlement dut intervenir en 1285 pour

1. Depping, p. 426. Pour plus de détails sur ces diverses préparations, v. Fagniez, *Études sur l'industrie au XIIIe siècle*, p. 210 et suiv.
2. Depping, p. 118.
3. Id., p. 425.

leur défendre de se refuser réciproquement toute coopération[1].

Les draps étaient vendus aux Halles par les tisserands qui les avaient fabriqués ou fait fabriquer. En effet dès le milieu du XIIIe siècle, comme le prouve la sentence d'avril 1270 (*suprà* p. 185) les plus riches de ces artisans appelés *grands maîtres* monopolisèrent en fait ce commerce ; les autres ou *menus maîtres* en furent réduits à travailler pour les premiers. Ces draps auxquels ceux de Flandre et de Beauvais faisaient concurrence se vendaient à des particuliers qui les fournissaient à leurs tailleurs.

La soie occupait aussi divers métiers et en premier lieu les fileresses de soie à grands et petits ciseaux (t. XXXV et XXXVI). Elles dévidaient, filaient et recousaient la soie plus ou moins serrée selon les dimensions de leurs fuseaux. La réputation de ces ouvrières était déplorable sous tous les rapports ; plus d'un imprudent écolier attiré par elles dans quelque bouge y fut dépouillé de son escarcelle[2]. Il arrivait aussi fréquemment qu'elles dérobaient la soie qu'on leur donnait à filer pour la revendre à des recéleurs juifs. On dut menacer les fileresses du pilori pour tenter d'arrêter les fraudes[3].

La soie une fois filée était tissée par divers artisans. Sans parler des *tisserandes de queuvrechefs de soie* (t. XLIV) qui se rattachent plus spécialement à l'habillement, on peut citer les *laceurs de fil et de soie* (t. XXXIV), qui confectionnaient des rubans et des lacets en fil et soie ; les *crespiniers* (t. XXXVIII), qui faisaient non seulement des

---

[1]. Un arrêt de 1299 fait allusion à de nouveaux démêlés entre tisserands et foulons. « Cum inter textores et fullones parisienses esset discordia super eo quod dicti fullones nolebant pannos quos folabant portare ad novas polias extra muros situatuas... » (*Olim*, édition Beugnot, t. II, p. 436.)

[2]. *Dictionnaire* de Garlande, 67 (publié par Géraud, à la suite de la *Taille de 1292*, p. 607).

[3]. Ordonnance de 1275. Depping, p. 378.

coiffes de dames, mais des taies d'oreillers, des dais d'autel à l'aiguille ou au métier ; les *ouvrières en tissus de soie* (t. XXXVIII), ou passementières; les *ouvriers en drap de soie* (t. XL) unis aux *boursiers en lac* qui confectionnaient des pièces d'étoffe de soie ouvrée pour les tailleurs; enfin les *faiseuses* d'aumônières sarrasinoises (Depping, p. 382), sortes de bourses ou sacs richement travaillés que les damoiselles (dames nobles) et même les riches bourgeoises portaient à la ceinture.

Section VI. — Habillement et Equipement

Quelques notions sur le costume au XIII° siècle sont nécessaires pour faciliter au lecteur l'intelligence du rôle réservé aux divers métiers de l'habillement. Le costume des seigneurs se composait à la ville et dans les châteaux : en temps de paix de culottes ou *braies*, d'une longue robe ou *cotte hardie* tombant jusqu'aux pieds et ajustée à la taille par-dessus laquelle on revêtait une tunique appelée *surcot* et parfois un manteau de brocart ou de soie bordé de vair ; la tête était couverte d'un bonnet de velours appelé *mortier*. Les dames étaient à peu près mises de même, à la différence de la coiffure qui consistait en un bonnet en pointe d'où retombait un voile. Il était en outre de mode pour les deux sexes de porter suspendue à la ceinture une bourse de cuir ou aumônière. L'homme du peuple portait les braies ou culottes, une sorte de blouse et un manteau de bure appelé *chape;* la femme du peuple une cotte et une chape.

Cette description sommaire du costume permettra de se rendre compte des fonctions des divers métiers. Les *tailleurs de robes* (t. LVI) faisaient les cottes hardies et les surcots ordinaires. Les *conréeurs de vair*, dont les statuts ne datent que de 1291 (DEPPING, p. 415), faisaient les robes et les manteaux en fourrure; ils reçurent plus tard le nom de pelletiers. Les *boursiers braiers* (t. LXXVII) faisaient les braies appelées plus tard hauts de chausse et les bourses en cuir. Les *chaussiers* (t. LV) faisaient la partie inférieure des chausses ou bas de chausse (que nous appelons les bas) ; les chausses étaient en drap ou en toile, quelquefois en soie.

Au XIVᵉ siècle, une véritable révolution se produisit dans le costume. La longue robe fut abandonnée par la noblesse et fit place à un vêtement court d'étoffe riche et de couleur vive appelé *pourpoint*. Deux métiers prirent alors naissance : les *pourpointiers* dont les statuts datent de 1323 et les *doubletiers* qui doublaient intérieurement d'étoffe les vêtements faits par les tailleurs (DEPPING, p. 414, note).

Les *fripiers* (t. LXXVI) vendaient des habits d'occasion. Il leur était défendu d'acheter des habits mouillés ou sanglants, c'est-à-dire ayant appartenu à des noyés ou aux victimes d'un meurtre, non plus que des vêtements de lépreux. Les fripiers avaient pour concurrents les marchands ambulants, criant « la cote et la chape », qui exerçaient leur industrie près de Saint-Séverin, « là où la place n'est moult grande », et qui leur faisaient une sérieuse concurrence.

L'industrie de la chaussure occupait trois métiers : les *cordonniers* (t. LXXXIV), les *çavetonniers* (t. LXXXV) et les *çavatiers* (t. LXXXVI). Les premiers, qui tiraient leur nom du cordouan, ou cuir de Cordoue dont ils faisaient usage, confectionnaient les sandales et les grandes bottes de cuir appelées houseaux; les seconds, établis près de Sainte-Opportune, faisaient de petits souliers de basane; les troisièmes raccommodaient et rapetassaient les vieilles chaussures.

La chapellerie se divisait en plusieurs branches : les

chapeliers de feutre (t. XCI) qui fabriquaient des chapeaux avec de la laine d'agneau ou agnelin. Plus tard, en 1323, on leur permit de se servir d'autres laines (par exemple de camelin blanc) et de fourrure de castor (connue alors sous le nom de *bièvre*).

Les *fourreurs de chapeaux* (t. XCIV) faisaient plus spécialement les chapeaux de fourrure.

Les *chapeliers de coton* (t. XCII) faisaient des chapeaux ou bonnets en laine et coton.

Les *chapeliers de fleurs* (t. XC) préparaient des guirlandes de fleurs et de feuillage, dont les demoiselles avaient coutume de se parer la tête pendant la belle saison.

Les demoiselles décoraient encore leur coiffure avec des plumes de paon, dont la préparation occupait tout un métier : les *chapeliers de paon* ou paonniers (t. XCIII).

Les *feseresses de chapeaux d'orfroi* (t. XCV) confectionnaient de riches coiffures féminines brodées d'or et enfilées de perles fines.

Enfin les *tisserandes de queuvrechiefs de soie* (t. XLIV) faisaient, comme leur nom l'indique, des bonnets de soie.

Les ceintures de cuir ou de soie, parfois ferrées et clouées d'argent, sont l'œuvre des *corroiers* (t. LXXXVII). Les *gantiers* (t. LXXXVIII) font des gants en peau de veau ou de mouton, ou en fourrure de vair et de gris ; il semble que des artisans spéciaux dont les statuts ne nous sont point parvenus fabriquaient les gants de laine et les parfums.

Enfin il faut signaler l'importante corporation des *merciers* (t. LXXV). « Chez les merciers, le riche se pourvoyait de siglaton et de cendal, deux soieries du Levant et d'Italie, d'hermine et de vair ; chez le mercier, les femmes élégantes trouvaient le molequin, fin tissu de lin, les fraises à col attachées avec des boutons d'or; les tressons qu'elles entrelaçaient dans leurs cheveux; l'orfroi ou la broderie en perles, qui appliqué à la coiffure rehaussait l'éclat de la parure entière ou servait à border la robe de soie ou de velours[1]. »

L'équipement et l'armement des chevaliers faisaient vivre un grand nombre d'artisans dont en 1323 Jean de Jandun, dans son *Traité des Eloges de Paris*, IIe p[ie], ch. IV, fait l'éloge en ces termes : « Vous verrez d'ingénieux constructeurs d'instruments de guerre et de tous les objets nécessaires aux cavaliers : selles et freins, épées et boucliers, lances et javelots, arcs et arbalètes, maillets et flèches, cuirasses et lames de métal, bonnets de fer et casques, enfin toutes les armes convenables à l'attaque et à la défense se trouvent en tel nombre dans cette tranquille demeure de la sécurité qu'elles peuvent effrayer l'esprit farouche des ennemis et rassurer le cœur des habitants fidèles... » (*ut hostium ferocitates perterrere valeant et incolarum corda fidelium trepidare non sinant*).

Il fallait d'abord au chevalier une monture avec un harnachement complet. La fourniture des diverses pièces qui la composaient (colliers de cheval et dossiers de selles) était faite par les *bourreliers* (t. LXXXI) et par les *lormiers*; faiseurs de freins dorés ou argentés, rênes, mores, étrivières, courroies (t. LXXXII). La selle proprement dite, objet de luxe et d'orgueil pour les hommes de guerre du moyen âge, était *pour la charpente* l'œuvre des *chapuiseurs* (t. LXXIX), qui devaient la faire de bon bois sans aube, ni défaut. Cette charpente était recouverte de cuir de Cordouan par les *peintres-selliers* (t. LXXVIII), qui la peignaient et la doraient; les armoiries et le blason étaient peints par les *blasonniers* (t. LXXX).

---

1. DEPPING, *Introduction au Livre des Métiers*, p. LXXI.V Cf. LESPINASSE et BONNARDOT, *Introduction historique au Livre des Métiers* (Collection générale de l'Histoire de Paris, publiée sous les auspices du Conseil municipal), p. LXXVII. Sur ce métier, ses origines, ses règlements, son histoire on pourra consulter le livre de MM. Pierre VIDAL, archiviste de la Chambre syndicale de la mercerie en détail et DURU. *Histoire de la corporation des marchands merciers, grossiers, joailliers*. Paris, Champion, 1912.

Les épées étaient forgées par les *fourbisseurs* (t. XCVI); elles étaient très longues et d'une largeur uniforme jusqu'à l'extrémité qui se terminait en pointe ; la poignée en était forte et épaisse. Leurs fourreaux et gaines de cuir sortaient des mains des *gainiers de fourreaux* (t. LXV) qu'il ne faut pas confondre avec les *garnisseurs de gaines* (t. LXVI), qui faisaient les garnitures de ces fourreaux et aussi des viroles et clous pour couteaux.

Les arcs et flèches étaient fabriqués par les *archers* (t. XCVII).

Quant à l'armure défensive, la pièce principale en était le haubert, ou cotte de mailles faite par les *haubergiers* (t. XXVI). Les *armuriers*[1], contrairement à ce que l'on pourrait supposer, ne vendaient guère en dehors de gantelets de baleine que des vêtements en tissus, cotte ou gamboisons que l'on portait sous la cotte de mailles, pour éviter le frottement du métal sur la peau.

Section VII. — Ameublement

L'ameublement était au Moyen Age tout à fait rudimentaire et les grandes salles des châteaux du XIIIe siècle paraîtraient bien nues à côté des appartements modernes où s'entassent meubles, tentures et bibelots; il ne faut donc pas s'étonner que cette branche d'industrie ne mît en œuvre qu'un nombre relativement restreint d'ouvriers.

L'ameublement proprement dit se réduisait alors en substance au lit, au bahut, à la table et à quelques sièges. Les *coutiers* (statuts du XIVe siècle. DEPPING, p. 305, note 4. et p. 463) qui ne furent organisés en métier qu'un siècle plus tard, faisaient les coutes ou lits de plume, et les coussins ou oreillers. Les *buffetiers* dont les statuts ne figurent pas non plus au *Livre des Métiers* faisaient les buffets ou bahuts. Les tables en buis, en brésil ou en

---

1. Statuts de 1286. DEPPING, p. 370.

cyprès et souvent décorées d'ivoire sont l'œuvre des *tabletiers* (t. LXVIII). Les sièges étaient ou de simples escabeaux ou des fauteuils de grandes dimensions (sièges à dosserets) qui sortaient des mains des *huchers* (statuts de 1290. — LESPINASSE, *Les Métiers et Corporations de Paris*, II, 635). Ces artisans faisaient tous les travaux d'ébénisterie et de menuiserie, les dressoirs, les escabeaux, les stalles d'église, chaires, jubés, ainsi que les portes, huis, trappes, croisées, châssis et auvents. Ils se rattachaient donc par leur genre d'industrie au groupe des métiers de l'ameublement en même temps qu'à celui des métiers du bâtiment.

Les couvertures ou tapis étaient de diverses sortes et par suite étaient confectionnés par différents métiers. Les *courtepointiers*[1] vendaient des courtepointes ou couvertures de soie ou de laine; les *tapissiers de tapis nôtrez* (t. LII) fabriquaient des couvertures plus grossières. Enfin il existait des *faiseurs de nattes* tressées avec de la paille ou du jonc; mais ces artisans ne furent organisés en métier juré qu'à une époque postérieure.

Il convient d'ajouter à cette énumération les *lampiers* (t. XL), les *potiers de terre* (t. LXXXIV), enfin les métiers suivants qui se rattachent plus ou moins directement à l'ameublement : les *escuelliers* ou faiseurs d'écuelles, hanaps en bois, bêches, pelles (t. XLIX), les *tonneliers*[2] et les *barilliers* (t. XLVI), les *escriniers*[3] faiseurs de boîtes et écrins.

Section VIII. — Industries d'art et de piété

Les *ymagiers-tailleurs* et les *peintres et tailliers ymagiers* (t. LXI et LXII) sont des artisans-artistes qui cisèlent

1. Statuts de 1290. DEPPING, p. 386.
2. DEPPING, p. 426.
3. Statuts de 1291. *Ibid.*, p. 376.

dans la pierre ces statues et ces crucifix qui forment la décoration des cathédrales [1] et des maisons de ville. Les premiers s'adonnent plus spécialement à la sculpture des crucifix; ils se rattachent à l'industrie proprement dite par la fabrication des manches de couteaux d'os et d'ivoire. Les peintres et tailliers-ymagiers sculptaient, peignaient et doraient les images des saints. Dans son *Traité des louanges de Paris*, Jean de Jandun rend hommage aux imagiers de cette ville, très habiles, dit-il, soit en sculpture, soit en peinture, soit en relief : « Hic siquidem reperies imaginum seu sculpturâ, seu picturâ, seu elevatione consistentium subtilissimos formatores. » (IIe p^{ie}, ch. iv.)

Les *voirriers* (Depping, p. 425) peignaient ces admirables vitraux et ces rosaces dont les teintes pourpres ou violettes se reflètent si magiquement sur les piliers des nefs et des absides gothiques. Les vitraux des cathédrales de Chartres et de Rouen datent de cette époque.

Les *brodeurs* [2], auxquels se rattachent les *chasubliers*, font les ornements d'église (chapes, étoles, aubes), le plus souvent tissus de soie et enrichis d'or et d'argent.

Enfin, quatre métiers s'occupent de la confection des patenôtres ou chapelets de diverses sortes. Ce sont les *patenôtriers en os et en corne* (t. XXVII), *en corail et en coquilles* (t. XXVIII), *en ambre et en jais* (t. XXIX), enfin *en os, ivoire, fil de laiton ou d'archal* (t. XLIII). Ces derniers faisaient en outre des boucles à souliers et des boutons pour les robes.

---

1. Pour ne citer qu'un exemple, le portail Saint-Laurent de la cathédrale de Strasbourg et un autre portail du même édifice, les groupes des Vierges folles et des Vierges sages attestent l'art merveilleux des ymagiers de cette époque.
2. Depping, p. 379.

Section IX. — Industries diverses

Sous cette rubrique nous rangeons diverses corporations qui ne rentrent pas dans les catégories précédentes. Ce sont :

1° Les officiers chargés du mesurage, du jaugeage et de la pesée de diverses denrées, tels que les *crieurs de vin* déjà mentionnés, les *courtiers*, les *jaugeurs* (t. VI) et les *déchargeurs de vin*, les *mesureurs* et les *porteurs de sel*[1], les *jurés moleurs de bûches*[2], les *courtiers de chevaux*[3]. Ce sont là des charges héréditaires et vénales dont les titulaires sont moins des artisans que des fonctionnaires. Nous ne mentionnons ici ces professions dont les statuts cependant sont insérés dans le *Livre des Métiers*, qu'en raison des relations quotidiennes qui existent entre elles et les corporations d'artisans.

2° Les *libraires-jurés*, corporation à laquelle se rattachent les *enlumineurs*, les *scelleurs* et les *parcheminiers*, furent placés depuis 1275 sous la juridiction de l'Université de Paris qui leur donna des statuts et taxa le prix des livres; les parcheminiers devaient acheter le parchemin à la Halle des Mathurins ; le recteur fixait le prix d'achat et prélevait un droit sur la vente.

3° Les *changeurs* étaient établis sur le Grand-Pont, seul lieu où le commerce du change fût permis (édit de février 1305 : *Ordonnances des Rois de France*, I, 426). Ainsi que le fait observer M. Fagniez (*op. cit.*, p. 22,) le commerce de l'argent prêtant à des fraudes nombreuses nécessitait en effet une surveillance active que la réunion des

---

1. Depping, p. 355.
2. *Ibid.*, p. 424.
3. *Ibid.*, p. 421.

changeurs dans un lieu aussi fréquenté que le Grand-Pont rendait beaucoup plus facile.

4° Diverses industries du cuir : les *écorcheurs*[1], les *baudroiers* ou apprêteurs de gros cuir (t. LXXXIII), et les *mégissiers* ou *tanneurs*[2].

5° Les *feiniers* ou marchands de foin (t. LXXXIX). Le foin arrivait par navées, c'est-à-dire par eau, et était revendu au détail soit directement par le marchand, soit en gros par un courtier.

6° Les *marchands de charbon, bois et tuiles*[3]. Il leur était prescrit de décharger, transporter, mettre à prix toutes ces denrées dans un délai de trois jours à partir de leur arrivée, pour éviter qu'ils ne fissent une hausse artificielle des prix en conservant leurs marchandises sans les vendre.

7° Les *bateliers*[4], qu'il ne faut pas confondre avec les pêcheurs de l'eau de Seine et dont la fonction est de passer les gens.

8° Les *peigniers-lanterniers* (t. LXVII) qui font des lanternes à facettes de corne et d'ivoire.

9° Les *déciers* (t. LXXI) qui font des dés à jouer et des pièces d'échiquier en os, corne ou ivoire.

10° Les *estuveurs* ou baigneurs (t. LXXIII). Les étuveurs faisaient crier de grand matin par les rues que leurs étuves étaient prêtes. La police du prévôt vit un danger dans ce cri matinal et fit insérer dans les statuts de ce métier l'interdiction de faire crier les étuves *jusques à tant qu'il soit jour, pour les périls qui peuvent advenir en ceux qui se lèvent au dit cri pour aller aux étuves*. Sans doute des bourgeois qui avaient devancé l'aurore pour se rendre aux étuves avaient été attaqués dans les rues alors très médiocrement sûres pendant la nuit.

1. Depping, p. 425.
2. *Id.*, p. 416.
3. *Id.*, p. 423.
4. *Id., Ordonnance de 1297*, p. 422.

Section X. — Professions annexes à la médecine
Chirurgiens-barbiers. — Apothicaires

Cet ouvrage ayant pour objet exclusif les corporations de métiers, nous n'avons pas en principe à nous occuper des corporations dont les membres exerçaient des arts libéraux (avocats, médecins). Nous ferons cependant exception pour les chirurgiens qui ont été trop longtemps unis aux barbiers pour qu'il soit possible de séparer les deux professions; nous dirons également quelques mots des apothicaires.

Les chirurgiens du XIIIe siècle constituaient l'aristocratie du métier de « *barberie* ». Si l'on en croit d'anciennes traditions, peut-être trop facilement acceptées comme authentiques par les anciens historiens de cette profession, les chirurgiens auraient formé dès le règne de saint Louis un collège distinct dit collège de Saint-Côme et de Saint-Damien dont les statuts, œuvre de Jean Pitard, chirurgien du roi, auraient été approuvés en 1268[1]. Mais, ainsi que l'a démontré M. Malgaigne dans sa savante *Introduction aux œuvres complètes d'Ambroise Paré* (t. I, p. xxxiii), la première charte d'une authenticité indiscutable où les chirurgiens soient mentionnés est une ordonnance sans date, mais qui paraît être de la fin du XIIIe siècle[2] où il leur est fait injonction de déclarer au prévôt de Paris les noms des individus qui venaient les trouver pour faire soigner des blessures. Ces blessés pouvaient être en effet des « meurtriers ou larrons »

---

1. D'après Quesnay, *Recherches sur l'origine de la chirurgie en France*, de la Noue aurait eu en mains au commencement du XVIIe siècle la charte par laquelle saint Louis aurait créé ce collège de Saint-Côme et Saint-Damien.

2. Depping, p. 419. D'après MM. de Lespinasse et Bonnardot (dans leur nouvelle édition du *Livre des Métiers*, p. 208, note), cette charte serait d'Etienne Boileau et ferait partie du *Livre des Métiers*. Le manuscrit original du *Livre des Métiers* brûlé en 1737 renfermait en effet cette ordonnance ainsi que l'indique la table qui en a été conservée.

que la police prévôtale avait intérêt à rechercher. En même temps l'Ordonnance constate qu'il y a dans Paris nombre de gens qui « s'entremettent de cyrurgie » sans être capables d'exercer cet art et institue six maîtres jurés « qui bauldront en escrit les noms de ceus qui seront dignes d'ouvrer de cyrurgie ». — En 1301, une nouvelle ordonnance est encore édictée pour réglementer la profession de chirurgien. Par suite d'un accord intervenu entre tous les barbiers au nombre de vingt-six, il fut défendu à tous les barbiers qui s'entremettaient de chirurgie de se dire chirurgiens-barbiers s'ils n'avaient été examinés par les maîtres de chirurgie et trouvés suffisants à ce faire[1]. Les barbiers conservèrent cependant le droit d' « étancher les blessés » si besoin en était, et de fait, ils usurpaient fréquemment sur le monopole des chirurgiens ; au XVIIe siècle, ainsi qu'on le verra par la suite de cet ouvrage, la délimitation entre ces deux professions était encore très mal définie.

Les *apothicaires* d'abord unis aux épiciers paraissent avoir été organisés en corporation dès le XIIIe siècle et sont mentionnés dans la IIe partie du *Livre des Métiers*[2], mais leurs plus anciens règlements connus sont de beaucoup postérieurs. Ils étalaient leurs denrées le samedi. Ils revendiquaient sans succès l'exemption du guet[3].

Section XI. — Statistique générale des Métiers en 1292

Nombre des métiers. — En 1292, les métiers de Paris étaient organisés corporativement au nombre de 130 environ, se répartissant ainsi :

1. *Ibid.*, p. 419, note.
2. T. XVII, *ibid.*, p. 322. « Tuit (tout) cirier, tuit pevrier (poivrier) et tuit apoticaire ne doivent rien de coustume des choses devant dites pour vendre en leur otel... »
3. DEPPING, p. 425 et 426. Ordonnance sur l'Exemption du guet « tamen non constat Curiæ quare debeant esse quitti ».

Alimentation............................ 16
Construction............................ 2
Métaux................................ 22
Industries textiles...................... 19
Habillement et équipement.............. 29
Ameublement.......................... 10
Industries diverses (approximativement)... 20
Industries d'art et de piété............. 8
Professions annexes à la médecine....... 2
                                                                   128

Une vingtaine de métiers n'étaient pas réglementés.

En 1313, les métiers énumérés dans le *Registre de la Taille* publié cette même année s'élèvent au total de 157; mais dans ce total sont encore compris certains métiers non réglementés et le nombre de ceux qui étaient véritablement pourvus d'une organisation corporative ne s'est en réalité guère accru.

NOMBRE D'ARTISANS EXERÇANT DES MÉTIERS ORGANISÉS CORPORATIVEMENT D'APRÈS LE REGISTRE DE LA TAILLE DE 1292[1]

1. *Alimentation*

Talemeliers..........	62	Saussiers[2]............	7
Meuniers............	56	Oyers[3]...............	3
Fariniers[4]...........	5	Poulaillers...........	49
Blatiers..............	4	Poissonniers.........	41
Bouchers............	42	Oubliers.............	29
Taverniers...........	86	Gasteliers[5]..........	7
Cervoisiers..........	37	Pastoiers[6]...........	68

1. Nous nous sommes servis pour dresser cette table du relevé des gens de métiers publié par Géraud à la suite du *Registre de la Taille*, p. 483, et aussi du recensement des artisans tant inscrits sur les rôles de 1292 que mentionnés dans les statuts et autres documents tel qu'il a été collationné par M. Fagniez, *op. cit.*, p. 7.

2. 3. 4. Les mots de sauciers et d'oyers désignent des variétés de cuisiniers; celui de fariniers une variété de meunier.

5. 6. Les gasteliers et les pastoiers, faiseurs de gâteaux et de pâtisseries, relevaient de la corporation des oubliers.

Regratiers	120	Harengiers (poissonniers de mer)	9
Huiliers	43	Fruitiers	17
Pêcheurs	10		
Cuisiniers	21		

II. *Construction*

Charpentiers	98	Huchers	29
Maçons	104	Charpentiers de nés (navires)	2
Plâtriers	36		
Mortelliers	8	Cochetiers (de navires)	5
Tailleurs de pierre	12		

III. *Métaux*

Fèvres maréchaux et couteliers	74	Serruriers	27
		Couteliers fèvres	2
Batteurs d'archal	2	Fermaillers	5
Boucliers de fer et d'archal	36	Epingliers	10
		Batteurs d'or, d'argent, d'archal ou d'étain	6
Boutonniers	16		
Tréfiliers de fer et d'archal	8	Potiers de terre ou d'étain	54
Forcetiers	11	Faiseurs de manches	22
Boîtiers[1]		Orfèvres	116
Attachiers (cloutiers)	7	Cristalliers	18
Fondeurs	2		

IV. *Industries textiles*

Lingères	5	Cordiers	26
Liniers	18	Fileresses de soie à grands et à petits fuseaux	8
Chanvriers	2		
Filandiers[2]	5		

1. Les rôles de la taille n'indiquent aucun boîtier. Peut-être étaient-ils confondus avec les serruriers.
2. Les rôles ne distinguent pas les filandiers de toile ou de drap qui pourtant formaient deux métiers.

222 HISTOIRE DES CORPORATIONS DE MÉTIERS

Tisserands de toile ou teliers[1]	15	Laceurs de fil et de soie ou dorelotiers	14
Chavenaciers[2]		Crespiniers	32
Braaliers de fil	6	Ouvriers en drap de soie et boursiers en lac[3].	
Tisserands	82		
Foulons	24	Feseresses d'aumônières sarrazinoises[4].	
Tondeurs de drap	20		
Teinturiers	17		

V. *Habillement*

Cordonniers[5]	226	Tailleurs[6]	196
Savetiers	140	Chaussiers	61
Gantiers	21	Fripiers	121
Chapeliers de fleurs[7]	1	Merciers	70
— de feutre	7	Boursiers-braiers	45
— de paon	5	Pelletiers (conréeurs de robes de vair, de cordouan, de basane, etc.)	29
— de coton	47		
Tisserands de queuvre-chefs de soie	4	Corroiers	81

VI. *Équipement*

Haubergiers	4	Bourreliers	24
Gaîniers de fourreaux	52	Lormiers	39
Garnisseurs de gaînes	4	Fourbisseurs	35
Peintres selliers	51	Archers	8
Chapuiseurs	11	Armuriers	22
Blasonniers	2		

1. Sur ce nombre on compte quatre artisans dénommés tisserands de toile et onze teliers (autre terme qui désigne la même profession). Géraud, p. 542.
2. Les rôles n'indiquent aucun artisan de cette profession ; sans doute les chavenaciers étaient inscrits sous le nom de tisserands de toile ou de teliers.
3. 4. Les rôles de 1292 ne mentionnent pas d'artisans de ces professions. Les rôles de 1300 indiquent 2 boursiers de soie et 3 faiseuses d'aumônières.
5. Les çavetonniers sont sans doute compris aussi sous ce nom.
6. Il n'est pas fait mention dans cette liste des deux métiers de fourreurs de chapeaux et de feseresses de chapeaux d'orfrois.
7. Y compris 57 couturières et 15 tailleurs de robes.

VII. *Ameublement*

Lampiers	5	Courtepointiers	8
Barilliers	6	Escriniers	2
Escuelliers	9	Buffetiers	51
Tapissiers	24	Coustiers	8
Tabletiers	21		

VIII. *Industries diverses* [1]

Feiniers	22	Marchands de charbon, de bois, de tuiles	16
Mégissiers	23		
Changeurs	16		
Lanterniers	3	Libraires	8
Déiciers	7	Parcheminiers	19
Baudroiers	15	Déchargeurs de vin	46
Courtiers de chevaux	3	Enlumineurs	13
Jurés moleurs de bûches	4	Courtiers	23
		Jaugeurs	3
Chandeliers de sieu (suif)	71	Mesureurs de blé	14
		Crieurs de vin	4
Bateliers	1	Crieurs divers	44
Courtiers de vin	3	Mesureurs de sel	5

---

1. En dehors de cette statistique il existe encore un certain nombre d'artisans dont les métiers n'étaient pas organisés en corporation et qui obéissaient seulement aux règlements de police : tels les citoléeurs (luthiers), les courtilliers (jardiniers), les fromagiers, etc. Il ne convient d'ailleurs évidemment pas d'attribuer à tous ces chiffres une exactitude rigoureuse. Souvent les dénominations usitées dans le *Registre de la Taille* sont peu précises : une même rubrique comprend parfois des artisans de métiers différents : parmi les 33 peintres recensés, il devait y avoir des ymagiers e des selliers. Inversement des artisans exerçant le même métier ou des spécialités d'un même métier sont assez souvent désignés sous des noms différents. On ne voit pas clairement pourquoi les 5 fariniers sont mis à part des 56 meuniers, ni pourquoi les 7 sauciers sont séparés des 21 cuisiniers. Enfin le Registre omet le plus souvent d'indiquer si le contribuable est un maître ou un valet. Dans l'immense majorité des cas, c'était sans doute un maître, mais non toujours cependant, car certains valets étaient taxés.

IX. *Industries d'art*

Ymagiers tailleurs....	24	Voirriers............	17
Peintres..............	33	Brodeurs............	14
Patenôtriers..........	14	Émailleurs..........	5
Chasubliers..........	5		

Professions annexes à la médecine

Barbiers chirurgiens.. 151   Apothicaires-épiciers.. 28

Le nombre total des gens de métier inscrits sur le rôle de 1292 s'élève, en y comprenant les artisans dont les professions n'étaient pas organisées corporativement, à 4.159; en 1300, les rôles de la taille n'accusent pas moins de 5.844 contribuables voués aux professions mécaniques; dans ce nombre sont compris un certain nombre de valets. Mais la grande majorité de ces cotes concerne des maîtres et chefs d'industrie; si l'on tient compte en outre de ce fait qu'un certain nombre de maîtres trop pauvres pour payer la taille ne sont pas inscrits sur les rôles, on peut, croyons-nous, fixer au moins à 5.000 le nombre des maîtres de métiers exerçant à Paris à la fin du XIIIe siècle ou au commencement du XIVe.

Les indications des rôles de la taille permettent-elles d'évaluer au moins approximativement le chiffre de la population parisienne? L'auteur de l'*Histoire de Paris*, Dulaure[1], l'a pensé, et prenant pour base de son argumentation ce fait que la taille de 1313 fut répartie entre 5.955 habitants, nombre qui représente autant de chefs de famille imposables, il a cru pouvoir obtenir le chiffre de la population de Paris : 1º en multipliant par cinq[2] ce

1. T. III, p. 280 et suiv.
2. Dans son *Essai sur le système des divisions territoriales de la Gaule*, publié en 1832 et dans son introduction au *Polyptyque d'Irminon* (1836), Guérard a démontré qu'à l'époque carlovingienne les *manses* ou *feux* étaient par comparaison à leurs habitants dans des rapports qui variaient de 6,71 à 4,75. On admet généralement qu'un feu représente 4 à 5 têtes.

chiffre de 5.955 habitants; 2° en élevant à 50.000 le chiffre de 29.775 individus ainsi obtenu, le surplus de la population représentant les privilégiés, officiers du roi, moines, habitants des faubourgs, etc.

Une telle évaluation est évidemment arbitraire. M. Géraud a entrepris une évaluation plus rationnelle. Il invoque tout d'abord à juste titre le témoignage des historiens du temps, et en premier lieu celui de Godefroy de Paris, qui s'exprime ainsi à propos d'une revue des gens de métier et des bourgeois passée en 1313 par Philippe le Bel :

> A cheval furent bien vingt mille
> Et à pié furent trente mille;
> Tant ou plus ainsi les trouvèrent
> Cels qui de là les estimèrent [1].

On peut, il est vrai, taxer d'exagération le récit de Godefroy de Paris. Mais ce récit, un autre chroniqueur, Jean de Saint-Victor, le confirme en portant lui aussi à 50.000 le nombre des Parisiens passés en revue en 1313. D'autres témoignages encore viennent établir le chiffre élevé de la population de Paris au XIVᵉ siècle. Soixante-neuf ans après Godefroy de Paris, Froissard estime à 60.000 gendarmes et à 50.000 maillets, et autres gens comme arbalétriers et archers, le nombre de ceux qui prirent part à la révolte des Maillotins [2]. — Enfin, au commencement du XVᵉ siècle, Guillebert de Metz écrira : « L'on souloit estimer à Paris plus de quatre mil tavernes de vin, plus de quatre vingt mil merschans, plus de soixante mille écrivains; item de escoliers et gens de mestier sans nombre [3]. »

1. *Chronique métrique* de GODEFROY DE PARIS, éd. Buchon, p. 195.
2. *Chroniques de Froissart*, éd. Buchon, t. II, p. 242. Dans un autre passage, Froissart ne parle que « de trente mille hommes » aussi bien appareillés comme nul chevalier pourrait être, *Ibid.*, 200.
3. *Description de Paris sous Charles VI*, publiée par M. LE ROUX DE LINCY dans *Paris et ses Historiens*, (Collect. gén. de l'*Histoire de Paris*' p. 232.)

MARTIN SAINT-LÉON.

Ces relations établissent, à notre avis, que la population de Paris au XIVe siècle dépassait de beaucoup le chiffre de 50.000 proposé par Dulaure. Il est infiniment plus délicat d'arriver à évaluer même approximativement cette population. Géraud a cru cependant pouvoir obtenir ce résultat à l'aide d'un manuscrit de 1328 intitulé « *Les paroisses et les feux des baillies et sénéchaussées en France*[1] », qui indique pour Paris, augmenté du bourg Saint-Marcel, 35 paroisses et 61.098 feux. Si l'on admet que le mot *feu* signifie *famille* et que chaque famille se compose d'environ 4 à 5 têtes, Paris (à 4 têtes et demie par feu) aurait compté environ 275.000 âmes en 1328, chiffre que Géraud propose de réduire à 215.000 habitants pour 1292. Ces évaluations sont adoptées sous certaines réserves par l'auteur de l'ouvrage *Paris et ses Historiens*[2], M. Le Roux de Lincy, qui incline toutefois à leur faire subir une légère réduction. Cet auteur constate fort sagement du reste que la question n'est pas sortie des bornes de l'approximation et que selon toute apparence elle ne les franchira jamais.

Si l'évaluation du chiffre total de la population parisienne au XIIIe et au XIVe siècle présente de telles difficultés, celle de la population industrielle de Paris n'est guère plus facile. Le chiffre de 5.000 maîtres qui résulte approximativement des rôles de la taille nous fournit cependant une indication. La plupart des maîtres occupant un valet et certains en occupant deux ou trois, on peut, croyons-nous, évaluer à 10 à 12.000 au minimum le chiffre des maîtres et valets[3] ; si à ce chiffre on ajoute

1. Cité par Géraud, p. 474, note.
2. P. 489.
3. Cette proportion d'un valet seulement pour un maître paraîtra peut-être bien faible. Ce n'est cependant pas sans hésitation que nous la proposons car elle semble encore bien forte si on la compare aux données statistiques résultant du dénombrement d'une autre ville industrielle : Francfort sur le Mein en 1387. A cette date on ne comptait à Francfort que 750 à 800 com-

les colporteurs, les crieurs à la cotte et à la chappe, le nombreux personnel des boucheries et écorcheriers, il semble que l'on se rapproche du chiffre de 20.000 gens de métiers qui paraît modéré par comparaison aux récits des chroniqueurs Jean de Saint-Victor et Godefroy de Paris. Avec les femmes des maîtres et des valets mariés, les apprentis et les enfants en bas âge, il paraît vraisemblable que la population vivant des métiers s'élevait au moins à 80 ou 100.000 âmes, chiffre qui équivaut, si l'on admet les évaluations de Géraud, à environ la moitié de la population totale. Le surplus se composait des habitants des gens d'église (prêtres, moines, clercs de toute catégorie), des seigneurs et des serviteurs de la cour, des gens de guerre ou de loi (avocats, procureurs, huissiers, sergents; etc.), des bourgeois n'exerçant pas de métier, de l'Université avec le corps des Maîtres et étudiants, enfin de tous les mendiants, truands et vagabonds des deux sexes qui ont toujours afflué dans les grandes villes à toutes les époques.

pagnons pour 1.554 maîtres, dont 1.104 faisant partie des 20 corporations (Bücher, *Die Bevolkerung von Frankfurt am Main von XIV und XV Jahrhundert*, Tubingen, 1886, p. 103, 146, 605). Toutefois il importe d'observer qu'en dehors des 750 à 800 compagnons, il y avait à Francfort environ 950 à 1.000 servantes dont une partie au moins devaient être des ouvrières (sans parler des apprentis). Quoi qu'il en soit, il est certain qu'au moyen âge (abstraction faite des villes de Flandre), il n'existait pas encore un prolétariat, le nombre des ouvriers ne dépassant guère ou n'atteignant même pas celui des maîtres.

LIVRE III

Les Corporations de 1328 à 1461

CHAPITRE PREMIER

HISTOIRE POLITIQUE DES CORPORATIONS (1328-1461). — ÉTIENNE MARCEL. — LES MAILLOTINS. — L'INSURRECTION CABOCHIENNE.

C'est seulement sous le règne de Jean le Bon que la bourgeoisie marchande de Paris exerce pour la première fois une action appréciable sur les événements politiques et aspire à sortir de l'effacement dans lequel elle s'est tenue jusqu'alors. La royauté, il est vrai, avait déjà sous les règnes précédents fait appel à la classe bourgeoise pour lui demander des subsides. En 1343, les gens des bonnes villes, les barons et les prélats avaient été convoqués pour voter une taxe; en 1346, après Crécy, les bourgeois de Paris s'étaient chargés d'entretenir à leurs frais pendant six mois quinze cents hommes de guerre. Mais ces contributions en apparence volontaires n'étaient en réalité que des taxes imposées par le pouvoir royal et que le Tiers supportait avec une obéissance passive. Il fallut que les malheurs publics fussent portés à leur comble pour que s'éveillât dans la bourgeoisie ce sentiment d'indépendance, cet esprit frondeur, si l'on peut ainsi parler, et presque révolutionnaire qu'elle allait manifester avec éclat.

Le règne de Jean II s'ouvre pour la France sous de tristes auspices. La trêve avec les Anglais dure encore, il est vrai, mais la reprise des hostilités est imminente. En Bretagne, une guerre acharnée se poursuit entre les maisons de Montfort et de Blois. La monnaie, si souvent altérée depuis un demi-siècle, varie dans la seule année 1351 de cent pour cent[1] ; elle subira plus de 70 variations en dix ans. Enfin, la peste noire a tellement dépeuplé le pays qu'il faut, en 1351, taxer les salaires des gens de métier et les prix des denrées que la surabondance de la demande sur l'offre fait hausser démesurément[2]. Toutes ces calamités avaient aigri l'âme du peuple et cette irritation était partagée par la classe moyenne.

Tel était l'état des esprits lorsque s'ouvrirent les Etats de 1355, auxquels on commença, avant tout débat, par demander des subsides. Ils les accordèrent et votèrent des impôts destinés à assurer pour un an la solde de 30.000 hommes ; mais ils exigèrent en même temps des garanties. Une commission de neuf membres fut chargée de veiller à la perception de l'impôt et fut investie du droit de requérir la force armée ; la valeur du marc d'argent fut limitée à six livres. Enfin, les Etats se déclarèrent périodiques et fixèrent eux-mêmes la date de leur prochaine réunion.

Ces résolutions n'attestaient pas encore, à dire vrai, des intentions bien belliqueuses, et tout se fût borné sans doute à quelques réformes plus ou moins précaires, si un événement considérable n'était venu ouvrir la voie à une

---

1. Le marc d'argent passe de 5 livres 5 sous à 11 livres.
2. *Ordonnances des Rois de France*, t. II, p. 350.

action plus radicale. Le 19 septembre 1356, dans les plaines de Poitiers, la chevalerie française fut taillée en pièces par les Anglais et le roi lui-même fut fait prisonnier.

C'est alors qu'éclate la grande révolution parisienne, dont le véritable caractère est difficile à définir et demeure un des faits les plus remarquables et les plus étranges de notre histoire ; révolution municipale sans doute, mais aussi politique et sociale, dont la victoire eût abouti à une constitution oligarchique comme celle de Venise ou des Pays-Bas et substitué au pouvoir royal le gouvernement de la classe bourgeoise. Il ne faut pas s'y tromper, en effet; ce n'est pas le peuple, bien qu'il prête au mouvement la force aveugle de ses colères et de ses convoitises, c'est la haute bourgeoisie de la Hanse et des métiers qui engage la lutte avec la monarchie; c'est elle qui donne au soulèvement une direction, un mot d'ordre et des chefs[1].

La bourgeoisie avait d'ailleurs son armée toute prête : cette milice bourgeoise convoquée seulement par fractions en temps de paix pour le service du guet, mais mobilisée et tenue en haleine par des convocations journalières en temps de guerre civile ou étrangère. Pour le service de la milice, Paris était divisé en quartiers. Chaque quartier commandé par un quartenier se subdivisait à son tour en cinquantaines (50 feux) et en dizaines (10 feux) commandées par des cinquanteniers et des dizainiers. Dès la nouvelle de la défaite de Poitiers, cette milice avait commencé les préparatifs de défense. On avait flanqué de tours les remparts, agrandi l'enceinte en y comprenant le Temple et le Louvre, tendu des chaînes à l'entrée des rues. Tout s'organisait pour une lutte à outrance. Mais en même temps que l'on s'armait contre l'Anglais, l'orage

1. Etienne Marcel appartenait à une vieille famille de drapiers, probablement la riche famille Marcel si fort imposée en 1292 (*suprà*, p. 178). Ses lieutenants principaux étaient Pierre Gilles, un épicier, Pierre des Barres un orfèvre, et Colart le chaussetier.

grossissait contre le duc de Normandie que la captivité du roi avait investi de la régence.

Le 14 janvier 1357, une dernière altération des monnaies fit éclater l'émeute. Tous les métiers cessèrent à l'instant leurs travaux, descendirent en armes dans les rues et déployèrent leurs bannières à l'image des patrons de chaque corporation. Le duc de Normandie fut tellement effrayé qu'il engagea ses principaux conseillers à s'éloigner ou à se cacher, appela Marcel le lendemain de grand matin et lui déclara qu'il consentait que ladite monnaie n'eût plus cours et que les députés des trois ordres s'assemblassent. L'intervention des métiers avait forcé le pouvoir royal à capituler. Sur l'initiative de Marcel et de l'évêque Le Coq, on confirma le vote de la solde pour 30.000 hommes, mais on prit des précautions contre tout retour offensif du régent ; on donna des escortes de retour aux députés, on décida de se réunir de nouveau à la Quasimodo ; on destitua plusieurs officiers royaux, et on délégua l'autorité exécutive à une commission de trente-six membres (douze par état) qui devint le véritable gouvernement de Paris. Le 3 mars 1357 les Etats généraux rédigèrent leurs requêtes qui, promulguées, devinrent la *Grande Ordonnance*. Les réformes ainsi conquises ne furent du reste jamais appliquées.

Pendant toute l'année 1357, les trente-six se maintinrent au pouvoir et firent face avec énergie à tous les dangers ; mais l'hostilité du duc de Normandie et de la noblesse, encouragée par le roi captif qui voyait avec défiance s'établir une autorité rivale, décida les chefs du mouvement à frapper un grand coup à la veille de la réunion des Etats. Dans la nuit du 8 au 9 novembre 1357, leurs émissaires firent sortir de la prison où il était détenu le roi de Navarre, Charles le Mauvais, et le lendemain, devant plus de dix mille Parisiens convoqués par le prévôt et les jurés des métiers, ce prince, dans une harangue d'une rhétorique étudiée, concluait un pacte solennel avec ses libérateurs.

Les événements qui suivirent et qui remplissent l'année 1358 depuis l'adoption du chaperon pers (bleu et rouge) comme signe de ralliement des Parisiens et l'émeute du 22 février où périrent les maréchaux, jusqu'au meurtre de Marcel par Jean Maillard sont trop connus pour qu'il soit nécessaire d'en faire ici le récit. Mais ce qu'il importe de retenir, c'est que les métiers furent les acteurs principaux de ce grand drame historique. Jusqu'alors en France, l'histoire n'a guère eu à relater que les exploits des rois et des seigneurs, leurs guerres et leurs traités[1]. En 1358 au contraire, les antagonistes de la royauté sont des gens de métier, des *menus* selon l'expression d'alors.

On ne peut nier que ce rôle politique si nouveau pour elle, la bourgeoisie parisienne ne l'ait soutenu jusqu'au bout avec intelligence et courage. Elle commit sans doute des fautes, des crimes même, comme ce meurtre de Robert de Clermont qui, en dépit de toutes les apologies, pèse lourdement sur la mémoire de Marcel; mais elle fit aussi preuve de rares et de précieuses facultés. Cette intelligence des affaires, cet esprit pratique, cette énergie jamais lassée qu'elle avait réservés jusqu'alors à la poursuite d'intérêts purement matériels, elle sut les appliquer à la politique, à la diplomatie, à la guerre. Un simple marchand, l'échevin Toussac, dans la réunion de Saint-Jacques-l'Hôpital osa contredire le chancelier porte-parole du dauphin et entraîna tout un peuple par son éloquence; des hommes du vulgaire : Pierre Gilles l'épicier, Pierre des Barres l'orfèvre tinrent campagne à la tête de colonnes de la milice et rallièrent une partie de l'Ile-de-France à la cause de Paris; enfin Marcel se révéla politique consommé en négociant des alliances à l'extérieur

---

1. Malgré son importance, en effet, l'affranchissement des communes est un mouvement trop complexe et trop discontinu pour mettre en lumière la puissance croissante du Tiers-État.

avec les villes de Flandre[1], à l'intérieur avec Charles le Mauvais et les chefs de la Jacquerie.

Le meurtre de Marcel par le quartenier Maillart fut suivi d'une répression terrible. Les biens de l'ancien prévôt des marchands et ceux de l'évêque Le Coq furent confisqués. Ses principaux lieutenants, Charles Toussac, Pierre Gilles, Jean Godard furent décapités; on revint à la monnaie faible. Toutes les libertés conquises par le parti communal furent supprimées. En vain quelques amis du prévôt et à leur tête le changeur Martin Pisdoë, tramèrent un complot : ils furent découverts et exécutés (30 décembre). La capitale rentra dans l'obéissance et les métiers se renfermèrent pour un temps dans leurs occupations professionnelles.

Au cours de la lutte qu'il avait soutenue contre le régent, Marcel avait déployé les qualités d'un homme d'Etat et poursuivi avec persévérance le triomphe d'une politique bien définie. Les insurrections qui signalèrent le début du règne de Charles VI ne furent, au contraire, que des émeutes violentes mais brèves. La cause de ces troubles est surtout fiscale.

Une première fois, le 15 novembre 1380, lors de l'entrée du roi à Paris, le peuple s'était soulevé à la voix d'un mégissier et avait arraché la promesse, qui ne fut pas tenue, de la remise des droits sur les denrées. Peu après des émeutes éclatent à Rouen, à Orléans, à Amiens, à Troyes, à Béziers. A Rouen ce fut une véritable insurrection. Le duc d'Anjou ayant voulu y mettre un impôt sur les boissons et les draps, « plus de deux cents compagnons des métiers qui travaillaient aux arts mécaniques, égarés

1. « Si, écrivait Marcel aux Flamands, avons bien métier (besoin) de l'aide « de notre Sire (Dieu), de la vôtre et de tous nos bons amis et ceux qui « aideront à défendre le bon peuple, les bons laboureurs et les bons marchands sans lesquels nous ne pouvons vivre, contre ces meurtriers, robeurs « et cruels ennemys de Dieu et de la foy... acquerront plus grand mérite « envers notre Sire que s'ils allaient tous croisés contre les Sarrazins. »

par l'ivresse, saisirent de force un simple bourgeois marchand de drap surnommé Le Gras (Crassum) à cause de son embonpoint, placèrent insolemment son nom en tête de leurs actes et en firent leur roi [1] ». Ils le promenèrent par toute la ville en contrefaisant les acclamations d'usage pour les entrées royales, massacrèrent les agents du fisc et pillèrent leurs biens (octobre 1381). L'ordre ne fut rétabli qu'en février 1382.

Réprimée à Rouen, la révolte éclata de nouveau à Paris; elle fut terrible. Le roi ayant rétabli l'impôt du douzième denier sur les denrées, le premier percepteur qui se présenta aux halles pour percevoir la taxe fut mis en pièces. On força les portes de la Maison de ville pour y prendre des armes et des maillets, et des massacres horribles commencèrent : on se rua sur les Juifs, particulièrement détestés du peuple qu'ils rançonnaient, et on en fit un affreux carnage : un malheureux fut égorgé dans l'église Saint-Jacques, jusque sur l'autel de la Vierge. La bourgeoisie cette fois — sauf peut-être les bouchers — avait pris peu ou point part à la révolte, œuvre d'une populace furieuse; l'ancien prévôt, Hugues Aubriot, avait refusé, au péril de sa vie, de se mettre à la tête des émeutiers. La milice bourgeoise, convoquée par ses chefs, avait veillé toute une nuit pour protéger des quartiers que menaçaient les révoltés [2]. Les bourgeois n'en supportèrent pas moins la peine de ces excès et furent enveloppés dans la même répression. Trois cents d'entre eux furent incarcérés; un orfèvre et un dra-

---

1. *Religieux de Saint-Denis* (Collection des Documents inédits), I, p. 131
2. Comme de nos jours pour la Commune de Paris, beaucoup d'artisans avaient été contraints par la misère ou l'intimidation de se joindre aux insurgés. Un nommé Adam Pelerin, ouvrier d'ymagerie, inquiété comme ayant fabriqué des maillets pour les révoltés, obtint plus tard des lettres de rémission sur ce « qu'il n'avait alors aucune besogne dont il eust de quoy vivre » et avait dû travailler à faire ces maillets « pour sa vie et sustentation ». (*Choix de pièces inédites du règne de Charles VI*, par M. Douet d'Arcq, p. 49.)

pier furent pendus les premiers, puis douze autres, dont un ancien ami de Marcel, Nicolas Flamand. En même temps, un édit[1] supprimait la prévôté des marchands, l'échevinage, les confréries, les compagnies de la milice. Le prévôt de Paris hérita du pouvoir du prévôt des marchands ; des jurés nommés par le prévôt avec le conseil *de ceux que bon lui semblera* remplacèrent, dans tous les métiers devenus de simples groupements administratifs, les jurés élus par les maîtres. On rétablit l'impôt de douze deniers par livre sur les denrées, et on multiplia les confiscations et les amendes. Ces rigueurs devaient être éphémères ; en 1412, la prévôté des marchands était réinstituée. Dès février 1388, une ordonnance[2] avait rétabli la grande boucherie.

Le droit de hanse, la compagnie bourgeoise, tous les privilèges de la marchandise de l'eau furent rétablis par une ordonnance du 10 septembre 1409[3]. Peu à peu les corporations rentrèrent dans l'exercice de leurs privilèges, les confréries se reconstituèrent et il ne resta plus de traces des ordonnances de 1382.

L'insurrection des Cabochiens est la troisième grande manifestation populaire de cette période. Elle se distingue des précédentes par son caractère. La révolution de 1357 a été l'œuvre de la haute bourgeoisie parisienne, des riches marchands de la Hanse et des métiers ; la révolte des Maillotins (1382) a été surtout l'œuvre de la populace ; l'insurrection cabochienne offre ce trait particulier qu'elle

---

1. « Qu'en notre dite ville de Paris n'ait dores en avant aucuns maîtres de mestier ou communautés comme le maître et communautés des bouchers, les maîtres des mestiers de change, d'orfèvrerie, draperie... qu'en chacun mestier seront esleuz par notre dit prévôt certains preudomes dudit mestier pour visiter iceluy... et defendrons que dores en avant ils ne fassent assemblée aucune *par manière de confrérie ou autrement, excepté pour aller en l'Eglise et en revenir.* » (Art. 3, Ordonnance du 27 janvier 1382 — 1383, nouveau style — *Ord. des Rois de France*, VI, 685.)

2. *Ordon. des Rois de France*, VII, 179.

3. *Id.*, IX, 463.

est avant tout l'œuvre d'une corporation, la plus puissante de toutes, il est vrai : celle des bouchers.

Cette profession de la boucherie était, nous l'avons dit, l'apanage héréditaire d'un petit nombre de riches familles : les Legoix, les Saint-Yon, les Thibert, qui avaient à leur service toute une armée de valets, toucheurs de bœufs, écorcheurs, étaliers, gent vigoureuse et brutale, prête à toutes les besognes sanglantes, admirable instrument pour un coup de force ; les maîtres de cette population de bouchers, bien que leur fortune en fit des bourgeois considérables, exerçaient toujours en personne leur rude profession et gardaient ainsi tout leur ascendant sur leurs subordonnés. Conduit par de tels hommes, le mouvement devait avoir un caractère particulièrement violent et redoutable ; on ne déchaîne pas impunément ces masses sauvages et ignorantes et leur élan ne s'arrête pas à volonté. Mais en dépit des atrocités dont se rendit coupable la lie des écorcheurs, cette insurrection ne fut pas comme celle des Maillotins une émeute sans portée et sans lendemain ; ses chefs obéissaient à un plan et poursuivaient la réalisation d'idées parfaitement définies.

En 1411, la France était partagée en deux partis : celui du duc de Bourgogne, Jean sans Peur, et celui des Armagnacs qui avaient épousé la cause des fils du duc d'Orléans assassiné sept ans plus tôt par Jean sans Peur. Diverses tentatives de conciliation avaient échoué, lorsque en juillet 1411 les Armagnacs se répandirent dans les environs de Paris, incendiant les villages et dévastant tout sur leur passage.

C'est alors qu'au milieu de l'épouvante de la haute bourgeoisie et des partisans des Armagnacs les bouchers entrèrent pour la première fois en scène[1]. On venait de

---

1. Une sorte de surexcitation entretenue par les malheurs publics paraît du reste avoir favorisé cette révolte. « A Paris depuis 1382 le monde des

nommer capitaine de la ville le comte de Saint-Pol, l'ami du duc de Bourgogne. Les bouchers conduits par les Legoix et par l'écorcheur Caboche lèvent un corps de 500 valets bouchers auxquels se joignent des milliers d'artisans des industries du cuir : tanneurs, corroyeurs, pelletiers. On assassine les bourgeois suspects de sympathie pour les Armagnacs ; plus de trois cents s'expatrient (août). Enfin, on adopte pour signe de ralliement un chaperon bleu traversé par la croix blanche de Bourgogne. Les Armagnacs sont repoussés et Saint-Cloud dont ils avaient réussi à s'emparer leur est repris.

L'année 1412 se passa à Paris dans une tranquillité relative et le traité de Bourges, conclu entre les deux partis, put un instant faire espérer la paix. Mais un autre péril menaçait le royaume. On apprit bientôt le débarquement à la Hogue du duc de Clarence et de huit mille Anglais. Il fallut se préparer à la guerre. Les Etats furent convoqués pour janvier 1413, mais après des discussions passionnées se séparèrent le 7 février sans rien résoudre.

Deux mois s'écoulèrent au milieu d'agitations stériles. Le duc de Guienne, croyant alors l'occasion propice, tenta un coup de force et rappelant Pierre des Essarts, l'ancien prévôt secrètement acquis aux Armagnacs, l'introduisit dans la Bastille.

A cette nouvelle éclata une émeute qui rouvrit l'ère des violences et livra Paris à une faction. Sous la conduite des deux frères Legoix, des écorcheurs Denys de Chaumont et Simon Caboche, les bouchers forcent les échevins à destituer le prévôt des marchands, un de ces Gencien dont la famille remontait aux plus anciens temps de

métiers est agité, organisé, d'une sensibilité extrême ; il se soulève à la moindre alerte. A sa tête est la grande corporation des bouchers audacieuse et brutale avec une clientèle fidèle de petits métiers. Ces gens ont des haines violentes. Flattés par le duc de Bourgogne, ils ont en aversion le duc d'Orléans. » (*La guerre de cent ans*, par M. COVILLE dans l'*Histoire générale de France* de LAVISSE et RAMBAUD, t. III, p. 133.)

notre histoire municipale, et à le remplacer par un homme à eux, André d'Epermenil. Le lendemain une foule furieuse attaquait la Bastille et allait la prendre d'assaut quand le duc de Bourgogne s'interposa et calma les esprits en obtenant que des Essarts se constituât prisonnier.

Enhardie par ce succès, l'audace des bouchers ne connut plus de bornes. Ils s'unirent aux cités flamandes qui leur envoyèrent des ambassadeurs et répudièrent le chaperon bleu pour le chaperon blanc des Gantois. La haute bourgeoise de la Hanse et des métiers, suspecte à bon droit de peu de sympathie pour le nouveau gouvernement, fut durement frappée : soixante gros bourgeois furent incarcérés ; l'ancien prévôt des Essarts et deux de ses amis subirent le dernier supplice ; de lourdes contributions furent imposées aux riches marchands ; on ne respecta même plus le duc de Guienne qu'une bande de révoltés alla jusqu'à insulter publiquement (9 juillet).

Cependant cette tyrannie d'en bas commençait à exciter, non seulement chez les riches bourgeois, mais encore dans la classe moyenne et dans nombre de métiers, qui n'étaient pas, comme les bouchers et les tanneurs, directement engagés dans le mouvement, des inquiétudes et une colère grandissantes ; tout commerce était suspendu ; la misère était générale. Déjà plusieurs conciliabules avaient été tenus entre cinquanteniers et dizainiers. Enfin, à la nouvelle de la réconciliation intervenue entre les ducs de Bourgogne et d'Orléans, une grande assemblée de notables décida la paix (2 août). En vain Simon Caboche et Denys de Chaumont tentèrent-ils de résister. Tous les gens de métier sous les ordres du marchand Pierre Aymeric se joignirent aux troupes du duc de Guienne, aux cris mille fois répétés de : « Nous voulons la paix ! » Caboche et ses lieutenants durent s'enfuir de Paris ; comme toujours, les soldats obscurs payèrent pour les chefs de la rébellion et de nombreuses exécutions furent ordonnées par les vainqueurs.

Ainsi prit fin cette domination des bouchers qui, pendant deux années, avait pu, grâce à la complicité de la populace, s'imposer à la ville. Bien que déshonoré par des excès de tout genre, ce règne des bouchers avait été signalé par une œuvre que la défaite finale de cette révolution emporta avec elle, mais qui eût mérité, à bien des égards, un meilleur sort : l'ordonnance cabochienne où se trouve esquissé tout un plan de réformes dont beaucoup devaient se réaliser dans l'avenir.

L'insurrection cabochienne est, pour la période qui nous occupe, la dernière manifestation politique à laquelle les métiers de Paris aient pris une part collective; les événements de la fin du règne de Charles VI et du règne de Charles VII relèvent exclusivement de l'histoire politique. Il n'est pas malaisé toutefois de conjecturer quels durent être les sentiments des gens de métier dans des temps si troublés. L'unanimité des artisans, toute la petite et la moyenne bourgeoisie des métiers demeurèrent passionnément attachées au parti bourguignon[1]; la haute bourgeoisie au contraire, c'est-à-dire les bourgeois hansés et l'aristocratie des métiers, penchaient plus ou moins ouvertement pour les Armagnacs. Perrinet Le Clerc, lorsqu'il livra Paris, en 1418, au duc de Bourgogne, était d'accord, il n'est guère possible d'en douter, avec le sentiment de la majorité de ses concitoyens, et la haine contre les Armagnacs était telle que la masse de la population parisienne accueillit tout d'abord les Anglais en amis. Il en fut autrement des gros marchands. Tandis que les anciens Cabochiens sont comblés de faveurs par Henri VI d'Angleterre, qui accorde des rentes aux Saint-Yon et aux

---

1. Le chant préféré des Parisiens avait pour refrain ces paroles : « Duc de Bourgogne, Dieu te remaint (conserve) en joye ! » Cette chanson était encore populaire à Paris sous Louis XI.

Legoix, nombre de marchands parisiens furent punis par la confiscation de leurs biens, pour avoir embrassé le parti du dauphin et avoir quitté Paris livré aux Anglais. Parmi les noms de ces bourgeois royalistes et patriotes on relève ceux d'Etienne de Bonpuits, pelletier et fournisseur du duc de Berry, ancien échevin, dont les biens furent donnés à l'Anglais Gregory ; de Renault Pis d'Ouë changeur, ancien échevin dont l'hôtel, rue des Bourdonnais, échut à Jean de Hereford ; de Pierre Le Coq, frère du prévôt des marchands, et toute cette noble famille des Gencien si inébranlable dans son loyalisme.

Les années de la domination anglaise furent dures pour Paris : la désolation causée par les guerres dans tout le royaume avait engendré la misère et la famine ; le setier de blé monta en 1420 jusqu'à 16 et même 30 livres, et, dit le *Bourgeois de Paris*, « povres gens ne mangeaient point de pain que chous et naveaux et tels potages sans pain ni sel. Et sur les fumiers parmi Paris puissiez-vous voir cy dix, cy vingt enfants qui mouroient de faim ou de froid ; et n'estoit si dur cueur qui par nuyst les ouist crier : « hélas ! je meurs de faim ! » qui grand pitié n'eust ». C'est l'époque de la danse macabre, cet effrayant symbole de la douleur populaire.

De meilleurs jours allaient enfin luire. Comment, à l'heure la plus sombre, une intervention divine suscita la vierge qui devait être la libératrice et la sainte de la patrie, comment des prodiges inexplicables pour le scepticisme furent accomplis par cette paysanne au cœur pur et à l'âme vaillante qui était la Pucelle de Domremy, c'est là une miraculeuse histoire que nul Français n'ignore et que l'un de nos plus grands écrivains, Michelet, a retracée dans un inoubliable récit. Il ne nous appartient pas de redire cette sublime épopée : qu'il nous soit cependant permis, après avoir enregistré les défaillances passagères des Parisiens aveuglés par leurs sympathies pour la cause bourguignonne, de constater que la grande ville sut se reprendre et redevenir française par le cœur bien avant que l'Anglais n'eût été chassé de ses murs. Dès 1430, nombre de bourgeois, dont Jean de Calais, Guillaume du Loir, orfèvre, Jacquet Perdriel complotent une première fois l'expulsion de l'étranger. En 1434, Jean Trotet, boulanger, Vincent de Beaubourgeois et l'orfèvre Gossouin de Luët conspirent de nouveau pour Charles VII. L'évolution des esprits était complète, quand en 1436 le connétable de Richemont se présenta aux portes de la ville qui lui furent ouvertes par un ancien proscrit, le bon bourgeois Michel Laillier. Ce fut le signal d'une insurrection générale. Unis dans un même sentiment, les deux partis se réconcilient; Bourguignons et Armagnacs combattent côte à côte. Assiégée dans la Bastille, la garnison anglaise capitule bientôt à condition de pouvoir se retirer librement et d'universelles acclamations saluent le retour des fleurs de lis.

CHAPITRE II

HISTOIRE LÉGISLATIVE DES MÉTIERS DE 1328 A 1461

Le *Livre des Métiers* de Boileau avait été la première codification législative des règlements corporatifs; mais cette première intervention de l'autorité royale devait être suivie de toute une série d'actes législatifs dont l'histoire n'est pas moins indispensable à connaître pour l'étude de notre institution que celle des événements politiques auxquels la corporation fut mêlée. Ce fut tout d'abord, sous le règne de Philippe le Bel, l'ordonnance du 7 juillet 1307[1] dont il a déjà été traité (suprà p. 90, note 1), puis en 1312 une nouvelle ordonnance (*Ord. des Rois de Fr.*, I, p. 514) disposant que dans chaque bonne ville où il y aura plusieurs marchands d'avoir de pois (vendeurs de marchandises au poids telles que les épices), le commun du métier devra élire un maître et trois gardes du métier. Ces prescriptions du reste, ne furent pas exécutées.

Le règne de Philippe VI débute par deux ordonnances, l'une du 18 mars, l'autre du 29 novembre 1330. De grandes contestations s'étaient élevées sur divers points du royaume entre maîtres et ouvriers au sujet de la prétention émise par ces derniers de ne commencer le travail qu'à l'heure de primes et de le cesser à l'heure de complies au lieu d'arriver au lever et de ne partir qu'au coucher du soleil.

---

1. Les dispositions de cette ordonnance de 1307 sont reproduites dans des lettres de Gilles Haquin prévôt de Paris du 19 janvier 1322 (LESPINASSE, *Métiers et corporations de la Ville de Paris* XIV-XVIIIe siècles, t. I, p. 1). Ces lettres permettent d'ouvrer même de nuit et d'avoir autant d'apprentis, à tels temps et pour telle somme que l'on voudra.

Les compagnons se réservaient ainsi, tout en exigeant le salaire habituel, plusieurs heures de loisir qu'ils employaient à travailler pour leur compte. L'ordonnance du 18 mars 1330 [1] déjoua cette manœuvre et ordonna de punir sévèrement les coupables.

L'ordonnance du 29 novembre 1330 [2] a pour but de résoudre des difficultés d'un autre ordre. Les continuelles variations de la valeur des monnaies étaient la cause de querelles fréquentes entre les marchands, leurs clients et leurs valets : chaque partie prétendait exiger de l'autre la monnaie forte et la payer par contre en monnaie faible. Le roi ordonna donc de fixer d'après la valeur comparative des deux sortes de monnaies le taux de la journée de travail et le prix des vivres et denrées. Signalons enfin (*Ord. des R. de Fr.*, II, 189) une ordonnance de septembre 1343 motivée par le renchérissement du prix du pain en Auvergne. Il fut interdit d'acheter du pain pour le revendre, d'acheter aucuns grains si l'on n'était boulanger, etc.

L'œuvre législative de Jean le Bon (1350-1364) est, au point de vue de l'industrie, beaucoup plus importante que celle de son prédécesseur. C'est en effet sous son règne que fut promulguée sur la police du royaume la célèbre ordonnance de février 1351 (*Ord. des Rois de France*, II, 350). Cette ordonnance renferme 227 articles dont les dispositions principales peuvent être ainsi résumées :

1º Fixation des prix de vente des denrées nécessaires à l'alimentation (pain, vin, poisson), et de divers objets fabriqués, notamment des souliers [3]. Les tailleurs de robes ne pourront prendre pour faire et tailler des robes de la commune et ancienne guise, de surcot, cotte et cha-

1. *Ordonnances des Rois de France*, XII, 521.
2. *Ibid.*, II, 58.
3. Le panier de poisson est taxé à 6 deniers parisis et le mille de harengs à douze deniers (art. 100) ; les souliers d'homme à 2 sols 4 deniers, ceux de femme à 2 sols au plus (art. 157).

peron que V sols *et non plus* (tit. xxxii); chaussetiers ne pourront prendre pour la façon d'une paire de chausses d'hommes que VII deniers; de femme ou enfant que IV deniers. Cette ordonnance est une véritable loi du maximum. Elle entre de plus dans le détail de la fabrication et détermine par exemple le poids des diverses sortes de pain. Des officiers sont investis ou plutôt confirmés dans le droit exclusif de mesurer le blé, la farine, et de vendre le vin (tit. v, vii et viii).

2º Fixation des salaires des artisans et gens de métier. La peste ayant fait de nombreuses victimes, le prix de la main-d'œuvre avait considérablement haussé. L'ordonnance interdit tant aux valets servant à l'année qu'aux ouvriers servant à la journée d'exiger plus du tiers des salaires que l'on payait avant la mortalité (tit. l, art. 2 et 3). Une clause spéciale limite à deux sols par vingt sols ou dix pour cent, le bénéfice que peuvent prélever sur les objets qu'ils vendent les marchands non ouvriers, c'est-à-dire simple-revendeurs (tit. lii, art. 1). Les femmes qui se louent comme ouvrières dans Paris, ne peuvent se faire payer que douze deniers sans dépens, c'est-à-dire non nourries, ou six deniers avec dépens (tit. lii, art. 2)[1].

3º Toujours en raison du manque de main-d'œuvre consécutif à la peste, on permet à tous les maîtres d'avoir autant d'apprentis qu'ils voudront « *à temps convenable et à prix raisonnable* » (tit. li, art. 1). C'est là une importante modification aux anciens règlements; l'ordonnance de 1307 avait, il est vrai, déjà introduit cette réforme, mais elle était restée lettre morte.

4º Certaines clauses restreignent et vont même parfois

---

1. « Les maçons et les couvreurs de maisons ne prendront de la Saint-Martin d'hiver jusqu'à Pâques que XXVI deniers par journée et leur ayde que XVI deniers et non plus; et de Pâques jusqu'à la Saint-Martin que XXXII deniers et l'ayde que XX deniers et semblablement tailleurs de pierres et charpentiers et leurs aydes (titre xxxvii). »

jusqu'à annihiler le pouvoir des officiers de la corporation en les plaçant sous le contrôle d'officiers nommés par le prévôt. Ainsi le prévôt de Paris ou l'un de ses auditeurs nomme chaque année quatre prud'hommes non talemeliers, lesquels procèdent à la visite du pain et visitent deux fois par semaine les boulangeries (tit. ii, art. 5).

5° On protège contre la corporation les marchands forains. Ils pourront librement introduire leurs denrées dans Paris et les porter aux Halles ; les jurés des métiers ne pourront les troubler sous prétexte que leur marchandise est mauvaise, sans appeler le prévôt, l'un des auditeurs du Chatelet, le prévôt des marchands et le procureur du roi (tit. xiv).

6° Enfin, l'ordonnance renferme diverses dispositions professionnelles, l'interdiction d'être à la fois marchand ou courtier (tit. vi, art. 18), l'obligation de fournir caution pour s'établir poissonnier (tit. viii, art. 14), l'interdiction de s'associer pour ce métier (tit. viii, art. 15 et 16), etc.

Telle est l'économie de cette grande ordonnance de 1350, dont l'idée dominante paraît avoir été de favoriser le relèvement du commerce, bien moins dans l'intérêt des marchands que dans celui du public. La preuve évidente que tel est bien l'esprit qui anime le législateur de 1351 se trouve dans son œuvre même. Il fixe, il est vrai, un maximum pour les salaires et supprime la limitation du nombre des apprentis ; mais ces clauses ont pour but, non pas tant de favoriser les maîtres que d'amener indirectement la baisse du prix des denrées. L'ordonnance n'hésite pas, en effet, à taxer le prix de vente des marchandises, à protéger les marchands forains contre les tracasseries des jurés, à assujettir les métiers à la surveillance rigoureuse du prévôt : toutes mesures qui révèlent un souci évident d'empêcher les marchands d'exploiter le public. On respecte sans doute les privilèges des corporations ; mais on sent déjà poindre la défiance que leur puissance croissante a éveillée et que leur participation à la révolution de 1358 allait bientôt justifier[1].

1. Dans son ouvrage : *Das französische Gewerberecht vom dreizehnten Jahrhundert bis 1581* (Leipzig, Duncker, 1899. — Staats und Socialwiss. Forschungen, Bd. XVII, Heft 2), M. EBERSTADT prétend avoir été le premier à interpréter sainement l'Ordonnance de 1351 à laquelle les auteurs français n'auraient rien compris. N'étant pas personnellement pris à partie, nous n'avons pas à présenter ici la défense des historiens mis en cause par M. Eberstadt, ni à rechercher si vraiment ils ont pu voir dans l'Edit de 1351 la proclamation de la liberté du travail dans le sens même où cette liberté sera affirmée par Turgot dans l'Edit de 1776. Dans tous les cas, longtemps avant la publication du livre de M. Eberstadt, le caractère purement contingent de l'Edit de 1351 avait été mis en évidence, notamment par M. Fagniez qui écrivait dès 1877 (*Etudes sur l'industrie et la classe industrielle à Paris au XIIIe siècle*, Paris, Vieweg, p. 60): « Une ordonnance de Philippe le Bel rendue le 7 juillet 1307 permit d'avoir plusieurs apprentis et de fixer librement le prix et la durée de l'apprentissage. Cette libérale mesure ne fut sans doute pas appliquée, car on voit en 1351 le roi Jean établir de nouveau en cette matière la liberté des conventions. Mais l'ordonnance de 1351 fut une œuvre de circonstance. La peste de 1348 avait diminué l'offre et augmenté le prix du travail; pour atténuer les effets de la dépopulation l'ordonnance supprimait les entraves qui s'opposaient à l'accroissement du nombre des ouvriers et taxait les salaires. *Le législateur ne voulait que pourvoir à une situation transitoire et nous croyons que même pendant la crise il ne réussit pas* plus à faire prévaloir la liberté dans le contrat d'apprentissage qu'à faire respecter ses tarifs. » Nous sera-t-il permis de rappeler que nous écrivions nous-même en 1897 dans la première édition de ce livre (p. 209) la phrase que l'on peut du reste encore lire ci-dessus : « *On respecte sans doute les privilèges des corporations; mais on sent déjà poindre la défiance que leur puissance croissante a éveillée ?* »

On a peine, par contre, à comprendre comment M. Eberstadt a pu écrire ces lignes : « L'Ordonnance n'est pas autre chose qu'une compilation, une codification du droit en vigueur. » « Das Gesetz erweist sich als nicht anderes als eine Kompilation, eine Zusammenstellung des geltenden Rechts » (p. 175). La grande majorité des dispositions de l'Ordonnance se réfère en effet à la taxation du prix des denrées, marchandises et salaires, taxation motivée par le renchérissement général amené par la peste. Comment ces mesures pourraient-elles être la reproduction d'une réglementation antérieure aux circonstances mêmes qui les ont inspirées?

Enfin M. Eberstadt exagère quand il prétend voir dans cette Ordonnance (simple compilation d'après lui cependant), la première affirmation du droit d'intervention royale dans la législation des métiers. La royauté dès le XIIIe siècle exerçait un pouvoir supérieur de surveillance sur les métiers et pouvait approuver ou désapprouver leurs statuts. Le pouvoir législatif de

L'ordonnance du 6 mars 1364¹ eut pour but de mettre fin à divers abus qui s'étaient introduits dans le service du guet. Comme sous saint Louis, les clercs du guet commandaient à tour de rôle chaque métier dont le service revenait toutes les trois semaines. Les quarante ou cinquante hommes commandés étaient répartis sur divers points : six hors du guichet du Châtelet, six dans la rue à la Pierre du Châtelet², six sous les piliers de la Grève, etc. Mais il arrivait souvent que des bourgeois, peu satisfaits de cette faction, quittaient tout simplement leur poste pour aller se coucher³. Les clercs en exercice furent révoqués pour cause de négligence et il fut prescrit que le guet permanent, composé de 26 sergents à pied, 20 à cheval et commandé par un chevalier, ferait des rondes pour s'assurer de la vigilance des postes⁴. En 1368 le nombre des sergents à pied fut porté à 40. Dix hommes à cheval et 20 à pied faisaient alternativement le service de deux jours l'un. Un homme à pied recevait par jour 12 deniers; un cavalier (qui devait nourrir sa monture) 2 sous 6 deniers.

Enfin, des lettres patentes du 25 septembre 1372 décidèrent que le prévôt de Paris serait seul chargé d'inspecter les métiers, à l'exclusion de tous autres magistrats⁵.

Le monument législatif le plus important du règne si

l'Etat s'étendit, il est vrai, et se manifesta pour la première fois au XIVᵉ siècle par des ordonnances générales; mais il avait toujours existé.

1. *Ordonnances des Rois de France*, III, 668.
2. La pierre du Châtelet était placée près du Châtelet et du Petit Pont ; c'est sur cet emplacement que se vendait le poisson d'eau douce.
3. L'ordonnance indique comme l'une des consignes du guet l'obligation de donner l'alarme si le feu était mis par aucuns malfaiteurs ou éclatait d'aventure, de protéger les bourgeois contre les roberies (vols) meurtres, efforcements et ravissements de femmes. Il paraît que déjà alors certains Parisiens déménageaient à la *cloche de bois « comme des hôtes et hôtesses qui de nuit vuidaient les maisons et hostels qu'ils tenaient à loiers pour défrauder leurs hôtes ».*
4. *Ibid.*, V, 526
5. Il est probable que le prévôt des marchands lui disputait ce droit.

troublé de Charles VI est le règlement de février 1415 sur la prévôté des marchands et sur la police des métiers. Ce règlement confirme le droit de compagnie française, c'est-à-dire l'obligation pour tout navire remontant la Seine de s'arrêter au pont de Mantes et d'y prendre compagnie d'un bourgeois hansé; les navires allant d'amont en aval pouvaient arriver jusqu'en dessus des ponts de Paris, mais non les franchir sans compagnie (art. 1 à 2 — 41 à 74). Les privilèges des divers officiers peseurs et mesureurs sont confirmés (art. 23, 24, 75, 104); on en crée même de nouveaux : mesureurs d'oignons, de noix, de guède.

Bien différent en cela des soulèvements de 1358 et 1382, celui de 1412 n'avait pas excité les défiances de la royauté contre les métiers en général. Les bouchers seuls eurent à souffrir de la réaction. Le 13 mai 1416, on prescrit au prévôt de démolir la Grande Boucherie et le 22 août on abolit leur communauté : la peur qu'ils inspiraient était encore telle, malgré leur défaite, que l'on n'osa donner le vrai motif de ces mesures. On invoqua pour justifier la première l'intérêt de la salubrité publique et pour la seconde le souci d'éviter les frais qu'entraînaient les réceptions. On supprima aussi l'hérédité des étaux, en se fondant sur les abus commis par certains bouchers dont les fils avaient été reçus maîtres dès l'âge de sept ou huit ans. Les bouchers allèrent vainement réclamer en corps le maintien de leurs privilèges; mais leur revanche ne se fit pas attendre. En août 1418, les Bourguignons vainqueurs rétablirent la communauté et relevèrent la Grande Boucherie[1].

Un grand nombre de corporations avaient reçu des statuts nouveaux, ou vu confirmer leurs anciens statuts au cours de cette période (1328-1461). Citons les principales :

1. *Ordonnances des Rois de France*, X, 468.

Epingliers, 1336 — Apothicaires, 1353 — Orfèvres, 1355 — Lormiers, 1357 — Teinturiers, 1359 — Chirurgiens et Poulaillers, 1364 — Taverniers, 1365 — Barbiers, 1371 — Coutiers, 1372 — Bouchers, 1381 — Oublieurs, 1397 et 1406 — Boursiers, 1398 — Tonneliers, 1400 — Tailleurs, 1402 — Mégissiers, 1407 — Boulangers et Meuniers, 1439 — Potiers de terre, 1456[1].

La plupart de ces statuts confirmés se bornent à reproduire les dispositions du *Livre des Métiers* avec quelques modifications de détail. Quelques faits nouveaux doivent pourtant être signalés :

1º Certaines professions autrefois confondues avec d'autres, sont érigées en métiers indépendants ou tout au moins reçoivent des statuts particuliers. Tels les apothicaires[2], que l'on ne distinguait pas auparavant des épiciers, comme le prouvent des lettres patentes de 1336 (*Ordonn. des Rois de France*, II, 116), et à la tête desquels on place un maître du métier assisté de deux maîtres en médecine et de deux apothicaires. Il faut pour être reçu maître savoir lire les recettes, dispenser et confire; on doit en outre jurer d'observer les statuts du métier et de se soumettre aux prescriptions d'un Codex appelé Antidotaire Nicolas. En même temps, les chirurgiens[3] reçoivent des statuts distincts des barbiers auxquels ils sont cependant unis en principe : on les soumet à des examens spéciaux. Par contre, les émouleurs de grandes forces, dotés de statuts en 1407[4], ne sont pas une communauté nouvelle : ces artisans ne sont autres en effet que les forcetiers organisés en métiers dès 1288.

2º Les statuts des bouchers[5] de 1381 font connaître la

1. *Ibid.*, IV, 124; II, 532; III, 10, 183, 369; IV, 490, 499, 591; V, 440, 546; VIII, 151, 316, 368, 545; IX, 210; X, 46; XIII, 304; XIV, 414.
2. *Ordonnances des Rois de France*, II, 352 (année 1353).
3. IV, 499, année 1364.
4. X, 269.
5. VI, 591.

curieuse réglementation de ce métier. Le maître de la boucherie élu par douze délégués a sous ses ordres quatre jurés chargés des affaires financières. La corporation avait fait des emprunts pour la sûreté desquels elle avait constitué sur la Grande Boucherie des rentes, valeur alors très recherchée. Comme chaque boucher a droit à une part des revenus communs, on s'empresse de faire recevoir son fils. Le récipiendiaire offre un *abraivement* (à boire) et un *past* (dîner) aux jurés et aux maîtres.

3º On s'efforce de maintenir la solidarité entre les maîtres : chez les tailleurs, il est défendu d'achever sans la permission des gardes un habit commencé par un confrère; chez les mégissiers, il est enjoint à celui qui emploie trois valets d'en prêter un à son confrère en cas de besoin.

CHAPITRE III

HISTOIRE INTÉRIEURE DES CORPORATIONS. — CONDITION ÉCONOMIQUE DE L'ARTISAN. — COMPAGNONNAGE. — CHEF-D'ŒUVRE. — HIÉRARCHIE ENTRE LES CORPORATIONS.

La classe industrielle et ouvrière eut à traverser au XIVe siècle une grave crise. La peste de 1349 avait décimé la population et amené un renchérissement considérable de toutes les denrées : les salaires s'élevèrent, eux aussi, notablement et l'ordonnance de février 1351, ainsi qu'on l'a vu, dut les limiter. D'après cette Ordonnance[1] les maçons gagnaient alors de 26 à 32 deniers par jour (t. XXXVIII), les meilleurs ouvriers seyeurs de grains (t. XVII) deux sols six deniers, les vignerons (tailleurs ou foueurs de vignes), de 18 à 12 deniers l'hiver, de 2 sous 6 deniers à 2 sous l'été (t. XVI), et cependant l'ouvrier avait peine à vivre. Sous le règne déplorable de Charles VI, et pendant la première moitié du règne de Charles VII, la condition des classes laborieuses empira et la détresse fut grande. Le triomphe de la cause royale et le rétablissement de la paix mirent enfin un terme aux souffrances des humbles. Le prix des denrées d'alimentation s'abaissa et une ère relativement calme et prospère s'ouvrit pour le peuple. Quelques salaires d'ouvriers de métiers au XIVe et au XVe siècle[2], et quelques prix des principales denrées

---

1. *Ordonnances des Rois de France*, II, 350 et suiv.
2. D'après M. D'AVENEL (*Histoire économique de la propriété des salaires*,

nécessaires à la vie permettront au lecteur de se faire une idée de la condition économique de l'ouvrier à cette époque. Les salaires rapportés sont ceux d'artisans employés à des travaux importants et paraissent avoir été des *maxima*.

En 1361, à Bayeux, deux charpentiers : Philippe Labbé et Guillaume du Pressoir reçoivent 50 sous tournois pour 5 jours de travail [1], soit 5 sous (2 francs 22 au pouvoir intrinsèque de l'argent, 6 francs 66 au pouvoir d'échange) pour chacun d'eux et par jour.

En 1378, un maçon reçoit 34 sous parisis pour avoir ouvré avec son valet six jours en l'église de Mantes [2]. En 1380, pour une journée de travail, Thomassin le maçon reçoit 4 sous pour lui et 15 deniers pour chacun de ses deux manœuvres [3].

Le 2 mars 1405, Jehan, le couvreur, plâtrier, reçoit du vicomte du Pont-de-l'Arche 12 livres 16 sous tournois, pour

des denrées et de tous les prix en général, t. I, 62, la valeur intrinsèque de la livre tournois aurait été :

De 1321 à 1350, de	12 francs 25
De 1351 à 1360, de	7 — 26
De 1361 à 1389, de	8 — 90
De 1390 à 1410, de	7 — 53
De 1411 à 1425, de	6 — 85
De 1426 à 1445, de	6 — 53
De 1446 à 1455, de	5 — 69

La dépréciation de la valeur d'échange de l'argent aurait été, d'autre part :

De 1301 à 1350, de	3 1/2
De 1351 à 1375, de	3 —
De 1376 à 1400, de	4 —
De 1401 à 1425, de	4 1/4
De 1426 à 1450, de	4 1/2

Ainsi, pour évaluer en monnaie moderne et au pouvoir réel de l'argent une livre tournois en l'an 1400, il faut multiplier par quatre la valeur intrinsèque de cette livre à cette date (7 fr. 53); en 1400, la livre tournois, au pouvoir réel de l'argent, vaut donc 30 fr. 12 centimes.

1. *Archives Nationales*, KK, 1338, n° 9.
2. *Ibid.*, n° 25.
3. *Ibid.*, 1339, n° 8. En 1394 à Chartres les garçons tailleurs recevaient un salaire annuel de 60 sous (statuts du 19 février 1394 confirmés en 1485 *(Ord. du R. de Fr.*, XIX, 485). Voir aussi Aclocque. *Les Corporations à Chartres*. Picard, 1917, p. 85.

avoir travaillé 32 jours avec deux valets ouvriers et un aide [1].

En juillet 1431, cent vingt journées d'un maçon employé aux travaux du château de Caen sont payées à raison de 4 sous 2 deniers tournois par jour ; vingt-trois journées d'un maçon apprenti sont payées à raison de 3 sous 4 deniers par jour ; un valet serviteur pour aider les maçons reçoit 3 deniers par jour [2].

En 1442, une journée de jardinier se payait à Evreux un sol ; en 1450, au siège de Cherbourg, une journée de maçon ou de charpentier se payait cinq sols (salaire exceptionnel) [3].

Enfin à Paris en 1444, la moyenne de la journée d'ouvrier était de deux sols par jour [4].

Que valaient les denrées nécessaires à la vie pendant cette période 1328-1461 ? D'après M. d'Avenel, le prix des denrées nécessaires à la vie aurait subi pendant cette période des fluctuations considérables. « La vie était chère sous Charles V, et les contemporains s'en inquiétaient. Un mémoire de 1367 constate la baisse de la valeur de l'argent et l'élévation du prix des denrées. Cette hausse s'arrête subitement avant le XV° siècle et l'affaissement des prix commence vers 1390, plus ou moins rapide dans les provinces. Il atteint son maximum sous Louis XI de 1460 à 1480. Jamais, depuis 1200, l'or et l'argent n'avaient été si recherchés ; jamais les marchandises n'avaient été à si vil prix ; on était alors presque aussi riche avec 0 fr. 50 centimes par jour qu'on l'est maintenant avec 3 fr. Le journalier l'était même davantage, puisque son salaire quotidien n'était moindre que de 0 fr. 90 à 0 fr. 60, tandis que

---

1. *Ibid.*, 1338, n° 59.
2. *Archives Nationales*, KK, 1338, n° 85.
3. *Jacques Cœur et Charles VII*, par Pierre Clément, Introduction, p. xcix et c.
4. En taxaient ces lettres à journées d'un ouvrier 2 sols par jour. *Bourgeois de Paris*, année 1444, éd. Tuetey, p. 376.

l'hectolitre de froment tombait de 9 francs à 3 fr. 25 de 1375 à 1475 » (p. 15).

En 1360, c'est-à-dire l'année qui précède celle où les charpentiers de Bayeux reçurent 5 sous chacun (2 fr. 22) par jour de travail, 8 mines de froment (15 hectolitres 60) valaient dans cette même province de Normandie (à Rouen) 5 royaux d'or, ou 36 fr. 30. L'équivalent d'un kilogramme de pain valait en Normandie[1], de 1351 à 1400, 0 fr. 40 centimes. En 1366, non loin de Bayeux, à Caen, le boisseau de blé (39 litres) vaut 1 sou 3 deniers (0 fr. 55)[2].

En 1404, l'année qui précède celle où le plâtrier de Pont-de-l'Arche reçoit le salaire ci-dessus mentionné, la mine de blé mesure locale (74 litres) vaut, à Déville (Normandie), 10 sous (3 fr. 70) ; en 1405, le muids de blé (26 hect. 89) vaut, à Rouen, 16 livres, ou 120 fr. 48[3].

Enfin, en 1431, les maçons employés aux travaux du château de Caen eussent sans doute payé le boisseau de blé (39 litres) au prix de 3 sous (0 fr. 98). Tel est, en effet, le cours du boisseau de blé à Caen en 1429[4]. En 1448, à Falaise, le boisseau de froment ne valait que deux sous[5].

Les associations de compagnons dont on a déjà cité quelques exemples au XIIIe siècle se multiplièrent au XIVe siècle. Nées à l'ombre des cathédrales, entre les milliers d'ouvriers venus pour apporter leur aide à une œuvre de foi, ces associations se développèrent rapidement; diverses confréries de valets se constituèrent également à cette époque[6] et jouèrent souvent un rôle important dans l'his-

1. D'Avenel, t. II, p. 436 et 912.
2. *Ibid.*, p. 438.
3. *Ibid.*, p. 449. A Gaillon, non loin de Pont-de-l'Arche, le setier de froment (1 hect. 56), vaut, en 1411, de vingt à vingt-quatre sous (6 fr. 85 à 8 fr. 56) ; *ibid.*, p. 451.
4. *Ibid.*, p. 457. En 1413, à Caen, le cent d'œufs vaut 18 deniers. *Archives Nationales*, KK, 1339, n° 19.
5. *Archives Nationales*, KK, 1339, n° 30.
6. Notamment celles des valets pelletiers de la paroisse Saint-Germain-l'Auxerrois. (*Ordonnances des Rois de France*, VII, 686, novembre 1394.)

toire municipale des grandes villes. A Rouen et à Amiens, par exemple, les chartes des corporations sont désormais accordées à la sollicitation non seulement des maîtres, mais des compagnons des métiers[1]. Il suffira de rappeler pour les métiers de Paris l'Ordonnance de 1382 abolitive des confréries et les actes législatifs relatifs aux bouchers pour se convaincre de la crainte que commençait à inspirer la classe purement ouvrière.

Ces confréries et fédérations d'ouvriers affectèrent-elles dès lors le caractère d'associations de compagnonnage telles que celles qui furent depuis connues sous ce nom? Il serait téméraire de l'affirmer, bien que certaines pratiques du compagnonnage remontent certainement à une époque reculée.

Au cours du XIV⁰ et du XV⁰ siècle on trouve la trace de quelques conflits entre maîtres et ouvriers, conflits du reste encore rares et qui éclatent presque toujours dans des villes de draperie. Citons quelques exemples.

Une ordonnance de 1358[2] nous révèle l'existence de rapports assez troublés entre les maîtres drapiers et les tisserands qui travaillent pour leur compte. « Les tixerrans doivent et sont tenus d'aler et entrer en euvre dès le point du jour dès carême prenant jusques à la Saint-Rémi et d'user aus flamerons et continuer en l'euvre pour tout le jour jusqu'à la nuit et de Saint-Rémi jusqu'à Caresme doivent monter dès le point du jour jusques à la nuit et puissent par devers le matin ouvrer aus flamerons sans ce qu'ils aîent accoustumé d'avoir aucunes heures de repos. » Le tisserand devait manger devant son métier et apporter son pain dès le matin ou s'il voulait du « potaige », se le faire porter par sa femme.

---

1. Tailleurs de Rouen, juillet 1399, *Ibid.*, VIII, 339. Chaudronniers d'Amiens. *Monuments inédits de l'Histoire du Tiers-Etat*, par Augustin THIERRY, II, 203.

2. *Ordonnances des Rois de France*, t. V, p. 595.

Mais dans la pratique les choses se passaient souvent tout autrement, comme l'Ordonnance nous l'apprend :

« Sous la couverture et ombre d'une Messe qu'ils font chanter de nouvel, s'efforcent de retarder toutes manières de gens apprentiz, varlez ou ouvrières à aller en œuvre jusques à tant que ladicte Messe est chantée; qui serait bien grande partie passée du jour avant que ils entrassent en euvre; mesmement on a avant chanté la messe des confrères en l'église de Saint-Gille que ce que l'on commence celle qu'il faut chanter à grande délibération.

« Que s'il meurt un chief d'ostel ou un ouvrier de leur mestier, ils veulent cesser leur ouvrage entièrement jusques à tant que le corps soit enterré, qui seroit journée perdue. Car après convient aler boire et si efforcent d'avoir heures d'aller dîner et de prendre II sols ou III de ce qu'ils faisaient devant pour VI et pour VIII deniers et contredient à mettre en œuvre les compagnons étrangers. » Ce texte nous révèle chez les compagnons tisserands qui furent certainement au Moyen Age la corporation présentant la plus grande analogie avec notre prolétariat moderne, les éléments d'une organisation ouvrière extérieure à la corporation et en opposition avec celle-ci.

Cette même organisation ouvrière se retrouve en Artois, comme le prouve pour la ville d'Arras une ordonnance rendue en janvier 1315[1] par les délégués des maîtres drapiers et des valets foulons; ces derniers avaient réclamé des premiers des journées plus longues et des salaires plus élevés en raison de l'augmentation du poids et des dimensions des étoffes.

Six arbitres élus (trois arbitres par chacun des deux partis) décident que chaque valet foulon aura 18 deniers parisis par jour et non plus. « Et si le drap n'estoit parfait en un jour, si le doivent parfaire pour les 18 deniers

---

[1]. Espinas et Pirenne, *Recueil de documents sur l'histoire de l'industrie drapière en Flandre*, t. I, p. 200, n° 79.

devant dis. » Le travail est établi par équipes se relayant. « Ne porroit li maistre prendre pour mettre en œuvre nulz de ceulx qui auront ouvré en la journée devant jusques à tant que cil qui n'auront ouvré seront prins pour ouvrer. »

Le XIV° siècle vit encore s'établir une institution qui allait devenir une des bases du régime corporatif : le *chef-d'œuvre*.

Au XIII° siècle déjà, on trouvait dans le *Livre des Métiers* trace d'une coutume analogue pour les apprentis. Le statut des chapuiseurs de selles contient en effet cette clause déjà citée : « Se li aprentis set (sait) faire un chief-d'œvre tout sus, ses mestres puet prendre un autre apprentis pour la reson de ce que quant un aprentis set faire son chief-d'œvre, il est raison qu'il se tiegne au mestier et soit en l'ouvroir et est raison qu'on l'oneure et deporte plus que celui qui ne le set faire » (titre LXXIX, p. 216)[1].

Ce chef-d'œuvre du XIII° siècle n'était donc qu'une épreuve de capacité subie par l'apprenti avant d'être admis au rang de compagnon, ou tout au moins à une classe supérieure de l'apprentissage. Au contraire, le chef-d'œuvre classique qui va devenir obligatoire au XIV° siècle, donne directement accès à la maîtrise; il est la pierre de touche du compagnon.

C'est seulement au milieu ou plutôt à la fin du XIV° siècle que le chef-d'œuvre paraît s'être décidément imposé. Les statuts des armuriers du 1ᵉʳ décembre 1364 (LESPINASSE, II, 320) disposent que nul ne pourra ouvrer,

1. « Les statuts des brodeurs (1316, LESPINASSE, II, 167) disposent (art. 1) que nul brodeur ne peut commencer son métier s'il n'a été huit ans apprenti à Paris et *s'il ne sait faire son chef-d'œuvre* tout prêt et sû par les maîtres de métier. » Mais il n'est pas encore certain que cette obligation de *savoir faire son chef-d'œuvre*, correspondît exactement au chef-d'œuvre réglementaire et solennel tel qu'il fut exigé par la suite. Voir aussi dans FAGNIEZ *Documents relatifs à l'Hist. de l'Industrie*, II, p. 87, un texte du 9 août 1349 mentionnant la réception à la maîtrise d'un fourbisseur, « qui avait fait son épée suffisamment ».

ni faire ouvrer dudit mestier « s'il n'est soufflsant de faire un chief-d'œuvre » (art. 1) et ils ajoutent « qué nul ne puisse lever ouvrouer dudit mestier tant qu'il n'ait fait une pièce d'œuvre de sa main, bonne et soufflsant, sur un des maîtres dudit mestier ». Les statuts des serruriers du 13 mars 1393 (Lespinasse, II, 470) portent que nul ne peut être serrurier à Paris jusques à tant qu'il ait fait son chef-d'œuvre[1]. Le règlement des selliers de la ville d'Amiens, du 4 mai 1393[2], ordonne que « nul ne puisse faire selle ne harnois s'il n'est ouvrier qui sache faire un quief-d'œuvre, c'est-à-dire une bonne selle pour haquenée ou mule... » Cette clause est bientôt reproduite dans les statuts de métiers parisiens, notamment dans ceux des tonneliers (1400)[3] ; on l'ajoute après coup en 1406 à ceux des oubliers du 9 septembre 1397[4] ; l'obligation du chef-d'œuvre fit dès lors partie intégrante des règlements corporatifs.

A vrai dire, le chef-d'œuvre n'est, du reste, ainsi qu'il a déjà été observé, que la consécration officielle et le développement d'une épreuve qui existait tout au moins en germe dès le temps de saint Louis. Le candidat à la maîtrise dut, en effet, de tout temps, se montrer « soufflsant » et subir une sorte d'examen préalable devant les jurés du métier. Cet examen, qu'il faut se garder de confondre avec le chef-d'œuvre d'un ordre tout particulier qui était imposé aux apprentis chez les chapuiseurs de selles, était sans doute très sommaire[5] et n'était accompagné d'aucun cérémonial. L'obligation pour le candidat

1. Voir aussi les textes cités par Fagniez, *Études sur l'Industrie*, p. 95 note.
2. *Ordonnances des Rois de France*, VII, 564, a. 1 et 2.
3. *Ibid.*, VIII, 368. Voir aussi les statuts des rubaniers de 1404, art. 7 Lespinasse, t. III, p. 14.
4. *Ordonnances des Rois de France*, VIII, 152.
5. D'après l'un des premiers textes où il soit question du chef-d'œuvre (Fagniez, *loc. cit.*), les selliers se contentaient d'exiger que le candidat fît une selle garnie de harnais *de petit prix;* le lormier faisait un mors (23 déc. 1370).

à la maîtrise de prouver son expérience et son savoir-faire professionnel allait, au contraire, acquérir au XV⁰ et au XVI⁰ siècle une importance toute nouvelle et, en limitant le nombre des maîtres, contribuer à transformer le caractère de la corporation [1].

Après le développement des associations de compagnons et l'apparition du chef-d'œuvre, le fait le plus remarquable de cette période est l'établissement d'une hiérarchie entre les corps d'état. C'est en 1431, à l'entrée d'Henri VI d'Angleterre dans Paris, que les six communautés qui devaient, par la suite, s'élever au rang de corporations privilégiées, se séparent pour la première fois des autres métiers et obtiennent la faveur de porter, à tour de rôle, le *ciel d'azur* ou dais sous lequel s'abrite le roi. Ces corporations étaient : 1° les drapiers, 2° les épiciers, 3° les changeurs, 4° les orfèvres, 5° les merciers, 6° les pelletiers [2]. Les bouchers, qui fermaient la liste, ne jouirent que cette seule fois de cet honneur et ne figurèrent plus par la suite au nombre des corps privilégiés.

En résumé, la période qui vient d'être étudiée ne se distingue pas sensiblement au premier examen de la précédente; aucune modification radicale n'est venue altérer le caractère des institutions d'Etienne Boileau, ni rompre l'harmonie générale de son œuvre. Et cependant si on la considère de plus près, on s'aperçoit qu'un travail lent est en train de s'opérer dans la corporation. L'édifice est

---

1. Bien que l'apparition du chef-d'œuvre à la fin du XIV⁰ siècle soit un fait historique indiscutable, nous croyons devoir renvoyer l'étude détaillée du cérémonial usité pour cette épreuve et des règles qui en assuraient la sincérité aux chapitres où nous étudierons la corporation aux XVI⁰ et XVII⁰ siècles. Les statuts corporatifs de la fin du XIV⁰ siècle et du XV⁰ se bornent en effet à mentionner l'obligation du chef-d'œuvre.

2. *Journal d'un Bourgeois de Paris* (1405-1449), publié par M. Tuetey (1877), p. 276. « Item, là laissèrent les drapiers le ciel et le prindrent les espiciers jusques devant le chastellet où avait moult bel mistère. Et là laissèrent les espiciers le ciel et le prindrent les changeurs et le portèrent jusques au palais royal... »

encore intact; il offre toujours à l'œil la même belle ordonnance et paraît donner les mêmes promesses de stabilité; mais, une exploration attentive y révélerait déjà des fissures qui, plus tard, s'élargiront, s'approfondiront au point d'en compromettre la solidité. L'artisan obéit encore à son maître et le respecte; mais il n'a plus pour lui la même confiance et la même vénération qu'autrefois, de même qu'à son tour le maître n'a plus pour son ouvrier le même bon vouloir amical et protecteur. Les sociétés de compagnons se fondent comme une menace future pour l'unité de la corporation; l'obligation du chef-d'œuvre et les frais qu'il entraîne tendent à rendre plus difficile à l'artisan l'accès de la maîtrise; les métiers aspirent à se hiérarchiser. Ce ne sont encore là que des symptômes mal définis, les prodromes d'une maladie à très lente évolution sur un organisme encore jeune et vigoureux. Nous verrons cependant, dès le siècle suivant, ces symptômes s'aggraver et se manifester déjà les abus qui devaient finir par rendre si impopulaires les corporations d'arts et métiers et par contribuer pour une si grande part à leur suppression.

LIVRE IV

Histoire des Corporations de 1461 à 1610

CHAPITRE PREMIER

LES CORPORATIONS SOUS LES RÈGNES DE LOUIS XI,
DE CHARLES VIII ET DE LOUIS XII [1]

Section I. — **Les corporations sous Louis XI (1461-1483).** — **Nouveaux règlements de métiers.** — **Organisation méthodique des métiers.** — **Bannières.** — **Premières lettres de maîtrise.**

Le génie profondément politique de Louis XI comprit de suite toute la force que recélait en elle une organisation telle que celle des métiers de Paris; il résolut donc de placer les corporations de métiers sous sa tutelle immédiate et d'en faire ainsi les clientes et les protégées de la royauté.

Son premier soin fut de reviser toute la législation des

---

[1]. Sur cette période de l'histoire des corporations on pourra consulter avec fruit le livre de M. HAUSER, *Ouvriers du temps passé* (XV° et XVI° siècles), Paris, Alcan, 1899.

métiers, moins pour y introduire des modifications, que pour affirmer sa volonté de ne laisser périmer aucun des droits du pouvoir royal. En 1461, sont confirmés les anciens statuts des barbiers, des archers, des arbalétriers[1]; en 1464, ce fut le tour des chandeliers et des huiliers[2]; en 1467, de nouveaux statuts furent octroyés aux pourpointiers, foulons de drap, vanniers et quincailliers, huchers, charpentiers, gantiers, boisseliers[3]; en même temps on rétablissait la confrérie des savetiers et on créait celle des libraires-parcheminiers. A partir de 1467, les confirmations ou octrois de statuts se font plus rares; on peut encore citer: 1470, les nouveaux statuts des chirurgiens et des brodeurs[4]; en 1481, ceux des lormiers et des selliers dont on fait deux métiers distincts[5]; enfin, en 1484 et 1485, ceux des chaudronniers et des forgerons[6].

Ces statuts renferment en réalité peu d'innovations remarquables. Ce sont toujours les mêmes prescriptions minutieuses contre la malfaçon, les mêmes limitations du nombre des apprentis et de la durée de l'apprentissage; l'obligation du chef-d'œuvre s'y généralise, mais les statuts sont toujours très sobres de détails à ce sujet. Seuls, ceux des huchiers renferment une clause un peu explicite, celle qui limite à une somme de 4 à 6 livres la valeur du chef-d'œuvre à faire.

Deux corporations nouvelles sont fondées en 1467 : celle des *faiseurs d'esteufs* ou de balles pour le jeu de paume et celle des *nattiers*, profession jusque là demeurée libre[7]. L'apprentissage est fixé à trois ans dans le premier de ces métiers, et à six dans le second.

1. *Ordonnances des Rois de France*, XV, 55, 56, 57.
2. *Ibid.*, XVI, 282.
3. *Ibid.*, XVI, 581, 586, 596, 609, 613 et suiv.
4. *Ibid.*, XVII, 403 et 404.
5. *Ibid.*, XVIII, 509.
6. *Ibid.*, XIX, 429, 568.
7. *Ibid.*, XVI, 607, 640.

En même temps qu'il revisait la législation des métiers, Louis XI rétablissait les confréries que les guerres et les bouleversements de la première partie du XVe siècle avaient dissoutes. En 1467, la confrérie des savetiers[1] et celle des libraires-écrivains-relieurs[2], en 1470, celle des brodeurs furent autorisées à se reconstituer[3]. Ces remuantes associations devaient encore faire parler d'elles au XVIe siècle.

C'est aussi sous le règne de Louis XI que s'établit ou du moins se généralisa[4] le détestable expédient fiscal des lettres de maîtrise créées à l'occasion d'un événement solennel, tel qu'un sacre ou une naissance de Dauphin. Ces lettres accordées par le roi moyennant finances dispensaient leur bénéficiaire de tout ou partie du stage exigé des compagnons ainsi que de l'obligation du chef-d'œuvre et lui conféraient d'emblée la maîtrise. La corporation était obligée de la sorte d'accueillir un intrus souvent inexpérimenté ou incapable, à qui ses ressources avaient permis d'acheter une telle faveur. C'était là une brèche importante aux règlements des métiers et qui devait entraîner par la suite les plus graves abus. Le 23 août 1461, Louis XI usa de ce droit, en créant boucher à Paris un certain Richard de Montroussel « *pourvu qu'il soit expert et souffisanz*[5] », restriction sans doute de pure forme. En 1471, un nouveau boucher fut créé au nom du Dauphin[6]. Ces abus s'accrurent bientôt et, sous le successeur de Louis XI, le mal s'aggrava encore en 1485 par la création de toute une classe nouvelle de

---

1. 2. 3. *Ibid.*, XVI, 666, 669; XVII, 404.

4. De pareilles faveurs avaient déjà été quelquefois accordées à *titre individuel*. Voir dans FAGNIEZ, *Documents relatifs à l'histoire de l'industrie en France*, t. II, p. 96 (1900), la lettre royale du 17 avril 1364 conférant à Guillaume Haussecul la possession et saisine du métier de boucherie en la Grant boucherie de Paris.

5. *Ordonnances des Rois de France*, XV, 8.

6. *Ibid.*, XVII, 458.

marchands privilégiés sous le nom de marchands suivan la Cour[1].

Mais l'acte capital du règne de Louis XI, au point de vue de l'histoire des corporations, fut l'organisation militaire des métiers et leur répartition en 61 bannières. Les motifs qui inspirèrent cet acte furent purement politiques. La puissance des ducs de Bourgogne, puissance que le duc Philippe le Bon avait élevée si haut, était alors à son apogée et menaçait la royauté. Dinant, l'alliée de la France, était tombée l'année précédente ; le nouveau duc Charles, surnommé le Terrible, en attendant qu'on l'appelât le Téméraire, avait renoué avec les grandes villes de Flandre et le roi d'Angleterre l'ancien pacte contre la France ; l'instant était critique.

L'Ordonnance de 1467[2], promulguée dans ces périlleuses conjonctures, fut la plus importante des mesures prises en vue d'organiser la défense de Paris. Aux termes de cette Ordonnance, les métiers étaient divisés en 61 compagnies, dont chacune devait avoir une bannière armoriée et figurée d'une croix blanche au milieu et « de telles armoiries que les métiers aviseront » (art. 2). Ce fut l'origine du blason des métiers.

Chaque compagnie était commandée par un principal et un sous-principal élus chaque année, le jour de la Saint-Jean, par les chefs d'hôtels (ou chefs d'industrie), « qui jurent d'être loyaux au roi et d'employer leur pouvoir à faire ce qui de par le roi leur sera commandé, de ne souffrir aucunes séditions, rumeurs, tumultes et de les révéler s'ils les apprennent » ; ils étaient rééligibles (art. 5) et devaient eux-mêmes être chefs d'hôtels (art. 6). Leur serment était répété par tous les miliciens des compagnies (art. 7).

L'armement se composait de brigandines ou jacques

1. Bibliothèque Nationale, Mss. 8114, f°s 507 et 508 v°.
2. *Ordonnances des Rois de France*, XVI, 671.

(cottes de mailles), d'un casque ou salade, de voulges (épieux), longues lances à main, ou d'arquebuses, chacun étant tenu de conserver chez lui cet armement (art. 8 et 9).

Il était tenu par les commissaires (délégués du prévôt) et par les officiers un registre des miliciens ; tout nouveau valet d'un marchand était incorporé ; tout bourgeois de Paris, même étranger aux métiers, devait être incorporé dans une compagnie (art. 14).

Cette force militaire pouvait être détournée de son but par des factieux. Aussi défendait-on de déployer les bannières et d'assembler les compagnies sans l'ordre du lieutenant du roi (art. 17 et 18) « *ce pour obvier aux commocions, conspirations et rumeurs* ». Tous les ans, le lendemain de la fête de la confrérie, avait lieu la *montre* (revue) des métiers par les principaux dont le pouvoir disciplinaire allait jusqu'à pouvoir infliger une amende de 60 sols (art. 15).

La liste des bannières par métier ou groupes de métiers similaires était la suivante :

1° Tanneurs, baudroyers, corroyeurs ; 2° ceinturiers, boursiers, mégissiers ; 3° gantiers, éguilletiers, couturiers, pareurs, de peaux ; 4° cordonniers ; 5° boulangers ; 6° pâtissiers, meuniers ; 7° fèvres maréchaux ; 8° serruriers ; 9° couteliers, gaîniers, émouleurs ; 10° serpiers, cloutiers ; 11° chandeliers huiliers ; 12° lormiers, selliers, coffretiers, molletiers ; 13° armuriers, brigandiniers, fourbisseurs de harnais, fourbisseurs d'épées, lanciers ; 14° fripiers, revendeurs ; 15° pelletiers, corroyeurs de peaux ; 16° marchands fourreux[1] ; 17° peigniers, artilliers, patiniers, tourneurs ; 18° bouchers de la grande boucherie ; 19° ceux de la boucherie de Beauvais, de Notre-Dame-des-Champs ; 20° tisserands de linge ; 21° foulons ; 22° cardeurs ;

---

1. Il s'agit des pelletiers fourreurs qui cousaient et doublaient les vêtements en fourrure ; les pelletiers mentionnés au numéro précédent sont les pelletiers-marchands de peaux.

23° tondeurs et teinturiers de drap; 24° huchiers, y compris les valets besoignant chez les bourgeois ; 25° couturiers; 26° bonnetiers et foulons de bonnets; 27° chapeliers; 28° fondeurs, chaudronniers, épingliers, balanciers, graveurs de sceaux; 29° potiers d'étain, bibelotiers; 30° tisserands de laine; 31° pourpointiers; 32° maçons, carriers, tailleurs de pierre; 33° orfèvres; 34° tonneliers et avaleurs de vin; 35° peintres, ymagiers, chasubliers, brodeurs, verriers; 36° marchands de bûches, voituriers par eau, bateliers, passeurs et faiseurs de bateaux; 37° savetiers; 38° barbiers; 39° poulaillers, queux (cuisiniers, rôtisseurs et saucissiers); 40° charrons; 41° lanterniers, souffletiers, vanniers, ouvriers d'osier ; 42° porteurs de grève; 43° hanouars[1], revendeurs de foin et de paille, chaufourniers, estuviers, porteurs des halles; 44° marchands de bétail, vendeurs de poisson de mer; 45° marchands de poisson d'eau douce et pêcheurs ; 46° libraires, parcheminiers, écrivains et enlumineurs; 47° drapiers et chaussetiers ; 48° épiciers et apothicaires; 49° déciers, tapissiers, teinturiers de fil, soie et toile, tendeurs; 50° merciers, lunetiers, tapissiers sarrazinois; 51° maraîchers, jardiniers; 52° vendeurs d'œufs, fromage et esgrun; 53° charpentiers; 54° hôteliers et taverniers ; 55° peigneurs, tondeurs de laine ; 56° vignerons ; 57° couvreurs et manouvriers; 58° cordiers, bourreliers, courtiers, vendeurs de chevaux; 59° buffetiers, potiers de terre, nattiers, faiseurs d'esteufs ; 60° et 61° notaires, bedeaux et autres praticiens en cours d'église mariés et « non estant de métier ».

Section II. — Les Corporations sous Charles VIII (1483-1496) et Louis XII (1496-1515). — L'Imprimerie. — Première période de la Renaissance.

Les règnes de Charles VIII et de Louis XII ne marquent pas comme celui de Louis XI une étape importante dans

1. Porteurs de sel.

l'histoire des métiers. A peine peut-on mentionner les statuts nouveaux des apothicaires et des épiciers (1484), les statuts des forgerons (1485) et les lettres patentes qui reconstituèrent la confrérie des merciers[1] (1485). Ce fut néanmoins une époque glorieuse que cette période de trente années, qui vit vulgariser l'Imprimerie et se lever l'aurore de la Renaissance.

L'Imprimerie, cette admirable invention de Gutemberg, était, il est vrai, connue en France depuis treize ans déjà à l'avènement de Charles VII. Dès 1470 Ulric Géring, Martin Krantz et Michel Freiburger s'étaient établis d'abord à Paris, à la Sorbonne, puis rue Saint-Jacques, à l'enseigne du *Soleil d'or*, et avaient publié leur premier ouvrage « les Lettres de Gaspard de Pergame » bientôt suivies d'un Salluste, de l'Epitome de Tite-Live par Flavius, des Epitres de Phalaris. Des concurrents avaient même bientôt surgi : Pierre Kaiser et Jean Stoll en 1473, Aspaïs Bonhomme, puis son fils Pasquier en 1474 et 1475; mais le nouvel art était encore presque inconnu de tout le reste de la France en 1483 : six ou sept villes seulement possédaient des imprimeries toutes récentes[2]. C'est seulement de 1483 à 1500 que l'Imprimerie prit vraiment son essor et pénétra dans toutes les provinces : à Troyes, à Rennes, à Rouen, à Besançon, à Toulouse, partout où existait un centre intellectuel et scientifique. Une pléiade d'imprimeurs : Géring, les Bonhomme, les Vérard, Antoine de Nidel, distribue comme une manne ces trésors

---

1. *Ordonnances des Rois de France*, XIX, 413, 568 et 578. A ces actes législatifs on peut ajouter une ordonnance sur le guet du 20 avril 1491 (LESPINASSE, Métiers de Paris, I, 61).

Un arrêt du Parlement (LESPINASSE, I, 65) défendit le 28 juillet 1500 au prévôt de Paris d'autoriser de nouvelles confréries de métiers en raison des abus, conspirations et monopoles qui se commettaient sous ombre desdites confréries.

2. Ces imprimeries avaient été fondées à Lyon (1473); Toulouse et Angers (1476); Chablis et Vienne (1478); Poitiers (1479); Caen (1480):

de la littérature antique que le prix énorme des manuscrits avait rendus jusqu'alors inaccessibles au plus grand nombre. L'Imprimerie française est désormais fondée, et bientôt les Estienne vont porter son renom à travers le monde entier.

Les imprimeurs avaient été incorporés aux libraires, relieurs et enlumineurs, comme en fait foi le premier acte public les concernant : une déclaration du 9 avril 1513[1] les exemptant d'un impôt de 30.000 livres tournois « pour la considération du grand bien advenu en ce royaume par moyen de l'art et science d'imprimerie, l'invention de laquelle semble être plus divine qu'humaine ».

En même temps qu'apparaît l'Imprimerie, toute une révolution intellectuelle et artistique est en train de s'accomplir. Au cours des guerres d'Italie, cette brillante « *apertise d'armes* » qui clôt le cycle des chevaleresques épopées, les Français — qui cependant, eux aussi, avaient eu certes leurs artistes : les Jehan Foucquet, les Clouet, les Bourdichon, les Perréal dans la peinture, les Michel Colomb et les Ligier Richier dans la sculpture pour ne citer que quelques noms — avaient été comme éblouis par la révélation d'une civilisation plus raffinée et par l'éclat alors si vif de l'art italien. Une fois de plus, dans l'histoire du monde, le vainqueur se mit à l'école du vaincu. Appelés par Louis XII et le cardinal d'Amboise, les plus illustres artistes de l'Italie vinrent tour à tour se fixer en France. Léonard de Vinci, que le roi et son ministre avaient connu à Milan, devint l'hôte de la Cour de France émerveillée.

Cette alliance entre les traditions nationales et la science technique empruntée à l'Italie, entre les inspirations du génie français et la conception du beau classique dont les maîtres ultramontains étaient les représentants

---

1. ISAMBERT, *Recueil des anciennes Lois françaises*, XI, 642.

devait donner l'essor à toute cette pléiade d'admirables artistes qui, sous le règne de François Ier, portèrent si haut le renom de la sculpture française.

L'architecture, elle aussi, se transforme. Le style flamboyant, cette dernière manifestation du style gothique, se combine avec le style italien et couvre notre sol de monuments admirables : tels que le château de Gaillon, et le Palais de justice de Rouen, tels encore que le château d'Amboise ou l'aile Louis XII du château de Blois.

Avec la seconde moitié du XVe siècle, une ère nouvelle s'est donc ouverte. Tandis que la découverte de l'Amérique élargit le domaine où peut s'exercer l'activité humaine, tandis que l'Imprimerie donne des ailes à la pensée et permet au savant, au philosophe, au poète de converser avec l'humanité tout entière, l'art embellit la vie et s'élance à la conquête du beau. Le siècle qui commence ne mentira pas aux espérances que le XVe siècle a fait naître et fera bientôt s'épanouir cette floraison merveilleuse qui vient seulement d'éclore et qui s'appelle dans l'histoire la Renaissance.

Chapitre II

LES CORPORATIONS SOUS FRANÇOIS Ier (1515-1547). — HENRI II (1547-1559) ET FRANÇOIS II (1559-1560)

**Section I. — Deuxième période de la Renaissance
Beaux-Arts. — Industrie. — Commerce**

On a dit parfois que la Renaissance avait été un réveil de l'intelligence; ce jugement manque d'équité. Jamais en effet on n'a tant pensé, conçu d'idées plus originales, scruté avec un intérêt plus passionné les profondeurs de la philosophie, cette science de l'âme humaine et de ses destinées, que pendant ces longs siècles du Moyen Age que l'esprit de parti s'est plu à représenter comme une époque d'ignorance universelle. Mais si le Moyen Age n'a pas été, comme les amateurs de lieux communs et d'opinions toutes faites l'ont trop souvent répété, une époque de ténèbres, il n'en est pas moins vrai que la Renaissance a ouvert dans l'histoire un stade social nouveau et opéré dans les mœurs, dans les tendances, dans la pensée tout entière une évolution que tout révèle. La grande idée païenne, le culte de la nature et de la beauté abandonné pendant tout le Moyen Age pour le culte de l'Idée pure est restauré; des aspirations nouvelles, des désirs depuis longtemps inconnus germent dans l'âme des peuples. Au Moyen Age, la vie morale avait été dominée tout entière par un sentiment surnaturel, la Foi, cette divine synthèse de toutes les puissances de l'intelligence et de tous les élans du cœur. Au XVI⁰ siècle, l'humanité longtemps comprimée reprend tous ses droits; les espérances de l'au-delà chrétien, la communion mystique de la terre avec le ciel ne suffisent plus à la société nouvelle; il lui faut tout ce qui charme l'esprit, tout ce qui caresse la vue, tout ce qui résonne doucement à l'oreille : la science, la peinture, la musique. La vie est courte, il faut du moins avant qu'elle n'échappe à l'homme la dorer de tous les rayons et l'emplir de toutes les ivresses; il faut qu'intense et enchantée, elle soit une fête d'autant plus belle qu'elle est plus brève et qu'elle est peut-être la fin de tout. Tel est le sentiment presque païen qui anime toute la Renaissance; une sorte d'épicurisme inavoué sans doute, souvent même inconscient, succède à la foi naïve du Moyen Age; l'humanité tout entière s'élance à la conquête du bonheur.

Cette transformation des idées exerçe son influence sur l'art qui cesse d'être uniquement l'interprète et le serviteur de la foi pour se plier aux désirs et aux besoins de la société nouvelle. L'architecture qui, au Moyen Age, n'édifiait guère que des églises ou des châteaux forts, couvre notre sol de palais, cadres merveilleux, appropriés à la vie raffinée et somptueuse qui est celle des rois et des grands. De ces palais, le plus admirable peut-être est celui qui est dû au plan d'un architecte français : Pierre Nepveu de Blois qui édifia le château de Chambord (1526). « Qui n'a pas vu Chambord, écrit M. Henri Martin, ne soupçonne pas tout ce qu'il y eut de fantastique poésie dans notre art du XVI⁰ siècle : c'est quelque chose d'indescriptible que l'aspect de ce palais de fées surgissant tout à coup aux yeux du voyageur du fond des tristes bois de la Sologne, avec sa forêt de tourelles, de flèches, de campaniles aériens qui détachent sur l'ardoise sombre des grands toits les belles teintes de leurs pierres gris de perle marquetées de mosaïques noires. Cette impression ne saurait être surpassée que par le spectacle dont on jouit sur les terrasses du donjon, au pied de la charmante coupole qui termine le grand escalier centre et pivot de tout cet ensemble si varié, et qui jaillit radieusement au-dessus des terrasses comme une fleur de cent pieds de haut. Partout, entre des lacs d'amour et les F couronnés, les mystérieuses salamandres vomissent les flammes, rampent sur les frontons, se roulent dans les médaillons, se suspendent aux corniches, et aux caissons des voûtes, pareilles aux dragons qui veillaient sur les châteaux enchantés de nos vieilles légendes, attendant le retour du maître qui ne reviendra plus. »

L'art italien rivalisait avec l'art français. François Ier avait appelé d'Italie le Rosso, maître florentin, et l'avait chargé de continuer l'œuvre tout d'abord confiée (1528) à son compatriote Serlio, en élevant sur l'emplacement d'un ancien rendez-vous de chasse de saint Louis, à Fontainebleau, un château qui pût servir à la Cour de résidence d'été. Le Rosso se mit à l'œuvre et, de 1532 à 1541, il construisit la galerie de François Ier ; peintre et décorateur en même temps qu'architecte, il fit concourir ces multiples talents à l'embellissement de l'édifice, qu'une mort subite l'empêcha de terminer. Le Primatice, artiste bolonais formé à l'école de Jules Romain, lui succéda : c'est à lui que l'on doit, en grande partie, la décoration de la salle des Fêtes ou galerie de Henri II, pour laquelle il peignit tous les dessins des soixante compositions mythologiques exécutées sous ses ordres, par son élève Nicolo del Abbate ; il vulgarisait en même temps les chefs-d'œuvre de l'art antique en peuplant les jardins de statues dont il avait apporté les moules d'Italie. Mais l'architecture française, qui avait déjà prouvé par la construction de Chambord ce dont elle était capable, pouvait maintenant se passer des leçons d'artistes étrangers, et dans ce même palais de Fontainebleau commencé par le Rosso et le Primatice, Philibert Delorme, déjà célèbre par la construction du portail de l'église Saint-Nizier à Lyon méritait et justifiait à son tour la confiance du roi Henri II en édifiant le fer à cheval. Cette œuvre devait être suivie bientôt d'autres, non moins admirées : les châteaux d'Anet et de Meudon, la tour des Valois à Saint-Denis, le palais des Tuileries.

Il était cependant réservé au rival de Philibert Delorme, Pierre Lescot, d'entreprendre une œuvre encore plus digne de tenter un artiste : la résurrection du palais séculaire de la royauté, de ce Louvre dont François Ier, dédaigneux des vieilles tours et des pavillons gothiques que lui avaient légués ses ancêtres, voulait faire un monument unique en son genre et dans lequel se résumât toute la gloire artistique de son règne. Dès 1541, Lescot commence la façade intérieure de la cour du Louvre appelée façade de l'Horloge, qui demeure un incomparable modèle du style architectural de la Renaissance ; la salle des Cent-Suisses au Louvre et, sur la place du Châtelet, la fontaine des Innocents (1550), furent également construites sur les plans de Pierre Lescot qui avait eu pour collaborateur le grand sculpteur Jean Goujon.

Il ne saurait entrer dans notre esprit de retracer dans cette rapide revue des artistes de la Renaissance toutes les œuvres de celui que l'on a nommé le Phidias français. Bornons-nous à citer, avec la tribune des cariatides de la salle des Cent-Suisses et les compositions de la fontaine des Innocents, les bas-reliefs de l'hôtel Carnavalet (ceux de la porte principale représentent des lions, des victoires et des renommées ; la frise très riche qui entoure la cour figure des enfants jouant avec des festons), les bronzes qui décoraient la porte d'entrée du château d'Anet, le plafond en bois et les lambris sculptés de la chambre de Diane de Poitiers ; enfin le groupe en marbre blanc représentant Diane chasseresse appuyée sur un cerf et accompagnée de ses chiens.

Le nom d'un autre grand sculpteur français, Germain Pilon, a été associé par la postérité à la gloire de Jean Goujon dont il était l'ami. Citons seulement ces chefs-d'œuvre d'élégance et de noblesse : les bas-reliefs représentant la Foi, l'Espérance, la Charité, les Bonnes-Œuvres qui entourent le mausolée de Henri II à Saint-Denis ;— le mausolée du chancelier Guillaume Langei du Bellay dans la cathédrale du Mans ; — le mausolée du chancelier de Birague, et surtout le groupe des Trois-Grâces exécuté par ordre de Catherine de Médicis, et que l'on peut encore admirer au Louvre.

La peinture française sous François Ier et sous Henri II est très en arrière sur la sculpture et sur l'architecture. Cependant on peut citer de cette époque deux œuvres capitales dues au pinceau de Jean Cousin (né vers 1500, mort en 1590), *le Jugement dernier* peint sur toile et l'*Eva prima pandora* peinte sur bois.

La renaissance artistique, alors dans tout son éclat, ne pouvait manquer d'exercer une influence sur l'industrie. C'est au règne de François Ier que remonte la première manufacture royale de tapis fondée à Fontainebleau. Quinze maîtres tapissiers payés de dix à quinze livres par mois y travaillent sur des dessins du Primatice.

En même temps la fabrication de la soie que Louis XI s'était efforcé, sans grand succès, de développer à Tours et à Lyon, prend une extension considérable dans cette dernière ville, grâce aux émigrés florentins. Pour accroître la prospérité de l'industrie lyonnaise, un édit du 18 juillet 1540[1] défendit d'importer en France des étoffes d'or, d'argent et de soie, autrement que par Suse, si elles venaient d'Italie, par Narbonne ou Bayonne si elles venaient d'Es-

---

1. ISAMBERT, *Recueil des anciennes Lois françaises*, t. XII, 687.

pagne : elles devaient être conduites à Lyon et déballées dans cette ville seulement. En 1544, un nouvel édit ordonna la plantation de mûriers, afin d'augmenter la production de la soie grège et de donner ainsi un aliment plus actif aux manufactures nationales. Une fabrique de soie fut également établie à Paris.

L'industrie de la fonderie prit vers cette époque un tel développement, que l'on conçut des craintes pour les bois et les forêts dans lesquels « se faisait grand dégât et population (dévastation) pour fournir et entretenir le grand nombre de forges de fer situées près lesdites forêts ». Néanmoins, sur la remontrance qui fut faite au roi « du grand trafic et traité dudit fer qui se fait aux étrangers et de l'argent qui en demeure en son royaume[1] », François Ier consentit à ne prélever qu'un impôt de 20 sous par millier de fer forgé.

Le commerce prend, lui aussi, dans la première moitié du XVIe siècle, un remarquable essor. Pour faciliter aux marchands le crédit, cet instrument indispensable de tout négoce, François Ier avait établi dès 1543 une banque à Lyon; d'autres banques furent bientôt créées à Toulouse (1549) et à Rouen (1556.) En même temps, les changeurs dont l'industrie avait jusqu'alors été libre étaient érigés en officiers publics (1551), au nombre de vingt-quatre pour Paris, douze pour Rouen, Lyon, Toulouse, six à deux pour les autres villes selon leur importance.

La diversité des monnaies et la difficulté d'évaluer la somme à laquelle elles correspondaient étaient un des obstacles qui s'opposaient le plus au développement des transactions; on entreprit de supprimer cet obstacle. Un édit du 5 mars 1533[2] fixa le cours de toutes ces monnaies par rapport à la monnaie royale, c'est-à-dire à la livre et au sou tournois. Les *écus soleil* faits aux coins

---

1. Déclaration du 18 mai 1543 (Isambert, t. XII, p. 810).
2. Fontanon, I, 110. — Isambert, t. XII, 378.

et armes royales furent estimés quarante-cinq sous tournois, les *écus à la couronne* quarante sous six deniers, les *écus vieux* cinquante et un sous six deniers, les *royaux* quarante-sept sous trois deniers, les *nobles à la rose* cent sous, les *nobles de Henri* quatre livres douze sous, etc. Défense était faite d'exiger de ces monnaies plus haut prix, à peine de confiscation de corps et de biens; il était également interdit d'exporter ces bonnes monnaies hors du royaume pour les faire convertir en mauvaises et dommageables monnaies comme *ducats à la Mirandole, écus à l'aigle, marabais, niquets, liards de Notre-Dame de Lausanne*, etc. Une autre réforme non moins utile fut la suppression de tous les péages imposés depuis cent ans par les seigneurs sur leurs terres sans autorisation royale (déclaration du 24 août 1532)[1].

Henri II tenta davantage et voulut unifier les mesures en usage dans le royaume. « Comme il est venu à notre notice et connaissance, dit le préambule de l'Edit d'avril 1540[2], que pour la diversité des aunes, aunages et formes d'auner et des noms des mesures servant à cette fin... plusieurs fautes, fraudes et abus se sont ensuivis esdits aunages tant en drap d'or, d'argent, de soie, de laine, toile que canevas et autres marchandises... nous avons déclaré, statué, ordonné qu'une seule forme d'aune soit établie et ordonnée en notre royaume, pays et seigneuries qui aura de longueur trois pieds sept pouces et huit lignes, le tout à toise. » Mais cette réforme pourtant si nécessaire se heurta à des résistances locales et donna lieu à des plaintes qui eurent pour résultat le retrait de l'Edit d'avril 1540 (édit du 20 juillet 1543)[3].

L'état de l'industrie et du commerce en France est donc florissant sous les règnes de François Ier et de Henri II.

---

1. ISAMBERT, t. XII, p. 373.
2. FONTANON, I, 974. — ISAMBERT, t. XII, p. 672.
3. FONTANON, I, 975. — ISAMBERT, t. XII, p. 818.

Sans doute la France est tributaire de l'étranger pour certains produits. Elle tire l'or d'Espagne et de Portugal, les chevaux de guerre et d'attelage d'Allemagne et des Pays-Bas, les épices, le sucre et les confitures du Portugal et d'Espagne, la verrerie, les draps cramoisis de Venise[1]. Mais elle fournit ses vins à l'Angleterre, à l'Ecosse, à la Flandre, à la Lorraine, à la Suisse; on en vend par an pour un million et demi d'écus. « On fabrique les draps fins avec les laines anglaises ou espagnoles. Mais la basse Normandie et la Picardie donnent une espèce de laine un peu plus fine qui sert pour certains draps, et pour un entre autres appelé *camelot*. On fabrique en abondance des toiles de toute qualité qui s'exportent en Angleterre, en Espagne, en Italie et dans les pays barbaresques[2]. »

Paris est le centre d'un commerce considérable. « Le nombre des marchands y est très grand, écrit en 1546 Marino Cavalli, l'ambassadeur de Venise; Paris est comme l'entrepôt de la France. *Questà città fa molte mercanzie perchè e come la bottega dit Francia*[3]. » Et le même Cavalli qui estime la population de Paris à cinq cent mille habitants déclare que cette ville est supérieure *non seulement aux autres villes de France, mais à celles de l'Europe tout entière; elle est le cœur de la chrétienté*[4]. Pour être moins opulentes, Lyon, Rouen, Tours, Toulouse n'en sont pas moins, elles aussi, le siège d'un commerce considérable, et l'on peut dire qu'au seuil des guerres de religion qui devaient ruiner toute cette prospérité, la France par son industrie et par son commerce comme par sa puissance militaire se place au rang des premières nations de l'Europe.

1. *Relations des ambassadeurs vénitiens*. Rapport de Marino Cavalli en 1546. Collect. Doc. inédits, t. I, p. 257 et 259.
2. *Ibid.*, t. I, p. 255.
3. *Ibid.*, p. 264, *in fine*.
4. *Ibid.*, p. 261.

Section II. — **Abus dans le fonctionnement de la corporation.** — **Compagnonnage obligatoire.** — **Exagération des frais de réception et de chef-d'œuvre.** — **Suppression des confréries (1539).** — **Réorganisation (1540), puis suppression (1559) du guet bourgeois.** — **Echecs au monopole de la corporation par la fondation et les franchises de l'Hôpital de la Trinité (1545-1553), par la multiplication des lettres de maîtrise et la création des offices.** — **Les Six Corps.** — **Première suppression de la dignité du roi des merciers (1544).** — **Salaires au début du XVI⁰ siècle.**

Les splendeurs de la Renaissance, la floraison de l'art et la prospérité de l'industrie au cours de la première moitié du XVI⁰ siècle ne doivent pas faire illusion sur la condition sociale des artisans de cette époque, ni dissimuler les progrès d'un mal dont les graves abus qui s'introduisirent alors dans le fonctionnement des institutions corporatives attestent l'évolution continue. Le travail de décomposition dont les symptômes encore à peine perceptibles étaient apparus dès le XV⁰ siècle accélère ses ravages au XVI⁰ et sape peu à peu les fondements de l'édifice corporatif : la justice et la bienveillance chez le maître, le respect et l'obéissance chez l'ouvrier. Cette corruption des idées et des mœurs dans la classe laborieuse se manifeste en premier lieu par les obstacles de toute sorte qui rendent de plus en plus difficile l'accès de la maîtrise. On est déjà loin de l'esprit si libéral des métiers du XIII⁰ siècle. Les communautés s'efforcent de restreindre la concurrence, de diminuer le nombre des maîtres, de réserver la maîtrise aux fils et gendres de maîtres à l'exclusion des simples compagnons ; une aristocratie de boutique mesquine et jalouse est en train de se constituer. Un rapide parallèle entre les conditions exigées pour l'obtention de la maîtrise au XIII⁰ et au XVI⁰ siècle montrera clairement toute la distance qui sépare la corporation du Moyen Age de celle de la Renaissance.

Rappelons en deux mots les dispositions du *Livre des Métiers* sur la maîtrise. Pour être reçu maître, il suffisait d'avoir fait un apprentissage dont la durée variait généralement de trois à cinq ans; au XIV° siècle seulement, commence à s'introduire [1] l'obligation de servir deux ou trois ans comme compagnon. Quant aux dépenses, elles se bornaient au versement d'une somme entre les mains du maître de l'apprenti, lors de l'entrée en apprentissage, et au paiement d'une somme de 5 à 20 sols lors de l'achat du métier; le nouveau maître devait en outre quelques deniers à la confrérie.

Toutes ces obligations subsistent au XVI° siècle, mais combien elles se sont aggravées et combien de charges nouvelles sont venues s'ajouter aux anciennes!

Les règles relatives à l'apprentissage et au compagnonnage ont, il est vrai, subi peu de modifications.

Il en est tout autrement pour la maîtrise dont les abords sont comme barricadés par l'esprit de caste intéressé à en tenir éloigné l'ouvrier. Tout d'abord l'obligation de servir un certain temps en qualité de compagnon avant de pouvoir aspirer à la maîtrise est devenue très générale sans être cependant universelle. Elle est expressément énoncée dans les statuts parisiens des lapidaires, 1584, art. 9 (deux ans de service), des chapeliers, 1578, art. 1 (quatre ans), des boursiers, 1572, art. 4 (trois ans). Certains métiers toutefois n'exigent pas ce second stage. Il est dit formellement dans les statuts des plombiers de 1549 (LESPINASSE, II, 544) que l'apprenti peut, son temps fini, être aussitôt passé maître s'il a diligemment et loyalement accompli son temps d'apprentissage.

---

1. Ne puet nuls entrer en le gheude pour faire le mestier s'il n'a esté varlez prenans loïer deux ans en le ville d'Arras (*Ord. des Rois de France*, t. V, p. 508, statuts des boulangers d'Arras de 1355).

Nous rappellerons seulement pour mémoire l'ancien droit à acquitter par le récipiendaire, redevance qui se partage le plus souvent entre le roi, la confrérie et les jurés. Cette redevance, bien qu'augmentée, est encore relativement faible et ne constitue pas un obstacle sérieux.

Mais le candidat doit faire face à de plus lourdes charges. Tout d'abord, il lui faut supporter les frais croissants qu'entraîne la confection du chef-d'œuvre. La pression de l'usage et la crainte d'encourir le mépris des autres maîtres imposaient en effet au candidat à la maîtrise l'obligation de dépenser des sommes relativement considérables.

Il fallait ensuite offrir un banquet aux jurés qui avaient examiné le chef-d'œuvre. On était tenu d'y inviter les principaux maîtres; nombre d'autres s'invitaient eux-mêmes et le nouveau venu devait traiter cinquante, soixante et même cent convives; ces repas coûtaient fort cher et épuisaient souvent d'un seul coup les économies du récipiendaire.

Ce n'était pas encore tout : sous prétexte que tel était l'usage, les maîtres exigeaient encore une foule de redevances que l'on n'osait refuser. Des lettres patentes de Charles VIII (1484) s'expriment ainsi : « N'entendons et ne voulons que sous couleur de chef-d'œuvre, l'on puisse assujettir, asservir ni contraindre lesdits épiciers et apothicaires au guet de 14 deniers ou autres charges, subsides et subventions quelconques qu'ont accoutumé de faire payer les gens de plusieurs métiers en notre ville. »

---

1. « Inhibicion sera faite aux paticiers d'eux trouver ès fêtes et convis que feraient libéralement les compagnons qui auront de nouvel acquis la franchise dudit mestier, s'ils ne sont à ce exprès convoquez et appelez. » Sentence du prévôt de Paris, 12 oct. 1489. LESPINASSE, *Les Métiers et Corporations de Paris*, t. I, p. 383.

Un document du fonds Lamare, cité par M. Levasseur[1], donne une idée de ce que coûtait au total la réception à la maîtrise. D'après ce document, tandis que la taxe de tous les frais imposés par les ordonnances ne s'élevait légalement qu'à 36 livres, le montant réel de ces frais, en raison des abus qui viennent d'être signalés, variait de 200 à 1.200 livres, somme importante pour l'époque[2]. C'était fermer la maîtrise à la grande majorité des ouvriers ou les ruiner à l'avance en les forçant à s'endetter. Par une injustice non moins grande, les fils de maîtres étaient exonérés en totalité[3] ou en partie[4] de ces droits. Tout le poids de ces charges arbitraires retombait donc en définitive sur le compagnon peu aisé qui n'avait pas le bonheur de succéder à son père. Les artisans étrangers (*forains*) qui veulent s'établir à Paris le peuvent, mais à la condition de se soumettre à toutes les formalités et obligations réglementaires[5].

1. Levasseur, *Histoire des Classes laborieuses*, II (2ᵉ édition de 1901), p. 111.
2. La livre tournois valait au pouvoir nominal de l'argent 4 francs 64 de notre monnaie pour la période de 1488 à 1511, et 3 francs 92 pour la période 1512 à 1540. Mais le pouvoir de l'argent était de 6 pour la période 1451-1500 et de 5 pour la période 1501-1525. D'Avenel, *Histoire économique de la propriété, des salaires, des denrées*, t. I, p. 27 et 62. Une livre tournois de l'an 1500 correspondrait donc à 27 fr. 84 de notre monnaie, au pouvoir réel de l'argent.
3. Brasseurs, 1489. Lespinasse, t. I, p. 620.
4. Huiliers, 25 oct. 1464. *Ord. des Rois de Fr.*, XVI, 274.
5. « S'il advenait que aulcun compagnon qui eût appris le métier en ville de loy jurée et qu'il eût servi le temps ordonné en cette ville et voulut être reçu pour faire chef-d'œuvre et être maître en icelle ditte ville de Paris,... il sera reçu à faire chef-d'œuvre » (statuts des plombiers de Paris de mars 1549. Lespinasse, t. II, p. 544). Les compagnons étrangers qui voudront être passés maîtres devront chez les charpentiers travailler deux mois durant chez des jurés du métier afin de justifier de leur capacité (*ibid.*, st. de 1454, art. 5, *ibid.* 603).

Les statuts n'admettent qu'avec certaines restrictions ou même écartent les ouvriers étrangers venus pour travailler chez les maîtres. Ces ouvriers ne peuvent travailler que huit jours chez les couvreurs (st. de 1566, *ibid.*, p. 627). Chez les charpentiers l'ouvrier forain est admis si un maître parisien

Les confréries, elles aussi, étaient bien déchues. Ces associations qui au XIII⁰ et au XIV⁰ siècle poursuivaient un but si élevé et si vraiment chrétien n'étaient plus guère que des prétextes à ripailles et à orgies dont les fonds destinés aux pauvres faisaient les frais lorsque l'on n'avait pas sous la main quelque nouveau maître à pressurer. Elles n'étaient plus établies, dit le concile de Sens (1524; LAMARE, *Traité de la Police*, t. I, p. 406), que pour favoriser les monopoles et les crapules de la débauche. Les confréries de compagnons offraient un danger d'un autre genre : elles étaient devenues autant de foyers d'agitation où s'allumait le fanatisme populaire. Le germe des grèves contemporaines et de la mise en interdit se trouve déjà dans l'organisation de combat de mainte confrérie, notamment de celle des imprimeurs de Lyon, dont les membres élisaient un capitaine, un lieutenant, des enseignes et s'étaient affiliés à une vaste ligue qui comprenait tous les artisans lyonnais : cette ligue fut l'âme de la révolte de 1529, dont la répression n'empêcha pas de nouveaux complots et de nouveaux troubles[1]. Il est curieux d'observer que parmi les prétentions émises par les grévistes figure celle qui a pour objet la limitation du nombre des apprentis. Aujourd'hui encore cette limitation

l'a fait venir du dehors ou s'il est connu de celui qui l'emploie et si ce dernier est satisfait de son ouvrage (st. de 1454, art. 4, *ibid.*, p. 603). Le compagnon potier peut besogner en l'hôtel d'un maître en payant 4 sous à la confrérie (st. de 1496, *ibid.*, p. 532). Chez les tireurs d'or l'ouvrier étranger ne peut être embauché qu'à défaut d'un compagnon ayant fait son apprentissage à Paris (st. de 1551, art. 27, *ibid.*, p. 74).

1. « Depuis trois ans en ça, dit l'Edit du 28 décembre 1541 (FONTANON, IV, 467), aucuns serviteurs, compagnons imprimeurs ont suborné et mutiné la plupart des autres compagnons et se sont bandés ensemble pour forcer les maîtres à leur fournir plus gros gains. » L'édit interdit aux compagnons de faire aucun serment ou monopole, d'avoir aucun capitaine ou chef de bande, de s'assembler hors les maisons de leurs maîtres, de porter épées, ni poignards... L'histoire de la grève de 1539 a été contée par M. HAUSER (*Ouvriers du temps passé*, ch. x).

est l'un des principaux articles du programme de la *Fédération des travailleurs du Livre.*

Déjà à plusieurs reprises le pouvoir judiciaire avait été forcé d'intervenir. Le 28 juillet 1500, un arrêt du Parlement avait défendu au prévôt d'autoriser de nouvelles confréries et lui avait prescrit d'ouvrir une information sur les anciennes[1]. Un arrêt du 15 mars 1524 alla plus loin : il interdit les confréries, banquets et frais de réception ; les biens devaient être employés à la nourriture des pauvres[2]. Enfin par l'ordonnance de 1539 (collection LAMOIGNON, t. VI, f° 565 ; — LESPINASSE, t. I, p. 67) les confréries furent interdites dans tout le royaume, à peine de punition corporelle pour les contrevenants (art. 185 à 187). Tous leurs titres et effets mobiliers durent être apportés aux juges du lieu. Il était décrété que l'on serait désormais reçu à la maîtrise sans dépense, ni dîners (art. 188). Quiconque aurait fait pour parvenir à la maîtrise autre dépense que celle de son chef-d'œuvre était privé de la maîtrise (art. 190). Défenses étaient faites à tous maîtres, compagnons ou apprentis de faire aucune congrégation ou assemblée grandes ni petites pour quelque cause que ce soit, d'avoir aucune intelligence les uns avec les autres du fait de leur métier, à peine de confiscation de corps et de biens (art 191).

Les maîtres pourront prendre autant d'apprentis que bon leur semblera et les compagnons ne devront ni

1. LESPINASSE, *Les Métiers et Corporations de Paris*, t. I, p. 64.
2. Bibliothèque Nationale, Mss. 8114, f° 588. « La Cour, porte cet arrêt : « a défendu et défend au prévôt de Paris ou à ses lieutenants, chacun à son égard, qu'ils ne souffrent ne permettent aucunes confréries être de nouvel érigées en cette ville, ne aucunes assemblées faites au préjudice de la chose publique... ; et néanmoins leur enjoint et commande que ils facent faire informations sur ce que plusieurs métiers de Paris ont érigé confrairies par quelle autorité ils se assemblent et monopolent ensemble et aussi sur les abus, conspirations et monopoles que on dit être commis sous ombre desdites confrairies et *mettre prix à leurs denrées et marchandises* au préjudice de la chose publique. »

battre, ni menacer ces apprentis. Les compagnons ne devront, sous aucun prétexte, laisser leur œuvre inachevée à un signal donné (qu'ils nomment *tric*). Les maîtres pourront, si l'ouvrage presse, confier du travail à d'autres qu'à leurs ouvriers ordinaires. Ils pourront répartir les ouvriers par équipes (les *assortir*) à leur gré, etc.

Cette ordonnance paraît avoir reçu un commencement d'exécution : un certain nombre de confréries furent dissoutes, mais ne tardèrent pas à se reconstituer. En 1541, la confrérie des drapiers de Paris réussit à se faire autoriser de nouveau[1], d'autres se passèrent de l'autorisation. Le Parlement fit quelques exemples; il enjoignit notamment aux confrères de Saint-Crespin (cordonniers) par arrêt du 2 mai 1553 de cesser de se réunir dans un lieu particulier; il fit enlever les ornements de la chapelle où se célébraient les offices de la confrérie et leur ordonna d'entendre désormais la messe à l'église paroissiale avec tous les fidèles[2]. L'ordonnance de 1560 (art. 10), puis des lettres patentes de la même année frappèrent un nouveau coup en prescrivant l'emploi en œuvres pies des deniers des corporations : mais la multiplicité même de ces arrêts et de ces ordonnances renouvelant l'un après l'autre des prohibitions identiques prouve combien il était difficile de les faire observer. A Lyon notamment, malgré les interdictions générales et particulières, les confréries avaient continué leurs menées, ainsi qu'en font foi des lettres patentes de 1561. Dans cette lutte avec la royauté la confrérie devait avoir le dessus. En vain l'ordonnance de Moulins (1566) prescrivit une fois de plus (art. 14) de faire exécuter les ordres interdisant les confréries et banquets; en vain des mesures coercitives furent-elles prises de nouveau en 1576 et en 1579[3]. La confrérie survécut à

---

1. LAMARE, *Traité de la Police*, t. I, p. 406.
2. *Bibliothèque Nationale*, Mss. 8115, f° 473.
3. En cette même année 1579 des lettres patentes interdisent aux garçons

toutes ces condamnations. Mais le rétablissement de la paix sous Henri IV en calmant les agitations politiques dont elle avait été un foyer si ardent eut une influence bienfaisante sur l'avenir de la confrérie : les défiances royales désarmèrent et l'institution rendue à son rôle d'association pieuse et charitable ne disparut qu'avec la corporation[1].

La lutte entreprise par le pouvoir royal contre les confréries n'est pas le seul fait caractéristique de l'histoire des corporations au XVIᵉ siècle. Il est manifeste qu'à cette époque la corporation est tenue en suspicion par la royauté. On ne se borne pas à interdire les assemblées turbulentes des confréries; on commence à prendre ombrage de cette organisation du guet bourgeois, troupe de police en temps de paix et de milice en temps de guerre qui fonctionnait cependant depuis de si longs siècles et que le *Livre des Métiers* nous montre déjà constituée. Un édit de janvier 1540 (FONTANON, t. I, p. 880; collection LAMOIGNON, t. VI, f° 576), réglemente le guet bourgeois et le place sous la surveillance du guet royal, troupe permanente de 20 hommes à cheval et de 40 hommes à pied commandée par le chevalier du guet[2]. Le guet bourgeois dut se rassembler chaque soir au Châtelet de Paris où se trouvaient le chevalier et le clerc du guet pour prendre note des défaillants qui étaient punis d'une amende. On répartissait les gens de métier en plusieurs postes, qui se tenaient au guichet des prisons et à l'entour du Châtelet, au carrefour du bout du pont Saint-Michel, sur le

---

boulangers de Paris de continuer à troubler l'ordre. Ces ouvriers refusaient de s'engager autrement qu'à la journée; ils mettaient leurs maîtres en interdit, parcouraient la ville armés de bâtons et d'épées, menaçant ceux de leurs camarades qui refusaient de se joindre à eux (LEVASSEUR, II, 118).

1. Sur les confréries au XVIᵉ siècle, voir HAUSER, *op. cit.*, ch. IX.
2. Cette troupe se divisait en deux fractions, chacune de 10 cavaliers et de 20 hommes à pied qui, sous la conduite du chevalier du guet ou de son lieutenant, veillaient chaque nuit à la sûreté de Paris.

quai des Grands-Augustins, au carrefour Saint-Yves, au carrefour Saint-Benoît, à la Croix des Carmes, etc. Le guet royal faisait des rondes pour s'assurer de la vigilance du guet bourgeois. En 1559, il ne suffit plus de surveiller le guet bourgeois; on le supprime. Un édit de Henri II (Lespinasse, t. I, p. 72) remplace ce guet bourgeois par un corps permanent d'hommes d'armes; à l'obligation de guetter, est substituée celle de payer une taxe de seize sous parisis par maître de la ville et de quatre sous par maître des faubourgs. Par arrêt du Parlement du 3 mars 1561 (collection Lamoignon, t. VIII, f° 938; Lespinasse, t. I, p. 77), cette taxe fut élevée à 20 sous tournois pour les maîtres de la ville et à 5 sous tournois pour ceux des faubourgs.

On songea aussi à restreindre le monopole industriel de la corporation. La première brèche faite à ce monopole suivit de près la fondation de l'Hôpital de la Trinité créé en 1545 pour les enfants abandonnés et indigents auxquels le roi faisait apprendre un métier. Pour encourager cette œuvre, l'Edit de février 1553[1] accorde la maîtrise aux artisans qui consentent à venir enseigner leur métier aux enfants de l'Hôpital; on permet aux maîtres de prendre un second apprenti parmi ces pauvres enfants. L'Hôpital fabrique et vend des objets de toute sorte.

Le but si noble et si chrétien de cette fondation ne lui fit cependant pas trouver grâce devant les maîtres chez qui l'intérêt parlait plus fort que la charité; il y eut des rixes et des troubles; on guettait de nuit les compagnons qui enseignaient à l'Hôpital pour les insulter et on jetait des pierres contre les fenêtres de l'édifice.

En même temps les lettres de maîtrise se multipliaient. En 1514, par lettres patentes, Louis XII avait autorisé le duc de Valois à créer un maître par chaque

---

1. Isambert, *Recueil des anciennes Lois françaises*, III, 353.

métier et dans chaque ville du royaume (COLLECT. LAMOIGNON, t. V, f° 636; LESPINASSE, t. I, p. 65). Dès lors, l'usage des lettres de maîtrise dégénéra en abus, et tout événement de quelque importance : sacre, mariage du roi, naissance d'un dauphin, entrée d'un légat, devint prétexte à la création de telles lettres que le Trésor royal vendait à beaux deniers comptants, mais qui conféraient la franchise du métier à des individus souvent dépourvus de connaissances professionnelles sérieuses et qui n'étaient que des entrepreneurs du travail d'autrui. Aussi les corporations firent-elles entendre des plaintes auxquelles nous verrons bientôt Charles IX donner un semblant de satisfaction.

Les lettres de maîtrise ne suffirent bientôt plus; on imagina de créer des offices, c'est-à-dire des charges vénales dont trafiquait le Trésor. En mars 1544, des lettres patentes de François I*r (LAMARE, *Traité de la Police*, t. III, p. 193; LESPINASSE, t. I, p. 422) supprimèrent les vendeurs de poisson jusque là librement élus par les poissonniers et les remplacèrent par des officiers publics, jurés vendeurs de poisson, et par un contrôleur de la marée. Un peu plus tard, on créait des jurés priseurs, vendeurs de meubles (édit de 1556; FONTANON, t. I, p. 503). Ces créations d'offices devaient au siècle suivant servir de prétexte à des exactions fiscales dont nous aurons à nous occuper dans la suite de cet ouvrage.

L'organisation intérieure des corporations subit, elle aussi, durant cette période, certaines modifications.

Les Six Corps de marchands, dont l'origine, ainsi qu'il a été dit, remonte à 1431, ne furent en effet vraiment reconnus et investis de leurs privilèges qu'au début du XVIᵉ siècle. Ces Six Corps étaient au début : les drapiers, les épiciers, les changeurs, les merciers, les pelletiers et les orfèvres. Mais des rivalités de préséance ayant éclaté entre eux, on avait tiré les rangs au sort. Sans insister sur les divers changements que subit l'ordre de ces métiers privilégiés, signalons seulement en 1514 le remplacement des changeurs par une corporation nouvelle, celle des bonnetiers, qui toutefois ne prit que le cinquième rang et se plaça avant les orfèvres. Les marchands de vin prétendaient vainement au titre de septième corps. Les Six Corps étaient investis de privilèges honorifiques, dont le principal était le droit de porter le dais aux entrées des rois, des reines et des légats; dans ces occasions leurs gardes figuraient officiellement, revêtus de robes et de toques de soie. Les trente-six gardes réunis sous la présidence des gardes de la draperie délibéraient sur les intérêts des métiers et formaient un véritable conseil supérieur de l'industrie parisienne. Les membres des Six Corps avaient enfin un dernier privilège qu'ils partageaient toutefois avec les libraires, les marchands de vins, les marchands de bois et les marchands de laine : ils étaient électeurs et éligibles aux fonctions consulaires.

La juridiction des juges consuls fut créée par Charles IX en novembre 1563 (Isambert, t. XIV, p. 153). Cette juridiction connaissait de tous litiges concernant le commerce et pendants entre marchands, pour lettres de change, promesses, obligations, contrats, sauf appel au Parlement si la demande excédait 500 livres. Elle se composait d'un juge et de quatre consuls renouvelés tous les ans par l'élection à deux degrés. La plus saine partie des marchands désignait à cet effet trente électeurs. Sur les cinq places, deux étaient attribuées alternativement aux pelletiers, bonnetiers, orfèvres, libraires, marchands de vins. Les trois autres appartenaient à la draperie, à l'épicerie-apothicairerie et à la mercerie. Les candidats devaient être Français, habiter Paris, être de bonnes vie et mœurs, enfin avoir passé par les charges de leur corporation [1].

---

1. Sauval, *Antiquités de Paris*, II, 409. Sur l'organisation de la juridiction consulaire, v. encore la déclaration du 28 avril 1565, Isambert, t. XIV, p. 179.

Le siège de cette juridiction, berceau de nos tribunaux de commerce, était au cloître Saint-Merri.

Un fait moins important, mais qui doit cependant être mentionné, fut la suppression de la dignité du *roi des merciers*. Le *roi des merciers* était investi d'une autorité suprême sur les membres de cette puissante corporation et déléguait dans les provinces des lieutenants chargés de le représenter. Il surveillait les poids, les mesures, les marchandises des merciers ; il levait sur eux certaines taxes, mais la plus importante de ses prérogatives était celle qui lui donnait le droit de délivrer des lettres de maîtrise [1]. Aucun mercier n'était reçu qu'en vertu de ces lettres, dont il était fait un véritable abus. Cette singulière royauté fut abolie en 1544 [2] et les prérogatives du roi des merciers furent transférées au grand chambrier ; mais cette suppression ne fut pas de longue durée ; rétablie l'année suivante, la dignité de roi des merciers ne disparut définitivement qu'en 1597 [3].

Terminons par quelques indications générales sur les salaires et le prix de la vie de 1461 à 1560 [4].

En 1467, à Bayeux, une journée de couvreur se paye 2 sous, une journée de maçon, 20 deniers ; une journée

---

1. SAUVAL, *Antiquités de Paris*, II, 475.
2. LESPINASSE, *Les Métiers et Corporations de Paris*, t. II, p. 238.
3. Sur le Roi des Merciers voir VIDAL et DURU. *Histoire de la Corporation des marchands merciers*. Champion, 1912, p. 261-269.
4. Pour permettre au lecteur de se faire une idée de ce que représentaient en monnaie moderne les prix indiqués ci-dessous, il est utile de reproduire ici les évaluations de M. le vicomte D'AVENEL. D'après cet auteur (*Histoire économique de la propriété, des salaires et des denrées*, t. I, p. 27 et 62), la livre tournois valut en moyenne (valeur intrinsèque) :

De 1456 à 1487............	5 fr. 29
De 1488 à 1511............	4 fr. 64
De 1512 à 1540............	3 fr. 92
De 1541 à 1560............	3 fr. 34

Le pouvoir de l'argent, c'est-à-dire la diminution de la valeur d'échange de l'argent, aurait été :

De 1426 à 1450, de........	4 fois 1/2
De 1451 à 1500, de........	6 —
De 1501 à 1525, de........	5 —
De 1526 à 1550, de........	4 —

de vanneur, 12 deniers. (Pierre Clément, *Jacques Cœur et Charles VII*. Introduction, p. c.)

En 1469, en Guienne, un couvreur reçoit 6 livres pour 24 journées, soit 5 sous tournois par jour[1].

Au début du XVI° siècle les ouvriers maçons qui travaillaient à la maçonnerie du château de Gaillon recevaient 3 à 4 sous par jour, les manœuvres 1 sou 4 deniers ou 2 sous au plus. En 1549 une augmentation s'était produite; le salaire d'un maçon était de 5 sous, celui d'un manœuvre de 3 sous (à Dieppe). — En 1557 le salaire du premier s'élevait (à Caen) à 5 sous 7 deniers 1/2, celui du second à 4 sous 4 deniers 1/2 (Levasseur, 2° édition, 1901, II, 73). En 1535 à Niort un maçon reçoit 10 sous par jour (deux fois plus qu'en 1470). (Boissonnade, *Essai sur l'organisation du travail en Poitou*, 1900, t. II, p. 155.)

En Auvergne, en 1508, la journée d'un manœuvre est payée 6 deniers en été, 4 deniers en hiver[2]. Mais l'ouvrier de métier devait gagner bien davantage.

En Champagne, vers la même époque, une journée d'homme vaut un sou, celle d'une femme vaut 6 deniers; il s'agit encore ici du simple manœuvre[3].

A Rouen, en 1529, le prix de la journée du charpentier est de 5 sous[4].

Que coûtent les denrées nécessaires à la vie? A Paris, le setier de blé vaut, en 1508, un livre cinq sous, et en 1509, dix-sept sous; dans les provinces, d'après M. d'Avenel (t. II, p. 912), la moyenne générale du prix du kilogramme de pain, de 1500 à 1550, n'aurait pas dépassé 0,07 de notre monnaie moderne. En Normandie spécialement, le charpentier, dont nous avons cité l'exemple, n'eût payé le kilogramme de pain que 0,08 centimes. Or, comme il

---

1. *Archives Nationales*, KK, 1338, n° 133.
2. Dutot, *Réflexions sur le commerce*, 1735, édition Guillaumin, Collection des Économistes, p. 945.
3. *Ibid., eod. loc.*
4. *Archives Nationales*, KK, 1338, n° 162.

gagnait 5 sous tournois, soit environ 98 centimes de notre monnaie par jour, il pouvait facilement vivre.

En Champagne, le setier de froment de 560 livres ne coûte d'après la coutume de Troyes, c'est-à-dire au début du XVI° siècle, que 20 sols, le setier de seigle que 10 sols (Dutot).

En Auvergne, d'après la coutume de cette province rédigée en 1508, un mouton gras vaut 7 sous, un veau 5 sous, une poule 6 deniers (Dutot)[1].

1. D'après M. Levasseur (*Histoire des classes ouvrières*, II, p. 69-71, 2° édition 1900), si le salaire nominal des gens de métiers a notablement augmenté — s'il a doublé même en moyenne de 1500 à 1600, — cette augmentation est compensée en grande partie déjà par la diminution de la valeur intrinsèque de l'argent, le poids d'argent fin contenu dans une livre ayant diminué de moitié. L'accroissement du salaire nominal ne serait donc plus que de 30 %. Si l'on tient compte du pouvoir d'achat de l'argent on constaterait d'après le même auteur, que le prix des denrées s'étant élevé plus vite que le taux des salaires, un manœuvre aurait pu avec le prix de sa journée, acheter 18 litres 40 de froment en 1451-1475, 14 litres 6 en 1501-1525, 3 litres 90 en 1576-1600. — Il paraît certain tout au moins que l'avilissement des métaux précieux par suite de la découverte des mines d'Amérique, d'une part, les guerres de religion d'autre part déterminaient un renchérissement général du prix de la vie qui privait à peu près complètement la classe ouvrière du bénéfice de la hausse des salaires.

CHAPITRE III

LES CORPORATIONS SOUS LES RÈGNES DE CHARLES IX (1560-1574), HENRI III (1574-1589) ET HENRI IV (1589-1610). — ÉDITS DE 1581 ET 1597. — RÔLE POLITIQUE DES GENS DE MÉTIERS PENDANT LA LIGUE. — L'INDUSTRIE SOUS HENRI IV.

Aucune réforme, ni même aucun acte législatif de quelque importance pour l'histoire des corporations ne signalent le règne de Charles IX. D'une part, en effet, l'art. 14 de l'ordonnance de Moulins (1566) qui interdit les confréries reproduit simplement l'ordonnance de 1539 dont nous avons déjà étudié les dispositions. D'autre part, les deux édits de 1560[1] et de 1565[2] obligeant ceux qui auraient obtenu des lettres de maîtrise à faire, comme les autres, un chef-d'œuvre pour justifier de leurs connaissances professionnelles, sont une concession de pure forme aux doléances des communautés ; car la royauté avait plus que jamais besoin de recourir à l'expédient financier des lettres de maîtrise pour se procurer des ressources, et ces lettres n'eussent évidemment pas trouvé acquéreur si leur titulaire avait été tenu de faire un chef-d'œuvre, la dispense du chef-d'œuvre étant l'avantage principal, sinon le seul que recherchaient ceux qui traitaient avec le Trésor. Les édits de 1560 et de 1565 restèrent donc lettre morte.

Il était réservé à Henri III d'entreprendre une œuvre bien autrement importante, en procédant par une ordon-

1. FONTANON, t. I, p. 47. — LESPINASSE, t. I, p. 75.
2. Collect. LAMOIGNON, t. VIII, f° 513. — LESPINASSE, t. I, p. 78.

nance célèbre à la première organisation générale des corporations et en tentant de faire du régime corporatif le type unique et obligatoire de l'organisation du travail dans tout le royaume. Jusqu'à Henri III, la royauté était souvent intervenue pour réglementer des corporations existantes ou pour en autoriser de nouvelles; mais elle n'avait pas encore songé à obliger les artisans à constituer de semblables associations dans les villes et surtout dans les campagnes où nul groupement volontaire ne s'était formé : le pouvoir royal intervenait, non pour créer, mais pour sanctionner et légiférer. Sous Henri III, la royauté va s'engager dans une voie nouvelle et imprimer pour la première fois à la corporation le caractère d'une institution d'Etat[1].

Une réforme de détail avait précédé la grande œuvre législative qui allait s'accomplir. En novembre 1577[2], un édit avait réduit de moitié le prix que le maître était obligé d'exiger de son apprenti, lors de son entrée en apprentissage; par contre, il était interdit aux valets de quitter leurs maîtres sans cause légitime et raisonnable. Cet édit prescrivait le renouvellement triennal des jurés, leur défendait d'offrir aucuns banquets pour se faire élire, leur ordonnait de faire leurs visites de semaine en semaine, prohibait les dépenses inutiles pour les chefs-d'œuvre. Mais on ne remédie pas en un jour à des abus invétérés. L'édit de 1577 demeura lettre morte. C'est alors que la royauté

---

1. Dès cette époque, l'abolition des maîtrises et jurandes était réclamée par quelques-uns, mais l'opinion était favorable à ces institutions. Jean BODIN, le grand orateur du Tiers aux Etats Généraux de 1576, écrit dans son traité, *La République,* ch. VIII, liv. III : « Il y en a qui sont d'avis que tous corps et collèges soient abolis. Ils ne regardent pas que la famille et la république même ne sont rien autre chose sinon communautés; qui est l'erreur à laquelle les plus grands esprits s'aheurtent le plus souvent. Car pour une absurdité qui advient d'une coutume ou ordonnance, ils veulent rayer et biffer l'ordonnance sans avoir égard au bien qui en réussit d'ailleurs. »

2. FONTANON, *Ordonnances,* t. I, p. 823. — LESPINASSE, *Les Métiers et Corporations de Paris,* t. I, p. 80.

se décida à entreprendre la réforme générale des corporations en même temps que leur organisation sur un type nouveau. Telle fut l'idée directrice qui trouva son expression pratique dans l'ordonnance de décembre 1581[1].

Le préambule de cette célèbre ordonnance expose qu'elle a été inspirée par la nécessité de remédier « aux abus des frais de réception, de donner ordre aux excessives dépenses que les pauvres artisans des villes jurées sont contraints de faire pour obtenir le degré de maîtrise, étant quelquefois un an et davantage à faire un chef-d'œuvre qui plût aux jurés, lequel enfin est par eux trouvé mauvais et rompu, s'il n'y est remédié avec infinis présents et banquets, ce qui recule beaucoup d'eux de parvenir au degré et les contraint de quitter les maîtres et besogner en chambre ». Ce motif assurément n'est pas le seul ; l'intérêt politique ainsi que les exigences fiscales ont joué leur rôle dans la rédaction de l'ordonnance dont il importe maintenant d'analyser les dispositions.

L'article essentiel de l'ordonnance est l'art. 1er, qui enjoint aux maîtres de toutes les villes du royaume où il n'existe pas de maîtrise d'aller prêter serment dans la huitaine devant le juge du lieu et qui les groupe en communautés ; les maîtres exerçant leur profession au moment de l'ordonnance dans une ville non jurée sont dispensés du chef-d'œuvre qui devra être exigé à l'avenir des récipiendaires (art. 1). Dans les trois mois des jurés seront élus dans chaque ville ou bourgade ; dans les localités trop peu importantes, les gens de métier sont groupés par châtellenies (art. 9 et 10). L'ordonnance est donc absolument générale et s'applique en réalité à la campagne comme à la ville. Avant de prêter serment, les maîtres devaient prêter certains droits variables (à Paris de 30 à 10 écus, art. 20).

[1]. Fontanon, *Ordonnances*, t. I, p. 1091. — Lespinasse, t. I, p. 84.

D'autres dispositions moins importantes suivent cette grande réforme législative. C'est d'abord l'octroi de la maîtrise à trois bons artisans de chaque métier dispensés du chef-d'œuvre et des charges ordinaires. La raison invoquée est assez plausible : « Pour ce qu'il y a plusieurs artisans non maîtres, aussi bons ouvriers que les maîtres lesquels n'ont su cy devant, à faute de moyens (d'argent) acquérir le degré de maîtrise. » Mais le véritable motif de cette concession est d'ordre purement fiscal : en effet ces lettres de maîtrise ne sont accordées que contre finance fixée par le juge.

On doit en revanche approuver sans réserves la clause qui limite et réduit les frais de réception exorbitants alors en usage, par la fixation d'un taux officiel des droits royaux. Ces droits sont calculés en proportion de l'importance des villes et des métiers qui sont répartis en trois classes [1] ; les salaires des juges ou jurés ne doivent pas excéder le tiers de ces sommes (art. 20).

L'art. 12 de l'ordonnance autorise le cumul de deux métiers, à charge par celui qui veut les exercer de faire chef-d'œuvre séparé pour chacun d'eux. Dans les localités où jusqu'alors aucun métier n'était organisé corporativement, le chef-d'œuvre n'est pas exigé de ceux qui, lors de la promulgation de l'édit, exerçaient en fait une profession réglementée, mais seulement de ceux qui se présenteront à l'avenir pour l'exercer.

Il est en outre interdit d'abréger l'apprentissage en échange de redevances supplémentaires (art. 13); les fils de maître bénéficient d'une réduction de moitié du temps d'apprentissage. Le compagnonnage est fixé pour tous à une durée de trois ans (art. 14 et 15).

Enfin l'édit de 1581 réglemente cette formalité, source de tant d'abus, le chef-d'œuvre. Il devra être donné dans

1. Depuis 30, 20 ou 10 écus à Paris, 20, 14 et 8 écus dans les villes de baillage et de sénéchaussée jusqu'à 3, 5 et 1 écu dans les bourgades.

les huit jours qui suivent la sommation et être tel qu'on puisse l'achever en trois mois. S'il est trouvé mal fait par les jurés, il est procédé à un second examen par d'autres maîtres auxquels sont adjoints des bourgeois ; la sentence de ces seconds juges est définitive, en ce sens que le candidat admis par eux est reçu même contre l'avis des jurés et que celui qu'ils refusent doit retourner compléter son instruction chez un maître (art. 16 et 17).

Telle est l'économie de l'ordonnance de 1581. L'importance de cette ordonnance est considérable en ce qu'elle renferme la première affirmation solennelle de la politique royale envers les corporations, mais ses résultats immédiats furent à peu près nuls. Au milieu des troubles et des guerres civiles qui déchiraient alors le royaume, l'ordonnance de 1581 fut en effet peu ou point exécutée ; dans la plupart des provinces les artisans peu désireux d'être groupés en une communauté qui faciliterait aux officiers royaux le recouvrement des taxes, profitèrent du bouleversement général causé par les guerres religieuses pour continuer à exercer isolément leur industrie. Mais la royauté ne renonçait pas à son dessein, et après le rétablissement de la paix, un des premiers actes d'Henri IV fut de renouveler expressément toutes les dispositions de l'ordonnance de 1581.

La nouvelle ordonnance datée d'avril 1597[1] invoque comme la précédente le désir de « soulager le peuple, d'éviter les monopoles, longueurs et excessives dépenses qui se pratiquent journellement au détriment des pauvres artisans ». Mais à côté de ces considérations charitables, une autre plus impérieuse commandait cette mesure ; i fallait faire face aux dettes et aux obligations de toute sorte qu'Henri IV avait contractées pour reconquérir son royaume[2].

1. Fontanon, *Ordonnances*, t. I, p. 1101. — Lespinasse, t. I, p. 90.
2. « Spécialement pour satisfaire aux très justes debtes dont nous sommes

L'ordonnance de 1597 confirme celle de 1581 dans toutes ses clauses : notamment en ce qui concerne l'établissement de maîtrises et de corporations dans tout le royaume, avec obligation pour tous les maîtres d'aller dans les huit jours prêter le serment requis et en acquitter la finance (art. 3). Une commission spéciale d'examen composée d'un médecin et de quatre maîtres présidera exceptionnellement aux épreuves d'admission pour les métiers d'apothicairerie, chirurgie et barberie (art. 2).

Enfin, une dernière disposition abolit définitivement la charge de roi des merciers et ses lieutenances (art. 4).

En résumé, l'ordonnance de 1597 achève en la complétant la réforme commencée par l'ordonnance de 1581; sans doute, ses prescriptions se heurteront encore à bien des résistances; la clause qui prescrit le groupement de tous les artisans de province en corporations obligatoires ne pourra même être exécutée, malgré les efforts des officiers royaux, dans nombre de villes et de bourgades, et demeurera dans plusieurs provinces lettre morte, comme le prouve un édit de 1673 que nous étudierons plus tard. Mais les ordonnances de 1581 et de 1597 n'en marquent pas moins dans l'histoire des institutions corporatives le point de départ d'une ère nouvelle en ce qu'elles correspondent à une évolution de la politique suivie jusqu'alors par la Royauté envers les corporations. Cette politique tend à enlever aux corporations leur indépendance pour les ériger en institutions d'Etat, en groupements administratifs analogues pour l'industrie à ce que les bailliages ou les sénéchaussées sont pour le territoire. La corporation conserve, il est vrai, son organisation intérieure et le droit d'élire ses jurés; mais ces privilèges eux-mêmes lui seront bientôt contestés, et elle

redevables aux colonels et capitaines suisses qui avec leurs vies et moyens nous ont secourus et aydez à la conservation de cet Estat. »

n'obtiendra qu'à prix d'argent de ne pas en être dépouillée. Le compromis qui interviendra à la fin du XVIIe siècle entre la royauté et les métiers pour le rachat des offices et la libre élection des jurés, sera une preuve nouvelle de l'assujettissement auquel les corporations ont été soumises par les édits de 1851 et de 1597.

La portée de l'édit de 1597[1] est donc considérable au point de vue politique. Les dispositions de l'édit ne sont pas moins importantes au point de vue législatif et fiscal, en ce que d'une part elles consacrent pour tout artisan le droit de louer boutique et de passer maître sans subir les exigences ruineuses des jurés et sans être tenu à des dépenses extravagantes ; d'autre part, en ce qu'elles ratifient le principe de la création des lettres de maîtrise, expédient financier dont il devait être fait plus tard un tel abus.

En dehors de l'ordonnance de 1597 et de quelques confirmations de statuts, les actes législatifs du règne d'Henri IV relatifs aux métiers sont peu nombreux et de médiocre importance. On peut citer cependant les lettres patentes de septembre 1606[2] par lesquelles furent confirmés les privilèges des marchands suivant la Cour, et l'édit de juillet 1608, abolissant toutes lettres de maîtrise antérieures au règne d'Henri IV et non encore vendues. Cette mesure avait été rendue nécessaire par le très grand nombre de lettres créées sous les règnes précédents et qui n'avaient pas trouvé d'acquéreurs. Il restait encore à vendre

1. Dans son *Histoire d'Henri IV*, M. Poirson s'est singulièrement mépris sur le sens des dispositions de cet édit. « Désormais, écrit cet auteur, dans chaque métier celui qui s'y adonnait pouvait, dès le temps de son apprentissage, suivre l'inspiration de son génie ou recourir à l'observation et à la réflexion au lieu d'obéir aux ordres d'un maître et aux règles d'une corporation. Pour juger de la valeur de son produit, il n'avait plus que le goût du public et la surveillance de l'autorité. » A lire ces lignes, on serait tenté de croire que M. Poirson analyse l'édit de 1776 et non celui de 1597, et qu'il n'écrit pas l'histoire d'Henri IV, mais celle de Turgot.
2. Collection Lamoignon, t. X, f° 388. — Lespinasse, t. I, 102

des lettres créées un demi-siècle auparavant, à l'occasion du mariage de François II avec Marie Stuart.

Les corporations ne prirent en tant qu'associations aucune part aux discordes civiles qui déchirèrent la France sous Charles IX, Henri III et qui se prolongèrent jusqu'à l'abjuration d'Henri IV. Leurs membres trouvaient en effet dans la Ligue, cette prodigieuse affiliation politique dont la puissance tint si longtemps la monarchie en échec, un type d'organisation beaucoup plus compréhensif et mieux adapté aux circonstances que les communautés d'arts et métiers. L'adhésion des artisans de Paris à la Ligue fut, on peut le dire, unanime, et ce fut avec un enthousiasme exalté qu'ils embrassèrent la cause de la religion nationale. Les fondateurs, ou plutôt les réorganisateurs de la Ligue en 1584, furent pour la plupart des hommes du peuple, « tribuns de basoche ou de boutique bien connus dans les corps de métier et les compagnies bourgeoises. Chacun se chargea de pratiquer la corporation à laquelle il appartenait : qui les procureurs, qui les huissiers, qui les clercs du greffe ; deux des meneurs embauchèrent les mariniers au nombre de 500, tous *mauvais garçons ;* un potier d'étain et un charcutier se chargèrent des bouchers et charcutiers, plus de 1.500 hommes ; le commissaire Louchart enrôla les maquignons au nombre de plus de 600[1] ». La démocratie des métiers s'enrôla tout entière sous la bannière de la Ligue et imprima au mouvement ce caractère populaire qui s'accentua encore par la suite.

L'histoire politique des métiers se confond donc à cette époque avec celle de la Ligue. Ce sont les gens de métier qui fournissent à la grande association catholique des subsides, qui lui donnent ses soldats et qui, avec elle, exigent d'Henri III le rappel des édits de tolérance ; avec elle ils

1. Henri MARTIN, t. IX, p. 532.

combattent Henri de Navarre ; avec elle ils font la Saint-Barthélemy et la journée des Barricades ; avec elle enfin ils se déclarent les vengeurs du duc de Guise assassiné.

Cette fidélité des artisans à la cause catholique engendra des prodiges de dévouement et de vaillance. Une ardente conviction put seule faire supporter aux Parisiens les souffrances intolérables qu'ils eurent à soutenir pendant les deux sièges, de 1590 et de 1592[1] ; mais cet héroïsme ne fit que retarder leur défaite ; l'excès de la misère fit tomber peu à peu l'exaltation populaire ; les abus de pouvoir des chefs de la Ligue, l'insolence des alliés espagnols om parée à l'humanité, à la générosité si politique, à l'amour des humbles qui éclataient chez le Béarnais lui rallièrent peu à peu de nombreux partisans tout d'abord secrets, puis déclarés[2]. Son abjuration triompha des dernières défiances, et par un de ces revirements dont l'esprit français est coutumier, le prince que la veille on n'appelait encore qu'Hérode ou l'Antéchrist, devint l'idole universelle, dont le nom devait être conservé par l'histoire comme celui du plus populaire de nos rois.

Henri IV justifia, d'ailleurs, cette confiance et cet enthousiasme. Une ère nouvelle de paix et d'activité féconde succéda aux luttes religieuses et aux guerres civiles ; une stricte économie rétablit l'ordre dans les finances. L'agriculture encouragée par la plantation de mûriers et par l'ordonnance qui déclarait les récoltes

---

1. En août 1590, le blé se vendit jusqu'à 100 écus le setier et le beurre 2 écus la livre. La chambrière de l'Estoile lui achète 4 œufs un écu ! On se nourrit de pain d'avoine, on mange du chien. Pis encore ! les lansquenets font la chasse aux enfants et en mangent trois (L'ESTOILE, collection MICHAUD et POUJOULAT, t. I, 2e série, p. 29).

2. Sur cet état d'esprit des Parisiens, l'Estoile cite entre autres traits ce propos de la femme d'un aiguilletier : « A charge que le Béarnais dût entrer, je fournirais de bon cœur les cordes pour les pendre (les auxiliaires étrangers de la Ligue). Parole de femme indiscrète, ajoute l'Estoile, duquel le ventre qui n'a point d'oreilles, comme on dit, criait et laquelle était assez commune à Paris. »

insaisissables, redevint prospère. Les beaux-arts, sans renouveler les merveilles de la Renaissance, fleurirent cependant de nouveau[1].

L'industrie qui, elle aussi, avait eu tant à souffrir de quarante ans de guerres, fut l'objet de la sollicitude royale. Henri IV avait été frappé des obstacles que suscitaient aux inventeurs les règlements immobiles des corporations. Il créa donc en 1601 un Conseil supérieur de commerce, avec mission de rétablir en France le commerce et la manufacture; véritable commission consultative chargée d'étudier les procédés nouveaux et d'assurer la propagation de tous ceux qui réaliseraient un progrès.

Cette création porta bientôt ses fruits. En trois ans, la commission passa en revue toutes les industries, découvrit les causes qui avaient entraîné la décadence de certaines fabrications, signala les moyens propres à remédier au mal, rechercha et indiqua les améliorations possibles. L'industrie de la laine et du drap fut relevée, celle de la soie fut créée.

Les conseillers d'Henri IV ne bornèrent pas là leurs efforts. Ils étudièrent les moyens d'acclimater en France les industries de l'étranger. On fit venir d'Espagne le sieur Scipion Rozan qui obtint, outre la naturalisation, le titre d'officier du roi et un logis près l'hôtel de la reine, un privilège de dix ans pour la fabrication du cuir doré, avec permission d'établir des manufactures partout où il voudrait : défenses furent faites à toutes personnes de vendre des marchandises autres que les siennes. Il s'engageait en échange à fournir la France suffisamment de tapisseries, de cuir doré et frappé, aussi bon que celui d'Espagne, et devait prendre autant d'apprentis français

---

1. De cette époque, datent la Galerie d'Apollon au Louvre, l'achèvement 'Hôtel-de-Ville, Saint-Etienne-du-Mont.

que d'étrangers[1]. La fabrication des tapis de luxe fit également à cette époque de sensibles progrès ; en 1601, Henri IV appela de Flandre à Paris une colonie de tapissiers de haute lice qu'il établit au palais des Tournelles ; en 1604, le Conseil du commerce fonda au Louvre même une manufacture de tapis de Turquie[2]. En même temps, un sieur Le Sellier obtient pour vingt ans le monopole de la vente des satins et des damas dont il introduit l'industrie à Troyes.

L'émulation fut générale, et les industriels français et étrangers adressèrent de toutes parts au Conseil qui statuait après enquête, leurs offres de services et leurs demandes de privilèges. Un premier correspondant offre de convertir le fer en acier aussi bon et fin, voire meilleur que celui de Piémont ; un second se déclare prêt à importer en France l'art de battre l'or à la façon de Milan ; un troisième propose de rétablir « les bas de soie en leur première bonté ou qualité ». Ces offres sans doute ne sont pas toutes sérieuses ; plusieurs des industries que l'on cherche à introduire en France ne parviendront d'ailleurs pas à s'y maintenir et à y prospérer. L'impulsion n'en a pas moins été donnée ; un effort considérable a été fait pour ouvrir à l'activité nationale des voies nouvelles, et lorsqu'un demi-siècle plus tard Colbert entreprendra de conquérir à la France industrielle, commerçante et colonisatrice, la clientèle et le marché du monde entier, il ne fera que reprendre et poursuivre avec plus de hau-

1. *Collection des documents inédits. Mélanges historiques,* par CHAMPOLLION-FIGEAC, p. 191. Sur l'évolution économique et sociale de 1589 à 1610 voir le livre de M. FAGNIEZ, *L'Economie sociale sous le règne de Henri IV*. Paris, Hachette, 1897.
2. Des maîtres de divers métiers travaillaient dans les galeries du Louvre. Ainsi des lettres patentes du 22 décembre 1608 (LESPINASSE, t. I, p. 106) accordent des lettres de maîtrise à Abraham de la Garde, horloger, Pierre Courtois, orfèvre et valet de chambre de la reine, Julien de Fontenay, graveur en pierres précieuses, Jean Séjourné, sculpteur et fontainier, etc. Il leur est permis à chacun d'engager deux apprentis.

teur dans les vues et plus d'énergie dans l'exécution l'œuvre conçue et commencée par Henri IV.

Il ne semble pas que ces concessions de privilèges aient à l'origine soulevé de bien vives protestations de la part des corporations. D'une part, en effet, le privilège n'est accordé qu'après enquête et sur des marchandises de luxe dont la fabrication a été apportée en France ou tout au moins notablement perfectionnée par le bénéficiaire du monopole ; d'autre part, le privilège lui-même n'est concédé que pour un temps, et à son expiration la vente de ces objets doit être libre. Et cependant cette institution des privilèges était au fond l'échec le plus sérieux qu'eût encore subi le monopole économique des corporations dont elle préparait la déchéance. C'est au sein de la corporation elle-même, à l'ombre de ses statuts réformés et élargis, que l'esprit industriel entreprenant et novateur eût dû trouver asile et chercher le progrès. En immobilisant ses règlements, en laissant le flot des idées nouvelles la déborder et une conception supérieure de l'industrie se réaliser en dehors d'elle, la corporation du XVIIe siècle abdiquait sa suprématie professionnelle et s'exposait à perdre son véritable caractère pour ne plus apparaître bientôt que sous l'aspect d'une institution inutile, impopulaire et surannée.

APPENDICE AUX LIVRES I, II, III ET IV

LES CORPORATIONS DE PROVINCE DEPUIS LEURS ORIGINES JUSQU'EN 1610

Dans les quatre premiers livres de cet ouvrage, nous avons étudié la corporation sous son aspect le plus général, et telle qu'elle nous est apparue dans la seule ville de France, où les traditions locales n'ont pu altérer son caractère. Mais, après avoir retracé le tableau de la corporation-type, de celle qui est née et a grandi à Paris sous la tutelle directe de la royauté, il nous reste à jeter un coup d'œil d'ensemble sur les corporations des provinces, dont chacune a son histoire et sa physionomie propres. Nous passerons donc une rapide revue de ces associations et nous les suivrons depuis leurs origines si complexes et parfois si obscures, jusqu'à l'époque où, sous l'action toute-puissante du pouvoir royal, elles perdent peu à peu leur originalité et leur autonomie pour se rapprocher de plus en plus du type uniforme de la corporation d'Etat créé par les ordonnances de 1581 et 1597, et imposé définitivement au cours du XVIIe siècle à toutes les communautés d'arts et métiers de France.

Nous arrêterons donc à 1610 cette étude des corporations de province. Nous nous réservons d'ailleurs de noter au courant de cet ouvrage les particularités intéressantes et les faits dignes de remarque dont ces associations pourraient nous offrir encore la révélation aux XVIIe et XVIIIe siècles.

Section I. — Corporations du Midi

LES CORPORATIONS DE PROVENCE

1° *Leur histoire jusqu'en 1328*

Les corporations provençales se rattachent, sans aucun doute possible, aux *collegia opificum* de l'époque romaine et leur histoire est mieux connue que celle des corporations d'aucune autre contrée. A Montpellier, par exemple, l'organisation corporative est très ancienne. Dès le début du XIII° siècle, on trouve les artisans des métiers répartis en sept échelles qui concourent à l'élection des consuls. Ces échelles, dont l'établissement remontait à une époque indéterminée, étaient désignées chacune sous le nom d'un des jours de la semaine. Celle du dimanche comprenait les bouchers, poissonniers, barbiers, peintres, logeurs de pèlerins, teinturiers; celle du lundi, les pelletiers, ceinturiers, tuiliers; celle du mardi, les laboureurs, tanneurs, chapeliers, apprêteurs de vair; celle du mercredi, les forgerons, sabotiers, cordonniers; celle du jeudi, les banquiers, poivriers, doreurs, épiciers, droguistes; celle du vendredi, les drapiers et marchands de laine; celle du samedi, les charpentiers, tisserands, meuniers, taverniers.

Le 1ᵉʳ mars, les chefs des divers corps de métier se réunissaient à l'hôtel de ville et nommaient cinq prud'hommes par échelle. Le sort désignait ensuite sept des trente-cinq membres ainsi élus, qui s'adjoignaient les douze consuls sortants pour choisir soixante citoyens capables de remplir les fonctions consulaires; les noms de ces soixante candidats étaient inscrits sur des bulletins déposés dans une urne, et un tirage au sort désignait enfin les magistrats municipaux[1]. A partir de 1252, les métiers se partagèrent ces sièges de consuls.

---

1. M. GERMAIN, *Histoire de la commune de Montpellier*, 1861, t. I, p. 162.

Une organisation analogue fonctionnait à Nîmes dès 1272. Les métiers nîmois sont divisés en neuf échelles, d'après la nature du trafic[1]. Mais, tandis qu'à Montpellier la constitution municipale est toute démocratique et industrielle, à Nîmes, c'est la classe aristocratique et bourgeoise qui domine. Jusqu'en 1272, son autorité est même absolue : sur huit consuls, quatre sont pris parmi les chevaliers du quartier noble des Arènes, quatre parmi les bourgeois. Mais en cette année 1272, Nîmes ayant été réunie à la couronne de France, les artisans firent valoir leurs droits; ils obtinrent d'élire un consul sur huit et neuf conseillers de ville sur vingt-sept. En 1283, on alla plus loin, et on leur attribua le choix de deux consuls et de douze conseillers.

Les métiers d'Arles étaient dirigés par des chefs dont le conseil, appelé *Collegium capitum mysteriorum*, était investi d'une haute juridiction sur les corps d'état. Pendant longtemps, les artisans d'Arles avaient dû plier sous l'autorité féodale; mais ici comme à Nîmes, un vieil esprit d'indépendance les poussait à revendiquer leurs franchises municipales. L'occasion se présenta enfin. Après la mort du comte Raimond Béranger, survenue en 1245, l'archevêque, aux prises avec la noblesse et la bourgeoisie de la ville, chercha à se faire des alliés parmi les artisans. Il les groupa en communautés, et ils formèrent dès lors une des deux classes du conseil général.

A Marseille, les métiers étaient peut-être plus puissants que partout ailleurs. Cent chefs de métier étaient élus tous les ans, du 24 au 30 juin, par leurs pairs, parmi ceux des maîtres qui possédaient 50 livres royales et justifiaient d'un domicile de trois ans. Ces cent chefs de métier avaient la direction des affaires corporatives, la

---

[1]. Les changeurs, apothicaires, épiciers composaient la première; les drapiers, lingers, tailleurs, pelletiers la seconde. (*Etudes sur le consulat et les institutions municipales de Nîmes*, par M. DE LA FARELLE, 1841, p. 14 à 31).

police des rues et des établissements publics[1]; de plus, ils déléguaient chaque semaine six d'entre eux pour administrer les affaires de la ville; c'était une sorte de commission exécutive chargée de gouverner Marseille. Cette commission s'adjoignait, outre les trois syndics et les trois clavaires de la ville, soixante et onze citoyens pris parmi les bourgeois et les commerçants notables; c'était là le conseil général de la ville investi du pouvoir législatif, comme la commission des six chefs de métier était chargée du pouvoir exécutif. Enfin, le podestat, magistrat suprême de Marseille aux fonctions surtout honorifiques et les autres magistrats (viguier, juges, syndics, etc.) étaient élus par un collège électoral où dominaient les chefs du métier.

A Carcassonne, les métiers étaient très anciens; mais les guerres qui désolaient le pays et l'incendie de la ville par les Anglais avaient interrompu la tradition corporative qui fut renouée dans la seconde moitié du XIV° siècle[2].

Les corporations du Midi jouissaient donc de privilèges spéciaux et prenaient une part active à l'administration de la cité. Il nous reste à étudier leur organisation et l'économie de leurs règlements. C'est encore à Montpellier que l'on trouve les renseignements les plus certains sur ces institutions. Le Petit Thalamus, registre des constitutions municipales de la ville, fournit des renseignements intéressants à ce sujet.

Le régime corporatif de Montpellier peut se résumer ainsi : A la tête de chaque métier on trouve un ou plu-

---

1. *Statuta Massiliæ*, lib. I, cap. x. Sur ces statuts et sur l'histoire municipale de Marseille, cf. l'ouvrage de MM. Méry et Guindon, intitulé : *Histoire analytique et chronologique des actes et délibérations du corps et du conseil de la municipalité de Marseille depuis le X° siècle jusqu'à nos jours*, Aix, 8 vol. dont les six premiers ont été publiés de 1842 à 1847.

2. *Ordonnances des rois de France*, II, 114, statuts des pareurs de mars 1335, et VIII, 399, statuts des barbiers confirmés en décembre 1400.

siers consuls ; chez les banquiers ou changeurs il y en a
cinq. Ces consuls, secondés par des gardes ou pru-
d'hommes, administraient les affaires communes sous la
surveillance des consuls de la ville. Ils étaient élus chaque
année par leurs confrères et rendaient leurs comptes à
leur sortie de charge.

Comme à Paris, il fallait acquitter certains droits pour
entrer dans le métier. Chez les barbiers, le nouvel artisan, s'il n'était fils, frère, neveu ou cousin-germain de
barbier, payait dix sous à la confrérie (statuts de 1252);
chez les fabricants de chandelle de suif tout patron qui
embauche un apprenti paie la même taxe; l'apprenti doit
jurer de bien se conformer aux règlements (statuts de
1295). On rencontre des clauses analogues dans les statuts des cordonniers, des peigniers, des jupiers, etc.

La réception à la maîtrise est entourée de formalités
diverses. Pour être admis chirurgien barbier, il faut être
présenté par les consuls du métier à chacun desquels on
paie un sou tournois, puis subir un examen et payer
encore diverses taxes.

Une clause remarquable est celle du statut des tailleurs
(2 juin 1323) par laquelle est mis en quarantaine l'atelier
de tout maître qui a frustré un ouvrier d'une partie de son
salaire. Si le maître refuse de payer sa dette, il est interdit à tout artisan de travailler pour son compte[1].

Les institutions d'assistance et de bienfaisance avaient
déjà pris à Montpellier un grand développement dès le
XIIIe siècle. « Chaque corporation avait deux centres ordinaires consistant en une chapelle et un bureau. Dans
la chapelle avaient lieu les cérémonies et les prières
communes ; dans le bureau se discutaient les intérêts
communs et se distribuaient les secours aux membres

1. Nisi hoc faceret quod ab inde in antea aliquis operarius cum illo ope-
rari non debeat donec satisfecerit prædicto operario. GERMAIN, *op. cit.*, t. III,
p. 477, — et *Ordonnances des Rois de France*, II, 468.

nécessiteux [1]. » Les *charités* ou confréries avaient pour ressources les taxes perçues lors de l'entrée en apprentissage ou à la réception et diverses cotisations. Elles secouraient les pauvres du métier et faisaient célébrer des messes pour les morts. Les confrères devaient assister aux funérailles de tout membre décédé ainsi qu'à celles de leurs père, mère, femme et enfants pubères. Ce jour-là tout travail était suspendu dans les ateliers jusqu'à l'inhumation [2].

Les statuts proprement dits des métiers de Marseille sont d'une époque relativement récente puisque le plus ancien est celui des cotonniers, tisserands de toile, tapissiers (1322) [3]. Mais on trouve dans les statuts municipaux de Marseille, rédigés en 1255, des indications suffisantes pour permettre d'affirmer que les métiers étaient établis dès le XIIe siècle et pour se faire une idée de leur fonctionnement. Ces statuts attestent d'abord l'existence de chefs de métiers ; un chapitre entier, le xe, règle leur élection. L'autorité municipale intervient du reste souvent dans les affaires des métiers ; c'est ainsi que le chapitre xxv ordonne de désigner deux ou trois des meilleurs médecins de Marseille pour examiner la compétence des autres et signaler aux autorités municipales ceux qui paraîtraient incapables d'exercer leur profession. On cherche à assurer la probité du commerce en imposant aux maîtres un serment professionnel [4], en interdisant tout accord entre artisans de métiers différents en vue d'influer sur le prix de vente des denrées à la fabrication desquelles ils coopèrent [5], enfin en édictant parfois un tarif maximum pour la vente des denrées [6].

1. Germain, *op. cit.*, III, p. 190.
2. Statuts des tailleurs, art. 8. *Ord. des Rois de France*, II, 468.
3. De Ribbe, *Histoire des corporations de Provence*, p. 24.
4. Tailleurs, ch. xxxviii. — Tanneurs, ch. xli.
5. Ch. xxxvi et xl.
6. Ch. xxxviii.

En résumé, on retrouve en Provence, modifié sous l'influence des idées chrétiennes, l'ancien régime corporatif de l'époque romaine. Les associations professionnelles qui n'avaient sans doute jamais disparu dans le Midi, mais que comprimait et dominait l'autorité féodale, profitèrent des bouleversements politiques dont ce pays fut ébranlé au XIII⁰ siècle pour ressaisir leur ancienne autonomie. Cette émancipation des métiers du Midi est le fait capital de la première période de leur histoire; la législation de ces métiers demeure au surplus animée de l'esprit le plus libéral, et nombreux sont les artisans de chaque profession qui, en dehors de la corporation, vivent et travaillent isolément et dont les métiers respectent l'indépendance. Il en fut ainsi jusqu'aux ordonnances de 1581 et 1597 qui organisèrent tous les artisans en *métiers jurés*, c'est-à-dire obligatoires.

2° *Les corporations de Provence du XIV⁰ au XVII⁰ siècle (1328-1610)*

Il paraît étrange que, contrairement à la loi ordinaire de l'histoire, les sources d'information et les documents relativement abondants lorsque l'on étudie les corporations provençales au XIII⁰ siècle, se raréfient et fassent même souvent défaut à qui veut poursuivre l'étude de ces associations à travers les siècles suivants. Telle est pourtant l'incontestable vérité des faits, ainsi que le constate M. Germain, l'auteur de l'Histoire la plus complète et la plus documentée de la commune de Montpellier et des institutions municipales de cette ville, alors l'une des plus importantes de tout le Midi.

Il est avéré cependant qu'aux XIV⁰ et XV⁰ siècles les métiers de Provence conservèrent l'organisation que nous avons décrite, ainsi que le prouve pour Montpellier le *Registre des senhors, consuls et curials*, ou liste des consuls de métiers et des soixante éligibles aux fonctions consulaires de 1353 à 1393 et de 1412 à 1422 qui est parvenu jusqu'à nous ; les règlements professionnels se multipliaient en même temps. Les orfèvres de Montpellier reçurent, en 1355, des statuts les soumettant au double contrôle de leurs gardes et des consuls ; des statuts furent donnés en 1400 aux boulangers de Montpellier, en 1453, aux tailleurs d'Aix.

Mais si les métiers subsistent, si même leur nombre semble tout d'abord s'accroître, leur puissance se heurte bientôt à un redoutable adversaire : la royauté dont l'autorité s'étend et s'affermit de plus en plus dans ces contrées. A Montpellier, la domination aragonaise fait place, en 1349, à la souveraineté beaucoup plus effective du roi de France, qui restreint ou supprime tour à tour les privilèges locaux. Les populations se désintéressent des affaires publiques ; en 1410, il faut nommer une commission prise dans les échelles pour aviser aux moyens de ranimer le zèle des électeurs qui s'abstiennent en masse ; en 1483, le conseil de ville élu est supprimé et remplacé par un conseil de vingt-quatre membres à la nomination du roi.

Cette disparition des libertés communales entraîna la décadence des corporations libres. Les liens corporatifs se relâchèrent. La maîtrise n'avait jamais été indispensable pour exercer une profession, mais en fait, au XIIIe siècle, la grande majorité des artisans était groupée en corporations. Au XVe siècle, au contraire, les artisans négligent de plus en plus de se faire inscrire sur les registres du métier. L'exemple le plus frappant de cette évolution se trouve dans une délibération du corps de ville de Nîmes, en 1631, d'où il appert qu'à cette date, et malgré les ordonnances de 1581 et 1597, toute trace d'organisation corporative avait disparu dans cette cité[1]. Cette disparition des corporations nîmoises est sans doute un

---

1. DE LA FARELLE, *Étude sur le consulat et les institutions municipales de Nîmes*, p. 225.

fait exceptionnel. Mais si les métiers subsistèrent dans les autres villes de Provence, leur caractère se modifia, et d'associations libres, autonomes, ces associations devinrent des corporations d'Etat soumises à l'action directe de la royauté, des *jurandes*. Au XVIe siècle, Montpellier, une des premières, devint ville jurée ; les tailleurs d'Aix adressent au roi, dès 1583, un requête dans le même but, exposant que des particuliers sans savoir ni expérience lèvent boutique, de façon que le métier de tailleur est grandement vilipendé ; la même année, les tailleurs de Marseille font la même demande. Dès cette époque, les corporations du Midi ont perdu leur vie propre et leur caractère original ; leur histoire se confond avec celle de toutes les corporations de France.

ROUSSILLON [1]

Le Roussillon n'a été réuni à la France qu'en 1642. De 1172 à 1642, à part une annexion passagère sous Louis XI et Charles VIII (1462-1493), le Roussillon a fait partie de la Catalogne et du royaume d'Aragon.

L'histoire des métiers de cette province comprend diverses phases dont la première s'étend de la fin du XIIe à la première moitié du XVe siècle. « Cette époque, nous dit M. Drapé, est caractérisée par le développement de la liberté communale et de l'autonomie corporative. Les métiers et la commune groupent et enserrent le peuple dans une forte unité, reçoivent leur organisation du peuple lui-même avec lequel ils sont identifiés [2]. »

Les métiers du Roussillon étaient dits offices et se divisaient en deux groupes : 1° Les offices honorables ou arts, hautes industries ou professions libérales : chirurgiens, drapiers, etc.

1. Sur les métiers de cette province v. DRAPÉ, *Recherches sur l'histoire des corps d'arts et métiers en Roussillon sous l'ancien régime*. Paris, 1898.
2. *Ibid.*, p. 29.

2° Les offices mécaniques ou métiers (forgerons, menuisiers, charpentiers, tanneurs). A cette époque la corporation était *ouverte;* l'apprentissage obligatoire n'apparaît qu'en 1381 et seulement pour les apothicaires-droguistes. Il suffisait de se faire immatriculer.

A la tête des offices étaient deux officiers dits *sobreposats*, élus annuellement par leurs pairs. Ils représentaient la communauté, géraient ses finances, percevaient les cotisations; ils faisaient aussi des règlements sur la profession, mais ils paraissent avoir partagé à cet égard leurs pouvoirs avec les *probi homines* ou notables de la ville et aussi avec les consuls, c'est-à-dire avec les chefs de la commune. Les statuts édictent de nombreuses prescriptions techniques sur le travail et la vente.

Nous retrouvons à Perpignan ces divisions sociales qui apparaissent dans toutes les villes du Moyen Age. Les riches ou *majores* s'y opposent à la classe moyenne, *mediocres*, et aux gens du commun, *minores*. Le règlement municipal reflète cette classification en groupant les habitants en trois *mains:* majeure, moyenne et mineure. La main majeure comprend les bourgeois et les marchands; la main moyenne, les fabricants de draps, les écrivains ou notaires, ceux qui exercent un *art;* la main mineure comprend les artisans des métiers mécaniques.

La base de l'organisation communale était la profession. « Le consulat créé par la charte de 1197, le conseil de douzaine, les assemblées notables formaient une délégation des différentes corporations. Ainsi en 1346 les chefs des métiers ayant prétendu au droit exclusif d'élire les consuls d'après la lettre même de la charte de Pierre II, les juges royaux ne contestèrent aux chefs des métiers ni le droit d'être électeurs consulaires, ni celui de représenter le peuple[1]. » Les charges publiques, impôts, force

---

1. Drapé, p. 69.

armée, organisation militaire, étaient répartis d'après l'organisation professionnelle. Ainsi, lorsque le roi requérait la prestation de l'ost ou service militaire, c'étaient les métiers qui réunissaient leurs membres, déployaient leurs enseignes et se formaient en troupes sous le commandement de leurs sobreposats.

A partir de 1346 s'ouvre une ère nouvelle qui durera jusqu'au milieu du XV° siècle. La corporation tend à se fermer et à dépouiller son caractère égalitaire. Dès 1315 le gouverneur de Perpignan retira aux officiers le droit de nommer leurs sobreposats qui furent désormais élus par leurs prédécesseurs. En 1395, le roi d'Aragon fit plus : dans chaque office fut institué un Conseil de 5 à 11 personnes nommées par les sobreposats en fonction et qui, à leur tour, de concert avec les sobreposats sortant de charge, élisaient les chefs de métiers. Ainsi se créa une petite aristocratie qui domina dorénavant dans le Conseil de ville. La séparation fut bientôt complète du reste entre les offices mécaniques qui furent réduits (1360) au nombre de quinze et les collèges à matricule représentant les professions libérales et les grandes industries qui s'érigèrent en corporations à monopole dont les membres étaient investis de véritables charges héréditaires.

L'évolution qui a commencé à se dessiner au milieu du XIV° siècle aboutit au XV° au triomphe définitif de l'aristocratie marchande à laquelle les artisans des offices mécaniques seront désormais subordonnés. Les caractéristiques de la corporation du XV° au XVIII° siècle sont les suivantes :

1° L'apprentissage devient obligatoire (1493). Le candidat à la maîtrise doit avoir travaillé pendant quatre ans chez un maître. Par contre, on ne rencontre aucune limitation du nombre des apprentis ;

2° Les statuts n'imposèrent jamais l'obligation de servir un certain temps comme compagnon pour accéder à la maîtrise. Par contre, le candidat devait justifier de ses bonne vie et mœurs et subir un examen professionnel ; certains métiers exigeaient un *cap d'obre* (chef-d'œuvre) ;

3° Certains droits devaient être acquittés ; les fils de maître en étaient partiellement ou totalement exonérés ;

4° Le nouveau maître devait prêter un serment professionnel.

La corporation est désormais *jurée*. Quiconque ne s'est pas soumis aux règles ci-dessus ne peut exercer la profession. Les jurés (surposés) sont nommés au moyen d'une procédure compliquée. Tous les membres de l'office élisaient quatre personnes dont le nom écrit sur une bande de parchemin était placé dans un étui de bois. La veille de la Saint-Jean on tirait au sort le nom de l'une de ces personnes qui désignait le surposé.

A partir de 1622 les offices mécaniques sont strictement confinés dans leurs attributions professionnelles. L'histoire des corporations du Roussillon annexé à la France ne présente plus qu'un intérêt purement régional.

Section II. — Corporations du Sud-Ouest

1° LES CORPORATIONS D'AQUITAINE DEPUIS LEURS ORIGINES JUSQU'EN 1328

A l'inverse des corporations de Provence qui semblent se rattacher sans interruption aux collèges romains, les corporations d'Aquitaine, celles de Toulouse tout au moins, ne paraissent dater que du XIII° siècle. Non seulement les plus anciens statuts des métiers toulousains ne remontent pas au delà de 1272 (cordiers)[1], mais, ainsi

---

1. Le texte de ces statuts ainsi que celui des potiers (1290) et des marchands de cire de Toulouse (1288) a été publié par M. VIGNAUX, *Compte rendu du Congrès des Sociétés savantes* tenu à Toulouse en 1899, p. 174 et suiv. Voir aussi LEVASSEUR, 2° édition de 1900 t. I (p. 486 annexe).

que le dit M. du Bourg[1], « il est facile de constater par la
« lecture de ces documents que c'était là une institution
« qui prenait alors naissance et s'implantait pour la pre-
« mière fois dans le sol de la cité. Nous pouvons donc en
« conclure que dans la période antérieure à 1272, bien que
« le besoin de protection et d'aide réciproque eût déjà
« amené les mêmes ouvriers à établir leurs demeures et
« leurs ateliers dans un quartier spécial, les arts et métiers
« de Toulouse n'avaient pas encore constitué leurs grou-
« pements professionnels ».

Les métiers d'Aquitaine diffèrent encore de ceux de Provence par l'étroite dépendance dans laquelle ils sont tenus par l'autorité municipale. A Toulouse, ce sont les magistrats municipaux ou capitouls qui non seulement donnent des statuts aux métiers, mais qui nomment les *bayles* ou chefs de métier. « Chaque année, dit le statut des tisserands de drap (avril 1279), les capitouls nouvellement élus auront à choisir six hommes honnêtes et compétents qui pendant toute l'année seront gardes, bayles et recteurs du métier. » Les cordiers furent longtemps le seul métier dans lequel la nomination des bayles ne fut pas réservée aux capitouls; ils étaient désignés par leurs prédécesseurs[2].

Les bayles étaient chargés de surveiller l'exécution des statuts, de faire des visites domiciliaires chez les maitres, d'infliger des amendes aux contrevenants; mais ils ne connaissaient pas des différends survenus entre membres du métier; ces litiges étaient, au XIIIᵉ siècle, de la compétence des capitouls. La ville était divisée en baylies, chaque bayle ayant sous sa surveillance les artisans d'un quartier.

Les trois degrés réglementaires : apprenti, compagnon,

---

1. Du Bourg, *Des Corporations ouvrières de la ville de Toulouse du XIIIᵉ au XVᵉ siècle*, 1884, p. 2.
2. Du Bourg, *op. cit.*, p. 38.

maître, existaient à Toulouse comme ailleurs. Les apprentis devaient, lors de leur engagement, payer une taxe en argent et fournir une livre de cire pour la confrérie; ils étaient tenus de faire un apprentissage d'un an au moins. Ce temps écoulé, s'ils étaient jugés suffisamment experts par les bayles, ils devenaient compagnons en acquittant encore certaines redevances. Pour le grade supérieur, la maîtrise, il ne semble pas qu'aucune condition spéciale d'aptitude ait été exigée; le candidat devait seulement prêter serment de se conformer aux règlements de la profession.

Les règlements renfermaient des prescriptions minutieuses sur la qualité des objets fabriqués. Le ceinturier qui avait mis en vente un ouvrage défectueux était puni par la confiscation de l'ouvrage qui était exposé au pilori de la maison commune. Le chaudronnier qui remettait à neuf de vieux vases, l'argentier qui dorait frauduleusement des objets de cuivre étaient également punis[1].

Les métiers de Toulouse avaient tous leurs confréries. Ces associations charitables étaient établies dans diverses églises où brûlait éternellement devant l'autel du patron une lampe symbolique.

2° LES CORPORATIONS D'AQUITAINE DU XIVe AU XVIIe SIÈCLE

Les guerres qui désolèrent l'Aquitaine au XIVe siècle entravèrent le mouvement corporatif. Ce mouvement reprit et se développa dans la seconde moitié du XVe siècle : à cette époque se constituèrent de nombreuses corporations. Les privilèges des métiers s'accroissent aussi; les bayles autrefois nommés par les capitouls sont désormais nommés par les maîtres ou par leurs prédécesseurs; en

---

1. Du Bourg, p. 48.

même temps leurs attributions s'étendent, et de simples agents d'exécution ils deviennent de véritables magistrats.

Le chef-d'œuvre se généralise dans le Sud-Ouest, comme dans toute la France, à la fin du XIVe siècle : il présente les mêmes caractères que partout ailleurs. Mais les statuts contemporains renferment sur les institutions charitables des clauses qui révèlent une touchante fraternité. Chez les ménétriers toulousains, si un maître tombe en déconfiture, on lui fait une avance qu'il rendra quand il pourra. Tombe-t-il malade, on le visite et on l'assiste. Chez les pâtissiers, tout maître ou tout compagnon de bonne conduite qui tombe dans la misère est secouru. Les statuts des peintres, verriers de 1513[1] renferment à cet égard des dispositions conçues dans l'esprit le plus généreux.

Pas plus que ceux de Provence, les métiers de Gascogne n'échappèrent à l'action absorbante du pouvoir royal. Les édits de 1581 et de 1597 y furent exécutés avec rigueur.

A Montauban, spécialement, de 1582 à 1619, vingt métiers furent organisés en jurandes : les archives de cette ville ne renferment que deux statuts de métiers antérieurs à cette date. Les statuts des serruriers de Montauban (mars 1594) organisent l'assistance des pauvres et des malades du métier, en faveur desquels on prélève la moitié des 40 sous tournois payés par chaque récipiendaire, l'autre moitié étant affectée à la réparation de la ville[2].

---

1. Publiés par M. Belhomme, *Mémoires archéologiques du Midi*, t. V, p. 168.
2. *Bulletin archéologique de Tarn-et-Garonne*, 1876, t. IV, p. 19. On trouvera dans cet article l'analyse des statuts des principales corporations de Montauban, notamment de ceux des apothicaires, épiciers (avril 1601) et des barbiers chirurgiens (28 décembre 1600).

Martin Saint-Léon.

Section III. — Corporations du Centre de la France

(LYONNAIS, BOURGOGNE, AUVERGNE, LIMOUSIN
TOURAINE, BERRI)

De toutes les villes de province, Lyon sans contredit était celle où la corporation rencontrait le milieu le plus favorable à son développement. Nulle part, en effet, dans l'ancienne Gaule, l'organisation corporative du travail n'avait été si complète et n'avait pénétré plus profondément dans les mœurs qu'à Lyon. Sans qu'il soit possible de prouver catégoriquement cette assertion, il semble même probable que cette organisation se perpétua jusqu'au XIIe siècle, époque à laquelle, après une longue éclipse, les métiers réapparaissent en une circonstance mémorable de l'histoire municipale, avec le caractère et tous les signes d'associations déjà constituées de longue date. En 1195, en effet, une émeute très grave ayant éclaté à Lyon contre l'archevêque qui prétendait lever de nouvelles taxes, les corps de métiers déployant leurs pennons et leurs bannières, élirent des capitaines et firent de la chapelle Saint-Jacques le quartier général de l'insurrection. Un conseil de 50 syndics, bourgeois et marchands dirigea la lutte qui s'engagea bientôt avec fureur. Les métiers s'emparèrent du Pont de Pierre, de divers quartiers de la ville, et tendirent des chaînes à travers les rues. L'archevêque, après avoir longtemps résisté, céda, en 1208, à la nécessité et ratifia les libertés lyonnaises. Un demi-siècle plus tard la lutte recommence. Les bouchers, boulangers, tisserands s'organisent militairement et construisent des barricades : un camp fortifié est établi près de Saint-Nizier; la paix se rétablit encore, grâce à la médiation royale. Enfin, au commencement du XIVe siècle, Lyon conquiert son indépendance. Sous l'autorité nominale du *gardiateur* ou délégué royal, la ville est administrée par un conseil de douze membres issu de l'élection des corps de métiers. Les métiers, après avoir affranchi la ville, sont appelés à la gouverner (1320).

Les événements de 1320 avaient amené la victoire des métiers sur l'archevêque; mais la classe industrielle ne tarda pas à se diviser : l'aristocratie marchande s'empara du pouvoir municipal, au grand mécontentement des artisans. Les conseillers étaient pris systématiquement parmi les riches ; les pauvres étaient surchargés d'impôts. Une insurrection éclata en 1402 ; bouchers, boulangers, bateliers, tous les artisans armés de bâtons tentèrent un mouvement. Ils furent vaincus, et un nouveau statut, qui subsista jusqu'à la Révolution, vint régler à la fois l'élection de la municipalité et celle des chefs de métiers.

Le jeudi avant la Saint-Thomas, 21 décembre, le corps de ville, composé du prévôt des marchands et de 12 échevins, se réunissait et nommait, dans chacun des soixante-douze métiers, deux maîtres qui en devenaient les magistrats. A leur tour, ces 144 chefs de communauté se réunissaient le lendemain pour élire 6 nouveaux conseillers de ville, le renouvellement se faisant par moitié. La haute bourgeoisie était ainsi absolue maîtresse du pouvoir, puisque investie, originairement des fonctions municipales, elle désignait elle-même des électeurs à sa convenance.

Lyon ne devint ville jurée qu'au XVIe siècle. Bien que les corporations y fussent constituées depuis longtemps elles n'y jouissaient d'aucun monopole : parmi les franchises de la ville figurait en effet la faculté pour les ouvriers de tous métiers d'exercer librement leur profession sans être assujettis à la maîtrise.

Pas plus que Lyon, Villefranche-sur-Saône n'était ville jurée, tout au moins jusqu'à une date relativement récente de son histoire. Les artisans y étaient groupés en confréries auxquelles ils payaient certaines redevances, mais l'exercice de l'industrie était en réalité laissé libre; les confréries participaient à l'élection des échevins. Le règlement général du 13 juin 1696 restreignit dans une mesure appréciable l'indépendance de ces confréries. Désormais quiconque veut ouvrir une boutique doit se faire inscrire dans l'une de ces associations et payer un droit variant de 4 à 30 livres (1/2 pour les fils de maîtres). Les maîtres furent soumis à des visites et une certaine réglementation fut établie. Toutefois le chef-d'œuvre, l'examen, le serment, la limitation du nombre des maîtres furent toujours inconnus à Villefrache (P. Pouzet, *Les anciennes confréries de Villefranche-sur-Saône*, Lyon, Rey, 1904).

Bourgogne. — A Dijon[1] les corporations sont fort anciennes. Avant l'affranchissement de la ville les gens de métiers étaient placés sous la juridiction du duc représenté par son prévôt. La charte de 1187 conféra à la mairie le droit de haute justice.

Un cartulaire du XIIIe siècle énumère les corporations tenues au *plaid général*, c'est-à-dire obligées de contribuer aux frais de justice et de prêter main-forte à l'exécution des sentences municipales : tisserands de toiles ; — tisserands de draps ; — boulangers ; — cordonniers ; — corroyeurs ; — pelletiers ; — gantiers ; — bourreliers ; — selliers ; — pourpointiers ; — tanneurs, etc.

La rédaction des statuts, la réception à la maîtrise, la nomination des jurés experts, la police, la justice des corporations étaient soumises à la sanction municipale. Les droits de la municipalité furent confirmés par Louis XI (août 1477). La plupart des statuts dijonnais datent du XVe siècle (1407-1490).

A Dijon, comme partout, les corporations finirent par

1. Chappuis, *Les anciennes corporations dijonnaises* (Mémoires de la Société bourguignonne d'histoire et de géographie, t. XXII, 1906).

abuser de leurs privilèges en exagérant les droits de maîtrise, en se montrant très sévères pour la réception des chefs-d'œuvre. La municipalité essaya de réagir en 1497, puis en 1529. A cette dernière date un maire énergique Pierre Sayve, promulgua un règlement ordonnant à tous ceux qui voudraient lever ateliers, ouvroirs ou boutiques de se présenter *à lui;* pourvu qu'ils fussent âgés de 20 ans ou mariés et qu'ils connussent le métier, il les autoriserait. Les assemblées corporatives non autorisées étaient interdites. Les contrevenants étaient passibles de fustigation. Ce règlement du reste ne fut exécuté que peu de temps.

La municipalité fut peu à peu dépossédée de son pouvoir sur les métiers; un règlement de 1711 n'est plus guère édicté par elle que pour la forme. Il divise les corps de métiers en quatre classes et fixe les droits d'apprentissage à 21 livres pour la première, 4 livres pour la dernière. Le droit de maîtrise est : en 1re classe de 90 livres (50 pour les fils de maîtres); de 16 livres pour la dernière classe (8 livres 16 sols 8 d. fils de maîtres).

En *Auvergne*, les documents anciens relatifs aux corporations sont assez rares. Cependant un règlement sur les orfèvres du Puy-en-Velay édicté en 1367 [1] atteste que depuis longtemps, *ab antiquo*, ces maîtres avaient le pouvoir de présenter, à l'agrément du bailli, deux gardes élus par eux pour visiter leurs ouvrages.

En *Limousin*, les chartes les plus anciennes qui nous soient connues datent du XIVe siècle (argentiers de Limoges, 1389, pintiers, 1394, selliers, 1403, fondeurs, 1593; les statuts des cordonniers, tanneurs, corroyeurs ne datent que de 1488). Les bouchers de Limoges exerçant héréditairement cette profession paraissent se rattacher à un collège romain [2]. En général les métiers limousins

---

1. *Ordonnances des Rois de France*, V, p. 7.
2. Cf. *Bulletin de la Société archéologique du Limousin*, 1863, p. 192

ont à leur tête des magistrats élus ou *bayles*. Chez les selliers, ces bayles doivent visiter de quinzaine en quinzaine tous les ouvrages du métier. L'apprentissage est de six ans et le nouveau maître doit payer pour *son entrage* 14 sols à la confrérie. Certains métiers ne furent organisés en communautés que fort tard : par exemple les barbiers qui ne reçurent des statuts que le 12 octobre 1680[1] : leur nombre était limité à six et, par une disposition presque unique en son genre, à la mort de chaque maître son successeur était désigné au concours (art. 7). On pouvait louer son privilège (art. 16).

Les métiers de Tours étaient tous *jurés*, c'est-à-dire qu'il fallait en faire partie pour exercer une profession; leurs statuts ne datent pourtant que du XV⁰ siècle (barbiers, 1408, chaussetiers, 1447, boulangers, 1464, tisserands, 1481)[2]. Les tailleurs d'Amboise reçurent des statuts en 1481.

Les métiers de Blois[3] ont une origine ancienne. Dès 1196 les changeurs nous sont signalés comme possédant héréditairement leur métier, ce qui, il est vrai, n'implique pas nécessairement l'existence d'une communauté. En 1293 apparaissent des foulons et des fripiers; en 1294 des tisserands, des maçons, des charpentiers. Le rôle de 1318 mentionne les cordonniers, les maréchaux, les tailleurs, les merciers, les parcheminiers, les fourbisseurs, etc. Mais on ne possède que peu de renseignements sur ces métiers et il est même impossible d'affirmer qu'ils aient été dès lors régulièrement organisés en corporations. Ainsi les jurés apparaissent pour la première fois en 1395 dans le compte de l'échauguette; encore s'agit-il peut-être d'officiers de police du comte plutôt que de magistrats de corporations. En somme ces anciennes associations parais-

---

1. *Limousin historique*, t. I, p. 223.
2. *Ord. des Rois de France*, IX, 404, et XIV, 231.
3. Consulter A. Bourgeois, *Les Métiers de Blois*, 1895, 2 volumes.

sent avoir été des confréries libres d'artisans de mêmes métiers et non des corporations jurées.

Au XV⁰ et au XVI⁰ siècles cette situation se modifie. Les corporations suivantes sont officiellement reconnues et dotées de statuts : bouchers (1441), taillandiers et pourpointiers (1492), tisserands (1494), cordonniers (1501), serruriers-maréchaux (1509), corroyeurs (1527), savetiers (1555), drapiers-chaussetiers, potiers d'étain, tanneurs (1556), etc.

L'organisation et la réglementation des métiers de Blois ne se distinguent pas par des caractères bien originaux de la constitution ordinaire des corporations. Signalons toutefois diverses coutumes charitables assez dignes d'attention. Ainsi tout mercier doit, le cas échéant, « garder la femme de son confrère tant ainsy que si elle estoit sa sœur et lui avancer au besoin 12 deniers ». « Un mercier tombe-t-il malade en voyage, ses confrères doivent le visiter, au besoin se détourner de deux lieues et s'il a fait des avances, ses confrères les rembourseront... Si un compagnon mercier affecté par la maladie est trop faible pour porter sa marchandise, le premier qui le rencontrera la portera quatre lieues ; il ne sera pas tenu de le porter plus loin sans rémunération. »

Chez les tisserands si un maître est malade, infirme ou trop vieux et trop pauvre pour gagner sa vie, chacun de ses confrères lui doit un secours d'un denier par semaine.

Chez les maréchaux, tout vieux maître indigent reçoit de chacun de ses confrères deux deniers par semaine ; mais il lui faut aller chaque samedi chercher cette somme au logis de chaque maître.

Les ménétriers enfin avaient fondé au faubourg Saint-Martin un hôpital pour leurs malades et leurs vieillards infirmes.

En 1448, Charles VII avait donné des statuts aux merciers de Touraine, d'Anjou et du Maine. Dans le Berri, les communautés de Bourges offrent seules quelque intérêt. Le métier des cordonniers de cette ville était assez ancien, car ses statuts furent confirmés en 1486. Aux termes des nouveaux statuts de ce métier (1571), les cordonniers avaient à leur tête quatre jurés; l'apprentissage était de trois ans. Les fils de maîtres étaient reçus sans être tenus de faire un chef-d'œuvre; on recevait également sans conditions à la maîtrise quiconque épousait la veuve d'un maître du métier, pourvu que ce second mari eût travaillé six mois dans la ville au même métier. Les statuts des chapeliers de Bourges étaient du 4 avril 1574; ils ne fixaient aucune durée pour l'apprentissage[1]; le compagnonnage était d'un an et un jour. Le nouveau maître acquittait un droit de réception de 60 livres tournois et devait fournir en outre pour la confrérie une livre de cire[2]. Les statuts de la confrérie des tailleurs de Bourges remontent également à 1574; cette communauté, d'après les nouveaux statuts qu'elle reçut en 1622, avait à sa tête deux procureurs et deux gardes jurés renouvelés chaque année par l'élection (art. 1). Il était défendu aux compagnons de travailler ailleurs que chez les maîtres (art. 5); des dispositions charitables assuraient le placement des garçons tailleurs venus du dehors (art. 7).

---

1. Cette absence de toute limitation de la durée de l'apprentissage était fréquente dans les statuts des métiers de Bourges. Ainsi les statuts des cordiers, du 23 juillet 1624, disposent que l'apprenti servira en cette qualité « le temps qu'il se sera obligé », art. 2 et 3. La durée du compagnonnage est seule fixée; elle est de 2 ans.

2. Cf. pour plus de détails les *Anciennes Corporations ouvrières à Bourges*, par TOUBEAU DE MAISONNEUVE, 1881, in-8°, et l'*Histoire des imprimeurs et libraires de Bourges*, par H. BOYER, 1854.

Section IV. — Corporations de l'Ouest

(BRETAGNE, ANJOU, POITOU, MAINE)

Les provinces de l'Ouest sont celles où l'organisation corporative semble s'être constituée le plus tard et le plus difficilement. Les institutions romaines, à supposer qu'elles aient pu jamais s'implanter solidement sur la terre armoricaine si réfractaire à toutes les influences étrangères, furent emportées par le flot des invasions et ne laissèrent aucune trace dans cette province en grande partie repeuplée par des immigrants venus aux Ve et VIe siècles de la Grande-Bretagne alors conquise par les Saxons et les Angles. La corporation dans ces contrées ne se rattachait donc ni à des souvenirs, ni à des traditions locales. Aussi apparaît-elle tardivement comme une institution importée et ne se développe-t-elle que lentement ; les règlements des métiers bretons les plus anciens ne remontent pas au delà du XIVe siècle et bien qu'il faille se garder, en principe de confondre la date à laquelle des corporations se sont établies avec celle de la rédaction des statuts, il ne semble pas que les métiers d'Anjou et du Maine aient une origine beaucoup plus ancienne. A Rennes les plus anciens statuts sont ceux des boursiers, gantiers, blanconniers (1395), des boulangers (1454), des teinturiers (1458), des bouchers (1482), des pâtissiers (1513), des tailleurs et des serruriers (1561). La plupart des métiers restèrent longtemps libres : en 1626 on ne comptait encore que 27 métiers jurés. — Les Ordonnances de 1581 et de 1597 n'eurent que peu d'effet à Rennes. Toutefois à partir du XVIIe siècle l'accès de la maîtrise fut plus difficile, sans l'être pourtant au même degré qu'à Paris. Ainsi le compagnonnage ne fut jamais obligatoire à Rennes, sauf chez les teinturiers. En sortant d'apprentissage un jeune artisan pouvait, après chef-d'œuvre, être directement admis à la maîtrise[1].

A Nantes, les plus anciens métiers remontent au XVe siècle. Les cordiers reçurent des statuts en 1429 par lettres patentes de Jean, duc de Bretagne, confirmées en 1451 par le duc Pierre. A une époque contemporaine les merciers étaient érigés en métier juré; les autres métiers ne datent que du XVIe ou même du XVIIe siècle[2]. Les statuts des corporations nantaises se distinguent par l'esprit de charité qui s'y reflète. Chez les chapeliers (statuts du 23 avril 1476) les droits d'entrée, d'apprentissage et de réception sont presque entièrement attribués à la confrérie. Chez les boulangers, érigés en métier juré en 1566, les maîtres devenus pauvres par maladie et les veuves sont secourus par les maîtres personnellement, si les fonds de la confrérie sont insuffisants[3].

Quelques-uns des statuts des métiers d'Angers renferment certaines particularités assez curieuses. Ainsi d'après les lettres accordées aux bouchers d'Angers par le roi Jean (1361) puis par Charles VI (mars 1388) (art. 18), le maître de

1. Les dispositions charitables sont fréquentes dans les statuts. Les orfèvres faisaient à chaque veuve de maître une pension annuelle de 50 livres si elle n'exerçait pas le métier. Les corroyeurs donnaient chaque mois chacun deux sous pour les veuves et orphelins des maîtres malheureux. Les orphelins fils de maîtres maréchaux étaient élevés aux frais de la communauté jusqu'à l'âge de 12 ans. A 12 ans l'orphelin était placé en apprentissage chez un maître désigné par ses confrères et qui devait le nourrir jusqu'à l'âge de 18 ans. (A. REBILLON, *Recherches sur les anciennes corporations ouvrières et marchandes de la ville de Rennes*. — Picard, 1902, in-8°. — Une clause des statuts impose à chaque boulanger qui cuira une fournée de pains, l'obligation de faire un tourteau raisonnable qui sera appelé *tourteau Dieu* et sera donné aux pauvres des hôpitaux ou aux ménagiers de ladite frairie. (V. *Rennes ancienne, Rennes moderne*, par OGÉE et MARTEVILLE, 1850, t. II, p. 111.)

2. *Association catholique*, t. XIII, 1881, p. 601, article de M. LAPEYRADE.

3. Sur les corporations de Nantes voir le recueil de documents publié par M. E. PIED sous ce titre : *Les Anciens Corps d'arts et métiers de Nantes* — Nantes, 1903. Les tomes 1 et 3 ont seuls paru.

ces métiers ne peut faire bouchers nouveaux à Angers si ce n'est de sept en sept ans et ne les peut faire passer sans appeler les bouchers anciens. Le maître touche à chaque réception une mesure de suif et la chair d'un lièvre si le récipiendaire est fils de maître; sinon à sa volonté. — Signalons également l'art. 19 de ces statuts, duquel il résulte que la communauté possédait des pâturages communs sur lesquels elle engraissait les animaux destinés à l'abatage et l'art. 21 par lequel le comte d'Anjou obtenait la prérogative assez singulière de ne payer la viande achetée par lui que quinze jours après livraison.

La communauté des charpentiers d'Angers[1] devait avoir une origine relativement lointaine; en effet les statuts de 1487 constatent que de *longtemps* et *d'ancienneté* ledit métier a été métier juré. Dans cette communauté, le jour de la fête du saint, on élisait deux maîtres pour diriger la corporation. Le même jour chaque maître payait à la confrérie la somme de 8 sols 4 deniers; chaque compagnon versait de son côté dans le même but un denier par semaine. — Ces statuts prévoient les secours à accorder aux compagnons étrangers indigents. « Pour l'honnêteté du dit métier, s'il advient qu'aucun passant pays, ouvrier du dit métier, ne trouve qui le mette en besogne et affirme par serment n'avoir de quoi passer son chemin, les dits jurés seront tenus à lui administrer sa réfection pour un repas seulement et lui donner 2 sols 6 deniers. »

Dans cette même ville d'Angers, les statuts des cordiers datent de 1445, ceux des tailleurs de 1485, ceux des tanneurs de 1487[2], ceux des apothicaires de 1619.

---

1. *Revue d'Anjou*, 1877, p. 201.

2. *Ordonnances des rois de France*, XX, p. 4. Cf. encore sur les communautés angevines Célestin Port, *Inventaire analytique des archives de la ville d'Angers*, p. 325, sur la corporation des bouchers d'Angers, *Bulletin historique et monumental de l'Anjou*, par M. de Soland. Angers, 1860, p. 45. V. Dauphin. *Recherches pour servir à l'histoire de l'industrie textile en Anjou*. Angers, 1916.

En *Poitou*[1] la corporation jurée ne se rencontre que dans une quinzaine de villes : Poitiers, Châtellerault, Civrai, Lusignan, Niort, Saint-Maixent, Parthenay, Thouars, etc. En réalité jusqu'à la fin de l'ancien régime, exception faite pour les communautés des tisserands groupées au XVIIe siècle en corporations sur l'ordre du pouvoir central, les campagnes du Poitou n'ont guère connu que des métiers libres[2]. A Poitiers on ne compte au XIIIe et au début du XIVe siècle que 18 corporations et encore les règlements municipaux qui ont trait aux meuniers (1230), aux charbonniers (fin du XIIIe siècle), et aux revendeurs ne prouvent pas qu'il s'agisse de métiers jurés. Etaient certainement jurés les métiers des bouchers (1245-1247), des boulangers (1310-1311), des drapiers (1329), des cordiers (1277), des cordonniers-vachers (1272), etc. La guerre de cent ans paralysa en Poitou, comme ailleurs, le commerce et l'industrie ; plusieurs corporations disparurent et durent être plus tard reconstituées. Mais au cours des XVe, XVIe et XVIIe siècles, le nombre des métiers jurés ne cessa de s'accroître. Il en fut ainsi jusque vers 1750,

---

1. Sur cette province voir Boissonnade, *Essai sur l'organisation du travail en Poitou depuis le XIe siècle jusqu'à la Révolution*, Paris, Champion, 1900. Œuvre d'une érudition très solide, bien qu'un peu massive. On trouvera dans ce volume des renseignements très précieux sur l'histoire économique de l'ancien régime.

2. Boissonnade, *op. cit.*, II, 5. Est-ce toutefois une raison suffisante pour affirmer, comme cet auteur, que le métier libre représente la forme habituelle des groupements industriels ou commerciaux et pour reprocher aux historiens qui l'ont précédé d'avoir attribué une place absorbante au régime corporatif ? (P. 4.) Il est aisé de répondre : 1° que dans la plupart des cas, en l'absence de corporations, il n'existait pas de groupements industriels ou commerciaux pour les métiers libres (à part certaines confréries n'affectant nullement l'organisation du travail) ; 2° que de tous temps l'industrie et le commerce des campagnes ont été assez rudimentaires comparativement à ceux des villes (bien que la main-d'œuvre rurale fût certainement utilisée pour certaines opérations industrielles — filature, tissage à la main — opérations faites de nos jours mécaniquement). L'absence de corporations dans les campagnes ne prouve donc pas grand'chose contre l'importance économique des corporations sous l'Ancien régime.

époque où, sous l'influence des économistes, se manifeste une tendance contraire et défavorable aux privilèges corporatifs.

L'organisation corporative et la réglementation du travail ne présentent pas en Poitou un caractère original; on y retrouve beaucoup plutôt avec les différences qu'entraîna l'évolution économique que l'on connaît, l'économie générale des règlements et statuts que nous avons décrits pour Paris : l'obligation générale de l'apprentissage, la limitation du nombre des apprentis, la fixation d'une durée minima du temps de l'apprentissage, l'interdiction de détourner (fortraire) l'apprenti d'un confrère[1], l'indétermination du nombre des compagnons qui servaient chez chaque maître, l'obligation pour le candidat à la maîtrise non fils de maître, d'avoir travaillé un certain nombre d'années en qualité de compagnon (tout au moins à partir du XVe siècle), etc.[2] Toutes ces dispositions nous sont bien connues.

Les règlements municipaux prohibent toute entente illicite entre les ouvriers ou les maîtres.

Le travail à la tâche et le travail à la journée sont simultanément admis. Les compagnons boulangers, charpentiers, maçons, maréchaux travaillent à la journée; les tondeurs, les pelletiers, les bûcherons à la tâche.

M. Boissonnade a consacré toute une partie de son livre (et, à notre avis, de beaucoup la plus intéressante) à l'étude de la condition économique de l'ouvrier poitevin sous l'ancien régime.

La durée du travail quotidien s'était dès le XVe siècle en Poitou comme ailleurs notablement allongée. Au XVe siècle les tixiers de Poitiers la fixent à 17 heures : de 4 heures du matin à 9 heures du soir, moins bien entendu le temps des repas. La journée des maçons et des ouvriers

---

1. Voir Boissonnade, tome II, ch. ii.
2. *Ibid.*, ch. v

du bâtiment au XVIIe siècle est en été de : 14 heures (5 heures du matin à 7 heures du soir), en hiver de 9 à 12 heures. « Le travail de nuit est interdit ou autorisé selon les métiers [1].

Voici quelques données fort curieuses sur le taux des salaires industriels en Poitou [2] :

Au début du XIVe siècle la valeur de la nourriture quotidienne d'un ouvrier maçon ou charpentier est estimée de 4 à 6 deniers par jour, soit au tiers environ du salaire journalier (Ordonnance du sénéchal de Poitou sur le prix des vivres, 1307). Ce salaire s'élevait effectivement : pour les bons ouvriers à 12 deniers (nourris) ou 18 deniers (non nourris) ; pour les ouvriers médiocres à 8 ou 12 deniers selon qu'ils étaient ou non nourris [3].

En 1307 encore un garçon boulanger chargé d'enfourner reçoit 2 sous 6 deniers par semaine (7 à 8 deniers par jour) ; les autres valets boulangers 2 sous (nourris). Un compagnon cordonnier exercé gagne 6 deniers par jour ; un compagnon maréchal de 4 à 3 deniers.

Le plus souvent l'ouvrier est en outre logé gratuitement chez le maître.

Une forte hausse des salaires se manifeste en 1349 à la suite de la peste (on se souvient qu'à Paris l'ordonnance de 1351 avait fixé un maximum des prix de vente et des salaires). En 1349 un couvreur est payé 2 sous 8 deniers par jour (il fournit les chevilles et les clous), un charpentier 2 sous.

---

1. BOISSONNADE, I, p. 73-74.
2. *Ibid.*, ch. VI, p. 137 à 171.
3. La femme d'un coutelier de Chatellerault décrit encore ainsi sous Louis XVI à une voyageuse allemande, Mme Laroche, la nourriture du ménage. « Du pain et de la soupe plusieurs fois par jour ; la viande est trop chère : soupe aux herbes ou aux carottes, soupe à l'oignon. On boit de l'eau à la maison : le lundi le maître va boire avec ses compagnons au cabaret ».

Au XV⁰ siècle les salaires montent encore. En 1422, à Poitiers, les maçons et charpentiers reçoivent 4 sous par jour non nourris, 2 sous 6 deniers nourris.

La dépense pour nourrir un homme est évaluée à environ 10 deniers (18 pour un maçon).

En 1487 un maçon nourri gagne de 4 sous 7 deniers à 3 sous 4 deniers; un couvreur nourri 3 sous 4 deniers. La dépense pour nourrir un homme est évaluée par jour à 12 deniers.

En 1578 un maçon à pierre menue gagne en été 6 sous (non nourri) et 3 sous 6 deniers (nourri); en hiver 3 sous 6 deniers et 3 sous; un couvreur nourri 4 sous, non nourri 8 sous (en été), 6 sous et 2 sous 6 deniers (en hiver).

Enfin en juillet 1608 les maçons du Bas Poitou sont payés 8 sous par jour, les charpentiers 10 sous, leurs aides 6 sous. M. Boissonnade tire de sa minutieuse enquête les constatations suivantes :

« Très précaire encore au XI⁰ et au XII⁰ siècle à l'époque de l'anarchie féodale et des luttes entre Capétiens et Plantagenets, la situation des classes industrielles et commerciales en Poitou devint assez heureuse depuis le milieu du XIII⁰ siècle jusqu'au milieu du XIV⁰ siècle. Après une crise qui coïncide avec les désastres de la guerre de Cent ans, une lente amélioration se produit depuis le milieu du XV⁰ jusqu'au milieu du XVI⁰ siècle pour disparaître au moment des guerres de religion. A partir de ce moment, si l'on en excepte les années trop courtes du ministère de Sully et de Colbert, et les 20 années antérieures à la Révolution, la condition des ouvriers et des maîtres est restée précaire. »

Dans le *Maine*, les plus anciens titres des métiers (tanneurs, fripiers, taverniers, poulaillers) sont des ordonnances de Philippe de Valois (1328-1350). Aux termes de ces ordonnances, nul ne peut lever métier au Mans sans la permission du voyer et du procureur du comte du Maine.

Le nouveau maître doit avoir les connaissances nécessaires et prêter serment. Dans chaque métier sont établis deux ou trois prud'hommes chargés de veiller à l'exécution des statuts. Ceux-ci renferment diverses prescriptions contre la malfaçon. La plus curieuse est celle qui défend aux bouchers de vendre à leur porte de la viande si deux témoins n'affirment avoir vu l'animal vivant. Comme à Paris, il est défendu aux marchands de s'entendre pour faire hausser le prix des denrées ou d'aller au-devant de ceux qui les apportent. Quelques métiers ne se constituèrent que cent ans plus tard (chaussetiers 1421, foulons 1476[1]).

A Laval, les métiers ne s'organisent qu'au XIVe siècle; les premiers artisans qui reçurent des statuts furent les sergetiers; en 1396 les seigneurs de Laval nommèrent des jurés aux tissiers ou fabricants de toile. Les statuts de ces métiers se distinguent, comme du reste ceux de la plupart des corporations de l'Ouest, par une plus grande latitude laissée à l'initiative privée, par une moindre minutie dans les prescriptions. L'apprentissage n'y est jamais long : trois ans chez les marchands quincailliers, épiciers et merciers (statuts de 1489), deux ans chez les lainiers[2].

A Chartres les corporations sont anciennes. Dès le XIIIe siècle le comte de Chartres homologue les statuts encore très généraux et concis d'une corporation dite *Métiers de la Rivière* composée de plusieurs métiers, arçonneurs (peigneurs de laine), tisserands. On comptait au milieu du XVIIIe siècle 42 communautés ou jurandes groupant 629 maîtres artisans et 195 portefaix et 27 métiers libres exercés par 258 individus[3].

[1]. Consulter l'ouvrage de l'abbé LOCHET, intitulé *Documents relatifs à l'histoire des corporations d'arts et métiers du Mans*, 1860, et « Anciennes communautés d'arts et métiers du Mans » dans les *Recherches historiques sur le Maine*, de BELLÉE, 1875, in-8°.
[2]. *Bulletin de la Société de l'industrie de la Mayenne*, 1853, articles de M. LA BAULUÈRE sur les anciens métiers de Laval.
[3]. G. ACLOCQUE. *Les Corporations, l'industrie et le commerce à Chartres*, Paris, Picard, 1917.

Section V. — Corporations du Nord-Ouest

(NORMANDIE)

Nous avons déjà retracé précédemment (liv. I, ch. III, p. 73) l'histoire des premières manifestations de la guilde rouennaise en partie imitée, comme l'a dit fort justement M. Chéruel, de la corporation romaine, mais « ranimée par le génie des Scandinaves ». Aux siècles qui suivirent, les métiers tinrent une place importante dans les annales de Rouen : en 1280 le maire Durand Filleul donnait un règlement aux faiseurs de courroies et aux fondeurs; en 1299 le maire Le Loquetier promulguait les statuts des chaudronniers et des fondeurs; en 1309, Raoul Filleul réglementait la communauté des filassiers. Mentionnons encore les statuts des bouchers (1322), des cardeurs (1377) et des drapiers (1378). Ces chartes intéressantes à signaler comme autant de preuves de l'importance du mouvement corporatif ne sont d'ailleurs le plus souvent que la confirmation de statuts antérieurs ou la codification de coutumes encore non écrites[1].

Malgré l'activité industrielle et la richesse de la ville de Rouen au Moyen Age, les statuts des métiers rouennais n'offrent que peu de dispositions originales. Citons seulement, en ce qui concerne l'apprentissage, l'art. 3 des statuts des chapeliers (1450) fixant au maître et à l'apprenti, lors de l'engagement de ce dernier, un temps d'épreuve de quinze jours, au cours duquel chacune des deux parties pouvait se dédire du contrat; en ce qui concerne la maîtrise chez les orfèvres, la restriction du nombre des

---

1. Les statuts des drapiers (*Ordonnances des Rois de France*, t. VI, p. 364) constatent que ces règlements étaient observés depuis si longtemps qu'il n'y a mémoire du contraire, mais n'avaient pas encore été rédigés. Sur les métiers de Rouen, cf. encore dans les *Ordonnances des Rois de France* (II, 396; V, 73; VI, 273; VII, 632; VIII, 141, 303, 366, 597).

maîtres à cinquante ; en ce qui concerne les jurés drapiers, le roulement qui les appelle à exercer leurs fonctions par tiers et par semaine.

Les métiers ne paraissent pas avoir joué un grand rôle dans l'organisation municipale de Rouen où la constitution était très aristocratique : cent pairs choisis parmi les plus riches bourgeois et marchands formaient à la fois un corps électoral qui nommait le maire, les douze échevins, les douze conseillers et un conseil général qui contrôlait les actes du pouvoir exécutif[1]. En mai 1278, des lettres patentes de Philippe III (*Ordonn. des R. de Fr.*, I, 306) confirmaient les franchises municipales de la ville de Rouen.

A Caen et à Coutances, les métiers étaient également très anciens. Dans la première de ces deux villes, un abbé d'Ardennes donnait, dès 1253, des règlements aux couteliers[2]. A Coutances, dès 1318, les maçons recevaient de l'évêque des statuts qui, sans doute, n'étaient pas les premiers. Les ordonnances de 1581 et 1597 eurent pour conséquence la refonte de tous les règlements et l'octroi de statuts nouveaux (maçons 1581, menuisiers 1587, savetiers 1601, tisserands 1612). Les corporations de Coutances étaient au nombre de 21 ; chacune d'elles envoyait des délégués au conseil local : la première par son importance, celle des maçons, députait trente membres à ce conseil[3].

Bien que la perte des titres crée le plus souvent un obstacle insurmontable aux recherches de l'érudition locale, les exemples qui précèdent permettent d'affirmer

---

1. Consulter l'*Histoire de Rouen pendant l'époque communale* (1150-1382), par M. Chéruel, Rouen, 1843; *Mémoire sur le commerce maritime de Rouen*, par M. Fréville, Paris, 1847, et l'*Histoire des anciennes corporations d'arts et métiers de Rouen*, par M. Ouin Lacroix, 1850, ce dernier ouvrage, dépourvu de critique, mais renfermant divers documents intéressants.
2. Sur les métiers de Caen, cf. *Ordonn. des Rois de Fr.*, V, 105.
3. Consulter les *Mémoires de la Société académique du Cotentin*, t. II, art. de M. Lamare, et un article de M. Tardif, dans l'*Annuaire de la Manche*, 1852.

l'antiquité des métiers dans la plupart des villes de Normandie. L'industrie de la fabrication des étoffes de laine, elle aussi, fut, dès ses débuts, soumise à des règlements. Les drapiers de Lisieux reçurent dès 1435 des statuts dont le texte s'est perdu, mais qui furent renouvelés et complétés en 1456, en 1482, en 1579, en 1597; les teinturiers de la même ville possédaient des statuts de 1482 [1]. Colbert devait encourager cette fabrication qui fut longtemps pour le pays une source abondante de richesses. Les drapiers de Montivilliers étaient organisés en communauté dès 1380; ceux d'Evreux dès 1404 et 1406, ceux des Andelys dès 1412. Dans cette dernière communauté, deux des quatre gardes étaient pris parmi les valets gagnant à la journée [2].

Section VI. — Corporations de l'Est

(CHAMPAGNE, LORRAINE, ALSACE)

C'est dans les provinces de l'Est de la France que prit naissance le grand mouvement d'affranchissement des communes qui demeure le fait capital de l'histoire du XIIe siècle. La liberté municipale reconquise devait favoriser à son tour le mouvement corporatif qui en effet se manifeste de bonne heure dans ces contrées.

Champagne. — La ville de Châlons offre entre toutes le tableau d'une complète organisation corporative. Les métiers de cette ville étaient divisés en six bannières dites : de la selle (selliers, peintres, verriers, etc.), des drapiers et tisserands, des féburiers (orfèvres, serruriers,

---

[1]. *Notice historique sur la manufacture des étoffes de laines de Lisieux*, par M. DE FORMEVILLE, 1848, in-8°
[2]. *Ordonnances des Rois de France*, IX, 170; X, 43. Sur les communautés havraises consulter l'ouvrage de M. Alphonse MARTIN : *Les anciennes communautés du Havre*, 1880. Sur les corporations du Vexin voir L. PASSY, *(Le livre des métiers de Gisors au XVIe siècle).*

maréchaux, etc.), des cinq métiers (passementiers couturiers, fripiers, courtepointiers, pelletiers boursiers, gantiers), des cordonniers, enfin des boulangers pâtissiers[1]. Ces corporations étaient fort anciennes : les statuts des drapiers rédigés en 1243 portent le titre de *Nouvelles Ordonnances*[2].

Les artisans les plus riches, les drapiers, étaient en lutte continuelle avec l'évêque et la municipalité. Ils obtinrent en 1259 du comte de Champagne la réduction en leur faveur du péage de la Marne. « La haute administration « des métiers de Châlons, dit M. de Barthelemy[3] était con-« fiée à deux maîtres esgardeurs et à des conseillers qui « avaient sous leurs ordres deux sergents, tous à la nomi-« nation de l'évêque. Aux esgardeurs appartenait le juge-« ment de toutes pièces mal faites et le droit de saisir tou-« tes pièces soupçonnées pour les soumettre à une exper-« tise. Ce fut seulement au XVe siècle, quand le pouvoir « municipal eut remplacé celui de l'évêque pour l'admi-« nistration locale que les maîtres esgardeurs furent « élus par les membres du Conseil de ville. » Les boulangers avaient à leur tête un juré nommé par l'évêque pour faire les visites et connaître des délits. Ils élisaient en outre un maître particulier.

A Provins également, les drapiers occupent la première place; dès 1230, une charte mentionne une de leurs acquisitions; un peu plus tard, ils se font banquiers et prêtent de l'argent au prieur de Saint-Pierre de Bar-sur-Aube[4].

1. Les apothicaires épiciers ne reçurent des statuts qu'en 1615. Cf. *Revue de Champagne et de Brie*, 1883, p. 196.
2. DE BARTHELEMY, *Histoire de Châlons*, p. 108.
3. *Ibid.*, p. 106.
4. Les archives de Provins renferment encore des règlements fort anciens : celui des boulangers, 1269, des chapeliers, 1294, etc. M. Bourquelot, auteur d'une bonne *Histoire de Provins*, 2 vol. in-8°, 1838-39 et d'une *Etude sur les foires de Champagne*, 2 vol. in-4°, 1865, a publié, dans le 2e tome, IVe série, p. 52, de la *Bibliothèque de l'Ecole des Chartes*, des documents sur le métier des drapiers de Châlons.

L'histoire des villes de Brie et de Champagne est fréquemment traversée par des crises intérieures qui rappellent les grèves et les émeutes de l'époque moderne. En 1280, les ouvriers drapiers de Provins, furieux de voir augmenter les heures de travail, se soulèvent et massacrent le maire. A Châlons, les événements n'eurent pas un caractère aussi tragique; pourtant le roi dut intervenir par lettres patentes, en 1328, pour forcer les ouvriers à travailler la matinée et l'après-dînée. A Reims, un jugement arbitral de 1292 interdit les bans et alliances, tant entre ouvriers tisserands contre les maîtres qu'entre maîtres contre les ouvriers. C'est qu'en effet en Champagne comme en Flandre, l'industrie drapière s'était constituée de bonne heure et elle avait prospéré grâce aux débouchés que lui offraient les célèbres foires champenoises. Or, ainsi qu'il a déjà été observé, au Moyen Age, c'est seulement dans les métiers de la draperie que l'on constate cette séparation entre le fabricant (drapier) et le *menu-maître*, ouvrier à façon (tisserand) qui donne naissance à un véritable antagonisme de classe et peut, jusqu'à un certain point, rappeler les conflits modernes entre patrons et ouvriers.

La juridiction compétente pour connaître des litiges des métiers est diversement organisée. A Châlons, les plaids sont de la compétence du sénéchal de la Cour remplacé, vers 1300, par le bailli de l'évêque. A Reims, fonctionne pour les drapiers une véritable justice arbitrale. Les contestations individuelles sont soumises aux huit maîtres gardes du métier de draperie qui s'adjoignent deux tisserands. Une clause spéciale permet aux maîtres de récuser comme délégué des tisserands l'ancien drapier redevenu simple ouvrier[1]. Les litiges collectifs entre maîtres et ouvriers étaient déférés au seigneur souverain.

1. Collection des documents inédits. *Archives administratives de Reims*, t. Ier, 2e partie, p. 1071.

Les métiers de Reims sont anciens. Une charte de 1255 énumère déjà seize métiers auxquels des places sont réservées dans la cérémonie du couronnement[1] ; les gens de métier formaient une milice bourgeoise.

A Troyes, les métiers furent d'abord placés sous l'autorité des grands officiers des comtes de Champagne : les tapissiers, les huchers relevaient du grand chambrier, les selliers du connétable, les boulangers du panetier[2]. Il en fut ainsi jusqu'à la réunion de la Champagne à la couronne (1336). Les métiers affranchis de la juridiction des grands officiers ne dépendaient plus alors que de leurs syndics, sous le contrôle des officiers royaux. Les statuts purement coutumiers jusqu'à cette époque furent rédigés à des dates différentes (drapiers, 1359-61 ; tanneurs, 1345 et 1370 ; tisserands de toile, 1362 ; orfèvres, 1369)[3]. Les statuts des drapiers disposent que les maîtres élus par leurs confrères connaîtront de toutes les contestations et les jugeront de l'avis de tous les prud'hommes (art. 17). Chez les tisserands de toile, un valet, appelé sergent, est adjoint au maître du métier et l'accompagne dans ses visites. Mais ce corps d'état n'a pas, comme la draperie, une juridiction autonome ; les contraventions sont jugées par le bailli.

Les métiers jouèrent un grand rôle dans l'histoire politique et municipale de Troyes. En 1429, ils forcent la garnison bourguignonne à rendre la ville à l'armée de Jeanne d'Arc[4] ; en 1431, dans la crainte d'un retour offensif des Bourguignons, on confie la garde de la ville aux bouchers, tanneurs et cordonniers, dont l'attachement à la cause royale était connu[5]. L'âme toute française de la

---

1. *Ibid.*, p. 769.
2. Ces métiers étaient anciens. Le règlement des drapiers de 1361 porte que « *de tout temps* on a élu trois maîtres pour garder le métier ».
3. *Ordonnances des Rois de France*, t. III, p. 410, 510, 589. — V. p. 185 et 315.
4. Batiot, *Histoire de Troyes*, p. 498
5. *Op. cit.*, p. 536.

cité semblait vraiment habiter dans ces associations d'artisans.

Les métiers ne prirent tout d'abord aucune part directe dans l'élection de la municipalité. Jusqu'en 1493, deux *voyeurs* nommés l'un par la collectivité des habitants, l'autre par le roi, gouvernèrent la ville. De 1493 à 1536, un système nouveau fut adopté ; les trois états de la ville : bourgeois, drapiers et merciers élirent chacun six délégués ; les autres métiers chacun deux. Ces électeurs convoqués au son de la cloche nommaient les officiers municipaux. Cette constitution resta en vigueur un siècle et demi et ne disparut qu'avec les franchises municipales de la ville.

Lorraine. — L'histoire des corporations de Lorraine, province qui releva jusqu'au XVIIIe siècle de l'Empire, est moins bien connue que celle des métiers de Champagne ; les plus anciennes chartes, celles des confréries de merciers de Nancy, et celle des maçons et charpentiers de Saint-Nicolas et Rozières ne datent que de 1341. Ces confréries sont en réalité des métiers : leur chef appelé roi est assisté de quatre élus et a charge de corriger ceux qui « *auraient meffait en ce qui à leurs métiers appartenait* ». L'industrie du reste se développe tardivement dans ce pays peu accessible, séparé des provinces voisines par les Vosges, les Faucilles, les forêts de l'Argonne[1]. Il faut arriver au siècle suivant pour rencontrer des statuts proprement dits qui paraissent bien avoir été les premiers[2] : drapiers de Saint-Nicolas et de Nancy 1408, — maçons et charpentiers 1421, — taillandiers et couteliers de Nancy,

---

1. En 1384 une charte concernant les drapiers de Bar porte « qu'ordonnance n'a pas encore été mise audit métier » (Emile Duvernoy, *Les Corporations ouvrières dans les duchés de Lorraine et de Bar au XIVe et au XVe siècles*, Nancy, Crépin Leblond, 1907).

2. Pour certains métiers, le fait est même hors de doute. Les statuts des tailleurs d'habit (1594) constatent par exemple qu'avant cette date ces artisans n'avaient ni maîtrise, ni confrérie.

1442, — bouchers de Lunéville, 1418, de Nancy, 1419, d'Epinal, 1478, — drapiers de Saint-Mihiel, 1487 ; d'autres métiers, en grand nombre, ne furent réglementés qu'au XVI° siècle.

Les statuts des métiers lorrains sont en général animés d'un esprit fort large : pas plus qu'en Bretagne, l'institution n'a ici de racines profondes et elle se limite d'elle-même. L'apprentissage est court : de 3 mois à 5 ans au plus et le nombre des apprentis n'est pas limité. On y retrouve (tisserands de Lunéville), la coutume d'un délai d'épreuve préliminaire à l'engagement de l'apprenti et aussi de nombreuses dispositions charitables. Une clause qui mérite d'être signalée est celle qui limite la quantité d'ouvrage que peut faire en un jour un compagnon. On accède en général à la maîtrise sans examen en payant un certain droit dit *de han* (chez les drapiers de Bar 20 sous pour les fils de maître, 10 sous pour les autres). Le chef-d'œuvre apparaît cependant à Bar chez les barbiers et les couturiers.

A la tête de chaque métier sont placés un maître et deux jurés élus, assistés d'un greffier et d'un sergent. Ces officiers jugent les différends, les malfaçons, etc. Leurs jugements définitifs au début n'eurent plus force exécutoire que sauf appel à partir de 1605. Jusqu'au règne du duc René II les maîtres sont élus par leurs pairs et confirmés par le prévôt ducal. René II modifia ce système et se réserva la nomination des maîtres.

Les métiers des Trois Evêchés ont droit à une mention spéciale dans l'histoire de l'industrie lorraine. A Metz, où les vieilles institutions romaines avaient laissé de profonds souvenirs et qui conserva jusqu'en 1553 une constitution républicaine, il paraît y avoir eu très anciennement, et en tout cas dès le XIII° siècle (1237) des corporations ou *hans* dont les chefs élus étaient pris parmi les *paraiges* ou groupes de riches familles bourgeoises. Les chefs des principaux métiers élisaient ensuite un chef suprême ou grand maître des métiers qui, assisté de dix assesseurs, était investi d'une juridiction sur les artisans de ces métiers. Les autres *hans* élisaient séparément leurs chefs.

La petite bourgeoisie des métiers de Metz soutint une vive lutte avec l'aristocratie des *paraiges* qui fit supprimer en 1336 la charge de grand maitre. On supprima même les métiers en 1382. Ils se reconstituèrent peu à peu par la suite, mais ne furent officiellement reconnus qu'en 1650 [1].

A Verdun, les métiers apparaissent dès 1267 et en 1331 ils tentent dans la ville une petite révolution. A Toul, la corporation des drapiers est mentionnée dès 1243. En 1306 l'évêque promulgue des statuts qui contiennent une réglementation de la police industrielle.

Alsace [2]. — L'histoire municipale de Strasbourg offre un intérêt tout particulier pour l'étude des institutions corporatives. On y retrouve en effet dans une ville parvenue de bonne heure à une véritable autonomie, tous les traits caractéristiques du développement des métiers et de leur participation à la politique urbaine avec les vicissitudes classiques d'une lutte presque continue entre l'aristocratie industrielle et les artisans, dont les cités de

---

1. Consulter sur les métiers lorrains les *Archives de Nancy*, recueil de documents publiés par M. LEPAGE en 1878, 1ᵉʳ vol., p. 207; — un article du même auteur dans le *Congrès scientifique de France*, 17ᵉ session, t. II, p. 209; — Abbé CLOUET, *Histoire de Verdun*, t. III, p. 92; — *Les Communes de la Meurthe*, article publié dans les *Mémoires de la Société d'archéologie lorraine*, 1875; — KLIPFELL, *Les paraiges messins*; — l'*Histoire de Metz*, par J. WORMS, p. 120 et 292 — enfin et surtout DUVERNOY, *op. cit.*, 1907.

2. Cette étude sur les corporations d'Alsace qui figurait déjà dans nos deux premières éditions antérieures à la guerre permettra au lecteur de se faire une idée de l'organisation du travail dans une grande cité rhénane (Strasbourg), avant la réunion à la France (1697). Ces pages ont été reproduites avec autorisation par M. VAN BEVER: l'*Alsace vue par les écrivains et les artistes* (Michaud, 1920).

Flandre, du nord de la France et d'Allemagne offrent tant d'autres exemples.

Strasbourg était déjà au début du XIIIe siècle une ville opulente. Sa richesse ne consistait pas uniquement dans le trafic des vins, des céréales et des bois, mais encore dans la fabrication de gros draps gris qui s'exportaient et se vendaient aux foires de Champagne. Dès 1217 une ordonnance municipale édicte certaines prescriptions relatives aux dimensions et au mode de façon de ces draps gris[1]. Mais les métiers étaient à cette époque organisés depuis longtemps déjà en corporations ou tout au moins en confréries. La plus ancienne charte municipale de Strasbourg (XIIe siècle; de 1130 à 1140 d'après M. Schmoller, *op. cit.*, p. 372) énumère un certain nombre de métiers placés sous la juridiction du burgrave (l'un des officiers de l'évêque plus spécialement préposé à la police industrielle dans la vieille ville, *Altstadt*). L'agent fiscal (*Zollner*) avait dans sa juridiction la nouvelle ville (*Neustadt*), ses ponts et ses métiers.

C'était donc le burgrave qui au XIIe siècle nommait les maîtres de la plupart des métiers[2] des selliers, des pelletiers, des gantiers, des cordonniers, des fèvres, des meuniers, etc.

Chacun des bourgeois était tenu de servir personnellement l'évêque cinq jours par an excepté les monnoyeurs qui sont de la *familia* de l'Eglise de Strasbourg,

---

1. « Panni grisei qui non sunt altitudine duarum ulnarum et quartali unius ulnæ debent comburi. » GRANDIDIER, *Œuvres historiques inédites*, II, 214, et aussi SCHMOLLER, *Die Strassburger Zucher und Weberzunft*, Strasbourg, 1899. M. Schmoller constate, *op. cit.*, p. 370, que ce texte est le plus ancien qui ait réglementé le métier de draperie dans une ville allemande.

2. « Ad officium burgravii pertinet ponere magistros omnium officiorum fere in urbe, scilicet sellariorum, pellificum, cyrothecariorum, sutorum, fabrorum, molendinariorum... Et de eisdem habet potestatem iudicandi si quid deliquerint in officiis suis » (§ 44 du 1er « Stadtrath ». Voir ce texte dans les *Urkunden zur städtischen Verfassungsgeschichte* de BELOW et KEUTGEN. Berlin, Felber, 1901, t. I, p. 96).

excepté aussi douze pelletiers, tous les selliers, quatre gantiers, quatre boulangers, huit cordonniers, tous les forgerons, tous les charpentiers, les bouchers et les gobeletiers [1]. Mais ces dispenses ne sont accordées qu'en échange de certaines autres prestations. Ainsi les douze pelletiers doivent faire à l'Evêque les vêtements de peaux dont il a besoin ; les peaux sont achetées par le maître des pelletiers à Mayence ou à Cologne aux frais du trésor épiscopal, les pelletiers ne devront que la gratuité de la façon. Chaque forgeron doit forger gratuitement quatre fers à cheval et les clous lorsque l'Evêque se rend à la cour de l'Empereur. Ils doivent en outre fournir les ferrures nécessaires aux fenêtres et aux portes du palais épiscopal [2].

On ne sait absolument rien en ce qui touche le mode d'organisation et de fonctionnement des corporations (*Zünfte*) au XIIe et même au début du XIIIe siècle [3]. A cette époque la puissance politique appartient à l'Evêque; mais après la seconde charte municipale de Strasbourg (1217), le pouvoir épiscopal perd déjà du terrain. En 1263,

---

1. *Ibid.*, § 93.
2. Les autres métiers exemptés acquittent des prestations équivalentes. Convient-il d'y voir de même que dans la juridiction du burgrave (officier épiscopal) sur d'autres métiers la preuve que tous ces artisans avaient été autrefois des ouvriers de la cour épiscopale ? Nullement; ce sont là des redevances et des obligations féodales conformes au droit alors en vigueur. Les simples bourgeois eux-mêmes devaient bien cinq jours de service par an; cependant ils n'avaient jamais fait partie de la *familia*; du reste ces obligations sont strictement limitées. Les forgerons doivent en cas d'expédition militaire chacun trente flèches de fer; si l'Evêque en veut davantage, il lui faut les payer. Voir dans le même sens DETTMERING, *Beiträge zur älteren Zunftgeschichte der Stadt Strassburg*, Berlin, Ebering, 1903 p. 16, et aussi KEUTGEN, *Untersuchungen über den Ursprung der deutschen Stadverfassung*, p. 153. Ce dernier auteur conclut : Il n'y a là aucune trace de servitude personnelle : *von persönlicher Unfreiheit findet sich keine Spur*.
3. « *Ueber die innere Verfassung der Verbände erfahren wir gar nichts* » DETTMERING, *op. cit.*, p. 22. — « Nous savons peu de choses sur les corporations de Strasbourg au XIVe siècle » dit également SCHMOLLER, *Strasburg zur Zeit der Zünftkampfe*, Strasbourg, 1875, p. 12.

lors du traité de paix qui termine la guerre de Strasbourg contre l'évêque Walther de Geroldseck, certains métiers comme les pelletiers, les gantiers, les taverniers se sont déjà soustraits à la justice du burgrave; d'autres furent émancipés à la suite de la victoire des métiers en 1263 et reçurent désormais un maître pris parmi les membres du métier.

Cependant l'affaiblissement du pouvoir épiscopal ne profita tout d'abord pas tant aux métiers qu'à l'aristocratie, à ce patriciat qui de 1263 à la révolution de 1332 gouverna véritablement Strasbourg. Ce régime aristocratique paraît avoir en somme contribué à la prospérité et à la grandeur de la cité. « Les gouvernants, dit Schmoller, se montraient orgueilleux d'avoir créé la puissance de la cité; c'étaient de braves soldats, des diplomates éprouvés, des hommes d'affaires expérimentés; ils avaient bâti la façade du Münster et de nombreux édifices publics; ils avaient élaboré rapidement et à leur guise la constitution de 1332; ils fondèrent nombre d'églises et d'hôpitaux[1]. » Ces patriciens étaient les chefs d'une petite république à peine vassale de l'Empire et l'ambassade qu'ils envoyèrent à l'Empereur Henri II au nom des « seigneurs » de Strasbourg ne se laissa convaincre que fort difficilement, nous dit M. Schmoller lui-même, du fait que le roi allemand était le vrai seigneur de Strasbourg et que le conseil de cette ville lui était soumis[2]. Mais le luxe de ces grands bourgeois et de ces nobles offensait de plus en plus les artisans. Ces derniers qui comptaient encore au XIIIe siècle quelques représentants dans le conseil (*Rath*) en furent

1. *Zünftkampfe*, p. 18.
2. *Zünftkampfe*, p. 19. « Les belles épouses des patriciens et des marchands de Strasbourg, qui devaient plus tard ensorceler l'empereur Sigismond (ajoute M. Schmoller), n'étaient pas moins orgueilleuses que les femmes de Cologne lesquelles déclaraient à la même époque que ce ne serait déjà pas un si mauvais lot pour une fille de roi de devenir la femme d'un riche marchand de leur cité. » *Ibid.*

complètement éliminés à partir de 1300. Un artisan ne pouvait plus se faire rendre justice qu'en se faisant le fidèle client d'un noble.

L'organisation des patriciens en tant que parti politique était du reste très forte. Ils disposaient des *Konstofeln*[1], sorte de corporations ou plutôt de milices urbaines sur le caractère précis desquelles on n'est pas exactement fixé, mais qui, dirigées par les nobles, se recrutaient parmi leurs fidèles de toutes conditions, artisans compris. Cet antagonisme persista longtemps après la victoire des métiers : en 1332 et en 1362 par exemple les drapiers durent faire une ordonnance pour interdire aux maîtres de leur corporation devenus riches de quitter leur *Zünft* pour se faire recevoir dans les *Konstofeln*, même s'ils avaient épousé des filles de chevaliers. Les *Konstofeln* étaient équipés, et armés; cette garde nationale aristocratique formait la partie la plus solide de l'armée municipale. Les *Zünfte* de leur côté apportaient leur contingent militaire au service de la ville.

Les patriciens et leur clientèle, comme du reste les métiers, avaient leur lieu de réunion : la taverne (*Trinkstube*) où ils s'assemblaient en cas de conflit. La taverne des partisans des Mülnheim, l'une des deux grandes familles strasbourgeoises, avait pour enseigne : *Zum Mühlstein* ; celle des Zorn, *Zum Hohensteg*. Ceux qui faisaient partie d'une même faction s'habillaient de même et se retrouvaient au premier signe à la taverne .

Le mécontentement contre les patriciens[2] avait déjà

---

1. « Les *Konstofeln* étaient des groupements de la bourgeoisie qui correspondaient à des subdivisions géographiques de la ville. J'admets l'opinion d'après laquelle ils s'étendaient originairement sur toute la ville et toute la bourgeoisie, car, en 1332, ils comprenaient encore une grande partie des gens de métiers. Ils tiraient leur nom du service militaire, des cavaliers, de ces connétables (*constabularii*) qui étaient à leur tête.» Schmoller, *Zünftkampfe*, p. 15.—Voir aussi Dettmering, p. 84, et Gothein, *Wirthschaftsgesch. des Schwarzwaldes*, I, 317.

2. Dans cet antagonisme permanent entre le patriciat et la plèbe des métiers le chapitre de la cathédrale et les riches monastères avaient pris parti pour

suscité en 1308 une première révolte durement réprimée par l'exil perpétuel de ceux qui l'avaient provoquée ; mais la Révolution qui couvait depuis longtemps, attisée par l'exemple des insurrections flamandes, des luttes entre le *popolo minuto* et le *popolo grasso* de Florence, enfin de l'insurrection des paysans suisses, éclata en 1332 ; un conflit survenu entre les deux factions aristocratiques des Zorn et des Mülnheim la favorisa. Après avoir bu et dansé une nuit entière dans leurs *Stuben*, les Zorn et les Mülnheim se querellèrent et en vinrent aux mains ; le sang coula. Les chefs des métiers comprirent que l'heure était propice et qu'ils étaient les maîtres de la situation. Ils imposèrent leurs conditions. L'hérédité des mandats de conseillers fut abolie et le *Rath* fut ainsi composé : quatre Stadtmeister choisis dans le *Patriziat* et 21 conseillers élus désormais par tous les bourgeois ; 25 conseillers élus parles corporations et présidés par un maître des métiers, —un des leurs, — l'*Ammanmeister*. En 1334 cette constitution fut ainsi modifiée : 3 Stadtmeister dont l'Ammanmeister président des Zünfte ; 8 chevaliers et écuyers ; 14 bourgeois, 25 représentants des métiers. Cette révolution de 1332 ouvre une période nouvelle de l'histoire de Stras-

l aristocratie, tandis que les moines mendiants soutenaient la cause des artisans. Les Juifs étaient alliés au patriciat. Schmoller, *Zünftkampfe*, p. 24. Dans la plupart des cités germaniques on retrouve cette lutte entre une aristocratie bourgeoise et les métiers. Voir à ce sujet la synthèse historique présentée par K. Von Inama Sternegg, dans le tome III de son ouvrage *Deutsche Wirthschaftsgeschichte in den letzten Jahrhunderten des Mittellaters*. Leipzig, 1901. « Le métier des tisserands de laine s'est de suite révélé en opposition résolue contre les guildes des tailleurs et des drapiers vis-à-vis desquelles il représente le pur travail manuel de métier. Ces tisserands sont partout les principaux représentants de la démocratie urbaine toujours prêts à faire front contre l'élément patricien et à réclamer un régime populaire » (*op. cit.*, p. 132-133). Les conflits entre les métiers et le patriciat remplissent le XIVe siècle de l'histoire municipale et aboutissent en général à l'émancipation des *Zünfte* ; dans certaines villes la lutte se prolonge jusqu'au XVe siècle. Voir encore Max Flemming, *Die Dresdner Innungen von ihrer Entesthung*... Dresde, 1896, p. 2.

bourg : celle de la domination des métiers, qui devait durer environ cent ans.

Le moment est donc venu d'étudier l'organisation de la corporation strasbourgeoise au XIVe siècle.

Organisation de la corporation (Zünft)[1]. — A la tête de chaque *Zünft* était un maître du métier, dit *Zünftmeister*. Longtemps, comme il a été dit, le burgrave nomma les maîtres de la plupart des métiers ; mais peu à peu ce droit de nomination lui échappa ou se réduisit à une simple confirmation du choix fait par les *Zünftler* Ainsi en 1385 les tonneliers déclarent élire eux-mêmes leur maître que le burgrave investit pour la forme. Il en était encore ainsi chez les cordonniers, les tanneurs, les charpentiers, les forgerons. Chez les tondeurs de drap (1362) le maître et les jurés sortants nommaient leur successeur. Chez les pelletiers, douze maîtres exerçaient leurs fonctions à titre héréditaire. Le maître a la garde de la bannière, du sceau et de la bourse du métier.

A côté du maître siègent les jurés : 4 chez les tondeurs 5 chez les tisserands. A partir de 1332 l'un de ces jurés est délégué du métier au Conseil de ville ou Rath. Les cinq jurés des drapiers élisent chaque année leurs successeurs avec l'approbation du Rath ; ces successeurs prêtent serment devant le magistrat municipal, dit Stadtmeister.

Les jurés forment le Conseil ; ils administrent les finances, ils représentent la Zünft au dehors ; ils font observer les statuts ; ils commandent le guet, l'assemblée en armes devant la cathédrale ; ils punissent les malfaçons, tout acte inconvenant à la taverne, tous mots piquants ou dangereux pouvant éveiller le mépris ou le désordre, le fait de tirer les couteaux ou les épées, les injures, le jet

---

1. Voir sur cette question surtout SCHMOLLER, *Tucher und Weberzunft*. 401 et suiv. — DETTMERING, p. 3 à 73.

de projectiles, les coups de pied¹. Les Cinq des drapiers infligeaient souvent des amendes fort lourdes ; un des confrères qui avait mal parlé d'eux dut leur verser 7 livres 1/2, somme qui correspond à environ 114 mark en monnaie moderne. Le Conseil dut intervenir et modérer le taux des amendes à 1 livre 1/2 ou 30 schillings, en stipulant que les jurés ne pourraient garder pour eux cet argent et devraient le verser à la caisse commune.

La justice était rendue dans la plupart des métiers à l'origine par le burgrave au nom de l'évêque ; mais déjà le traité de 1263 dispose que les maîtres des cordonniers, des tanneurs, des charpentiers, des tonneliers, des armuriers auront un droit de justice dans les affaires de leur métier. Toutefois, ces juridictions corporatives se réduisaient le plus souvent au droit de basse justice et étaient subordonnées au pouvoir municipal. Chez les boulangers, les maîtres et jurés n'avaient même qu'une sorte de droit de police et d'inspection sur la fabrication du pain ; le droit de juger et d'infliger des amendes était réservé au Conseil de ville et au Stadtmeister².

La réglementation des métiers fut, de 1263 à 1332, exercée sans conteste par le Conseil de ville. Quelle fut à cet égard l'influence de la Révolution de 1332 ? D'après M. Schmoller, elle amena une émancipation presque complète des métiers. Ceux-ci purent librement élever le taux des droits d'entrée, contracter des dettes, lever des contributions, etc. Ces vues sont énergiquement combattues par M. Dettmering (p. 38 à 56)³ En réalité le débat est loin

1. Ces mauvaises façons et ces brutalités paraissent à M. Schmoller un reste de l'ancien esprit belliqueux des Germains. « Ausdrücke die uns zeigen... dass selbst bei so ehrbaren Leuten... die alte germanische Rauflust noch nicht erloschen war » (*op. cit.*, 402.)

2. DETTMERING, p. 38.

3. Cet auteur cite (48-50) diverses ordonnances sur les métiers (XIV° siècle) où l'autorité municipale intervient. La Zunft était regardée comme un office qui devait être géré dans l'intérêt du public. Si le tribunal corpo-

d'avoir l'importance qu'on pourrait lui attribuer. Au XIVe siècle (à partir de 1332) le Conseil de ville est sous l'influence incontestable des corporations; c'est un de leurs représentants, l'*Ammanmeister*, qui est presque toujours délégué par le Conseil pour juger dans les affaires qui les concernent et dont la ville ne se désintéresse pas. Il est donc certain qu'à cette époque leur autonomie est presque complète, ce qui justifie *au fond* la thèse de M. Schmoller.

On retrouve dans la corporation strasbourgeoise le même esprit d'égalité et de solidarité si fortement empreint dans notre *Livre des Métiers*. Ainsi, chez les poissonniers, aucun maître ne pouvait en principe avoir plus d'un étal; en avait-il deux, il lui fallait, s'il en était requis, céder le deuxième. Le nombre des apprentis (et même parfois des compagnons) était limité; ainsi un maître armurier ne pouvait avoir qu'un apprenti et un compagnon. Chez les cordonniers, les tanneurs, les forgerons, il était défendu de travailler pour un bourgeois qui était le débiteur d'un confrère tant que la dette n'était pas acquittée. L'égalité à l'intérieur de la *Zünft* consistait en ceci que tous les confrères devaient travailler dans les mêmes conditions. « Ainsi une limite était imposée à l'égoïsme; ainsi était prévenu au point de vue économique l'élévation de quelques-uns aux dépens de leurs confrères; ainsi était fondée une classe moyenne stable sur une base sûre. » (*Dadurch würde dem Ehrgeiz und der wirthschaftlichen Ueberhebung einzelnes auf Kosten ihrer Mitgenossen eine Grenze gezogen und ein wirthschaftlich auf sicherer Grundlage beruhender Mittelstand begründet.*) (Dettmering, p. 52.)

La corporation était au XIIIe et au XIVe siècles ouverte tout au moins en ce sens que l'accès du métier était extrê-

---

ratif jugeait les procès pour malfaçon et autres litiges privés, le Conseil conserva toujours une haute juridiction; il taxait les prix de façon, défendait aux maîtres et aux compagnons de cesser leur travail, etc.

mement facile souvent même pour des non professionnels[1]. Ainsi il résulte d'une décision de l'évêque (février 1264)[2] que les bourgeois de Strasbourg pouvaient établir des boulangeries dans leurs propres maisons à la condition d'acquitter un certain droit pour l'achat du métier : « *quod deinceps in perpetum quicumque civis pistrino suo integrum jus quod dicitur* einung *acquirere voluerit panificibus dabit pro hujus modi jure duodecim solidos denariorum argentiniensium sin omni augmentatione...* » D'autre part, l'apprentissage paraît n'avoir pas été toujours obligatoire au XIVe siècle ; en 1400 encore les statuts des drapiers disposent que les *Cinq* recevront dans le métier tout artisan honorable sans justification d'apprentissage. On pouvait du reste acquérir le *Stubenrecht*, c'est-à-dire être admis dans la maison de la corporation, sans solliciter le droit d'exercer le métier. Les *Konstofeln* s'efforçant de recruter leurs membres même parmi les artisans, les métiers, par représailles, tentaient de se faire des alliés parmi les bourgeois.

La hiérarchie du métier strasbourgeois comprend trois degrés : l'apprenti (*Lehrknecht*), le compagnon (*Lohnknecht*), le maître.

L'apprenti acquitte en s'engageant diverses redevances : chez les tondeurs 10 sous et 1 livre de cire ; chez les cordonniers et les tanneurs il paie au burgrave 3 à 4 deniers. Le temps d'apprentissage varie : 2 ans chez les tondeurs, 4 ans chez les armuriers, 6 ans chez les tonneliers.

Le compagnon est aussi tenu de payer certaines taxes (chez les cordonniers et les tanneurs 1 denier au burgrave). Tout compagnon qui abandonne son maître sans avoir ter-

---

1. DETTMERING (p. 25 et suiv.) a soutenu contre SCHMOLLER que l'obligation de faire partie d'une *Zünft* pour exercer un métier s'était introduite antérieurement à la Révolution de 1332.

2. VON BELOW et KEUTGEN, *Urkunden*... n° 290. — M. Fagniez a reproduit ce texte dans le tome I de ses *Documents sur l'histoire de l'Industrie*, n° 224, p. 260.

miné son temps de service est exclu du métier tant qu'il ne s'est pas réconcilié avec le maître; il est puni d'une amende de 5 schillings.

Le travail à la journée est le plus usité; chez les charrons, les layetiers, les tanneurs, la convention fixe la durée de l'engagement; l'ouvrier doit être payé en deniers comptants et non en nature. D'après la 5ᵉ constitution municipale (antérieure à 1311), les compagnons charpentiers sont payés : 4 deniers (et la nourriture) ou 6 deniers (non nourris) pendant leur première année de service; la deuxième année 6 deniers (nourris); la troisième année 8 deniers.

Les compagnons étaient loin de constituer un fraction négligeable et sans influence dans le corps d'état. La preuve en est fournie par un compromis entre les maîtres et les compagnons tisserands (1363). Ce compromis nomme cinq maîtres et cinq compagnons qui auront mission de surveiller l'apprentissage [1]. Un règlement de 1367 [2] institue une commission de cinq compagnons chargés de surveiller au nom de leurs camarades l'exécution des conventions [3].

Les *maîtres* doivent, à leur admission à la maîtrise, acquitter des droits d'entrée qui, modérés au début, deviennent élevés par la suite. En 1407 chez les tisserands le nouveau maître payait 85 schillings s'il ne se rattachait par aucun lien de famille au métier; 10 schillings s'il était fils ou gendre de maître. Au XVᵉ siècle les droits d'entrée furent indistinctement fixés à 1 livre 5 schillings.

1. Schmoller, *Tücher und Weberzunft, Urkunden*, nᵒ 12, p. 9.
2. Dettmering, p. 65.
3. A plusieurs reprises au cours du XIVᵉ siècle, en 1350, en 1363 notamment, des conflits s'élevèrent entre les maîtres et les artisans. Ces litiges furent terminés par une sentence d'une commission arbitrale composée de l'*Ammanmeister*, de 5 délégués des maîtres, et 5 délégués des compagnons (Schmoller, *Tücker*, p. 414).

Les femmes étaient admises dans la *Zünft;* elles pouvaient même y entrer sans exercer elles-mêmes le métier si, étant filles de maîtres, elles épousaient un artisan du métier.

Dans la *Stube* ou maison de corporation se tenaient les assemblées et aussi les banquets de rigueur, si un confrère se mariait ou était élu membre du Rath ; le fils aîné du maître décédé devait le jour des funérailles payer une grande bouteille (*die grosse Flasche*) aux confrères du défunt.

Le nombre des corporations de Strasbourg était en 1332 de 25 : il s'éleva ensuite à 28, puis fut réduit à 20. Mais plusieurs métiers paraissent être demeurés en dehors de cette organisation officielle, entre autres ceux qui restaient unis aux *Konstofeln,* comme le furent jusqu'en 1360 les orfèvres, les tondeurs de drap, les parcheminiers.

Il nous serait impossible, sans rompre l'harmonie du plan de cet ouvrage, de consacrer une plus longue étude à l'histoire si intéressante des corporations strasbourgeoises. Victorieuses en 1332, elles ne tardèrent pas à abuser de leurs privilèges et à substituer à la tyrannie, du moins intelligente et avisée du patriciat, une aristocratie passablement égoïste et souvent maladroite. Assurément on ne peut rendre responsable les *Zünfte* de toutes les calamités qui fondirent sur la ville au XIVe siècle : incendie de 1343 et de 1397, disette, puis peste noire qui en 1349 emporta un tiers de la population, tremblements de terre de 1356, épidémies de 1360 et de 1363, invasion des Anglais en Alsace (1365-1375), etc.[1] Mais leur gouvernement passionné comme leurs fantaisies financières provoquèrent de telles protestations qu'en 1419 une partie de l'aristocratie émigra en masse de la cité. En même temps l'augmentation des droits de maîtrise, la prétention

---

1. SCHMOLLER, *Zünftkampfe,* p. 31 et suiv.

des corporations de réglementer souverainement leurs rapports avec le public sans souci des intérêts qu'elles pourraient léser, déterminaient contre eux une réaction du reste modérée qui se manifesta de 1425 à 1441 par la revision des statuts corporatifs, la limitation à 1 livre 5 schillings des droits de maîtrise, la défense d'imposer des contributions abusives et de rendre le *Stubenrecht* obligatoire. Les *Zünfte* ne devront plus s'endetter sans l'autorisation du Conseil de ville; un règlement général applicable aux assemblées tenues dans la *Stube* fut promulgué en 1481; des ententes furent conclues avec diverses villes pour la surveillance des compagnons dont la turbulence alarmait la municipalité. La ville libre de Strasbourg — république de fait sous la souveraineté presque nominale des Empereurs — parvint alors à une haute prospérité qui justifiait au XVIe siècle cet éloge d'Erasme...
« *Videbam monarchiam absque tyrannide, aristocratiam sine factionibus, democratiam sine tumultu, opes absque luxu... Utinam in hujusmodi rempublicam, divine Plato, tibi contigisset incidere!* »

Section VII. — Corporations du nord de la France

(PICARDIE, ARTOIS, FLANDRE)

Beauvais. — L'histoire de Beauvais met en lumière l'influence exercée par les métiers sur les destinées d'une ville et aussi cet antagonisme si fréquent dans les cités flamandes et allemandes qui divisait l'aristocratie industrielle et la plèbe, les *majores* et les *minores*. A Beauvais la commune ou association jurée des bourgeois apparaît dès 1099 dans un procès intenté par le chapitre à l'Université des bourgeois; à ce procès sont mêlés les teinturiers; il est donc possible, probable même, que cette corporation marchande ait été l'embryon d'où est sortie la commune (confirmée par Louis VII en 1144). A la tête de la municipalité on rencontre un conseil de douze pairs et deux maires élus par les bourgeois les plus riches. Jusqu'en 1282 la puissante corporation des changeurs nommait seule un des maires et six conseillers[1]. Un arrêt du Parlement du 11 novembre 1282 décida que désormais les 22 corps de métiers de la ville concourraient également à la nomination des magistrats municipaux qui furent choisis indistinctement dans toutes les corporations. D'après une charte de 1462 ce mode d'élection était encore en vigueur à cette date. Chaque corps de métier n'avait qu'une voix, quelle que fût son importance et se réunissait sous sa bannière particulière pour décider à qui serait donnée la voix de la corporation.

Le plus important des métiers était celui des drapiers, qui fut d'abord soumis à la justice de l'évêque. Les magistrats municipaux héritèrent plus tard de ses pouvoirs. Le maire et les pairs nommaient 6, 7 ou 10 prud'hommes qui veillaient à la bonne façon des draps ; cette élection avait lieu deux fois par an et les élus juraient de remplir leurs fonctions avec équité. Les uns, dits *boujonneurs*, examinaient si les draps étaient bien tissés, de bon poids, de droite longueur et largeur, de bon fil ; ils les marquaient d'un coin de plomb. Les autres, dits *scelleurs*, procédaient à une contre-visite.

Picardie. — Bien que l'influence de la civilisation romaine ait été moindre au nord de la Gaule qu'au midi, cer-

---

1. *Histoire de Beauvais et de ses institutions municipales*, par M. LABANDE, 1892. Les maires et les pairs étaient souvent choisis dans les mêmes familles ou du moins dans les mêmes corps de métiers qui constituaient une véritable aristocratie hostile au commun des bourgeois. A Beauvais les drapiers et les changeurs étaient les véritables maîtres de la commune et indisposaient contre eux le reste de la population. Cette rivalité fit couler le sang lors des événements de 1232-1233.

taines villes colonisées par les vainqueurs avaient adopté leurs mœurs et leurs institutions. Amiens (*Samarobriva Ambianorum*) était devenu pendant la période romaine le centre d'un commerce important et possédait de nombreux temples, un palais, une manufacture d'armes; des collèges d'artisans s'y constituèrent; il est douteux, il est vrai, que ces institutions aient survécu à l'invasion franque. Mais les traditions des anciens collèges romains ne s'étaient pas, semble-t-il, complètement perdues. La plus ancienne corporation amiénoise n'est autre, en effet, que celle des marchands de l'eau et se rattache probablement à l'antique collège des *nautes* de la Somme.

Dès la fin du XIIIe et les premières années du XIVe siècle, les métiers d'Amiens reçurent des statuts qui nous ont été conservés. En 1268 les fruitiers, en 1286 les tonneliers, en 1282, 1317, 1327 les bouchers, en 1311 les pelletiers voient réglementer leur profession[1]. Les chartes de ces métiers attestent d'ailleurs l'existence d'une organisation déjà ancienne qu'elles ne font que sanctionner.

Les traits principaux des métiers amiénois sont les suivants. Ils sont placés sous la dépendance exclusive de la municipalité, qui préside à leur organisation et à leur police. Chacun d'eux forme une bannière dont les chefs ou *maïeurs* sont parfois désignés par l'échevinage, parfois élus par leurs pairs[2]. D'autres officiers appelés *eswards* ou gardes du métier assistent les maïeurs. Nommés, eux aussi, par l'échevinage ou par les maîtres, ils sont chargés de rechercher les infractions aux statuts; les délinquants sont déférés à la justice de l'évêque ou de l'échevinage. Par exception, les deux maïeurs et les eswards des bouchers sont assistés d'un conseil de vingt prud'hommes qui juge les délits professionnels, sous

---

1. Collection des Documents inédits. *Monuments de l'Histoire du Tiers-Etat*, t. I, p. 225, 242, 253, 348 et suiv.
2. *Ibid.*, p. 511.

réserve du droit de revision dévolu au maire de la ville (art. 24 des statuts de 1317). Cette juridiction fut abolie et le conseil réduit à un pouvoir consultatif en 1327[1].

Les statuts des métiers d'Amiens étaient conçus dans un esprit assez libéral; il suffit à tout boucher venu du dehors de justifier par une lettre de son seigneur qu'il est prud'homme et loyal pour être admis à exercer ce commerce.

Les règlements intérieurs sont minutieux. Il existe un poids et des balances publiques où tout se pèse sous le contrôle d'agents assermentés; diverses clauses ont pour but d'assurer la loyauté des marchés; ainsi les chaussetiers doivent tourner leur étaux vers le jour le meilleur, afin de rendre la tromperie plus difficile.

Les heures de travail sont nettement limitées : elles commencent avec la cloche qui sonne le jour au beffroi et se terminent à la cloche du soir; il est interdit de travailler le dimanche ou le samedi après vêpres [2].

Les métiers ont des attributions municipales; les maïeurs des bannières élisent le maire sur une liste de trois candidats dressée par le maire et les échevins sortant de charge; ils élisent ensuite douze échevins qui à leur tour en choisissent douze autres; enfin ils nomment les quatre comptables de la ville[3]. Pour jouir de leurs droits électoraux les maîtres sont obligés de se faire inscrire sur les rôles d'une bannière. Bourgeois et artisans sont organisés en milice municipale.

A Abbeville, l'organisation des métiers paraît avoir été relativement récente : les ordonnances de 1254 et 1300 sur la fabrication des draps ne font aucune mention des corporations et les plus anciens statuts ne datent que

---

1. Collection des documents inédits. *Monuments de l'Histoire du Tiers-Etat*, t. I, p. 369 et 422.
2. *Ibid.*, t. I, p. 378 ; t. II, p. 38.
3. *Ibid.*, t. II, p. 152 et 511.

du XIV° siècle[1]. Les diverses industries abbevilloises formèrent seize bannières comprenant chacune plusieurs métiers. Chaque bannière nommait quatre maïeurs qui procédaient à l'élection de la municipalité d'après les mêmes règles qu'à Amiens. « Les maïeurs des bannières formaient une sorte de corps politique délibérant et légiférant au-dessous du conseil des échevins. Leurs droit d'immixtion dans les affaires de la ville ne fait que s'accroître avec le temps. » (Luchaire, *Les Communes françaises*, p. 166.) Cette législation qui demeura en vigueur jusqu'à la Révolution[2], existait également, dans son ensemble, à Rue, à Doullens[3] et dans les principales villes de Picardie[4].

En dehors des *maïeurs de bannières* élus librement par leurs pairs, des *eswards* ou gardes étaient préposés par les échevins à la garde de chaque métier; ces gardes étaient plutôt des officiers de police municipale que des magistrats de la corporation.

A Saint-Quentin, l'esprit des métiers paraît avoir été très libéral. Une ordonnance de 1321, rendue sur la demande des gens de métier eux-mêmes, permit à quiconque le voulait, d'exercer la profession de draperie[5].

A Péronne, le maire et les jurés ne peuvent fixer la taille que d'accord avec six bourgeois élus par les maïeurs des métiers. (Luchaire, *ibid.*, p. 165.)

Artois. — Les métiers d'Arras ne furent réglementés qu'assez tard; les plus anciens statuts, ceux des poissonniers, datent de 1318; chaque métier nommait un maïeur et des échevins. Le maïeur des bouchers était

1. *Monuments de l'histoire du Tiers-Etat*, t. IV, p. 214, 249, 256, 266.
2. *Ibid.*, p. 525, mémoire dressé par l'échevinage d'Abbeville en 1764.
3. Il existait chez les drapiers de Doullens une véritable caisse de prévoyance alimentée par la perception d'un droit de 4 deniers sur chaque pièce de drap fabriquée. *Ibid.*, p. 624.
4. *Ibid.*, p. 625 et 674.
5. Cf. M. Charles Picard; *Saint-Quentin. Son industrie. Son commerce.*

désigné par le sort d'une manière originale : quatre boules de cire étaient disposées dans une urne. Sur l'une d'elle était écrit : « Jésus, Maria. » Celui à qui elle venait à échoir était maïeur. Les bouchers formaient, comme à Paris, un métier fermé et se succédaient de père en fils. L'organisation corporative des boulangers d'Arras remonte au 29 mars 1353, date à laquelle une ordonnance du Magistrat (municipalité) leur permit d'élire un maïeur et des échevins de leur corps. Leurs statuts de 1372, homologués par un édit de Charles V, renferment diverses clauses assez originales, telle la limitation du nombre des compagnons pâtissiers (art. 15) (disposition assez rare dans les statuts corporatifs qui ne limitent, en général, que le nombre des apprentis). Ces statuts fixent à 32 deniers le salaire des fourniers, à 3 deniers celui des garçons, à 12 deniers celui des porteurs (art. 13). Le maïeur et les échevins sont juges de tout ce qui se passe au marché au pain et peuvent donner aux pauvres le pain de mauvaise qualité (art. 1 et 21).

Les métiers de Saint-Omer méritent de fixer tout spécialement l'attention. D'après un auteur belge[1], ce serait dans cette contrée, sur les frontières de la Morinie et de la Ménopie, entre Saint-Omer, Ypres et la mer, que les premières guildes se seraient constituées dans les colonies saxonnes qui habitaient ce pays. Il est certain, en tout cas, qu'une *gilda mercatoria* existait, dès le XIe siècle, à Saint-Omer.

Les métiers se développèrent de bonne heure à Saint-Omer ; des documents de la fin du XIIe siècle en mentionnent 59, dont 25 au moins avaient reçu des statuts (drapiers, foulons, tondeurs, molekiniers, etc.[2]). Ces statuts leur étaient donnés par la municipalité ou *Magistrat*

---

1. M. Vandenpeereboom, *Patria belgica*, II, 1873, p. 247.
2. Giry, *Histoire de Saint-Omer*, p. 339.

investie de ce droit, en 1177, par une charte du comte de Flandre.

La corporation était administrée par un *mateur* ou *connétable* assisté de plusieurs jurés (*eswardeurs* ou *keuriers*); ils formaient ensemble la *Keure* du métier. Ils devaient présider les assemblées, tenir les registres d'apprentissage et de réception, surveiller la fabrication, fixer le prix de certaines denrées. A la tête de toutes les Keures, était un grand maître des métiers, magistrat supérieur des corporations. Les gens de métiers avaient aussi des prérogatives municipales; ils étaient représentés dans le corps de ville par des officiers dits *jurés du commun*[1].

Citons parmi les dispositions des statuts : l'obligation imposée aux tondeurs de payer leurs ouvriers chaque samedi et la défense faite aux mêmes maîtres d'employer plus de sept valets, l'interdiction d'embaucher tout valet qui mène femme de mauvaise vie, qui ait mauvaise réputation ou qui ait des dettes à la taverne, l'obligation imposée au nouveau maître coutelier de payer dix livres pour aider aux pauvres compagnons[2].

Flandre. — La Flandre est la terre classique des libertés communales et des métiers. L'origine des corporations flamandes est fort ancienne. Sans admettre l'assertion fabuleuse de Guichardin qui les fait remonter à Baudouin de Flandre, dit *Bras de Fer* (864-879), on peut considérer comme certain que certaines d'entre elles étaient constituées dès le XIe siècle, sous l'autorité des guildes marchandes[3].

---

1. *Ibid.*, p. 158.
2. Sur les corporations de Saint-Omer, cf. encore les *Mémoires des Antiquaires de la Morinie*, t. XVI, 1re partie, p. 150 et suiv.
3. Un manuscrit établit que les corroyeurs de Gand remontaient à cette époque (V. Coomans, *Les Communes belges*, p. 34). D'après un diplôme en faveur du Cateau les statuts des négociants de Cambrai auraient été sanctionnés dès 1001 par l'empereur Othon. — (*Mémoire pour l'archevêque de Douai*, 1769, in-4°.)

L'étude des corporations flamandes est un travail trop considérable pour que nous puissions songer même à l'effleurer. Il suffira de retracer très brièvement les traits principaux de ces associations dans une province qui, au XIV° siècle, formait un comté vassal du royaume de France, et qui, pour partie au moins, devait devenir française sous Louis XIV. A ce seul titre l'histoire de la Flandre ne saurait nous être indifférente.

« Dans presque toutes les villes belges, écrit M. Pirenne (*Histoire de Belgique*, t. I, p. 171), nous pouvons constater, en dépit de la rareté des sources, l'existence des corporations marchandes dès le XI° siècle.

Dans les parties germaniques du pays, ces corporations, comme dans l'Allemagne du Nord et en Angleterre, portent le nom de guildes ou de hanses; dans les contrées wallonnes, on les appelle frairies ou charités. »

Dès 1165 la guilde de Saint-Omer conclut un traité avec la ville de Bourbourg en vue du partage des marchandises que les bourgeois de ces deux villes achetèrent à Bourbourg. Comme il a été dit (*supra*, p. 72) les privilèges de la guilde de Valenciennes furent officiellement reconnus par le comte Baudouin et par Richilde (1050-1070). Une guilde aurait existé au début du XI° siècle à Tiel[1]. Ces guildes dont les principales se soudèrent avant 1241 pour former la célèbre Hanse de Londres dont le siège social était à Bruges, eurent une influence prédominante dans le mouvement qui aboutit à la concession, aux villes flamandes, des libertés communales.

Mais la guilde marchande qui, du reste, n'avait jamais compris les artisans, ne tarda pas à devenir de plus en plus exclusive et à faire étroitement alliance avec ces lignages (*Geslachten*) composés des plus notables bourgeois jadis enrichis par le commerce et vivant de leurs

---

1. Chronique d'Alpert, moine de Saint-Symphorien-de-Metz (*Monumenta Germaniæ historica*, SS. IV, p. 718).

revenus héréditaires d'où leur nom : *viri hereditarii*[1]. Ainsi se dessine de bonne heure cette éternelle opposition qui se retrouve dans toutes les villes industrielles du moyen âge : en Allemagne, à Florence comme en Flandre, entre les patriciens, les grands (*majores*), les bons (*gœden*) et les artisans, gens du commun, les petits (*minores*) les mauvais (*kwadien*). Les métiers dans lesquels sont répartis ces derniers sont sous l'autorité de l'échevinage, c'est-à-dire du patriciat; mais les artisans se groupent encore dans des confréries ou guildes ouvrières à caractère religieux et démocratique; ils acquièrent ainsi cet esprit de solidarité qui fera leur force dans les grandes luttes sociales et politiques du XIVe siècle.

Mais dès le XIIIe siècle des émeutes attestent la guerre de classe. En 1225 la comtesse de Flandre doit se réfugier à Tournai. A Valenciennes les jurés patriciens sont chassés et les métiers s'emparent du pouvoir. En 1280 une révolution nouvelle éclate encore à Bruges, à Gand, à Ypres et à Douai; les gens de métiers révoltés contre le patriciat font appel au comte de Flandre. Tous les événements qui se succèdent ensuite sous le règne de Philippe le Bel et de ses successeurs depuis la bataille de Courtrai (1302) jusqu'à celle de Cassel (1328)[2] sont du domaine de l'histoire. De ces conflits incessants les métiers retirèrent cependant de grands avantages. Après la révolte de 1302 et les Matines brugeoises ils conquirent leur autonomie, le droit de se livrer au commerce, une certaine participation aux affaires municipales; ils purent espérer leur complète émancipation; cet espoir était

---

[1]. Le peuple ne se gênait pas pour leur donner un autre nom. Il les appelait les paresseux : *otiosi*. PIRENNE, *op. cit.*, p. 343.

[2]. On en trouvera le récit circonstancié avec — ce qui est beaucoup plus rare et plus précieux qu'une simple narration — leur commentaire et leur mise en concordance avec les données de l'économie sociale ou industrielle du moyen âge dans le tome II de la remarquable *Histoire de Belgique* de M. PIRENNE (Bruxelles, 1900).

irréalisable, car la cause première de leur dépendance résidait dans leur condition économique. « Les métiers qui s'emparèrent du mouvement en Flandre n'étaient pas des métiers comme les autres. Si les corporations des tisserands et des foulons présentent à première vue le même aspect que celles des boulangers, des forgerons ou des orfèvres, si on y rencontre la même hiérarchie entre apprentis, compagnons et maîtres, si, comme elles, elles assignent étroitement à chacun ses droits et ses devoirs, elles s'en distinguent complètement à bien des égards [1]. » C'est qu'en effet dans tous les autres métiers l'artisan est à la fois propriétaire de l'outil, de la matière première et dispose librement du produit fini ; il est fabricant et marchand tout à la fois, au lieu que le tisserand, le foulon, le teinturier, le tondeur s'ils possèdent les outils reçoivent la matière première du marchand drapier ; ils la façonnent et la transforment pour la lui rendre finie et recevoir non pas un prix de vente comme le maître boulanger ou armurier, mais un véritable *salaire* représentant uniquement le prix de leur main-d'œuvre. D'ailleurs aucun moyen de s'affranchir d'une telle sujétion [2]. La matière première, la *laine*, vient d'Angleterre et seuls les riches marchands des guildes disposent du crédit nécessaire pour se la procurer. [3]

Le produit fini, le drap s'exporte dans toute l'Europe et jusque sur les bazars des Echelles du Levant ; donc toute action sur la clientèle est impossible. Il reste la révolte, la violence et c'est pourquoi les gens de métiers

---

1. Pirenne, *op. cit.*, ii, 55. Voir aussi t. I, p. 238-258.
2. Les marchands étrangers venaient se pourvoir aux cinq foires de Flandre ; Thourout, Messines, Lille, Ypres et Douai, tandis que de leur côté les marchands flamands allaient : les uns, ceux du Nord, exposer leurs tissus aux foires des contrées rhénanes ; les autres, ceux du Midi, aux foires de Champagne. Pirenne, *Hist. de Belgique*, I, 251.
3. Sur le métier des *sayetteurs* qui fabriquaient du drap avec le fil de sayette ou de laine sèche voir l'*Histoire de la Sayetterie à Lille* par M. Vanhaek, Lille, Lefèvre Ducrocq, 1910, 2 vol. in-8°. Les premiers statuts de cette corporation datent du 27 février 1500 (Vanhaek, II, p. 6).

des Flandres sont en insurrection pour ainsi dire permanente, contre leurs employeurs[1].

L'antagonisme entre l'aristocratie marchande et les gens de métiers ne devait prendre fin qu'avec la décadence de l'industrie drapière en Flandre. Cette décadence commence à la fin du XIVe siècle et se poursuit avec rapidité pendant la première moitié du XVe siècle. L'Angleterre, pays jusqu'alors exclusivement rural, et dont la richesse consistait surtout dans l'élevage du mouton, s'industrialise peu à peu; des manufactures de drap s'y fondent; les navires hanséatiques vont y chercher soit les étoffes, soit même la laine brute dont autrefois l'exportation était monopolisée par la Flandre. En 1451, le droit d'exportation établi quatre-vingts ans auparavant sur les laines ne rapportait plus rien, car la Flandre avait cessé d'être leur entrepôt et, dit un chroniqueur contemporain, les marchands de Florence et des autres villes étrangères allaient les chercher en Angleterre et à Calais.

Dès la fin du XVe siècle l'industrie drapière se limite désormais à la fabrication des draps légers et bon marché : serges et soies ; elle se réfugie à la campagne et autour de villes non jurées : Bergues, Armentières, etc. Les fabricants des villes, étrangers à toute organisation corporative, font aisément la loi à ces ouvriers paysans qui travaillent la terre lorsque l'ouvrage chôme.

Au XVIe siècle, les premières exploitations minières se constituent en pays liégeois; des forges encore bien primitives, s'allument dans le Namurois; ici encore les

1. Ces luttes eurent leur contre-coup à Liége et dans le Brabant. A Liége après maintes péripéties, la paix est conclue en 1343 par un partage du pouvoir entre le patriciat et les métiers (qui du reste ne correspondent pas aux métiers flamands, mais plutôt à la petite industrie ou moyen commerce indépendant). Une convention analogue fut signée en 1378 à Bruxelles entre les lignages et les métiers divisés en 10 nations. Sur les corporations du Brabant, voir le livre de M. DES MAREZ : *L'organisation du travail à Bruxelles au XVe siècle*. — Bruxelles, Lamertin, 1904.

bûcherons et les paysans offrent une main-d'œuvre alors docile et à bon marché ; l'industriel, une fois sa licence obtenue, n'est soumis à aucune règle corporative ou autre.

D'autres sources de richesse s'ouvrent pour la Flandre : Anvers commence à développer son trafic maritime; la broderie, la tapisserie, l'industrie dentellière se développent en Brabant et en Flandre, à Tournai, à Bruxelles, à Lille, à Oudenarde, à Enghien. Quant aux métiers, confinés dans les petites industries urbaines, très occupés à se cantonner dans leurs privilèges comme dans une forteresse, à rendre l'apprentissage plus difficile, à fermer aux produits du dehors le marché de la ville, ils n'offrent plus aucunement l'image curieuse d'un prolétariat aux prises avec un patronat capitaliste; ils ne sont plus guère qu'une petite bourgeoisie, un *Mittelstand* étroit et routinier[1].

Il nous reste à dire quelques mots de l'organisation intérieure des métiers flamands.

Les règlements industriels surveillés par l'aristocratie marchande des drapiers sont minutieux. Ils règlent tous les détails de fabrication : le nombre, la longueur et la largeur des fils, la qualité de la matière, etc. Ces précautions sont d'autant plus indispensables que la draperie flamande travaille pour l'exportation et qu'une loyauté scrupuleuse est indispensable pour éviter le discrédit des étoffes flamandes à l'étranger[2]. Chaque métier,

---

1. En 1567 les chandeliers de Bruges vont jusqu'à poursuivre un malheureux manchot qui vend des chandelles et que son infirmité a empêché d'être apprenti ! PIRENNE, III, 251.

2. Le Ban échevinal d'Aire sur la Lys, avril 1358, débute ainsi : « C'est l'escrips de l'eswart de la drapperie d'Ayre fais et ordenés pour l'amendement du mestier par le maïeur et eschevins, par eswardeurs et pour le commun accord et assent de la plus grande partie de ceulx du mestier à ce présents et appelés : 1, — que aulcuns n'apporteche draps à la monstre (étalage) s'il n'a le sceau de l'eswars sur 10 sols (d'amende) ;...47, — que tout chil et celles qui veulent leurs draps delivrer au scel les aporchent la

tisserands, foulons, teinturiers, tondeurs, est placé sous la surveillance d'officiers dits *rewards* ou *eswards* qui au XIII° siècle étaient nommés par la guilde; les eswards peuvent entrer à toute heure dans les ateliers et y faire des perquisitions.

Après la victoire de Courtrai (1302) les métiers obtinrent, comme il a été dit, leur autonomie. Si au point de vue économique ils restent sous la sujétion des drapiers, leurs corporations obtiennent enfin la franchise de juridiction et le droit d'élaborer elles-mêmes sous le contrôle des pouvoirs municipaux, les règlements de police industrielle [1].

L'apprentissage dure ordinairement de trois à six ans [2] mais commence tard : à dix-huit ou vingt ans. A Douai, chaque maître ne peut avoir qu'un seul apprenti (ESPINAS et PIRENNE, II, 239). L'apprenti est logé et nourri : il lui est interdit de se marier et de travailler à son compte. Le compagnonnage est obligatoire et dure un ou deux ans. La réception est l'occasion de nombreux banquets : à Cambrai, le nouveau boucher en offre jusqu'à quatre dont le premier et le troisième coûtent 20 florins, le second 140 florins, enfin le quatrième où sont conviées les femmes des maîtres, 70 florins [3]. A Lille une ordonnance du 25 février 1540 constate que les maîtres sayetteurs ont grandement abusé sur le fait de la réception à la maîtrise VANHAECK (*op. cit.* II), les règlements ont pour sanction

mercredi et le samedi en la halle devant le 1ᵉʳ coup de nonne. » (ESPINAS et PIRENNE, *Recueil de documents relatifs à l'histoire de l'industrie drapière en Belgique*, 1906, I, p. 7). Pour Lille voir VANHAECK, *op. cit.*, I, 444 et suiv.

1. PIRENNE, *Hist. de Belgique*, II, 58.
2. Trois ans à Ypres *Keure des foulons* (GHELDORF, *Notes sur l'histoire de Flandre* de WARNKOENIG, V, 56), six ans à Gand. *Keure des tanneurs* (de VIGNE, *Mœurs et Usages des corporations de Belgique*); à Cambrai de un à trois ans, à Douai un an au moins (ESPINAS et PIRENNE, II, p. 239), à Lille (sayetteurs) deux ans. VANHAECK, p. 25. A Bruxelles l'apprentissage durait de un à quatre ans (DES MAREZ, p. 51).
3. *Mémoires de la Société d'émulation de Cambrai*, t. XXX, p. 329.
4. « Et si doit on ourdir tousies dras 42 ausnes de fil au mains (moins). Et si doit on ourdir ès cains dras et es teins 8 loiens au mains. C'est XVIᵉ fils pour les 8 loiens, etc. » *Ban échevinal sur le tissage et l'ourdissage de Douai* (1250). ESPINAS et PIRENNE, *Rec. de Doc. relatifs à l'industrie drapière en Flandre*, t. II, n° 234.

des peines sévères : l'amende et le bannissement. En 1368, un échevin de Douai fut même mis à mort pour avoir vendu à faux poids[1]. Aucun drap ne devait être apporté au marché s'il n'avait le sceau de l'esward et sous peine de 10 sous d'amende (ban échevinal d'Aire de 1358, ESPINAS et PIRENNE, t. I, p. 7).

Les ouvriers étrangers n'étaient pas exclus, mais soumis à des conditions et taxes spéciales. Un article du règlement des couvreurs de Douai porte que les forains qui continuent à travailler plus de quinze jours dans la ville paieront quarante sous pour le service divin[2]. S'il y a pénurie d'ouvriers, les autorités peuvent enjoindre à un confrère de travailler. Il était du reste défendu aux ouvriers de la ville de travailler pour les forains (Ban échevinal sur la teinture de Douai, 1250, ESPINASSE et PIRENNE, II, n° 231).

Chaque corporation possède sa confrérie et sa chapelle; des secours sont accordés aux pauvres.

A la tête de chaque métier est un doyen, ou maïeur, assisté de quatre ou six jurés, nommés par l'élection directe ou à deux degrés. Les compagnons ont souvent des droits électoraux. A Saint-Pierre, le métier des tisserands est administré par trois maîtres et trois compagnons[3]; les magistrats de la corporation sont rééligibles après deux ans[4].

Des halles et marchés étaient établis dans toutes les villes de Flandre; les places y étaient tirés au sort tous

(Aimablement communiqué sur épreuves ainsi que les autres textes du tome II cités plus haut et ci-après; nous prions MM. ESPINAS et PIRENNE d'agréer nos sincères remerciements.)

1. PILATE PRÉVOT, 1841. Table analytique des archives de Douai. Layette 10. Voir dans ESPINAS et PIRENNE, t. II, n° 320, les conditions auxquelles les ouvriers tisserands de la campagne et ceux de Gand sont autorisés à travailler à Douai (Ban de 1301).
2. DE VIGNE, p. 47.
3. *Le Siècle des Artevelde*, par L. VANDERKINDERE, Bruxelles, 1879, p. 121.
4. A Lille le métier des sayettiers est administré par diverses autorités : la *Vingtaine* qui improprement nommée ne comptait en fait que six membres élus chaque année par les échevins pour juger les procès entre sayettiers et faire observer les règlements; l'*Office* composé de six membres élus de la même manière chargés de la police ordinaire du métier ; le *Petit Office* chargé de la marque VANHAECK, I, ch. VII.

les trois mois entre les maîtres ; des foires annuelles se tenaient en outre dans les diverses villes de Flandre.

La condition économique de l'ouvrier flamand était sensiblement supérieure à celle de l'ouvrier français. La richesse des Flandres était proverbiale au Moyen Age et malgré tout l'artisan en prenait sa part. D'après Gheldorf[1] le salaire journalier d'un compagnon à Ypres, à la fin du XIIIe siècle, n'était pas inférieur à 3 sous 6 deniers parisis[2]. M. Vanderkindere[3] en comparant ce salaire avec la valeur vénale des denrées a calculé qu'il correspondait au prix de douze pains ou au tiers d'un mouton. Les dépenses d'habillement étant très peu élevées dans ce pays de draperie où l'on cédait à vil prix à l'habitant ces même étoffes communes qui se vendaient cher à l'étranger, et le coût de l'habitation étant presque nul[4], le salaire de l'artisan flamand était largement suffisant pour vivre, et son sort était véritablement enviable[5].

1. Sur *l'Histoire de Flandre* de WARNKŒNIG, V, p. 63.
2. On a vu (*suprà*, liv. II, ch. v, p. 184) que le salaire moyen de l'artisan parisien, salaire notablement supérieur à celui de l'artisan de province, s'élevait à la même époque à un sou et demi parisis (18 deniers). Mais il ne faut pas oublier qu'en Flandre la livre parisis ne valait que 12 sous 6 deniers tournois et non 25 sous tournois comme à Paris (D'AVENEL, *Histoire économique de la propriété, des salaires, des denrées et de tous les prix en général depuis l'an 1200 jusqu'en 1800*, t. I, p. 483 et 484). Si l'on tient compte de cette différence de valeur des monnaies, on arrive à cette conclusion que le salaire de l'artisan flamand était légèrement supérieur à celui de l'artisan parisien, et dépassait de beaucoup celui de l'artisan français de province. — Dans le Brabant au XVe siècle il fallut défendre aux cordonniers de Bruxelles de payer un ouvrier plus de 7 sous par paire de souliers. Certains cordonniers donnaient 9 sous et employaient 20 compagnons accaparant ainsi la main-d'œuvre (DES MAREZ, p. 259).
3. *Le Siècle des Artevelde*, p. 127. A Gand, en 1332, les charpentiers reçoivent un salaire qui correspond à 3 sous parisis. *Ibid.*, p. 128.
4. A Ypres même, les bourgeois louaient leurs terrains à rente perpétuelle de 3 sous 6 deniers à 8 sous par an.
5. Cette prospérité avait pourtant ses crises : les Flandres, pays purement manufacturier, étaient tributaires des pays voisins pour les céréales et les matières premières. « Quand les relations sont rompues avec la France, c'est le blé qui n'arrive pas ; quand l'Angleterre prend une attitude hostile, ce sont les laines qui ne franchissent plus l'entrée des ports flamands. Et alors c'est l'interruption forcée du travail, c'est la ruine. » VANDERKINDERE, 134. Voir aussi PIRENNE, *Histoire de Belgique*, I, p. 251-252.

LIVRE V

Histoire des Corporations de 1610 à 1715

CHAPITRE PREMIER

LOUIS XIII (1610-1643). — ÉTATS GÉNÉRAUX DE 1614. — CAHIERS DU TIERS. — ÉDITS DE 1625. — RÔLE PATRIOTIQUE DES CORPORATIONS EN 1636.

Les édits de 1581 et de 1597 furent le point de départ d'une évolution de la politique de la royauté dans ses rapports avec les métiers. En décrétant l'enrôlement et l'organisation obligatoire de tous les artisans en corporations soumises à une surveillance administrative, le pouvoir royal avait voulu discipliner ces associations et s'en faire un instrument de gouvernement. L'octroi des privilèges concédés par Henri IV avait été d'autre part une atteinte nouvelle au monopole de la corporation et avait réalisé en dehors d'elle le type d'une industrie supérieure et affranchie de toute obéissance à ses statuts.

Cette mainmise de la royauté sur les corporations et ces brèches faites à des droits jusqu'alors incontestés n'avaient pas semblé rencontrer au premier moment de bien sérieuses résistances ; les communautés avaient pensé sans doute que les ordonnances nouvelles auraient le sort de celles qui, à tant de reprises et toujours avec un égal insuccès, avaient ordonné la suppression des confréries et défendu à leurs membres de se réunir. Mais la situation politique s'était singulièrement modifiée de Charles IX et de Henri III à Louis XIII, et l'autorité royale contestée et affaiblie au temps des guerres de religion s'était, sous Henri IV, consolidée et affermie. Les officiers royaux reçurent l'ordre de veiller strictement à l'exécution de l'Ordonnance de 1597 et d'obliger tous les artisans des provinces à se grouper en corporations. Des protestations fort vives se firent alors entendre : dans nombre de villes, les métiers refusaient de se soumettre à la réglementation nouvelle, tandis que, dans les bourgs et les campagnes, les artisans rebelles à toute idée d'association, redoutant d'ailleurs que la corporation officielle ne servît d'agent au fisc et ne devînt prétexte à des impôts supplémentaires, opposaient à tous les efforts des officiers du roi cette ressource suprême des campagnards : la force d'inertie. En même temps, les privilèges de création royale dont les communautés n'avaient pas tout d'abord pris ombrage commençaient à inquiéter et à mécontenter nombre de marchands, dont les manufactures royales ou privilégiées menaçaient l'industrie. Ces doléances et ces rancunes ne devaient pas attendre longtemps l'occasion de se manifester. En 1614, à la majorité de Louis XIII, les Etats Généraux du royaume furent convoqués à Paris pour délibérer sur les affaires publiques, présenter leurs vœux et faire entendre leurs doléances. Bien que ces Etats Généraux n'aient abouti à aucun résultat pratique, leurs cahiers sont cependant intéressants à étudier, car ils font connaître les réformes que réclamait alors l'opinion. Le Tiers Etat demande la diminution des tailles au taux de

1576, la surséance des pensions dont jouissaient nombre de grands seigneurs; mais il n'oublie pas l'industrie et proteste publiquement contre les Ordonnances de 1581 et de 1597, en demandant que toutes les maîtrises établies depuis 1576 soient abolies et que l'exercice des métiers soit laissé libre, sauf inspection par des experts à désigner. Il émet également le vœu que toutes les lettres royales de maîtrise délivrées à l'occasion des avènements, entrées du Roi dans les bonnes villes, naissances de dauphins soient supprimées; que les nouveaux maîtres ne paient plus aucun droit lors de leur réception; que les sociétés de commerce si longtemps prohibées soient reconnues; que toutes les charges vénales de contrôleurs, visiteurs, etc., soient abolies[1], la surveillance de l'industrie et le respect des règlements étant assurés par les jurés de la corporation librement élus par leurs confrères; enfin que tous les monopoles et les privilèges soient abolis. Tous ces vœux étaient résumés par le Tiers sous cette formule générale : « *Soit la liberté du commerce, trafic et manufactures remise en tous lieux et par toutes choses.* »

Les Etats de 1614 mirent donc en pleine lumière le conflit qui venait d'éclater entre le gouvernement royal et la bourgeoisie : le premier revendiquait pour lui seul le droit de légiférer, de diriger l'industrie et de régler l'organisation du travail; la seconde luttait avec énergie pour ses libertés séculaires. La royauté voulait la corporation d'Etat, rouage et instrument de gouvernement; la bourgeoisie voulait la corporation indépendante et autonome. En réalité, par les fautes de l'un et de l'autre, la corporation s'achemine à sa perte. La bourgeoisie des métiers, celle-là même qui combat en 1614 pour la liberté de la cor-

1. La corporation des tanneurs présenta une requête tendant à la suppression des offices héréditaires de contrôleurs, visiteurs, marqueurs de cuir. (*Recueil des pièces originales concernant la tenue des Etats Généraux*, V, p. 166.)

poration, est incapable de présider à ses destinées et d'en assurer l'avenir. Elle n'a pas su élargir les statuts corporatifs, s'assimiler le progrès, éclairer sa marche vers de nouveaux horizons; elle se voit de toutes parts dépasser par des novateurs qu'elle ne sait ni accueillir, ni imiter. Elle a bien une sorte de conscience confuse de son immobilité au milieu du mouvement universel, mais elle ne parvient ni à agir ni à aboutir. Au lieu de plier ses règlements aux idées nouvelles et de leur donner une élasticité nécessaire, au lieu d'ouvrir ses portes toutes grandes à l'inventeur, de récompenser, de provoquer la pensée féconde et créatrice, la corporation se borne à réclamer âprement la suppression des privilèges concédés par le roi à ceux qui ont introduit en France les industries de l'étranger, c'est-à-dire à demander qu'on étouffe le progrès dans son germe.

La royauté, de son côté, en travaillant à constituer la corporation officielle, ne s'aperçut pas qu'elle contribuait, elle aussi, à la décadence de l'institution elle-même. Au lieu de relever la corporation en revisant ses statuts dans un sens libéral, elle fut la première à créer en dehors d'elle, par l'octroi des privilèges, une élite industrielle, et à la réduire ainsi au rang d'une communauté purement routinière qui étouffait les initiatives et se trouvait en hostilité perpétuelle avec le progrès. Le gouvernement royal nuit encore à l'avenir de la corporation en pesant sur elle de tout le poids d'une surveillance excessive et tracassière. Il ne se borne plus à corriger ses abus; il exerce sur elle une tutelle oppressive. Ainsi s'affaiblira peu à peu la vitalité de cette institution autrefois si puissante et qui, par une déviation fatale et continue, s'éloigne de plus en plus de son but naturel.

En 1614, toutefois, la corporation n'en est pas encore arrivée à cette période finale de désagrégation et de dissolution; les doléances du Tiers aux Etats Généraux de 1614 sont une preuve évidente que les métiers luttaient encore pour leur indépendance, et qu'ils étaient encore capables de s'unir dans un effort énergique pour la défense commune; cet effort devait, il est vrai, demeurer infructueux. Les Etats se dispersèrent en mars 1615 et les événements qui suivirent, le mariage du roi, la faveur puis la chute éclatante de Concini firent bientôt oublier les revendications des gens du Tiers.

Pour trouver un fait intéressant l'histoire des corporations[1], il faut franchir maintenant dix années; en 1625, fut édictée, en effet, une ordonnance de police fixant définitivement ainsi qu'il suit le rang des Six Corps des marchands : drapiers, épiciers, merciers, pelletiers, bonnetiers et orfèvres; cette ordonnance mit fin à de longues contestations sur l'ordre de préséance entre les Six Corps[2], mais ne statua pas sur les prétentions des marchands de vin qui réclamaient le titre de septième corps en s'appuyant sur des lettres patentes de décembre 1585, demeurées, il est vrai, sans effet par suite de l'opposition acharnée des autres corps. Aussi les marchands de vin avaient-ils dû, en 1610, lors des fêtes du couronnement de Marie de Médicis, renoncer à porter à leur tour le dais sur la tête de la reine, privilège réservé aux Six Corps, et se contenter de suivre avec des robes et des toques pareilles à celles des juges-consuls. « Voilà, dit Sauval, bien des chicanes pour peu de chose! » mais chaque temps n'a-t-il pas ses ridicules dont l'époque contemporaine n'est pas même

1. Des lettres patentes de juin 1617 avaient dispensé les Six Corps des marchands de Paris de l'obligation de recevoir des maîtres par lettres de maîtrise (LESPINASSE, I, 108); mais c'est là un acte législatif d'un intérêt très secondaire.

2. En 1504 à la suite de démêlés entre pelletiers, merciers et épiciers sur la préséance, les rangs à observer avaient été tirés au sort qui donna gain de cause aux épiciers sur les deux autres corps concurrents et aux merciers sur les pelletiers. SAUVAL, *Antiquités de Paris*, II, 469. Sur la participation des Six Corps aux fêtes qui eurent lieu à Paris en 1625 à l'occasion de l'entrée du cardinal Barberini, légat du pape, ainsi que sur le cérémonial suivi en cette circonstance, v. *Archives Nationales*, KK, 1340, p. 9 à 13.

exempte, et faut-il s'étonner que de simples marchands aient attaché un tel prix à des questions qui nous paraissent aujourd'hui futiles, alors qu'à la Cour, modèle de la société d'alors, l'étiquette était souveraine?

L'ordre de ce récit nous conduit maintenant à retracer une des pages les plus honorables de l'histoire des corporations : nous faisons allusion à ce bel élan de patriotisme qui, en 1636, transporta les métiers de Paris et leur fit consentir les plus grands sacrifices pour la défense de la France envahie.

Rarement la fortune du pays fut aussi près de sombrer qu'à cette date de 1636. Un acte d'insigne perfidie, la surprise et le massacre de la garnison de Trèves par les Impériaux venait, en 1635, de précipiter les événements et de faire éclater une guerre que les revers des Suédois, nos alliés, avaient du reste rendue inévitable. Le sort nous fut tout d'abord contraire : tandis que, sur le Rhin, Galas s'emparait de Spire, de Worms, et refoulait les Français jusqu'à Metz, une diversion tentée sur les Pays-Bas échoua complètement. La campagne de 1636 sembla tout d'abord réparer ces échecs : en Alsace, Bernard de Saxe-Weimar prit Saverne aux Impériaux, et, en Franche-Comté, le prince de Condé, après avoir enlevé Lons, venait de mettre le siège devant Dôle, quand, par un coup d'audace et mettant à profit la dispersion des armées royales, Jean de Weert et Piccolomini, à la tête de 18.000 cavaliers et de 15.000 fantassins, envahirent tout à coup la Picardie. En quelques jours, les places de la Capelle et du Catelet capitulaient et l'ennemi, forçant à Cerisi le passage de la Somme, envoyait ses reconnaissances jusqu'à l'Oise.

La nouvelle de l'approche des Impériaux éclata dans Paris comme un coup de foudre. A chaque instant on s'attendait à voir les éclaireurs ennemis couronner les hauteurs de Montmartre et venir insulter la place. La surprise d'une attaque aussi imprévue, la réputation terrible des bandes croates et hongroises que l'armée espagnole et impériale traînait à sa suite produisirent tout d'abord une sorte de panique dans la grande ville. Beaucoup d'habitants s'enfuirent au dehors; l'âme indomptable de Richelieu eut elle-même son heure de doute et de faiblesse. Mais cette défaillance générale ne fut que passagère et le réveil de Paris fut superbe. L'honneur de l'avoir provoqué appartient tout entier à Richelieu qui, surpris au premier instant, avait bientôt envisagé le danger avec ce courage viril et ce sang-froid héroïque qui étaient la marque de son génie. Le 4 août, le cardinal fait avancer son carrosse, se rend à l'hôtel de ville et donne au prévôt des marchands l'ordre de convoquer pour le lendemain au Louvre tous les corps de métiers auxquels il veut confier le soin de pourvoir au salut de Paris et du royaume.

Ces grandes assises de la bourgeoisie parisienne tenues dans des circonstances aussi tragiques furent, au dire de tous les écrivains du temps, un imposant spectacle. Ce fut un de ces enthousiasmes indescriptibles, une de ces explosions soudaines où tout ce qu'il y a de fier et de généreux dans l'âme d'un grand peuple, se réveille et se fait jour; ce fut une de ces rares heures où le cri de la race se fait seul entendre et couvre la voix des intérêts. Louis XIII reçut les délégués des métiers qui lui firent offre de leurs personnes et de leurs biens « avec une si grande gaieté et affection » que la plupart d'entre eux lui embrassaient les genoux[1]. Emu par un dévouement si fidèle, le roi embrassa le syndic des savetiers dont la harangue avait été particulièrement chaleureuse et l'on prit d'un commun accord l'engagement solennel de ne reculer

1. *Mémoires de Richelieu*. (2ᵉ série, tome IX de la Collection des Mémoires pour servir à l'histoire de France, publiée par MICHAUD et POUJOULAT, p. 70.)

devant aucun sacrifice pour sauver l'Etat et repousser l'étranger[1].

Les résolutions pratiques furent à la hauteur de ces sentiments. Les métiers dressèrent un rôle du nombre d'hommes que chacun d'eux pouvait lever et soudoyer, et le remirent au lieutenant civil avec les noms de tous ceux d'entre eux qui étaient en état de porter les armes si la nécessité devenait plus pressante. Les ateliers de Paris furent fermés ; il fut enjoint à tous les maçons, tailleurs de pierre, charpentiers, d'aller se faire enrôler à l'hôtel de ville ; il fut même interdit à tous les maîtres artisans servant en leurs boutiques de retenir plus d'un compagnon ou apprenti ; on n'excepta de cette défense que les boulangers, selliers, fourbisseurs, arquebusiers dont l'industrie était nécessaire à l'alimentation et à la défense de la ville. En même temps on établissait un tarif officiel pour le prix des armes et on convoquait dans les six jours à Saint-Denis tous les privilégiés et exempts de la taille pour former une armée de réserve.

Les artisans des métiers répondirent avec ardeur à cet appel ; valets et apprentis s'engagèrent en foule dans le corps que le maréchal de la Force recrutait à l'hôtel de ville. « Tout le jeune bourgeois (la jeune bourgeoisie), dit Montglat, à toutes forces voulait aller à la guerre[2]. » Bientôt l'armée assemblée à Compiègne pour marcher contre les Espagnols, grossie, il est vrai, de troupes régulières venues de la Bourgogne, compta 35.000 fantassins et 15.000 cavaliers[3].

---

1. « Chacun s'efforça de contribuer noblement ce qu'il put et aucun ne refusa selon sa portée de fournir hommes, chevaux, armes et argent. » (*Mémoires de Bassompierre*, publiés par le marquis de Chantérac dans la Collection de la Société de l'Histoire de France, t. IV, p. 106.)

2. *Mémoires de Montglat*, publiés dans la Collection des Mémoires pour servir à l'Histoire de France de Michaud et de Poujoulat, 3ᵉ série, t. V, p. 44.

3. Paris avait offert au roi pour trois mois la solde et l'entretien de 12.000 miliciens recrutés parmi les artisans et de 3.000 cavaliers. Le corps de

Les événements qui suivirent sont du domaine exclusif de l'histoire. Comment cette armée improvisée réussit à arrêter la marche des Espagnols, comment Jean de Weert, effrayé de cette levée en masse, craignit d'être coupé de ses communications et battit en retraite, c'est là un récit qu'il ne nous appartient pas de retracer. Il nous a suffi de montrer que dans une heure de danger pour le royaume, les humbles associations dont nous essayons de faire revivre la physionomie, ont été au premier rang des défenseurs du pays et ont ajouté une belle page à leurs annales.

Louis XIII introduisit peu de changements dans les règlements corporatifs. En dehors de la confirmation pure et simple d'anciens statuts, il convient de signaler la réunion des peintres et des sculpteurs opérée en 1613. Les membres des deux corps devaient être égaux : un des deux jurés serait peintre et l'autre sculpteur ; des statuts nouveaux leur furent donnés en 1679.

En 1631, des lettres patentes avaient créé une corporation nouvelle, celle des tailleurs graveurs sur métal. Le nombre des maîtres était limité à vingt ; les places vacantes devaient être données aux anciens apprentis et de préférence aux fils de maîtres. L'apprentissage était fixé à six ans, le compagnonnage à deux [1].

En 1639 une autre corporation nouvelle, celle des distillateurs fut instituée, par arrêt de la cour des Monnaies : l'apprentissage devait durer quatre ans, le compagnonnage deux. Le chef-d'œuvre était examiné par les deux jurés et un conseiller de la cour des Monnaies.

---

ville contribuait à ces dépenses en payant la solde et l'entretien de 2.000 fantassins. La patriotique corporation des savetiers donnait à elle seule la somme considérable pour l'époque de 5.000 livres.

1. Ces statuts renferment une clause assez curieuse. Lorsqu'un fils de maître est en âge d'apprendre la profession, son père doit déclarer s'il veut suivre le métier. Si oui, le père ne peut prendre d'autre apprenti pendant 6 ans. Si non, le père peut engager un autre apprenti, mais le fils est à jamais exilé de la maîtrise.

CHAPITRE II

LOUIS XIV. — PREMIÈRE PÉRIODE DU RÈGNE (1643-1661). — ÉDITS FINANCIERS DE 1646. — TAXES ET CRÉATIONS D'OFFICES. — LA FRONDE (1648-1652).

Le nouveau règne auquel il était réservé de jeter un si vif éclat sur la monarchie française s'ouvrit par de glorieux succès. Jamais, à aucune époque de notre histoire, sauf au temps de l'incomparable épopée napoléonienne, nos armes ne furent aussi constamment et aussi brillamment victorieuses que pendant cette période de cinq années qui s'étend de l'avènement de Louis XIV aux traités de Westphalie (1643-1648). Les triomphales journées de Rocroi, de Fribourg et de Nordlingen qui immortalisèrent le nom de Condé vinrent tour à tour accabler la puissance de la maison d'Autriche, cette rivale séculaire de la France. L'Alsace, puis les cités du Rhin, Spire, Worms, Mayence, tombèrent au pouvoir de Turenne, qui bientôt envahissait le Palatinat et menaçait la Bavière, tandis qu'en Catalogne d'Harcourt mettait en déroute les Espagnols et les forçait à capituler dans Balaguer (20 octobre 1645); tandis encore que sur mer la victoire navale de Carthagène assurait au pavillon blanc la Méditerranée, et qu'en Flandre, Gassion s'emparait de Gravelines et de Dunkerque. Ces succès militaires furent en 1648 couronnés par un éclatant triomphe diplomatique : les traités de Westphalie qui donnaient à la France l'Alsace, Brisach, Philipsbourg, agrandissaient la Suède, émancipaient les princes protestants d'Allemagne, nos alliés, et consacraient la défaite de la maison d'Autriche.

Malheureusement la situation intérieure de la France contrastait violemment avec ces succès militaires et diplomatiques. Le Trésor était à sec; les expédients les plus divers avaient dû être employés pour faire face à des dépenses toujours croissantes; en vain avait-on contracté des emprunts onéreux, levé une taxe sur les édifices nouvellement construits, augmenté les tailles, on ne parvenait pas à combler le déficit.

Les corporations étaient évidemment désignées les premières à l'inquisition fiscale obligée de chercher à tout prix des ressources nouvelles. D'une part, les gens des métiers ne jouissaient d'aucun de ces privilèges de noblesse et de cléricature devant lesquels le fisc devait s'incliner; d'autre part, leur organisation collective facilitait la perception d'un impôt en permettant d'établir une solidarité entre la communauté et les individus qui la composaient. Toutefois, on se borna tout d'abord à les atteindre, indirectement, mais régulièrement, en créant les lettres de maîtrise en usage au début d'un règne et en leur réclamant comme à toutes les villes de France un droit de joyeux avènement. Mais en 1646 on fit plus. Non seulement on augmenta certains impôts généraux dont les gens de métiers payaient leur part, comme les droits sur le sel et le vin, mais on frappa les Six Corps de marchands de Paris d'un impôt de 7 à 800.000 livres à répartir entre leurs membres; cet impôt fut bientôt remplacé (août 1647) par un tarif ou octroi sur toutes les marchandises entrant dans Paris [1].

Ces charges nouvelles avaient excité un vif mécontentement, surtout dans la classe marchande, plus directement visée. Ce mécontentement fut encore accru par

1. « Les esprits étaient échauffés et tout allait à faire rejeter l'édit. » *Mémoires du cardinal de Retz*, édition MICHAUD et POUJOULAT, p. 55.)

l'édit de rachat (7 janvier 1648) obligeant tous les détenteurs de terres redevables d'un cens envers le roi à racheter ce cens, en payant de suite une année de leur revenu. La Cour ayant cru devoir faire une démonstration militaire dans la ville, il y eut des troubles. « Le bourgeois s'alarma, monta dans les clochers des trois églises de la rue Saint-Denis où les gardes avaient paru. Le prévôt des marchands avertit le Palais-Royal que tout est sur le point de prendre les armes[1] » (13 janvier 1648). Il fallut ordonner aux gardes de se retirer.

La Cour toutefois n'avait cédé qu'en apparence ; le surlendemain de nouveaux édits vinrent confirmer l'édit de rachat et aggraver pour les marchands la charge que leur avait imposée l'établissement du tarif en le remplaçant par la création d'offices de contrôleurs des poids et mesures auxquels chaque maître dut payer de 15 à 75 livres par an (15 janvier).

La résistance opiniâtre opposée à cet édit par les Parlements obligea une seconde fois la régence à capituler et les délégués des cours souveraines réunis dans la chambre de Saint-Louis furent appelés à formuler publiquement leurs vœux. Ces vœux offrent un intérêt particulier en ce qu'ils reflètent l'union intime des Parlements et de la bourgeoisie des métiers. A côté de mesures politiques comme la révocation des intendants et l'obligation de ne lever des taxes qu'en vertu d'édits enregistrés ; à côté de mesures financières comme la mise aux enchères des fermes et la réduction d'un quart de la taille, on réclame pour les corporations l'abolition des monopoles commerciaux concédés à des particuliers ainsi que l'interdiction d'importer des étoffes et des draps du dehors.

Les métiers ont donc pris une part effective à cette première partie de la Fronde et ont apporté leur concours

---

1. *Mémoires du cardinal de Retz*, éd. MICHAUD et POUJOULAT, p.

au Parlement qui avait pris la direction du mouvement. La noblesse qui plus tard se mit à la tête de la Fronde y demeura au début presque étrangère. La classe bourgeoise et les parlementaires sont en 1648 les seuls adversaires avec lesquels Mazarin ait à compter.

Cette première phase de la Fronde se termina par la défaite du cardinal. Avec sa finesse italienne, Mazarin avait tenté de ruser avec ses ennemis et de les payer de demi-concessions ; en voyant sa diplomatie demeurer sans résultat, il voulut recourir à la force qui ne lui réussit pas mieux. La célèbre journée des Barricades déjoua toutes ses prévisions[1]. La Cour dut capituler et publia, le 24 octobre, une déclaration qui donnait pleine satisfaction aux vœux de l'opinion en supprimant le tarif de 1647 et en défendant de lever aucune taxe nouvelle avant quatre ans. L'article 12 de cette déclaration mérite d'être cité : « Pour donner moyen à tous nos sujets qui exercent la marchandise d'augmenter leur trafic au dedans de notre royaume, nous avons révoqué et révoquons dès à présent tous privilèges accordés aux particuliers pour trafiquer de quelque marchandise que ce soit, laissant la liberté à tous les marchands d'en user à l'avenir, selon l'expérience que chacun a pu acquérir, avec défenses de troubler ceux qui ont pu s'entremettre du commerce desdites marchandises, comme aussi faisons défenses à tous négociants d'apporter, ou faire apporter en notre royaume draperies de laine et de soie manufacturées, tant d'Angleterre que de Hollande, passements de Flandre, points d'Espagne, de

---

1. Le rôle des gens de métiers apparaît à plusieurs reprises dans ces troubles. Voir, dans les *Mémoires de Gui Joli* (Collection MICHAUD et POUJOULAT, 3ᵉ série, t. II, p. 12), les sommations adressées au premier président par le chef de la barricade de la rue du Trahoir, un marchand de fer nommé Raguenet, lors de l'arrestation de Broussel, et aussi l'émeute des cabaretiers et tonneliers. (*Mémoires d'Omer Talon* publiés par M. CHAMPOLLION-FIGEAC; Collection MICHAUD et POUJOULAT, 3ᵉ série, t. VI, p. 287.)

Gênes, et d'en acheter et de s'en servir à peine de confiscation et de 1.500 livres d'amende[1]. »

Cette déclaration du 24 octobre 1648 clôt la première partie de la Fronde par la victoire du Parlement et de la bourgeoisie des métiers : cette victoire devait être de courte durée. Trois mois après, Mazarin fort de l'appui de Condé avec qui il venait de se réconcilier, rétractait toutes ces concessions et la Cour se retirait à Saint-Germain.

La bourgeoisie et le peuple se retrouvèrent unis pour défendre leurs droits. L'assemblée des corps et communautés de Paris autorisa le prévôt des marchands et les échevins à lever le nombre d'hommes nécessaires, et l'on poussa activement les préparatifs de défense. Les portes de Paris furent minées; on creusa toute une ligne de tranchées au mur des Chartreux (derrière le Luxembourg); la Seine fut fermée par des ponts de bateaux. En même temps, il était prescrit à tout bourgeois ayant une porte cochère de fournir aux quarteniers un cheval bien équipé, et les bourgeois dont le logis ne s'ouvrait que par une porte ordinaire durent fournir chacun un soldat avec son baudrier, son épée et un fusil[2].

Contre toutes les apparences, les hostilités ne furent ni bien longues ni bien sérieuses. Le Parlement renouvela par des arrêts nouveaux son alliance avec les parlements de Provence et de Normandie (28 janvier, 9 février 1649), mais les Parisiens furent le plus souvent malheureux dans les escarmouches qui se livrèrent autour de Paris. Les ressources dont disposaient les révoltés se trouvèrent d'autre part insuffisantes et il fallut, le 10 février, recourir à une nouvelle taxe sur les métiers et sur les conseillers du Parlement. Aussi l'opinion inclinait-elle à la conciliation,

---

1. *Mémoires d'Omer Talon* (publiés par M. CHAMPOLLION-FIGEAC), p. 295.
2. *Registres de l'hôtel de ville pendant la Fronde* (publiés par MM. LE ROUX DE LINCY et DOUET D'ARCQ dans la collection de la Société de l'Histoire de France), t. I, p. 105.

lorsqu'un héraut d'armes se présenta de la part de la reine pour traiter de la paix qui fut conclue à Rueil le 11 mars 1649 sur les bases de la déclaration d'octobre 1648. Le 19 avril, une députation de 300 membres représentant les 120 métiers de Paris allait porter à Saint-Germain les hommages et les remerciements populaires.

La paix de Rueil termine la Fronde parlementaire et bourgeoise, la seule à laquelle la classe marchande ait directement participé et dont nous eussions dès lors à nous occuper. Les événements qui suivirent et qui constituent les péripéties diverses de la lutte de Condé contre Mazarin ont un caractère exclusivement politique. Souvent encore, il est vrai, les partis chercheront à s'attacher les métiers. Mazarin, qui connaît leur influence, emploiera des agents secrets pour tenter de se les concilier; les députés des Six Corps seront à diverses reprises convoqués par le bureau de l'hôtel de ville et délibéreront avec lui sur les affaires publiques[1]. Mais les métiers ne soutiennent plus une cause qui leur soit propre; ils ne défendent plus des intérêts de classe. Partie intégrante de la cité et de l'Etat, ils sont mêlés à leur histoire au même titre que le clergé ou les communautés religieuses; mais leur rôle politique en tant que corporations est terminé.

Les corporations étaient sorties victorieuses de cette première Fronde que termina la paix de Rueil; mais cette victoire fut de courte durée. La défaite de la Fronde aristocratique emporta du même coup les conquêtes et les espérances de la bourgeoisie. Si le tarif n'est pas rétabli tout d'abord, le pouvoir reste libre de lever tous les impôts qu'il jugera nécessaires et cette liberté engen-

1. Les Registres des délibérations des Six Corps (*Archives Nationales*, KK, 1340) mentionnent à la date du 2 février 1651 la visite faite par leurs gardes au duc de Longueville et au prince de Condé à leur arrivée du Havre, où ils avaient subi une captivité d'un an; les Six Corps leur présentent leurs respectueux compliments (p. 71).

drera par la suite d'étranges abus. Quant à la suppression des monopoles et à la prohibition des marchandises étrangères, ces dispositions de la déclaration de 1648 trop visiblement inspirées par d'étroits intérêts de classe furent révoquées par la royauté victorieuse, et cette abrogation de réformes hâtives et mal conçues ne saurait être blâmée. C'est sur un plan autrement mûri et sur des bases autrement solides que va s'élaborer la grande œuvre dont il nous faut maintenant aborder l'étude : la refonte de toute la législation économique et industrielle de la France par Colbert.

CHAPITRE III

DEUXIÈME PÉRIODE DU RÈGNE DE LOUIS XIV (1661-1715)
COLBERT (1661-1685)

Section I. — **Règlements généraux sur la fabrication (1666-1669).** — **Compagnies de commerce.** — **Manufactures et Monopoles.**

L'œuvre économique de Colbert est trop considérable, elle a exercé sur toutes les branches de l'industrie nationale une influence trop puissante pour qu'il soit possible de poursuivre cette étude sans arrêter un instant notre attention sur le grand ministre qui conçut et réalisa de si vastes desseins. Il était en effet réservé à Colbert d'introduire en France un système industriel nouveau et d'inaugurer une politique économique dont pendant près de deux siècles et jusqu'à une époque relativement récente, s'inspirèrent les divers gouvernements qui se succédèrent en France.

On ne croyait pas au XVIIe siècle qu'il fût aisé d'improviser un ministre, ni que le partage des portefeuilles se réduisît à une simple question de convenances personnelles et d'opportunité politique : aussi exigeait-on de ceux qui aspiraient à l'honneur d'entrer dans les conseils du roi une longue préparation et la pratique des grandes affaires. La vie de Colbert plus qu'aucune autre, offre un exemple de ce que peuvent un travail soutenu et une infatigable persévérance. Il débute en 1640 en qualité de commis au Ministère de la guerre d'où il est bientôt détaché aux armées pour remplir diverses fonctions administratives. Pendant la Fronde, Mazarin fait de lui un agent secret à Paris. Enfin, de 1652 à 1661, il est le conseiller intime du cardinal et se trouve mêlé à toutes les grandes affaires; tour à tour il est auprès des intendants l'interprète des ordres de Mazarin et traite avec eux les questions les plus importantes; il négocie avec l'ambassadeur d'Angleterre à propos d'une réclamation diplomatique de Cromwell; enfin il joue le rôle le plus actif dans la haute intrigue politique qui eut pour résultat la chute et le procès de Fouquet. Dans toutes ces occasions, il déploie les mêmes qualités exceptionnelles. Une clairvoyance toujours en éveil, un merveilleux esprit d'ordre, une intelligence hors ligne des hommes et des choses, une puissance de travail extraordinaire le désignent à l'avance pour les premières fonctions de l'Etat.

Tel était le passé du ministre que, sur la prière de Mazarin mourant, Louis XIV appela aux affaires en 1661. La tâche qu'il lui confiait ainsi n'était rien moins que facile. Les guerres avaient épuisé le Trésor et appauvri la nation. Le peuple payait environ 90 millions d'impôts sur lesquels le roi touchait à peine 35 millions et deux années de revenus étaient consommées d'avance[1]. L'industrie et le commerce étaient dans une situation désastreuse[2], la ville de Marseille ne faisait plus le dixième de son ancien trafic avec le Levant; les manufactures périclitaient: les Anglais et les Hollandais avaient supplanté la France sur presque tous les marchés étrangers.

1. FORBONNAIS, *Recherches et Considération sur les finances*, p. 115.
2. « Nous avons laissé perdre l'usage et le bien du commerce, soit par la nonchalance avec laquelle nos peuples s'appliquent à cet exercice, soit aussi par l'interruption que les étrangers y causent. » (*Mémoires de Colbert*, 1651 — insérés dans les *Lettres, Instructions et Mémoires de Colbert* de P. CLÉMENT, II⁰ partie, p. 405.)

Colbert entreprit de remédier à tout. Il s'occupa d'abord de relever les finances. Les rentiers, qui avaient reçu en remboursement des sommes supérieures à leurs créances véritables durent restituer l'excédent indûment perçu. Les aliénations d'octrois et d'aides consenties à vil prix furent révoquées, et malgré une diminution des tailles exorbitantes que payait le peuple, la politique financière de Colbert fut si sage et si avisée que, de 1661 à 1667, le revenu net de la France fut doublé[1].

Après avoir rétabli l'ordre dans les finances, Colbert voulut relever l'industrie, et ce grand dessein s'affirme presque à chaque ligne de sa correspondance, au début de son ministère[2]. Pour atteindre ce but, il avait d'abord à résoudre une question capitale, alors en suspens : il devait faire choix d'une politique douanière. On a vu, au temps de la Fronde, la bourgeoisie des métiers demander la prohibition de toutes les marchandises étrangères. Il faudrait cependant se garder de considérer ce vœu, émis dans un moment de crise, comme l'expression du sentiment unanime de la bourgeoisie. L'opinion contraire est soutenue avec beaucoup d'art et d'habileté dans un factum intitulé : *Remontrances des Six Corps contre la Déclaration de 1654*. Cette déclaration avait établi un nouveau droit de 2 sols par livre sur les marchandises fabriquées hors du royaume, un autre droit de 1/4 de leur valeur sur les dentelles, et augmenté les droits sur les métaux précieux. Les Six Corps protestent contre ces taxes et font valoir deux cents ans avant Cobden quelques-uns des arguments classiques du libre échange. Les droits sur l'or et l'argent sont mauvais « d'autant que l'or filé sert à fabriquer en France des dentelles, passements et rubans dont plus des deux tiers se portent en Espagne, aux Indes, à Milan. La fabrique se

---

1. Il passa de 32 à 63 millions.
2. Lettres des 16 octobre 1662, 22 avril et 26 août 1664. — *Lettres, Instructions et Mémoires de Colbert*, II° part., p. 416, 425, 426.

transportera en d'autres lieux ». Les mêmes motifs existent pour les industries textiles. « Nous envoyons aux étrangers les toiles, les serges, les étamines de Reims, celles de Châlons, les futaines de Lyon, qui se débitent en Espagne, en Italie. Si nos ouvriers tirent profit de leur industrie, ce n'est pas sans l'aide des étrangers qui nous fournissent les laines de vigogne qui viennent du Pérou, les laines de Pologne, d'Autriche ; ils ne manqueront pas, pour nous rendre le change, de charger les marchandises de grosses impositions; nos ouvriers demeureront sans emploi. »

Deux systèmes douaniers étaient donc en présence en 1661 : d'une part, le système protecteur qui jusqu'alors avait prévalu et qu'avait consacré notamment autrefois une ordonnance de 1572 prohibant toutes les marchandises étrangères ; d'autre part, le système de la liberté des échanges que préconisaient les Six Corps. Colbert allait avoir à se prononcer entre ces deux politiques économiques.

Ce problème du régime douanier de la France ne se posait pas seulement à l'extérieur. Chaque province était en effet séparée des provinces voisines par une barrière de taxes, obstacle permanent au développement du commerce. Ces droits étaient généralement perçus à l'exportation et consistaient soit en des taxes prélevées sur toutes les marchandises transportées à l'étranger ou dans les provinces où les aides n'existaient pas (*imposition foraine, haut passage, traite domaniale, rêve*), soit en des redevances perçues sur certains points ou au passage des rivières (*trépas de Loire, imposition foraine d'Anjou, douanes de Lyon et Valence*, etc.).

L'édit du 18 septembre 1664 revisa ce système douanier défectueux et compliqué ; malheureusement cet édit n'était applicable qu'aux provinces dites des cinq grosses fermes (Ile-de-France, Orléanais, Normandie, Picardie, Bourgogne, Bresse, Bourbonnais, Nivernais, Berri, Poitou, Aunis, Anjou, Maine, Touraine). Les autres provinces et notamment toutes celles du Midi se refusèrent à modifier pour l'améliorer l'ancienne organisation, et la moitié de la France demeura réfractaire à cette réforme.

Aux termes de l'édit de 1664, tous les droits existants étaient supprimés et remplacés par un seul droit d'entrée et de sortie exigible aux frontières des nouvelles provinces unies. Ce droit, dont un tarif annexé à l'édit fixe la quotité varie suivant la nature des denrées (matières premières ou objets fabriqués). Afin de faciliter la perception sans gêner le commerce, douze entrepôts sont créés pour recevoir les marchandises destinées à être exportées à l'étranger.

L'édit de 1664 présente un double aspect. Applicable au commerce d'importation et d'exportation, il est à la fois un tarif de douanes et un édit de réforme fiscale. Le tarif général ne devait pas demeurer longtemps en vigueur ; il fut remplacé le 18 avril 1667 par un nouveau tarif presque prohibitif dirigé contre l'Angleterre et la Hollande. La réforme fiscale que consacrait l'édit en substituant à des taxes locales multiples et oppressives un système douanier uniforme pour une moitié de la France réalisait par contre un progrès durable et préparait l'unité économique et fiscale du pays.

En dehors de ces réformes législatives, la politique industrielle de Colbert se manifesta encore par divers actes intéressant plus directement les métiers, et notamment par la création de compagnies de commerce, par la fondation de manufactures royales, par la concession de privilèges particuliers. L'œuvre de Colbert doit être examinée à ces divers point de vue.

1° *Compagnies de commerce.* — L'idée première des Compagnies de commerce n'appartient pas à Colbert [1] ; mais

1. Ces compagnies étaient au nombre de sept Compagnies des Indes orientales, des Indes occidentales, du Sénégal, de la Guinée, du Levant,

on peut dire qu'il la fit véritablement sienne et mérita d'être considéré comme le fondateur de ces grandes associations commerciales et colonisatrices par l'incroyable énergie qu'il dépensa pour les faire vivre et pour en créer de nouvelles : l'insuccès final ne doit pas faire oublier par quelle merveille d'industrie et de persévérance indomptable, le génie de Colbert, mal soutenu par ses concitoyens dont il essayait vainement de stimuler l'énergie, soutint avec ses seules ressources une lutte de vingt ans pour arracher aux Anglais et aux Hollandais les marchés étrangers et faire de la France une grande nation coloniale. Il ne saurait entrer dans notre pensée de relater ici les péripéties de cette lutte aussi dramatiques pourtant que bien des récits de batailles; nous résumerons seulement en quelques mots l'économie de ce type nouveau d'association commerciale : la compagnie de commerce.

Les Compagnies étaient constituées en sociétés avec faculté pour leurs membres d'élire des directeurs et d'adopter tels statuts qu'ils voudraient. Les associés pouvaient céder leurs actions librement. Les effets de la compagnie étant insaisissables, les parts d'intérêts des particuliers ne pouvaient être frappées de saisies-arrêts que sur les dividendes ou sur le produit de leur vente. Les différends entre associés étaient jugés par trois des directeurs érigés en juridiction spéciale.

Ces privilèges étaient complétés par un système de primes et par l'octroi du monopole du commerce avec certains pays. Ainsi la Compagnie des Indes occidentales pouvait seule trafiquer avec l'Amérique du Sud, de l'Amazone à l'Orénoque, avec le Canada, Terre-Neuve et la côte d'Afrique, du cap Vert au cap de Bonne-Espérance.

Les Compagnies de commerce firent peu de tort aux gens de métiers qui, à l'exception des plus riches épiciers, ne

des Pyrénées et du Nord. La première seule survécut à Colbert, mais n'atteignit pas à la prospérité.

commerçaient guère avec les pays lointains sur lesquels portait le monopole de ces Compagnies. Il n'en fut pas de même des monopoles et privilèges.

2° *Monopoles et privilèges. Manufactures royales*[1]. — Des écrivains mal informés ou prévenus se sont plu souvent à représenter Colbert comme un partisan fanatique de l'intervention gouvernementale, résolu par préjugé et par système à maintenir perpétuellement l'industrie en lisières, comme une sorte de mandarin subordonnant tout à une administration vexatoire et tâtillonne; aucune idée n'est plus inexacte. A n'en pas douter, Colbert était bien au contraire porté, par goût et par opinion, à laisser au commerce son libre essor et son autonomie; il était l'adversaire des contrôles inutiles et des monopoles injustifiés. Ces maximes, il les formule à mainte reprise dans sa correspondance[2]. Aussi, n'est-ce jamais qu'à bon escient et pour introduire en France des industries nouvelles ou récompenser les auteurs d'améliorations notables réalisées dans une industrie déjà connue, qu'il concède un privilège de fabrication.

Des lettres patentes octroyées, en 1664, au sieur Hinard

---

1. Sur l'histoire des manufactures, consulter : DES CILLEULS, *Histoire et Régime de la grande Industrie en France aux XVII° et XVIII° siècles*, Paris, Girard et Brière, 1898, et Germain MARTIN, *La grande Industrie en France sous le règne de Louis XIV*, Paris, Rousseau, 1898.

2 « Je suis contraire à ce qui peut gêner le commerce qui doit être extrêmement libre », écrit-il le 12 septembre 1674, *Lettres, Instructions et Mémoires*, t. II, 2° part., p. 473. — « Je vous dirai, écrit-il ailleurs, que le commerce universellement consiste en la liberté de toutes personnes d'acheter et vendre. Tout ce que vous ont dit les marchands, tendant à restreindre la liberté et le nombre des marchands, ne vaut rien. » Sept. 1673, *ibid.*, p. 681. — « Vous devez être assuré que toutes les fois que je trouve un plus grand avantage, ou un avantage égal, je n'hésite pas à retrancher tous les privilèges. Il y aura toujours beaucoup de difficulté à obtenir des privilèges pour les manufactures établies dans le royaume; on n'en obtiendra que pour celles dont on n'a point de connaissance. » 16 février 1679, *ibid.*, p. 674. au directeur de la Compagnie du Levant).

pour l'établissement à Beauvais d'une manufacture royale de tapisseries de haute et basse lice, façon de Flandre, indiquent quelles règles présidaient à la concession de ces monopoles [1]. Le privilège est accordé pour trente années au sieur Hinard et à ses ayants cause, à l'exclusion de tous autres, sous peine par les contrevenants de 10.000 livres d'amende, confiscation de leurs marchandises maison, ateliers, et de tous dommages-intérêts. De plus, le roi accorde à cette fabrique le titre de Manufacture royale.

Il donne 30.000 livres au sieur Hinard pour acquérir l'immeuble nécessaire et lui en prête 30.000 autres remboursables en six ans pour acheter les matières premières Tout un ensemble de primes doit venir récompenser et stimuler le concessionnaire au fur et à mesure de l'accroissement de la production et du nombre des ouvriers [2]. Des privilèges analogues avaient été accordés à Paris en 1665 pour la fabrication des glaces, à Alençon, à Chantilly pour les dentelles, à Amiens pour des draps.

Bien distincts de ces privilèges temporaires accordés à certains particuliers étaient les privilèges perpétuels des manufactures royales proprement dites [3], dont les directeurs n'étaient que des fonctionnaires. Les manufactures de cette catégorie existaient depuis longtemps déjà : la première fabrique de tapis avait été établie à Fontainebleau sous François Ier et d'autres manufactures avaient été fondées sous Henri IV pour les tapis de Flandre au palais des Tournelles et pour ceux de Turquie dans la galerie du Louvre [4]. Mais ce fut sous Colbert que la plus

---

1. *Lettres, Instructions et Mémoires de Colbert*, appendice, p. 786.
2. Hinard s'engage en outre à avoir perpétuellement 50 apprentis français, chaque apprenti devant servir 6 ans en cette qualité et 5 ans comme compagnon.
3. Ce titre, comme on vient de le voir, était également concédé parfois à des manufactures particulières encouragées par le roi.
4. Une autre avait été ouverte aux Tuileries en 1648.

célèbre de ces manufactures, celle qui devait être une des plus brillantes manifestations de l'art national appliqué à l'industrie, commença à prospérer et parvint à la renommée.

L'origine de cette manufacture était pourtant déjà ancienne. Dès le XV⁰ siècle, Gilles et Philibert Gobelin avaient établi une fabrique de tapisseries de haute lice sur l'emplacement où s'éleva plus tard la manufacture fameuse qui prit leur nom. Leur œuvre avait été continuée après eux par la famille Canage, par Comans, par l'habile artiste flamand Jans venu d'Audenarde en 1650. Mais cette haute industrie d'art était peu connue en France et à l'étranger lorsqu'elle fixa l'attention de Colbert qui résolut de faire des Gobelins une manufacture unique au monde ; des statuts nouveaux (1662) réglementèrent la fabrication et la placèrent sous l'autorité directe du Gouvernement, qui délégua pour le représenter un surintendant. Aux termes de ces statuts, le surintendant choisit soixante apprentis qui après six ans devaient être reçus maîtres sans frais (art. 7, 8 et 9). Les ouvriers sont logés autour de la manufacture (art. 11). On attire les ouvriers étrangers les plus expérimentés en leur accordant des faveurs nombreuses, telles que la naturalisation et des exemptions d'impôts. La partie purement artistique de la fabrication, dirigée par Lebrun jusqu'en 1690 et après lui par Mignard, est confiée en sous-ordre aux artistes les plus distingués : les cartons et les modèles y sont dessinés par Van der Meulen pour les sujets de batailles et par Monnoyer pour les fleurs. Sous de tels maîtres, la tapisserie des Gobelins parvint bientôt à une rare perfection et devint un des plus beaux fleurons de la couronne artistique de la France[1].

---

1. Les principales œuvres de la manufacture des Gobelins à cette époque sont : les quatre premières tentures de l'histoire d'Alexandre et l'histoire de Louis XIV en 14 pièces parmi lesquelles la prise de Douai et le sacre par Yvart père, l'alliance des Suisses par de Sène.

En même temps, Colbert réorganisait la manufacture de la Savonnerie créée à Chaillot en 1604 et où l'on fabriquait des tapis de Perse. L'ébénisterie n'était pas non plus négligée : aux Gobelins mêmes, un atelier spécial de fabrication était dirigé par André-Charles Boule et son fils, qui attachèrent leur nom aux meubles de style dont la réputation est universelle.

Ces monopoles et ces privilèges accordés à des manufactures privées ou publiques pouvaient se justifier par d'importants services ou par l'intérêt supérieur de l'industrie : ils n'en devaient pas moins porter ombrage aux corporations, au préjudice desquelles ils étaient octroyés. Plusieurs protestations se firent entendre : dès 1658, sur l'initiative des bonnetiers, les Six Corps des marchands s'étaient élevés contre la concession d'un privilège à une fabrique de bas de soie[1] ; des plaintes de ce genre furent souvent formulées sans que Colbert, dont la politique était guidée par des principes immuables, parût s'en émouvoir. Au surplus, les événements se chargèrent de rendre ces doléances sans objet : les guerres de la fin du règne portèrent un coup mortel à la plupart des manufactures privilégiées ; le privilège de nombre d'autres expira sans être renouvelé. A l'exception des manufactures d'Etat comme les Gobelins, dont l'industrie d'art et de haut luxe était trop au-dessus de l'industrie privée pour lui nuire, il ne resta bientôt plus de ces privilèges et de ces monopoles qu'un souvenir : les améliorations et les découvertes dont ils avaient été la récompense tombèrent dans le domaine public et vinrent enrichir le patrimoine industriel dont les corporations avaient alors le dépôt.

---

1. Délibération des Six Corps de 1620 à 1789. *Archives Nationales*, KK, 1340, p. 17.

Section II. — Edit de 1673. — Accroissement du nombre des corporations. — Tendances à la centralisation. — Suppression des lieux privilégiés et des juridictions seigneuriales. — Restriction des privilèges des marchands suivant la Cour. — Les Six Corps.

La politique suivie par la royauté à l'égard des corporations au XVIe et au XVIIe siècle s'inspire toujours des mêmes idées et Louis XIV ne fait que continuer à ce point de vue l'œuvre d'Henri III et d'Henri IV, en s'attachant à réglementer et à discipliner le travail, en le soumettant obligatoirement au régime corporatif et en transformant la corporation elle-même en un corps d'état soumis au contrôle rigoureux des pouvoirs publics. Ces idées centralisatrices et unitaires, l'ordonnance de 1581 les a pour la première fois nettement affirmées; l'ordonnance de 1597 en a renouvelé l'expression avec une énergie nouvelle; c'est encore d'elles que s'inspire l'édit bursal de 1673.

Cet édit est fort court. Il constate que les édits précédents enjoignant à tous marchands et gens de métier de se constituer en maîtrises n'ont pas été exécutés[1] et que cette inexécution est dommageable au public. L'édit soumet au régime des règlements toutes les branches d'industrie et prescrit en termes assez obscurs l'établissement de communautés dans tout le royaume.

Deux fois déjà la volonté royale s'était heurtée aux résistances des artisans des campagnes; allait-elle cette fois triompher et Louis XIV devait-il enfin grouper en un seul faisceau toutes les forces vives du travail et de l'industrie ? L'événement prouva que Louis XIV lui-même

---

1. Cette constatation de l'édit est quelque peu exagérée. L'édit de 1597 avait certainement été exécuté sur divers points; mais il est avéré que d'une manière générale le but poursuivi n'avait pas été atteint.

n'avait pas ce pouvoir. S'il réussit à rendre plus étroite encore dans les villes de province la dépendance des corporations déjà existantes vis-à-vis du pouvoir et à leur faire perdre leur caractère original en modelant leur organisation sur un type général presque uniforme, l'opposition passive des artisans des bourgs et campagnes ne permit jamais de les grouper en communautés. Les intendants adressèrent en vain à leurs administrés les injonctions les plus énergiques[1], ils rencontrèrent un mauvais vouloir universel; les maires et les échevins refusaient de dresser les rôles des taxes; les artisans omettaient de faire les déclarations requises. Comme en 1581 et en 1597, l'édit ne put être exécuté que dans un petit nombre de localités et les artisans des campagnes demeurèrent rebelles à toute organisation corporative[2].

Les mêmes considérations qui avaient inspiré la rédaction de l'édit de 1673 déterminèrent le pouvoir royal à supprimer les juridictions seigneuriales et les franchises des lieux privilégiés[3], où les artisans pouvaient exercer leur industrie en dehors des corporations officielles. Ces franchises, pour employer un terme juridique, avaient un caractère *réel* en ce qu'elles étaient attachées à la résidence sur une terre privilégiée.

Tout autre était le caractère des privilèges appartenant

1. L'intérêt fiscal, plus encore que l'intérêt politique, avait inspiré le nouvel édit. Colbert le reconnaît dans sa lettre du 2 mars 1674 à l'intendant de Limoges. « Je sais bien que l'affaire des arts et métiers peut être difficile dans son exécution, mais comme tous les ordres et compagnies du royaume donnent, dans l'occasion présente de la guerre, des preuves de leur zèle et de leur fidélité pour le service du Roi, il me paraît juste que *ces sortes de gens* donnent pareillement assistance à Sa Majesté.» Cf. *Lettres de Colbert*, 253 et 281.
2. *Archives Nationales*, Collection RONDONNEAU, AD; XI, 10, année 1675. — « En sorte que les édits sur ce donnés demeurèrent inutiles: »
3. A Paris, les lieux privilégiés étaient alors : le faubourg Saint-Antoine, le cloître et le parvis Notre-Dame, la cour Saint-Benoît, les enclos de Saint-Denis-de-la-Chartre, de Saint-Germain-des-Prés, de Saint-Jean-de-Latran, du Temple, Saint-Martin-des-Champs, la rue de l'Oursine et le cloître de la Trinité.

aux marchands suivant la Cour, qui avaient le droit d'exercer leur métier dans tous les lieux où la Cour résidait, sans se faire agréger à une communauté. La prérogative était ici purement personnelle.

Enfin une troisième classe de privilèges de création récente comprenait les maîtres de l'Hôpital de la Trinité (1545), des galeries du Louvre (1608), de l'Hôpital de la Miséricorde et de l'Hôpital Général (1656 et 1658) et des Gobelins (1667).

Ces derniers privilèges ne pouvaient être menacés par la royauté qui venait de les établir dans un but de charité ou d'encouragement aux arts. Il n'en fut pas de même pour les privilèges des deux premières classes incessamment battus en brèche par les doléances des métiers. Colbert entreprit de les détruire et de faire ainsi un pas de plus vers l'adoption d'un régime corporatif unique: il devait éprouver une fois de plus que le pouvoir le plus absolu n'est pas toujours assez fort pour supprimer en un jour des institutions séculaires.

Juridictions seigneuriales et maîtrises des lieux privilégiés. — Un édit de février 1674[1] supprima tout d'abord non seulement la justice du bailli du Palais dans les faubourgs Saint-Jacques et Saint-Michel, mais encore toutes les justices seigneuriales de la bonne ville de Paris et mit ainsi fin aux conflits de juridiction que la diversité de ces justices faisait naître tous les jours.

Cette suppression entraînait la nécessité de régler le sort des artisans des faubourgs dépouillés ainsi de l'une de leurs franchises les plus importantes. Un arrêt du Conseil du 31 mai 1675 vint y pourvoir. Toutes les maîtrises et jurandes des faubourgs furent supprimées et leurs membres incorporés aux corps de métiers de la ville sans être tenus de refaire chef-d'œuvre, ni de quitter leur domicile, mais

---

1. *Archives Nationales.* Collection Rondonneau, AD. XI, 10.

à la condition de payer les redevances ordinaires. Ces nouveaux maîtres jouirent de tous les droits des anciens, mais ne prirent rang que du jour de leur serment. Les procès pendants entre les communautés de la ville et celles des faubourgs étaient « assoupis », c'est-à-dire rayés des rôles du Parlement. Les dettes et créances était éteintes par confusion.

La suppression des franchises des lieux privilégiés semblait donc un fait acquis : il n'en était rien en réalité. Les maîtres des faubourgs ne se soumirent pas à l'arrêt du Conseil, bien résolus qu'ils étaient à profiter des mille ressources de la chicane pour essayer de reconquérir leurs prérogatives. L'occasion se présenta en 1710. Les gardes des métiers pratiquèrent à cette date des saisies sur divers privilégiés du faubourg Saint-Antoine qui ne s'étaient pas fait recevoir maîtres à Paris. Ceux-ci demandèrent la mainlevée de ces saisies en se fondant sur les franchises de l'abbaye Saint-Antoine confirmées encore en 1657 et auxquelles l'arrêt de 1675 n'avait pas pu s'appliquer, selon eux. Les privilégiés l'emportèrent et firent consacrer en 1711 le principe de leur indépendance[1].

Encouragés par cet exemple, les autres privilégiés tentèrent à leur tour de secouer le joug des corporations. En 1713, les gardes pelletiers opérèrent plusieurs saisies chez un sieur Michelet qui, sans s'être fait recevoir de la communauté, tenait boutique dans l'enclos du Temple, ancien lieu privilégié et chez d'autres marchands établis sur les terres de Saint-Martin-des-Champs. Ces derniers, pour bien affirmer leurs prétentions, citèrent les gardes pelletiers à comparaître au criminel devant le juge-bailli de Saint-Martin; les gardes à leur tour opposèrent l'incompétence déclarant ne relever que de la Tournelle. Ce procès se termina à l'avantage des gardes ; mais le grand

1. Collect. RONDONNEAU, AD, XI, 10.

débat soulevé par la question des maîtrises des lieux privilégiés était loin d'être tranché et nous le verrons bientôt reprendre de plus belle sous Louis XV[1].

Marchands suivant la Cour. — Un conflit non moins grave s'engageait en même temps au sujet des privilèges des marchands suivant la Cour, fournisseurs du roi et de sa suite. Le nombre de ces marchands que leur situation plaçait en dehors et au-dessus des corporations était limité, mais très supérieur aux besoins réels de la Cour à laquelle était censée se limiter leur clientèle[2]. Ils relevaient de la juridiction du prévôt de l'Hôtel à la nomination duquel ils étaient.

Ce privilège de juridiction établi par une ordonnance de 1502[3] puis confirmé par un édit de 1606 excitait la jalousie des corporations. Elles obtinrent le 3 février 1674, un arrêt portant que ces marchands seraient à l'avenir justiciables du Châtelet, juridiction de droit commun, et non de la prévôté de l'Hôtel[4]; mais les fournisseurs du roi étaient pour les communautés de plus puissants adversaires que de simples artisans de l'enclos du Temple ou de la cour Saint-Benoît. Ils sollicitèrent, firent agir des influences et prirent bientôt leur revanche. Un arrêt du 28 août 1676 décida que les gardes ne pourraient les visiter qu'en présence des officiers de la garde-robe. Le 24 août 1682, le triomphe des marchands suivant la Cour fut complet: ils obtinrent la confirmation solennelle de leurs privilèges, y compris la juridiction de la prévôté. Les corporations devaient, il est vrai, revenir à la charge

1. *Archives Nationales*, KK, 1341, p. 264.
2. Il y avait 12 marchands de vin en gros et en détail, 25 cabaretiers, 12 bouchers, 24 tailleurs, 24 merciers, etc. Collect. RONDONNEAU, AD, XI, 10.
3. D'après une mention insérée dans les pièces d'un procès soutenu par les selliers en 1514, la création des maîtres privilégiés suivant la Cour remonterait même à 1465 (LESPINASSE, I, 102, note 1).
4. Collect. RONDONNEAU, AD. XI, 10.

par la suite ; mais le *statu quo* était en faveur des fournisseurs du roi, et à une époque où les procès duraient souvent un demi-siècle, c'était là l'essentiel.

Avant de clore cette revue des actes législatifs du règne de Louis XIV et d'aborder dans le prochain chapitre l'étude des édits fiscaux contre lesquels les communautés eurent à se défendre, il est utile de revenir sur une institution dont l'importance s'est considérablement accrue au XVIIe siècle : nous faisons allusion à cette fédération des Six Corps devenue l'âme des corporations parisiennes.

On sait que les Six Corps se composaient des drapiers, épiciers-apothicaires, merciers, pelletiers, bonnetiers et orfèvres auxquels un septième corps, celui des marchands de vin, tenta vainement de s'agréger sans obtenir d'autre résultat que le droit purement honorifique de marcher à la suite des Six Corps dans les cérémonies publiques. Cette obstination des marchands de vin à revendiquer un honneur dont les autres corps les jugeaient indignes donna même lieu à d'interminables procès jusqu'en 1724, époque à laquelle un arrêt du Conseil les débouta solennellement de leurs prétentions[1].

1. Il paraît intéressant de citer ici quelques passages du Mémoire rédigé en faveur des Six Corps, à l'occasion de ce procès ; ce mémoire est un spécimen curieux de la phraséologie alors en usage dans ces sortes d'écrits. Après un pompeux exorde à la Bossuet : « L'autorité souveraine de nos rois a toujours été soutenue par les caractères d'une justice attentive à conserver les lois et à maintenir l'ordre le plus exact dans le commerce... » l'auteur du Mémoire constate que c'est une faute de « vouloir toucher à la distinction que cette autorité a jugé à propos de faire parmi les membres qui composent le commerce », et il poursuit en ces termes :

« Les marchands de vin sont tombés dans cet écart. Ils se sont oubliés eux-mêmes, ils ont cédé à la démangeaison qu'ils ont depuis longtemps de satisfaire leur ambition démesurée... et sortant du fond de leurs antres avec les marques et parures qui composent un Corps, ils ont voulu augmenter le nombre des Six Corps en voulant se faire admettre au nombre de septième Corps des marchands. Toutes ces idées ont dégénéré en chimères... »
Plus loin l'auteur du Mémoire se fait ironique et méprisant : « Lors-

L'ambition malheureuse des marchands de vin ne s'explique pas seulement par des convoitises d'amour-propre. L'influence dont jouissaient les Six Corps au XVIIe siècle était en effet considérable; il n'était pas une affaire un peu grave intéressant les corporations ou le commerce de Paris en général sur laquelle ils ne fussent appelés à donner leur avis en qualité de chefs et d'interprètes naturels de la collectivité des marchands. S'ils ne jouissaient à cet égard d'aucune autorité positive sur les autres métiers, les traditions corporatives jointes à leur situation de notables commerçants leur assuraient une prépondérance qui ne fut jamais contestée.

Les Six Corps étaient en outre les représentants de la bourgeoisie commerçante dans toutes les grandes circonstances de la vie publique. Leurs gardes vêtus de robes d'apparat[1] assistent aux entrées solennelles des rois et des reines, des légats et autres personnages illustres; ce sont eux qui portent le dais sur la tête du roi dans ces cérémonies; ils adressent leurs félicitations au souverain à son avènement, à sa majorité, à son mariage[2]; ils complimentent les hauts fonctionnaires de l'Etat à leur entrée en charge. Souvent ils se font les avocats de la bourgeoisie et du peuple : le 29 avril 1652 par exemple, ils vont à Pontoise supplier le roi de venir honorer Paris de sa présence,

qu'*exhaussés sur une futaille* qui leur sert de piédestal, on les entend publier qu'ils ont conservé une égalité entre les membres de leur communauté et les maîtres des Six Corps, c'est une erreur dont il est nécessaire de les guérir. » *Archives Nationales*, KK, 1340, p. 694 et 708.

Les marchands de vin avaient beau jeu à répliquer, on en conviendra, si l'on songe que ceux qui les raillaient ainsi et plaisantaient leurs futailles avec cette aristocratique impertinence, n'avaient pour toute noblesse que celle qui s'acquiert dans la vente des bonnets de coton ou dans le débit du sucre et de la cannelle.

1. Registre des délibérations des Six Corps aux *Archives Nationales*, KK, 1340. Délibération du 22 août 1656.

2. *Archives Nationales*, KK, 1340, p. 43, année 1643 (avènement); p. 79, année 1651 (majorité du roi).

l'assurant que tout y est en bon état et respect pour l'y bien recevoir[1]. Leur loyalisme s'affirme par des manifestations publiques : le 2 mai 1711, après la mort du Dauphin, ils font célébrer pour le repos de son âme un service auquel assiste, ainsi que le constate fièrement leur journal, M. d'Argenson, le lieutenant général de police, avec plusieurs seigneurs et dames de distinction[2].

S'ils sont exacts à accomplir leurs devoirs, les Six Corps, sont encore bien plus vigilants dans la défense de leurs droits. Leur organisation maintient entre eux une solidarité qui fait leur force. Tous les trois mois, les gardes des Six Corps se réunissent dans les bureaux de la draperie et délibèrent sur les affaires communes, parfois aussi sur celles qui, bien que ne concernant que l'un des Six Corps, se recommandent particulièrement à leur examen ; il en est ainsi lorsque la corporation en cause réclame l'intervention des cinq autres, ou, comme on disait alors, la *jonction*. On vote par corps et les suffrages décident si l'on se *joindra* à la communauté en cause ou si on la laissera se tirer seule d'affaire. On n'accorde le plus souvent la jonction qu'à la charge par la communauté qui la sollicite de supporter les frais qu'elle entraîne[3].

Il serait impossible de relater toutes les affaires contentieuses auxquelles prirent part les Six Corps comme défenseurs des intérêts corporatifs. Nous nous bornerons à citer les principales en les classant par groupes.

1° *Participation aux élections municipales et consulaires.* — Les Six Corps intervinrent à diverses reprises pour faire respecter les arrêts qui avaient réservé aux marchands une place d'échevin sur les deux auxquelles

---

1. *Archives Nationales*, KK, 1340, p. 93.
2. *Ibid.*, KK, 1341, p. 175.
3. Il en fut ainsi décidé le 27 janvier 1691 (*Archives Nationales*; Registres des délibérations des Six Corps, KK, 1340, p. 440). Cependant ce principe était parfois mitigé dans l'application.

il fallait pourvoir chaque année[1]. Tous les ans, ils confirment à celui des Six Corps dont le tour est arrivé le droit de désigner un des siens pour remplir les fonctions consulaires, c'est-à-dire celles de juge commercial. Si, pour une raison quelconque, le corps dont le tour est venu ne peut user de son droit, comme il advint pour les pelletiers en 1685, il l'exerce l'année suivante[2].

Les Six Corps ne se contentent pas du reste de ces prérogatives incontestées : ils en revendiquent parfois de nouvelles ; en 1700 par exemple, ils réclament l'entrée de deux de leurs membres au Conseil supérieur de commerce récemment institué[3].

2° *Industrie et commerce.* — Les Six Corps interviennent en nombre de circonstances où l'intérêt général du commerce et de l'industrie se trouve engagé. En 1658, ils protestent auprès de Mazarin contre la fabrication de pièces de 15 à 30 deniers qui perdaient 12 à 15 0/0 au change[4]. Plus tard, ils réclament contre la prétention de leur faire payer pour le poids le Roy un droit à l'entrée et à la sortie des marchandises, alors que précédemment ce droit n'était perçu que sur certaines denrées dites de poids. Un premier arrêt du Conseil leur donne tort le 5 mai 1693[5] ; ils ne se tiennent pas pour battus, négocient en 1696 avec les fermiers de cette taxe, puis soumettent de nouveau la question au Conseil devant lequel ils succombent encore en 1701, sans toutefois désarmer[6]. Ils décident en effet de présenter mémoire à S. M. et de faire aux lettres patentes qui les soumettaient au paiement de la taxe une opposition qui ne paraît pas avoir triomphé.

1. *Ibid.*, p. 4, 19, avril 1621, et p. 339, décembre 1674.
2. *Ibid.*, p. 424.
3. *Ibid.*, p. 514.
4. *Ibid.*, p. 164.
5. *Ibid.*, p. 460.
6. *Ibid.*, p. 490, 526, 538.

3° *Intérêts corporatifs*. — Les Six Corps étaient les défenseurs naturels des intérêts corporatifs et s'employèrent avec énergie dans toutes les affaires où le monopole des métiers était mis en question. C'est ainsi qu'ils présentèrent requête le 7 janvier 1653 contre l'hôpital de la Trinité fondé pour apprendre un métier aux enfants pauvres[1]. L'année suivante, ils tentèrent de s'opposer à la création des offices de vendeurs de draps et de toile, et, en 1658, ils cherchèrent à empêcher l'établissement de la manufacture privilégiée pour les bas de soie[2].

Parfois encore les Six Corps interviennent en faveur de simples *particuliers*. Des marchands obtinrent ainsi par leur entremise, en 1661, mainlevée de la saisie de marchandises sur lesquelles les fermiers prétendaient exiger un droit de 10 0/0[3].

Un procès des plus curieux fut celui que soutinrent les Six Corps contre les emballeurs. Ces derniers constitués en communauté revendiquaient le monopole de l'emballage, du déchargement des marchandises, à l'exclusion de tous autres portefaix. Champions de la liberté du commerce, alors qu'elle leur était profitable, les Six Corps poursuivirent leurs adversaires devant toutes les juridictions. Cette interminable affaire commença en 1635 et parut devoir être terminée en 1650 par un arrêt favorable aux Six Corps. Mais les emballeurs se pourvurent au Conseil du roi. Les Six Corps ripostèrent vainement dans un Mémoire rédigé par trois avocats, la chance tourna : en 1662, le Conseil donna gain de cause aux emballeurs. Les Six Corps usent alors des grands moyens : leurs gardes vont trouver Colbert qui précisément à cette date avait besoin du commerce parisien auquel il voulait faire souscrire des actions de la nouvelle Compagnie des Indes orientales. Cette heu-

1. *Ibid.*, p. 107.
2. *Ibid.*, p. 125 et 171.
3. *Ibid.*, p. 222 et suiv.

reuse coïncidence servit sans doute les solliciteurs. Le 7 mai 1664, en effet, un troisième arrêt ramène la victoire au camp des Six Corps qui dans leur gratitude avisent aussitôt M. Colbert que l'on fera tout le possible pour le satisfaire au sujet de la contribution demandée [1].

Tout semblait terminé : mais les ressources de la chicane sont inépuisables. Trente-cinq ans après cet arrêt prétendu définitif, ces démêlés duraient toujours, et dans sa séance du 13 novembre 1699, l'assemblée des Six Corps délibérait encore « au sujet de ce que les emballeurs, chargeurs et déchargeurs avaient inquiété un sieur Frémyn, marchand de cette ville, en voulant augmenter leurs droits et troubler le négoce [2] ».

Les Six Corps avaient recours, pour les seconder et défendre leurs intérêts dans les nombreux procès qu'ils avaient à soutenir, aux lumières de procureurs et d'avocats avec lesquels ils n'étaient pas toujours d'accord sur la question des honoraires. Un agent général s'occupait de leurs affaires financières. Les dépenses communes étaient supportées : un cinquième par chaque corps, les pelletiers et bonnetiers ne contribuant ensemble que pour un cinquième [3].

---

1. Voir sur cette affaire *Archives Nationales*, KK, 1340, p: 33, 40, 250, 253, 259.
2. *Ibid.*, p. 504.
3. Délibération du 19 juillet 1635, KK, 1340, p. 33. Sur la résistance opposée par les Six Corps aux taxes et charges nouvelles dont les corporations furent grevées sous Louis XIV, voir le chapitre suivant.

CHAPITRE IV

TROISIÈME PARTIE DU RÈGNE DE LOUIS XIV (1685-1715). — ÉDITS FINANCIERS DE 1691. — CRÉATION, PUIS RACHAT DES OFFICES DE JURÉS, AUDITEURS DES COMPTES, TRÉSORIERS DE BOURSES COMMUNES.

Colbert était mort en 1685 sans avoir pu, malgré son expérience consommée et sa stricte économie, empêcher les finances de la France si brillamment relevées par lui au début du règne, de subir le contre-coup des frais considérables entraînés par les guerres de Louis XIV. La situation s'aggrava encore après la mort du plus habile administrateur du siècle; de 1685 à 1688, la dette annuelle s'accrut de 3.700.000 livres et les dépenses excédèrent de 7 millions les recettes. L'avenir déjà gros de nuages s'assombrit encore bientôt par la formation d'une coalition, la plus formidable qui eût encore menacé la France. L'empereur d'Allemagne, les Provinces-Unies, le roi d'Angleterre, puis le roi d'Espagne et le duc de Savoie adhérèrent à cette ligue qui prit le nom de Grande Alliance; la guerre était une fois de plus déchaînée. Ses débuts furent glorieux pour nos armes. Le maréchal de Luxembourg remporte sur les Allemands et les Hollandais l'éclatante victoire de Fleurus (30 juin 1690) où les drapeaux et les étendards conquis sur l'ennemi lui valent le titre de tapissier de Notre-Dame; Catinat défait les Piémontais à Staffarde (17 août 1690) et le combat naval de Beachy Head où s'illustre Tourville coûte aux Hollandais quinze vaisseaux et mille canons. Mais les alliés ne perdent pas courage et harcèlent la France de tous côtés; il faut soutenir la lutte sur toutes les frontières à la fois, entretenir une flotte et quatre armées, réprimer à l'intérieur la révolte des protestants du Midi. Il faut de l'argent à tout prix; il en faut non plus seulement pour embellir Versailles et Marly, mais pour défendre le royaume.

Telle était la situation politique et financière de la France lorsque Pontchartrain fut nommé contrôleur général (septembre 1689). Doué d'un esprit ingénieux et inventif, passé maître dans l'art des combinaisons et des expédients, Pontchartrain apparut à la Cour comme un sauveur; non que l'on espérât vraiment de lui le rétablissement de l'équilibre dans les finances, tâche à laquelle Colbert avait consacré vainement toutes les ressources de son génie. Mais le nouveau contrôleur général appartenait à cette catégorie d'esprits ingénieux et fertiles en expédients, conseils nés de quiconque se trouve dans une situation désespérée : tel, l'homme d'affaires avisé qui fournit au commerçant aux abois les moyens de soutenir quelque temps encore un crédit prêt à sombrer, tel le médecin qui retarde de quelques semaines l'échéance fatale et trouve jusqu'à la dernière heure des palliatifs et de bonnes paroles pour adoucir la douleur du malade et le bercer encore d'une faible illusion. Saint-Simon trace en quelques lignes d'un relief surprenant le portrait de Pontchartrain[1]. « C'était, dit-il, un très petit homme, maigre, bien pris dans sa petite taille, avec une physionomie d'où sortaient sans cesse les étincelles de feu et d'esprit et qui tenait encore plus qu'elle ne promettait. Jamais tant de promptitude à comprendre, tant de légèreté et d'agrément dans la conversation, tant de justesse et de promptitude dans les reparties, tant de facilité et de solidité dans le travail, tant de subtile connaissance

---

1. *Mémoires de Saint-Simon*, publiés par MM. Chéruel et Régnier, II, 226.

des hommes, ni plus de tour à les prendre. Sa propreté (aptitude) était singulière et s'étendait à tout. »

Obligé de ménager l'opinion qui se fût soulevée contre de nouveaux impôts, Pontchartrain eut recours aux expédients les plus divers. On emprunta 1.200.000 livres sur les aides et les gabelles, on créa 1.400.000 livres de rentes viagères en tontines, on falsifia quelque peu les monnaies, on envoya à la fonte tous les objets d'or de plus de quatre onces et ceux d'argent de plus de quatre marcs (14 décembre 1689). Ces moyens furent insuffisants : il fallait encore, il fallait toujours de l'argent.

C'est alors que Pontchartrain songea aux corporations et résolut de tirer d'elles de fortes sommes que la richesse de leurs membres leur permettait de fournir. Il s'avisa du moyen suivant : sous prétexte que les édits de 1581, 1597 et 1673 n'avaient pas été exécutés et que les jurés, élus par leurs confrères, n'avaient pas mis un terme aux anciens abus (exagération des frais du chef-d'œuvre, repas imposés aux récipiendaires, cabales dans les élections), Pontchartrain greffant habilement la mesure purement fiscale qu'il projetait sur l'invocation de griefs réels, fit promulguer en mars 1691 un édit qui retirait aux corporations le droit d'élire leurs officiers et les remplaçait par des jurés syndics, véritables fonctionnaires publics nommés par le roi, lequel se réservait de vendre ces charges érigées en office, « en sorte, disait l'édit, que nous puissions tirer dans les besoins présents du prix des charges des maitres et gardes des corps des marchands quelque secours pour soutenir les dépenses de la guerre et maintenir les avantages dont Dieu a jusqu'à présent béni la justice de nos armes ».

C'était avouer clairement les véritables motifs de la création des nouveaux offices et inviter les corporations à composer. Les corps de métiers ne virent pas quel dangereux précédent ils allaient laisser s'établir. Effrayés à l'idée d'être soumis à l'autorité directe d'officiers royaux dont la surveillance se ferait bientôt tracassière, ils se déclarèrent prêts à s'imposer des sacrifices pour conserver leurs jurés électifs : c'est bien là que les attendait Pontchartrain dont la réponse à ces ouvertures fut un acquiescement immédiat. On ne supprima pas directement les offices créés en 1691, mais il fut convenu que les communautés pourraient les racheter et demeurer ainsi dans le *statu quo*.

Ce rachat coûta cher aux corporations. Les merciers durent verser 300.000 livres[1], les marchands de vin 120.000, les distillateurs et limonadiers 24.000[2], les gantiers-parfumeurs 16.000 livres[3], etc. Le recouvrement de ces taxes se fit cependant sans grande difficulté. On était trop heureux à ce prix de conserver une demi-indépendance.

Mais le fisc, lui aussi, était trop heureux d'avoir découvert une veine nouvelle pour ne pas en exploiter tous les filons. Le 23 mars 1694, paraissait un nouvel édit portant création d'offices d'auditeurs-examinateurs des comptes pour chaque corps des marchands de Paris et du royaume. On alléguait pour justifier cette création la mauvaise gestion financière des communautés, et dès le 27 avril, on leur enjoignait d'avoir à remettre leurs comptes à Mathieu Lyon, chargé du recouvrement de la taxe[4]. Cette fois, des protestations se firent entendre. L'assemblée des Six Corps résolut tout d'une voix « d'aller au premier jour saluer Monseigneur le contrôleur et lui présenter placet pour qu'il lui plût les faire décharger des

---

1. Déclaration du roi portant union au corps des marchands merciers des offices de gardes créés par l'édit du même mois (27 mars 1691). Collect. LAMOIGNON, t. XVIII, fol. 38.
2. *Nouveau Recueil des statuts et règlements de la communauté des maîtres distillateurs.* Paris, 1754, p. 29.
3. *Statuts de la communauté des maîtres marchands parfumeurs.* Paris, 1772, p. 183.
4. *Archives Nationales,* Collect. RONDONNEAU, AD, XI, 10.

dites charges » et déclara « qu'aucun des Six Corps n'écouterait aucune proposition sans la participation des autres[1] ». Cette protestation demeura sans effet; une démarche tentée auprès de M. de la Reynie, lieutenant de police, afin d'obtenir une réduction du prix du rachat pour les Six Corps n'eut pas plus de succès. Il leur fallut acheter 400.000 livres la réunion de ces offices, c'est-à-dire leur suppression. Ce paiement fut effectué le 5 avril 1696 : un quart en espèces, le surplus en trois obligations de 100.000 livres chacune payables fin 1696, fin 1697, fin 1698[2].

Dès lors, les créations d'offices se succédèrent à de courts intervalles. En août 1696 et en juillet 1702, on établit des trésoriers de bourses communes et des trésoriers de deniers communs[3]; en janvier et août 1704, des contrôleurs des poids et mesures et des greffiers des apprentissages[4]; en 1706, des contrôleurs du paraphe des registres[5]; en décembre 1708, des gardes des poids et mesures de l'Hôtel de Ville[6], en 1709, des gardes des archives[7]. A la suite de chacune de ces créations, des pourparlers s'engageaient entre les corporations d'une part, le contrôleur des finances et les fermiers auxquels avaient été cédés la finance, c'est-à-dire les droits à percevoir pour le rachat des offices, d'autre part. Au début, les métiers se contentèrent de gémir et payèrent après s'être livrés à de longs marchandages. Pour la finance des offices de receveurs des deniers communs et pour la confirmation du rachat des offices d'auditeurs des comptes, les Six Corps offri-

---

1. Registre des délibérations des Six Corps, *Archives Nationales*, KK, 1340, p. 476 (11 juillet 1695).
2. *Archives Nationales*, KK, 1340, p. 485.
3. *Archives Nationales*, Collect. Rondonneau, AD. XI, 10. — Lespinasse, t. I, 132 et 133.
4. Lespinasse, t. I, 135 et 136.
5. Collect. Lamoignon, t. XXIII, f° 606.
6. *Ibid.*, t. XXIV, f° 393.
7. *Ibid.*, t. XXIV, f° 503.

rent ainsi successivement au contrôleur Chamillard, le successeur de Pontchartrain, 200.000 puis 300.000 livres qu'il refusa; ils furent enfin taxés à 500.000 livres, plus la taxe additionnelle de 2 sols par livre[1]. Les négociations entamées pour le rachat des offices de contrôleurs des poids et mesures et de greffiers des apprentissages furent tout aussi laborieuses : les Six Corps durent, pour se libérer, payer encore 500.000 livres qu'ils se procurèrent par des emprunts[2].

Pour adoucir l'amertume des sacrifices ainsi imposés aux corporations et paraître tenir quelque compte de leurs doléances, le fisc leur accorde du reste une compensation. Les personnes qui auraient acquis à prix d'argent les offices auraient eu droit à des gages, salaire de la fonction exercée. Les corporations ayant racheté ces offices, le fisc se reconnaît débiteur envers elles des gages annuels qu'auraient touchés les titulaires. Les Six Corps avaient ainsi droit en 1706 à une allocation de plus de 50.000 livres par an, représentant les émoluments des offices rachetés[3]. Mais ces gages, qui d'ailleurs ne représentaient pas à beaucoup près l'intérêt du capital versé, n'étaient euxmêmes payés que difficilement et souvent plusieurs années après leur échéance. Aussi, le plus souvent, les corporations les engageaient-ils pour plusieurs années aux financiers chargés du recouvrement des taxes qui consentaient en échange une diminution proportionnelle sur le principal des droits du rachat immédiatement exigibles.

De continuels conflits surgissaient du reste entre les fermiers des taxes et les communautés qu'elles épuisaient.

---

1. *Archives Nationales*, KK, 1340, p. 559 et suiv.
2. Registres des Six Corps, *Archives Nationales*, KK, 1340, p. 645.
3. Le chiffre exact est de 50.959 livres dont 20.959 livres pour les offices d'auditeurs des comptes, 15.000 pour ceux de trésoriers des bourses communes et 15.000 pour ceux de greffiers des enregistrements et des apprentissages. Registres des Six Corps, *Arch. Nat.*, KK, 1341, p. 1.

Enfin, l'argent manqua et le recouvrement de la finance levée pour le rachat des offices de contrôleurs du paraphe ne se heurta plus seulement au mauvais vouloir des métiers, mais à leur réelle pénurie. En vain, en mars 1709, on alla jusqu'à mettre garnison chez les gardes pour les obliger à s'acquitter[1]; en vain, on les menaça de poursuites forcées[2]. Désespérés, ils répondirent le 30 mars 1711 qu'ils ne pouvaient plus suffire à tant de charges et que si on les pressait davantage, il leur faudrait fermer leurs bureaux et déposer leur bilan[3]. Malgré une lettre comminatoire du contrôleur général Desmarets, reçue le 29 août 1711, ils persistèrent de longs mois dans leur résistance. Quelques années plus tôt, on eût sans doute envoyé les gardes au Fort-l'Evêque ; mais l'heure était favorable à l'indulgence et à la conciliation. Après une guerre désastreuse, dans laquelle avait failli sombrer la fortune de Louis XIV, de meilleurs jours paraissaient enfin se lever pour la France. A la suite de longues négociations, habilement conduites par le ministre Torcy, la reine Anne venait de déclarer aux Etats de Hollande qu'elle était désormais décidée à *faire ses affaires à part* et une suspension d'armes signée le 26 mai 1712 entre la France et l'Angleterre permettait d'espérer la conclusion prochaine d'une paix générale[4]. Or, pour la cour de Versailles, qui s'était vue un moment acculée aux plus graves résolutions, la paix, c'était le salut inespéré, c'était la terre subitement apparue au naufragé. Les gens de métier bénéficièrent de la détente générale que ces heureuses nouvelles avaient amenée dans les esprits. M. d'Argenson, le lieutenant général de police, avait mandé chez lui, le 16 juil-

1. *Ibid.*, p. 15 et 127.
2. *Ibid.*, p. 165 (5 décembre 1710).
3. *Ibid.*, p. 170.
4. Un mois plus tard, le 24 juillet 1712, la victoire de Villars à Denain brisait l'effort de la coalition et amenait l'ouverture des négociations qui. llaient aboutir l'année suivante aux traités d'Utrecht, de Bade et de Rastadt

let 1712, les gardes des Six Corps qui s'étaient rendus tout tremblants à cette convocation de mauvais augure ; ils furent étonnés de voir le lieutenant général venir à eux la main tendue et le visage riant. « Vous n'en mourrez pas, Messieurs, leur dit-il. J'ai représenté à M. le Contrôleur général que les Six Corps étaient le plus important commerce du royaume et ce qu'il y a de plus illustre dans la bourgeoisie de cette ville ; qu'il ne serait pas juste qu'on leur fît des poursuites violentes, comme leur font faire les traitants à la veille d'une paix générale que nous espérons que Dieu va nous donner[1]. » Il ne fut plus question de la taxe.

Si les grandes et riches communautés des drapiers et des merciers ne pouvaient faire face à de semblables charges, il était encore bien plus difficile d'obtenir de l'argent des communautés d'artisans. Les syndics et les gardes montrèrent le plus mauvais vouloir, affectant de refuser aux financiers chargés du recouvrement des offices l'état de leurs communautés, et la communication de leurs comptes. Il fallut en venir à des mesures de rigueur et un édit de 1711 permit aux officiers royaux de recevoir des maîtres sans qualité tant que les communautés ne se seraient pas acquittées. On interdisait en même à ces communautés insoumises de recevoir des maîtres par chef-d'œuvre[2].

Grâce à l'énergie déployée par le contrôleur général les créations d'offices produisirent finalement des sommes élevées. Les Six Corps à eux seuls acquittèrent au total près de 2 millions, et le montant des taxes prélevées sur les communautés de Paris (Six Corps compris) dut s'élever à 5 à 6 millions[3]. Les finances des communautés

1. Registre des délibérations des Six Corps, *Archives Nationales*, KK, 1841, p. 211.
2. *Archives Nationales*, Collect. RONDONNEAU, AD, XI, 10.
3. Les distillateurs-limonadiers payèrent près de 70.000 livres ; les charcutiers 10.000 livres (y compris le rachat d'offices particuliers à leur état) ; les gantiers plus de 160.000 livres ; les cordonniers, 150.000, etc.

furent obérées pour longtemps. On dut emprunter, et les prêteurs de bonne volonté faisant défaut, on contracta des emprunts forcés. Les cordonniers, par exemple, avaient décidé que nul ne pourrait devenir juré ni prendre part aux élections, s'il n'avait prêté au moins 500 livres ou s'il n'en avait donné au moins 250. Tout maître qui prêtait 3.000 livres obtenait le titre d'*ancien* ou de *bachelier* comme s'il avait été juré. On pouvait encore en consentant des prêts à la communauté parvenir à la grande jurande sans avoir passé par la petite. Les droits de réception furent aussi relevés et l'abus déplorable des lettres sans qualité se généralisa.

En résumé, les créations d'offices furent une lourde épreuve pour les corporations qu'elles réduisirent à des expédients contraires à leurs traditions et à leurs règlements. Ces mesures fiscales développèrent en outre dans les métiers cette vénalité corruptrice qui altéra si profondément le caractère de l'institution et l'achemina peu à peu vers un type d'organisation nouvelle où les titres et le pouvoir étaient l'apanage de la fortune et non plus du mérite. En mettant à l'encan des charges autrefois réservées aux plus dignes, l'État sanctionnait à l'avance tous les abus; il abdiquait son rôle de tuteur naturel du travail pour s'en faire l'exacteur. Mais si l'instrument que venait d'imaginer la fiscalité royale était en lui-même détestable, il serait injuste d'oublier que d'impérieuses nécessités politiques contraignirent la royauté à l'employer. Si ces créations arbitraires d'offices inutiles et ces tracasseries incessantes appellent par elles-même un blâme sévère, il convient de se souvenir qu'elles trouvèrent leur excuse dans la raison d'Etat qui les commandait. On violait sans doute l'équité, on recourait aux plus fâcheuses pratiques, on pressurait, on menaçait, on rusait pour faire rentrer l'argent dans le Trésor public. Mais avec l'argent ainsi obtenu, on fondait des canons, on armait des places fortes, on levait des troupes et on donnait à Villars les moyens de sauver la France sur le champ de bataille de Denain. Contre les critiques et les attaques auxquelles le système fiscal de la seconde partie du règne de Louis XIV a été si souvent en butte, les défenseurs de la politique royale seront toujours en droit d'invoquer devant l'histoire cette suprême excuse : l'intérêt de la défense du pays.

CHAPITRE V

FONCTIONNEMENT DES INSTITUTIONS CORPORATIVES AU XVII° SIÈCLE. — APPRENTISSAGE. — COMPAGNONNAGE. — MAITRISES. — GARDES ET JURÉS. — RÈGLEMENTS SUR LA FABRICATION ET LA CONCURRENCE. — CONFRÉRIES. — JURIDICTIONS CORPORATIVES. — PROCÈS ENTRE CORPORATIONS. — DÉCLARATION DE 1703.

Les règlements d'Etienne Boileau forment encore au XVII° siècle le fond de la réglemention des métiers; mais un certain nombre de dispositions d'origine plus récente sont venues se greffer sur l'ancienne législation professionnelle. Nous passerons rapidement en revue les diverses branches de l'organisation corporative en signalant les modifications qui s'y sont introduites.

Apprentissage. — La limitation du nombre des apprentis est demeurée une règle fondamentale de l'organisation corporative et la plupart des statuts continuent à défendre d'engager plus d'un apprenti. Il en est encore ainsi notamment chez les balanciers, les boisseliers, les distillateurs, les fruitiers, les lapidaires, les layetiers escriniers, les lingères, les mégissiers, les marchands de vin. Toutefois certains métiers qui au XIII° siècle n'admettaient qu'un apprenti permettent au XVII° siècle d'en engager deux : tels les cloutiers (statuts de 1676, art. 8). D'autres métiers qui ne limitaient pas autrefois le nombre des apprentis ou en permettaient deux n'en admettent plus qu'un seul : tels les couteliers (statuts de 1565).

Une tendance plus libérale se manifeste dans les règles

relatives à la durée de l'apprentissage. Cette durée est sensiblement moindre qu'au XIII° siècle. Chez les patenôtriers d'ambre et de corail, par exemple, on n'exige plus que trois ans et demi au lieu de dix ans; chez les lapidaires que sept ans au lieu de huit.

Les droits d'apprentissage ont par contre sensiblement augmenté; dans la huitaine, la quinzaine ou le mois de la conclusion du traité d'apprentissage, le maître doit apporter aux jurés le brevet à enregistrer[1]. L'apprenti

---

1. Nous sommes redevables à l'obligeance de nos amis les membres du Syndicat des Employés, 5, rue Cadet (et spécialement de MM. Verdin et Zirnheld) de la communication d'un brevet d'apprentissage inédit et sur parchemin dont nous reproduisons ci-après quelques passages pour permettre d'apprécier le caractère général de ces contrats.

« Fait présent Gilles Gault marchant demeurant à Troyes en Champaigne estant et présent à Paris logé derrière l'église Sainct Leu Sainct Gilles en la maison du sieur Vatel lequel tant en son et privé nom que comme se faisant et portant fort de François Hue marchant à Troyes par lequel il promet faire ratiffier ces presentes et obliger au contenu d'icelles dans unz mois a recongneu et confessé pour le profit faire de Emond Hue filz dudit François Hue l'avoir baillé obligé et mis en apprentissage du premier jour d'octobre prochain venant jusques à trois ans après ensuivans, finiz et accomplis, etavecq honorables hommes Herosime Daubray et Pierre Héliot marchans et bourgeois à Paris demeurant rue Aubry le Boucher paroisse St. Leu St. Gilles, ledit Sr. Héliot à ce présent qui tant pour luiz que ledit Sr. Daubray son associé a promis prendre Emond Hue pour son apprenty et auquel pendant ledit temps promet es ditz noms montrer et enseigner le faict, train et traficq et négoce de leur marchandise et tout ce dont ils s'entremettent en icelle, lui fournir et livrer ses vivres et aliments corporels comme boire, manger, feu, lict, logis et lumière et le traicter doucement et humainement comme il appartient et sera ledit apprenty entretenu par son dict père de tous ses habits, linge, chaussures et autres des nécessités sans que pour raison dudict apprentissage il soit baillé ne desboursé aucuns deniers de part ne d'autre; à ce faire présent led. apprenty qui a eu ce que dessus pour agréable promis aprendre lad. marchandise à son pouvoir servir lesdits sieurs ses maîtres en icelle et en tout ce qu'ilz lui commanderont de li iste et honneste faire leur proffit, éviter leur domage et l'advertir d'icellu sitost qu'il viendra en sa cognoissance sans s'absenter dudit service pendant ledit temps auquel cas d'absence il consent estre pris et apréhendé au corps, estre ramené pour parachever le temps qui pouroit lors rester à faire du présent apprentissage... » (15 sept. 1640.)

acquitte alors certaines taxes prélevées au profit de la confrérie, du roi et de l'Hôpital Général. (25 livres chez les grainiers, 20 livres chez les ciseleurs doreurs, 3 livres chez les cardeurs.)

Sont encore en vigueur toutes les anciennes dispositions accordant une réduction du temps d'apprentissage aux fils de maîtres et aux gendres, ainsi que les clauses pénales contre l'apprenti fugitif. De même il est encore permis à la veuve d'un maître de garder chez elle l'apprenti du défunt. La faculté de transporter l'apprentissage ou de se céder un apprenti est admise par la plupart des statuts, mais proscrite par d'autres ou tout au moins subordonnée à l'autorisation du lieutenant général de police. Les Six Corps protestent contre une restriction de ce genre par une délibération du 19 novembre 1700[1].

Les rapports entre maître et apprenti donnent lieu à un grand nombre de dispositions statutaires et de décisions de justice. L'apprenti reçoit d'ordinaire un faible salaire pendant ses dernières années de service. Il n'en est cependant pas toujours ainsi : chez les orfèvres, par exemple (art. 2 des statuts du 15 mai 1599), et chez les fripiers (art. 9 des statuts de 1664), il est interdit aux maîtres de donner aucuns gages à leurs apprentis.

<small>Le contrat stipule ensuite que si l'apprenti par suite de maladie ou d'une autre cause quitte le service de son maître, il s'engage sous la caution de Gault à payer à Daubray et à son associé la somme de 200 livres par an pendant le temps restant à courir.

Le brevet n'indique pas la corporation à laquelle appartenaient Daubray et Héliot. Ces derniers étaient, selon toute probabilité, des marchands dits grossiers, qui vendaient en gros, en balle et sous cordes toutes sortes de marchandises : étoffes de soie, d'or et d'argent, cuirs, fourrures, tapisseries, passements, joaillerie, droguerie, quincaillerie, coutellerie, etc.; les marchands grossiers faisaient partie de la corporation des merciers; ils ne fabriquaient aucun des objets qu'ils vendaient en gros. Aussi disait-on : « *Mercier, marchand de tout, faiseur de rien.* » — (*Dictionnaire de Trévoux*, 1771, t. V, v° Mercier.

1. *Archives Nationales*, Registre des délibérations des Six Corps, KK, 340, t 518.</small>

Si les statuts sont, à certains égards, sévères pour l'apprenti, ils prennent soin cependant de ses intérêts moraux et matériels. Mais en fait, cette protection est due plutôt, au XVIIe siècle, à l'intervention des autorités publiques qu'à la surveillance des magistrats de la corporation. Une ordonnance du garde de la prévôté du 19 juillet 1700 défend, par exemple, aux pâtissiers d'envoyer par les rues leurs jeunes apprentis pour y vendre des oublies, « ce qui est d'une dangereuse conséquence pour eux, s'adonnant au jeu, à la fainéantise, à la débauche par la fréquentation continuelle qu'ils ont en colportant les dites marchandises avec les fainéants, coupeurs de bourse et autres gens de cabale, dont les lieux publics sont remplis [1] ».

Les autorités publiques protègent également l'apprenti contre l'irascibilité de son patron. Les registres du Châtelet renferment un certain nombre de sentences du lieutenant général de police, garde de la prévôté, réprimant des actes de brutalité commis par le patron sur la personne de son apprenti. On procédait généralement à une enquête [2]; en outre, si les mauvais traitements dont se plaignait l'apprenti avaient laissé des traces sur la per-

---

1. *Privilèges accordés aux maîtres pâtissiers oublayers de la ville et banlieue de Paris*, in-8°, 1747, p. 73. Les petits pâtissiers s'amendèrent sans doute, car on les autorisa par la suite à vendre leurs gâteaux par les rues : témoin le délicieux récit de la distribution d'oublies conté par Jean-Jacques dans ses *Confessions*.

2. Une enquête fut ainsi ordonnée le 21 août 1685 sur la plainte portée au nom de son neveu François Philippot par Marie Philippot contre Laboissier, maître sculpteur, qui, d'après la plaignante, frappait son apprenti et lui refusait du pain. *Archives Nationales*, Y, 9372. *Avis du procureur du roi relativement à des contestations entre maîtres de métiers*. Un des témoins, Nicolas Lemoigne, advocat au Parlement, dépose « qu'il a connaissance que ledit Laboissier est un jureur et blasfémateur (*sic*) qui fait scandale à ses voisins par ses jurements ; qu'il l'a entendu plusieurs fois injurier et menasser (*sic*) ledit Philippot, son apprenti, de lui donner quelques coups, qu'il a même entendu dire à la mère et à la sœur du déposant qu'elles avaient vu courir ledit Laboissier dans la rue avec un bâton après ledit Philippot ».

sonne de celui-ci, un médecin était commis pour l'examiner[1]. Lorsque les allégations du plaignant étaient reconnues exactes, le contrat d'apprentissage était rompu[2], sans préjudice de l'amende et, dans les cas graves, de la prison encourue par le maître.

Les injures graves étaient aussi une cause de rupture du contrat d'apprentissage. Un patron se vit ainsi retirer son apprenti pour l'avoir faussement accusé de vol et l'avoir obligé à vider ses poches [3].

Il arrivait enfin quelquefois que des apprentis ou des apprenties entraient dans la vie religieuse : dans un cas semblable on voit les jurés élever la prétention de faire parfaire à l'apprentie le temps qui lui restait à accomplir pour terminer son apprentissage; nous ignorons si cette prétention fut accueillie [4].

Compagnonnage. — Le temps de compagnonnage est habituellement plus court que celui de l'apprentissage. Il varie de six ans (épiciers et selliers) et de cinq ans (coffretiers-malletiers, serruriers, charcutiers) à deux ans (drapiers, cloutiers, marchands de vin, papetiers) et un an (épingliers).

---

1. « Avant faire droit ordonné que ledit André Rolland ci-devant apprentif dudit Paris sera veu et visité par le sieur Devaux chirurgien. » 21 oct. 1685.(Sentence de la prévôté, *Archives nationales*, Y, 9372.) V. également *ibid.*, une sentence du 4 oct. 1686 ordonnant une enquête sur la plainte d'un apprenti nommé Cosme Lemaistre, qui disait avoir été maltraité par son maître, un brasseur de bière.

2. Le 8 août 1684, une sentence de la prévôté déclare rompu le brevet d'apprentissage de Marguerite Martinot. *Archives Nationales*, Y, 9372.

3. *Ibid.*, 21 août 1685.

4. *Ibid.*, 10 avril 1685. Il s'agissait d'une apprentie lingère. Les jurées des marchandes lingères assignèrent la patronne pour « voir dire qu'elle serait tenue de mettre ès mains des jurées le brevet d'apprentisssage de l'apprentisse en question, pour par elles se pourvoir à l'encontre de ladite apprentisse ou de la personne qui l'a obligée (qui a été partie au contrat d'engagement), afin de la faire représenter et parachever le temps qui reste à expirer dudit brevet et faute de quoi il sera déclaré nul » (sans doute avec dommages-intérêts).

Comme au temps d'Etienne Boileau, il est interdit au valet de quitter son maître avant d'avoir terminé le temps pour lequel il a été engagé [1] (statuts des lapidaires de 1584, art. 14) ou s'il a été embauché pour un temps indéterminé sans avoir prévenu son patron au moins un mois à l'avance [2] (statuts des fourbisseurs, 1627, art. 4.) Il est toujours défendu à tous patrons d'embaucher un apprenti sans s'assurer qu'il est en règle avec son maître [3].

Dans quelques corps d'état et surtout chez les imprimeurs [4] on rencontre des compagnons dits *alloués* qui, n'ayant pas fait enregistrer leur brevet d'apprentissage, ne peuvent aspirer à la maîtrise, mais qui, par une dérogation aux principes de la législation des métiers ou en vertu d'une tolérance établie par l'usage, sont autorisés à servir chez les maîtres sans justifier d'un apprentissage régulier. Le 20 décembre 1633, une sentence du prévôt de Paris défend aux orfèvres d'engager des alloués ne représentant pas un brevet d'apprenti. (LEROY, *Statuts du corps des orfèvres*, p. 50.)

L'embauchage des compagnons forains donne lieu à quelques dispositions assez curieuses. Le forain doit justifier par son brevet qu'il a accompli son temps d'apprentissage et acquitter un droit à la confrérie. Chez les cloutiers, le temps de compagnonnage nécessaire pour arriver

---

1. *Statuts et Règlements de la communauté des maîtres marchands lapidaires diamantaires de Paris*, 1774, in-12.
2. *Articles, Statuts, Ordonnances et Règlements des gardes, jurez, anciens bacheliers et maîtres de la communauté des marchands fourbisseurs de la ville de Paris*, 1740, in-4°.
3. *Archives Nationales*, Y, 9372, 26 sept. 1682. « Condamnons le deffendeur à mettre hors de son service le cy devant garçon du demandeur, lui faisons deffences de plus contrevenir aux statuts et règlements de ladite communauté de boucherie. »
4. Voir, à ce sujet, l'historique précédant le Rapport de l'Office du Travail sur l'*Apprentissage dans l'Imprimerie*, Paris, 1902, p. 26. Cet abus se généralisa surtout au XVIII° siècle. Toutefois, il importe d'observer que ce mot *alloué* est pris souvent dans un autre sens et comme désignant un compagnon ordinaire ayant fait un apprentissage régulier.

à la maîtrise est augmenté d'une année pour le forain. Chez les arquebusiers (statuts de 1575 confirmés en 1634, art. 16) [1] et les ciseleurs (statuts de 1573, art. 19) [2], il est défendu de donner du travail à un étranger que préalablement les compagnons, qui auront été apprentis à Paris, n'aient été mis en besogne ou ne refusent de travailler au même prix.

Ces clauses se justifient parfaitement par la protection légitime due aux travailleurs de la ville, collaborateurs de la veille et du lendemain. Mais certains corps d'état ne se bornaient pas à assurer un droit de préférence aux ouvriers du pays, et chez les boisseliers, par exemple, le salaire du compagnon forain logé et nourri était limité à six écus par an au maximum, ce qui évalait à un ostracisme déguisé [3]. Les tissutiers-rubaniers faisaient plus : aux termes d'un accord notarié conclu entre eux et les ouvriers en drap d'or et de soie des faubourgs, ils s'étaient engagés à n'embaucher que des compagnons ayant fait leur apprentissage à Paris [4].

D'autres clauses des statuts édictaient des amendes contre les compagnons qui faisaient le commerce pour leur compte sans avoir été reçus à la maîtrise [5]. Un arrêt du Conseil de 1688 ordonne aux compagnons orfèvres, qui s'étaient réfugiés dans les cloîtres, hôtels privilégiés et collèges pour y exercer leur industrie, d'avoir à se retirer chez les maîtres, avec défense de travailler ailleurs [6].

---

1. *Statuts, Règlements et Lettres patentes par les maîtres arquebusiers, arctiers, artilliers, arbalestriers... de la ville de Paris*, 1735, in-4°.
2. *Nouveaux Statuts et Règlements de la communauté des maîtres tailleurs, ciseleurs de Paris*, 1752, in-4°.
3. Statuts de 1465 confirmés en 1608, insérés dans les *Ordonnances des maîtres lanterniers, souffletiers* (sans date ni lieu).
4. *Recueil de règlements pour la communauté des maîtres marchands tissutiers-rubaniers de Paris*, 1763.
5. *Statuts des arquebusiers* (déjà cités) p. 11, art. 20 (1575). Cf. encore Arch. Nat., Y, 9372. Sentence du 7 août 1685 contre Michel Chabre, compagnon couvreur, qui faisait le métier comme son maître.
6. *Bibliothèque Nationale*, mss. 21558, f° 196 (ancien fonds Lamare).

Maîtrise. — Les conditions exigées pour l'admission à la maîtrise ont subi certaines modifications depuis le XIII° siècle : il importe donc de les résumer à nouveau.

Pour être reçu maître au XVII° siècle, il faut :

1° Avoir accompli son temps d'apprentissage ou de compagnonnage. Cette règle comporte deux exceptions. D'une part, plusieurs corporations, les cordonniers par exemple, dispensent les fils de maître de l'apprentissage ; d'autre part, les communautés furent à plusieurs reprises autorisées à recevoir des maîtres sans qualité, c'est-à-dire dispensés des stages ordinaires.

2° Etre catholique (statuts des grainiers de 1678, art. 20)[1].

3° Avoir atteint un âge déterminé (du moins dans certaines communautés, comme chez les grainiers, 16 ans, — statuts de 1678, art. 21).

4° Exécuter un chef-d'œuvre. Chez les épingliers le candidat doit fabriquer un millier d'épingles ; chez les serruriers trois serrures de porte de cabinet, de buffet ou de coffre ; chez les selliers un arçon de corps, etc.

Le chef-d'œuvre est soumis à l'examen des gardes et d'un certain nombre d'anciens ou de bacheliers (maîtres ayant passé par les charges) qui interrogent le candidat.

Chez les maîtres en fait d'armes, l'examen est minutieusement réglé par les statuts (1644)[2]. On invite à la cérémonie le procureur du roi et tous les maîtres. L'aspirant fournit deux épées de la valeur de 25 livres chacune pour les prix qui seront adjugés à ceux qui « donneront » en l'expérimentant « *le plus proche du cœur* ». Il fait ensuite assaut avec les six maîtres les plus récents :

---

1. *Statuts de la communauté des maîtres et marchands grainiers de la ville de Paris*, 1750, in-8°, p. 36. Cette condition formellement énoncée par plusieurs statuts tels que ceux des grainiers est sous-entendue dans les statuts de tous les métiers.
2. *Statuts et Règlements pour les maîtres en fait d'armes de la ville et faubourgs de Paris*, 1759, in-4°.

de l'espadon, de l'épée seule, de l'épée et du poignard. S'il est battu franc de deux bottes à l'épée par ses deux premiers adversaires, il est renvoyé à l'école sur-le-champ pour le temps que les jurés, gardes et anciens jugeront convenable. S'il sort vainqueur de l'assaut ou s'il n'est battu qu'à la belle, il peut être reçu.

Le plus souvent les fils de maître ne subissent qu'une légère expérience. Cependant les orfèvres et quelques autres métiers les obligent au chef-d'œuvre[1].

Louis XIV renouvela contre les abus des réceptions les prescriptions de ses prédécesseurs. L'art. 5 de l'ordonnance de 1673 défend de recevoir aucun présent des aspirants, ni aucuns droits autres que ceux portés par les statuts à peine de cent livres d'amende; il est interdit à l'aspirant d'offrir aucun festin, ni de faire des dépenses de confrérie. On ne parvint pas toutefois à détruire des abus déjà invétérés. C'était encore un dicton courant sous Louis XVI que le principal point pour un candidat à la maîtrise était de bien arroser le chef-d'œuvre, c'est-à-dire, comme l'explique naïvement le *Dictionnaire des Trévoux* (v° *Chef-d'œuvre*), de « bien *faire boire les jurés* ».

5° Le candidat doit encore acquitter les droits. Quelques exemples donneront une idée des taxes nombreuses au paiement desquelles le récipiendaire était obligé.

Les statuts des gainiers-fourreliers du 19 juillet 1688 (art. 2) fixent ainsi le taux des droits de maîtrise : 250 livres dans la boîte de la communauté, 22 livres pour la lettre ou droit royal, 12 livres aux jurés et 16 pour le chef-d'œuvre; au total, 300 livres.

Chez les cordiers (statuts du 12 janvier 1706, art. 2)[2] les droits de réception s'élèvent à 110 livres, tant pour le

---

1. On trouvera dans le livre de Vidal et Duru, *Histoire de la corporation des marchands merciers*, Champion, 1912, p. 135, le texte d'un brevet de maîtrise octroyé à un fils de maître (1650).
2. *Statuts et Règlements pour la comunauté des maîtres cordiers-criniers de la ville et faubourgs de Paris*, 1743, in-8°.

droit royal que pour la communauté. Il faut payer en sus 30 sols pour les anciens, 15 sols à chacun des modernes et des jeunes présents à l'examen, 3 livres aux clercs. Ces droits sont réduits à 18 livres et à moitié des émoluments ci-dessus attribués aux examinateurs si le récipiendaire est fils de maître.

Chez les écrivains, la maîtrise coûtait 388 livres, dont 40 écus à la communauté, 40 livres de droit royal, 6 livres au syndic, 4 au doyen, autant pour chacun des examinateurs, 3 livres à l'Hôpital Général, etc. Les fils de maître sont reçus gratis, sauf le droit royal dont ils paient les deux tiers[1].

Les droits augmentèrent considérablement à la suite des créations d'offices qui obligèrent les corporations à se procurer des ressources par tous les moyens. Chez les apothicaires ces droits fixés avant 1691 à 800 livres pour les anciens apprentis et à 500 livres pour les fils de maître s'élevèrent à 1,000 et 800 livres. Chez les distillateurs-limonadiers les droits pour les anciens apprentis s'élevèrent de 120 à 800 livres.

6° Les statuts imposent enfin souvent diverses conditions spéciales. Ainsi pour être reçu libraire-imprimeur, il faut, aux termes des statuts de 1618, être propriétaire de quatre presses et de neuf sortes de caractères romains d'imprimerie[2].

Les maîtres sont ou d'anciens apprentis, ou des fils de maître ou enfin des titulaires de lettres de maîtrise, véritables intrus qui achetaient l'accès du métier à beaux deniers.

---

1. *Statuts et Règlements de la communauté des maîtres experts, jurés, écrivains expéditionnaires....* 1729, in-4°.
2. *Recueil des statuts et règlements des marchands libraires, imprimeurs et relieurs de la ville de Paris,* 1620, in-4°. L'exemplaire que possède la Bibliothèque Nationale et qui est coté F. 13019 porte cette mention manuscrite, p. 1 : « Ce recueil de statuts doit être lu avec précaution, parce qu'il est plein de faussetés. » Vengeance probable de l'un de ces compagnons imprimeurs pour lesquels les statuts se montrent assez sévères.

Ces trois catégories concourent dans des proportions inégales au recrutement des maîtres ; mais le nombre des maîtres reçus sans avoir fait d'apprentissage est déjà considérable. Dans certains métiers la maîtrise tend même à devenir un monopole de caste : ainsi, chez les tailleurs, sur huit candidats reçus le 17 octobre 1680, il y a cinq gendres et deux fils de maître contre un seul ancien apprenti. Le 31 août de la même année, on reçoit deux fils de maître ; le 25 janvier 1681, sur cinq nouveaux maîtres, il n'y a pas un seul apprenti (quatre gendres et un fils de maître)[1]. D'autre part, on fait un véritable abus des lettres de maîtrise : dans un seul jour, le 30 avril 1682, la communauté des couturières doit procéder à l'enregistrement de treize lettres et à l'admission de leurs titulaires[2].

Dans quelques corporations on limite le nombre des maîtres : le nombre ne peut excéder 300 chez les orfèvres (statuts de 1679, art. 30), ni 72 chez les horlogers (statuts de 1646 art. 7).

Les maîtres se divisent eux-mêmes souvent en plusieurs classes : *jeunes, modernes, anciens et bacheliers*. La première de ces catégories comprend les maîtres dont la réception remonte à moins de dix ans ; la seconde, ceux qui comptent de dix à vingt ans de maîtrise ; les maîtres qui ont plus de vingt ans de maîtrise forment la troisième catégorie. Ils se subdivisent eux-mêmes en *anciens* sans autre qualification, et en *anciens bacheliers*, c'est-à-dire ayant passé par les charges de la profession.

Jurés. — Les jurés doivent être pris parmi les notables de la profession connus pour leur expérience et leur probité. Les *modernes* sont éligibles aux fonctions de jurés : on les désigne alors sous le titre de *petits jurés*.

Le nombre des jurés est variable. Le plus grand nom-

1. *Archives Nationales*, Y, 9320, f⁰ˢ 59, 62, 74 v°.
2. *Ibid.*, Y, 9321.

bre des métiers en compte quatre nommés pour deux ans et renouvelés par moitié chaque année (charrons, chaudronniers, cloutiers, coffretiers, émailleurs, fèvres maréchaux, jardiniers); d'autres métiers n'ont que trois jurés (cardeurs, lapidaires) ou même deux (brossiers éperonniers, gainiers-fourneliers, horlogers, etc.). Les drapiers ont six gardes dès la fin du XVIIe siècle : quatre grands gardes et deux petits gardes. Il en est de même chez les orfèvres, les cordonniers et les marchands de vin. Les jurés imprimeurs ne sont que deux en titre, mais ils ont quatre adjoints.

Le mode d'élection de ces officiers est assez compliqué : c'est le suffrage restreint diversement appliqué. Ainsi, chez les couturières (statuts de 1675, art. 9)[1], l'élection est faite par toutes les maîtresses qui ont passé par les charges, par 40 anciennes et 20 jeunes; chez les boulangers (statuts de 1719, art. 3)[2], le corps électoral se compose des anciens jurés, de 20 modernes et de 20 nouveaux. Chez les drapiers, les statuts de 1573 réglaient ainsi[3] l'élection des jurés, alors au nombre de quatre. Ils devaient être élus : 1° par les quatre gardes sortants qui s'adjoignaient quatre anciens gardes; 2° par huit maîtres désignés par les électeurs ci-dessus mentionnés; 3° par douze maîtres choisis par les électeurs des deux premières catégories. Ces électeurs ne pouvaient être appelés de trois ans à concourir à une nouvelle élection : par la suite, ce système fut simplifié et l'électorat accordé à tous les bacheliers et à vingt des maîtres.

Parfois, comme chez les écrivains, il existait un digni-

1. *Statuts, Ordonnances et Déclarations du roi confirmatives d'iceux pour la communauté des maîtresses couturières de la ville... de Paris*, 1734, in-4°.

2. *Statuts et Lettres patentes pour les maîtres boulangers de Paris*, 1721, in-4°.

3. *Statuts et Règlements pour les marchands drapiers de la ville de Paris*, 1743, p. 17.

taire plus élevé encore que les jurés : c'était le *doyen*, le plus ancien des maîtres ayant passé par les charges. Le doyen présidait les assemblées générales de la communauté et devait être convoqué aux examens.

Les élections avaient lieu devant le procureur du roi au Châtelet, et les minutes nous ont été conservées[1]. La procédure était simple : les jurés sortants présentaient requête au procureur du roi, afin d'être autorisés à convoquer en son hôtel les électeurs de la communauté. La requête était répondue par une ordonnance que le clerc de la communauté signifiait aux intéressés. L'élection avait lieu à la majorité des voix et sans ballotage.

Les fonctions des gardes jurés étaient encore les mêmes qu'au XIII° siècle. Ils présidaient les assemblées en l'absence du doyen, ils procédaient à des visites domiciliaires pour s'assurer de la bonne fabrication des marchandises; ils opéraient le cas échéant sur les marchandises suspectes des saisies qu'il fallait ensuite faire valider au Châtelet. Ils géraient les finances de la communauté[2] et la représentaient dans les procès qu'elle soutenait en justice. Ils contrôlaient les contrats d'apprentissage et surveillaient leur exécution. Ils présidaient à l'examen et aux chefs-d'œuvre des candidats à la maîtrise ; ils représentaient la communauté dans les cérémonies publiques. Enfin ils dressaient, avec l'aide d'un certain nombre de maîtres, les rôles de la capitation du métier et la répartissaient entre les maîtres[3].

L'autorité était parfois obligée de rappeler les jurés à

1. *Archives Nationales*, Y, 9396. Ainsi le 17 juillet 1725, les merciers élisent par 85 voix pour grand garde Philippe Regnault. Les deux autres gardes, Philippe Le Fort, et Le Roy Defeteuille, obtiennent 88 et 79 voix contre 10 à Estienne Drouet.
2. L'un des jurés nommé receveur des deniers communs était plus spécialement chargé de la gestion financière sous le contrôle de ses collègues.
3. *Statuts, Ordonnances et Règlements de la communauté des maîtres ciseleurs-doreurs de Paris*, 1774, in-12 (délib. du 17 janv. 1741, art. 6).

l'accomplissement de leur devoir. Ainsi une sentence du 23 janvier 1682 rendue sur la demande des jurés arquebusiers enjoignit à Tobie le Tourneur, leur collègue, « de se rendre assidu aux fonctions de sa charge », sous les peines qu'il appartiendrait[1].

Il y eut pis. Des jurés allèrent jusqu'à prévariquer et à recevoir de l'argent pour tolérer des contraventions aux statuts. Une enquête établit en 1684 que les jurés des ouvriers de drap d'or et de soie avaient reçu des compagnons forains une somme de 72 livres pour ne pas s'opposer à leur engagement chez les maîtres, contrairement à une résolution commune adoptée en 1643[2]. Une autre fois, en 1661, ce furent les petits jurés des cordonniers qui furent convaincus d'avoir annulé une saisie faite sur un sieur Mennessier, moyennant 20 livres 10 sols.

Les jurés sont les archivistes de la corporation. Une sentence de police du 27 octobre 1719 précise la nature et le nombre des registres qu'ils doivent tenir. Sur le premier de ces registres, on transcrit toutes les délibérations relatives aux affaires de la communauté et les comptes des syndics et jurés; sur le second, on enregistre les brevets d'apprentissage, les réceptions de maîtres, les élections de jurés; sur le troisième, on reproduit tous les titres, arrêts, sentences intéressant la corporation. Les minutes de ces titres et documents sont déposées dans un coffre dont les clefs sont remises au doyen (dans les corps des métiers où cette dignité existe), au plus ancien juré et à l'ancien administrateur de la confrérie. Lorsque le coffre est ouvert, on laisse dedans un billet signé des trois

---

1. *Archives Nationales*, Y, 9372.
2. *Archives Nationales*, Y, 9372. Un autre fait de corruption fut encore établi à la charge de ces jurés. Le sieur Clausier, marchand ouvrier en soie, déposa qu'ayant été inquiété desdits jurés pour le nommé Ladrien (sans doute un forain) qui travaillait pour lors chez lui, le déposant donna six écus à l'un des jurés et qu'il y a de cela quatre ans environ.

possesseurs des clefs constatant ce qui en a été extrait (statuts des brossiers de juin 1659, art. 15)[1].

A l'expiration de leur mandat, les jurés rendent leurs comptes au conseil de la corporation. Ce conseil se compose des jurés auxquels on adjoint : chez les charrons huit anciens maîtres, deux modernes, deux jeunes; chez les écrivains vingt-quatre anciens maîtres; chez les bouchers douze anciens, six modernes et six jeunes. Le conseil de la corporation s'assemble à des dates fixes et peut en outre être convoqué extraordinairement. Il constitue la délégation de l'assemblée générale de la corporation, composée selon les communautés soit de tous les maîtres ayant plus de dix ans de maîtrise, soit d'un nombre déterminé d'anciens, de modernes et de jeunes. Cette assemblée est appelée à statuer sur toutes les affaires importantes de la communauté.

Règlements sur la fabrication, la vente et la concurrence. — Les statuts des corporations du XVII° siècle se bornent à reproduire en les développant les dispositions des anciens statuts relatives à la fabrication et à la malfaçon. Nous ne reviendrons pas sur cette réglementation minutieuse et compliquée, dont l'étude ne présente qu'un intérêt purement technique et professionnel.

Les dispositions des anciens statuts sur le lotissement se sont conservées dans quelques métiers et tous les maîtres de ces communautés ont encore le droit de réclamer à certaines conditions (statuts des drapiers de 1573, art. 10) leur part et portion d'un marché avantageux[2]. Les bourgeois ont dans plusieurs métiers le même droit, et parfois même, comme chez les drapiers, ils peuvent seuls acheter les marchandises le jour de leur arrivée. Chez les fruitiers,

---

[1]. *Articles, Statuts, Ordonnances et Règlements de la communauté des maîtres vergetiers-brossetiers* de Paris, 1754.
[2]. A Chartres le lotissement existait chez les fourbisseurs, G. Aclocque, *op. cit.*, p. 126.

les maîtres ne peuvent acheter qu'après onze heures sonnées, c'est-à-dire passé l'heure du bourgeois[1]. Il est défendu d'aller au-devant des forains dans un rayon de vingt lieues ou de s'associer avec eux.

La vente est toujours interdite les dimanches et fêtes, mais cette prohibition n'est plus respectée aussi strictement qu'au Moyen Age. Une sentence de la prévôté de 1697, défend seulement aux fripiers de tenir ces jours-là porte ouverte et de faire appeler les passants par leurs valets[2]. Il est toujours défendu de travailler de nuit.

Le colportage est prohibé, « parce que les halles du roi deviendraient inutiles », ainsi que le disent les anciens statuts des chaudronniers[3]. On ne peut être à la fois marchand et courtier, ni tenir plus d'une boutique (gantiers, statuts de mars 1656, art. 22, grainiers, statuts de 1618, art. 31)[4].

L'ancienne interdiction de s'associer pour pratiquer le commerce ne s'est pas maintenue, ou du moins n'a plus un caractère général. Il est seulement défendu de s'associer avec des privilégiés, des apprentis ou des non-maîtres, à peine de 10 livres d'amende (joueurs d'instruments, statuts de 1651, art. 11 ; lingères, statuts de 1645, art. 12 ; boulangers, statuts de 1719, art. 22). Il est aussi défendu de s'associer avec des forains et d'empêcher ainsi l'arrivée aux Halles des denrées (fruitiers, statuts de 1608 art. 11)[5].

On s'efforce de réglementer la concurrence et de répri-

---

1. Statuts de 1608, art. 13. Coll. LAMOIGNON, t. X, f° 599. LESPINASSE, t. I, p. 487.
2. *Statuts, Règlements et Ordonnances des marchands fripiers de Paris*, 1751, p. 35.
3. *Recueil de statuts, lettres patentes, édits... de la communauté des autres marchands chaudronniers de la ville de Paris*, 1750, in-8°.
4. *Statuts de la communauté des marchands gantiers, poudriers, parfumeurs, de la ville de Paris*, 1772, in-8°. — *Statuts de la communauté des maîtres et marchands grainiers de la ville de Paris*, 1720, in-8°. — Les bouchers toutefois pouvaient avoir trois étaux dont deux au plus dans la même boucherie. (Statuts de 1741, art. 15, LESPINASSE, II, 293.)
5. On rencontre à Chartres au XVI° siècle divers contrats d'association entre gens de métiers, G. ACLOCQUE, *op. cit.*, 1917, p. 127.

mer les pratiques malhonnêtes auxquelles certains maîtres avaient recours pour débaucher les compagons et apprentis de leurs confrères. Chez les cordonniers (statuts de 1614, art. 21), il est défendu à tous maîtres dudit métier de « bailler plus grand prix que les autres pour attirer les compagnons et apprentis[1] ». Il arrivait souvent en effet qu'un maître peu scrupuleux n'hésitait pas à corrompre le premier garçon d'un concurrent qui lui amenait une partie de la clientèle de son ancien maître. Pour mettre un terme à ces manœuvres, les statuts des barbiers, perruquiers, coiffeurs (1718), édictèrent la règle qu'un garçon sortant de chez un maître ne pourrait entrer chez un autre s'il n'y avait l'un des vingt quartiers de Paris entre la boutique de l'ancien et celle du nouveau [2]. Une sentence du Châtelet condamne un maître fripier à renvoyer un de ses compagnons sur la plainte de l'ancien maître de ce dernier, établi non loin de là, et fait défense à aucuns maîtres fripiers d'engager ce compagnon s'il n'y a au moins dix boutiques entre la leur et celle de son ancien maître[3].

Chaque maître a sa marque ou son poinçon particulier (un cœur, une flamme, un croissant, etc.) qu'il doit apposer sur ses ouvrages (statuts des cartiers, 1594, art. 16; des potiers de terre, 1613, art. 12). Souvent même, comme chez les orfèvres, cette marque ne suffit pas. Il faut, conformément aux anciens usages, faire apposer sur ses œuvres la contre-marque de la maison commune.

1. Cf. Registres du Châtelet, *Arch. Nat.*, Y, 9372, une sentence du 29 octobre 1681, rendue contre un sieur Leroux, vinaigrier, qui avait suborné l'apprenti du sieur Devienne; il est condamné à faire revenir l'apprenti dans la maison du demandeur et à 3 livres d'amende. Le 3 octobre 1681, un maréchal ayant embauché un compagnon sans s'être assuré qu'il était libre de tout engagement répond qu'il a mis hors ce compagnon; il est condamné aux frais avec défense de récidiver.

2. *Statuts et Règlements pour la communauté des maîtres barbiers, perruquiers, baigneurs*, 1746.

3. *Archives Nationales*, Y, 9372, sentence du 9 avril 1686.

Les statuts des imprimeurs en taille-douce de 1694[1] nous révèlent dans ce corps d'état une institution originale et très égalitaire : d'un commun accord, les maîtres avaient formé une bourse commune où ils versaient le tiers des salaires et émoluments provenant de leurs travail. De quinzaine en quinzaine, des états de répartition étaient dressés et les fonds provenant de la bourse commune étaient distribués, après déduction des frais et des arrérages des rentes constituées.

Confréries. — Les confréries, tant de fois dissoutes, se sont toujours reconstituées, et sont encore, au XVIIe siècle, d'importantes associations annexes et parallèles aux corporations. Elles ont, il est vrai, dépouillé presque complètement le caractère turbulent et presque révolutionnaire qui avait excité au XVIe siècle les défiances du pouvoir et se renferment désormais dans leurs attributions charitables.

Chaque confrérie, placée sous l'invocation d'un saint possède une chapelle particulière dans une église où ont lieu ses réunions. Elle a des officiers spéciaux issus de l'élection : tantôt un prévôt ou bâtonnier assisté de conseillers, tantôt deux jurés spéciaux. Tous les ans, à la fête patronale, après avoir entendu la messe, on procédait à leur élection ainsi qu'à la nomination d'un collecteur et d'un clerc. « Le prévôt recevait ensuite les hommages de tous les frères qui le conduisaient solennellement à sa demeure. Le chapelain, escorté des enfants de chœur, lui portait, en signe de prise de possession, la croix de la confrérie, les bougies anciennes et nouvelles, les registres de délibérations et le coffret contenant les deniers, les titres de propriété et les bulles de fondation. Ce coffret fermait à triple cadenas, dont les clefs restaient entre

---

1. Insérés dans les *Lettres patentes du Roy portant règlement pour la communauté des imprimeurs en taille-douce*, 1743, art. 2 et 3.

les mains de trois des principaux membres, qui pouvaient seuls l'ouvrir conjointement avec le prévôt. A ce dernier seul il appartenait de convoquer les frères, soit pour tenir les assemblées, soit pour élire de nouveaux membres ou enterrer les défunts [1]. » Chez les cuisiniers, quatre administrateurs de la confrérie devaient se trouver le dimanche à la messe et tenir registre de ceux qui avaient rendu le pain bénit et payé la confrérie [2].

Parfois, l'élection du nouveau bâtonnier donnait lieu à un cérémonial assez original. On se rendait à l'église patronale où l'on chantait vêpres. Lorsque l'on était parvenu, dans le chant du *Magnificat*, au verset « *Deposuit potentes de sede...* », le bâtonnier sortant de charge quittait son siège situé au milieu du chœur, déposait son bâton, et allait s'asseoir au milieu des anciens. En même temps, et tandis que l'on chantait la fin du verset, « *et exaltavit humiles* », le nouvel élu prenait possession du bâton, insigne de sa dignité, et venait s'asseoir sur le siège laissé vacant par son prédécesseur [3].

Œuvres pieuses. — Tous les ans, la confrérie fait chanter une messe solennelle suivie d'une procession où l'on porte le cierge et le bâton du métier. Le lendemain un service est encore célébré et on commence une neuvaine pour le repos des maîtres défunts. En dehors de cette cérémonie annuelle, le service divin avec vêpres

---

1. Introduction au *Dictionnaire des Confréries* de M. l'abbé Migne, 50ᵉ vol. de l'*Encyclopédie théologique*, p. 26.
2. *Guide des corps des marchands*, 1766, p. 227.
3. Cet usage ayant donné lieu à des abus (on sortait en tumulte après le verset du *Deposuit*, sans achever le psaume), il fut modifié en ce sens que le siège laissé vacant par le bâtonnier sortant ne fut plus occupé par son successeur qu'au dernier verset : *Suscepit Israël*. Ce cérémonial disparut dans la seconde moitié du XVIIᵉ siècle et il était si bien oublié en 1733 qu'il fallut une lettre d'un érudit au *Mercure de France* pour expliquer l'expression « Faire le *deposuit* » (investir un nouveau bâtonnier). Sur les coutumes des confréries de Chartres voir G. Aclocque. *Les Corporations, l'Industrie et le Commerce à Chartres du XIᵉ siècle à la Révolution*, 1917, ch III.

solennelles est célébré à des jours fixes et une messe basse est dite chaque jour de l'année pour les confrères défunts[1]. Lors du décès de chacun des membres, on fait chanter une grand'messe à laquelle tous les confrères doivent assister.

Œuvres charitables. — Malgré la persistance de ces pieuses coutumes, l'admirable esprit de charité chrétienne qui animait les confréries au temps de saint Louis s'est affaibli. Toutefois, on tient encore à honneur de porter secours aux artisans du métier éprouvés par le malheur. Les statuts des pain-d'épiciers de 1596 entre autres attestent l'existence d'une certaine solidarité professionnelle. « Si l'un des compagnons est en chemin et n'a de quoi payer son chemin, les autres compagnons seront tenus de lui bailler jusqu'à deux écus » (art. 14). « Si un compagnon était malade en quelque lieu et que les autres compagnons en sont (*sic*) avertis, incontinent ils seront tenus de se détourner de leur chemin, le visiter et conforter et là demeurer pour le secourir trois jours à leurs dépens. » On avertissait ensuite les jurés qui remboursaient sur les deniers communs les avances faites pour le confrère malade[2].

Chez les menuisiers, les statuts de la confrérie (placée sous l'invocation de Sainte-Anne) disposent que si l'un des confrères devient extrêmement pauvre, il sera secouru, s'il est possible, par la confrérie et les confrères seront exhortés de l'assister en leur particulier (statuts d'août 1673, art. 18. — Lespinasse, II, 659).

Chez les écrivains (statuts de 1727, art. 29) on allouait

---

1. *Encyclopédie théologique*, t. 50, p. 461. Stat. des drapiers de Rennes, art. 1 et 2. Voir Aclocque, *op. cit.*, p. 57-61.
2. Dans cette corporation, les jurés prêtaient serment de donner leur dû à chacun, « aux grands comme aux petits, aux pauvres comme aux riches. » Lamare, *Traité de la Police*, t. III, p. 485.

également des secours aux confrères malheureux, mais seulement après enquête. « S'il se trouve de véritables pauvres, non par un défaut de conduite, mais par la suite des malheurs dont ils sont accablés, il leur sera distribué sur les fonds oisifs (*sic*) et du consentement des syndics-greffiers et anciens une somme jugée convenable pour leurs pressants besoins [1]. »

Chez les tailleurs d'habits (statuts de 1660, art. 31) chaque maître verse chaque année 30 sous (et chaque compagnon 15 sous) dans la boîte de la confrérie pour faire dire des messes et aussi pour être employés en aumônes aux pauvres vieilles gens de la communauté.

Chez les fèvres couteliers, la charité affectait une forme assez originale. « Si quelque maître dudit métier était dénué et dépourvu de tous biens ayant plusieurs filles provenues (nées) en loyal mariage, il convient les marier à quelque compagnon dudit métier qui sera reçu maître sans faire aucun chef-d'œuvre et ne sera tenu que du droit du roy » (statuts de 1565 confirmés en 1608, art. 44)[2]. Les couteliers se montraient aussi charitables pour les compagnons étrangers. « Tous compagnons qui viendront des champs arrivant en une boutique de maître coutelier en cette ville comme de tout temps ils ont accoutumé demandant sa bienvenue ou non... sont menés chez les jurés, placés chez leur hôte s'il en a besoin, sinon où il y a place libre [3].

On peut encore citer les clauses des statuts des fourbisseurs, des fripiers et de diverses autres corporations qui exemptaient de la prohibition du colportage les pauvres gens du métier.

---

1. *Statuts et Règlements de la communauté des maîtres experts, jurés, écrivains*, Paris, 1754, p. 16.
2. *Statuts et Ordonnances pour les maîtres fèvres-couteliers, graveurs et doreurs sur fer et acier... de cette ville*. Paris, 1748, p. 12.
3. *Ibid.*, art. 49, p. 13.

Ces dispositions et diverses institutions charitables, telles que la chapelle Saint-Eloi dont les annexes servaient de maison de retraite pour les pauvres orfèvres, sont autant de preuves que l'esprit de solidarité, s'il n'avait plus la même force qu'au Moyen Age, ne s'était pourtant pas éteint complètement dans les corporations du XVIIe siècle. Maîtres et ouvriers ne vivaient plus sans doute comme jadis dans une étroite et fraternelle union ; la corporation avait perdu son caractère démocratique et égalitaire d'autrefois pour devenir une institution d'Etat et un monopole; mais les traditions et l'esprit de corps avaient survécu, conservant malgré tout entre le maître et l'artisan des liens que la Révolution en 1791 et plus encore peut-être la révolution industrielle survenue au XIXe siècle ont seuls rompus.

Les ressources de la confrérie consistaient : 1° en redevances payées par les nouveaux maîtres ; 2° en cotisations annuelles versées par les maîtres dans la boîte (caisse) de la confrérie; 3° en une part des amendes; 4° en divers droits payés par les jurés ou maîtres de la confrérie[1]; 5° en dons volontaires.

Les orfèvres, une des communautés les plus riches de Paris, formaient plusieurs confréries dont la principale était établie à Notre-Dame sous l'invocation de sainte Anne et de saint Marcel. Cette confrérie avait conservé la pieuse coutume d'offrir tous les ans au premier mai à Notre-Dame un tableau votif dû au pinceau d'un des plus habiles peintres du royaume. Ainsi furent offerts successivement en 1632 « la Mort d'Ananie et de Saphir », par Simon Vouët; en 1647, « le Martyre de saint André », par Lebrun; en 1667, « Saint Paul lapidé dans la vallée de Lystre », par Philippe de Champaigne ; en 1680, une Assomption, de Coypel. Cette tradition se perpétua

---

1. Le juré de la confrérie des bourreliers payait, en entrant en charge, 200 livres.

jusqu'en 1706, époque à laquelle les confrères cessèrent leurs libéralités sous le prétexte que l'église était pleine[1].

Les confréries, communautés ou cabales entre ouvriers demeurent toujours interdites et il est défendu aux artisans d'avoir une bourse commune[2] et de suspendre leur travail d'un commun accord pour se livrer à la boisson et à la débauche.

Juridictions corporatives. — Procès multiples des communautés. — Déclarations de 1703

La juridiction de droit commun pour les procès, soit entre communautés, soit entre maîtres[3], soit entre les maîtres et leurs compagnons ou apprentis, est toujours en première instance le Châtelet, c'est-à-dire l'ancienne cour du prévôt devenue le tribunal du procureur du roi, garde de la prévôté. L'appel de toutes ces causes était porté au Parlement.

En dehors de cette juridiction de droit commun, il faut mentionner encore les justices seigneuriales dont la compétence s'étendait aux artisans des faubourgs. Ces justices avaient, il est vrai, été supprimées théoriquement par l'édit de février 1674 (v. suprà, p. 401); mais l'exécution de cet édit se heurtait, comme on l'a vu, à la vive opposition tant des hauts justiciers que des maîtres des faubourgs; ces juridictions ne furent guère supprimées en fait qu'en 1789, par le fait de la disparition de tous les droits seigneuriaux qui ne précéda du reste que de deux ans la suppression des corporations.

---

1. A Blois les tisserands donnaient chacun 1 d. par semaine, les maréchaux 2 d. pour les maîtres âgés et malades. Les ménétriers avaient fondé un hospice entretenu à leurs frais (Bourgeois, Métiers de Blois, p. XCVI). A Chartres, chez les maréchaux, la caisse de la communauté s'appelait « boîte des pauvres ». Les tailleurs donnaient aux indigents moitié des amendes. Il en fut de même chez les sergers à partir de 1666 (G. Aclocque, p. 61).

2. Arrêt du Conseil, 19 juin 1702. *Bibliothèque Nationale*, mss. 21559, f° 6 v° (Ancien fonds Lamare).

3 Toutefois les procès entre maîtres qui ont pour cause non des différends professionnels, mais des contestations purement commerciales, telles que la demande en paiement d'une lettre de change, sont du ressort des juges consulaires.

Par contre, les anciennes justices des grands officiers de la Couronne, si nombreuses et si importantes au XIII⁰ siècle, avaient presque toutes cessé d'exister au XVII⁰. La charge de maître charpentier du roi, officier dont la juridiction s'étendait sur les charpentiers et les charrons, avait été supprimée en 1313. Le grand chambrier de France duquel dépendaient divers métiers tels que les gantiers et les fripiers, n'existait plus depuis 1545. Depuis longtemps déjà avaient pris fin la juridiction du maître maréchal du roi sur les fèvres couteliers et maréchaux, celle du chambellan sur les cordonniers et celle du connétable sur les peintres selliers. La maîtrise des bouchers élective, dès le XIVᵉ siècle (st. de 1358) fut érigée en office formé au profit de Jehan Pot par lettres patentes de 1551 (LESPINASSE, I, 28). Mais le maître des bouchers n'apparaît plus dans les statuts ultérieurs (février 1587). Un seul grand officier avait encore droit de justice, le grand panetier, dont la juridiction sur les boulangers ne prit fin qu'en 1719 [1]. Une magistrature purement corporative mais d'ordre supérieur s'était conservée, celle du maître général des œuvres de maçonnerie ou des bâtiments, des sentences duquel on ne pouvait plus appeler depuis 1595 que devant le Parlement [2]. Le maître général des bâtiments était investi de la juridiction sur les maîtres maçons, tailleurs de pierre, plâtriers.

Rappelons enfin que les orfèvres ressortissaient de la Cour des monnaies pour toutes les questions relatives à la marque et au titre des métaux, et les poissonniers de mer à la chambre de la marée. Le prévôt des marchands et les échevins jugeaient les litiges relatifs aux marchandises arrivées par eau sur les ports de la ville (grains, farines, vins).

Les procès entre communautés sont restés justement

1. LAMARE, *Traité de la police*, II, 556.
2. Cette charge subsistait encore au XVIIIᵉ siècle.

célèbres. L'édit de 1691 dénonce déjà comme une calamité publique cette fureur processive, dont les adversaires des corporations n'ont pas manqué de citer complaisamment les excès [1]. Quelques exemples suffiront à donner une idée de cette rage de chicane, dont profitaient seuls les procureurs et les avocats.

En 1627, trente vendeurs de cuir à la halle avaient été créés et un arrêt du Conseil avait édicté une amende de 300 livres contre quiconque amènerait ses cuirs ailleurs qu'aux halles, et les ferait vendre par d'autres que les vendeurs. Les cordonniers résistèrent : on saisit leurs cuirs. Ils demandent alors la mainlevée de la saisie, et un arrêt du 12 avril 1628 leur accorde « par grâce » cette mainlevée, mais les condamne à payer le sol pour livre aux vendeurs.

Rien pourtant n'était terminé. Le débat renaît en 1662, et il faut un arrêt du Parlement, toutes chambres réunies, pour proclamer à nouveau le droit des vendeurs.

Les éventaillistes étaient en démêlés perpétuels avec les merciers, qui prétendaient non seulement enjoliver les éventails, mais les faire ; avec les peintres qui ne se contentaient pas de peindre les éventails, mais préparaient, au lieu de les acheter, le papier et les peaux propres à recevoir la peinture; avec les tabletiers, les papetiers-colleurs et les gantiers [2].

Mais peu de communautés furent aussi processives que celle des fondeurs [3]. Dans l'espace de quelques années,

---

1. On a déjà cité (ch. III, sect. II) les procès des marchands de vin contre les Six Corps, qui durèrent 150 ans, et celui des Six Corps contre les emballeurs, qui, commencé en 1635, n'était pas terminé en 1699.

2. *Lettres, Statuts et Arrêts en faveur des maîtres éventaillistes*, 1730, in-4°.

3. On trouvera les sentences du Châtelet, arrêt du Parlement, etc., concernant cette communauté dans le *Recueil des statuts, ordonnances et privilèges de la communauté des maîtres fondeurs, mouleurs en terre et sable, racheveurs, sonnetiers, enjoliveurs, ingénieurs et fabricateurs d'instruments de mathématiques*, etc., etc. Paris, 1774, in-12.

cette communauté soutint des procès : contre les taillandiers, pour leur faire interdire de fabriquer des chenêts; contre les aiguilliers-aleiniers, pour leur contester le droit de vendre des dés autres que ceux de la façon de Paris; contre les doreurs, pour revendiquer à leur encontre le droit exclusif de fondre, travailler et réparer les ouvrages de cuivre; contre les balanciers, pour réclamer concurremment avec eux le droit de vendre des poids de marc; contre les épingliers, les chaudronniers, les boutonniers, les sculpteurs.

Ces orgies de procès coûtaient cher aux communautés, et l'on n'est pas surpris de lire dans Forbonnais[1] qu'une partie du produit des emprunts contractés par les corporations était consommée en frais de justice. « Les communautés de Paris, dit cet auteur, dépensent annuellement de 800.000 livres à 1.000.000 de cette manière. C'est un fait avéré dont les registres font foi. »

Quelques communautés avaient tenté de réagir contre ces abus. Les statuts des arquebusiers portent que les jurés ne peuvent intenter aucun procès touchant les règlements, fait et police dudit métier, sans premièrement avertir la communauté et que la plupart s'accordât à le le faire; une clause analogue se trouve dans les statuts des ciseleurs-doreurs de 1573. Mais ces dispositions demeurèrent inefficaces et le Gouvernement se décida à intervenir. En 1703, une ordonnance royale défendit aux jurés d'intenter un procès, sans y avoir été autorisés par une assemblée générale de la communauté. On a vu par le témoignage de Forbonnais, dont l'ouvrage a été composé en 1758, que, malgré cette ordonnance, les corporations continuèrent à se ruiner en procès.

1. *Recherches et considérations sur les finances de la France*, p. 112.

CHAPITRE VI

STATISTIQUE DES CORPORATIONS ET CONDITION ÉCONOMIQUE
DE L'OUVRIER EN 1715

Le nombre des corporations régulièrement organisées en jurandes était resté, jusqu'en 1673, et malgré les édits de 1581 et de 1597, très inférieur au nombre total des métiers : à Paris, on ne comptait guère qu'une soixantaine de corporations constituées[1]. L'édit de 1673, en renouvelant des prescriptions depuis longtemps oubliées, eut pour résultat d'élever à soixante-treize le nombre des corps d'état officiellement reconnus : nombre d'artisans se refusaient encore à se grouper en communautés, redoutant que l'organisation corporative ne favorisât les desseins du fisc ; l'édit de 1691[2] ne leur permit plus de se dérober. Cet édit qui, à Paris toùt au moins, fut fidèlement exécuté, fixa le nombre des corporations à 127, et les répartit en quatre classes, d'après leur importance ; il détermina en même temps chacune de ces classes et eu égard à l'importance de la ville, le droit dû au roi lors de chaque réception. Ainsi dans les villes où siégeait un Parlement ou un Conseil supérieur, les maîtres reçus dans les communautés de la première classe payaient au roi 30 livres, ceux de la seconde classe, 20 livres, ceux de la troisième, 12 livres, ceux de la quatrième, 6 livres. Les droits de réception étaient, pour les communautés des

---

[1]. Ce nombre est très inférieur à celui des corporations du temps de saint Louis. Plusieurs métiers avaient disparu et d'autres communautés autrefois séparées s'étaient réunies en une seule.

[2]. Collect. LAMOIGNON, t. XVIII, f° 6. — LESPINASSE, I, 123.

villes où il y avait un présidial, un bailliage ou une sénéchaussée, de 20, 12, 8 et 4 livres, selon les classes ; pour les communautés de petites villes et **bourgades**, de 15, 10, 6 et 3 livres.

L'édit de 1691 divise ainsi les communautés :

Première classe. — Les Six Corps (apothicaires-épiciers, bonnetiers, drapiers, merciers, orfèvres, pelletiers) et dix-neuf autres corporations : affineurs d'or et d'argent ; bouchers ; batteurs d'or ; barbiers-perruquiers ; brasseurs ; chirurgiens ; chapeliers ; charpentiers ; libraires ; marchands de vin ; maçons ; maîtres en fait d'armes ; paveurs ; peintres ; sculpteurs ; tireurs d'or ; tapissiers ; teinturiers ; tanneurs.

Deuxième classe. — 40 communautés : Armuriers-heaumiers ; boulangers des faubourgs ; bourreliers ; cartiers-papetiers ; corroyeurs ; ceinturiers ; charcutiers ; charrons ; chandeliers ; chaudronniers ; couvreurs ; écrivains ; fourbisseurs ; fondeurs ; fripiers ; gantiers-parfumeurs ; horlogers ; lingères ; lapidaires ; limonadiers ; maréchaux ; menuisiers ; ouvriers en draps d'or et de soie ; ouvriers en bas de soie ; plumassiers ; pâtissiers ; potiers d'étain ; peaussiers ; parcheminiers ; paumiers ; plombiers ; poissonniers d'eau douce ; rôtisseurs ; selliers ; serruriers ; teinturiers en laine, fil et soie ; tonneliers ; verriers-faïenciers ; vinaigriers ; vitriers.

Troisième classe. — 32 communautés : Arquebusiers balanciers ; boisseliers ; boursiers gibeciers ; crieurs de vieux fer ; cordonniers ; couteliers ; couturiers ; coffretiers ; cuisiniers ; doreurs ; éventaillistes ; éperonniers ; faiseurs d'instruments de mathématiques ; fruitiers orangers ; foulons ; graveurs ; gainiers ; grainiers ; joueurs d'instruments et maîtres à danser ; jardiniers ; miroitiers ;

mégissiers; potiers de terre; peigniers tabletiers; sages-femmes; tailleurs; taillandiers; teinturiers du petit teint; tondeurs; tourneurs; vanniers.

Quatrième classe. — 30 communautés : Aiguilliers; bateliers; boutonniers; bouquetières; brodeurs; bonnetiers ouvriers; chaînetiers; cloutiers; cardeurs; cordiers; découpeurs; émailleurs; épingliers; émouleurs de grandes forces; filassiers; ferreurs d'aiguillettes; faiseurs de cordes à boyaux; layetiers; nattiers; oiseliers; patenôtriers en bois et corne; patenôtriers en jais, ambre et corail; pêcheurs à verges; pêcheurs à engins; papetiers; savetiers; tisserands; tissutiers rubaniers; vergetiers brossiers; vidangeurs (ou maîtres fifi)[1].

Sans entrer dans l'examen détaillé des coutumes et des règles particulières à chacune de ces communautés, travail encyclopédique qu'il ne saurait être question d'entreprendre ici, passons en revue rapidement, comme nous l'avons déjà fait pour les métiers du XIIIe siècle, les diverses communautés de Paris et indiquons leur traits essentiels.

Métiers relatifs à l'habillement, à l'équipement, à l'armement. — Ces métiers sont toujours à la tête du commerce parisien. Sur les Six Corps privilégiés, trois rentrent dans cette catégorie : les merciers, les pelletiers, les bonnetiers. Les *merciers* (statuts de de 1407, février 1567, juillet 1601, janvier 1613 et août 1645)[2], qui formaient le second des Six Corps, étaient si nombreux qu'au XVIe siècle Henri II les passant en revue trouva, dit-on, 3.000 hommes sous les armes et en si bon équipage qu'il les fit

---

1. Il faut ajouter à cette liste les relieurs séparés des libraires depuis 1685 et les pain-d'épiciers et les imprimeurs en taille-douce érigés en métier juré en 1692.

2. *Statuts, Ordonnances et Règlements du corps des marchands merciers, grossiers, joailliers de cette ville*, 1727, in-4°.

mettre en bataille par le prince de la Roche-sur-Yon[1]. Ils se divisent en près de vingt spécialités ; les grossiers qui vendent en gros, en balle et sous corde tout ce que les autres vendent en détail, les marchands de draps d'or et d'argent, les joailliers qui trafiquent des pierres précieuses, les marchands de toiles et de linge de table, etc. Vendant un peu de tout, les merciers plaident continuellement contre d'autres communautés. Ils savent d'ailleurs se ménager de puissantes protections par de petits cadeaux offerts à propos. C'est ainsi qu'ils allèrent un jour faire visite à Fouquet, alors procureur général, qui daigna accepter « sans violence et de bonne grâce » douze aunes de satin de Gênes pour lui faire une robe.

Les *pelletiers* ont bien perdu de leur importance, malgré leur réunion aux *fourreurs* en 1586. Ils ont cependant six gardes comme les drapiers (statuts de 1587, confirmés en 1618 et en 1648)[2].

Les *bonnetiers* formèrent jusqu'en 1716 deux corporations : les aumussiers et les bonnetiers au tricot du faubourg Saint-Marcel. Ils vendent des bas, mitaines, gants pour hommes[3].

Les *cordonniers* ont une multitude d'officiers : le syndic, le doyen, deux maîtres visiteurs, des visiteurs, deux jurés du cuir tanné, deux jurés de la Chambre, quatre jurés de la visitation royale, douze petits jurés, etc. (statuts de 1614)[4]. Ils ont des démêlés continuels avec les *savetiers*. Ces derniers obéissent à de nouveaux statuts de 1659 : une sentence de police du 8 août 1721 leur per-

---

1. *Guide du corps des marchands*, 1766, p. 358.
2. *Statuts et Ordonnances des marchands pelletiers, grossiers, haubaniers couroyeurs*, 1748, in-4°. Sur les marchandises que vendaient les merciers au XVIII° siècle, voir VIDAL et DURU. *Histoire de la corporation des marchands merciers*. Champion, 1912, p. 79-87, 246-248. Le nombre des merciers de Paris en 1642 était de 2.800 (SAUVAL, t. II) il s'élevait en 1754 à 2.184 marchands (VIDAL et DURU, p. 88).
3. *Recueil des principaux statuts, arrêts et règlements du corps de la bonneterie*, 1756, in-4°.
4. *Recueil des statuts, lettres patentes... pour la communauté des maîtres cordonniers*, 1752, in-4°.

met de mettre aux souliers jusqu'à un tiers de cuir neuf[1].

Les *lingères* débitent les toiles non teintes, batistes et dentelles de fil. Cette communauté a absorbé, en 1572, celle des canevassiers; les lingères ont seules le droit d'acheter à la Halle aux toiles les denrées des forains. Par un contraste assez piquant, les maris des marchandes lingères sont traités comme le sont, dans les autres communautés, les femmes des maîtres; ils ne peuvent obtenir la maîtrise, mais, après la mort de leurs femmes, ils sont autorisés, tant qu'ils ne se remarient pas, à continuer leur commerce sous l'autorité des gardes-jurées (nouveaux statuts de janvier 1645)[2].

Les *couturières* n'ont pas, comme on pourrait le croire, le droit de façonner les divers vêtements qui composent l'ajustement féminin, mais seulement les robes de chambre, jupes, justaucorps, manteaux, camisoles, à la réserve des corps de robes et bas de robes « que seuls peuvent faire les tailleurs » (statuts de 1675, art. 1)[3]. Les couturières ne peuvent employer aucun compagnon tailleur

---

1. *Statuts, Articles, Ordonnances et Règlements des jurés et anciens bacheliers et maîtres de la communauté des savetiers de la ville et faubourgs... de Paris*, 1743, in-4°.

2. *Statuts, Ordonnances et Articles que les marchandes maîtresses toilières, lingères... requièrent être augmentées, confirmées, approuvées*, 1714, in-4°.

3. *Statuts, Ordonnances et Déclarations du Roy pour la communauté des couturières de la ville, fauxbourgs et banlieue de Paris*, 1778, in-4°.
Les couturières n'avaient au surplus été érigées en communauté que par lettres patentes du 30 mars 1675. Ces lettres patentes, après avoir rappelé que par l'édit de mars 1673 il avait été ordonné que tous ceux qui faisaient profession de commerce seraient érigés en corps, communautés et jurandes, s'expriment ainsi : « En exécution duquel édit, plusieurs femmes et filles nous ont remontré que de tout temps elles se sont appliquées à la couture pour faire pour les personnes de leur sexe, leurs jupes, robes de chambre, manteaux; que ce travail étant le seul moyen qu'elles eussent pour gagner honorablement leur vie, elles nous auraient supplié de les ériger en communauté. Ayant d'ailleurs considéré qu'il était dans la bienséance et convenable à la pudeur des femmes de leur permettre de se faire habiller par des personnes de leur sexe, à ces causes, etc... » Statuts précités, p. 13.

ni les maîtres tailleurs aucune fille couturière. Ne peuvent les maîtresses couturières faire aucun habit d'homme (art. 2). Les filles des maîtresses étaient dispensées de tout apprentissage (art. 6).

Les *tailleurs* (unis aux *pourpointiers*, en 1660)[1] ont seuls le droit de façonner les corps de robes de femmes et bas de robes de femmes, ainsi que les divers vêtements d'hommes. Le client fournit l'étoffe que le tailleur se borne à façonner. Une communanté de frères tailleurs, mi-religieuse, mi-laïque, existait encore au XVIIe siècle, rue Jean-Lantier.

Les *fripiers* (nouveaux statuts du 9 février 1669)[2] ne vendent pas seulement de vieux habits, mais encore des meubles et de la tapisserie d'occasion qu'ils ne peuvent toutefois acheter qu'aux menuisiers et tapissiers. Ils peuvent faire des vêtements neufs, à l'aventure et sans mesure (vêtements de confection), mais seulement jusqu'à une valeur de 10 livres (statuts de 1665, art. 22).

Citons seulement les communautés des *boursiers*, des *ouvriers en bas de soie*, des *ceinturiers* (statuts nouveaux de 1515, confirmés en 1550).

La confection et la façon des étoffes d'or et d'argent et de soie occupait trois métiers distincts: celui des *tissutiers-rubaniers*, celui des *ouvriers en drap d'or, d'argent et de soie*, enfin celui des *passementiers d'or et d'argent*. Les deux premiers de ces métiers fabriquaient, pour les merciers, les étoffes d'or et de soie, les satins, les damas, les velours, les brocarts, les draps d'or et d'argent fin, plein, frisé, figuré de toutes façons, les gazes de soie enrichies d'or et d'argent, les crespes, rubans, etc. La seule différence entre les deux métiers était que les tissutiers ne tissaient

---

1. *Statuts et Ordonnances des maîtres marchands tailleurs d'habits, pourpointiers, chaussettiers de la ville de Paris*, 1742, in-12.
2. *Statuts, Ordonnances et Règlements de la communauté des marchands fripiers de la ville de Paris*, 1751, in-4°.

bandes ou rubans qu'en petite largeur. Les tissutiers-rubaniers avaient des statuts de 1404 (LESPINASSE, t. II, p. 287, note 4), renouvelés en août 1585 [1]. Les ouvriers en drap d'or, d'argent et de soie, longtemps confondus avec les tissutiers, avaient été érigés, en juillet 1615, en communauté distincte (COLL. LAMOIGNON, t. X, f° 914 ; LESPINASSE, t. II, p. 289). Les deux communautés furent réunies par contrat, le 10 mai 1645 ; pour assurer aux deux métiers une représentation équitable, un des quatre jurés devait être pris parmi les ouvriers des draps de grande navette, et les autres parmi les ouvriers de petite navette (tissutiers-rubaniers). Mais l'accord ne fut pas de longue durée. Le 21 avril 1666, un arrêt du Conseil (COLL. LAMOIGNON, t. XIV, f° 1078 ; LESPINASSE, t. II, p. 296) sépara de nouveau les deux métiers. Les ouvriers en drap d'or et de soie conservèrent le monopole des « grandes manufactures d'or, d'argent, de pure et fine soie, à la charge que lesdites étoffes seront en largeur d'un tiers d'aune et au-dessus, avec défense auxdits ouvriers de faire aucuns rubans ou autres étoffes de largeur au-dessous dudit tiers d'aune ». Ces ouvrages, qui se travaillaient à la petite navette, furent réservés aux tissutiers. En 1667, les ouvriers en drap d'or et de soie reçurent de nouveaux statuts (LESPINASSE, t. II, p. 297).

Les *passementiers boutonniers* (statuts de 1559 et de 1653; LESPINASSE, II, 146 et 153) font tous passements et dentelles, tous boutons, etc.

Les *chapeliers* formaient une communauté nombreuse. Leurs anciens statuts de 1366 avaient été remplacés par de nouveaux statuts en 1658 [2]. Les anciennes communau-

---

1. *Ordonnances du Roi Henri troisième, confirmez par Louis XIII, contenant les statuts des maîtres tissutiers-rubaniers, ouvriers en drap d'or, argent et soie.* Paris, in-12, 1650.

2. *Articles, Statuts, Ordonnances et Règlement des gardes, jurés, anciens bacheliers et maîtres de la communauté des chapeliers de la ville de Paris* par maistre René HARENGER, 1658, in-4°. L'exemplaire de ces statuts que possède la *Bibliothèque Nationale* porte la cote F. 12924.

tés des faiseuses de chapeaux d'orfrois, des fourreurs de chapeaux, des chapeliers de coton et chapeliers de fleurs avaient été absorbées par d'autres communautés. Les chapeliers de coton, par exemple, s'étaient réunis aux bonnetiers et les fourreurs de chapeaux aux chapeliers de feutre ou plus simplement aux chapeliers qui seuls avaient conservé une organisation indépendante.

Armement et équipement. — La communauté des *armuriers heaumiers* (statuts de 1296, du 1ᵉʳ décembre 1364 et de septembre 1562), autrefois très prospère, avait perdu beaucoup de son importance au XVIᵉ siècle par suite de la préférence accordée par la mode aux armures de Lombardie, de Savoie, des Flandres ou d'Allemagne. En 1416, il n'existait plus à Paris que dix heaumiers, huit armuriers et deux ganteliers [1]. En 1723, il n'en restait plus que deux. Ils se réunirent alors aux *artilliers-arquebusiers* dont la communauté organisée en 1411 par lettres patentes de Charles VII avait reçu de nouveaux statuts en 1443 et en décembre 1575 [2]. Les artilliers-arquebusiers vendent des arcs « bien nervés », des « flèches de bon bois bien conrayé et assaisonné, de bonne corne, bien collées et empennées », des arbalètes tant de bois que d'acier, des arquebuses, des pistolets et hallebardes. L'acheteur d'un pistolet pouvait l'essayer et en tirer trois coups en la présence du vendeur qui devait lui restituer son prix si le pistolet rompait ou froissait.

Les *armuriers-haubergiers* ou faiseurs de cottes de mailles qui formaient autrefois une communauté distincte (lettres patentes de 1407, *Ord. des Rois de Fr.*, t. IX, p. 205), s'étaient réunis au XVIIᵉ siècle aux *chaînetiers*.

---

1. Cf. l'arrêt du Conseil du 14 mai 1416, cité par Lespinasse, t. II, p. 326, note 2.
2. *Statuts, Règlements et Lettres patentes pour les maîtres arquebusiers, archiers, artilliers*, Paris, 1735, in-4°.

Les *fourbisseurs*, dont les statuts sont mentionnés au *Livre des Métiers* (confirmations de juin 1467, 1550, 1566), forgeaient des épées, dagues, pertuisanes, hallebardes. La communauté était très endettée et, en 1707, on l'obligea à recevoir deux maîtres sans qualité jusqu'à ce qu'elle se fût libérée[1].

Les *éperonniers* jadis unis aux *selliers* s'en séparèrent en 1678, mais gardèrent les mêmes statuts. Les selliers vendent non seulement des selles, mais des litières, des harnais, des coches, carrosses avec garniture de drap d'or et d'argent, des chars « triomphants ou funèbres » et même des cercueils[2].

Industries textiles. — Dans le groupe des industries textiles, il faut citer tout d'abord le premier des Six Corps, celui des *drapiers* qui fusionnèrent, en 1633, avec les chaussetiers[3]. Les drapiers sont de très hauts seigneurs; ils ont pour devise un navire d'argent à la bannière de France en champ d'azur avec cette orgueilleuse devise : *Ut cæteras dirigat.* Ils vendent la draperie fine de Sedan, Abbeville, Elbeuf, la draperie mi-fine du Dauphiné et de Rouen, et les gros draps du Berri, de Dreux, de Lodève.

Les tisserands (maîtres ouvriers à façon) font toujours partie de la corporation, bien que l'Ordonnance de 1673 les mentionne séparément. Il ne semble pas que les anciens démêlés entre maîtres et tisserands se soient renouvelés au XVIIe et au XVIIIe siècle. Les tisserands sont

1. *Articles, Statuts, Ordonnances et Règlements des maîtres gardes, jurés anciens, bacheliers et maîtres de la communauté des maîtres marchands fourbisseurs*, 1740, in-4°.
2. Statuts de février 1577, confirmés en novembre 1595. V. le recueil intitulé : *Statuts et Ordonnances des maîtres selliers, lormiers, carrossiers de Paris*, 1770, in-12.
3. *Statuts et Règlements pour les marchands drapiers de la ville de Paris*, 1743, in-4°. Les statuts des drapiers (tisserands de lange) remontent à 1188; les statuts de cette communauté furent confirmés en 1573, 1638 et 1646.

désormais tenus en respect et dominés par leurs tout puissants employeurs, les drapiers.

Après les drapiers, viennent les *foulons*, dont le lieu de réunion est place des Foulons, près de Saint-Gervais [1], et les trois corporations de *teinturiers* : ceux du grand teint, ceux du petit teint et les teinturiers en soie, laine et fil; mais il existe entre les deux premiers métiers de si grandes affinités que, d'après le *Guide du corps des marchands* de 1766 (p. 472), on ne remarquait guère entre elles de différence.

Les *tondeurs de draps à table sèche* concourent, eux aussi, à la confection des draps; ils ont des statuts de décembre 1384, confirmés en 1477 et en 1531. — Le 12 mai 1760, le Parlement leur interdit de s'entendre pour imposer leurs prix sur les marchandises.

Citons encore les communautés des *filassiers* et *filassières*, des *cardeurs* et des *cordiers* [2]. Les plus récents statuts de cette communauté dataient du 12 janvier 1706.

Alimentation. — Les boucheries étaient toujours au XVIIe siècle la propriété de quelques riches familles qui n'exerçaient plus le commerce et louaient leurs étaux. On avait tenté de réglementer l'exercice de ce monopole, et deux arrêts des 4 mai 1540 et 29 mars 1551 [3] avaient ordonné que les étaux seraient adjugés chaque année à l'audience de police du Châtelet au prix maximum de 16 livres parisis; peu après, il était interdit, par arrêt du 4 février 1567, d'avoir plus d'un étal par boucherie [4].

---

1. Statuts de 1443 confirmés en 1467 et en 1606. Cf. *Statuts pour la communauté des maîtres et marchands foulons, aplanisseurs, épontilleurs de draps*, 1742, in-12.
2. *Statuts et Règlements pour la communauté des maîtres cordiers criniers de Paris*, 1743.
3. LAMARE, *Traité de la Police*, II, p. 585.
4. LAMARE, op. cit., p. 586. Cf. aussi les *Statuts et Règlements de la communauté des maîtres et marchands bouchers de la ville de Paris*, 1744, (à la Bibliothèque Nationale, imprimés, F 2899), p. 63 et suiv. Les statuts

Les bouchers protestèrent et eurent gain de cause. On leur permit de tenir deux étaux au lieu d'un seul. L'adjudication eut toujours lieu au Châtelet, mais on leur reconnut le droit de présenter leurs locataires au prix fixé par eux (arrêt du 8 décembre 1570) et de rendre l'adjudication illusoire. Le commerce de la boucherie demeura comme par le passé un monopole [1].

Il existait en 1722 quarante-huit boucheries avec 307 étaux. Les principales étaient : la Grande Boucherie près du Châtelet (29 étaux), la boucherie de Beauvais, rue Saint-Honoré, créée en 1416 (28 étaux) [2] la boucherie du faubourg Saint-Germain concédée à l'abbé de Saint-Germain-des-Prés en 1370 (22 étaux).

Il n'existait pas de marché aux bestiaux dans Paris, ou plutôt l'ancien marché était presque déserté. Les bouchers s'approvisionnaient au marché de Poissy, et il leur était interdit, pour éviter l'accaparement, d'acheter le gros bétail dans un rayon de 20 lieues ailleurs qu'aux marchés publics [3].

Les bouchers avaient longtemps eu le monopole de la vente de la chair de porc; mais, dès le XVᵉ siècle, apparaissent les *charcutiers* auxquels des statuts sont don-

---

des bouchers dataient de 1381, de 1587 et de 1650 pour ceux de la grande boucherie (LESPINASSE, I, 266, 283, 288). Ceux de la boucherie de Beauvais avaient été érigés en métier juré en 1586 (*ibid.*, 281).

1. Cf. *Bibliothèque nationale*, mss. 8114, f° 279, un arrêt du Parlement du 23 décembre 1544 déboutant un candidat boucher qui présentait requête tendant à ce que les bouchers fussent contraints de l'examiner et s'il subissait l'épreuve avec succès, de lui bailler un étal. Les bouchers répondaient qu'ils étaient propriétaires de la grande Boucherie et y recevaient qui ils voulaient.

2. Ces bouchers avaient été érigés en métier juré distinct de la communauté des bouchers par lettres patentes de février 1586 (LESPINASSE, v. I, p. 281).

3. Les créances des bouchers, pour les fournitures de viande par eux faites, étaient privilégiées. V. à la page 89 des statuts ci-dessus cités, un arrêt du 10 mai 1695, ordonnant que le sieur Thibert, boucher, sera payé par préférence à tous les autres créanciers du duc d'Humières.

nés le 17 janvier 1476 ¹. Ces statuts établissent l'obligation de faire le chef-d'œuvre et de payer 20 sols parisis (10 au roi, 5 à la confrérie, 5 aux jurés) pour être reçu à la maîtrise (art. 3). Les charcutiers ne purent vendre aucuns fruits, choux, navets, beurres, harengs, ni marée (art. 5), ni chair cuite qui ne fût « digne d'entrer en corps humain », ce à peine d'amende arbitraire (art. 8). Ces statuts rencontrèrent une vive opposition de la part de nombre de charcutiers au dire desquels sept ou huit maîtres seulement (Oudin Bonnart, Yvonnet Alot et quelques autres) auraient sollicité la nouvelle réglementation ; une sentence de police du 25 septembre 1477 donna satisfaction à ces plaintes en élargissant les dispositions des statuts et en maintenant à tous les charcutiers qui exerçaient cette profession avant 1475 le droit de passer maîtres moyennant 10 sous et sans chef-d'œuvre. Les charcutiers ne furent toutefois définitivement affranchis de la domination des bouchers que par lettres patentes de juillet 1513 (*Ord. des rois de France*, t. XXI, p. 515; LESPINASSE, t. I, p. 324) ; ces lettres leur permirent d'acheter et d'enlever les porcs nécessaires à l'exercice de leur métier sans payer de redevance aux bouchers. Leurs privilèges furent confirmés en juillet 1572, en mai 1604, en mai 1611. De nouveaux statuts furent donnés aux charcutiers en 1710 ; ils ne renferment aucune disposition qui mérite d'être signalée ².

1. Ces statuts et tous les titres intéressant cette communauté ont été publiés en 1755 dans un recueil in-4° intitulé : *Nouveaux Statuts de la communauté des maîtres et marchands charcutiers de la ville de Paris* (*Bibliographie* de M. BLANC, n° 499.) On trouvera aussi les statuts des charcutiers dans LESPINASSE, t. I, p. 319.

2. Les tripiers existaient en fait, mais ne formaient pas une communauté ; ils devaient obtenir une licence du prévôt. Le 28 mai 1738, une ordonnance du prévôt en réduit le nombre à douze, sous le prétexte que ces tripiers « se sont multipliés, encombrant non plus seulement l'arcade du quai de Gesvres, mais la vieille place aux Veaux et les alentours, obstruant ainsi la circulation, ce dont les bouchers se plaignent ».

La communauté des *poissonniers d'eau douce* déjà mentionnée au *Livre des Métiers* avait obtenu en juillet 1484 (collection LAMOIGNON, t. V, f° 50) et en 1548 (coll. LAMOIGNON, t. VII, f° 162) des lettres patentes portant confirmation de ses statuts[1]. A cette communauté se rattachent également celles des *pêcheurs à engins* et des *pêcheurs à verges*. Ces derniers avaient été maintenus par lettres patentes du 3 février 1380 (LESPINASSE, t. I, p. 467) dans l'autorisation de vendre près du Châtelet devant la place de la Grande-Boucherie, le poisson de leur pêche. Les statuts de ce métier d'avril 1515 (LESPINASSE, t. I, p. 469) interdisent toute association avec des forains ou pêcheurs à engins (art. 10); chaque pêcheur avait sa place marquée qu'il était défendu d'usurper à peine de 20 sous d'amende (art. 7).

La communauté des *poissonniers de mer*, dont le Livre des Métiers renferme les statuts et dont les privilèges avaient été confirmés en 1315 et en 1324 (LESPINASSE, t. I, p. 409 et 415), a perdu au XVII° siècle une grande partie de son importance[2]. Les poissonniers d'eau de mer sont en effet supplantés par les officiers vendeurs, d'abord élus par les poissonniers, puis érigés en titre d'offices en 1544 (LAMARE, *Traité de la Police*, t. III, p. 193. — LESPINASSE, I, p. 422).

Les chasse-marée ou marchands forains entrent à la

---

1. Aux termes de ces statuts, il est défendu de mettre ou lever nuls engins du samedy soleil couchant au lundy soleil levant, ni aux fêtes d'apôtre, sauf en carême, de pêcher au bucheret ou herbée avant le 1ᵉʳ août.

2. « Les marchands forains nommés autrement chasse-marée qui fournissent à Paris la provision de marée sont les Picards et les Normands.» *Guide du corps des marchands* (1766), p. 319. Des lettres patentes du 18 décembre 1409 confirment les privilèges des pauvres marchands regratiers de poisson de mer et d'esgrun. Ces regratiers dont se sont séparés en 1608 les vendeurs d'esgrun (fruitiers) étaient distincts des poissonniers d'eau de mer; ils vendaient comme eux « des harengs saurs ou frais, des maquereaux, etc. ».

file dans le parquet de la marée et s'arrêtent chacun devant l'un des officiers vendeurs, selon le rang des places qu'ils occupent dans le dit parquet, sans pouvoir se choisir aucun vendeur autre que celui qui est dans leur tour et rang (ordonnance des commissaires du Parlement de 1681; Lespinasse, t. I, p. 433); les poissonniers ne pouvaient donc revendre le poisson qu'en boutique ou au détail sur la voie publique.

Le commerce des huîtres était libre ; au surplus, il était peu considérable : on ne vendait pas par an plus de 30.000 livres d'huîtres en 1681 (arrêt du Conseil, décembre 1682; Lespinasse, I, 434).

Les *grainiers*[1] (statuts de novembre 1595 confirmés en 1678, modifiés par lettres patentes du 1er décembre 1705); ils vendent les grains, graines et légumes. Les bourgeois et forains peuvent aussi vendre leurs produits au marché, mais sous la surveillance des jurés grainiers[2].

La communauté des *boulangers* avait été supprimée puis rétablie en 1511. Un édit d'août 1711[3] ordonna l'union des boulangers des faubourgs à ceux de la ville et supprima en principe la charge de grand panetier de France en autorisant seulement à titre d'indemnité le duc de Brissac, titulaire de charge, à en conserver les privilèges pendant sept ans encore. Les boulangers reçurent de nouveaux statuts le 14 mai 1719[4]. On y voit qu'ils avaient le droit de faire non seulement le pain de ménage, mais le pain de fantaisie, les petits pains au lait, à la reine, à la sigoire (art. 24, p. 13). Ils avaient des concurrents dans

---

1. *Statuts de la communauté des maîtres et marchands grainiers, maîtresses et marchandes grainières de la ville, faubourgs et banlieue de Paris*, 1750, in-8°, Lespinasse, t. I, 228.
2. Stat. de 1678, art. 27. *Ibid.*, p. 38.
3. Lespinasse, t. I, p. 215.
4. *Statuts et Lettres patentes pour les maîtres boulangers de la ville de Paris*, 1725, in-4°. — Ces statuts ont été reproduits par Lespinasse, t. I, p. 218.

les boulangers de Gonesse, qui ne pouvaient apporter du pain que les mercredis et samedis jours de marché, (art. 26, p. 14) : encore ce pain devait-il être d'au moins trois livres et cuit de la veille (art 27 et 30, p. 14 et 16). Le monopole de la corporation des boulangers était si rigoureux qu'il était même défendu aux particuliers d'avoir des fours pour y faire le pain nécessaire à leur consommation personnelle ; les jurés visiteurs avaient le droit de faire abattre les fours découverts chez les particuliers auxquels il était défendu de les reconstruire, à peine de 500 livres d'amende (art. 32, p. 17).

Les *marchands de vin*, qui n'ont jamais pu faire admettre leur prétention de former un septième corps des marchands agrégé aux Six Corps reconnus, ont reçu de nouveaux statuts en août 1647[1]. Ils forment au surplus une corporation des plus importantes : ils se divisent en *taverniers*, qui ne peuvent vendre que du vin au pot, c'est-à-dire à emporter, et en *cabaretiers* qui non seulement vendent du vin, mais donnent à manger. Près d'eux exercent divers officiers publics : les crieurs de vin, les courtiers en vin érigés en maîtrise par lettres patentes d'octobre 1587, enfin les 36 jurés vendeurs de vins institués en 1667.

Les *distillateurs*[2] et les *limonadiers* furent longtemps deux communautés distinctes. Les premiers, érigés en métier juré en 1637 par lettres patentes de Louis XIII (LESPINASSE, t. I, p. 595), distillaient et vendaient l'eau-de-vie ; quelques-uns d'entre eux joignaient à cette industrie la distillation des eaux fortes, fabrication pour laquelle ils avaient été placés en 1639 sous le contrôle de la Cour

---

1. *Ordonnances, Statuts et Règlements des marchands de vin de Paris*, 1732, in-4°. V. encore sur ces statuts de 1647, LESPINASSE, t. I, p. 683.
2. Cf. *Nouveau Recueil des statuts et règlements de la communauté des maîtres distillateurs, marchands d'eau-de-vie et de toutes sortes de liqueurs*. Paris, 1754, in-4°.

des monnaies ; les seconds n'étaient que des regratiers ou petits débitants revendeurs. En 1676, les limonadiers reçurent de nouveaux statuts et furent unis aux distillateurs, malgré les protestations de ces derniers. Un certain nombre de distillateurs qui se livraient plus spécialement à la fabrication des eaux fortes se retirèrent de la corporation et sous le titre de chimistes continuèrent leur fabrication [1]. En 1704, la communauté des limonadiers fut abolie et remplacée par 150 offices héréditaires aussitôt rachetés (juillet 1705) par les limonadiers pour la somme de 200.000 livres. En 1706, suppression nouvelle et concession du droit de vendre les eaux-de-vie et liqueurs au détail à 500 privilégiés. La communauté des limonadiers ne fut rétablie qu'en novembre 1713 [2].

Les *pain-d'épiciers* furent séparés des pâtissiers en février 1596 ; leurs statuts réglementent minutieusement la fabrication du pain d'épices qui se fait en cœur rond, ou carré, ou billeté [3].

Les *pâtissiers* eux-mêmes, encore qu'ils ne forment qu'une seule communauté, se divisent en *pâtissiers* proprement dits (statuts de 1440, de 1497 et de 1522) qui vendent des pâtés de viande, de poisson, d'anguille et de porc, et en *oubliers* (statuts de 1270, 1397, 1406) qui vendent des casse-museaux et des oublies. Les premiers sont en lutte continuelle avec les *rôtisseurs*, qui leur contestent le droit d'acheter du gibier et de la volaille, à la halle même, pour en faire des pâtés [4]. Les rôtisseurs se plai-

1. « Ils disparurent tôt, » dit l'historien de la profession placé au début du *Nouveau Recueil des statuts...* sus-énoncé. C'est là une erreur. Un arrêt du 23 mai 1746 (*ibid.*, p. 73) rendu contre ces « chimistes » prouve qu'ils demeurèrent indépendants jusqu'à cette époque.
2. V. ces divers édits, LESPINASSE, t. I, p. 609, 610 et les notes.
3. Cf. les *Statuts de Messieurs les pâtissiers de pain d'épice de la ville, fauxbourgs et banlieue de Paris*, 1746, in-4°. — V. encore LESPINASSE, t. I, p. 400.
4. *Privilèges accordés aux maîtres pâtissiers-oublayers de la ville et banlieue de Paris*, 1747, in-8°. — V. encore LESPINASSE, t. I, p. 366.

gnent surtout des pâtissiers privilégiés suivant la Cour, qui « devançant l'heure de la mise en vente, se saisissent du meilleur ».

Les *rôtisseurs* eux-mêmes avaient été séparés des *cuisiniers* en 1509, par lettres patentes de Louis XII (*Ord. des Rois de France*, t. XXI, p. 408). Ils avaient le droit exclusif d'acheter à la halle, de faire cuire et de vendre la volaille ou le gibier[1]; il était même interdit aux hôteliers d'acheter directement aux halles et de faire cuire la volaille ou le gibier qu'ils servaient à leurs clients : un arrêt du Parlement du 6 mars 1659 fit ainsi défense à Antoine Maupetit, hôtelier du faubourg Saint-Marcel, de consommer aucunes viandes, de les étaler ou de les exposer en vente qu'il ne les eût prises chez des rôtisseurs de la ville de Paris. Les *cuisiniers* (statuts de mars 1599 et d'août 1663) faisaient les dîners de noces, banquets, repas de corps. Les cuisiniers eux-mêmes devaient en principe acheter les volailles et le gibier chez les rôtisseurs; ils n'étaient autorisés à les faire cuire eux-mêmes que si le repas était commandé[2].

Les *vinaigriers* ont d'anciens statuts du 22 mars 1412[3], des statuts nouveaux de 1514 confirmés en 1559, en 1567,

---

1. *Statuts et Ordonnances des maîtres rôtisseurs de la ville et faux-bourgs de Paris*, 1705, in-8°, p. 40. Sentence de la prévôté validant la saisie d'un poulet d'Inde, d'un lièvre et de douze pigeons, faite sur Mignot, pâtissier suivant la Cour, celui-là même sans doute qui excita la verve railleuse de Boileau :

> Car Mignot, c'est tout dire et dans le monde entier
> Jamais empoisonneur ne sut mieux son métier.

2. Arrêt du Parlement du 30 janvier 1751 inséré dans le *Recueil d'arrêts, ordonnances et règlements concernant les statuts de la communauté des maîtres queux, cuisiniers, traiteurs de la ville... de Paris*, 1751, in-4°, p. 169.

3. Lettre du prévôt de Paris approuvant les statuts des buffetiers, vinaigriers en 15 articles (Collect. LAMOIGNON, t. III, f° 544), reproduite par LESPINASSE, t. I, p. 565.

en 1594 et en 1658[1]. Ils vendent non seulement du vinaigre, mais de la moutarde[2] et du verjus ; aux termes d'un arrêt du Parlement, en date du 2 août 1625, les *chandeliers moutardiers* peuvent vendre concurremment avec les vinaigriers ces deux derniers produits, mais ils ne peuvent vendre du vinaigre qu'à la condition de l'acheter à un vinaigrier.

Les *fruitiers orangers*, qui avaient d'abord fait partie des *regratiers de poisson de mer, fruits et esgrun*, ne furent organisés en communauté distincte qu'en 1608, date à laquelle remontent leurs statuts particuliers[3]. Ils vendent de toutes sortes de fruits et esgrun (poires, pommes, cerises, marrons, citrons), des œufs, du beurre et du fromage qui viennent surtout de Normandie. Il leur est défendu de faire leurs achats aux Halles avant l'heure du

---

1. *Articles, Statuts, Ordonnances et Règlements des jurés, anciens, bacheliers et maîtres de la communauté des vinaigriers, moutardiers, sauciers, distillateurs en eau-de-vie et esprit de vin et buffetiers de la ville de Paris*, par HARENGER, Paris, 1672, in-4°. L'art. 1 des statuts confirmés en 1658 (ces statuts comprenaient alors 43 articles) est ainsi conçu : « Parce que l'expérience a fait connaître que les jurés, bacheliers et membres de la communauté des vinaigriers, moutardiers, etc., n'ont de plus forte passion que celle de contenter en leur art la délicatesse des goûts, soit de Sa Majesté ou de ses peuples, et qu'ils sont au nombre de 200 maîtres avec trois garçons chacun qui vont par la ville, distribuer les marchandises... ils jouiront seuls des grâces que les rois prédécesseurs de S. M. leur ont accordées et ne peuvent être traduits qu'au Châtelet et en appel au Parlement. »
2. La moutarde se faisait avec du vinaigre et du senevé broyés et amalgamés dans un moulin à moutarde.
3. *Statuts te Ordonnances des maîtres et conservateurs de la marchandise de fruits esgruns et savoureux*. Paris, A. DE SAINT-AUBIN, 1680. Ces statuts ont été reproduits par M. DE LESPINASSE, t. I, p. 484. On trouvera dans LAMARE (*Traité de la Police*, t. II, p. 1454) les anciens statuts et règlements des « povres marchands regratiers de poisson de mer et d'esgrun » du 18 décembre 1409 et du 31 mars 1413. Il résulte de ces statuts que dès cette époque, où cependant la margarine était inconnue, on fraudait sur la qualité du beurre : « Pour ce qu'aucunes fois et bien souvent on amène à Paris, tant de Normandie comme d'ailleurs, denrées salées qui à la gueule et à l'entrée du pot sont de bonne apparence et au milieu et dessous sont pourries. » (Stat. de 1413, art. 9.)

bourgeois, c'est-à-dire avant onze heures sonnées, « afin que le bourgeois en ait pour son argent » (art. 13).

Les *poulaillers*, dont le métier avait déjà été réglementé par Etienne Boileau, avaient reçu par lettres du prévôt en décembre 1498 (*Ord. des Rois de France*, XXI, p. 102 ; Lespinasse, t. I, p. 345), de nouveaux statuts confirmés en 1518, en 1547 ; les poulaillers avaient cessé au XVII⁰ siècle de former une communauté.

Les *brasseurs* doivent apposer leur marque sur chaque tonneau. « La bière sera faite de bons grains (d'orge), nettement tenus, sans y mettre yvraie, sarrazin, ni autres mauvaises matières » (statuts de 1630, art. 3)[1]. Il était défendu de faire un brassin (brasser) de plus de quinze setiers de farine par jour, « pour étant certain que les brasseries qui sont plus grandes sont sujettes au temps des chaleurs à se gâter » (art. 7)[2]. Les statuts de 1630 étaient la reproduction d'anciens statuts promulgués par le prévôt en 1489 (Lamare, *Traité de la Police*, t. III, p. 770).

Métaux communs. — Les *aiguilliers-alleiniers* et les *épingliers*, autrefois séparés, avaient été unis par lettres patentes en date de 1695[3], « attendu que nonobstant les prohibitions les maîtres desdites communautés anticipent journellement les uns sur les autres en sorte que cela donne occasion à diverses contraventions qui forment des procès ». Lors de la fusion, les aiguilliers n'étaient plus qu'au nombre de cinq! Aux termes de l'art. 7 de leurs statuts, les épingles devaient être marquées de la marque du maître ou du poinçon des jurés.

---

1. *Articles contenant les statuts et ordonnances des maîtres jurés brasseurs de bière de la ville de Paris*, 1740, in-4°, p. 48.
2. *Ibid.*, p. 5.
3. *Articles et statuts accordés dès l'an 1336 par les rois de France, confirmés et augmentés par leurs successeurs ès années 1336, 1364, 1505, 1607, aux maîtres épingliers, éguilliers, alleiniers, faiseurs de burins*, Paris, in-4°, sans date.

La communauté des *chaînetiers, haubergiers, tréfiliers*, riche et puissante au Moyen Age, est, elle aussi, en pleine décadence[1]. Pour comble d'infortune, la femme d'un juré avait, en 1689, brûlé les registres *par méchanceté*. Cette communauté avait des statuts dès avril 1407 et reçut en 1571 de nouveaux statuts confirmés en 1610. Les anciens statuts constatent que certains maîtres en vendant leurs denrées affirmaient aux acheteurs qu'elles avaient été faites en Lombardie « et la vérité est au contraire qu'elles ont été faites en Allemagne ou autres pays esquels on ne fait si seurs (sûrs) ouvrages qu'audit pays de Lombardie[2] ». On devait déclarer en vendant l'ouvrage s'il était de fer ou d'acier[3].

Les *taillandiers* sont régis par des statuts du 31 janvier 1642 (Lespinasse, t. II, p. 459), confirmés le 3 décembre 1663. Ils se divisent en quatre catégories dont chacune élit un juré : les ferblantiers, les taillandiers en œuvre blanche, les grossiers et les vrilliers ou tailleurs de limes ; mais c'est là une pure division de fait et chaque maître peut faire tous ouvrages de taillanderie, quand même il se serait jusque là spécialisé (statuts de 1663, art. 11)[4].

Les *plombiers*, érigés en métier juré en 1549 (Lespinasse, t. II, p. 543) obéissent à des statuts de 1648 qui n'offrent aucune disposition originale. Les maçons, charpentiers et couvreurs empiétaient souvent sur les fonctions des plombiers ; il leur était défendu de se charger des ou

---

1. *Depuis plus de soixante ans* (dit le *Guide des corps des marchands*, 1761, in-8°), cette communauté expirante et comme éteinte ne subsiste presque plus. Les nouveaux maîtres se reçoivent sans apprentissage et sans observation de statuts. Cf. *Statuts des maîtres haubergiers, treffiliers et chesnetiers de la ville de Paris* (sans date). *Bibliothèque Nationale*, Imprimés, F. 2972.

2. Statuts précités, p. 15.

3. *Ibid.*, p. 8 (statuts de 1571).

4. *Statuts et règlements, arrêts et sentences de la communauté des maîtres taillandiers-ferblantiers de la ville et fauxbourgs de Paris*, 1774, in-12, p. 9.

vrages de plomberie, ces ouvrages mal faits et mal soudés par eux pouvant être un danger pour les passants.

Les *fèvres couteliers* et les *fèvres maréchaux*, qui ne formaient au XIII⁰ siècle qu'une communauté avec les taillandiers et les serruriers, sont séparés au XVII⁰ siècle. Les *couteliers* ont reçu, en 1369, des statuts confirmés en 1565 et en 1608 [1]. La coutellerie de Paris est renommée, bien que déjà on lui oppose celles de Langres et de Châtellerault. Les *émouleurs de grandes forces* repassaient et aiguisaient les couteaux, les ciseaux, etc. ; ils pouvaient même forger des ciseaux. Les statuts des émouleurs de grandes forces ou forcetiers remontaient à 1288 ; ils avaient obtenu de nouveaux statuts en 1407 (*Ord. des Rois de France*, t. IX, p. 269. — LESPINASSE, t. II, p. 399).

Les *maréchaux* (statuts du 22 novembre 1463, — nouveaux statuts en mars 1609 et en octobre 1687) [2] n'ont pas seulement dans leurs attributions le ferrement des chevaux ; à eux seuls appartient le droit de « visiter, évaluer, priser et estimer les chevaux, et pourront les faire vendre et acheter en prenant de gré à gré ce qui leur sera donné par les vendeurs et acheteurs, sans que les courtiers ni autres les y puissent troubler [3] ». Les compagnons de cette communauté étaient très turbulents et il existait chez eux des coutumes analogues au *tric* des ouvriers imprimeurs. L'art. 23 des statuts de 1609 [4] s'exprime ainsi : « Pour obvier aux débauches que font les serviteurs quand ils vont forger les uns contre les autres pour gagner un fer d'argent de petite valeur et lequel ils font porter au chapeau de

---

1. *Statuts et ordonnances pour les maîtres fèvres couteliers, graveurs et doreurs sur fer et aciers... de cette ville et fauxbourg de Paris*, 1739, in-4°. V. aussi LESPINASSE, t. II, p. 382 et s.
2. *Statuts, ordonnances, tant anciens que nouveaux des fèvres maréchaux de la ville de Paris*, 1743, in-4° (Bibliothèque Nationale, Imprimés, F. 2960). — V. aussi LESPINASSE, t. II, p. 434 et s.
3. Statuts de 1609, art. 20 (recueil précité, p. 16).
4. *Recueil de statuts* précité, p. 17.

l'un d'eux pour commencer la débauche qui continue le plus souvent une semaine entière, il est enjoint aux jurés d'y prendre garde et de mener avec eux un commissaire pour les mener prisonniers et confisquer ledit fer d'argent. » Cette méfiance envers les compagnons maréchaux se traduit encore par la disposition énoncée à l'art. 14 des nouveaux statuts de 1687[1] et aux termes de laquelle les garçons doivent rentrer le dimanche chez leurs maîtres à 8 heures du soir au plus tard, à peine de privation d'un jour de solde. Ceux qui viendront pris de vin, jureront ou blasphémeront seront dénoncés au commissaire.

Les *chaudronniers dinandiers* avaient, dès 1327, des statuts augmentés par lettres patentes de Charles VIII (septembre 1484), de Louis XII (avril 1514), de Charles IX (septembre 1566) et confirmés par Henri IV en février 1595[2]. Il était défendu de colporter des denrées de chaudronneries neuves (statuts de 1420, art. 9)[3]. Les marchands forains faisaient une active concurrence aux maîtres qui leur firent défendre en septembre 1484 de vendre autrement qu'en gros et au moins pour quarante livres.

Les *potiers d'étain* (anciens statuts de 1304, de 1382 et de 1496) avaient de nouveaux statuts de mai 1613[4]; il existait dans cette profession des spécialités. Ainsi, le chef-d'œuvre pour le potier rond consistait à faire un pot dont le corps était tout d'une pièce; le potier de forge devait faire une jatte et un plat faits au marteau d'une rouelle[5]. Chaque maître avait sa marque qu'il communi-

1. *Recueil de statuts* précité, p. 46.
2. *Recueil des statuts, lettres patentes, édits, déclarations du roi, rendus au profit de la communauté des maîtres et marchands chaudronniers de la ville de Paris*, 1750, in-4°.
3. *Op. cit.* p. 17. Les statuts de cette communauté ont été reproduits par M. DE LESPINASSE, t. II, p. 494.
4. *Statuts, ordonnances et privilèges des maîtres potiers d'étain de la ville de Paris*, in-4°, 1742 (à la Bibliothèque Nationale, Imprimés, F. 4520).
5. Statuts de 1613, art. 6, *op. cit.*, p. 12.

quait aux jurés[1]. Les potiers d'étain ne devaient acheter de vaisselle d'étain qu'aux ventes publiques[2].

Des potiers d'étain se rapprochent les *potiers de terre* dont les anciens statuts de 1368 et de 1407 avaient été confirmés en 1456 et en 1607 (Lespinasse, t. II, p. 764). Ils travaillaient sur roue et façonnaient la grossière vaisselle en terre ; ils faisaient aussi des carreaux pour pavages et revêtements[3].

Les *balanciers* sont soumis à la juridiction de la Cour des monnaies. Chaque nouveau maître reçoit un poinçon composé de son initiale surmontée d'une couronne fleurdelisée. Cette communauté d'origine ancienne était peu nombreuse. En 1717, elle ne comprenait que dix maîtres. Les statuts des balanciers rédigés en 1325 avaient été confirmés par sentences du Châtelet en 1510 et en 1519.

Après ceux qu'ils devaient à Étienne Boileau, les statuts les plus anciens des *serruriers* dataient du 21 mars 1393 ; mais ces statuts avaient été revisés et complétés en mai 1543 et en octobre 1650. (Lamare, *Tr. de la Police*, t. IV, p. 97.) Les serruriers qui avaient autrefois été unis aux fèvres couteliers et autres ouvriers du fer faisaient encore des coffres-forts à charnières fortes et bien soudées à une, deux, trois, quatre, cinq et six fermetures (art. 49, statuts de 1650)[4].

Les *fondeurs* (statuts de 1572, Collec. Rondonneau, AD. XI, 18 ; Lespinasse, II, 418) façonnent toutes sortes d'ouvrages de cuivre, laiton, airain et fonte depuis les plus petits, tels que les encensoirs, les calices et les com-

1. Mêmes statuts, art. 7, *op. cit.*, p. 12.
2. Mêmes statuts, art. 27, *op. cit.*, p. 18.
3. *Guide du corps des marchands*, 1766, v. *Balanciers*. Cet annuaire est très intéressant pour l'étude des métiers dont il résume les statuts. L'exemplaire conservé à la *Bibliothèque Nationale* est coté V. 25836.
4. *Statuts, ordonnances et privilèges des syndics, jurés, bacheliers et maîtres serruriers de la ville, fauxbourgs... de Paris*, 1707, in-12, p. 48. Cf. Lespinasse, t. II, p. 469.

pas, jusqu'aux plus gros, tels que les canons et les obusiers. Les flambeaux, les appliques, les menus ouvrages en fer forgé des styles Louis XIV et Louis XV, que se disputent aujourd'hui les collectionneurs, sont l'œuvre de la communauté des fondeurs [1]. Les *faiseurs d'instruments de mathématiques* étaient unis aux fondeurs.

La communauté des *crieurs de vieux fer* (statuts de 1686; LESPINASSE, t. II, p. 589) est une communauté pauvre et sans grande importance. Ces artisans auxquels on donne aussi le nom de ferrailleurs s'intitulent fièrement « seuls *dépeceurs de carrosses* de la ville de Paris [2] ». Bien que leurs statuts ne datent que de 1686, ils formaient de tout temps une corporation dont un arrêt du 9 juillet 1609 avait maintenu les droits contestés par les taillandiers. Mentionnons encore les *cloutiers* (statuts nouveaux du 24 déccembre 1676) [3].

Métaux précieux et Pierres précieuses

Orfèvres. — Cette communauté faisait partie des Six Corps. Le nombre des orfèvres avait été limité à 300 par l'art. 3 de l'édit de 1554, mais ce chiffre ne comprend pas les orfèvres surnuméraires, c'est-à-dire tous ceux qui avaient été reçus par privilège ou lettres de maîtrise. Les statuts des orfèvres, déjà mentionnés dans le *Livre des Métiers*, avaient été à de très nombreuses reprises revisés

---

1. Cf. le *Recueil des statuts, ordonnances et privilèges de la communauté des maîtres fondeurs, mouleurs en terre et sable, racheveurs, sonnetiers, bossetiers, enjoliveurs, ingénieurs et fabricateurs d'instruments de mathématiques*, 1774, in-12, et sur le poêle de la confrérie des fondeurs un article de M. GUIFFREY, publié dans le *Bulletin de la Société d'histoire de Paris*, 1875, p. 87.
2. *Statuts, ordonnances et règlements de la communauté des maîtres ferrailleurs, seuls dépeceurs des carrosses de la ville de Paris*, 1750, in-8.
3. *Statuts, ordonnances et règlements de la communauté des maîtres marchands cloutiers, lormiers, étameurs et ferronniers...* 1743, in-12.

ou confirmés : notamment en 1355, en 1379, en 1429, en novembre 1506, en mai 1555, le 26 avril 1564, le 1er septembre 1572 ; enfin de nouveaux statuts leur avaient été accordés le 30 novembre 1678 (LESPINASSE, t. II, p. 43). Au XVe siècle, une révolution s'était opérée dans l'art de l'orfèvrerie ; on s'était affranchi des traditions byzantines. « On cisèle plus, on émaille moins ; on fait usage d'émaux translucides qui semblent faire corps avec le travail général [1]. » Au XVIe siècle, des artistes grecs introduisent en France la taille des pierres dures ; on recherche les pierres précieuses, non plus seulement pour les enchâsser, mais pour leur donner des formes plus harmonieuses : on invente la peinture sur émail qui rend inutile le concours du ciseleur pour arrêter les contours du dessin, on couvre d'émail le métal que l'on traite dès lors comme la toile. Au XVIIe siècle, l'orfèvrerie change encore une fois de style : les formes deviennent plus lourdes, c'est l'époque où les orfèvres Labarre et Delaunay exécutent leurs ouvrages d'après les dessins de Lebrun.

Pour garantir la pureté du titre [2] et pour assurer la loyauté de la fabrication, tout ouvrage d'orfèvrerie devait être marqué en premier lieu du poinçon du maître [3]. Tous

1. *Histoire de l'orfèvrerie-joaillerie*, par Paul LACROIX et F. SÉRÉ, 1850, in-8°. — Sur cette corporation, v. encore le *Traité sommaire de l'institution des corps et communauté des marchands orfèvres sous le règne de Philippe de Valois*, ouvrage dédié à la Reynie, 1662, et les *Statuts et privilèges du corps des marchands orfèvres joailliers de la ville de Paris*, par Pierre LEROY, ancien garde de l'orfèvrerie. Paris, Chenault, 1749, in-4°. L'exemplaire de ce dernier recueil que possède la *Bibliothèque Nationale* est coté F. 13100.

2. Ce titre avait été fixé par François Ier à 22 carats sans remède (tolérance) pour l'or et à 11 deniers 12 grains sans remède pour l'argent (1540). L'or fin était à 23 carats 3/4.

3. Ces détails et la plupart de ceux qui suivent sont extraits de l'ouvrage intitulé *Code de l'orfèvrerie*, ou recueil et abrégé chronologique des principaux règlements concernant les droits de marque et de contrôle sur les ouvrages d'or et d'argent par POULLIN DE VIÉVILLE. Paris, Knapen et fils, 1785, in-4° (Bibliographie de BLANC, n° 107).

les poinçons des maîtres, qui figurent tantôt un cœur, tantôt une flamme, tantôt une étoile, etc., sont insculptés sur une table au greffe de la Cour des monnaies et au bureau des orfèvres. Il est défendu aux maîtres de prêter leurs poinçons [1] ; après la mort de chaque maître, son poinçon est détruit ; lorsqu'il s'absente, il doit le remettre au bureau. Les ouvrages sont marqués encore de deux poinçons : celui de la maison commune des orfèvres, institué en 1275 et celui du fermier. Le premier de ces deux poinçons garantit la pureté du titre : le poinçonnage est différent selon qu'il s'agit de gros ouvrages d'or et d'argent, de menus ouvrages d'argent, de petits ouvrages d'or ou enfin de très menus ouvrages d'or qui ne sont essayés qu'à la touche. Le poinçon du fermier est destiné à assurer le recouvrement du droit de trois sols par chaque once d'orfèvrerie créé par l'édit d'octobre 1631 [2]. Toute pièce non marquée par le fermier était confisquée. Les falsificateurs étaient très sévèrement punis. Un arrêt du Parlement du 13 mai 1602 [3] confirme l'ordonnance de la Cour des monnaies par laquelle le sieur Pierre Boulonnat, marchand de drap de soie, avait été condamné à faire amende honorable et à être livré au capitaine des galères pour avoir forgé un poinçon particulier d'orfèvre et contrefait la marque publique.

Les orfèvres étaient soumis à de nombreuses prescriptions réglementaires, telles que la prohibition de s'associer avec tous autres maîtres que ceux du corps et

1. Cet abus était fréquent. Des maîtres qui s'y prêtent par « des pactions toujours illicites avec des compagnons ne méritent guère de conserver un poinçon qu'ils prostituent, ni un état dont ils ne gardent pour eux que le nom ». *Statuts et privilèges... op. cit.*, p. 73.

2. Ce droit supprimé en 1633 fut rétabli en 1672 et fixé à 30 sols par once pour les objets en or, et à 20 sols par once pour les objets en argent : la quotité en fut doublée en 1674.

3. *Traité sommaire de l'institution des corps*, etc., ouvrage déjà cité, p. 34.

notamment avec les changeurs, ou d'acheter les matières d'or et d'argent plus cher que le prix fixé pour le change des monnaies [1]. Les institutions charitables de cette communauté sont célèbres et ont déjà été décrites.

Les *lapidaires* partagent avec les orfèvres le droit de faire le commerce des pierreries, mais ils ne peuvent vendre de pierreries montées en œuvre : leurs plus récents statuts sont de novembre 1584 [2]. Il était interdit aux marchands du dehors, sauf en temps de foire, d'apporter en France aucune pierrerie et diamant taillés et façonnés, à peine de 1.000 livres d'amende, mais ils pouvaient y apporter des pierres brutes [3].

Les *horlogers* ont d'anciens statuts de 1483, revisés en 1544, en 1600, en 1645 et en 1707 ; le nombre des maîtres est limité à 60. Ils vendent non seulement des horloges, mais des montres dont l'invention est toute récente.

Citons encore les *affineurs d'or et d'argent* [4], supprimés ou plutôt remplacés par des officiers publics en 1692, en 1719, en 1733 et toujours rétablis ; les *batteurs d'or et d'argent* qui tirent ces métaux en livrets de 25 feuilles. Les statuts des batteurs d'or qui remontent à Etienne Boileau avaient été complétés par sentence du prévôt en

---

1. Un arrêt de 1595 avait soumis les orfèvres aux visites des officiers de la Cour des monnaies et leur avait enjoint de tenir registre des noms de ceux à qui ils vendaient. L'arrêt les accusait d'acheter les objets d'or et d'argent plus cher que la monnaie, pour les refondre et déprécier la monnaie. Dans un mémoire en date de 1596 et qui a pour titre : *Remontrances faites au roi par les gardes et maîtres orfèvres*, ils tentent de se disculper de ce reproche.

2. *Statuts et règlements du corps et de la communauté des maîtres marchands lapidaires-diamantaires*, 1737, in-4°, veuve Knapen.

3. Arrêt du 4 mai 1613 reproduit à la suite des statuts précités.

4. On trouvera les principaux titres relatifs à cette communauté et à la suivante dans le recueil déjà cité et intitulé : *Code de l'orfèvrerie*, 1785, in-4°, pp. 27, 53, 483, 490. Un édit d'août 1757 fixe le droit que peuvent réclamer les affineurs à 8 livres par marc d'or. Les lingots d'or affinés par eux devaient être à 23 carats 26/32 ; ceux d'argent à 11 deniers 18 grains d'argent fin.

1519 (LESPINASSE, t. II, p. 62). Mentionnons enfin les *ciseleurs doreurs*[1], les *tireurs d'or et d'argent*[2].

Industries du cuir

Les industries du cuir étaient représentées par les communautés suivantes : les *tanneurs*[3], les *peaussiers*[4], les *corroyeurs*[5], les *mégissiers*[6], les *bourreliers*[7]. Les statuts de ces communautés ne présentent pas un grand intérêt. Les *tanneurs* préparent les premiers les peaux et les transforment en cuirs ; ces cuirs sont à leur tour (à l'exception des cuirs forts qui sont employés tels quels à certains usages) travaillés par les *corroyeurs*[8] qui les assouplis-

---

1. *Statuts, ordonnances et règlements de la communauté du corps des maîtres marchands ciseleurs, doreurs, argenteurs, damasquineurs et enjoliveurs sur fer, fonte, cuivre et laiton.* Paris, 1774, in-12. Les nouveaux statuts datent de 1573. Ils ont été reproduits par M. de LESPINASSE, *Les Métiers et Corporations de Paris*, t. II, p. 135.

2. Cette communauté avait reçu des statuts en septembre 1551 (*Recueil des anciennes lois françaises*, de M. ISAMBERT, t. XIII, p. 222); ces statuts furent renouvelés en septembre 1557, et confirmés en octobre 1594, en janvier 1625, en mars 1654. V. le recueil intitulé : *Statuts et règlements des maîtres tireurs, écacheurs, fileurs d'or et d'argent de la ville de Paris*, 1720, in-4°. Ces maîtres ne devaient vendre leurs marchandises d'or ou d'argent trait filé ou non filé qu'au poids le roi qui était de 8 onces au marc; défense de vendre au poids « subtil » (stat. de 1551, a. 2).

3. *Renouvellement des statuts et règlements de la communauté des maîtres marchands tanneurs-hongroyeurs de Paris*, 1742, in-4°.

4. *Statuts, ordonnances, lettres et arrêts des maîtres peaussiers, teinturiers en cuirs, caleçonniers de la ville de Paris.* Paris, 1760, in-4°.
Un autre exemplaire de ces statuts, renouvelés en 1666, se trouve relié à la page 78 du *Recueil de pièces fugitives concernant la police.* (Bibliothèque nationale, Imprimés, F. 21025.)

5. *Ordonnances, statuts et règlements donnés par Philippe VI de Valois aux maîtres tanneurs, corroyeurs, baudroyeurs, cordonniers et sueurs, du 6 août 1345.* Paris, 1754, in-4°.

6. *Statuts pour les maîtres marchands mégissiers de la ville et faubourgs de Paris*, in-4°, 1743. L'exemplaire de la *Bibliothèque Nationale* est coté F. 13091.

7. *Statuts, ordonnances et règlements des maîtres bourreliers, bastiers et hongroyeurs de la ville de Paris*, 1741, in-12.

8. *Guide du corps des marchands de 1766*, in-8°, p. 336. Les statuts de cette communauté remontaient à 1345, mais avaient été confirmés plusieurs fois en 1407, le 1er juillet 1507, le 17 mars 1517, en décembre 1594. Les nouveaux statuts étaient du 13 avril 1696.

sent et les lustrent. Les *mégissiers*[1] préparent les cuirs en blanc pour le services des gantiers, des bourreliers et des parcheminiers. On peut noter dans les statuts de cette communauté (1696) la disposition de l'art. 20, qui atteste une certaine solidarité entre les maîtres : « Aucun maître qui aura trois valets ne pourra refuser à un autre des maîtres d'icelui métier après qu'il aura besogne hâtive et nécessaire à faire, l'un desdits trois valets pour lui aider, en payant toutefois iceluy valet. »

Les *bourreliers bâtiers* (statuts du 20 février 1404 et du 2 août 1578 renouvelés par lettres patentes le 11 décembre 1665) font les harnais, traits de chevaux (en cuir de bœuf hongroyé), les couvertures de chevaux, colliers, bâts qu'ils peuvent enjoliver de velours, peluches, maroquins, damas, etc.

Les *doreurs sur cuir*, qu'il ne faut pas confondre avec les *ciseleurs doreurs* dont il a déjà été parlé, étaient les maroquiniers. Tandis que les gainiers ne font que des étuis et des gaines en cuir, les *doreurs sur cuir* ornent et enjolivent ces objets par la dorure ; ils ornent et dorent également les garnitures de miroirs, boîtes à horloges, boîtes à mettre pain à chanter ou poudre, étuis à balances, trébuchets et poids ; mais ils ne peuvent façonner ces divers objets. Les doreurs sur cuir ont des statuts de janvier 1559 (Lespinasse, t. II, p. 123). En 1680, les doreurs sur cuir s'étaient unis aux miroitiers. (Collect. Lamoignon, XVI, f° 1033 ; Lespinasse, t. II, p. 128.)

Industries du bâtiment

Les *maçons* sont placés sous la juridiction du maître des œuvres de maçonnerie, bâtiments et édifices royaux, qui, aux termes d'une ordonnance du 17 mai 1595, enre-

---

1. *Statuts pour les maîtres marchands mégissiers*, p. 5.

gistrée le 22 juin de la même année, a le droit de juger toutes les contraventions aux statuts avec pouvoir d'infliger une amende de cinq écus et de recevoir les compagnons au degré de maîtrise.

Ce maître général des œuvres de maçonnerie connaît seul, en première instance, de toutes les contestations relatives à l'apprentissage, aux fournitures de pierres de taille, moellons, etc., et des procès que les maîtres peuvent avoir entre eux.

Les maçons se divisaient en *jurés experts du roi*, véritables officiers publics à la désignation du roi, qui seuls pouvaient être chargés des expertises, rapports, estimations, toisés et en *maîtres ordinaires*[1]. Cette communauté des maçons ne paraît pas avoir eu de statuts autres que ceux d'Etienne Boileau (cf. LESPINASSE, t. II, p. 597).

De même que les maçons, les *charpentiers* sont divisés en *maîtres ordinaires* et en *jurés du roi*. Aux termes des statuts de 1649, qui remplacent d'anciens statuts de 1354, la corporation est gouvernée par un syndic pris parmi les jurés du roi. Ce syndic (art. 5 à 9) est élu tous les deux ans ; il veille à la défense des intérêts corporatifs, il est le receveur des deniers communs et rend compte en sortant de charge à un conseil composé du doyen, des jurés et de deux anciens maîtres. Une clause qui mérite d'être signalée, parce qu'elle reflète bien l'esprit consciencieux des anciens métiers, est celle qui interdit d'entreprendre des bâtiments et maisons pour rendre *la clef à la main* (à forfait), « à cause que, par ce moyen, divers accidents

---

1. *Ordonnances, statuts, règlements et arrêts concernant le métier de maîtres maçons, tailleurs de pierre, plâtriers*, 1721, in-4°. L'exemplaire de ces statuts conservé à la *Bibliothèque Nationale* est coté F 13022. Sous la même couverture et sous la cote F 13023 se trouvent reliés divers arrêts, lettres patentes et délibérations intitulés : *Recueil de pièces concernant divers objets de règlements pour l'administration de la communauté des maîtres maçons*. Paris, Didot, 1762, in-4°.

surviennent par le défaut de façon des ouvrages » (statuts de 1649, art. 50)[1].

Les *menuisiers* étaient régis par des statuts de septembre 1382, revisés et complétés à plusieurs reprises, notamment en 1580 et en 1645[2]. Ils faisaient les châssis à portes et à fenêtres, les portes et fenêtres pleines, les lambris, les stalles d'église, pupitres, tables d'autel, etc.

Les *couvreurs* obéissaient à des statuts de 1328, renouvelés en 1566[3]. Signalons seulement, dans les statuts de juillet 1566, la clause qui porte que toutes amendes qui, à cause des *mesprensures* (contraventions), seront adjugées aux jurés et confréries seront appliquées « pour sustenter et subvenir aux pauvres ouvriers dudit métier qui tombent ordinairement (*sic*) de dessus les maisons et aux pauvres nécessiteux dudit métier ».

Industries de l'ameublement

Tapissiers. — Les *tapissiers* qui formaient au XIII° siècle six communautés différentes, n'en forment plus que deux au début du XVII° siècle : *a*) celle des *tapissiers hautelissiers* unie dès 1302 à celle des *tapissiers sarraziniers* (fabricants de tapis façon du Levant); *b*) celle des *courtepointiers* (faiseurs de meubles en tapisserie, lits, pavillons), unie en 1548 aux *contrepointiers* (faiseurs de meubles de coutil), et aux *tapissiers nôtrez* (fabricants de serges et couvertures de soie), dont la fusion remonte à 1491, enfin, en 1568, aux *coutiers* (fabricants de coutil). En 1636, les deux communautés des *hautelissiers* et des *courtepoin-*

---

1. *Statuts, articles, ordonnances des jurés du roi des œuvres de charpenterie de Paris*, 1701, in-4°, p. 16. — Cf. LESPINASSE, t. II, p. 597.
2. *Statuts, articles, ordonnances et privilèges des principal, jurez, anciens, bacheliers et maîtres huchers, menuisiers de la ville de Paris*, 1730, in-12. Cf. LESPINASSE, t. II, p. 637.
3. LESPINASSE, t. II, p. 626.

tiers fusionnèrent, et il ne subsista plus trace de l'ancienne division que dans la disposition des statuts qui assignait encore aux maîtres de chaque spécialité le droit de désigner un ou plusieurs jurés : les hautelissiers en nommaient un, les couverturiers nôtrez en nommaient un, les trois derniers étaient élus par les courtepointiers.

Au surplus, si les tapissiers courtepointiers, nôtrez ou coutiers profitent plus que tous autres du luxe de la Cour et de la ville et réalisent de rapides fortunes, il n'en est pas de même des hautelissiers et sarraziniers auxquels la manufacture royale des Gobelins, dirigée à partir de 1665 par Lebrun et la manufacture de la Savonnerie réorganisée par Colbert font une redoutable concurrence. L'art de la tapisserie tend de plus en plus à devenir un monopole d'État[1].

Les *peigniers-tabletiers* (statuts de 1507, revisés et complétés plus tard en 1741)[2] fabriquent non seulement les bois d'éventails, mais les tables, les jeux de trictrac, de dame, d'échecs, de solitaire, de trou-madame, toutes choses qui concernent les jeux de billard et de mail[3].

1. Cf. *Nouveau Recueil des statuts et règlements du corps et communauté des maîtres marchands tapissiers, hauteliciers, sarraziniers, rentrayeurs*, etc., 1756. Ce recueil (dont la *Bibliothèque Nationale* possède un exemplaire coté F. 13255) est précédé d'une préface renfermant l'historique des divers corps de tapissiers et l'éloge obligé de la profession (p. 9) : « De quelque manière qu'il travaille en tapis sarrazinois, en tapisserie de haute ou de basse lisse, ne fût-ce qu'en rentraiture, il doit (le tapissier) posséder toutes les règles de proportion, principalement celles de l'architecture et de la perspective, quelques principes d'anatomie, le goût et la correction du dessin, des coloris et de la nuance, l'élégance de l'ordonnance et la noblesse de l'expression en tous genres... » Pierre Dupont, le fondateur des premiers ateliers de tapisserie dans la galerie du Louvre sous Henri IV, fait remonter dans sa *Stromatourgie* l'art de la tapisserie à la Bible, par analogie avec les voiles faits par Oliab et Béséléel pour le Tabernacle (*Exode*, ch. xxxv et xxxviii). V. encore les statuts des tapissiers dans Lespinasse, t. II, p. 687.

2. *Statuts et divers règlements pour les maîtres peigniers, tabletiers, mouleurs, faiseurs de bois d'éventail, marqueteurs*. Paris, 1745, in-4°.

3. *Ibid.* Statuts de 1741, art. 15 et 16.

Ils façonnent les peignes d'ivoire, d'écaille, de buis, les croix, les christs, les chandeliers, cannes, lorgnettes, tabatières, en baleine, en écaille, en ivoire, en corne, en os ou en ébène [1]. Une clause assez curieuse de leurs statuts défend même aux cuiseurs de tripes de vendre des os de bœuf sans en avertir les peigniers [2]. Les *tourneurs* [3] ont une industrie très semblable à celle des peigniers-tabletiers, qui, dans l'édition de leurs statuts de 1760, prennent même le titre de tourneurs.

Industries diverses

Barbiers-perruquiers-étuvistes. — Les *barbiers-perruquiers*, qu'il ne faut pas confondre avec les *barbiers-chirurgiens* (v. infrà, p. 493), furent érigés en communauté en 1637 et reçurent des statuts depuis confirmés en 1674 [4]. Les bassins qui leur servaient d'enseignes étaient blancs, à la différence de ceux des barbiers-chirurgiens dont les bassins étaient jaunes. Leurs boutiques étaient peintes en bleu et fermées de châssis à grands carreaux de verre avec cette inscription : « *Céans on fait le poil et on tient bains* [5]. » Ils étaient sous la juridiction des prévôts des maîtres chirurgiens.

L'usage de la perruque étant devenu général sous les règnes de Louis XIV et de Louis XV, cette communauté était riche et nombreuse. Les barbiers-perruquiers formaient depuis 1665 un corps de deux cents membres dont

1. *Ibid.*, art. 17 à 20.
2. Statuts précités des peigniers tabletiers (1741).
3. *Statuts et ordonnances de la communauté des maîtres tourneurs de la ville de Paris*, 1783, in-12. (M. BLANC indique une autre édition de 1742.)
4. De nouveaux statuts leur furent donnés le 26 avril 1718. Cf. *Statuts et règlements pour la communauté des barbiers, perruquiers, baigneurs, étuvistes.* 1746. L'exemplaire conservé à la *Bibliothèque Nationale* est coté F. 12754.
5. Statuts de 1718 (art. 42). *Ibid.*, p. 22.

les charges avaient été érigées en offices et pouvaient se vendre ou se louer comme celles des bouchers.

On lira, croyons-nous, avec intérêt, quelques passages curieux d'un *Mémoire pour les coiffeurs de dames de Paris*[1], artistes indépendants que les barbiers-perruquiers poursuivaient comme usurpant sur leur monopole.

« Nous ne sommes ni poètes, ni peintres, ni statuaires; mais par les talents qui nous sont propres, nous donnons des grâces nouvelles à la beauté que chante le poète; c'est souvent d'après nous que le peintre et le statuaire la représentent *et si la chevelure de Bérénice a été mise au rang des astres, qui nous dira que, pour parvenir à ce haut degré de gloire, elle n'ait pas eu besoin de notre secours?*

« L'accommodage se varie à raison des situations différentes; la coiffure de l'entrevue n'est pas celle du mariage; et celle du mariage n'est pas celle du lendemain. L'art de coiffer la prude et de laisser percer ses prétentions sans les annoncer, celui d'afficher la coquette et de faire de la mère la sœur aînée de sa fille, d'assortir le genre aux affections de l'âme qu'il faut quelquefois deviner, au désir de plaire qui se manifeste, à la vivacité qui ne veut pas qu'on lui résiste, de seconder le caprice et de le maîtriser quelquefois, tout cela demande une intelligence qui n'est pas commune et un tact pour lequel il faut en quelque sorte être né. »

A Rouen, il existait une communauté de coiffeuses qui s'occupaient spécialement de la coiffure féminine[2]. Ces coiffeuses avaient reçu, dès 1478, des statuts renouvelés

---

1. Ce mémoire, en date de 1778, a été imprimé dans le tome I des *Causes amusantes et connues*. Cf. la Bibliographie de M. BLANC, n° 416.

2. « Cette ville (Rouen), dit un mémoire en faveur des coiffeuses que cite M. Ed. FOURNIER, est peut-être la seule où la coiffure des femmes et celle des hommes aient été confiées à des mains différentes... » C'est là une erreur et, ainsi qu'on vient de le voir, les coiffeurs de dames existaient également à Paris.

en 1709 avec droit exclusif de coiffer les femmes et de faire concurremment avec les perruquiers tous les ouvrages en cheveux pour la coiffure féminine[1]. Dans presque toutes les autres villes du royaume, le monopole des perruquiers ne leur était disputé par aucune autre communauté; mais les caméristes des dames de distinction leur faisaient à ce point de vue spécial une concurrence redoutable contre laquelle il leur était impossible de se défendre.

Libraires-imprimeurs. — Ils relèvent de l'Université dont ils sont les suppôts; cette communauté était soumise à une surveillance toute particulière et réglementée par de nombreux édits. Des visites domiciliaires avaient lieu chez les libraires (1532). Chaque libraire-imprimeur devait apposer sa marque sur les livres sortis de ses presses (1547). Il fut défendu (28 août 1528) d'imprimer aucun livre sans l'autorisation du Parlement et de la Faculté de théologie dont les pouvoirs passèrent en 1537 à des censeurs royaux chargés d'examiner les ouvrages : un édit de 1561 punit même de mort les imprimeurs délinquants.

1. *Variétés historiques* d'Edouard Fournier, t. IX, p. 215. Le même auteur cite les vers suivants consacrés par un poète du XVIIIe siècle à l'éloge des coiffeuses :

> Un élégant peigne en leurs mains
> Se change en charmant caducée.
> Les cœurs féminins sont humains.
> Une coiffeuse est si rusée !
> — Eh bien ! que pense-t-il de moi,
> Lindor dont tu parles sans cesse?
> — Madame, sa noble tendresse
> Ne peut vous inspirer d'effroi.
> Il vous offre son pur hommage.
> — Comment me trouve-t-il ? — Au mieux !
> A miracle ! et, sans persiflage,
> Il proteste que vos beaux yeux...
> — Est-il riche? — Il donne équipage,
> Maison montée et pour saison
> L'aimable petite maison...
> — Achève ton accommodage !

Huit jours avant l'impression de chaque ouvrage, l'imprimeur, pour obtenir le privilège ou autorisation, devait déposer deux exemplaires à la Bibliothèque du roi et un chez le syndic (statuts de juin 1618, art. 15)[1]. Aux termes de l'art. 7 de ces statuts, pour être imprimeur, il faut avoir deux presses garnies, fournies de bonnes fontes, sans que plusieurs puissent s'associer en une seule imprimerie.

Il existait des libraires colporteurs en nombre limité. « Advenant le décès d'un colporteur, dit l'art. 27 des statuts, on préférera pour lui succéder un ancien compagnon ou maître qui ne pourra plus travailler sans qu'aucun puisse colporter qu'il n'ait fait apprentissage. »

Les colporteurs ne pouvaient tenir apprentis, ni vendre des livres de plus de huit feuilles (statuts de 1618, art. 26); douze colporteurs privilégiés étaient installés à des places déterminées : deux au bout du pont Saint-Michel, deux au bout du pont du Marché-Neuf, deux devant l'horloge du Palais, etc.[2]

Les compagnons de cette communauté étaient fort turbulents. L'art. 34 des statuts de 1618 leur interdit de faire aucunes assemblées, de porter aucunes armes offensives ou défensives, de faire aucun *tric*[3] dedans les imprimeries ni ailleurs, de faire aucuns serments entre eux ni d'exiger de l'argent pour faire bourse commune.

Aux libraires-imprimeurs avaient longtemps été unis les *relieurs* et les *doreurs parcheminiers*. Les premiers furent séparés des libraires par un édit de 1685. Les libraires pouvaient bien seuls plier les livres, les coudre,

---

1. *Recueil de statuts et règlements des marchands libraires, imprimeurs et relieurs de la ville de Paris*, 1620, in-4°. L'exemplaire de la *Bibliothèque Nationale* est coté F 13019.
2. *Recueil de statuts* précité, p. 14.
3. « *Tric* est un mot inventé par les compagnons pour lequel incontinent après la prononciation d'iceluy ils délaissent leur ouvrage pour faire quelque débauche. » Annotation à la page 31 du *Recueil* susénoncé.

brocher et couvrir en papier ou en parchemin simple, mais non les recouvrir de carton. Les *relieurs* habitaient sur le pont Saint-Michel, dans les rues du Fouarre et de la Huchette, place Maubert et place de la Sorbonne. Comme les libraires, ils relevaient de l'Université et jouissaient à ce titre de certains privilèges[1]. Il était défendu aux relieurs de relier livres défendus ou contrefaits, ni aucuns libelles diffamatoires.

Les *parcheminiers* (statuts de mars 1545, confirmés en 1654) dépendent également de l'Université, dont les jurés administrent cette communauté sans contrôle. Le corps des parcheminiers ne fut érigé en jurande que par lettres patentes du 13 mars 1728 enregistrées en 1731, malgré la très vive opposition du recteur et des doyens de l'Université. Les parcheminiers demeurèrent au surplus soumis au contrôle de l'Université et les jurés de la communauté ne purent traiter aucune affaire sans prendre l'avis de l'un des jurés de l'Université (art. 4)[2].

Les *chandeliers, huiliers, moutardiers*, ont le monopole de la fabrication de la chandelle et de l'huile comestible ou à brûler; mais les épiciers ont le droit de vendre ces substances concurremment avec eux; de même pour la moutarde et le verjus, ils subissent la concurrence des vinaigriers. Ainsi que les panachers et les coiffeurs de dames, les chandeliers, huiliers, moutardiers ont d'eux-mêmes la plus haute opinion. La première page du receuil de leurs statuts[3] est illustrée par une gravure repré-

1. *Statuts et règlements pour la communauté des maîtres relieurs, doreurs de livres de la ville et université de Paris*, 1750, in-12.

2. *Statuts, ordonnances et règlements pour les maîtres et marchands parcheminiers de la ville de Paris*, 1731, in-4°.

3. *Recüeil des statuts, arrêts et sentences servant de règlement à la communauté des maîtres chandeliers et huiliers de la ville et faubourgs de Paris*, 1760, in-4°. L'exemplaire de la *Bibliothèque Nationale* est côté F 12922. Les anciens statuts de cette communauté avaient été renouvelés en décembre 1464 et confirmés en 1564. Ils ont été reproduits par M. DE LESPINASSE, *op. cit.*, I, 541.

sentant deux anges en train de fabriquer de la chandelle, tandis qu'au second plan le soleil se cache à demi derrière les nuages[1] : le tout est décoré de cette légende :

> Soleil, quand ta lumière pure
> Cesse d'éclairer nos coteaux,
> Notre art imitant la Nature
> Fait naître mille astres nouveaux[2].

Les *apothicaires-épiciers* qui composent un des Six Corps ne font qu'une seule communauté bien que les deux professions soient exercées par des maîtres différents et qu'il fût défendu aux épiciers de se mêler d'apothicairerie même « sous ombre d'avoir un serviteur apothicaire », s'il n'était lui-même approuvé et n'avait fait apprentissage[3]. Les chefs-d'œuvre étaient différents.

Les usurpations des épiciers sur l'apothicairerie et des apothicaires sur l'épicerie étaient du reste continuelles. Il fallut en 1514 renouveler aux épiciers la défense de vendre des remèdes et leur retirer le droit d'élire les jurés apothicaires. De leur côté, les apothicaires émettaient des prétentions inverses et se targuaient de leur supériorité, en disant « qui est épicier n'est pas apothicaire, et qui est apothicaire est épicier » ; il fallut leur défendre par lettres patentes du 28 juillet 1518 de vendre de la cire ouvrée ou de l'hypocras.

La communauté était gouvernée par six gardes, trois épiciers et trois apothicaires (statuts du 28 novembre 1638,

---

1. Les huiliers ont aussi leur tour. Une autre vignette représente encore des anges puisant de l'huile avec cette devise de mirlitons :

> Mon destin est aussi glorieux
> Que celui du flambeau des Cieux.
> De mon sein éclôt la lumière
> Qui brille dans le sanctuaire.

2. Lettres patentes d'août 1484 (*Ordonnances des Rois de France*, XIX, 413).
3. Lettres patentes de juin 1514 (*Ordonnances des Rois de France*, XXI, 541).

art. 2)[1]. Ces gardes étaient nommés par les anciens gardes auxquels on adjoignait 24 marchands apothicaires et 48 marchands épiciers choisis par les gardes (art. 3). Les contestations entre les maîtres étaient soumises aux anciens.

Les candidats à la maîtrise pour le métier d'*apothicaires* subissaient un premier examen de trois heures en présence de quatre docteurs de la Faculté, puis un second examen appelé *Acte des herbes*. Lors de la confection de leur chef-d'œuvre composé de cinq pièces, ils devaient répondre aux interrogations des gardes, de neuf maîtres et des quatre docteurs avant d'être reçus à la maîtrise et admis à exercer les fonctions dont M. Purgon s'acquitte si bien dans le *Malade imaginaire*.

Les *épiciers* vendaient des épices, c'est-à-dire des dragées, confitures, fruits secs, pâtisseries de dessert : ils avaient reçu des statuts particuliers en 1311 et avaient été réunis aux apothicaires en 1484 (*Ord. des Rois de France*, t. XIX, p. 413).

Les *gantiers parfumeurs* (nouveaux statuts de 1656)[2] débitaient des gants qu'ils devaient faire « de bon cuir sans aucuns bouts de doigt, ni effondrures, avec bonne doublure neuve et loyale et avec fourchette bien cousue[3] » ; on les garnit souvent de broderies et de passements d'or, et on les parfume. Les gantiers vendent en outre toutes sortes

---

1. *Statuts, ordonnances pour les marchands épiciers et les marchands apothicaires-épiciers de la ville de Paris*, 1735, in-4°. Bibliothèque Nationale. Imprimés F. 21024, p. 150. Les statuts antérieurs à ceux de 1638 étaient de 1560 (LESPINASSE, t. I, p. 514).

2. *Statuts de la communauté des marchands gantiers, poudriers, parfumeurs*, 1772, in-8°. L'exemplaire de ce recueil conservé à la *Bibliothèque Nationale* avec la cote F 26441, est orné au frontispice d'une curieuse gravure intitulée l'*origine des parfumeurs* et où l'on voit divers personnages occupés, ainsi que l'indique une légende, l'un à cueillir sur un arbre la substance appelée *florax*, l'autre à extraire de la barbe d'un bouc le *labdanum*, etc.

3. Statuts de 1656, art. 15 à 18, p. 15 à 17.

de parfums¹, tels que le musc, l'ambre, la civette, des poudres et des pommades dont la mode avait été introduite en France au siècle précédent par les Italiens venus à la suite de Catherine de Médicis.

Les *patenôtriers boutonniers d'émail* érigés en communauté par lettres patentes du 6 juillet 1566, vendaient des patenôtres et boutons d'émail, des pendants d'oreilles, ceintures, colliers, cordelières, bracelets en émail passé au feu, en argent battu et moulu parfois enrichi d'or; ils fusionnèrent en 1705 avec les verriers faïenciers (statuts du 20 mars 1600, revisés en février 1659).

Les *patenôtriers en ambre, jais et corail* formaient toujours une communauté distincte, mais bien déchue, « à cause du peu de cas que l'on faisait à Paris, surtout depuis le milieu du XVIIe siècle, des colliers et chapelets d'ambre, de jais ou de corail ». Le peu de maîtres qui professaient ledit métier pensèrent en 1718 à se réunir aux patenôtriers émailleurs et obtinrent des lettres patentes d'union²; mais l'opposition des émailleurs fit échouer ce projet.

Les *patenôtriers en bois et en corne* ne forment en réalité qu'une subdivision des merciers, dont la corporation absorba complètement la leur au XVIIIe siècle.

Les *vitriers* ou peintres sur verre avaient des statuts du 24 juin 1467 revisés le 22 juin 1666³.

Les *passementiers boutonniers* (statuts de 1559 et 1653)⁴ ne font pas seulement des passements et dentelles, boutons et autres articles de toilette, mais encore des bourses nouées au crochet ou à la main, des porte-manteaux,

---

1. Statuts de 1656, art. 19. *Op. cit..*, p. 17.
2. *Guide du corps des marchands*, 1766.
3. *Statuts, ordonnances, privilèges et règlements des maîtres, jurés, anciens, bacheliers... de la communauté des vitriers, peintres sur verre* de Paris, 1743, in-12.
4. *Statuts, ordonnances et règlements de la communauté des maîtres passementiers, boutonniers et enjoliveurs de Paris*, 1733.

des ganses rondes ou carrées, des bracelets, des aiguillettes, des sinets pour livres, des ceintures d'aubes et de soutanes, des boutons à l'aiguille, à l'étoile, à la turque, au point de Milan ou de Florence, à l'indienne, à lacs d'amour, enfin des pommes de lit, des rubans, des nœuds, des roses, des guirlandes, etc.

Les *brodeurs chasubliers*, dont les anciens statuts remontent à 1267, en avaient reçu de nouveaux en 1316 et en 1648[1]. Ces derniers statuts furent confirmés et revisés en 1704[2]. Les statuts de 1704 témoignent de l'esprit exclusif de cette communauté : aux termes de l'art. 4 de ces statuts, il était défendu à tout maître de prendre un nouvel apprenti jusqu'à ce que le nombre des brodeurs fût réduit à deux cents. Encore le droit d'engager un apprenti est-il exclusivement réservé aux maîtres ayant dix ans de maîtrise, et, l'apprentissage fini, on ne pouvait en engager d'autre pendant dix ans. Il était défendu aux maîtres brodeurs de s'associer entre eux (art. 9). Les *découpeurs* qui formaient encore en 1691 une communauté distincte, finirent par fusionner avec les brodeurs.

Les *éventaillistes* (statuts de 1678[3]) reçoivent le bois de l'éventail du tabletier qui l'a tourné, préparent les papiers et peaux propres à recevoir la peinture, puis l'enjolivent, opération consistant à enlever la cheville de bois mise par le tabletier pour maintenir le bâton et à la remplacer par une cheville de fer ou de cuivre pailletée de nacre[4]. Ils ont aussi le droit de peindre l'éventail, mais ce droit appartient également aux peintres.

1. *Statuts, ordonnances des maîtres brodeurs, découpeurs et égratigneurs chasubliers de la ville de Paris*, 1758, in-4°. L'exemplaire de ce recueil que possède la *Bibliothèque Nationale* est coté F. 44710.
2. Cette confirmation ne fut pas obtenue sans difficulté, en raison de la divergence d'avis qui existait entre d'Argenson, lieutenant général de police, et Robert, procureur au Châtelet; une commission dont faisaient partie La Reynie et Chauvelin dut examiner ces statuts.
3. *Lettres, statuts et arrêts de la Cour du Parlement, confirmatifs d'icelles accordées en faveur des maîtres éventaillistes*.. 1739, in-4°.
4. *Ibid.*, p. 56.

Les *miroitiers, lunetiers, bimbelotiers* (statuts de 1584 confirmés en décembre 1611)[1], font des miroirs de tous métaux, des sonnettes, des annelets, des hochets et aussi des lunettes et des bésicles. Les *doreurs sur cuir* dont nous avons déjà eu à nous occuper forment une communauté mixte de la première avec laquelle elle finit par fusionner.

Les *papetiers colleurs* érigés en métier juré en avril 1599, en exécution de l'édit de 1597, sont régis par des statuts de 1659[2]; ils fabriquent toutes sortes de papiers et ont pour clients non seulement les libraires et les relieurs, mais les doreurs, les drapiers et les bonnetiers. Il ne faut pas les confondre avec les *cartiers papetiers*, qui font les cartes à jouer[3].

Les *charrons* (statuts du 15 octobre 1498 confirmés et revisés en 1623 et en 1668)[4] façonnent les roues, trains de carrosses et toutes autres œuvres concernant leur état. De plus, il est défendu à tous autres qu'aux charrons de louer des carrosses, chariots ou harnais, si en même temps on ne loue les chevaux pour les tirer; les selliers seuls sont exceptés de cette disposition (statuts de 1623, art. 48).

Les *paveurs* (statuts du 10 mars 1502 confirmés en avril 1579 et en juin 1604)[5] fournissent le gros pavé des rues que l'on tire surtout de la forêt de Fontainebleau. Ce gros

---

1. *Recueil des statuts et règlements, édits et déclarations rendus en faveur des maîtres miroitiers, lunetiers, bimbelotiers, doreurs sur cuir*, 1759.

2. *Statuts des maîtres et marchands papetiers-colleurs de la ville de Paris*, sans date, in-4°. Un autre recueil ne comprenant que les statuts de 1659 et imprimé en 1678 se trouve relié à la page 205 du *Recueil de pièces fugitives concernant la police*. Bibliothèque Nationale. Imprimés, F. 21025.

3. *Statuts et règlements pour les maîtres cartiers, papetiers, faiseurs de cartes tarots*. Paris, 1723, in-4°.

4. *Ordonnances, statuts et règlements qui sont gardés et observés par la communauté des maîtres charrons, carrossiers, faiseurs et entrepreneur, de carrosses*, sans date ni lieu, in-12.

5. *Nouveaux statuts et règlements des maîtres paveurs*. Paris, 1742, in-4°. Ces nouveaux statuts avaient été octroyés par lettres patentes d'avril 1741. Cf. également LESPINASSE, t. II, p. 616

pavé sur mortier de chaux et ciment coûte de 7 à 8 livres la toise carrée.

Les *jardiniers* (statuts de novembre 1599 renouvelés en 1697)[1] formaient une communauté importante sous un règne où Le Nôtre parvint à la gloire en dessinant sur un plan d'une inflexible symétrie ce parc de Versailles en harmonie si intime avec le goût du grand roi, où la Quintinie dessinait le potager du roi, véritable chef-d'œuvre du genre, et où Arnauld d'Andilly ne croyait pas déroger en composant un traité sur *la manière de bien cultiver les arbres fruitiers*. Les *bouquetières* forment une communauté distincte de celle des jardiniers.

Les *vignerons* formaient, eux aussi, une communauté régie par des statuts de juin 1467 (LAMARE, *Traité de la police*, t. III, p. 527).

Les *brossiers-vergetiers* (statuts du 21 janvier 1486 et de juin 1659)[2] font, comme leur nom l'indique, des brosses de tous genres, et aussi des pinceaux, des goupillons, des aspersoirs à jeter l'eau bénite ; ils prétendent en outre que l'usage de leurs brosses guérit les maux de tête.

Les *gainiers-fourreliers* (statuts du 21 septembre 1560 et du 19 juillet 1688)[3] doivent couvrir les gaines et fourreaux de cuir de veau ; les bouteilles de cuir ne peuvent être faites que de cuir de vache ou de bœuf ; les boîtes ferrées que l'on porte communément à l'arçon de la selle doivent être embouchées de cuir[4].

---

1. LESPINASSE, t. 1, 704.
2. *Articles, statuts, ordonnances et règlements de la communauté des maîtres vergetiers, raquetiers, brossiers*, 1754, art. 1 : « L'expérience a hautement démontré que les maîtres vergetiers, raquetiers, brossiers n'ont pas seulement reçu les premières idées de leur établissement en considération de ce que l'industrie de leur art ait fait contribuer à la propreté si nécessaire pour la conservation du corps des hommes, mais encore à cause de ce que par le secours favorable d'une brosse artistement composée, elle les garantit des malheureuses attaques des maux de tête qu'ils ne pourraient autrement éviter. »
3. *Statuts des maîtres gainiers* rédigés le 19 juillet 1688, in-4°.
4. Statuts précités des gainiers, art. 10 à 18, p. 4 et 5.

Les *oiseleurs* jouissent du privilège de fournir les oiseaux qu'en vertu d'un antique usage on lâche par milliers dans la cathédrale de Reims lors du sacre d'un nouveau roi[1], ainsi que ceux qui sont lâchés aux entrées des reines ou à la Fête-Dieu devant le Saint-Sacrement[2]. Le marché aux oiseaux se tient dans la vallée de Misère, près du pont au Change[3]. La même communauté fait célébrer, le quatrième dimanche de chaque mois, une messe « pour la conservation de la sacrée personne de Sa Majesté *et de ses successeurs* », ainsi que l'ajoutent naïvement les statuts de 1697 (art. 4).

Les *boisseliers* font des soufflets, cuillers à pot, boîtes à poivre, pelles, tambours de basque (statuts du 24 juin 1467 confirmés en mai 1608)[4].

Les *coffretiers malletiers*[5] font des coffres en hêtre, cuirés de bonne toile, des bâches à mettre la vaisselle ou l'argent, des fourreaux ou étuis à chaises, arquebuses, pistolets, besaces et carquois (statuts de 1596, art. 9, 31 et 34). Les courroies doivent être en bon cuir de bœuf tout d'une pièce.

Les *layetiers escriniers*[6] font les layettes ou menus coffres à serrer le linge et les écrins en bois; des articles additionnels à leurs statuts (24 mai 1690) les autorisent en outre à faire des tableaux de bois à moulure (cadres) servant à mettre miroirs de cristalin de Venise. A côté

---

1. *Nouveaux statuts et règlements de la communauté des maîtres oyseleurs de la ville prévôté et vicomté de Paris*, du 10 juillet 1697, in-4°, art. 1 et 2, p. 5.
2. *Ibid.*, art. 3, p. 5.
3. *Ibid.*, art. 13.
4. *Ordonnance des maîtres lanterniers, souffletiers, boisseliers de Paris*, sans date, in-12.
5. *Ordonnances et statuts des maîtres coffretiers malletiers de la ville de Paris*, sans date, in-8°. (Bibliogr. de M. BLANC, 528.) Les statuts sont de 1596.
6. *Statuts et ordonnances publiques cy-devant concedez et octroyez aux layetiers, escriniers de Paris*, 1725, in-8°.

des layetiers escriniers, on peut citer les *nattiers*[1], communauté peu importante (statuts de 1410 et de 1604. — Lespinasse, t. II, p. 733 et s.).

Les *vanniers quincailliers*[2] vendent des seaux, des lanternes, soufflets, berceaux, chalits, tourets, poulies, courges, quenouilles, fuseaux, cribles, tranchoirs, écuelles, hanaps, sifflets, boules et billards.

Les anciens *barilliers* du *Livre des Métiers* sont devenus les *tonneliers* régis par des statuts de 1376 confirmés en 1398, en 1528, en 1576, en 1599, en janvier 1637 et en septembre 1651[3].

Les *tailleurs graveurs sur métaux* avaient été érigés en jurande sous Louis XIII par lettres patentes de 1631 (Lespinasse, t. II, p. 406). Le nombre des maîtres était fixé au plus à 20. Jusqu'en 1692, au contraire, les *graveurs et les imprimeurs en taille-douce* ne formaient pas de communauté. Ils furent érigés en communauté indépendante par déclaration du roi du 17 février 1692 et reçurent des statuts en mai 1694[4]. Ces statuts ordonnent la création d'une bourse commune du tiers des salaires et émolu-

1. Le *Guide du corps des marchands* de 1766 atteste qu'à cette date et *depuis un grand nombre d'années* la décadence de cette communauté en avait fait perdre des statuts; presque personne ne se présentait plus à la maîtrise, hors quelques fils de maîtres reçus sans chef-d'œuvre. *Op. cit.*, p. 21.
2. *Statuts, ordonnances et règlements de la communauté des maîtres marchands vanniers, quincailliers de Paris*, 1767, in-12. Les statuts de cette communauté dataient du 24 juin 1467 et avaient été réformés en 1561.
3. Voir sur cette communauté, *Guide du corps des marchands* de 1766, p. 479.
4. *Lettres patentes du roy portant règlement et statuts pour la communauté des maîtres imprimeurs en taille-douce*, in-4°, 1743. Il avait déjà été question en 1660 d'ériger en maîtrise et jurande les imprimeurs et graveurs en taille-douce; un arrêt avait même été rendu le 7 janvier de cette année; il fut rapporté sur le motif que ce « serait asservir la noblesse de cet art à la discrétion de quelque particulier qui ne le connaîtrait pas que de le réduire à une maîtrise dont on ne pourrait faire d'expérience certaine puisque la manière de chaque auteur de la gravure est différente de celle d'un autre ».

ments des maîtres; le produit de cette bourse est réparti chaque semaine entre tous les maîtres, rentes constituées et frais déduits (statuts de 1694, art. 2 et 3). Il est défendu à chaque maître d'avoir plus d'une imprimerie dans l'étendue de l'Université (art. 9). Le droit d'avoir des presses en taille-douce est expressément réservé, en dehors des maîtres, aux graveurs établis galerie du Louvre, aux Gobelins et à l'Académie de peinture (art. 11).

Les *paumiers*[1] fabriquent les raquettes et autres objets servant au jeu de paume; en outre, ils sont eux-mêmes les tenanciers des jeux de paume; on jouait également chez eux au billard; la partie de ce dernier jeu auquel on ne pouvait se livrer chez les cafetiers coûtait 6 blancs au jour et 5 sols à la chandelle.

Citons en dernier lieu parmi les industries diverses la communauté des *plumassiers-panachers-enjoliveurs*, dont cependant la prétention, si l'on en juge par la dédicace pompeuse qui ouvre le recueil de ses statuts, allait jusqu'à revendiquer l'un des premiers rangs des communautés[2]. Les plumassiers-panachers vendaient des plumes

1. *Statuts et règlements pour la communauté des maîtres paumiers, raquetiers de la ville de Paris*, DELORMEL, 1727, in-12. Les statuts anciens dataient de 1571 et 1594; ils furent remplacés en 1727 par de nouveaux statuts.

2. Voici cette dédicace que nous copions dans les *Articles, statuts, ordonnances et règlements des jurés, anciens bacheliers, maîtres de la communauté des plumassiers, panachers, boutiquiers et enjoliveurs*, par Robert HARENGER, 1667, in-4° (Bibliothèque Nationale, Imprimés, F.13237):

« A l'Incomparable Messire Jean de Rianty, chevalier, baron de Riveray, seigneur de la Gallesière et autres lieux, procureur au Châtelet, premier juge et conservateur des arts et métiers : « Monseigneur — les apanages fidèles du négoce et les adresses industrieuses de la manufacture se rencontrent heureusement dans la profession des panachers; puisque par l'honneur du premier, ils portent leur intelligence jusqu'aux pays les plus éloignés et que l'usage de la seconde les rend nécessaires dans les triomphes de la paix... Il n'y a rien de ravalé en la disposition de leurs ouvrages, car les rois, les souverains et les princes en empruntent les principaux objets de leur ajustement. Les célèbres embellissements des Louvres ne sont point en l'état de leur perfection qu'ils n'en aient curieu-

d'autruche et de paon, des aigrettes, etc.; leurs anciens statuts étaient de 1579 (confirmations en 1612, 1644); de nouveaux statuts leur avaient été donnés en 1659.

Arts libéraux et Métiers annexes [1]

Changeurs et agents de change. — Le *Livre des Métiers* de Boileau ne mentionne pas les changeurs. La *Taille de 1292* énumère 16 noms de changeurs ou banquiers dont les comptoirs établis au pont au Change, servaient au change des monnaies de diverses provenances apportées par les marchands étrangers; ils faisaient aussi l'usure et prêtaient sur gages de même que les 205 Lombards portés à la taille. Les *billonneurs* étaient une variété de changeurs. Ils trafiquaient des pièces d'or et d'argent, mais aussi des monnaies dépréciées; des lettres du prévôt de Paris de février 1386 les accusent formellement de pratiquer le recel des objets volés (Lespinasse, III, 565). Le métier de changeur fut réglementé par des lettres de Charles VI (25 novembre 1421) donnant pouvoir au Maître des monnaies de recevoir dans cette communauté ceux qui, ayant fait un apprentissage de trois ans, sauront suffisamment exercer *le fait de change*. Un édit de Henri III (mai 1580) érigea plus tard les changeurs en titre d'offices dans toutes les villes de France; l'édit ne paraît pas avoir été exécuté.

sement recherché la délicatesse. Et sans profaner ce qu'il y a de plus saint, ils peuvent avancer que les autels manqueraient de leurs plus exquis ornements, s'ils en étaient injustement privés... »

1. Ainsi qu'il a déjà été dit, pour les métiers du XIII° siècle, nous ne comprenons dans cette énumération des arts libéraux que les professions qui, par leur nature particulière ou par leurs liens avec certains métiers (tels les barbiers par rapport aux chirurgiens), peuvent être considérées comme faisant partie intégrante de la fédération des communautés d'arts et métiers de Paris. Les médecins, les avocats, les notaires, procureurs, huissiers constituaient, au contraire, des corporations entièrement indépendantes des communautés d'arts et métiers à l'histoire desquelles il est impossible de les associer.

Les *agents de change* (qu'il ne faut pas confondre avec les changeurs) sont les continuateurs des anciens courtiers Un édit de 1572 érigea en offices les courtiers tant de change et de deniers que de draps, soies, chevaux, etc. Un arrêt du 2 avril 1639 attribue aux premiers le titre d'agent de banque et de change.

Chirurgiens et Barbiers-Chirurgiens. — Les chirurgiens dotés de statuts en 1278 par Jean Pitard, chirurgien de saint Louis, s'il faut en croire la tradition, en tout cas dès la fin du XIII° siècle, tout en faisant partie de la communauté des barbiers, formaient, comme nous l'avons dit, une catégorie à part dans cette communauté. Ils avaient institué le collège de Saint-Côme et une clause formelle des statuts confirmés en 1364 défendit d'exercer la chirurgie « sans être approuvé », c'est-à-dire sans avoir subi un examen devant le premier chirurgien du roi.

Mais les barbiers, qui usurpèrent également le titre de chirurgiens, émirent dès le XIV° siècle la prétention d'exercer, eux aussi, la chirurgie; dès 1371, ils réussirent à obtenir l'autorisation de panser les plaies non mortelles. Les statuts des barbiers chirurgiens, du 21 mars 1483, art. 3, disposent que le barbier qui veut user du fait de chirurgie doit subir un examen spécial des jurés; les barbiers qui n'ont pas été approuvés peuvent seulement faire des saignées et poser le premier appareil en cas de blessures (art. 3). Mais les barbiers demandaient plus; ils voulaient avoir le droit d'étudier l'anatomie et de s'élever ainsi progressivement au niveau des chirurgiens proprement dits. Un arrêt de 1498 leur donna à demi satisfaction, en leur permettant d'assister aux leçons d'anatomie et aux dissections, « *de regarder et de tâcher de comprendre* ».

Encouragés par ce premier succès et forts de l'appui des médecins avec lesquels ils avaient passé dès 1505 un traité d'alliance renouvelé en 1577, les barbiers se mirent à apprendre l'anatomie à l'école de la Faculté et devinrent de redoutables concurrents pour les chirurgiens; ils surprirent même en 1613 des lettres patentes demeurées, il est vrai, sans effet, qui consacraient toutes leurs prétentions à l'exercice de cet art. Mais, en 1655, les chirurgiens usant à leur tour d'une tactique habile déterminèrent les barbiers à se joindre à eux, et les deux communautés fusionnèrent pour n'en plus former qu'une seule.

Cette défection des barbiers exaspéra les médecins, et les barbiers aussi bien que les chirurgiens ne tardèrent pas à ressentir les effets de leur redoutable colère[1]. Sur la poursuite des médecins, le Parlement rendit en 1660 un arrêt qui fit défense aux barbiers chirurgiens unis de faire lecture d'actes publics, qui les astreignit à l'obligation du serment d'obéissance vers la Faculté et les soumit à la capitation comme de simples artisans. La chirurgie un moment émancipée retomba plus pesamment que jamais sous le joug de Diafoirus et de Desfonandrès. En 1698 seulement, les chirurgiens recouvrèrent quelque indépendance : ils obtinrent le droit de faire des opérations sans le contrôle des médecins; en même temps sans dénoncer l'union conclue avec les barbiers, les chirurgiens se séparèrent en fait de ces derniers par la disposition de leurs statuts exigeant que le candidat à l'exercice de la chirurgie sût le latin, fût reçu maître ès arts et soutînt une thèse latine. L'union corporative des barbiers et des chirurgiens ne prit fin que par les lettres patentes du 23 avril 1743, qui rétablirent l'organisation antérieure à 1655. Les chirurgiens furent depuis 1731 groupés en une Académie royale de chirurgie et reçurent en mai 1768 de

1. « Songe que la colère d'un médecin est plus à craindre qu'on ne peut croire », tel est le dernier mot de Sganarelle à Martine dans le *Médecin malgré lui*. Cette colère n'était pas seulement à craindre pour les malades, mais pour les chirurgiens assez impertinents pour oser guérir leur malade sans le congé de la Faculté.

nouveaux statuts, tandis que les barbiers, privés désormais du droit d'exercer la chirurgie, demeuraient une corporation purement ouvrière[1].

Les chirurgiens et les barbiers étaient soumis au chirurgien du roi. L'assistance des pauvres malades était considérée par les chirurgiens comme un devoir et deux maîtres désignés de mois en mois visitaient gratuitement les indigents (statuts de 1768, art. 32). Les élèves du collège de chirurgie suivaient des cours bi-hebdomadaires de physiologie, de pathologie, de thérapeutique, de médecine, d'opérations d'accouchement (obstétrique) et d'oculistique (*ibid.*, art. 45). Une école pratique de dissection était ouverte de décembre à mars (*ibid.*, art. 51).

Bien qu'encore très imparfaite, la chirurgie des XVI° et XVII° siècle avait su réaliser de grands progrès. Au XVI° siècle Ambroise Paré substitue pour les hémorragies la ligature des vaisseaux artériels au traitement barbare par la brûlure et renouvelle complètement les pratiques chirurgicales. Plus tard, sous le règne de Louis XIV (1700), l'opération de la taille est perfectionnée par Baulieu, plus connu sous le nom de Frère Jacques. Denys opère avec succès la transfusion du sang (1667) ; enfin Brisseau (1706) découvre le siège de la cataracte dont le traitement fut ensuite perfectionné par Heister (1713), Dupetit (1722) et surtout par Daviel, qui le premier pratiqua l'extraction du cristallin.

Les *sages-femmes* ou *matrones* formaient une communauté placée sous la surveillance des chirurgiens. « Elles ne pouvaient, dit M. Chéruel[2], être reçues sages-

1. Cf. *Statuts pour la communauté des maîtres chirurgiens de Paris*, 1738, in-4°, et les *Lettres patentes du roy en forme d'édit pour le règlement du collège de chirurgie*, 1768. Les statuts de cette corporation se trouvent également à la page 203 du tome III du *Recueil des pièces fugitives concernant la police* (Bibliothèque Nationale). Imprimés, F. 21024.
2. *Dictionnaire des Institutions de la France*, v°, *Sages-femmes*. Cf. les *Statuts et règlements ordonnés pour toutes les matronnes ou sages femmes de la ville de Paris*, in-12 (BLANC, n° 849).

femmes avant l'âge de vingt ans et étaient soumises à un apprentissage de trois ans chez une sage-femme, ou de trois mois à l'Hôtel-Dieu de Paris. L'aspirante à la maîtrise était interrogée à Saint-Côme par le premier chirurgien du roi ou son lieutenant, par les quatre prévôts du collège de chirurgie, par les quatre chirurgiens du roi en son Châtelet et par les quatre jurées sages-femmes... Si l'aspirante était jugée capable, on la recevait sur-le-champ et on lui faisait prêter serment de ne fournir aucune drogue capable de procurer l'avortement, et de demander le secours des maîtres de l'art dans les accouchements difficiles. »

Les *écrivains*[1] ont été érigés en jurande en 1570. Si nous rangeons cette communauté dans la section des arts libéraux, c'est que les maîtres ne se bornaient pas à écrire les missives des illettrés, mais enseignaient « l'écriture, l'arithmétique universelle, les comptes doubles et simples, les changes étrangers ». Ils assistaient aux vérifications d'écritures, comptes, calculs contestés en justice (statuts du 30 janvier 1727, art. 1).

Ils pouvaient mettre sur leurs échoppes une enseigne figurant une plume d'or, des spécimens d'écriture, mais il leur était interdit de distribuer à domicile ou sur les places publiques des billets indiquant leurs profession et adresse (art. 12). Ils ne devaient pas prêter leur ministère pour la rédaction des lettres anonymes (art. 4).

Les *maîtres à danser, joueurs d'instruments*[2] sont les

1. *Statuts, règlements de la communauté des maîtres experts, jurés, écrivains expéditionnaires et arithméticiens teneurs de livres en cette ville de Paris.* 1754 (Bibliothèque Nationale, F. 12948).

2. Cf. sur cette profession l'étude très érudite, qui a pour titre : *Recherches sur l'histoire de la corporation des ménétriers*, par M. BERNHARD (Bibliothèque de l'Ecole des Chartes, 1re série, t. III, p. 377; IV, p. 525 ; V, p. 254 et 339), et aussi les *Statuts et ordonnances faites par le roy pour l'exercice de la charge de roy des violons*, insérés à la page 182 d'un *Recueil de pièces concernant la police* (1742) (Bibliothèque Nationale, Imprimés, F. 21025).

anciens ménestrels dont les statuts datent de 1321 et qui fondèrent l'hospice Saint-Julien. Ils obéissent depuis lors à un roi devant lequel les candidats à la maîtrise doivent subir un examen. Ceux qui n'ont pas subi cet examen ne peuvent jouer aux noces, ni aux assemblées honorables, mais seulement aux fêtes populaires (statuts de 1407, art. 6). On ne peut davantage tenir école de ménestrandise sans l'autorisation du roi des ménétriers ou des lieutenants qu'il avait créés dans toutes les provinces : seuls les musiciens du roi institués sous François Ier échappaient à l'autorité de ce singulier monarque.

En 1658, la corporation reçut de nouveaux statuts confirmant les droits de Dumanoir Ier, roi des Violons, mais en 1660 eut lieu la création de l'Académie royale de danse. Les *académistes* firent juger contre Dumanoir qu'ils avaient le droit d'exercer et d'enseigner leur art partout où ils seraient appelés et tentèrent même de faire interdire aux maîtres de la corporation l'enseignement de la danse.

Les maîtres ne furent pas plus heureux contre les professeurs de clavecin en 1695, et bien qu'en 1707 des lettres patentes leur eussent conservé à l'encontre de ces derniers qui avaient à leur tour pris l'offensive, le droit de jouer de tous instruments, la décadence de cette communauté ne fit que s'accentuer. Supplantés par les académistes et les professeurs de clavecin, ils tombèrent au rang des musiciens des rues et des bals populaires.

Les *faiseurs d'instruments* ou *luthiers*[1] se rattachent par leur genre d'industrie à la précédente profession. Ils ne formèrent un métier juré qu'en 1599 ; ils fabriquent des orgues, des violes et violons, clavecins, hautbois, musettes, théorbes, etc., mais les chaudronniers partagent

---

1. *Statuts, ordonnances, lettres de création, arrêts, sentences de la communauté des maîtres faiseurs d'instruments de musique*, 1741 (Bibliothèque Nationale, Imprimés, F. 2956). Consulter aussi H. LAVOIX, *Histoire de l'instrumentation*, 1878, in-8°.

avec eux le droit de faire des trompes et les boisseliers celui de faire des tambours.

Peintres sculpteurs. — L'ancienne communauté des peintres sculpteurs (statuts du 12 août 1391, — Lespinasse, t. II, p. 192, — confirmés en 1548 et en 1582) avait compté au XVIe siècle et dans le premier quart du XVIIe siècle des artistes remarquables, tels que Jean Cousin, François Porbus et Simon Vouët. Mais dès le second quart du XVIIe siècle elle avait perdu beaucoup de son importance, les premiers artistes de cette époque cherchant pour la plupart l'indépendance en se faisant investir des fonctions de peintres du roi ou en allant habiter un lieu privilégié. En 1646, la communauté se décida à faire opérer des saisies chez les brevetaires et obtint un arrêt portant que les peintres du roi ne seraient qu'au nombre de quatre, qu'ils ne pourraient peindre que pour Sa Majesté, et qu'en dehors du temps consacré à son service, ils seraient tenus de travailler en chambre pour les maîtres de la communauté.

Cette prétention de soumettre l'art, pure création de l'intelligence, à la même discipline qu'un métier manuel, souleva la juste indignation des peintres indépendants, qui obtinrent du roi des lettres patentes de février 1648 (coll. Lamoignon, t. XII, fº 899 ; — Lespinasse, t. II, p. 199[1]), instituant une Académie royale de peinture et de sculpture dont les membres seraient exempts de l'obligation de se faire recevoir à la maîtrise. L'Académie, dirigée par douze anciens et deux syndics, ouvrit immédiatement une école publique pour le dessin vivant, la perspective, l'anatomie et la géométrie. L'Académie avait à sa tête la plupart des peintres célèbres de l'époque : Le Brun, Sébastien Bourdon, Philippe de Champagne et les trois Lenain.

1. Cf. *Statuts, ordonnances et règlements de la communauté des maîtres de l'art de peinture, sculpture, gravure et enluminure de cette ville de Paris*, insérés dans le 4e volume du *Recueil de pièces fugitives concernant la police*, 1742, p. 1 (Bibliothèque Nationale, Imprimés, F. 21025).

Les maîtres, de leur côté, ne demeurèrent pas inactifs. Sous l'influence de Mignard, le rival souvent heureux de Le Brun, ils fondèrent l'académie de Saint-Luc où les cotisations étaient moins élevées, et cherchèrent à attirer les élèves en instituant des prix. De hautes influences s'interposèrent; un accord fut conclu en 1652 et l'Académie reçut quatre maîtres parmi ses douze anciens.

La trêve fut de courte durée. Trois ans plus tard, on se séparait de nouveau et l'Académie se reconstituait sur de nouvelles bases : elle plaçait à sa tête un directeur, M. Ratabon, quatre recteurs qui se partageaient l'année et douze professeurs. Le Brun en était nommé chancelier à vie. En même temps on ouvrait une école où les enfants des académiciens et même des maîtres étaient reçus gratuitement. Les aspirants à l'Académie devaient présenter un tableau sur lequel on les jugeait. Encouragée par le roi, qui lui accorda une pension de 4.000 livres et dirigée par les premiers artistes du siècle, l'Académie brilla dès lors du plus vif éclat et effaça complètement l'ancienne corporation ou collège de Saint-Luc que Mignard lui-même abandonna à la mort de Le Brun pour remplacer ce dernier dans les fonctions de chancelier de l'Académie (1690)[1]. En dehors des maîtres de l'école française du XVIIe siècle, Le Brun et Le Sueur dont le Louvre possède entre autres chefs-d'œuvre l'admirable *Vie de saint Bruno*, les membres de l'Académie les plus célèbres furent dans l'ordre de leur réception : en 1663 Nicolas Coypel, l'aîné des peintres de ce nom, Monnoyer, le peintre de fleurs, et Jacques Van Loo ; en 1673 Van der Meulen, le peintre officiel des batailles du règne; en 1675, Jean Jouvenet; en

---

1. La communauté des peintres ou académie de Saint-Luc végéta dès lors et ne compta plus dans ses rangs aucun artiste. Cf. sur cette communauté les *Lettres patentes du roi qui approuvent et confirment les nouveaux statuts de la communauté des peintres et sculpture de l'académie de Saint-Luc*, 1738, in-4°.

1676, Nattier le père; en 1699, Desportes, le peintre d'animaux et de nature morte[1].

Les sculpteurs étaient moins nombreux. Cependant l'Académie s'enorgueillissait à bon droit de compter parmi ses membres les maîtres de l'école française de sculpture : Coysevox reçu en 1676 et Coustou reçu en 1693[2].

Maîtres en fait d'armes [3]. — Les maîtres d'armes, très fiers de la profession qu'ils exerçaient, avaient à leur tête deux jurés et un garde des ordres et privilèges (statuts du 5 novembre 1644). Ils enseignent non seulement l'épée, mais l'espadon (sorte d'épée longue et large que l'on tenait à deux mains), la hallebarde et le bâton à deux bouts. Un maître d'armes ne pouvait avoir qu'un seul prévôt dans sa salle (art. 5). L'engagement du prévôt avait lieu devant le garde. A la première plainte de son maître, le prévôt est réprimandé; à la seconde, il est expulsé de la communauté. Il est d'ailleurs interdit aux prévôts de faire des assemblées, sinon pour aller avec les élèves de leur

---

1. Sur les premières années de l'Académie, cf. *Mémoires pour servir à l'Académie royale de peinture et de sculpture depuis 1648 jusqu'en 1664*, publiés par M. Anatole DE MONTAIGLON, 1853 (2 vol. in-8°).

2. On doit notamment à Coustou le groupe de la jonction de la Seine avec la Marne (jardin des Tuileries) et le groupe des Tritons (parc de Versailles). Coysevox, entre autres œuvres célèbres, sculpta les célèbres chevaux ailés de Marly (aujourd'hui à l'entrée des Champs-Elysées), le tombeau de Mazarin pour le Collège des Quatre-Nations (Collège de France) et celui de Colbert pour Saint-Eustache.

3. Quelques lecteurs seront peut-être un peu surpris de voir figurer sous cette rubrique « *Arts libéraux* » la profession de maître d'armes. L'escrime pourtant était considérée au XVII° siècle comme une science véritable et le maître d'armes du *Bourgeois gentilhomme*, si son litige avec le maître à danser n'eût promptement dégénéré en la rixe que l'on sait, eût été en droit d'invoquer plus d'un argument en faveur de sa thèse. Il eût pu notamment se prévaloir des lettres patentes de mai 1656 qui avaient conféré la noblesse transmissible à six des plus anciens maîtres d'armes. Cf. les *Statuts et règlements faits pour les maîtres en fait d'armes de la ville et faubourgs de Paris*, 1759, p. 17. Une autre édition des mêmes statuts en date de 1668 est insérée dans le 4° tome du *Recueil de pièces concernant la police* (Bibliothèque Nationale, Imprimés, F, 21025).

maître s'exercer contre le prévôt et les élèves d'une autre salle (art. 5). Les conditions dans lesquelles était subi l'examen pour la maîtrise ont déjà été décrites (*supra*, p. 427).

Résumé. — Condition économique de l'ouvrier au XVII° siècle. Son salaire

L'analyse que nous avons faite des règlements et des statuts corporatifs au XVII° siècle a montré quelle était à cette époque la vie de l'artisan dans la corporation et sur quelles bases était assise l'organisation du travail. Le lecteur a pu se convaincre que le régime corporatif s'est conservé au XVII° siècle dans ses traits essentiels tel qu'il fonctionnait au temps de saint Louis. La solidarité entre artisans et patrons s'est affaiblie, l'esprit de charité, sans disparaître entièrement, s'est attiédi, des divisions et des rancunes inconnues au temps de saint Louis se sont manifestées, la corporation autrefois autonome est devenue une véritable institution d'Etat. Mais en somme, si les fondations de l'édifice corporatif sont ébranlées, sa superstructure demeure encore intacte et présente à l'œil la même ordonnance que par le passé.

Il reste pour compléter ce tableau de la condition des classes ouvrières, à rechercher brièvement si la condition économique de l'ouvrier, que nous avons étudiée en détail pour l'époque antérieure au XIV° siècle, s'est améliorée depuis cette époque, ou si elle s'est au contraire aggravée au double point de vue de la somme de travail fourni et du salaire payé.

Au point de vue de la somme de travail fourni, il n'est pas douteux que l'ouvrier du siècle de Louis XIV travaille davantage que celui du temps de saint Louis. On se rappelle que le *Livre des Métiers* limite la journée de travail au temps compris entre le lever et le coucher du soleil, c'est-à-dire, déduction faite des heures de repas, à une durée qui varie selon les saisons de 8 heures à 14 ou 15 heures. Il n'en est plus de même au XVIIe siècle ; nombre de statuts ne reproduisent pas l'interdiction du travail de nuit ; d'autres statuts permettent en toute saison de travailler de cinq heures du matin à huit heures du soir[1] (statuts des potiers d'étain de 1613), ou même de quatre heures du matin à neuf heures du soir[2]. Le développement de la production impose à la main-d'œuvre que ne seconde pas encore la machine, une tâche beaucoup plus lourde qu'aux siècles où l'industrie était encore dans l'enfance et où le luxe était encore le monopole des princes et des hauts seigneurs. La journée de travail effectif s'élève parfois jusqu'à seize heures de travail et ne descend guère au-dessous de douze heures. Il est vrai qu'au XVIIe siècle comme au XIIIe, les fêtes religieuses encore très nombreuses qui viennent s'ajouter aux dimanches, sont autant de jours de repos qui tempèrent notablement le labeur véritablement excessif de chaque jour[3]. Il importe encore de remarquer que l'artisan devant faire une œuvre consciencieuse et durable n'est pas astreint à faire vite, et son travail, exempt de la hâte nerveuse qui caractérise trop souvent celui de l'artisan moderne, est relativement moins fatigant.

1. *Statuts, ordonnances et privilèges des maîtres potiers d'étain*, 1742. Bibliothèque Nationale. Imprimés, F. 4520.
2. *Statuts des maîtres gaîniers fourreliers rédigés le 28 septembre 1560*, (in-4° sans date).
3. Vauban n'évalue qu'à 180 jours par an le travail effectif d'un tisserand. (*Dîme royale*, IIe fonds.) Mais dans ce calcul entrent en compte les causes de chômage particulières à cette profession, telles que les gelées (50 jours) pendant lesquelles les tisserands ne pouvaient travailler. Les chômages obligatoires et *communs à tous les métiers* ne comprenaient que 52 dimanches et 38 jours fériés auxquels s'ajoutaient les chômages occasionnés par des causes particulières à chaque métier ou par des causes individuelles. Nous pensons que l'on peut évaluer approximativement à 220 ou 250 jours utiles en moyenne le travail effectif dans la plupart des métiers.

Si l'artisan du XVII⁰ siècle travaille plus que l'artisan du Moyen Age, est-il du moins mieux payé? Le salaire moyen de l'artisan parisien à la fin du XIII⁰ siècle, était, on se le rappelle, d'environ 18 deniers parisis qui équivalaient, au pouvoir intrinsèque de l'argent, à 1 fr. 50, et si l'on tient compte de la dépréciation subie par l'argent comme monnaie d'échange, à 6 francs au pouvoir réel de l'argent. Dans les provinces le salaire moyen des charpentiers et des maçons était d'environ un sou par jour.

Si, à ce salaire gagné par l'artisan du Moyen Age, on compare les salaires des artisans à la fin du XVII⁰ siècle et au commencement du XVIII⁰, on constate que l'élévation des salaires n'est pas en rapport avec la baisse de la valeur de l'argent. En 1707, un témoin dont l'autorité ne peut être récusée, Vauban, évalue à douze sous par jour le salaire moyen de l'artisan des villes; dans quelques grandes villes seulement ce salaire se serait élevé à quinze et trente sous par jour [1]. Or, la livre tournois valait en 1707, année où fut composée la *Dîme royale*, 1 franc 22 au pouvoir intrinsèque et environ 3 francs 35 au pouvoir réel de l'argent [2]. Les quinze à trente sous tournois par jour qui correspondent au salaire de l'ouvrier des grandes villes ne représentent donc encore en monnaie moderne que de 0,91 centimes et demi à 1 franc 83. Mais le pouvoir de l'argent étant tombé de quatre à deux trois quarts, la valeur totale d'échange de ces quinze à trente sous ne serait plus en

---

1. « Quoique la plupart des artisans dans les bonnes villes comme à Paris, Lyon, Rouen gagnent pour l'ordinaire plus de 12 sous, tels que sont les drapiers, tondeurs, tireurs de laine, garçons chapeliers, serruriers qui gagnent depuis 15 sous jusqu'à 30, cependant, comme il y en a qui ne gagnent pas 12 sous, l'exemple du tisserand a paru un milieu assez proportionné. » *Dîme royale*.

2. M. d'Avenel évalue ainsi qu'il suit la valeur intrinsèque de la livre tournois sous Louis XIV. De 1643 à 1650, elle aurait valu 1 fr. 82; de 1651 à 1675, 1 fr. 61; de 1676 à 1700, 1 fr. 48; de 1701 à 1725, 1 fr. 22. Le pouvoir réel de l'argent aurait été de 2 pour la période 1651-1675, de 2,75 pour la période de 1701-1725,

monnaie moderne que de 2 francs 516 à 5 francs 032. En monnaie parisis, les quinze à trente sous valent un quart en sus, mais le plus élevé de ces salaires moyens, celui de trente sous, égale à peine, comme valeur d'échange, les 6 francs qui représentaient au même pouvoir réel le salaire moyen de l'artisan du XIII° siècle. Nous conclurons donc qu'à Paris tout au moins la progression du salaire de l'artisan a été, du XIII° au XVIII° siècle, moins forte que la dépréciation de l'argent; autrement dit, les salaires ont plutôt diminué.

Si d'autre part on compare les salaires au prix des denrées nécessaires à la vie, on constate que l'artisan du XVII° siècle devait s'imposer pour nourrir sa famille des sacrifices plus considérables que l'artisan du XIII°. Tandis qu'au XIII° siècle en effet le setier de blé, mesure de Paris (120 kilogrammes), vaut de 6 sous 3 deniers à 9 sous (de 6 francs 25 à 7 francs 20) le même setier de blé vaut en 1708 douze livres (14 francs 64), en 1712 et en 1714 vingt et une livres ou 25 francs 62 (d'Avenel, t. II, p. 581 et 583), prix qui, pour être convertis en monnaie moderne équivalente, doivent être multipliés par 2,75, rapport représentant la dépréciation du pouvoir de l'argent de la période 1701-1725 à nos jours. Les salaires ont donc en réalité diminué du XIII° siècle au XVII°, tandis que le prix de la vie a considérablement augmenté [1].

---

1. Toutefois il paraît certain que c'est surtout du XIII° siècle à la moitié du XVI° que la condition de l'ouvrier a empiré. De 1550 à 1650 le prix du blé et la taxe des salaires se sont élevés dans une proportion sensiblement égale. De 1650 à 1700 les salaires ont monté plus vite que le prix du blé. (Voir le chapitre II du *Traité des grains*, de Bois-Guillebert, intitulé : « Le prix du blé en 1550, 1600 et 1650 proportionnel au prix des autres denrées. Il a cessé de l'être depuis quarante ans. ») M. Levasseur admet même que le prix du blé ayant été toujours plus bas au XVII° siècle que dans le dernier quart du XVI°, l'ouvrier se trouvait dans une condition moins désavantageuse qu'à la fin des guerres de religion pour acheter son pain (t. II, 400).

LIVRE VI

Histoire des Corporations de 1715 à leur abolition définitive (1791)

CHAPITRE PREMIER

LES CORPORATIONS SOUS LE RÈGNE DE LOUIS XV (1715-1774)

Section I. — **Première partie du règne (1715-1740). Système de Law.** — **Son influence sur le commerce.** — **Sa chute.** — **Mesures fiscales.** — **Droit de confirmation et lettres de maîtrise.** — **Revision des comptes et liquidation des dettes des communautés.**

Le règne de Louis XV s'ouvrit pour les corporations sous les auspices les plus favorables. Un des premiers actes du nouveau gouvernement avait été de faire signer au jeune roi une déclaration instituant sept grands Conseils de l'Etat au nombre desquels un Conseil du commerce et des manufactures (14 décembre 1716), dont faisaient partie, à côté de conseillers d'Etat représentant l'autorité royale, des délégués du commerce des principales villes : Paris, Lyon, Rouen, Bordeaux, Marseille, etc. (ordonnance du 4 janvier 1716) [1]. C'était associer d'une manière permanente la classe industrielle à l'œuvre du pouvoir législatif, et cette haute faveur accordée à de simples négociants semblait indiquer de la part de la régence un désir sincère de travailler au relèvement du commerce et de l'industrie.

Les premières années du règne parurent en effet justifier ces espérances. Le duc de Noailles, dont l'influence était prépondérante au sein du Conseil des finances, fit adopter le principe de réformes fiscales depuis longtemps réclamées en vain par l'opinion et dont les gens de métier devaient être les premiers à tirer profit. On renonça à lever les taxes en vertu de simples décisions du ministre; on accorda des remises sur la capitation, le dixième et les fermes. On rétablit les monnaies à leur véritable titre (édit du 1er janvier 1716) [2]. Enfin, on s'efforça de substituer à la taille arbitraire une taille proportionnelle aux revenus, et les municipalités reçurent l'ordre de procéder à une estimation des revenus des particuliers et des corporations.

En même temps, on diminuait les dépenses publiques, en revisant les titres des créanciers de l'État dont beaucoup furent trouvés fictifs et annulés. On instituait une Chambre de justice avec mission de rechercher et de punir ceux des traitants qui se seraient rendus coupables de malversation. Ces réformes eurent un plein succès. Le budget de 1716 accuse en effet une économie de plus de 56 millions sur les dépenses correspondantes de 1715, tandis que les revenus s'accroissent de 6 millions [3].

Une catastrophe imprévue allait malheureusement compromettre d'aussi beaux résultats et porter à la fortune

---

1. Isambert, *Recueil des anciennes Lois françaises*, XXI, 669 et 74.
2. Forbonnais, *Recherches et considérations sur les finances*, V, p. 69.
3. Cf. Forbonnais, V, 385.

publique un coup terrible autant qu'inattendu. L'histoire du système de Law, cette extraordinaire aventure qui passionna la France entière et qui, au lieu de l'Eldorado rêvé, devait aboutir à la plus désastreuse des banqueroutes, est dans toutes les mémoires. La liquidation fut ruineuse, non seulement pour le Trésor qu'elle obéra de 40 millions de rentes, mais pour le commerce parisien et le menu peuple qui s'étaient livrés à la spéculation la plus effrénée[1] et qui en furent les premières victimes. Heureusement la paix qui régnait alors était éminemment favorable au relèvement du crédit, et cette paix bienfaisante ne fut interrompue pendant vingt années que par la guerre de la succession de Pologne (1733-1734) qui ne fut ni longue, ni bien coûteuse. Peu à peu, l'économie et le travail, ces deux sources vives de la richesse de la France, permirent à la nation de récupérer ses pertes ; l'habile administration de Fleury fit régner l'ordre dans les finances et supprima l'onéreux impôt du dixième (janvier 1737). En 1741, lorsque éclata la guerre de la succession d'Autriche, la situation financière et économique de la France était redevenue prospère.

Toutefois, pour faire face aux lourdes charges que lui créait la liquidation des entreprises de Law, le Gouvernement avait dû recourir à des expédients dont les corporations firent naturellement les premiers frais. On réclama d'elles en 1723 un droit de confirmation contre lequel elles protestèrent avec énergie, mais en vain. Il fallut composer et payer au Trésor près de 430.000 livres[2].

Le droit de confirmation ne produisant pas des ressources suffisantes, on créa de nouvelles lettres de maîtrise[3].

1. Dès janvier 1720, les Six Corps avaient été féliciter Law, le triomphateur du jour et l'assurer de leur concours.
2. *Registres des délibérations des Six Corps.* Archives Nationales, KK, 1341, p. 545.
3. Notamment en 1722 à la majorité du roi et lors de son mariage en 1725.

Peu d'années après (1730), on rétablissait les offices d'inspecteurs des halles et marchés que Law avait supprimés, mais dont les titulaires n'avait pas été remboursés.

La dernière opération fiscale de cette période fut le rachat des offices de payeurs contrôleurs des gages créés dans les dernières années du règne de Louis XIV. Les Six Corps payèrent encore de ce chef 47.370 livres 19 sols[1].

Une réforme importante s'accomplissait vers la même époque dans les finances des communautés. Déjà sous Louis XIV, un édit de 1709, puis un arrêt du Conseil de 1714 avaient enjoint aux corporations de soumettre leurs comptes au lieutenant général de police et au procureur du roi[2]; mais ces prescriptions étaient demeurées sans effet. En mars et en mai 1716 de nouveaux arrêts les renouvelèrent et nommèrent des maîtres de requêtes qui, de concert avec le lieutenant général, devaient procéder à la liquidation générale des dettes des communautés. L'opération était délicate et compliquée: elle impliquait en effet l'examen d'une foule de comptes de détail et intéressait toutes les communautés de France. En 1722 un arrêt du Conseil ajouta encore à la tâche des commissaires, en leur ordonnant d'examiner tous les comptes depuis 1689[3]. Les communautés manifestaient d'ailleurs une grande mauvaise volonté. En 1738, il fallut défendre aux gardes de payer le reliquat de leurs comptes à leurs successeurs, si ces derniers ne les avaient pas fait apurer. En 1740, les commissaires ordonnèrent à toutes les communautés de remettre un état complet de leurs emprunts, payements et remboursements avec les noms de leurs créanciers; ceux-ci, de leur côté, devaient produire leurs titres dans les deux mois[4].

---

1. *Archives Nationales*, KK, 1341, juin 1735.
2. Collection RONDONNEAU, A. D., XI, 10.
3. Parmi ces commissaires, on relève les noms de Mauplou et de Lefèvre d'Ormesson.
4. Pour obliger les anciens jurés ou leurs héritiers à rendre des

La question si souvent débattue des lieux privilégiés donna lieu, elle aussi, à de nouveaux litiges. En novembre 1716 et janvier 1717, deux arrêts du Conseil[1] ordonnèrent la revision de tous droits de justice dont les seigneurs laïques ou ecclésiastiques se prétendraient encore investis dans Paris et leur prescrivirent de remettre leurs titres de concession pour être examinés.

On se montra d'abord sévère, et en février 1718 les chanoines de Saint-Jacques, de l'hôpital Saint-Denis et de Saint-Etienne-des-Grès furent déclarés déchus de tous droits, faute d'avoir produit leurs titres. Mais ce zèle se ralentit bientôt. Neuf ans plus tard, le 11 mars 1727, on renouvelait sans plus de succès les injonctions demeurées infructueuses de l'édit de 1717[2]. Les privilèges des hauts justiciers devaient se conserver en fait jusqu'à la Révolution.

L'ancienne querelle des communautés avec les marchands privilégiés suivant la Cour continuait, elle aussi, sans rien perdre de son acuité. En 1725[3] des lettres patentes avaient confirmé à nouveau les prérogatives de ces marchands et maintenu pour tous les litiges les concernant la juridiction exceptionnelle de la prévôté de l'Hôtel. Les communautés ne désarmèrent cependant pas et continuèrent à pratiquer des saisies sur les privilégiés[4] et à solliciter assidûment du pouvoir l'abolition des privilèges.

En dehors de ces événements, l'histoire des communautés de 1715 à 1740 n'offre qu'un intérêt secondaire. Bornons-nous à mentionner l'arrêt du Parlement de 1724

---

comptes, il fallut souvent imposer des amendes aux contrevenants. C'est ainsi qu'une amende de 1.000 livres fut infligée par une sentence du 3 mai 1725 aux héritiers de deux jurés de la communauté des papetiers-colleurs. *Archives Nationales*, V, 7421.

1. Collection RONDONNEAU, Ad. XI, 10.
2. *Ibidem*.
3. LESPINASSE, t. II, p. 151.
4. Cf. *Archives Nationales*, KK, 1341, p. 605.

qui débouta les marchands de vin, plus que jamais obstinés à réclamer leur agrégation aux Six Corps[1]; un procès soutenu pour les mêmes causes par les tailleurs contre les Six Corps (1730)[2]; un litige entre les communautés de Paris et celles de Rouen, qui au mépris des édits de 1581 et de 1597, refusaient de recevoir dans leur sein les artisans ayant fait leur apprentissage à Paris[3]; l'abolition de la contrainte par corps à laquelle les gardes étaient soumis à l'occasion des saisies faites par eux indûment (1738)[4]; enfin un long procès soutenu par les Six Corps au nom du commerce parisien contre la juridiction dite « *Conservation de Lyon* » qui se prétendait compétente pour juger tous les procès dans lesquels un marchand lyonnais était partie[5].

Pendant toute cette première partie du règne de Louis XV, les communautés ne prirent aucune part aux événements politiques. Les métiers, si turbulents jusqu'au milieu du XVII⁰ siècle, ne se distinguent plus depuis lors que par leur loyalisme et leur soumission. Les Six Corps vont complimenter le roi en toute occasion : à sa majorité en 1722, à son mariage en 1725, à la naissance du dauphin en 1729[6]. Ils font chanter des *Te Deum* pour le roi,

1. *Archives nationales*, KK, 1341, p. 487.
2. *Ibid.*, p. 551.
3. *Ibid.*, p. 561.
4. *Ibid.*, p. 724. C'était là une véritable victoire remportée par les communautés sur les privilégiés. Car les justices seigneuriales et la prévôté de l'Hôtel usaient et abusaient contre les gardes de ce moyen d'intimidation.
5. Cf. *Archives Nationales*, KK, 1341, p. 640.
6. Citons à titre de spécimen de ce genre d'éloquence le compliment fait à la reine Marie Leczinska en 1725 par Rollin, premier garde de la draperie et orateur de la députation : « Madame, les six corps des marchands de la capitale ont le bonheur de paraitre devant Votre Majesté comme ses sujets les plus humbles et les plus respectueux. Le choix du roi, Madame, et l'accomplissement de votre auguste mariage ont mis le sceau à nos plus chers désirs. Cette époque éclatante assure le repos de la nation. La religion, la piété et les vertus d'une si grande reine en faisant notre admiration, augmenteront à jamais notre amour et nos plus profonds respects. »

et graver des médailles commémoratives aux effigies du roi et de la reine. Henri IV lui-même ne fut pas plus populaire que ne le fut, pendant de longues années, ce Louis XV qui, pourtant, devait être le mauvais génie de la monarchie et de la nation française [1].

Section II. — **Deuxième partie du règne de Louis XV (1740-1774).** — Embarras financiers. — Contribution des corporations aux dépenses des guerres de la succession d'Autriche et de Sept Ans. — La milice (1745). — Création des inspecteurs-contrôleurs (1745). — Souscription de 1759 et offre d'un vaisseau de guerre. — Suppression (1757), puis rétablissement (1767) des lettres de maîtrise. — Continuation de la revision des comptes. — Edit relatif aux emprunts (1763).

L'année 1740 termina la période de paix qui avait aidé si puissamment à la reconstitution de la fortune publique. L'empereur Charles VI, dernier descendant direct de la maison d'Autriche-Habsbourg, étant mort le 20 octobre, deux compétiteurs se présentèrent aux suffrages des électeurs : Marie-Thérèse, sa fille, mariée au duc François de Lorraine, et le duc de Bavière auquel un traité secret assurait l'appui de la France. Cette querelle ne pouvait être vidée que sur les champs de bataille et fut le point de départ d'une guerre qui devait durer huit années.

Pour soutenir cette guerre et faire face à l'entretien des armées, il fallait à la fois des hommes et de l'argent. Pour recruter des soldats, le roi décréta une levée générale des

La reine répondit : « Messieurs, je suis très sensible à votre honnêteté et dans toutes les occasions je vous donnerai des marques de ma bienveillance. » *Archives Nationales*, KK, 1341, p. 515.

1. Témoin le transport d'enthousiasme avec lequel Paris accueillit la nouvelle de la guérison du roi lors de sa grave maladie en 1744. « Le courrier fut embrassé et presque étouffé par le peuple; on baisait son cheval; on le menait en triomphe. » (VOLTAIRE, *Précis du règne de Louis XV*, ch. XII.)

milices, qui depuis près d'un siècle n'avaient pas été convoquées (janvier 1743[1]). On fit appel aux communautés : tous les jeunes gens, fils de maître, compagnons ou apprentis, tirèrent au sort. Toutefois, les plus riches marchands bénéficièrent comme toujours de certains privilèges. Ceux qui payaient cent livres d'impôt obtinrent l'exemption de leurs fils, d'un apprenti et de deux domestiques; ceux qui payaient cinquante livres purent faire dispenser leurs fils et un apprenti.

Les communautés ne se soumirent pas à l'impôt du sang sans protester. Les Six Corps représentèrent que jusqu'alors on s'était borné à les faire financer « sans obliger leurs enfants, apprentis et garçons marchands à tirer au sort, non seulement avec les plus bas ouvriers, mais avec leurs propres domestiques, des portefaix, gagne-deniers et autres gens de cette trempe »[2]. Une centaine d'artisans des Six Corps étant tombés au sort, on alla trouver le roi en personne, et on finit par obtenir de pouvoir les faire remplacer. Mais l'année suivante, les communautés de Paris durent encore fournir 300 hommes.

L'argent manquait tout autant que les hommes; on dut bientôt recourir au vieil expédient des créations d'offices. Un édit de février de 1745[3] institua des offices d'inspecteurs-contrôleurs des maîtres et gardes dont un arrêt d'avril de la même année autorisa le rachat.

Ce rachat toutefois ne s'effectua pas sans difficulté. Les communautés, elles aussi, manquaient d'argent, mais encore plus de bonne volonté. En vain l'on s'efforça de trouver des prêteurs disposés à avancer les fonds nécessaires. Il fallut en 1752 réunir obligatoirement aux corps et communautés les offices de création nouvelle[4].

1. Isambert, *Recueil des anciennes Lois françaises*, XXII, 158.
2. *Archives Nationales*, KK, 1342, p. 127.
3. Lespinasse, *Les Métiers et corporations de Paris*, I, 159.
4. Collection Rondonneau AD. XI, 11.

De 1745 à 1756, l'histoire des communautés ne présente aucun fait remarquable. Avec toute la France, les gens de métier applaudissent à la glorieuse campagne de 1745 et saluent de leurs acclamations le retour des vainqueurs de Fontenoi. La nouvelle du traité d'Aix-la-Chapelle (1748) excita, plus encore peut-être que cette victoire, l'allégresse générale. On complimenta le roi et on frappa une médaille pour célébrer le rétablissement de la paix [1].

Les démêlés des Six Corps avec les marchands qui vendaient dans l'enceinte des maisons royales et leur procès avec les juges de la *Conservation de Lyon* se poursuivent toujours sans aboutir à une solution. Une pensée charitable inspire vers la même époque un projet d'établissement d'hospice pour les malades des métiers [2].

En 1757, un événement important se produit. Le 20 septembre de cette année, à la suite d'un accord avec les communautés de Paris et sur leur promesse d'indemniser le Trésor royal, le roi consent à s'interdire désormais l'octroi de lettres de maîtrise. En effet, pendant dix ans on ne concéda aucune lettre de ce genre. Mais le 3 mars 1767 [3], un édit les rétablissait, sous prétexte de faciliter l'accès de la maîtrise, et créait douze brevets pour chaque métier à Paris, huit dans les villes de cours supérieures, quatre dans les villes où siégeaient des présidiaux et deux dans les autres localités. Les droits de réception étaient sensiblement abaissés au profit des bénéficiaires de ces brevets.

Il s'en fallait pourtant en 1767 que le pouvoir royal songeât à supprimer le monopole de la corporation et à donner gain de cause aux économistes qui réclamaient déjà

---

1. *Registres des délibérations des Six Corps*, Archives Nationales, KK, 1342, p. 269.
2. *Registres des délibérations des Six Corps*. Archives Nationales, KK, 1342, p. 315.
3. ISAMBERT, XXII, 468; LESPINASSE, I, 160.

l'entière liberté du commerce : on inclinait dans les conseils du roi à réformer dans un sens plus libéral les institutions corporatives, mais on entendait les conserver comme type unique de l'organisation du travail. Le régime corporatif reçut même une consécration nouvelle par un arrêt du 23 août 1767[1] qui, renouvelant les prescriptions des édits de 1581, 1597 et 1673, enjoignit à tous les marchands et artisans dont les professions étaient demeurées libres de se réunir en communautés[2]. L'édit fixait en même temps le prix des maîtrises qu'il leur faudrait acquérir. L'exécution de ces divers édits se heurta à de graves difficultés. Les marchands dont l'industrie avait été libre jusqu'en 1767 ne se soumirent pas sans peine, et il fallut à deux reprises proroger le délai qui leur avait été imparti pour se faire inscrire.

Mais ce fut surtout l'édit du 3 mars 1767 sur la création des nouveaux brevets de maîtrise qui motiva de vives protestations. Afin de faciliter l'acquisition de ces brevets, on avait autorisé pour la première fois les étrangers à se faire recevoir. Cette autorisation profita surtout aux juifs, auxquels jusqu'alors la banque et le commerce des métaux étaient seuls permis. Ces nouveaux venus se recommandaient des idées nouvelles de tolérance et d'égalité; mais ils avaient contre eux le sentiment presque unanime de la bourgeoisie marchande. Un conflit ne tarda pas à éclater entre les autorités publiques qui trouvaient dans ces étrangers des acquéreurs solvables et empressés pour des brevets d'une défaite assez difficile et les gardes et jurés des communautés décidés à ne pas admettre de juifs à la maîtrise. Les Six Corps, interprètes naturels de tout le commerce de la capitale, supplièrent

---

1. Isambert, XXII, 469.
2. Parmi ces corps d'état, on remarque les marchands de bois neuf, les marchands de planches, les fabricants de chocolat, les faiseurs de fleurs artificielles, les blanchisseurs.

le roi de leur permettre plutôt de racheter les brevets. Cette proposition elle-même ayant été rejetée, ils présentèrent un mémoire tendant à l'exclusion des juifs[1]. Enfin ils s'adressèrent directement au lieutenant général de police, qui s'efforça en vain de les gagner aux vues du Gouvernement. L'orateur de la députation des Six Corps répondit « qu'ils étaient reconnaissants des avantages obtenus auprès Mgr le Contrôleur général, mais que, pénétrés de la plus vive douleur, ils étaient convenus de ne jamais admettre les juifs librement, étant résolus de ne communiquer avec eux en aucune façon ». Il fallut pour vaincre cette résistance décréter que la signification de l'arrêt du Conseil tiendrait lieu d'enregistrement[2].

Cependant, la commission nommée en 1716 pour la revision des comptes des communautés continuait ses travaux. En 1759, l'opération se poursuivait toujours, sous la direction de M. de Sartines : elle n'était pas achevée en 1776, époque à laquelle une nouvelle commission fut chargée de reviser les dettes des communautés supprimées (arrêt du Conseil du 16 janvier 1778)[3].

Une sage réforme était réalisée, vers la même époque, par la déclaration du 2 avril 1763, qui interdit aux communautés d'emprunter sans autorisation. Un arrêt du Parlement du 2 septembre 1766 renouvela cette prohibition et défendit aux notaires de passer de semblables actes, sans se faire représenter les lettres patentes autorisant l'emprunt.

1. *Archives Nationales*, KK, 1342, p. 533 et 537.
2. Cette déclaration est signée des premiers gardes des Six Corps, c'est-à-dire des représentants autorisés du haut commerce parisien. Les noms de ces antisémites du XVIIIe siècle étaient : Havart, Cuvillier, Le Conte, Lapierre, Marchand, Charlot de Courcy, Nau, Boitels, Léger, Martine et Allen.
3. Cf. sur la revision des comptes des communautés, *Archives Nationales*, V7, 420 à 443. Le 1er août 1790, un des derniers arrêts du Conseil chargea la municipalité de Paris de terminer l'examen de ces comptes.

L'interminable affaire des privilèges se poursuivait toujours avec des alternatives diverses de succès ou d'insuccès pour les communautés. Ces dernières avaient obtenu, en 1754, un arrêt ordonnant que les marchands de vin, même privilégiés, seraient soumis aux visites de leurs gardes et que les contestations seraient jugées, non par la Prévôté de l'hôtel, mais par le lieutenant général de police[1]. Mais cet arrêt ne mit pas fin au litige. En 1770, en effet, on voit encore les communautés présenter un mémoire tendant à la suppression des privilèges, tant personnels que réels, qui faisaient échec à leur monopole.

Les corporations parisiennes donnèrent à la fin du règne de Louis XV de nouveaux exemples de leur dévouement au roi et à l'Etat. En 1759, après la défaite de Rosbach, les Six Corps avaient spontanément offert 514,000 livres pour les dépenses de la guerre. En 1762, alors que les flottes anglaise nous avaient enlevé une à une toutes nos colonies et que les derniers vestiges de la puissance française dans l'Inde venaient de disparaître avec la chute de Pondichéry, ils s'imposèrent un nouveau sacrifice : ils votèrent unanimement un emprunt de 700.000 francs dont le produit fut destiné à offrir au roi un vaisseau de 72 canons[2].

1. Collection RONDONNEAU, AD. XI, 11.
2. *Archives Nationales*, KK, 1342, p. 463.

CHAPITRE II

DÉCADENCE DE LA CORPORATION AU XVIII° SIÈCLE
ÉTAT DE L'OPINION

Section I. — Esprit exclusif des communautés
Leur résistance au progrès

Les partisans comme les adversaires du régime corporatif sont d'accord pour reconnaître que la décadence de la corporation, déjà commencée au XVII° siècle, s'accélère et devient irrémédiable au XVII°. Ses règlements, ses principes et ses tendances sont en contradiction manifeste avec le mouvement général des idées et des faits. Elle demeure figée dans ses statuts d'un autre âge, sans paraître même soupçonner qu'il lui faut compter avec le progrès et sans apercevoir qu'en s'immobilisant, elle se condamne. Cette immobilité de la corporation est d'autant plus sensible qu'autour d'elle tout évolue et se transforme ; quelques exemples mettront en lumière l'esprit tracassier et routinier tout à la fois des communautés d'alors.

Pour remédier aux inconvénients qui résultaient de la cherté de la soie, les merciers s'étaient avisés de substituer aux boutons faits à la main et recouverts de soie, qu'ils étaient tenus d'acheter aux boutonniers, des boutons de drap faits au métier. L'innovation fut accueillie avec une grande faveur par le public dont elle ménageait la bourse. Mais les passementiers-boutonniers intervinrent et firent interdire cette fabrication aux merciers.

Ces derniers essayèrent en vain d'éluder cette prohibition en vendant des boutons faits au métier et dont les moules étaient recouverts d'une étoffe de crin en forme de ruban tissu qu'ils prétendaient avoir le droit de vendre comme ne les façonnant pas eux-mêmes et les achetant à l'étranger. Leurs adversaires triomphèrent, et une déclaration du roi, du 15 mai 1736, défendit à tous de porter sur les habits des boutons de drap, de tissu, de rubans de soie, fil ou crin faits au métier, et aux marchands merciers d'en fabriquer ou introduire dans le royaume, à peine de 500 livres d'amende[1]. Des règlements somptuaires, tels que celui-ci, n'étaient guère faits pour rendre populaires des communautés dont le monopole était déjà, comme on le verra bientôt, très vivement attaqué.

Un autre exemple des tendances rétrogrades des communautés se trouve dans leur obstination à considérer comme un délit le fait par un commerçant de recourir à une publicité un peu étendue, et spécialement dans l'interdiction provoquée par elles de toute distribution de prospectus annonçant la vente de marchandises à prix fixe[2]. On tentait, il est vrai, de justifier ces prohibitions en invoquant l'intérêt des acheteurs. « Le public, disait-on, séduit par un prix fixe qu'il n'ose contredire et qu'on lui offre comme la valeur réelle de l'objet en vente, se détermine sans aucune connaissance pour un magasin dans lequel il regarde son incapacité comme à l'abri de toute surprise. A la faveur de ce prix fixe, on évacue des marchandises inférieures et défectueuses que le public saisit avec enthousiasme parce que les nuances dans les qualités sont au-dessus de ses connaissances[3]. » Ces

---

1. *Bibliothèque Nationale*, Mss. 8099, f° 257.
2. Ordonnance de 1734. Coll. RONDONNEAU, AD. XI. 10. Voir sur ce sujet et aussi sur les enseignes, cartes, adresses, annonces dans *l'Almanach du commerce* de curieux détails dans VIDAL et DURU. *Histoire de la Corporation des marchands merciers*, 1912, p. 237-238. L'ancien *Bureau des merciers* occupait avant la Révolution l'emplacement des maisons numérotées actuellement 38 et 40, rue Quincampoix, 117, 119, rue Saint-Martin.
3. Délibérations des Six Corps. Discours de M. Grimault, garde de la draperie, 16 mars 1786. *Archives Nationales*, KK, 1343, p. 102.

observations renferment sans doute une part de vérité en ce qu'elles dénoncent certains inconvénients inhérents aux ventes faites au rabais et à un prix uniforme pour des objets disparates : l'appât grossier d'un bon marché trompeur, auquel le public se laisse prendre, la camelotte à bas prix préférée au produit loyal et marchand plus avantageux au fond, mais plus cher en apparence. Il n'en est pas moins vrai que l'interdiction des ventes à prix fixe constituait un véritable attentat à la liberté du commerce et nuisait gravement à la corporation elle-même en la montrant rebelle à toute combinaison favorable à l'intérêt général et toujours prête à invoquer son monopole comme un titre de rente perpétuelle dont le public paierait les arrérages.

L'organisation intérieure des corporations au XVIII° siècle prêtait également à de sérieuses critiques. Sans doute on maintient encore le principe que la maîtrise est accessible à tous les artisans et l'on verra même les communautés protester contre un projet érigeant les maîtrises en offices héréditaires. Mais pour qui considère le fond des choses, il est bien difficile à l'artisan sans fortune de se frayer un chemin jusqu'à cette maîtrise, but naturel et autrefois récompense ordinaire de ses efforts. Les droits de réception sont en effet considérables : 1.800 livres chez les charpentiers, 1.700 chez les maçons, 1.500 chez les bouchers, les charrons, les paumiers, les selliers. Certains métiers s'interdisent, pendant une période déterminée de dix ou vingt années, de recevoir de nouveaux maîtres, afin d'éviter le développement de la concurrence. D'autres décident de ne plus admettre à la maîtrise que les fils de maîtres [1]. La charité et la solidarité professionnelles d'autrefois font place à un égoïsme réfléchi et à un exclusi-

---

1. Par contre, les jurés accordent parfois, au mépris des statuts, des dispenses de chef-d'œuvre sans doute obtenues à prix d'argent. Bibl. Nat., Mss. (Fonds Lamare) 21559, f° 80 v°.

visme méthodique. L'édifice corporatif qui aux XIII⁰ et XIV⁰ siècles évoquait l'image d'une de ces belles cathédrales gothiques dont le portail large ouvert et les vastes nefs semblent appeler, sans distinction de rang ni de fortune, tous les fidèles à la prière et à l'action de grâces, n'apparaît plus au XVIII⁰ siècle que sous la forme d'une Bastille où se retranche une oligarchie jalouse et avare qui ne voit pas grossir autour d'elle le flot des assiégeants.

Section II. — Controverse économique. — Ecole du laisser-faire (Quesnay, Dupont de Nemours, Diderot). — Ecole restrictionniste (Galiani, Necker). — Questions des grains, de la toile peinte, de la liberté du commerce de gros.

Il ne semble pas, bien que l'opinion contraire ait été admise par certains auteurs, que le mouvement d'idées favorable à l'abolition des corporations ait pris naissance dès les premières années du XVIII⁰ siècle. Vauban songeait si peu à réclamer l'abolition des jurandes qu'il propose de confier aux jurés et gardes de chaque art et métier le soin de répartir la dîme proportionnelle dont il demande la création [1]. Bois-Guillebert, son disciple et son continuateur, poursuit après lui la suppression de toutes les entraves douanières et fiscales qui paralysent le commerce et leur remplacement par un impôt direct sur le revenu; il demande la liberté du commerce des grains; mais, pas plus que Vauban, il ne pense à battre en brèche le régime corporatif. En 1734, il est vrai, l'économiste Melon, dans son *Essai politique sur le commerce*, blâme les abus qui s'étaient introduits dans les communautés. « La plupart des maîtrises, comme celles d'oiseliers, de perruquiers, de vendeurs de vinaigre, leurs

---

1. *Dîme royale*, Second fonds, p. 87, éd. GUILLAUMIN.

apprentissages, leurs statuts ridicules, tout cela n'est que perte et d'hommes et d'argent. » Mais il explique aussitôt qu'il ne s'attaque pas aux maîtrises elles-mêmes, qui peuvent « être utiles et même nécessaires ; il ne s'agit que de l'abus ».

Pendant la première moitié du XVIII⁰ siècle, les institutions corporatives ne sont donc pas directement et ouvertement attaquées. Mais déjà cependant l'évolution des idées peut faire prévoir l'assaut qui sera donné à ces institutions par Turgot et les économistes de son école. La corporation, telle que l'a faite la politique royale depuis deux siècles, repose en effet sur le monopole. Or, la lutte est ouverte entre les partisans du monopole et ceux de la liberté du commerce, et si la polémique s'engage d'abord sur un autre terrain, on peut prévoir l'époque où la corporation, à son tour, sera mise en cause. Il est donc nécessaire de retracer à grands traits l'origine et le développement de la controverse économique entre l'Ecole du laisser-faire et l'Ecole restrictionniste, ainsi que l'on a coutume de désigner les deux partis dont l'un soutient la liberté du commerce sous toutes ses formes, tandis que l'autre se prononce pour la réglementation et le contrôle de l'Etat.

L'école du laisser-faire procède directement des *physiocrates* dont le système à la fois philosophique et économique jouit au XVIII⁰ siècle d'une faveur à peine croyable. Le système philosophique ou plutôt sociologique de cette école repose sur l'idée que toute société a pour base « *l'ordre naturel* ». On désigne sous ce nom « le jeu régulier des lois physiques et morales établies pour la conservation, la multiplication et le bonheur de l'espèce ». L'ordre naturel est le fondement de l'ordre positif et social qui se résume en cette triple notion : liberté, propriété, autorité. Tout homme en effet a droit à sa subsistance, mais il ne peut se procurer ce qui lui est nécessaire que par le travail : d'où pour lui le droit à l'action, c'est-à-dire à la liberté. De plus, il a le droit de conserver ce que l'exercice de ses facultés lui a fait acquérir : d'où le droit de propriété. Enfin, les autres hommes ont des droits analogues aux siens qu'il doit respecter; pour assurer ce respect des droits réciproques il faut l'intervention d'un pouvoir supérieur : d'où la notion d'autorité[1]. Cette sociologie assurément n'a rien d'inédit ni de profond; elle consiste exclusivement dans l'énonciation dogmatique d'un certain nombre de truismes que l'on avait la prétention de présenter comme des principes transcendants.

Si la philosophie sociale des physiocrates était dénuée d'originalité, on ne peut adresser ce reproche au système économique de la même école, système dont le point de départ est un véritable paradoxe. M. Daire, le savant éditeur de Quesnay, résume ainsi ce système : « La matérialité est le caractère fondamental de la richesse. Puisque la richesse est chose essentiellement matérielle et que l'acquisition de la richesse est la fin de tout travail, il en résulte que le travail n'a jamais d'autre but que l'occupation, la prise de possession de la matière pourvue d'utilité. »

Mais quelle est la source de toute richesse? D'après les physiocrates, c'est la terre et uniquement la terre[2]. Les productions de la terre ont seules une valeur réelle; la valeur plus grande que leur donne le travail industriel n'est autre chose que le remboursement imposé par le fabricant des dépenses qu'il a dû faire pour transformer les denrées et leur communiquer une utilité plus grande; l'industrie majore ainsi de ses frais et de son bénéfice la valeur du produit de la terre, mais ce produit demeure

1. Comparer Quesnay, *Droit naturel*, ch. III et IV.
2. « Toute richesse provient de la terre et il n'y a que les reproductions annuelles qui peuvent fournir aux dépenses de la société. » Mercier de la Rivière, *L'Ordre naturel des Sociétés politiques*.

cependant seul la véritable richesse ; le travail de l'industrie est stérile; seule, la terre donne un produit net.

Il serait superflu de démontrer le vice radical de la théorie des physiocrates si plaisamment raillée par Voltaire dans *L'Homme aux quarante écus*, et tombée au XIX° siècle dans un discrédit aussi complet que mérité. Il est trop évident que l'agriculture n'est pas la source unique de la richesse d'un pays, et l'on ne peut considérer comme stérile le travail de l'industrie qui de substances inutilisables à l'état brut, telles que le lin ou le houblon, tire la toile dont l'homme se vêt ou la bière dont il fait sa boisson. Si le travail agricole est la *condition préalable de la création de la richesse* (tout au moins dans la plupart des cas, mais non dans tous ; ainsi l'industrie électrique née de nos jours ne doit rien à l'agriculture), ce travail n'est nullement le seul facteur de la création des richesses, ni la mesure de leur valeur. Si erronée qu'elle fût, la doctrine des physiocrates n'en a pas moins exercé cependant au XVIII° siècle une influence capitale sur l'opinion et contribué au triomphe de la liberté du commerce. D'une part, en effet, les idées philosophiques des physiocrates reposant avant tout sur la notion de liberté les conduisaient naturellement à n'admettre l'intervention de l'autorité que dans la mesure strictement nécessaire à la protection des intérêts individuels. D'autre part, leur axiome économique en vertu duquel la terre est la seule source véritable de la richesse avait pour corollaire nécessaire la subordination des intérêts de l'industrie et du commerce à ceux de l'agriculture. Or, l'intérêt de l'agriculture réclamait alors la suppression de toutes les entraves douanières ou administratives et la libre circulation des denrées. En effet, la France aujourd'hui tributaire de l'étranger, produisait au XVIII° siècle beaucoup plus de céréales qu'elle n'en consommait[1], et les agri-

1. La production moyenne de la France est évaluée, en 1757, par Ques-

culteurs, pour ne pas voir fermer à leur exportation, par voie de représailles, les marchés étrangers, étaient les défenseurs naturels d'un système qui se résumait dans la formule : « *Laisser faire, laisser passer.* »

La question de la libre circulation des céréales se posa en effet la première devant l'opinion. La législation économique en vigueur avant l'édit de 1763 était à la fois restrictive et mal définie. Les importations de blé étaient permises, mais insignifiantes. Au contraire, les exportations tant hors du royaume que de province à province étaient rigoureusement interdites dans les années de mauvaise récolte et n'étaient autorisées dans les années de récolte bonne ou passable que sous la condition pour les exportateurs d'acquitter de lourdes taxes.

Bois-Guillebert[1], le premier, avait au début du siècle dénoncé les dangers et les inconvénients de cette législation prohibitive. Dans son *Traité de la nature, culture et commerce des grains*[2], le célèbre économiste écrivait déjà : « L'avilissement du prix des grains, comme leur extrême cherté qui en est une suite nécessaire, doit être regardé avec le même degré d'horreur. Or, la défense de faire sortir les blés étant cela même qui produit cet avilissement, c'est à elle seule qu'il faut déclarer la guerre. » Mais les idées de Bois-Guillebert ne trouvèrent tout d'abord aucun écho dans l'opinion encore mal préparée à l'étude des questions économiques.

Il était réservé à Quesnay de reprendre, un demi-siècle plus tard, les idées de Bois-Guillebert et d'en préparer le triomphe. Dès 1756, il publie dans l'*Encyclopédie*, sous les rubriques « Fermiers » et « Grains », deux éloquents

---

nay, à 45 millions de setiers de blé; la consommation ne dépassait pas 36 millions. Cf. *L'Encyclopédie*, articles *Grains* et *Fermiers*.

1. Mort en 1714.
2. IIe P^{ie}, ch. v. Le *Traité des Grains* a été publié dans le tome I de la *Collection des Economistes*, édition Guillaumin.

plaidoyers en faveur de la libre circulation des grains; il s'efforce d'y prouver qu'en prohibant l'exportation des blés, on prive annuellement le royaume d'un revenu de plus de 150 millions.

Ces articles, publiés dans un recueil dont la vogue était immense, eurent un grand retentissement. Quesnay profita de cette faveur pour frapper un nouveau coup sur l'opinion, car ses *Maximes générales du gouvernement* imprimées en 1758, renferment un exposé complet du système et des idées de la nouvelle école, dont la victoire était proche. Le 25 mai 1763, en effet, une déclation royale[1] proclama la liberté de la circulation des grains à l'intérieur du royaume ; cette déclaration fut elle-même bientôt suivie d'un édit (juillet 1764)[2] aux termes duquel toutes les entraves qui s'opposaient jusqu'alors à la sortie des grains hors du royaume étaient supprimées.

L'édit de 1764 ne mit pas fin à la controverse. Energiquement défendu par le *Journal de l'Agriculture* et plus tard par les *Ephémérides du citoyen* dont les rédacteurs principaux était Dupont de Nemours et Le Trosne, l'édit trouva un redoutable adversaire dans l'abbé Galiani, dont les *Dialogues sur le commerce des blés*, véritables chefs-d'œuvre d'esprit et de style, mirent en lumière les inconvénients et les dangers d'une liberté illimitée. Les économistes répliquèrent par la publication d'un écrit intitulé : *L'Intérêt général de l'Etat*, dont l'auteur était Mercier de la Rivière. Mais cet ouvrage fort abstrait et d'une lecture fastidieuse ne fut pas lu, tandis que l'étincelante

---

1. Isambert, *Recueil des anciennes Lois Françaises*, XXII, 393. Voltaire était un partisan convaincu de l'édit, ainsi que le prouve cet extrait de sa correspondance : « Plus la permission d'exporter les blés que le roi a donnée mérite notre reconnaissance et plus nous en devons aussi au *Dictionnaire philosophique* qui démontre les avantages de cette exportation. Il est certain que c'est le plus grand encouragement que l'on puisse donner à l'agriculture. » *Lettre à Damilaville*, 27 février 1767.

2. Isambert, XXII, 864

causerie de Galiani divertissait et convertissait la cour et la ville. D'ailleurs, Louis XV avait un intérêt personnel au renchérissement des blés sur lesquels il spéculait avec des accapareurs que l'on nommait tout bas. Un arrêt du Conseil du 14 juillet 1770[1] abrogea bientôt la déclaration de 1763, l'édit de 1764 et rétablit les anciennes prohibitions.

La controverse sur la liberté du commerce des céréales n'était pas le seul champ de bataille ouvert à la lutte de plus en plus vive entre l'école du *laisser faire, laisser passer*, et l'école de la restriction. Les économistes, avant de s'attaquer directement au régime corporatif, combattaient toutes les prohibitions et toutes les restrictions apportées au libre exercice de l'industrie. La polémique relative à l'admission ou à l'interdiction des toiles peintes, pour ne citer qu'un exemple, faisait déjà prévoir la déclaration de guerre aux corporations qui la suivit de près.

L'industrie des toiles peintes, c'est-à-dire des tissus sur lesquels à l'aide de procédés mécaniques on fixe des couleurs à l'épreuve de l'eau, fut importée de l'Inde en Europe au XVIIe siècle. Des fabriques de toiles peintes ou d'indiennes, ainsi qu'on les nomma, s'établirent à Genève, à Vevey, à Glaris, à Zurich. Grâce à leur bon marché relatif, ainsi qu'à l'attrait de la nouveauté, les produits de ces manufactures se répandirent en France où ils firent une concurrence sérieuse aux étoffes de luxe dont on faisait antérieurement usage.

Les communautés s'alarmèrent, et sur leur intervention, des mesures prohibitives, dont seule était exceptée la Compagnie des Indes, furent édictées contre l'importation des nouveaux tissus qui continua cependant, grâce à une active contrebande. On eut recours alors à des mesures de rigueur : un édit de 1726 punit de 200 livres d'amende une première contravention et la récidive d'une amende

---

1. Isambert, XXII, 499.

de 300 livres et de six ans de galères. Si les contrevenants étaient aux nombre de trois et armés, ou même si étant moins de trois, mais armés, ils étaient en état de récidive, ils étaient punis de mort[1].

Les économistes s'efforcèrent par tous les moyens en leur pouvoir d'obtenir l'abrogation de cette législation draconienne. L'un d'eux, l'abbé Morellet, se fit leur interprète en publiant une brochure contre les restrictions apportées à l'importation des indiennes. Un arrêt du 7 septembre 1759 lui donna gain de cause et autorisa cette importation en la soumettant seulement à un droit *ad valorem* de 10 0/0, porté en 1760 à 15 0/0[2]. Les effets de cette réforme furent très salutaires et la nouvelle industrie établie à Jouy par Oberkampf se propagea bientôt dans toute la France.

Section III. — **Premières attaques contre le régime corporatif. — Edit de 1755 sur l'admission à la maîtrise. — Echec du projet sur l'hérédité des maîtrises (1759). — Réduction de la durée des privilèges (1762). — Liberté du commerce de gros (1765).**

La controverse sur la liberté du commerce des grains et des toiles peintes avait préparé les voies à une polémique d'une importance bien autrement considérable et qui allait mettre en question le maintien des institutions corporatives, type jusqu'alors essentiel et fondamental de l'organisation du travail. En même temps que dans ses *Maximes de gouvernement* (1758), ce manifeste de l'école économique, Quesnay réclamait la pleine liberté de la concurrence et l'entière liberté du commerce, un *Mémoire sur les corps de métiers*, publié à Amiens sous

1. *Bibl. Nat.*, Mss. 8096, f° 583.
2. Les Six Corps avaient protesté vainement. *Arch. Nat.*, KK, 1342, p. 401.

le nom de Delisle, pseudonyme de l'économiste Clicquot de Blervache, formulait contre la corporation un réquisitoire dont l'éloquence et l'habileté n'ont jamais été dépassées par les adversaires contemporains des institutions corporatives.

L'opuscule de Clicquot débute par une critique acerbe et serrée des dispositions des statuts corporatifs sur l'apprentissage et le compagnonnage dont la durée est, d'après lui, excessive, sur les privilèges iniques attribués aux fils de maître, sur l'exagération des droits de maîtrise. Il accuse les corps de métiers d'être cause de la cherté des denrées en limitant le nombre des ouvriers et par suite la production. Il énumère les vexations des règlements, les inconvénients inhérents à l'excessive division du travail, les frais ruineux pour le commerce des procès entre communautés. Les conclusions de l'auteur sont des plus audacieuses. Il réclame l'abolition des corporations, abolition dont la conséquence sera, d'après lui, une économie pour le marchand et par suite pour le public. Plus d'apprentissage, ni de compagnonnage, plus de chef-d'œuvre. Liberté pour tous, même pour l'étranger, de s'établir et de travailler, de se transporter d'une ville dans une autre. Les artisans ne seront plus unis par les liens d'aucune association. Il y a plus : Clicquot, devançant la Constituante, va jusqu'à interdire aux artisans de s'associer librement. « La loi, dit-il, doit porter défense générale et expresse à tous les membres d'une même agrégation de s'assembler entre eux, ni d'élire des jurés. »

Quelques années plus tard (1766) l'auteur de l'article *Maîtrises*, dans l'*Encyclopédie*, Fiquet de Villeneuve, faisait à nouveau le procès des corporations, sans toutefois aller jusqu'à réclamer, comme Clicquot de Blervache, l'interdiction de tout groupement corporatif. Villeneuve semble même disposé à admettre le maintien des jurandes, à la condition que l'accès des maîtrises soit rendu plus facile et que les abus soient réformés. Mercier de la Rivière écrivait, vers la même époque (1767), « qu'il était de la plus grande importance de ne gêner en rien le manufacturage, de faire jouir d'une telle franchise la profession de manufacturier qu'aucun de ceux qui pourraient l'exercer n'en soit exclu [1] ».

Les économistes avaient pour alliés naturels, dans la campagne qu'ils avaient entreprise contre les communautés, les philosophes, ennemis nés de ces institutions essentiellement conservatrices. Dans sa *Lettre sur le commerce de la librairie*, Diderot manifeste clairement son opinion à cet égard : « Que m'importe, écrit-il, qu'il y ait une communauté de plus ou de moins, à moi qui suis un des plus zélés partisans de la liberté prise dans son acception la plus étendue, qui souffre avec chagrin de voir le dernier des talents gêné dans son exercice, des bras donnés par la nature et liés par des conventions, qui ai de tout temps été convaincu que les corporations étaient injustes et funestes, et qui regarderai leur abolissement entier et absolu comme un pas vers un gouvernement plus sage? »

L'influence des économistes et des philosophes ne s'exerçait pas seulement sur l'opinion, mais sur le pouvoir. Pendant la première moitié du siècle, les conseils du Gouvernement demeurent réfractaires aux idées nouvelles. Mais peu à peu cette opposition perdit de sa force. L'économiste Gournay s'y fit l'avocat convaincu de la liberté de la concurrence. Grâce à lui et à l'active propagande à laquelle se livraient à Paris et à Versailles Quesnay et ses disciples, les économistes remportèrent bientôt un premier succès. En vertu de la législation en vigueur, et sous réserve des privilèges exceptionnels dont jouissaient les artisans de la ville de Paris, pouvaient

---

1. *L'Ordre naturel des sociétés politiques.*

seuls être reçus maîtres dans les communautés des provinces ceux qui avaient fait leur apprentissage dans la ville même où ils voulaient exercer leur industrie. En 1755, cette règle fut abrogée ; tous les sujets qui purent justifier d'un apprentissage et d'un compagnonnage chez les maîtres d'une ville jurée du royaume furent admis à la maîtrise de leur profession dans toutes les villes, sauf Paris, Lyon, Lille et Rouen. L'accès de la maîtrise fut ainsi facilité et les corporations de France, au lieu de former autant de groupements isolés et jaloux, ne formèrent plus qu'une seule et grande famille.

Mais les partisans de la liberté commerciale avaient à compter avec un ennemi plus redoutable que les communautés : le fisc. Quatre ans après l'avantage remporté par les économistes, l'intérêt fiscal inspire un projet d'édit érigeant les maîtrises en offices héréditaires dont les titulaires ne devaient, il est vrai, payer les droits que sur le pied des fils de maître. L'opposition des Six Corps fit échouer ce projet (1759)[1].

Un instant balancé par la nécessité de trouver des ressources à tout prix, le crédit des économistes reprit vite le dessus et fit adopter en 1762 une nouvelle réforme. De graves abus s'étaient introduits dans la concession des privilèges commerciaux : ces privilèges en soi fort légitimes, puisqu'ils étaient concédés en récompense d'inventions utiles à l'industrie, avaient dégénéré en monopoles d'une durée indéfinie exercés après la mort du bénéficiaire par ses héritiers ou des cessionnaires à titre onéreux, inhabiles et tracassiers. La déclaration du 24 décembre 1762[2] remédia à ces abus. Tous les privilèges accordés

---

1. Consultés officieusement au sujet de ce projet qui leur avait été déjà soumis en 1747, les Six Corps avaient rejeté ces ouvertures comme « injurieuses et dénuées de bon sens ». *Archives Nationales*, KK, 1342, p. 243.

2. Isambert, *Recueil des anciennes Lois françaises*, XXII, 387.

pour une durée indéfinie furent limités à quinze ans (art. 2); le titulaire d'un privilège ne put le céder, mais seulement le transmettre à ses descendants, qui durent justifier de leur capacité (art. 4 et 5). Enfin les privilèges dont on négligeait de tirer parti pendant un an furent révoqués (art. 6). Quelques années plus tard, l'édit de 1767, en permettant à tous les habitants de la campagne de filer la toile, décuplait la main-d'œuvre dans les industries textiles dont les produits purent ainsi être vendus à meilleur compte.

Mais une réforme bien autrement importante était réalisée vers la même époque par l'édit de 1765, qui proclama la liberté du commerce de gros. En droit, le négoce, ou commerce de gros avait toujours été libre en France. ou tout au moins indépendant des communautés; les franchises du commerce de gros remontaient aux origines mêmes de notre histoire, à ces privilèges des bourgeois hansés de Paris qui avaient survécu à la dissolution de la compagnie des marchands de l'eau. Un édit de 1701 permettant aux nobles de faire le commerce de gros[1] sans déroger distingue nettement les négociants des gens de métier. Mais en fait ces franchises n'étaient plus guère respectées. Les riches marchands des Six Corps, les merciers surtout, accaparaient le haut commerce et ne permettaient pas qu'on l'exerçât en dehors d'eux. Un marchand en gros nommé Embry fut ainsi, en 1741, victime de saisies pratiquées par les Six Corps[2], et comme il se prévalait de l'édit de 1701, on lui répondit au mépris de l'évidence que cet édit ne pouvait être invoqué que par les négociants de condition noble.

En 1760, la question de la liberté du commerce de gros fut agitée de nouveau. Les Six Corps changèrent alors de

1. Le signe distinctif auquel on reconnaissait le commerçant en gros était qu'il ne vendait qu' « en balles et sous cordes ».
2. Collection RONDONNEAU, AD. XI, 10

tactique. Ils firent représenter « que tout le monde pouvait faire le commerce en gros, à la condition de ne pas avoir de magasins et de mettre ses marchandises sur les ports, quais et halles[1] ». Autrement, disaient-ils, les magasins seraient clandestins, n'étant visités par aucun juré, et on pourrait s'y livrer au commerce de détail. Comment, du reste distinguer le gros du détail? où commence, où finit le gros?

Cette opposition des Six Corps fut vaine. En mars 1765, un édit permit à toutes personnes, excepté aux magistrats, de faire librement le commerce de gros[2]. Cet édit, qui se bornait à confirmer une règle admise de tout temps, ne touchait en rien au monopole des corporations pour le commerce de détail. Il fut cependant interprété par les communautés comme un grave échec, et les économistes y virent un encouragement à la campagne qu'ils avaient entreprise et qui allait se poursuivre avec une ardeur nouvelle contre les corporations.

1. Délibérations des Six Corps, *Archives Nationales*, KK, 1342, p. 431.
2. Collection Rondonneau, AD. XI, 11. — Isambert, XXII, 430.

CHAPITRE III

TABLEAU DE LA CORPORATION A LA VEILLE DE L'ÉDIT DE 1776

Section I. — L'individu

L'apprenti. — L'apprentissage demeure soumis aux règles traditionnelles qui sont de la part des économistes l'objet des attaques les plus vives. Dans son *Mémoire sur les corps de métiers*, Clicquot de Blervache critique à la fois la limitation du nombre des apprentis et la longueur exagérée de l'apprentissage. « Le nombre des ouvriers, écrit-il, peut être quelquefois trop petit, mais il ne peut jamais être trop grand puisque la consommation le réduit toujours dans la juste proportion des besoins » (p. 15). Quant à la longueur de l'apprentissage, elle a été exigée par les maîtres non seulement pour diminuer le nombre des apprentis, mais pour jouir plus longtemps de leur travail. « On aurait bien peu présumé de l'intelligence humaine, poursuit Clicquot, en supposant qu'il faut sept ans pour apprendre à construire un tonneau et dix ans pour apprendre à faire un bonnet ! »

A ces critiques, les partisans des corporations répondaient que, sans doute, les statuts de certaines communautés avaient limité trop rigoureusement le nombre des apprentis, mais que le principe de cette limitation se justifiait par l'intérêt de l'apprenti lui-même. L'instruction professionnelle exige de la part du maître une surveillance et un enseignement de tous les instants, et le maître qui se charge d'un trop grand nombre d'apprentis se trouve dans l'impossibilité de s'acquitter de ses devoirs avec tout le soin désirable. Quant à la durée de l'apprentissage, elle n'excédait guère quatre ou cinq ans[1], temps nécessaire pour acquérir la pratique du métier. D'ailleurs l'enfant entrant généralement en apprentissage vers l'âge de 12 ou 13 ans, il est utile, disait-on, de prolonger le temps d'épreuve de l'apprentissage et du compagnonnage jusqu'à la vingtième année, car avant cet âge il est rare qu'un jeune homme ait acquis l'expérience et la prudence nécessaires pour devenir chef de métier.

Les frais d'entrée en apprentissage se calculaient d'après l'importance de la communauté. Tandis que le brevet d'apprentissage coûtait 300 livres chez les drapiers et 88 livres chez les épiciers, il ne coûtait que 60 livres chez les charrons, 50 livres chez les balanciers, les chandeliers, les chaudronniers, 40 livres chez les plumassiers, les ciseleurs et les boulangers, 30 livres chez les tisserands, les cartiers, les tanneurs, les corroyeurs, les cordonniers, 20 livres chez les couturières et 15 livres chez les cordiers.

Le compagnon. — La durée du compagnonnage au XVIIIe siècle était tantôt supérieure, tantôt égale ou inférieure à celle de l'apprentissage. Si, chez les orfèvres et les balanciers, où la durée de l'apprentissage était de 8 et 5 ans, le compagnonnage était seulement de deux années, chez les charrons la durée des deux stages était égale (4 ans), tandis que les statuts des charcutiers imposaient

---

1. L'apprentissage n'est plus, au XVIIIe siècle, que de trois ans chez les épiciers, boulangers, cardeurs, couturières, fripiers, maréchaux, oiseleurs, savetiers. Par contre, il s'élevait à six ans chez les boisseliers, chaudronniers, couvreurs, filassières, grainiers, maçons, et à huit ans chez les horlogers et orfèvres.

cinq ans de compagnonnage contre quatre d'apprentissage.

On peut évaluer en moyenne la durée du compagnonnage à trois ans[1], qui s'ajoutant aux quatre ou cinq années (durée moyenne de l'apprentissage) complétaient un temps d'épreuve de sept ou huit ans après lesquels le compagnon pouvait prétendre à la maîtrise. L'apprentissage commençant de 12 à 14 ans, l'artisan pouvait donc parvenir à la maîtrise vers sa vingtième année dans la plupart des communautés et vers sa vingt-troisième ou vingt-quatrième année dans les communautés où l'apprentissage était exceptionnellement long.

Les compagnons continuaient au XVIII° siècle comme par le passé à faire partie de la confrérie, lui payaient des cotisations et participaient à ses secours.

Salaires. — La hausse des salaires paraît avoir été assez lente pendant la période qui s'étend de l'avènement de Louis XV (1715) à la fin de la guerre de Sept Ans (1763).

L'intéressante étude de M. Lefort sur les *Salaires et revenus dans la généralité de Rouen au XVIII° siècle* établit en effet : 1° qu'en Normandie et pendant toute la durée du règne de Louis XV, le salaire moyen des simples manœuvres pouvait s'élever dans les campagnes à 5, 6 ou 8 sols, et à Rouen à 15 sols pour les hommes et 10 pour les femmes ; 2° que le salaire des ouvriers formant corporation s'élevait à la même époque à 25, 30 et rarement à 40 sols[2]. Or, ces chiffres sont sensiblement égaux aux taux des salaires des artisans à la fin du règne de Louis XIV,

---

1. Si cette durée était seulement de 2 ans chez les couturières, les chandeliers, les grainiers, les jardiniers, etc., elle s'élevait à 4 ans chez les chapeliers, les peintres-sculpteurs, les rubanniers, les savetiers, et à 5 ans chez les doreurs.
2. M. Lefort cite divers salaires à titre d'exemple : un batteur en grange est payé 5 sols ; un terrassier à Rouen, en 1728, gagne 10 sols ; un maître maçon (1711), 30 sols ; un paveur (1746), 28 sols.

tel qu'il résulte des évaluations de Vauban, et plus spécialement pour la Normandie de celles de Bois-Guillebert. En Anjou également, le taux des salaires demeura presque uniforme pendant la première moitié du XVIIe siècle[1].

Les salaires variaient davantage de province à province. Ainsi la journée du manœuvre, qui était, ainsi qu'on l'a vu, de 5 à 15 sols en Normandie vers le milieu du XVIIIe siècle valait 12 sols en Auvergne, tandis qu'elle s'élevait au contraire à 18 sols en Champagne[2]. Il est sans doute très délicat et quelque peu téméraire de tenter d'établir une moyenne générale du salaire en France au milieu du XVIIIe siècle; nous croyons cependant que les moyennes approximatives de ces salaires pourraient être évaluées ainsi qu'il suit : journée de l'ouvrier agricole, 10 à 12 sous[3]; journées de l'artisan des campagnes (ouvrier de métier) et du manœuvre des villes, de 15 à 18 sous; journée de l'artisan des villes (ouvriers de métier), 26 à 30 sous. Le prix moyen de la journée de travail pour toute la France, en 1763, serait donc d'environ 15 sous. Cette évaluation est en concordance presque absolue avec l'opinion d'Arthur Young, qui, dans son *Voyage en France* en 1789, estime la valeur moyenne de la journée de travail à 19 sous et ajoute que le prix s'en est accru de 20 0/0 depuis une vingtaine d'années.

La modicité du salaire de l'artisan du XVIIIe siècle, infiniment moins favorisé que l'artisan du XIIIe siècle ou même que celui du XVIIe, comme l'on peut s'en convain-

1. Arthur YOUNG, *Voyage en France*, t. II.
2. DUTOT, *Réflexions sur le commerce et les finances* (1735).
3. La livre valait, de 1726 à 1758, au pouvoir nominal de l'argent 0,95, et au pouvoir réel (jusqu'en 1750) le triple. (Cf. M. D'AVENEL, *Histoire économique de la propriété, des salaires, etc.*, t. I, p. 32 et 75.) Les dix sous que gagnait alors l'ouvrier agricole ne valent donc que 0,47 centimes et demi au pouvoir nominal et 1 franc 42 centimes et demi au pouvoir réel.

cre par la comparaison des salaires des deux époques avec leur valeur exprimée en monnaie moderne, devait avoir pour conséquence de rendre sa vie fort malheureuse, à moins que les denrées nécessaires à la vie n'eussent, elles aussi, subi une diminution de valeur. Or, c'est précisément le contraire qui s'était produit et le renchérissement de la vie avait été considérable. Il est facile de s'en rendre compte.

Dans sa *Dîme royale*, Vauban dresse le budget d'un ménage de tisserand et d'un ménage d'ouvrier agricole qu'il suppose de quatre personnes, et démontre le peu d'aisance dont jouissaient les travailleurs de son temps. Si l'un de ses disciples avait voulu tracer soixante ans plus tard le même tableau, il eût dû en assombrir encore notablement les couleurs.

Prenons pour exemple, en effet, une famille de quatre personnes habitant l'Ile-de-France : le père, artisan de campagne (ouvrier de métier), la mère et deux enfants; le budget des recettes et dépenses annuelles d'une telle famille, vers le milieu du XVIIe siècle, peut, semble-t-il, être établi d'après les bases suivantes :

Recettes. — Nous avons admis que l'artisan de campagne gagnait de 15 à 18 sols. Si l'on estime le travail effectif de l'année à 240 jours (défalcation faite de 52 dimanches, 38 fêtes chômées[1] et 35 jours de maladie ou de chômage forcé), on est amené à évaluer le gain total de l'année de 180 à 216 livres.

Dépenses. — De cette somme il faut déduire :

1° Les dépenses de nourriture, ou plutôt le prix du pain, seul aliment que permettent de si minces ressources; dix

---

1. Sans compter la fête patronale de chaque métier, il y avait 37 fêtes chômées à Paris; dans quelques provinces, il n'y en avait que 24. V. *L'Encyclopédie*, v° *Fêtes*.

setiers de blé ou 2.400 livres, mesure de Paris, étant la quantité nécessaire à l'alimentation annuelle d'une famille de quatre personnes [1] et le prix du setier de blé étant au milieu du XVIIIᵉ siècle de 15 livres en moyenne [2], il faut inscrire au passif le chiffre énorme de 150 livres.

2° Huit livres seize sous pour le sel. C'est en effet à ce chiffre que Vauban évalue la taxe d'une famille de quatre personnes.

3° Dix à quinze livres pour la capitation et la taille [3].

Ces diverses dépenses irréductibles s'élèvent donc à 168 livres 16 sous, ou 173 livres 16 sous. Si l'on suppose exact ce dernier chiffre, il ne reste plus à l'artisan qu'un reliquat variant de 6 livres 4 sous à 42 livres 4 sous, selon que le salaire est supposé de 180 ou de 216 livres. Ce reliquat doit suffire pour payer le loyer (qui ne dépassait guère, il est vrai, dix ou quinze livres par an), pour se vêtir, se chauffer, s'éclairer, pourvoir à tous les besoins d'une famille pendant une année!

L'équilibre de ce maigre budget paraît donc presque impossible à établir et l'on est tenté de se demander comment l'artisan de campagne pouvait subsister. Vauban déjà avait étudié ce problème et avait répondu à la question. Il concédait que son manœuvre de campagne n'irait pas loin avec ses faibles ressources, « à moins que son industrie ou quelque commerce particulier ne remplisse les vides du temps qu'il ne travaillera pas et que sa femme ne contribue de quelque chose à la dépense par le

---

1. VAUBAN, *Dîme royale*, deuxième fonds.
2. DUPRÉ DE SAINT-MAUR, *Essai sur les monnaies*, p. 33. En Champagne, où le setier de blé (de 560 livres) ne coûtait que 22 livres (en 1735), l'artisan n'eût dépensé qu'environ 55 livres de moins pour sa nourriture. En Auvergne, le prix de la charge de blé (240 livres) était (1735) de 12 livres ; il eût dépensé 30 livres de moins que l'artisan de l'Ile-de-France. Voir dans ACLOCQUE. *Les Corporations à Chartres*, 1917, p. 308-312, les tableaux des prix du setier de blé à Chartres de 1699 à 1789. Minimum 5 livres 6 s. 10 d. à 6 l. en 1706. Maximum 49 livres 12 s. 6 d. en 1709, 32 l. en 1724, 32 livres en 1767, 40 l. en 1788.
3. Blois-Guillebert n'évalue la taille d'un manœuvre en Normandie qu'à 5 ou 6 livres en moyenne. Mais en Bourgogne un manœuvre payait jusqu'à 18 livres de taille et de capitation. En Toulousaine, le même journalier payait de 9 à 10 livres.

travail de sa quenouille, par la couture, par le tricotage de quelques bas ou par la façon d'un peu de dentelle, par la culture aussi d'un petit jardin, par la nourriture de quelques volailles et peut-être d'une vache, d'un cochon ou d'une chèvre qui donneront un peu de lait au moyen de quoi il puisse acheter un peu de beurre ou d'huile ». Mais Vauban ajoute que « si on n'y ajoute la culture de quelque pièce de terre, il sera difficile qu'il puisse subsister, ou du moins il sera réduit à faire très misérable chère ». Ces réflexions qu'inspirait à Vauban en 1707 le sort du manœuvre des campagnes peuvent s'appliquer également à celui de l'artisan de métier des campagnes. Tandis en effet que le prix des denrées nécessaires à la vie s'est progressivement élevé du XVIe au XVIIIe siècle dans une proportion qui pour plusieurs provinces est de 1 à 23[1], le salaire est loin d'avoir augmenté dans les mêmes proportions : l'artisan et le journalier souffrent seuls d'une évolution économique dont profitent le propriétaire foncier et le fermier.

L'artisan des villes était sans doute moins malheureux que celui des campagnes. A 25 ou 30 sous par jour, son gain annuel (en supposant un travail effectif de 240 jours) s'élevait de 300 à 360 livres et ses dépenses n'augmentaient pas dans la même proportion. Sa condition était pourtant très loin encore d'être satisfaisante.

De 1763 à 1789. — Au cours de cette période, le prix de

1. Dans ses *Réflexions sur le commerce et les finances* (1735), Dutot constate qu'en Champagne le prix des denrées nécessaires à la vie, est en 1735 vingt-trois fois supérieur à ce qu'il était en 1508 (le setier de froment s'est élevé de 20 sous à 22 livres; le setier de seigle, de 10 sous à 12 livres) ; au contraire, les salaires des manœuvres ne se sont accrus que dans la proportion de 1 à 18 (1 sou en 1508, 18 sous en 1735). En Auvergne, le prix de la vie a crû dans le rapport moyen de 1 à 23 (un mouton gras vaut 7 sous en 1508, 10 livres en 1735; un cochon, 10 sous en 1508, 25 à 35 livres en 1735, etc.). Au contraire, la journée du manœuvre a à peine doublé, elle s'est élevée pour l'été de 6 à 12 sous, pour l'hiver de 4 à 6 sous.

toutes les denrées augmenta dans une proportion considérable et Arthur Young, dans son *Voyage en France* (p. 271, éd. Guillaumin) estime, en 1789, que, dans l'Ile-de-France, toutes les denrées en dix ans ont haussé de 50 0/0, et en Bourgogne de 100 0/0. En Lorraine, hausse générale d'un tiers en vingt ans. Young signale une hausse extraordinaire dans la Guienne et le Béarn. A Reims, la corde de bois, en 1740, valait 9 livres 1/2 ; en 1789, elle vaut 16 livres. En Champagne, la même corde de bois qui valait, il y a 25 ans, 7 livres 10 sous, vaut, en 1789, 18 livres 10 sous. La hausse des salaires fut proportionnelle à celle des denrées en Normandie et dans l'Ile-de-France. Mais il n'en fut pas de même dans la plupart des provinces : en Anjou, par exemple, où les salaires demeurèrent stationnaires depuis 1740, et en Provence, où ils s'élevèrent seulement dans le rapport de 16 à 24. Pour l'ensemble de la France, la hausse des salaires ne fut que de 20 0/0 tandis que le prix de la vie avait renchéri de 100 0/0. La misère des classes laborieuses ne fit donc que s'accroître. C'est ce que constate Arthur Young. « Il est surprenant, dit-il, que le prix de la main-d'œuvre n'ait pas haussé également au moins en quelque proportion avec le reste. »

Le maître. — Le maître est toujours obligé de payer des droits de réception dont le montant varie selon les communautés (2.500 livres chez les drapiers, 1.200 chez les orfèvres, 1.000 chez les pelletiers, contre 300 seulement chez les tisserands et 200 chez les vanniers). Le maître nouvellement reçu est toujours qualifié *jeune ;* après plusieurs années d'exercice, il prend le titre de *moderne,* puis d'*ancien.* Le maître qui a passé par les charges est désigné sous le titre de *bachelier.* Les maîtres ont toujours à acquitter les arrérages des dettes contractées pour les rachats des offices ; mais c'est là un passif d'ordre particulier et très variable selon les communautés.

Les charges ordinaires qui pèsent sur les métiers et dont chaque maître supporte sa part, sont les suivantes :

1º La taille personnelle, dont toutefois les communautés de Paris sont exemptes. La taille ne frappe pas seulement la terre, mais a aussi un caractère personnel et pèse sur les marchands et les artisans comme sur les fermiers [1]. La taille est un impôt de répartition, et son assiette varie non seulement de province à province, mais de paroisse à paroisse.

2º La capitation établie en 1695 avec le caractère d'un impôt de quotité, pour la perception duquel les contribuables étaient divisés en 22 classes de 1 à 2.000 livres. Supprimée en 1698, rétablie en 1701, la capitation fut transformée en 1705 en un impôt de répartition. Cette répartition se faisait dans les communautés des villes par les soins des gardes et syndics. En 1725, le produit de la capitation pour Paris se montait à 15 ou 1.600.000 livres (CLAMAGERAN, *Histoire de l'impôt*, t. III, p. 227). En mars 1779, les gens de métier de Paris étaient répartis en 24 classes selon leur fortune et la communauté à laquelle ils appartenaient. Ainsi les drapiers étaient répartis entre les 20 premières classes : ceux de la première payaient 300 livres, ceux de la vingtième 9 livres. Les cotes les plus faibles (24ᵉ classe) étaient de 30 sous. (Collection RONDONNEAU, AD. XI, 11.)

3º Les deux vingtièmes et les deux sous pour livre, taxe de quotité. Cet impôt des vingtièmes appelle quelques explications. Il avait été précédé d'un autre impôt du dixième du revenu établi par une déclaration du 14 octobre 1710, supprimé en août 1717, rétabli en janvier 1734, supprimé de nouveau le 1ᵉʳ janvier 1737, enfin

---

1. Chaque année, le conseil du roi fixait le premier brevet de la taille (principal) et le second (accessoires) en répartissant la charge entre les généralités. L'intendant répartissait l'imposition entre les élections ; les élus entre les paroisses ; les collecteurs dans chaque paroisse.

perçu encore d'octobre 1741 à janvier 1750. A cet impôt s'ajoutaient 2 sous pour livre en sus du principal. Aux termes des déclarations de 1710 et de 1733, les gens d'affaires, commerçants et autres, contribuaient aux besoins présents de l'Etat sur le pied du dixième que leurs biens pouvaient leur produire. En effet, le 27 mars 1742, un arrêt du Conseil nomme un commissaire pour procéder à la répartition de l'impôt du dixième dû par les marchands de Paris[1].

L'impôt du vingtième du revenu, qui remplaça l'impôt du dixième, datait de mai 1749; un second vingtième était venu s'ajouter au premier en octobre 1756; l'ancien dixième reparaissait donc sous un autre nom. Ces deux vingtièmes étaient perçus avec deux sous pour livre en sus sur tous les revenus soumis à la taille; les vingtièmes perçus sur les marchands et gens de métier étaient dits vingtièmes d'industrie. Le 4 novembre 1777[2], un arrêt du Conseil supprima les vingtièmes d'industrie perçus sur les maîtres des métiers et marchands des bourgs, villages et campagnes, « tant pour y attirer davantage l'industrie que parce qu'on ne peut y régler cette cotisation comme dans les villes où la répartition en est confiée aux chefs des corps et communautés[3] ». Il paraît certain du reste que cette exemption demeura lettre morte car, en 1789, nous voyons encore le cahier des doléances d'un village de 111 feux, Moussac (diocèse d'Uzès), demander la suppression de l'impôt du vingtième de l'industrie sur les habitants des villages qui n'ont d'autre industrie que de cultiver leurs fonds. (Collection de do-

---

1. Collect. RONDONNEAU, AD. XI, 11.
2. ISAMBERT, *Recueil des anciennes Lois françaises*, t. XXXV, p. 146.
3. Un troisième vingtième créé en 1760 ne fut perçu que quatre ans; établi en juillet 1782 il fut supprimé en 1786. Sur tous ces impôts consulter : Maurice HOUQUES-FOURCADE, *Les Impôts sur le revenu au XVIII⁰ siècle. Histoire du dixième et du cinquantième*. Paris, Guillaumin, 1889.

cuments relatifs à la Révolution. *Cahier des doléances de la Sénéchaussée de Nîmes*, 1908, I, 552.)

Mentionnons seulement pour mémoire la corvée seigneuriale ou royale que les marchands comme les autres payaient en nature (dans la généralité de Paris, les routes étant pavées, la corvée dite de voiture était seule due), les dons plus ou moins volontaires et les levées de miliciens dont il fallait se racheter. A ces impôts directs s'ajoutaient diverses contributions indirectes : la gabelle, les aides, enfin les nombreux droits seigneuriaux directs ou indirects qui pesaient en province sur les gens de métier comme sur les autres vassaux.

Quelle était la quotité de ces divers impôts par rapport au revenu ? Dans une note de son grand ouvrage sur les origines de la France contemporaine, M. Taine évalue en moyenne, d'après les procès-verbaux des assemblées provinciales, le montant total des impôts directs qui frappaient en 1789 la petite propriété à 81,71 pour cent du revenu qu'elle pouvait produire. D'après M. Taine on peut estimer que chaque petit propriétaire acquittait en moyenne pour 100 fr. de revenu les impôts suivants :

Taille en principal (un sixième du revenu total) soit sur 100 livres .... 16 livres 66
Taillon, crue, capitation, impôt des routes, etc...................... 25 — 49
Deux vingtièmes et 2 sous par livre. 11 —
Dîme .... 14 — 28
Droits féodaux................... 14 — 28
                                   81 livres 71

Cette contribution écrasante imposée à la petite propriété était-elle également exigée du commerce et des gens de métier ? Au premier examen, on peut être tenté de répondre affirmativement à cette question, en ce qui touche la plupart des charges susénoncées. La taille personnelle payée par les commerçants remplaçait en effet pour eux la taille réelle ; les gens de métier payaient en outre les accessoires de cette taille (taillon, crue, etc.), la capitation et les deux vingtièmes d'industrie, c'est-à-dire toutes les charges imposées à la propriété foncière, sauf la dîme, qui depuis longtemps ne se percevait plus que sur les fruits de la terre et un certain nombre de droits féodaux qui pesaient exclusivement sur l'agriculture. Mais en réalité le marchand était beaucoup moins atteint que le propriétaire foncier dont les revenus étaient moins faciles à dissimuler que des profits industriels. En effet, si sur 42 millions de capitation les propriétaires fonciers n'en supportaient que 22, ils acquittaient 81 millions de taille sur les 91 que produisait cet impôt et la presque totalité des vingtièmes (74 millions sur 76 1/2)[1]. Même en tenant compte de ce fait qu'au XVIIIe siècle, la richesse foncière est encore de beaucoup la plus importante, il demeure acquis que la part contributive du marchand et du rentier était très sensiblement inférieure à celle du propriétaire foncier.

Les marchands des grandes villes étaient plus particulièrement bien traités. Ne relevant que de l'autorité royale, ils étaient par là même exempts de tous les droits féodaux ; d'autre part, grâce aux réductions et aux abonnements qu'ils savaient obtenir, la taille personnelle pesait moins lourdement sur eux que sur les campagnards[2]. Leur contribution ne devait guère dépasser, si même elle atteignait ce chiffre, 20 à 30 0/0 de leur revenu[3].

1. Necker, *De l'administration des finances*, chap. vi, 1784.
2. Le recouvrement de la capitation était difficile, et, en 1735, un arrêt du conseil du roi (Lespinasse, I, 155) constate qu'il reste dû par les marchands et communautés d'arts et métiers de Paris des sommes considérables sur l'imposition de la capitation. Il fallut rendre les propriétaires responsables du paiement de l'impôt des marchands, leurs locataires et les maîtres de la taxe des compagnons.
3. Dans le bailliage de Beauvais par exemple, la capitation des habitants des villes n'est en 1789 que du trentième de leur revenu. *Archives parlementaires*, II, 303. Cahier du bailliage de Beauvais.

A Paris enfin, où les gens de métier étaient exempts de la taille, les impôts directs n'enlevaient au maximum aux gens de métier que 15 à 20 0/0 de leur revenu. Il est vrai que les communautés parisiennes étaient particulièrement visées par les créations d'offices dont le rachat les obligeait à contracter des dettes considérables.

En résumé, le commerce était beaucoup moins atteint que la propriété foncière par la législation fiscale de l'ancien régime. Dans son ouvrage: *Le Détail de la France*, Bois-Guillebert émet cette maxime « que l'énormité des aides place les débitants de boissons dans l'alternative de renoncer à leur industrie ou de frauder les droits ». Il est à présumer que les cabaretiers n'étaient pas seuls à frauder le fisc et que la perception des impôts directs, des deux vingtièmes par exemple, donnait lieu généralement à de fausses déclarations de la part des commerçants dont les profits nets n'étaient pas toujours aisés à déterminer. Les évaluations très approximatives que nous avons cru pouvoir faire de la part contributive supportée au XVIIIe siècle par les diverses classes de marchands et de gens de métier ne doivent donc être considérées pour les impôts auxquels elles s'appliquent que comme un maximum en deçà duquel se mouvait le plus souvent la taxation.

Section II. — La Communauté. — Administration. — Législation. — Comptabilité. — Lieux privilégiés. — Statistique des communautés de Paris.

Administration. — L'administration de la communauté demeure confiée aux gardes, syndics et jurés, dont les attributions séculaires n'ont pas varié. Ils sont le plus souvent élus pour deux ans et renouvelés par moitié chaque année. Le père et le fils, l'oncle et le neveu ne peuvent être jurés ensemble.

Législation. — Aucune innovation importante n'est à signaler dans la législation des corporations ni dans la compétence des juridictions corporatives qui demeurent toujours : comme tribunaux de droit commun, le Châtelet, et en appel le Parlement; comme tribunaux d'exception : le prévôt des marchands et les échevins pour les différends relatifs au trafic fluvial, les chambres de la marée, la juridiction de la maçonnerie, etc. Les seigneurs hauts justiciers se prétendent toujours les juges naturels des gens de métier exerçant leur industrie sur leurs terres. Les procès entre communautés sont toujours très nombreux, malgré les édits successifs par lesquels l'autorité royale s'est efforcée de les diminuer.

Comptabilité. — Le grand travail de la revision des comptes des communautés, commencé en 1716, est encore inachevé en 1776. Les procès-verbaux des délibérations de la commission extraordinaire du Conseil chargée de la liquidation de ces comptes sont encore conservés aux Archives Nationales[1] et témoignent des extrêmes difficultés que rencontraient les commissaires dans l'accomplissement de leur tâche. Il suffira d'indiquer, par quelques exemples, comment il était procédé à cette revision pour faire comprendre le mécontentement des jurés obligés de justifier tous les détails de leur gestion et le mauvais vouloir dont ils faisaient preuve.

Le 3 août 1724, la commission examine les comptes de la communauté des rôtisseurs pour l'exercice 1688-1689[2]. La recette est passée telle qu'elle figure aux comptes des jurés, c'est-à-dire au chiffre de 2.853 livres 4 sols, somme dont les jurés ont à justifier, et que leurs comptes indiquent comme ayant été employée aux affaires de la communauté. Mais les commissaires se montrent très sévères

---

1. *Archives Nationales*, V7, 420 à 443.
2. V7, 421.

et exigent pour chaque article la production de pièces comptables ; ils rayent à l'article 2 des comptes, et pour défaut de justification, une dépense de 68 livres ; à l'article 3, pour le même motif, une dépense de 10 livres ; à l'article 4, une autre de 8 livres. Ce travail de contrôle et de vérification les conduit à n'admettre comme justifiée qu'une dépense de 1.423 livres 14 sols ; d'où il suivrait que les jurés auraient été personnellement responsables de la différence entre cette somme et celle de 2.853 livres 4 sols, qui représente les recettes dont ils ont à établir l'emploi, c'est-à-dire qu'ils seraient constitués en débet d'une somme de 1.429 livres 10 sols. La découverte d'une quittance de 1.311 livres ramena heureusement ce déficit à la somme de 118 livres 10 sols que dut payer Mollier, le seul juré survivant.

Autre exemple[1] : le 11 janvier 1725, on examine successivement les comptes des jurés doreurs sur métaux pour les années 1690 à 1695. Les jurés sont constitués en débet de 76 livres 10 sols pour l'exercice 1690-1691, pour défaut de justification. Pour l'exercice 1691-1692, on refuse de passer en compte diverses dépenses s'élevant ensemble à 50 livres, tant pour double emploi que pour frais personnels aux comptables ; pour l'exercice 1692-1693, on refuse d'admettre, comme engagées sans droit, diverses dépenses faites à l'occasion d'une réception à la maîtrise, sauf le recours que les jurés pourraient exercer contre le récipiendaire. Pour l'exercice 1694-1695, les jurés sont constitués en débet de 187 livres 17 sols.

Souvent les jurés, par ignorance ou pour tout autre motif, faisaient figurer dans leurs comptes des dépenses relatives à la confrérie du métier, dont le fonctionnement et la comptabilité devaient être entièrement indépendants

---

1. V7, 421. D'autres jurés étaient plus heureux. Ainsi, le 8 février 1725, on examine les comptes des tanneurs qui sont intégralement admis tels qu'ils étaient présentés aux jurés pour les années 1688 à 1698.

de ceux de la communauté. Les commissaires refusaient impitoyablement de passer en compte ces dépenses [1].

L'examen des commissaires portait non seulement sur tous les comptes relatifs aux réceptions de maîtres, enregistrement de brevets, frais d'administration, mais encore et tout spécialement sur les comptes relatifs aux rachats d'offices par les communautés. Le 4 janvier 1725 [2], par exemple, il est enjoint aux jurés chapeliers et corroyeurs de communiquer dans les trois jours tous arrêts de réunion d'offices, quittances de finances d'offices.

Malgré l'esprit de justice qui paraît avoir inspiré les commissaires, il faut reconnaître qu'il n'en était pas moins dur pour les jurés qui avaient reçu le quitus de leurs confrères de se voir ainsi mis en demeure de s'expliquer sur des comptes qui remontaient le plus souvent à trente ou quarante ans, et de justifier par la production de quittances les plus insignifiantes dépenses, sous peine d'en être déclarés personnellement responsables; aussi les commissaires se heurtèrent-ils à un très compréhensible mauvais vouloir de la part des jurés [3]. Les procès-verbaux des commissaires (mai 1724) constatent que les jurés des deux communautés des découpeurs et des ouvriers en drap d'or et de soie se refusent obstinément à répondre à leurs convocations. « Plusieurs d'entre eux, ayant à craindre la

---

1. *Archives Nationales*, V7, 421. Divers articles de dépenses sont retranchés des comptes des jurés horlogers comme représentant des dépenses de confrérie (8 février 1725).

2. *Ibid.*

3. Les commissaires ne se bornaient pas à convoquer devant eux les jurés survivants, mais les héritiers des jurés décédés étaient, eux aussi, mis en demeure de justifier la gestion de leur auteur. « Faute par les héritiers et ayant cause de Pierre Colas d'avoir produit au greffe de la commission les comptes qu'il a rendus ou dû rendre des maniement et administration qu'il a eus des deniers du 3 décembre 1698 au 3 décembre 1699, en qualité de juré comptable (de la communauté des papetiers colleurs), les condamne en l'amende de 1.000 livres » (du 15 février 1725). *Archives Nationales*, V7, 421.

discussion de la mauvaise administration qu'ils ont faite des deniers de la communauté, s'efforcent de détourner et contraindre les autres anciens jurés qui, ne se sentant coupables d'aucune malversation, se mettent en état d'exhiber leurs comptes[1]. »

Inquiétés par les commissaires et désireux de sauvegarder avant tout leur responsabilité, les jurés eurent aussi parfois recours à des manœuvres en vue de se constituer en avance dans la gestion des deniers de leurs corps. Le 7 janvier 1739, les commissaires durent, pour mettre un terme à ces manœuvres, prendre une mesure grave, en défendant aux syndics et jurés des communautés de payer à leurs prédécesseurs les reliquats de leurs comptes arrêtés par la communauté jusqu'à ce que les dits comptes eussent été arrêtés par les commissaires[2]. Cette décision des commissaires fut bientôt suivie d'une ordre adressé à toutes communautés d'avoir à remettre dans un mois des états de tous les emprunts par elles contractés, des payements et remboursements qu'elles auraient pu faire à leurs créanciers (9 février 1740)[3] ; ces derniers devaient produire leurs titres dans un délai de deux mois, sous peine d'être déchus de tous droits[4].

Malgré tout le zèle apporté par les commissaires dans l'accomplissement de leurs fonctions et la sévérité

1. V7, 431.
2. « Sur ce qui a été remontré par le Procureur général que, dans la plupart des comptes qui ont été passés jusqu'ici par son examen, il s'est aperçu que les jurés qui ont eu l'administration des deniers communs... ont eu l'adresse de paraître en avance, soit en diminuant la recette effective des droits qu'ils ont réellement perçus, soit par des dépenses fictives qui leur ont été passées par l'inattention des anciens jurés. » V7, 420. V. également ce jugement à sa date, Collect. RONDONNEAU, AD. XI, 10.
3. Collection RONDONNEAU, AD. XI, 10.
4. Le 29 juillet 1744, les commissaires condamnent la communauté des tisserands à payer une rente de 50 livres au sieur Fays, créancier de cette communauté, en vertu d'un contrat de constitution de rente de novembre 1737. *Archives Nationales*, V7, 420.

dont ils faisaient preuve, la revision des comptes n'était pas terminée en 1776. Dans son *Essai sur la liberté du commerce et de l'industrie* publié en 1775, Bigot Sainte-Croix constate (p. 84) que « les comptes d'administration des jurés ne sont pas à jour; il y en a deux ou trois mille en suspens ».

En même temps que l'on revisait les comptes du passé, on prenait des garanties pour l'avenir. Nous avons déjà signalé l'interdiction signifiée aux jurés de payer à leurs prédécesseurs le reliquat dont ils étaient créanciers avant que les comptes n'eussent été apurés par les commissaires. On fit plus et on exigea des gardes la tenue d'une comptabilité minutieuse : un arrêt du Conseil du 23 juin 1749, spécial à la communauté des faiseurs d'instruments de musique[1], renferme à cet égard une série de prescriptions qui ont pour effet de placer cette communauté sous la tutelle de l'autorité. (Obligation d'avoir un registre coté et paraphé par le lieutenant général pour y inscrire les recettes et dépenses, défense d'employer aucuns deniers de la communauté pour les dépenses de la confrérie, défense de contracter aucun emprunt sans autorisation spéciale du lieutenant de police, obligation de justifier des frais de justice et des frais de bureau par procès-verbaux, quittances, etc.)

Privilégiés. — Les privilégiés sont, comme au XVIIe siècle : 1° les marchands suivant la Cour, qui relèvent du grand prévôt et sont nommés par lui; 2° les marchands établis dans le faubourg Saint-Antoine, le cloître et le parvis Notre-Dame, les cours Saint-Benoît et de la Tri-

1. L'art. 6 de cet arrêt de règlement défend aux syndics de se charger en recettes dans leurs comptes des droits qui leur sont personnellement attribués ainsi qu'aux anciens sur les réceptions ou chefs-d'œuvre et de les cumuler avec les droits de la communauté pour les porter ensuite en reprise ; ils doivent se charger en recette seulement des deniers de la communauté, *Archives Nationales*. V7, 420.

nité, les enclos de Saint-Denis-de-la-Chartre, de Saint-Germain-des-Prés, de Saint-Jean-de-Latran, de Saint-Martin-des-Champs, du Temple et de la rue de l'Oursine. Dans ces divers lieux, il suffit pour exercer une industrie d'obtenir l'autorisation des seigneurs hauts justiciers.

Les jurés des communautés de Paris ne peuvent faire des visites domiciliaires chez les privilégiés soumis aux règles générales de la profession qu'en obtenant la permission du prévôt de l'Hôtel pour les marchands suivant la Cour, et celle du lieutenant de police pour les marchands établis dans les lieux privilégiés.

Il importe enfin de rappeler le privilège dont jouissaient plusieurs établissements publics, de conférer la maîtrise à de certaines conditions. Ces établissements étaient : 1° l'Hôpital de la Trinité, l'Hôpital général, l'Hôpital de Notre-Dame de la Miséricorde. La maîtrise sans frais est accordée aux artisans qui consentent à enseigner gratuitement leur art aux pauvres enfants élevés dans les deux premiers hôpitaux, ainsi qu'à ces enfants eux-mêmes devenus adultes. La même faveur est octroyée chaque année à un compagnon de chaque métier, s'il consent à épouser une orpheline élevée à la Miséricorde.

2° Les manufactures royales du Louvre et des Gobelins jouissent depuis 1608 et 1667 du droit d'élever des apprentis qui, après un apprentissage de six ans et quatre ans de compagnonnage, sont reçus maîtres sans frais, ni expérience. Les ouvriers qui avaient travaillé six ans dans ces manufactures étaient reçus maîtres sur le certificat du surintendant. Ces ouvriers tant qu'ils travaillaient dans les manufactures, n'étaient justiciables que de la prévôté de l'Hôtel[1].

Nous empruntons au *Guide des corps des marchands* de 1766 la statistique exacte des 113 corps de métiers, avec

1. Collection RONDONNEAU, AD. XI, 42.

l'indication pour chacun d'eux de la durée de l'apprentissage et du compagnonnage. Nous avons rapproché les énonciations du *Guide* de celles des recueils des statuts corporatifs.

TABLEAU DES CORPORATIONS DE PARIS EN 1766[1]

	Communautés	Durée de l'apprentissage	Durée du compagnonnage
SIX CORPS	1. Drapiers.	3 ans.	2 ans.
	2. { Epiciers	3 —	3 —
	{ Apothicaires. . . .	4 —	6 —
	3. Merciers.	3 —	3 —
	4. Pelletiers	4 —	4 —
	5. Bonnetiers.	5 —	5 —
	6. Orfèvres.	8 —	2 —
	7. Libraires	4 —	3 —
	8. Marchands de vin	4 —	2 —
	9. Aiguilliers-aleiniers. . .	5 —	3 —
	10. Arquebusiers[2].	4 —	4 —
	11. Balanciers	5 —	2 —
	12. Batteurs d'or		Pas d'apprentis. Les fils de maîtres seuls sont reçus par rang d'ancienneté.
	13. Boisseliers	6 ans.	
	14. Bouchers.	3 —	8 ans[3].

1. On remarquera que la durée du compagnonnage est laissée en blanc pour un certain nombre de métiers dont les statuts ne renferment aucune indication à ce sujet. Ce silence s'explique le plus souvent par ce fait que dans ces communautés le compagnonnage avait cessé d'être exigé. Pourtant, un arrêt du 4 octobre 1735 prouve que l'on exigeait encore le compagnonnage chez les chaudronniers.

2. La communauté des armuriers-heaumiers, réduite en 1723 à deux maîtres, se fondit dans celle des arquebusiers.

3. Le Guide du corps des marchands n'indique que 3 ans. Mais les *Statuts et règlements de la communauté des bouchers* (1744) fixent la durée à 6 ans (p. 27).

15. Boulangers	3 ans.	3 ans [1]
16. Bourreliers	6 —	4 —
17. Boursiers colletiers . . .	4 —	3 —
18. Boutonniers passementiers	5 —	4 —
19. Boyaudiers	Pas d'apprentis. Les fils de maîtres sont seuls reçus.	
20. Brasseurs	5 ans.	3 ans.
21. Brossiers vergetiers . . .	5 —	
22. Brodeurs, chasubliers . .	6 —	3 —
23. Cardeurs foulons	3 —	3 —
24. Cartiers	4 —	3 —
25. Ceinturonniers	4 —	
26. Chaînctiers[2]		
27. Chandeliers	6 —	2 —
28. Charcutiers	4 —	5 —
29. Chapeliers	5 —	4 —
28. Charpentiers	6 —	6 mois.
29. Charrons	4 —	4 ans.
30. Chaudronniers	6 —	
31. Chirurgiens	2 —	6 —
32. Ciseleurs-doreurs	5 —	5 —
33. Cloutiers	5 —	2 —
34. Coffretiers malletiers . .	5 —	5 —
35. Cordiers	4 —	
36. Cordonniers	4 —	
37. Corroyeurs	5 —	
38. Couteliers	5 —	3 —
		Imposé aux apprentis forains seulement.
39. Couturières	3 —	2 ans.
40. Couvreurs	6 —	

1. Ici encore nous avons préféré les indications des statuts à celles du *Guide*.

2. Communauté en pleine décadence. En fait, on n'y exigeait plus l'apprentissage.

41. Crieurs de vieux fer . . .	Pas d'apprentissage. 24 maîtres se complétant par élection.	
42. Cuisiniers	3 ans.	
43. Découpeurs en étoffe. . .	6 —	
44. Distillateurs	4 —	2 ans.
45. Ecrivains.	Pas d'apprentissage ni de compagnonnage. Simple expérience.	
46. Emailleurs	5 ans.	5 ans.
47. Emballeurs	Pas d'apprentissage. Maîtrises érigées en offices.	
48. Eperonniers	4 ans.	5 ans.
49. Epingliers	4 —	1 —
50. Eventaillistes	4 —	Pas de compagnonnage.
51. Fabricants d'étoffes d'or et d'argent.	5 —	3 ans.
52. Faiseurs d'instruments de musique	6 —	
53. Faïenciers verriers patenôtriers	5 —	5 —
54. Fèvres maréchaux. . . .	3 —	
55. Filassières.	6 —	
56. Fondeurs, faiseurs d'instruments de mathématiques.	5 —	3 (Statuts)
57. Fourbisseurs.	5(Statuts)	3 ans, pour les apprentis forains seulement.
58. Fripiers.	3 —	3 ans.
59. Fruitiers	6 —	
60. Gainiers fourreliers . . .	6 —	4 —
61. Gantiers parfumeurs. . .	4 —	3 —
62. Grainiers fleuristes . . .	6 —	2 —
63. Horlogers.	8 —	Nombre des maîtres limité à 60.
64. Imprimeurs en taille-douce.	4 —	2 ans.
65. Jardiniers.	4 —	2 —
66. Layetiers	4 —	2 —
67. Lapidaires	7 —	2 —
68. Limonadiers	Pas d'apprentis. Les fils de maîtres sont seuls reçus.	

69. Lingères	4 ans		2 ans.
70. Maçons	6	(d'après les Statuts), 3 ans en fait.	
71. Maîtres d'armes	2	—	Pas de compagnonnage. Réception après expérience, à 25 ans.
72. Maîtres à danser	4	—	2 ans.
73. Marbriers			Ne forment pas une véritable communauté, mais une association de fait.
74. Mégissiers	6 ans.		
75. Menuisiers	6	—	3 ans.
76. Miroitiers	5	—Pas de compagnonnage.	
77. Nattiers	3	—	
78. Oiseleurs	3	—	3 ans.
79. Papetiers colleurs	4	—	2 —
80. Parcheminiers	5 (Statuts), 4 (Guide)	3 —	
81. Pâtissiers	5	—	
82. Paumiers-Raquetiers	3	—	3 —
83. Paveurs	3	—Pas de compagnonnage.	
84. Peigniers tabletiers	3	—	2 ans.
85. Peaussiers	5	—	2 —
86. Perruquiers barbiers	4	—	
87. Peintres sculpteurs	5	—	4 —
88. Plombiers	4	—	2 —
			(Pour les forains).
89. Plumassiers-Panachers	6	—	4 ans.
90. Potiers d'étain	6	—	3 —
91. Potiers de terre	6	—	
92. Relieurs doreurs	5	—	3 —
93. Rôtisseurs	4	—	6 —
94. Rubaniers tissutiers	4	—	4 —
95. Savetiers	3	—	4 —
96. Sculpteurs (V. Peintres sculpteurs)			
97. Selliers	6	—	4 —
98. Serruriers	5	—	5 —
99. Taillandiers	5	—	
100. Tailleurs	3	—	3 —

101. Tailleurs graveurs sur métal.	6 ans	2 ans
102. Tanneurs	Pas d'apprentis. Les fils de maîtres sont seuls reçus.	
103. Tapissiers.	6 ans.	3 ans.
104. Teinturiers en grand et petit	4 —	3 —
105. Teinturiers en soie et laine	4 —	2 —
106. Tireurs et fileurs d'or. . .	5 —	5 —
107. Tisserands.	4 —	4 —
108. Tondeurs de draps. . .	3 —	
109. Tonneliers.	5 —	
110. Tourneurs.	4 —	3 —
111. Vanniers quincailliers .	3 —	
112. Vinaigriers	4 —	2 —
113. Vitriers	4 —	6 —

Un certain nombre de professions n'étaient pas organisées en communautés, et leur exercice demeurait libre. Tels étaient les marchands de bois et de charbon, les marchands de blé et d'avoine, les damasquineurs, les graveurs sur bois. Enfin quelques corporations comme les courtiers et les crieurs de vin, dont les membres étaient titulaires d'offices, n'avaient pas le caractère de communautés des arts et métiers.

Statistique. — Le *Dictionnaire du commerce*, de Savary des Brulons (V. *Communautés*), édition de 1759, évalue, d'après les statistiques fournies par les gardes et jurés pour les années 1725 à 1726, le nombre total des maîtres composant les diverses communautés à près de 35.000. Les Six Corps à eux seuls comptaient 4.084 membres :

Drapiers.	190
Epiciers-apothicaires.	640
Merciers.	2.167

Pelletiers.   47
Bonnetiers. 540
Orfèvres. 500

Parmi les communautés les plus nombreuses figuraient les tailleurs d'habits, 1.882; les cordonniers, 1.820; les couturières, 1.700; les marchands de vin, 1.590; les savetiers, 1.300; les jardiniers, 1.200; les peintres sculpteurs, 967; les menuisiers, 895; les rubaniers, 735; les perruquiers et les fripiers, 700.

Citons encore les distillateurs-limonadiers, 380; les serruriers, 355; les fruitiers, 321; les corroyeurs, 260; les selliers, 253; les bouchers, 240. Les communautés les moins nombreuses étaient les plombiers, 40; les oiseleurs, 37; les papetiers colleurs, 36; les tireurs d'or, 35; les parcheminiers, 30; les éperonniers, 22; les maîtres d'armes, 14.

Section III. — Les Associations de compagnonnage et les grèves

A côté et en dehors de la corporation officielle, il est impossible de ne pas faire mention d'une association dont le caractère est tout différent, mais dont l'influence a été grande sur les classes ouvrières. Nous faisons allusion au *compagnonnage*[1].

Illicites et prohibées par de nombreux édits, les associations de compagnonnage ne pouvaient avoir qu'une

---

1. Nous nous excusons de renvoyer le lecteur désireux d'approfondir l'étude de cette institution si originale et en général si peu connue à l'ouvrage que nous avons publié sous ce titre : *Le Compagnonnage. Son histoire, ses coutumes, ses règlements, ses rites*, Paris, Colin. 1901 (un vol. in-18). — Voir aussi Germain Martin, *Les Associations ouvrières au XVIIIe siècle*, Paris, Rousseau, 1900, et H. Hauser, *Les Compagnonnages d'arts et métiers à Dijon aux XVIIe et XVIIIe siècles* (*Revue bourguignonne*, 1907, t. XVII, n° 4).

existence de fait et toute clandestine. L'autorité ne s'occupe de ces associations que pour les dissoudre[1]. Elles échappent cependant à toutes les mesures de coercition, elles se dérobent aux recherches de la police et maintiennent entre les ouvriers des divers métiers les liens d'une fédération occulte distincte et souvent ennemie de la corporation publique. L'association de compagnonnage, c'est la corporation des ouvriers.

Il est très difficile d'assigner au *compagnonnage* une origine certaine. Il est impossible en effet d'ajouter foi aux légendes qui attribuent aux associations de compagnonnage des origines aussi lointaines que fabuleuses, légendes acceptées comme articles de foi par les compagnons et dont nous allons retracer bientôt les merveilleuses aventures. L'opinion la plus probable nous paraît être celle qui voit dans le compagnonnage une institution dérivée des confréries qui se formèrent au XIIe et au XIIIe siècle entre les artisans accourus de toutes les contrées de l'Europe pour travailler à la construction des édifices religieux que la piété multipliait à cette époque, et dont Notre-Dame de Paris, les cathédrales de Cologne, Strasbourg, Chartres, Amiens et Rouen demeurent les inimitables modèles[2]. Ces confréries furent sans doute le

---

[1]. Citons notamment la sentence du Châtelet du 10 janvier 1601 défendant aux compagnons cordonniers de faire aucune cabale entre eux et l'arrêt du Conseil défendant aux compagnons imprimeurs de faire aucunes communautés, confréries, assemblées, ni bourses communes, 19 juin 1702. *Bibliothèque Nationale*, Mss. 21559, f° 6 v°. Voir surtout la sentence de la Faculté de théologie (Sorbonne) condamnant les pratiques impies, sacrilèges et superstitieuses des compagnons selliers, cordonniers, tailleurs, couteliers et chapeliers, et décrivant ces pratiques (14 mars 1655). — Cf. notre ouvrage : *Le Compagnonnage*, livre Ier, ch. III : *Le Compagnonnage jusqu'à la condamnation en Sorbonne* (1655). et ch. VI : *Le Compagnonnage à Paris et dans quelques grandes villes depuis sa condamnation en Sorbonne jusqu'à la Révolution.*

[2]. Dès 1276, les ouvriers qui travaillaient à construire la cathédrale de Strasbourg formèrent entre eux une loge de francs-maçons (*Frei Maurer*); cet exemple qui fut suivi en Allemagne, à Vienne, à Cologne, à

berceau des associations de compagnons qui perpétuèrent entre les artisans de toutes les provinces les liens d'une solidarité professionnelle autrefois cimentée par l'accomplissement d'une œuvre commune. Mais l'amour-propre des compagnons avait fait crédit à des fictions qu'il paraît utile de rappeler pour l'intelligence des traditions et des coutumes de cette institution. Les premières associations de compagnonnage, à en croire ces récits, se seraient constituées parmi les artisans qui avaient travaillé à la construction du temple de Jérusalem au temps de Salomon[1]. L'architecte du temple, Adoniram[2], aurait donné le premier un *devoir*, c'est-à-dire des règlements aux tailleurs de pierre[3] (d'où le nom de la première des associations de compagnonnage : les *Enfants de Salomon*). Emigrés par la suite de la Judée, les tailleurs de pierre seraient venus en Gaule où ils auraient reçu le nom de *compagnons étrangers* ou de *loups*.

Une autre subdivision des *Enfants de Salomon*, celle

Landshut, trouva aussi, sans doute, des imitateurs en France. Bien que la Franc-Maçonnerie contemporaine reconstituée au XVIIIᵉ siècle ne présente plus à aucun degré le caractère d'une association ouvrière, la communauté d'origine entre la Franc-Maçonnerie et le compagnonnage paraît résulter notamment des analyses frappantes entre les rites des deux institutions. Voir dans notre livre *Le Compagnonnage* (p. 219-222) la confrontation du rituel maçonnique (loge de Saint-Jean) avec le rituel du compagnonnage du Devoir. Les deux textes sont presque identiques et le cérémonial d'initiation ne varie d'une association à l'autre que par des détails.

1. Telle est également l'origine à laquelle prétend remonter la secte de la franc-maçonnerie. Les légendes de Salomon et de Hiram sont communes aux deux associations. Mais les légendes de maître Jacques et de Soubise sont propres au compagnonnage.

2. « Le roi Salomon choisit des ouvriers dans tout Israël et commanda pour cet ouvrage 30.000 hommes... et Adoniram avait l'intendance sur tous ces gens. » *Les Rois*, liv. III, ch. v, § 13, trad. Le Maistre de Sacy.

3. « Salomon avait 70.000 manœuvres qui portaient les fardeaux et 80.000 qui taillaient les pierres sur la montagne. » *Les Rois*, liv. III, ch. v, § 15.

des *Compagnons de liberté* ou *gavots*, comprenait les menuisiers, les serruriers et les forgerons.

Mais l'association des *Enfants de Salomon* avait une rivale ou plutôt une ennemie dans celle des *Enfants de maître Jacques*, dont les traditions tout aussi fabuleuses sont, en outre, vagues et contradictoires. D'après les uns, maître Jacques ne serait autre que Jacques de Molay, le dernier grand maître des Templiers, brûlé sous Philippe le Bel. D'après certains autres, maître Jacques aurait été un artisan des Gaules appelé par Salomon pour travailler à la construction du Temple. De retour dans son pays, maître Jacques, trahi par son disciple Jamais, aurait été assassiné, peut-être à l'instigation d'un autre maître, nommé Soubise, jaloux de son habileté.

Les enfants de maître Jacques appartenaient aux mêmes corps d'état que les enfants de Salomon. Comme ces derniers, ils se divisaient en deux branches : les tailleurs de pierre, nommés *compagnons passants* ou *loups garous*; les menuisiers, serruriers et forgerons, nommés *compagnons du devoir* ou *dévorants*. Cette séparation des artisans en deux partis opposés engendra de profondes et souvent sanglantes inimitiés.

A l'inverse des enfants de Salomon qui refusaient d'admettre dans leur société les ouvriers des autres corps d'état, les enfants de maître Jacques s'agrégèrent les artisans de plusieurs métiers : les compagnons tanneurs, teinturiers, vanniers, cordonniers, charrons, etc.

Enfin le troisième et dernier *devoir* (société) de compagnonnage était celui des enfants de maître Soubise, qui comprenait les charpentiers ou *drilles*. Soubise aurait été, au dire des uns, un moine du XIIe siècle; au dire des autres, un des maîtres ouvriers de Salomon, le rival et, d'après les enfants de maître Jacques, l'assassin de ce dernier. Cette accusation, d'ailleurs repoussée avec indignation par les enfants de maître Soubise, avait été, entre les compagnons des deux devoirs, la cause de terribles batailles. A la fin, la paix avait été conclue, si bien que dévorants et drilles, unis sous le titre de compagnons du devoir, ne formaient plus, au XVIIIe siècle, que deux branches d'une même association [1].

Des conflits à main armée éclataient parfois entre les compagnons des devoirs opposés [2].

En 1730, il y eut dans la plaine de la Crau une affaire importante. Les compagnons de Salomon d'une part, ceux de maître Jacques de l'autre s'étant provoqués, se donnèrent rendez-vous dans cette plaine immense et pierreuse. Ils étaient armés de compas, de bâtons et même d'armes à feu. La mêlée fut longue et terrible; le sang coula à flots. En 1768, il y eut encore à Nantes des troubles, d'un caractère, il est vrai, moins grave, motivés par des querelles de ce genre [3].

Mais ces discordes et ces conflits déplorables ne doivent pas faire oublier les services réels que l'institution du compagnonnage a rendus à la classe ouvrière en établissant entre tous les membres d'une même association les liens d'une véritable et souvent touchante confraternité, dont un rapide exposé des coutumes du compagnonnage nous permettra de découvrir bien des preuves.

---

1. Un arrêt du Parlement du 12 novembre 1778 a trait à cette Société. « Vu la requête contenant qu'il s'est formé des sociétés parmi les compagnons; que dans ces endroits, les compagnons s'appellent compagnons du devoir ou bons drilles; qu'ils s'assemblent chez un particulier qui s'appelle la *mère*, lequel tient un registre sur lequel sont inscrits les noms... » Collect. RONDONNEAU, AD. XI, 11.

2. « Vous êtes *gavots*, nous sommes *dévorants*; battons-nous. — Vous accusez le père Soubise d'avoir massacré maître Jacques; battons-nous à mort. » G. SIMON, *Etude sur le compagnonnage*, 1853, p. 144.

3. Ces discordes survécurent à l'ancien régime. En 1816, il y eut encore, près de Lunel, bataille rangée entre les *compagnons de liberté* conduits par Sans-Façon de Grenoble, un ancien soldat, et leurs ennemis les *passants*. Ces conflits et ces rixes se renouvelèrent en 1827 à Blois, en 1835 à Toulon, en 1841 à Grenoble et en 1851 près de Bordeaux

Hiérarchie du compagnonnage. — Les compagnons de chaque devoir se divisent en plusieurs classes. Par exemple, les *compagnons étrangers* ou *loups* ont des adhérents de deux degrés : les *compagnons* et les *jeunes hommes*; chez les *menuisiers de liberté* ou *gavots*, il y a trois degrés d'initiation : les *compagnons reçus*, les *compagnons finis* et les *compagnons initiés* (sans compter les compagnons non encore reçus ou affiliés). Les *compagnons passants* et les *dévorants* se divisent en *aspirants* et *compagnons*.

Les compagnons peuvent entrer dans l'assemblée des aspirants, mais non les aspirants dans celle des compagnons. Dans les fêtes ils dansent à l'écart de leurs anciens.

Réception. — La réception donne lieu à des pratiques singulières et qui souvent dégénéraient en abus. Chez les tailleurs on préparait une table, une nappe à l'envers, une salière, un pain. Le candidat jurait de ne rien révéler même en confession, de ce qu'il allait voir. Après quoi on lui expliquait le sens de ces symboles et on lui racontait l'histoire des trois premiers compagnons, « laquelle, dit le P. Lebrun[1], est pleine d'impuretés ».

Chaque compagnon est doté d'un nom de fantaisie. Chez les *loups*, ce nom se composait d'une vertu et d'une ville : la Prudence de Draguignan, la Fidélité d'Auxerre, Bon-Cœur de Bretagne. Les dévorants prenaient un nom de baptême et un nom de pays : Pierre le Gâtinois, Hippolyte le Nantais. Les compagnons reçus portent, outre le compas, l'équerre ou le fer à cheval, symbole du devoir auquel ils appartiennent, des cannes ornées de rubans de diverses couleurs : rouges, verts et blancs chez les dévorants; bleus et blancs chez les gavots. Arracher sa canne à un compagnon, c'est le déshonorer.

Les sociétés de compagnonnage obéissent à certains

---

1. *Histoire critique des pratiques superstitieuses qui ont séduit les peuples et embarrassé les savants*, t. IV, publié en 1755. Cf. les pages 54 à 68.

dignitaires décorés du titre de *premier compagnon* ou *premier jeune homme*. Le compagnon le plus ancien de la ville s'appelle, chez les dévorants, le *premier en ville* et jouit de certains privilèges.

Tour de France. — Tout compagnon, pour apprendre le métier, doit faire son *tour de France*. A son arrivée dans une ville, il va rendre une visite à la *mère*, d'ordinaire une aubergiste, chez laquelle les célibataires logent et mangent. La *mère* abouche le nouveau venu avec le *rouleur*, compagnon spécialement chargé d'accueillir les étrangers et de les placer. Le *rouleur* conduit l'étranger chez un maître et lui dit : « Voici un ouvrier que je viens vous embaucher. » Le maître met cinq livres dans la main du rouleur, qui dit à l'ouvrier : « Voilà ce que le maître vous avance; j'espère que vous le gagnerez. »

Au départ de l'ouvrier, le *rouleur* le ramène chez son patron et s'assure qu'ils sont quittes l'un envers l'autre; c'est ce qu'on nomme le *levage d'acquit*. Lorsque l'ouvrier formule contre son patron des plaintes reconnues justes, l'atelier de celui-ci peut être *mis en interdit*.

Plusieurs coutumes se rattachent à ce *tour de France*. C'est d'abord la *conduite*. L'ouvrier qui part d'une ville est accompagné par les compagnons jusqu'à une certaine distance. S'il s'est mal comporté, on lui fait la *conduite de Grenoble*, c'est-à-dire qu'on le suit en le huant et en le frappant.

C'est ensuite le *topage*. Lorsque deux compagnons du tour de France se rencontrent sur une route, il s'engage entre eux une sorte de dialogue réglé à l'avance par la tradition. « Tope! — Tope! — Quelle *vocation* (profession)? — Tailleur de pierre (ou tout autre état). — Et vous le pays? — Serrurier (ou tout autre état). — Compagnon? — Oui, le pays, et vous? — Compagnon aussi. » Ils s'interrogent ensuite sur le devoir auquel ils appartiennent. Sont-ils du même devoir, ils fraternisent. Sont-ils de devoirs ennemis, ils passent leur chemin ou si leur humeur est belliqueuse, ils s'invectivent et en viennent aux coups.

Assistance. — L'assistance envers les compagnons est le grand devoir du compagnonnage. Un compagnon en voyage vient-il à manquer d'argent, on lui fait crédit ou on lui prête la somme dont il a besoin. Tombe-t-il malade? on l'assiste. Meurt-il? on suit son enterrement, on prie Dieu pour son âme, puis on fait la *guilbrette*, sorte de cérémonie où l'on s'embrasse et où l'on jette de la terre sur la tombe.

Souvent un compagnon quitte la société; par exemple il est reçu maître. Il remercie alors son devoir, en obtient un certificat, mais il demeure toujours uni aux compagnons par les liens de la reconnaissance.

Telle était, telle est encore dans ses traits généraux, quoique bien affaiblie et déchue de son ancienne importance, cette institution du compagnonnage, tour à tour attaquée et défendue avec passion, et dans laquelle en effet le bien et le mal se balancent presque également. Le plus grave reproche que l'on puisse être tenté d'adresser à cette association est d'avoir été contre le but essentiel des institutions corporatives en isolant l'artisan du patron et en travaillant à rompre les liens qui les unissaient. Mais cette séparation n'est-elle pas beaucoup plutôt le résultat de la profonde évolution qui se poursuivait depuis la fin du XV⁰ siècle et qui tendait de plus en plus à dissocier les éléments autrefois si étroitement unis d'une même profession? Sans doute la rupture entre le Capital et le Travail n'a été complète que de nos jours après la révolution économique caractérisée par le triomphe du machinisme, la concentration industrielle et la constitution des grandes sociétés anonymes. Il n'en est pas moins vrai toutefois qu'au XVII⁰ siècle déjà la bonne harmonie entre les maîtres et leurs ouvriers est fréquemment troublée ; que l'exclusivisme patronal détermine de la part de la classe salariée des réactions brusques et parfois violentes ; que l'on peut discerner, sous le calme apparent et sous la discipline superficielle du monde du travail, des agitations et des inquiétudes auxquelles 1789 lui-même ne sera qu'un dérivatif. La faillite normale de la corporation pose déjà dans l'esprit du peuple, sous une forme encore, il est vrai, purement fragmentaire et imprécise, ces questions d'organisation ouvrière qui s'appellent cent ans plus tard, la question sociale.

On n'a que l'embarras du choix entre les textes nombreux qui relatent des grèves ou des conflits entre maîtres et ouvriers au XVIIIe siècle. Nous n'en citerons que quelques exemples [1].

A Lyon des troubles très graves éclatent en 1744 à l'annonce de la nouvelle du rétablissement d'un droit de 300 livres autrefois exigé des ouvriers tisseurs qui voulaient s'établir maîtres. Toute la ville fut pendant quelques jours sous la domination de vingt mille ouvriers irrités qui protestaient encore contre l'emploi des femmes. L'intendant dut momentanément capituler.

A Sedan en 1712, quatre cents ouvriers tondeurs demandent qu'un prix fixe soit fixé pour la façon (l'apprêt des draps par aune) et que le prix de la façon soit payé contre remise du drap apprêté. Le second point leur est refusé et 200 tondeurs font *cloque* (grève) entraînant indirectement le chômage forcé des 12.000 ouvriers des autres métiers du drap (19 octobre 1712). Les grévistes empêchaient toute reprise du travail en menaçant d'une forte amende

---

1. Voir GERMAIN MARTIN, *Les Associations ouvrières au XVIIIe siècle*, Paris, 1900. — SMITH, *Les Coalitions et les Grèves d'après l'histoire*, Paris, 1886. — FLAMMERMONT, *Les Grèves à la fin de l'ancien régime* (Bulletin des sciences économiques et sociales du Comité des travaux historiques, année 1894.) — BONNASSIEUX, *La Question des grèves sous l'ancien régime.*

quiconque leur désobéirait. En 1713 nouvelle grève localisée chez le fabricant Abraham Poupart (*Revue d'Ardenne et d'Argonne*, 10ᵉ année, nov.-décembre 1902, p. 41-44. Les grèves à Sedan, par M. Kenler).

Le 11 octobre 1776 tous les maîtres relieurs de Paris constatent qu'aucun de leurs ouvriers ne se présente chez eux à l'heure de l'ouverture des ateliers; cette grève ne dut au surplus guère les étonner, car ils venaient de rejeter la demande de leurs compagnons tendant à la diminution de deux heures de la journée de travail. La corporation des relieurs venait en effet d'être réunie à celle des papetiers colleurs et les statuts de cette dernière communauté fixaient seulement à quatorze heures (au lieu de seize, durée en usage chez les relieurs) la journée de travail.

La grève ne dura que trois jours, du 11 au 14 octobre car, dans la nuit du 14 octobre, le lieutenant de police fit arrêter les six meneurs, et les ouvriers intimidés réintégrèrent les ateliers. Sans ce coup de force le conflit eût pu se prolonger assez longtemps; car d'une part les compagnons avaient une bourse commune grossie par des prélèvements volontaires opérés sur la paie et qui leur eût assuré des ressources; d'autre part divers traiteurs s'étaient déclarés disposés à leur faire crédit.

Un document du fonds Lamoignon (vol. 2, f° 88, année 1704) constate que plusieurs garçons boulangers ont fait entre eux une ligue et cabalé pour augmenter le prix de leurs journées, vont chez les boulangers et intimident leurs garçons, les menacent de les maltraiter s'ils servent les maîtres à moindre prix que celui qu'ils ont fixé eux-mêmes, les font sortir par la force, en sorte que bien souvent « dans le temps où lesdits boulangers ont beaucoup de pain à faire pour garnir leurs boutiques et lesdites places qu'ils occupent dans les halles et marchés publics, lesdits garçons les quittent et lesdits boulangers sont obligés de subir la loi des garçons... Lesdits garçons.

ont des auberges particulières où ils se retirent sans que les aubergistes qui les logent se mettent en peine de leur faire représenter le congé du maître qu'ils ont servi ».

En vain multiplie-t-on dans les statuts à l'adresse des compagnons la prohibition de quitter, avant d'avoir achevé leur temps, les maîtres chez qui ils travaillent au mois ou à l'année; il est évident que les infractions à cette règle se multiplient. Chez les ferrailleurs, cloutiers et épingliers, par exemple, les cabales que les compagnons et ouvriers font pour quitter en même temps les boutiques et les ateliers deviennent si fréquentes que le lieutenant général de police est obligé de confirmer à nouveau et de remettre strictement en vigueur le 10 septembre 1783 (*Archiv. Nat.* Collect. *Rondonneau*, AD, XI, 18) les règlements antérieurs notamment en ce qui touche :

a) L'obligation pour tous les compagnons ferrailleurs cloutiers demeurant à Paris, comme pour tous ceux qui y viendraient par la suite, de se faire inscrire au bureau de la communauté des maîtres dans un délai de quinze jours pour les premiers, de trois jours pour les seconds; de déclarer leurs noms, surnoms, âge, lieu de naissance, le nom de leur maître ou du dernier maître chez qui ils ont travaillé.

b) L'établissement d'un livret coté et paraphé par l'un des syndics, livret qui devra être visé par le maître lors du départ du compagnon avec attestation par lui que ce dernier a bien accompli son temps de service;

c) L'interdiction pour tout maître d'embaucher un compagnon non pourvu d'un livret en règle;

d) La défense pour les maîtres de s'adresser, pour chercher un ouvrier, à un autre bureau qu'à celui de la communauté;

e) Enfin la disposition vraiment exorbitante d'après laquelle « pour obvier aux cabales que les compagnons font *pour quitter en même temps les boutiques et ateliers*, le nombre des congés que les maîtres seront tenus d'accepter dans une semaine ne pourra excéder la moitié de celui auquel se montera le nombre de ses compagnons, sauf aux autres à faire accepter leur congé dans la quinzaine suivante ».

Cette ordonnance nous révèle une situation déjà assez troublée. Dans nombre d'autres corporations : charpentiers (qui firent grève en 1786) maréchaux, pâtissiers, potiers, tanneurs, tonneliers, etc.[1], on rencontre des traces non équivoques de cabales analogues et de mouvements divers des ouvriers contre leurs maîtres[2].

1. Voir Germain Martin, p. 137-142, notes.
2. Ces derniers du reste donnaient parfois l'exemple de coalition ressemblant fort à des grèves patronales. A Chartres en 1638 et en 1687 les boulangers mécontents de ce que le prix du pain fût tarifé ne cuisent plus qu'une quantité de pain insuffisante. G. Aclocque. *Les corporations à Chartres*, 1917, p. 128.

CHAPITRE IV

LOUIS XVI (1774-1792). — MINISTÈRE DE TURGOT (1774-1776)

Section I. — **La Suppression des Corporations à l'ordre du jour.** — **Mémoires de Bigot de Sainte-Croix et de Delacroix.**

L'avènement de Louis XVI devait avoir pour conséquence le changement des conseillers de la couronne. Maurepas depuis longtemps en disgrâce fut rappelé par le nouveau roi et devint premier ministre. Les ministres de Louis XV ne furent pas renvoyés sur l'heure, mais successivement éliminés. Boynes, ministre de la marine, partit le 19 juillet. Le 24 août, Maupeou eut l'ordre de rendre les sceaux et Terray, le contrôleur général, fut remplacé par Turgot.

Anne-Robert-Jacques Turgot était né à Paris le 10 mai 1727. Sa famille était de bonne noblesse normande[1] et son père avait occupé la charge de prévôt des marchands. Le jeune Turgot fut d'abord destiné à l'état ecclésiastique et fut même élu, en 1749, prieur de Sorbonne. Cette première phase de sa vie est consacrée tout entière à des études littéraires, scientifiques et philosophiques. L'uni-

---

1. D'après CONDORCET, *Vie de Turgot*, p. 71, ce nom de Turgot serait d'étymologie scandinavique et viendrait du mot Thor, nom d'un des dieux du Walhalla. Nous nous bornons à reproduire ici cette explication dont nous laissons à Condorcet toute la responsabilité.

versalité de ses connaissances et la souplesse de son esprit étaient vraiment merveilleuses. Encore sur les bancs de l'école, il écrivait sa lettre à Buffon sur les erreurs de la théorie de la terre et un traité de l'existence de Dieu. Devenu à son tour régent, il composait successivement deux dissertations sur les avantages que le christianisme a procurés à l'esprit humain, un dictionnaire des étymologies latines, un traité de géographie, une étude sur le papier-monnaie, enfin une réfutation de l'idéalisme de Berkeley.

En 1751, la vie de Turgot prit une orientation nouvelle. Il abandonna l'état ecclésiastique et acheta une charge de maître des requêtes, pour devenir bientôt substitut, puis procureur au Parlement (30 décembre 1752). Il mit à profit les loisirs que lui laissaient ces fonctions en traduisant de l'allemand les idylles de Gesner et la *Messiade* de Klopstock, de l'italien des fragments du *Pastor fido*, de l'anglais Hume et Shakespeare. Entre temps, il fréquentait les salons littéraires d'alors, et surtout celui de Mme Geoffrin, où il s'entretenait sur la philosophie avec Helvétius, d'Alembert, sur l'histoire avec Montesquieu, sur l'économie politique et la politique fiscale avec Galiani et Morellet. Mais surtout il se liait avec Quesnay et Gournay, dont il devint un disciple enthousiaste. De cette époque de sa vie datent ses *Lettres sur la tolérance*, l'article *Foires et marchés* de l'*Encyclopédie* (véritable plaidoyer en faveur de la liberté du commerce des grains); un peu plus tard, il publiait l'*Éloge de Gournay*.

En 1761, Turgot est nommé intendant du Limousin où il devait rester treize années et où il put mettre en pratique plusieurs de ses idées et de ses projets. Cette application fut en général heureuse, bien que certaines mesures, trop hâtivement exécutées, eussent causé un certain trouble. Turgot s'attacha à faire cadastrer les terres pour obtenir une meilleure répartition de l'impôt, à remplacer la corvée par des redevances payées par les communes pour l'entretien des routes ; il obtint enfin que dans sa province la circulation des grains serait libre (arrêt du Conseil du 19 février 1770). Mais la disette qui sévit la même année, et qui fut attribuée à cette réforme, excita les esprits et provoqua des troubles ; il fallut acheter du blé au dehors et organiser des secours.

C'est à Limoges que Turgot composa son grand ouvrage économique : *Réflexions sur la formation et la distribution des richesses*, l'article *Valeurs et monnaies*, qu'il destinait au *Dictionnaire du commerce* projeté par l'abbé Morellet, et enfin ses *Lettres sur la liberté du commerce des grains*. Les idées qu'il développe dans ces écrits ne sont d'ailleurs pas nouvelles ; il s'y révèle fidèle disciple de Quesnay et des physiocrates. Toute richesse vient de la terre ; l'agriculture seule est productive. « Dès que le labour produit au delà de ses besoins, il peut, avec ce superflu que la nature lui accorde en pur don au delà du salaire de ses peines, acheter le travail des autres membres de la société[1]. »

Tel était l'homme que la confiance de Louis XVI alla chercher en 1774 dans son intendance du Limousin pour lui confier d'abord la marine et un peu plus tard le contrôle général. Les économistes et les philosophes fondaient sur le nouveau contrôleur général de grandes espérances ; il ne devait pas les tromper. L'esprit encyclopédique et novateur de Turgot devait se donner carrière dans une fonction dont les attributions étaient à la fois si multiples et si importantes. Politique générale, finances, travaux publics, agriculture et industrie, tout sollicitait à la fois cette merveilleuse intelligence, malheureusement plus souple que profonde et plus ingénieuse que circonspecte. Il ne saurait être question ici d'étudier l'œuvre de Turgot dans son ensemble, mais seulement de résumer

---

1. Turgot, *Réflexions*, VII et VIII.

sa politique économique, dont l'acte capital n'est autre que l'Edit de suppression des maîtrises et jurandes (1776).

Dès son arrivée aux affaires, la politique du nouveau contrôleur général s'était affirmée par l'arrêt du Conseil de septembre 1774, rétablissant la liberté du commerce des grains dans l'intérieur du royaume; le préambule de cet arrêt, rédigé par Turgot, est une véritable déclaration de principes. « Plus le commerce est libre, animé, étendu, plus le peuple est promptement et abondamment pourvu. » L'expérience toutefois ne réussit guère; en 1775, la récolte ayant été mauvaise, des troubles éclatèrent; il fallut, au nom de la liberté des grains, pendre plusieurs malheureux. La popularité de Turgot n'en fut pas accrue et lui-même dut reconnaître que le temps seul pouvait justifier son système [1].

D'autres réformes d'une portée plus restreinte suivirent de près. Ce fut d'abord l'arrêt du Conseil du 24 juin 1775 qui déclarait libre l'art de polir les ouvrages d'acier dont les progrès, était-il dit, « avaient été retardés par les entraves que différentes communautés y avaient opposées »; ce fut ensuite la déclaration du 12 janvier 1776 rendant la liberté à l'industrie des verriers de Normandie, qu'un arrêt de 1711 avait obligés de vendre leurs produits à un prix fixé par un tarif.

Mais ces réformes secondaires étaient peu de chose auprès du grand projet depuis longtemps arrêté dans l'esprit de Turgot et qu'il s'agissait pour lui de faire accepter par l'opinion. La suppression des corporations, réclamée depuis vingt ans déjà par les économistes, telle était l'œuvre capitale que Turgot était résolu à réaliser. Une telle révolution dans le système économique et administratif de la France devait cependant, en lésant de graves intérêts, provoquer de vives résistances. Turgot ne s'y trompait

[1]. « M. Turgot prétend que le bien ou le mal de son édit ne sera évident que dans une dizaine d'années. » DIDEROT, *Réfutation d'Helvétius*.

pas et il jugeait nécessaire, avant d'engager la lutte, d'avoir avec lui le sentiment public. Afin de préparer les esprits et de les rallier à ses vues, les économistes firent paraître en 1775, sous ce titre : *Essai sur la liberté du commerce et de l'industrie*, un écrit posthume du président Bigot de Sainte-Croix, véritable réquisitoire contre le régime corporatif.

Le factum de Sainte-Croix était fort habile et faisait avec éloquence, souvent aussi avec justesse, le procès des communautés. En fidèle disciple des économistes, Sainte-Croix commence par poser en principe que, seule, la liberté est conforme au droit naturel. « Qu'un homme ait obtenu le privilège exclusif de me vendre telle ou telle marchandise, c'est lui qui dès ce moment est l'arbitre du prix; il faut que je subisse sa loi; qu'un règlement me force à employer le service de tel ouvrier, il me taxe à son gré. Rendez-moi ma liberté et le monopole cesse » (p. 4). « Les statuts des communautés, dit-il encore, sont devenus entre leurs mains des titres exécutoires contre le public dont ils se servent soit pour interdire aux consommateurs la faculté de choisir et de profiter du bon marché qu'elle représente, soit pour emprisonner et faire périr de faim tout ouvrier qui n'est pas de leur agrégation. » Et il expose en détail ses griefs : l'exclusivisme des communautés, la limitation injustifiable, d'après lui, du nombre des apprentis, l'exagération de la durée de l'apprentissage, la cherté de la maîtrise, l'injustice des privilèges dont jouissent les fils de maître. Il décompose le budget corporatif, il énumère les charges qui pèsent sur les communautés (arrérages des rentes, étrennes, frais d'assemblées, procès interminables et onéreux) : il conclut à la suppression des corporations. « Ce sont les lois elles-mêmes qu'il faut réformer par la suppression des privilèges exclusifs. C'est leur existence qui donne lieu aux fraudes et qui rend les communautés réciproquement ennemies. »

D'après Sainte-Croix, cette suppression aura pour résultat un abaissement des prix qui profitera au public sans nuire aux marchands dégrevés des frais de toute sorte que fait peser sur eux la corporation.

Le président Bigot de Sainte-Croix indiquait comme moyens pratiques susceptibles de réaliser la réforme qu'il préconisait : la rupture de tous liens entre membres d'une même profession soumis désormais à un simple enregistrement gratuit; — la permission de cumuler plusieurs maîtrises; — l'abolition de l'apprentissage, du compagnonnage, du chef-d'œuvre ; — l'assimilation complète de l'étranger au Français ; — la faculté de transporter librement son commerce d'une ville à une autre. Bien plus : il demandait qu'il fût interdit aux artisans d'une même profession de se réunir (p. 129). Quant aux dettes des communautés qui s'élevaient à 20 millions, on les paierait avec les sommes en caisse et au moyen d'une taxe sur chaque marchand qui se ferait enregistrer.

Ce mémoire fit grand bruit: les communautés n'y répondirent pas de suite; elles espéraient sans doute que l'orage s'éloignerait d'elles. Mais dès janvier 1776, la rumeur publique annonçait que Turgot avait soumis au roi un mémoire tendant à la suppression de la corvée, des offices des halles et marchés, des *maîtrises et jurandes*, de la Caisse de Poissy. En présence d'un péril aussi imminent, les Six Corps, défenseurs naturels des communautés d'arts et métiers, confièrent le soin de leurs intérêts à M⁰ Delacroix, avocat, qui rédigea un « *Mémoire à consulter sur l'existence actuelle des Six Corps et la conservation de leurs privilèges* ». Ce mémoire est, lui aussi, fort habile et son auteur s'y montre le digne adversaire du président de Sainte-Croix. Il se place dès le début sur un excellent terrain. « Je ne suis pas, écrit-il, le défenseur des abus, je défends seulement les privilèges. Ainsi toutes les fois que M. de Sainte-Croix n'aura présenté que des abus à corriger, je m'unirai à lui... Mais réformer n'est pas détruire, et son ouvrage ne sollicite que la destruction. Il ne veut voir dans les arts et métiers qu'une multitude confuse qui se presse, qui s'agite, qui s'humilie pour attirer le salaire du consommateur, et il ne sent pas qu'il résultera de ce désordre que les ouvriers seront inhabiles parce qu'ils n'auront fait qu'un apprentissage très court et qu'ils croiront cependant beaucoup savoir, par la raison qu'ils seront devenus les égaux des maîtres; que les marchands n'attendront plus paisiblement et avec décence le consommateur; qu'ils ne formeront plus qu'un assemblage de juifs, de colporteurs, d'anciens domestiques qui s'insinueront bassement dans les maisons. »

Bigot de Sainte-Croix avait critiqué vivement la division des professions en communautés et l'interdiction d'exercer deux professions à la fois. Delacroix lui répond : « Et où donc est le mal que l'acheteur ne trouve pas un chapeau dans la boutique d'un cordonnier, des toiles chez un épicier, que chaque objet du commerce soit divisé ? Il résulte de cette division plus de sûreté pour le consommateur, plus d'égalité pour les commerçants[1] », et l'avocat des

1. Ces idées sont-elles si loin de nous qu'on pourrait être tenté de le penser ? Les défenseurs du petit commerce dans sa lutte contre les grands magasins, invoquent encore les mêmes arguments que Delacroix. Nous assistions, il y a quelques jours (octobre 1908), au congrès de la *Confédération des groupes commerciaux et industriels de France*, très importante association de moyens et de petits commerçants et industriels. L'un des orateurs, M. Christophle, ancien président de la Ligue des petits commerçants, y soutint cette thèse qu'il devrait être interdit à une personne d'exercer plus d'un commerce à la fois. « Si vous exercez, comme les grands magasins, plusieurs commerces ensemble, disait-il, vous me retirez à moi, qui en connais à fond et qui en exerce un seul, les moyens de vivre ; vous me volez mon gagne-pain ! » Entrant dans ces vues, mais moins absolu, M. Destréguil proposait d'interdire aux grands magasins d'exploiter plus de 10 spécialités, sous peine d'être assujettis à une taxe très lourde et progressive. Le congrès, il est vrai, a jugé ces propositions trop radicales ou plutôt il a craint qu'elles n'eussent pas chance d'être adoptées. Mais en même temps il a demandé que les grands magasins fussent frappés d'une patente beaucoup plus forte,

communautés ajoute, comme s'il avait prévu les grands bazars du XIX° siècle : « L'argent se divise en différents canaux et va soulager plusieurs familles au lieu de rouler vers une seule qui regorgerait de richesses, tandis que mille autres languiraient de misère » (p. 17)[1].

Delacroix s'efforce encore de montrer que la liberté illimitée du commerce amènerait la dépopulation des campagnes et l'exode vers les villes. « Le commerçant scrupuleux et loyal, écrit-il, devra s'effacer devant le charlatan qui vendra meilleur marché une camelote en réalité plus chère. » Et à cette objection que le pauvre a besoin de denrées bon marché, il réplique : « Il faut des étoffes à tout prix ; il en faut de belles pour le riche, mais de bonnes pour le pauvre : une toile grossière, mais serrée, une serge épaisse, mais solide. » Or, ces statuts tant décriés n'ont le plus souvent d'autre but que de réprimer la malfaçon.

Les Six Corps intervinrent au surplus officiellement et firent imprimer leurs « *Réflexions* » ; ils cherchent dans ce mémoire *pro domo sud* à réfuter les prétendus avantages de la liberté du commerce. Invoque-t-on l'intérêt de l'industrie ? mais les maîtres de Paris et de Londres travaillent mieux que les Hollandais qui sont libres ; la diminution

---

le nombre des spécialités imposées séparément étant porté de 25 à 55. Toutes les associations de petits commerçants réclament, du reste, depuis vingt ans, l'augmentation compensatrice des charges fiscales qui pèsent sur les grands magasins et grands bazars. Ces vœux et ces doléances accusent un très curieux retour offensif du petit commerce et s'inspirent à bien des égards du même esprit qui animait les anciennes maîtrises. Malgré des exagérations évidentes, ces plaintes et ces revendications sont loin, du reste, d'être entièrement injustifiées. Tout travailleur a le droit de vivre et les excès de la concentration industrielle et commerciale ressemblent parfois à un accaparement et à une dépossession des moyens d'existence (limités après tout) qui s'ouvrent à l'individu.

1. Bigot de Sainte-Croix était, au contraire, l'ennemi du petit commerce. « Un grand entrepreneur, écrivait-il, fait plus d'ouvrage à moins de frais. Que ses travaux soient divisés entre plusieurs, ils gagneront moins et seront obligés de vendre plus cher. »

du prix de la main-d'œuvre et des denrées ? pur mirage ! ce qu'on paiera moins cher sera de moins bonne qualité et durera moins; la suppression des procès ? mais il suffirait pour les faire disparaître de réorganiser les corporations par groupes en fondant ensemble celles qui ont un caractère connexe. Et les Six Corps, après leur avocat, tracent un tableau lamentable de ce que deviendra le commerce sous un régime de concurrence effrénée qui favorisera toutes les fraudes [1].

Cette controverse n'émut guère le peuple, trop absorbé par la lutte pour la vie pour s'intéresser à un débat jusque-là purement théorique, mais elle passionna les classes éclairées. Tandis que la bourgeoisie marchande protestait avec ardeur contre les projets de Turgot, la noblesse et la bourgeoisie de condition libérale qui se piquaient de philosophie applaudissaient à la réforme proposée. Voltaire écrivait le 1er mars : « Le factum de Me Lacroix *(sic)* paraît très insidieux ; il écarte toujours avec adresse le fond de la question et le principal objet de M. Turgot qui est le soulagement du peuple... C'est le mémoire de M. Bigot, imprimé il y a cinq ou six mois, que j'ai une extrême impatience de lire. C'est contre ce M. Bigot que Me Lacroix présente requête... Je suis curieux de savoir comment on a eu l'insolence de soutenir qu'un homme pouvait à toutes forces raccommoder des souliers ou recoudre des culottes sans payer cent écus aux maîtres jurés. »

Mais le sort des communautés était décidé à l'avance et la Cour, où Turgot était alors tout-puissant, les aban-

---

1. Les Six Corps renouvellent à cette occasion leurs plaintes contre les Juifs qu'ils craignent de voir accaparer l'industrie. « Le commerce ne sera-t-il pas envahi par cette nation toujours proscrite et redoutée qui semble dans tous les temps ne l'avoir cultivé que pour l'avilir ? Peu sensible à l'honneur, indifférente aux intérêts d'une patrie, puisqu'elle n'en a point, cette espèce fatale de concurrents sera-t-elle honorable sera-t-elle utile ? »

donna sans lutter. Un arrêt du Conseil du 22 février 1776 commença par supprimer tous les mémoires publiés pour la défense des corporations[1] et fit bien voir que la liberté du commerce ne se confondait pas dans l'esprit de ses partisans avec la liberté de discussion. Quelques jours plus tard étaient publiés deux édits : le premier supprimant les offices des halles et marchés, rétablis en 1730, le second supprimant les maîtrises et jurandes, c'est-à-dire les corporations[2].

L'édit abolitif des corporations est précédé d'un long exposé de motifs, amalgame des doctrines économiques de Quesnay et du mémoire de Bigot de Sainte-Croix. Après un historique des communautés où Turgot soutient cette thèse sinon entièrement erronée, du moins beaucoup trop absolue, ainsi qu'on a pu en juger par la présente étude, qu'avant l'édit de 1581 le commerce et l'industrie auraient joui dans toute la France d'une liberté illimitée, les corporations n'étant que de simples associations particulières, l'édit affirme le droit de l'homme au travail, cette propriété, la première, la plus sacrée de toutes et condamne avec la dernière sévérité les corporations, « ces institutions arbitraires qui ne permettent pas à l'indigent de vivre de son travail, qui repoussent un sexe à qui son travail a donné plus de besoins et moins de ressources, qui éteignent l'émulation et l'industrie, qui retardent les progrès des arts par les difficultés que rencontrent les inventeurs, qui, par leurs frais immenses que les ouvriers sont obligés de payer pour acquérir la faculté de travailler, par les saisies multipliées, par les dépenses de tout genre — surchargent l'industrie d'un impôt énorme ».

---

1. Outre les deux mémoires déjà cités, un troisième avait encore paru sous ce titre : *Réflexions des maîtres tailleurs de Paris sur le projet de supprimer les jurandes*, par Dareau, avocat.
2. Isambert, *Recueil des anciennes Lois françaises*, t. XXIII, p. 370 et 386.

Turgot déclare vaines les craintes exprimées par les avocats des communautés. Il n'y a lieu de redouter ni l'encombrement des ouvriers, ni leur inexpérience. La liberté suffit à tout et maintient un équilibre parfait entre l'offre et la demande.

Ce préambule de l'édit est suivi de vingt-quatre articles dont le premier est ainsi conçu :

« Il sera libre à toutes personnes, de quelque qualité et condition qu'elles soient, même à tous étrangers, d'exercer dans tout notre royaume telle espèce de commerce et telle profession d'arts et métiers que bon leur semblera, même d'en réunir plusieurs ; à l'effet de quoi nous avons éteint et supprimé... tous les corps et communautés de marchands et artisans ainsi que les maîtrises et jurandes, abrogeons tous privilèges, statuts et règlements donnés aux dits corps et communautés. »

L'article 2 dispose que les marchands ne sont plus obligés que de se faire inscrire à la police sur un registre spécial. Ne sont pas soumis à cette formalité les maîtres des communautés supprimées. L'article 3 dispense également de la déclaration les simples ouvriers qui ne travaillent pas pour le public, mais pour des entrepreneurs d'ouvrage.

Les articles 6, 7, 8 et 9 maintiennent en vigueur divers règlements de police, tels que l'obligation pour les orfèvres et fripiers d'inscrire sur leurs livres les noms de ceux de qui ils achètent des marchandises. L'article 10 établit dans les différents quartiers des villes un syndic et deux adjoints élus par le commun des marchands et chargés d'une sorte de surveillance sur le commerce. Les articles 11 et 12 maintiennent la compétence du lieutenant général de police pour tous les litiges professionnels.

Mais il fallait empêcher les corporations supprimées de se reconstituer. Aussi l'article 12 défend-il aux anciens jurés de faire désormais aucun acte de leur charge. L'article 14 interdit aux maîtres et compagnons de former aucune association et supprime les confréries dont les chapelles, dotations et biens de toute sorte sont remis à la disposition des évêques (art. 15).

Les juges consuls sont conservés; ils seront élus par soixante bourgeois (art. 16).

Tous les procès des communautés sont déclarés éteints, excepté ceux qui ont pour objet des biens fonciers, des locations, des arrérages. Ces derniers procès seront promptement éteints (art. 17 et 18).

Les gardes jurés devront, dans les trois mois, rendre leurs comptes à Paris au lieutenant général de police, en province à des commissaires spéciaux (art. 19). Ils remettront en outre un état des dettes de la communauté, des remboursements faits et à faire, des immeubles, des créances et des dettes. Les créanciers des communautés devront produire leurs titres dans le même délai (art. 20 et 23).

Les dettes sont divisées en deux catégories : 1° les emprunts faits pour racheter les offices. On en paiera les arrérages comme par le passé sur les gages payés par le roi à titre d'émoluments des offices rachetés. La portion de ces revenus qui était employée par les communautés à leur propre dépense grossira le fonds d'amortissement. 2° Les dettes qui ont pour cause des emprunts propres aux corporations seront remboursées par la vente de leurs biens et par les fonds en caisse (art. 21 et 22).

Quatre communautés sont exceptées de la suppression : ce sont les perruquiers, les imprimeurs-libraires, les orfèvres, les apothicaires (art. 4 et 5). Les premiers étaient en effet titulaires d'offices vendus par le fisc et il eût fallu les rembourser. La profession des seconds ne pouvait être libre sous un régime qui n'admettait pas la liberté de la presse. Quant aux orfèvres et aux apothicaires, la réglementation de ces deux métiers avait pour cause, dans un cas, la législation alors en vigueur sur les métaux précieux et, dans l'autre, l'intérêt de la santé publique.

Tel était l'édit qui devait inaugurer en France l'ère de la liberté du travail : c'était pour la corporation la mort sinon sans phrases, du moins sans rémission. Brusquement, sans mesures transitoires, la réglementation des statuts corporatifs, souvent vexatoire et abusive assurément, mais souvent aussi tutélaire et bien fondée, faisait place à une liberté sans limites dont il était à craindre que le commerce si soudainement émancipé ne mésusât. Mais ce premier danger était de peu de gravité au prix de celui qu'à l'avant-veille de la Révolution prévoyaient et redoutaient déjà quelques esprits vraiment clairvoyants qui prenaient souci des conséquences lointaines de ce grand changement. L'édit de 1776, en effet, venait rompre violemment des liens séculaires; il dénonçait un pacte qui avait été dès les premiers temps de notre histoire la loi et la constitution organique du travail national. Maître et artisan allaient désormais se trouver en face l'un de l'autre, sans que le sentiment de leurs intérêts communs et la solidarité professionnelle intervinssent comme autrefois pour exercer leur influence bienfaisante et conciliatrice, sans que la médiation d'une autorité si longtemps respectée et obéie s'interposât pour apaiser leur éternelle querelle. Affranchir le travail des entraves qui comprimaient son essor, c'était à coup sûr une idée généreuse et libérale. Supprimer, au lieu de les conserver en les transformant, les institutions corporatives, type traditionnel de l'organisation du travail, abandonner l'artisan aux suggestions mauvaises de l'isolement social et de l'individualisme, c'était peut-être au contraire faire acte d'imprévoyance et léguer à l'avenir un dangereux héritage.

L'édit de 1776 rencontra une vive résistance de la part du Parlement, défenseur naturel des anciennes institutions et qui, à ce titre, s'effrayait des conséquences possibles d'une telle révolution dans le régime de l'industrie

et du commerce. Dès le 1ᵉʳ mars, Voltaire écrivait :
« Voilà donc M. Turgot qui a un procès au Parlement...,
Voilà la première fois qu'on a vu un roi prendre le parti
de son peuple contre Messieurs. » Il fallut recourir au
moyen qui, dans tous ses litiges avec les cours souveraines, était l'*ultima ratio* de l'ancienne monarchie. Le
12 mars 1776, le roi tint un lit de justice pour contraindre le Parlement à l'enregistrement de l'édit[1].

Ce lit de justice fournit au Parlement l'occasion de
renouveler solennellement sa protestation. Après lecture
de l'édit par le greffier, les gens du roi, c'est-à-dire le procureur général et les avocats généraux, se mirent à genoux.
Puis le garde des sceaux ayant dit : « Le roi ordonne que
vous vous leviez, » l'avocat général Séguier prononça au
nom du Parlement sa harangue, véritable plaidoirie
pour les communautés. Après avoir affirmé qu'il ne combat pas la liberté, mais ses abus, et retracé en quelques
mots l'origine des communautés qu'il ne fait dater que
de saint Louis, Séguier entre dans le vif du sujet : « On
a dit que les corporations entravaient l'essor du commerce;
c'est inexact. Si l'établissement des jurandes, la gêne des
règlements et l'inspection des magistrats sont autant de
vices secrets qui s'opposent à la propagation du commerce... pourquoi le commerce de la France a-t-il tou-

1. Dans plusieurs provinces l'Edit ne fut jamais appliqué. Le Parlement de Rennes ne l'ayant pas enregistré il resta lettre morte en Bretagne. L'Edit d'août 1776 reconstituant les corporations n'était applicable qu'à Paris. Le 17 juillet 1781, l'intendant général de Rennes recevait de M. de Tholozan un projet d'Edit sur la réorganisation des communautés d'arts et métiers de Bretagne. Les maîtres des communautés supprimées ainsi que les artisans de métiers jadis libres et érigés en jurandes doivent se faire inscrire chez le subdélégué et verser une redevance. Le 21 janvier 1783 les Etats de Bretagne se déclarant favorables à la liberté économique protestèrent contre le projet et surtout contre la taxe. L'Edit ne fut jamais promulgué (Rebillon, *Recherches sur les anciennes corporations ouvrières de la ville de Rennes*, Paris 1902, p. 174-181).

jours été si florissant? Pourquoi les nations étrangères sont-elles si jalouses de sa rapidité, si curieuses des objets fabriqués dans le royaume? La raison de cette préférence est sensible. Tout ce qui se fabrique en France, surtout à Lyon et à Paris, est recherché dans l'Europe entière pour le goût, la beauté, pour la finesse, pour la solidité... D'après cette vérité de fait, n'est-il pas sensible que les communautés d'arts et métiers, loin d'être nuisibles au commerce en sont plutôt le soutien ? » Cette perfection, d'après Séguier, s'évanouirait si on permettait au premier venu de fabriquer sans contrôle et de déprécier par son impéritie ou sa mauvaise foi, le bon renom des fabriques françaises. L'édit aura encore cet effet désastreux de pousser le paysan à émigrer vers les villes, où il espérera trouver un travail mieux rétribué. N'est-ce pas, au surplus, attenter à la propriété que de rendre illusoires ces maîtrises qui ont coûté si cher à leurs titulaires?

S'il défend l'institution, Séguier, tout comme Delacroix, en condamne les abus, et il esquisse un plan de réformes très complet. La trop grande division des métiers gêne l'essor du commerce ; que ne réduit-on le nombre des communautés en réunissant les métiers connexes, en fondant les tailleurs et les fripiers, les menuisiers et les ébénistes ?... On représente avec raison que certaines professions, comme celles de fruitier, de bouquetier, n'exigent ni études préalables, ni contrôle : qu'on les proclame libres. Que l'on admette les femmes dans les métiers où elles peuvent gagner leur vie; que l'on facilite aux ouvriers l'accès de la maîtrise en supprimant tous droits de réception, sauf le droit royal; que l'on adopte en un mot toutes les réformes reconnues nécessaires ou mêmes expédientes : le Parlement y souscrit et y applaudit. Mais est-il, pour cela indispensable d'anéantir les corporations elles-mêmes? Séguier ne le pense pas, et il ajoute avec une prophétique audace : « Si leur anéantissement était le seul remède, il n'est rien de ce que la prudence humaine a établi qu'on ne dût anéantir, et l'édifice même de la constitution politique serait peut-être à reconstruire dans toutes ses parties. »

Cette harangue finie, après le cérémonial et les révérences d'usage, le garde des sceaux signifia à nouveau les volontés du roi et l'édit fut enregistré sur-le-champ. La corporation avait vécu; elle devait, il est vrai, ressusciter bientôt, mais le temps lui manqua pour retrouver sous sa forme nouvelle la cohésion et l'esprit de corps qui avaient fait sa puissante vitalité. Avec l'édit de 1776, la corporation séculaire et traditionnelle telle que l'avait constituée la monarchie a pris fin. La corporation nouvelle ne sera qu'une institution éphémère, bientôt renversée au premier souffle de la Révolution.

CHAPITRE V

RECONSTITUTION DES CORPORATIONS. — LEUR NOUVELLE ORGANISATION (AOUT 1776). — LEUR HISTOIRE JUSQU'EN 1791. — LEUR SUPPRESSION DÉFINITIVE.

Le lit de justice du 12 mars 1776 avait marqué l'apogée de la puissance de Turgot; son influence va désormais décliner et sa disgrâce est prochaine. Le ministre philosophe s'était attiré depuis son entrée aux affaires bien des inimitiés de la part de tous ceux, et ils étaient nombreux, dont les nouveaux édits avaient lésé les intérêts. Ces rancunes, cette antipathie étaient partagées à la Cour même par le parti de la reine et du comte d'Artois qui s'inquiétaient de l'ascendant croissant rapidement acquis par le ministre sur un souverain faible et débonnaire. Les moyens mis en œuvre pour amener la chute de Turgot sont encore mal connus. Ses ennemis exploitèrent, dit-on, le déficit par lequel devait se solder, de l'aveu du contrôleur général lui-même, le budget de 1777; peut-être aussi eut-on recours pour le perdre à de perfides machinations, en interceptant au cabinet noir des lettres vraies ou fausses de nature à le compromettre. Quoi qu'il en soit, le 12 mai 1776, Turgot recevait sa lettre de renvoi.

Cette nouvelle fut accueillie avec des transports de joie par le Parlement et par les maîtres des anciennes communautés, justement convaincus que l'œuvre de Turgot ne lui survivrait pas. En effet, Maurepas aussitôt débarrassé d'un tel rival mit à l'étude la question de la reconstitution des corporations. Mais tout en étant disposé à les rétablir, il voulait faire la part des réformes jugées nécessaires et prit pour bases du nouvel édit le mémoire de Delacroix et le discours de Séguier. L'édit d'août 1776 (enregistré le 28 août) débute en ces termes : « Persévérant dans la résolution où nous avons toujours été de détruire les abus qui existaient dans les corps et communautés, nous avons jugé nécessaire, en créant de nouveau six corps de marchands et quelques communautés d'arts et métiers, de conserver libres certains commerces, de réunir les professions qui ont de l'analogie entre elles et d'établir à l'avenir des règles à la faveur desquelles la discipline intérieure et l'autorité domestique des maîtres sur les ouvriers seront maintenues, sans que le commerce et l'industrie soient privés des avantages attachés à la liberté. »

Ce préambule est suivi d'un édit de 51 articles dont l'économie peut se résumer dans les dispositions suivantes. Les professions sont divisées en deux classes : les unes sont libres, les autres sont organisées en communautés. Pour exercer les premières, il suffit de faire une déclaration à la police (art. 2). Pour être reçu maître dans les secondes, il faut non seulement avoir accompli le temps d'apprentissage et de compagnonnage requis par les statuts, mais avoir vingt ans d'âge pour les hommes, ou dix-huit ans pour les filles (art. 12) et payer les droits fixés par un tarif annexé (art. 6). Les maîtres des anciens corps et communautés ont le choix entre deux partis : *a)* ou continuer à exercer leur commerce sans payer aucun droit, mais aussi sans jouir des privilèges et honneurs des communautés reconstituées, dont, en ce cas, ils ne font pas partie, mais auxquelles ils ne sont qu'agrégés (art. 16), sans non plus pouvoir entreprendre aucun autre commerce, même connexe; — *b)* ou participer aux privilèges des nouvelles communautés et exercer tous les commerces connexes, qui rentrent, d'après l'édit nouveau, dans les attributions de la communauté agrandie, à la condition de payer, suivant les cas, à titre de droits de confirmation et de réunion de commerce, un cinquième, un quart ou un tiers des droits de réception ordinaires (art. 7). Les marchands inscrits sur les livres de police depuis l'édit de mars 1776 continueront à exercer librement la profession, s'ils ne préfèrent se faire recevoir en payant la totalité des droits de réception (art. 8 et 17). Les noms des maîtres de ces trois classes seront inscrits sur trois tableaux différents (art. 15). On pourra cumuler plusieurs professions dépendant de diverses communautés en obtenant l'autorisation du lieutenant de police et en payant les droits dans chacune (art. 9).

L'administration intérieure des nouvelles communautés est confiée à trois gardes et trois adjoints dans chacun des Six Corps, à deux syndics et deux adjoints dans chacune des autres communautés. Ces officiers sont élus par des députés au nombre de vingt-quatre à trente-six que désigne une assemblée composée des deux cents plus fort imposés dans les communautés de moins de six cents maîtres et de quatre cents dans les autres. Ne concourent à cette élection que les maîtres reçus depuis août 1776 et ayant payé tous les droits ainsi que les anciens maîtres ayant payé les droits de confirmation. Les assemblées électorales trop nombreuses sont divisées par groupes (art. 18, 19, 20, 21). Les députés ainsi choisis s'assemblent pour élire les syndics dans les trois jours de leur nomination ; ils forment en outre une sorte de conseil permanent qui délibère sur les affaires communes (art. 18 et 22).

La réception à la maîtrise est réglée avec détails. On y admet les femmes qui toutefois n'assisteront pas aux assemblées ; la réciprocité est assurée aux hommes dans les communautés de femmes (art. 10). Les veuves de maîtres ne pourront continuer leur commerce plus d'un an après la mort de leur mari sans se faire recevoir (art. 11). Les étrangers seront également admis (art. 13).

Le récipiendaire prête serment devant le procureur du roi; il est reçu par les syndics. On ne peut exiger de lui ni repas, ni jetons, ni présents, sous peine de se rendre coupable de concussion (art. 24).

Les droits de maîtrise sont ainsi répartis : trois quarts au roi qui les emploie, avec le produit des biens des anciennes communautés, à l'acquittement du passif de ces dernières ainsi qu'aux indemnités et aux pensions exigibles; le dernier quart est attribué à la communauté pour subvenir à ses dépenses[1], sous déduction d'un cinquième attribué aux syndics pour leurs honoraires (art. 26 et 27). Les officiers du roi au Châtelet prélèvent en outre certains droits lors de l'élection des adjoints et à chaque réception de maître (art. 25).

Les fonctions des syndics sont strictement délimitées. Ils ne peuvent, sans autorisation des députés du corps, former aucune demande en justice, sauf celles en validité de saisies faites de l'aveu du lieutenant de police (art.10). Il leur est défendu de transiger sur des saisies sans l'autorisation des députés ou du lieutenant de police. Ils ne doivent engager aucune dépense extraordinaire, ni emprunter sans autorisation des députés (art. 30). A la fin de leur année de gestion, ils présentent un compte qui est arrêté provisoirement, puis soumis aux commissaires du roi (art. 31).

L'édit confirme la juridiction du Châtelet et en appel celle du Parlement dans le droit de juger les litiges professionnels (art. 32).

En principe, nul n'a le droit, à peine de confiscation des marchandises et de dommages-intérêts, d'exercer un commerce *réservé* s'il n'appartient à l'une des trois catégories sus-énoncées (anciens maîtres agrégés, marchands inscrits de mars à août 1776, membres des communautés nouvelles).

1. Si le produit de ce quart ne suffit pas, le surplus de la dépense sera imposé sur tous les membres de la communauté (art. 26).

Toutefois, il existe à cette règle diverses exceptions au profit : 1° des négociants en gros ; 2° des petits marchands de la rue pour les denrées dont le colportage est autorisé (herbes, fruits, légumes); 3° des marchands des lieux privilégiés qui doivent se faire inscrire dans les trois mois. Les seigneurs hauts justiciers (art. 48), les hôpitaux de la Trinité et autres (art. 33, 34, 47, 48), et, en général, tous ceux qui étaient en possession d'accorder des privilèges d'arts et métiers (art. 48) sont maintenus dans leur prérogatives (art. 46).

L'édit trace aux maîtres diverses règles professionnelles. Il leur défend de louer leurs maîtrises, ou de servir de prête-nom (art. 35), d'employer des ouvriers en ville ou d'avoir plus d'une boutique (art. 38), de s'établir dans le voisinage de leurs anciens patrons en deçà de certaines limites (art. 37). De leur côté, les compagnons ne doivent pas quitter leurs maîtres sans les avoir avertis à l'avance et sans en avoir obtenu un certificat; il leur est interdit ainsi qu'aux apprentis, de former entre eux aucunes confréries et associations (art. 40 et 43). Au surplus, de nouveaux statuts devaient être rédigés pour chaque corps et les syndics et députés étaient invités à rédiger à cet effet un projet dans les deux mois (art. 39)

Enfin l'édit déclare à nouveau éteints tous les procès pendants entre les communautés lors de leur suppression (art. 44) et ordonne la vente de tous leurs immeubles pour l'acquittement de leurs dettes. Leurs créanciers devront produire leurs titres dans un délai de deux mois (art. 41).

Il reste à indiquer quelles professions l'édit de 1776 a maintenues sous le régime de la liberté et sur quelles bases il a reconstitué les communautés nouvelles.

Demeure libre l'exercice des professions suivantes : bouquetières, brossiers, boyaudiers, cardeurs de laine, coiffeuses, cordiers, fripiers, brocanteurs ambulants, faiseurs de fouets, jardiniers, filassières, maîtres de danse, nattiers, oiseleurs, pain-d'épiciers, patenôtriers, pêcheurs à verges, pêcheurs à engins, savetiers, tisserands, vanniers, vidangeurs.

Le tableau suivant annexé à l'édit[1] fait connaître le nouveau groupement des communautés ainsi que le tarif de réception avant et après l'édit de 1776.

SIX CORPS	Tarif des anciens droits		Tarif des droits nouveaux
1. Drapiers	A[2] 3240	4940 .	1000
Merciers	S[3] 1700		
2. Épiciers	S. 1700		800
3. Bonnetiers	A. 1500		
Pelletiers	A. 1000	3600 .	600
Chapeliers	A. 1100		
4. Orfèvres	S. 2400		
Batteurs d'or	Ne recevaient pas de maîtres étrangers. Les fils de maître seuls étaient admis.		800
Tireurs d'or			
5. Fabricants d'étoffes	S. 1000	1750 .	600
Tissutiers rubaniers	A. 750		
6. Marchands de vin	A. 800		600
COMMUNAUTÉS			
1. Amidonniers	A. 450		300
2. Arquebusiers	A. 650		
Fourbisseurs	A. 1200	2550 .	400
Couteliers	A. 700		
3. Bouchers	A. 1500		800
4. Boulangers	A. 900		500
5. Brasseurs	A. 1100		600
6. Brodeurs	666	1066 .	400
Passementiers	400		

1. Collection RONDONNEAU, AD. XI, 11.
2. A signifie *apprentis* (droits exigés des maîtres ayant passé par l'apprentissage et le compagnonnage).
3. S signifie *sans qualité* (droits exigés des anciens fils de maître ou titulaires de lettres de maîtrise).

7. Cartiers	A. 1000.		400
8. Charcutiers	A. 1200.		600
9. Chandeliers	A. 900.		500
10. Charpentiers	A. 1800.		800
11. Charrons	A. 1500.		800
12. Chaudronniers	520 }		
Balanciers	A. 450 } 1770		300
Potiers d'étain	800 }		
13. Coffretiers	A. 700 } 1300		400
Gainiers	A. 600 }		
14. Cordonniers	A. 350.		200
15. Couturières	A. 175 } 475		100
Découpeurs d'étoffes	A. 300 }		
16. Couvreurs	A. 1300 }		
Plombiers	A. 1000 } 3962		500
Carreleurs	S. 750 }		
Paveurs	A. 912 }		
17. Ecrivains	S. 500.		200
18. Marchandes de modes	A. 800 } 1300		300
Plumassières	A. 500 }		
19. Faïenciers	A. 750 }		
Vitriers	A. 900 } 2400		500
Potiers de terre	A. 750 }		
20. Ferrailleurs	S. 400 }		
Cloutiers	A. 300 } 1200		100
Epingliers	A. 500 }		
21. Fondeurs	A. 500 }		
Doreurs	A. 600 } 1600		400
Graveurs sur métaux	A. 500 }		
22. Fruitiers-Orangers	S. 900 } 1400		400
Grainiers	A. 500 }		
23. Gantiers	A. 630 }		
Boursiers	A. 480 } 1510		400
Ceinturiers	A. 400 }		
24. Horlogers	A. 900.		500

25. Imprimeurs en taille-douce.	A. 650.			300
26. Lapidaires.	A. 500.			400
27. Limonadiers.	A. 1400	} 2100.		600
Vinaigriers	A. 700			
28. Lingères.	S. 1200.			500
29. Maçons	S. 1700.			800
30. Maîtres d'armes	Ne rendaient pas de comptes			200
31. Maréchaux ferrants	A. 1800	} 2400.		200
Eperonniers.	A. 600			
32. Menuisiers	A. 900	} 1878.		500
Tourneurs	A. 418			
Layetiers	A. 560			
33. Paumiers	S. 1500			600
34. Peintres.	A. 500.			500
Sculpteurs.				
35. Relieurs.	600	} 1000.		200
Papetiers	400			
36. Selliers	A. 1500	} 2400.		800
Bourreliers	A. 900			
37. Taillandiers-Ferblantiers.	A. 968	} 3368		800
Serruriers.	A. 600			
Maréchaux grossiers.	A. 1800			
38. Tabletiers	A. 650	} 1570.		400
Luthiers	A. 400			
Eventaillistes	A. 520			
39. Tanneurs	A. 800	} 3900.		600
Corroyeurs	A. 1000			
Peaussiers.	A. 600			
Mégissiers.	A. 700			
Parcheminiers.	A. 800			
40. Tailleurs	A. 420	} 1138.		700
Fripiers.	A. 718			
41. Tapissiers.	A. 700	} 2118.		600
Fripiers en meubles.	A. 718			
Miroitiers	A. 700			

42. Teinturiers en soie.	A. 900			
Teinturiers du grand teint	Ne rendaient pas de compt.			
— du petit teint	id.	1350	.	500
Tondeurs	A. 450			
Foulons	Ne rendaient pas de compt.			
43. Tonneliers	A. 800	1250	.	300
Boisseliers	A. 450			
44. Traiteurs	A. 500			
Rôtisseurs	A. 1000	2800	.	600
Pâtissiers	A. 1300			

Tel était le plan nouveau sur lequel on tentait de reconstruire l'édifice corporatif. L'édit était sans doute inspiré par les plus louables intentions, et il réalisait de très importantes réformes, notamment en diminuant les droits de réception au point de rendre la maîtrise accessible à la plupart des artisans laborieux et économes, ainsi qu'en permettant enfin le cumul de plusieurs professions. On peut croire que si le temps fût venu consolider l'œuvre de Maurepas et de Séguier, les communautés, issues d'une conception du législateur, eussent acquis l'unité et la cohésion qui avaient fait la force de leurs devancières sans mériter les mêmes critiques, ni tomber dans les mêmes abus. Il ne paraît pas téméraire de penser que l'industrie et le commerce se fussent affranchis peu à peu des dernières entraves qui pesaient sur eux et que la corporation investie d'une mission nouvelle fût demeurée la famille commune et l'arbitre obéi du patron et de l'ouvrier. Peut-être adaptées aux exigences et aux conditions d'existence d'une société nouvelle eussent-elles pu ménager la transition entre le régime économique d'autrefois et celui qui allait se constituer au cours du XIX° siècle, donner à l'industrie et au commerce des organes et des institutions représentatives qui eussent prévenu dans une large

MARTIN SAINT-LÉON.

mesure les abus et les vices auxquels a donné naissance un individualisme illimité. Les associations ouvrières lorsqu'elles se seraient formées eussent trouvé en face d'elles des organisations patronales sans doute, mais avec lesquelles la discussion et la négociation eussent été possibles. Mais un espace de treize ans était bien court pour permettre à une institution, telle que celle-ci, de prendre racine, de fondre dans un ensemble harmonique les éléments disparates qui avaient concouru à sa formation et de se développer pacifiquement et librement. Les communautés n'étaient pas encore sorties de la période de transition et de trouble qui suivit leur transformation et leur refonte, lorsque 1789 éclata, déchaînant sur la France la tourmente dans laquelle la corporation, ainsi que toutes les institutions de l'ancienne France, allait être emportée. L'expérience fut ainsi violemment interrompue et le procès fut jugé avant même d'avoir été plaidé.

Le commerce parisien était bien loin, en août 1776, de former d'aussi sombres pronostics et la nouvelle de l'édit fut accueillie par lui avec enthousiasme. Le 12 septembre 1776, les nouveaux Six Corps se réunirent et échangèrent des congratulations auxquelles s'associa le lieutenant de police qu'on alla remercier le surlendemain ainsi que le procureur du roi, le gouverneur de Paris, et Clugny, le nouveau contrôleur général. Le roi lui-même reçut les gardes qui exprimèrent leur gratitude « envers un monarque né pour leur félicité et dont la conservation est l'objet des vœux qu'ils ne cessent de former[1] ».

L'édit d'août 1776 n'avait reconstitué que les communautés de Paris. On voulut en étendre la faveur aux provinces. Un édit de janvier 1777, calqué sur le précédent, rétablit sur des bases analogues les communautés de Lyon. D'autres édits suivirent : en avril 1777, pour les villes du

1. *Archives Nationales*, Registres des délibérations des Six Corps KK, 1343.

ressort de Paris; en février 1778, pour la Normandie; en mai 1779, pour le Roussillon et la Lorraine; en juillet 1780, pour Metz.

L'exécution de ces divers édits souleva, dans les provinces, certaines résistances. A Rouen, par exemple, les bonnetiers, les lingères, les couturières, les brasseurs demandaient le rétablissement pur et simple de leurs anciennes communautés; les cordiers protestaient contre leur union avec les filassiers[1]. Les portefaix de Sedan suppliaient qu'on leur rendît leur organisation corporative, tandis qu'au contraire les fabricants de toile d'Alençon demandaient qu'on laissât libre leur industrie[2].

La question des droits à payer était non moins vivement discutée. Dans une lettre du 24 avril 1779, adressée à M. Vaïsse, procureur du roi à Rouen, le contrôleur général avait écrit : « Si le roi s'est réservé les trois quarts des droits d'admission, ç'a été pour dédommager le Trésor royal du sacrifice que S. M. a fait en se chargeant d'acquitter les dettes des communautés anciennes. » Avec une habileté toute normande, les bourreliers de Rouen prirent texte de cette réponse pour refuser de payer les droits nouveaux, sous prétexte que leur ancienne communauté n'avait pas laissé de passif à éteindre, et que par suite ces droits, en ce qui les concernait, étaient sans cause. Il fallut trouver autre chose. « Les anciennes communautés, leur écrivit-on, doivent être regardées comme n'ayant jamais existé; les individus seuls existent, mais entrant dans un corps nouveau, ils doivent payer un droit d'admission[3]. » Les taxes de réception rentraient mal. A Lyon, à Rouen, à Troyes, il fallut proroger le délai primitivement imparti

---

1. Lettres de M. de Crosne, intendant à Rouen, des 11, 17, 19 mai 1779. *Archives Nationales*, F 12, 204.
2. Lettres de divers intendants des 30 mars, 3 août, 14 septembre 1780. *Archives Nationales*, F 12, 204 et 205.
3. Lettre de M. de Crosne du 12 juin 1779. F. 12, 204. *Archives Nationales.*

pour leur acquittement[1]. A Paris, ce délai plusieurs fois prorogé courait encore en 1785.

Les gardes eux-mêmes donnaient l'exemple de la désobéissance à l'édit, en se refusant à payer de nouveaux droits de réception. Le 19 juin 1777, le procureur du roi à Lyon écrit la lettre suivante : « J'ai l'honneur de vous rendre compte de la nomination et de la prestation de serment des nouveaux gardes dans la communauté des fabricants d'étoffe de soie ; mais j'ai omis de vous faire observer que, quoique le sieur Sève n'ait pas été anciennement maître garde comme tous ceux que nous avons nommés, nous avons cru qu'il convenait de lui accorder cette distinction, parce qu'il a été le premier et qu'il est encore le seul qui se soit conformé à l'édit pour le paiement des droits et qu'il n'a pas tenu à lui que son exemple ne fût suivi. Le sieur Tournachon est aussi le seul des maîtres gardes ouvriers qui se soit fait inscrire, et j'ai l'honneur de vous prévenir que les huit maîtres gardes doivent vous adresser et à Monsieur le contrôleur général, des représentations pour que les maîtres reçus avant l'édit soient dispensés des nouveaux droits [2]. »

La prohibition de confréries que l'édit d'août 1776 n'avait pas rétablies est appliquée avec rigueur ; leurs biens sont mis à la disposition des évêques. On n'autorise que les réunions pieuses. « Les membres des communautés pourront s'assembler dans des églises pour faire dire des messes et remplir d'autres actes de dévotion ; mais les banquets et festins sont interdits absolument et toutes dépenses à cet égard ne sauraient être allouées dans les

1. Déclarations des 3 mai 1779, 24 juin et 8 août 1779. Collect. RONDONNEAU, AD. XI, 11.
2. *Archives Nationales*, F 12, 761. Ils finirent pourtant par se soumettre, comme le prouve la lettre suivante en date du 13 juin 1779. « Voilà la principale de nos communautés en règle. Je vous avoue que ce n'est pas sans beaucoup de peine et de raisonnements que nous en sommes venus à ce terme. »

comptes des maîtres. Au surplus, on s'est concerté avec les évêques dans les ressorts des Parlements de Paris, Rouen, Metz, sur la disposition des effets des confréries, et il ne s'est élevé aucune difficulté à cet égard [1]. »

La constitution des nouvelles corporations elle-même ne peut s'opérer que très lentement et avec beaucoup de peine. En Lorraine, les officiers de police négligent de constater le nombre des agrégés et laissent exercer le commerce par le premier venu [2]. Le procureur du roi à la Rochelle écrit en 1780 : « Quelque zèle modéré que j'apporte à l'exécution de l'arrêt de 1777, non seulement il ne se reçoit que très peu de sujets, mais encore ceux qui sont nouvellement reçus refusent de se rendre aux assemblées. » A Langres, on n'arrive pas à trouver des syndics. A Aurillac, l'édit reste lettre morte et les ouvriers jouissent encore d'une pleine liberté en novembre 1783 [3].

L'apprentissage avait été maintenu en principe ; mais on accordait facilement des dispenses, pourvu que le candidat parût avoir la capacité requise. Les merciers de Bayeux ayant réclamé contre ces dispenses s'attirèrent une verte réplique [4]. On accordait encore parfois des lettres de maîtrise [5].

La revision des comptes commencée en 1716 se poursuivait toujours. Lorsque, par arrêt du Conseil du 1er août 1790, les attributions de la commission furent transférées à la municipalité de Paris, les comptes étaient apurés jusqu'au 1er octobre 1788 [6].

1. Lettre du 1er septembre 1781 à M. Caze de la Brove. *Archives Nationales*, F 12, 205.
2. Lettre de M. de la Porte, du 16 mars 1783. F 12, 206.
3. F 12, 761.
4. Lettre du 26 juin 1784. F 12, 206.
5. F 12, 205. Lettre à M. Caze de la Brove, du 9 août 1780. « Le sieur Jean Cloteaux, garçon serrurier, s'est vu demander une somme exorbitante pour être reçu maître ; il demande des lettres de maîtrise ; on n'est pas éloigné de lui en accorder, s'il a les mœurs et la capacité requises. »
6 *Archives Nationales*, Y7. 420.

La liquidation des dettes des communautés se poursuit conformément aux dispositions de l'édit de mars 1776 demeurées en vigueur sur ce point et combinées avec celles de l'édit d'août 1776. Par lettres patentes en date du 10 juillet 1778, le sieur Rouillé de l'Etang est commis à l'effet de faire la recette de la quote-part (les trois quarts) revenant au roi dans les droits de réception et destinée à servir à liquider les dettes des communautés. Pour réaliser tout l'actif des communautés, on poursuivait la vente, autant que possible amiable, de leurs biens. « MM. les commissaires ont observé que l'intention du roi n'était point que la vente des effets appartenant aux communautés supprimées fût faite judiciairement; que, d'ailleurs, elle devait être exécutée en vertu d'une instruction qui serait envoyée à M. l'intendant [1]. »

Les rentes perpétuelles ne furent pas vendues : on perçut leurs arrérages jusqu'à l'acquittement des dettes de communautés. Les réclamations des créanciers des communautés furent soumises à un sévère examen; c'est ainsi que le 20 septembre 1777 on déboute de sa demande un prétendu créancier des drapiers merciers de Reims, faute d'avoir justifié : 1° d'une délibération préalable de toute la communauté; 2° de titres de créance en bonne forme; 3° d'un emploi utile des fonds [2].

L'histoire des corporations nouvelles pendant leur courte existence n'offre pas un grand intérêt. Elle témoigne cependant des efforts tentés pour renouer la chaîne des traditions interrompues, et pour défendre le principe corporatif menacé.

L'année 1777 débute par un échec qui dut être très

1. F 12, 204, n° 414. Lettre à M. Vaïsse, procureur du roi à Rouen (3 avril 1779).
2. *Archives Nationales*, V7, 277, cote 717. Ces emprunts étaient ordinairement contractés au denier vingt (5 0/0); toutefois, on en trouve à des taux moindres : par exemple, un emprunt fait, en 1720, par les tanneurs corroyeurs de Laon au denier cinquante (2 0/0).

sensible aux communautés de Paris. Le 7 février 1777, un arrêt du Conseil déboute les Six Corps de leur opposition à l'admission des juifs et ordonne l'enregistrement des nommés Israël Salomon, Joseph Petit et Moïse Perpignan. Les Six Corps ne se résignèrent pas facilement; ils protestaient encore en 1788 [1].

Les communautés accueillirent par contre avec joie l'arrivée aux affaires de Necker, l'adversaire de Turgot dans la question des grains. On alla le saluer le 11 juillet 1777 et on se félicita de voir en lui un ancien commerçant appelé par la confiance du roi au poste le plus élevé de l'Etat.

En 1779, un édit du 14 mars [2] divisa les marchands et artisans de la ville de Paris pour le paiement de la capitation en 24 classes dont les cotes variaient de 300 livres à 30 sous. En même temps, les membres de chaque communauté étaient répartis par leurs gardes et syndics entre ces diverses catégories. On ne s'en tint pas à cette réforme, et un arrêt du Conseil (27 octobre 1781) retira aux gardes et syndics, pour l'attribuer aux receveurs, le droit de recouvrer ces impositions.

Les Six Corps ne cessaient d'ailleurs de se faire comme autrefois les défenseurs des intérêts corporatifs; il est intéressant à ce titre de relater leurs protestations contre les ventes à prix fixe et les ventes publiques faites par les huissiers du Palais-Royal. Au nom des Six Corps, M. Grimoult, garde de la draperie, fait une fois de plus le procès de ces ventes (18 mars 1786). « La fraude, dit-il, se cache sous le voile spécieux de la confiance. Le public, séduit par un prix fixe qu'il n'ose contredire et qu'on lui offre comme la valeur réelle de l'objet en vente, se détermine sans aucune connaissance pour

1. *Archives Nationales*, Registre des délibérations des Six Corps, KK, 1343, p. 128.
2. Isambert, *Recueil des anciennes Lois françaises*, XXVI, 48.

un magasin dans lequel il regarde son incapacité comme à l'abri de toute surprise. A la faveur de ce prix fixe, on évacue des marchandises inférieures et défectueuses que le public saisit avec enthousiasme, parce que les nuances dans les qualités et dans les procédés sont au-dessus de ses connaissances[1]. » L'arrêt qui donne gain de cause aux communautés est de septembre 1789; c'est dire que leur triomphe fut de courte durée.

Le commerce de Paris ne perd aucune occasion d'affirmer son loyalisme. En 1779, pour la naissance de Madame Royale, en 1781, pour la naissance du Dauphin, l'enthousiasme des corporations d'arts et métiers se donne libre cours. En cette dernière occasion, les gardes des Six Corps allèrent féliciter le roi, la reine et le royal enfant que l'orateur de la députation harangua. La princesse de Guéménée remercia en son nom et des médailles furent frappées pour perpétuer le souvenir de ce joyeux anniversaire[2]. En 1785, ces félicitations se renouvelèrent et un *Te Deum* fut chanté à l'occasion de la naissance du jeune prince qui devait être Louis XVII. La fortune a de ces jeux tragiques, et les plus sombres drames de l'histoire ont eu souvent pour prologues de souriantes idylles.

Les Six Corps avaient offert au roi 150.000 livres pour la construction d'un vaisseau. La paix fut conclue en 1783 avant que cette somme eût été employée, mais le roi fut sensible à cette démonstration et, par son ordre, le maréchal de Castries chargea le lieutenant général de police de remercier les Six Corps dont le nom dut être donné au premier vaisseau mis sur chantier[3].

Dans les dernières années qui précèdent la réunion des

---

1. *Archives Nationales*, Registres des Six Corps, KK, 1343, p. 102. V. encore sur cette affaire, *ibidem*, p. 113, la délibération du 28 novembre 1786.
2. *Ibid.*, KK, 1343, p. 42.
3. *Ibid.*, p. 107.

Etats Généraux, l'esprit d'opposition qui déjà pénétrait toutes les classes de la société inspire aux Six Corps plusieurs de ces résolutions audacieuses comme il n'en avait plus été hasardées depuis la Fronde. Le 3 septembre 1787, les Six Corps osent adresser au ministre (le cardinal de Brienne) *des remontrances* sur l'exil du Parlement à Troyes, et le 13 novembre de la même année ils adressent à ce corps de publiques félicitations sur son retour[1].

Il n'est pas surprenant qu'avec de pareils sentiments les communautés d'art et métiers aient salué avec enthousiasme la chute de Brienne et le retour aux affaires de Necker. Le 23 septembre 1788, les Six Corps envoient une députation apporter leurs compliments et leurs hommages à Necker, nommé contrôleur général et ministre d'Etat. La harangue prononcée par l'orateur de cette députation est un modèle de lyrisme. « Monseigneur, y est-il dit, la nation plongée dans la plus profonde détresse tournait ses yeux vers vous comme vers son unique appui. Votre nom était le seul qu'elle invoquait. Vous paraissez. La confiance se ranime, le credit renaît et l'Etat semble déjà sauvé[2]. »

On est à la veille de la convocation des Etats Généraux. Le 8 novembre 1788, les Six Corps chargent Desèze, avocat au Parlement, de rédiger une supplique tendant à obtenir des députés élus pour les Six Corps[3]. Ce mémoire est présenté au roi le 10 décembre 1788; des démarches sont faites en même temps auprès du garde des sceaux et du ministre Villedeuil. Mais on ne se contente pas d'un mémoire juridique ou même de démarches auprès des conseillers du roi; il faut agir sur l'opinion, plaider non seulement par des arguments de droit, mais par des arguments de fait la cause des communautés de métiers et

---

1. *Archives Nationales*, KK, 1343, p. 122 et 125.
2. *Ibid.*, p. 135.
3. *Ibid.*, p. 136.

obtenir pour elles une représentation spéciale aux Etats Généraux. On fait donc imprimer aux frais des Six Corps un nouveau factum dû à la plume d'un homme qui allait bientôt conquérir une notoriété d'un autre genre, l'inventeur de cet instrument de mort dont les Jacobins firent plus tard un instrument de gouvernement, le docteur Guillotin. Le parrain de la guillotine défenseur des privilèges et du monopole des corporations, avocat du haut commerce et des Six Corps, hôte fêté et applaudi du Parlement, c'est là un spectacle au moins imprévu auquel nous fait assister le Registre des Six Corps. Le 24 décembre 1788 les gardes des Six Corps s'étaient rendus au Parlement pour y soutenir leur requête. Le premier président leur demanda « pourquoi ils avaient adopté et donné le jour à un imprimé ayant pour titre *Pétition des citoyens domiciliés à Paris*, en date du 8 décembre, pourquoi ils l'avaient fait imprimer, quel en était l'auteur, par quels motifs ils avaient indiqué les notaires de Paris pour recevoir les signatures des personnes qui avaient les mêmes sentiments puisqu'ils l'adressaient au prince ».

Le sieur Delafrenaye répond que les Etats Généraux sont la représentation de la nation, et que dans une circonstance où le roi consulte paternellement ses sujets, chaque citoyen, et à plus forte raison les Six Corps réunis, ont le droit de faire connaître leurs vœux. « L'auteur, ajoute-t-il, est un citoyen vertueux et patriote qui n'a gardé jusqu'ici l'incognito que par modestie, et ayant obtenu de lui la permission de le nommer, je ne fais aucune difficulté d'en faire part à la Cour. C'est le docteur Guillotin, de la Faculté de Paris. »

Après avoir entendu ces explications, le Parlement délibère que le vœu des Six Corps sera transmis au roi, mais interdit pour l'avenir de telles pétitions. Néanmoins, le Parlement ne pouvait garder rancune à un écrivain qui consacrait alors son énergie et son talent à la défense des anciennes institutions du royaume ; on le fit bien voir au docteur Guillotin en lui donnant la place d'honneur entre les deux présidents du Parlement, au dîner qui fut offert par les gardes des Six Corps aux membres de la cour souveraine. « A la fin du repas, il a été complimenté universellement et a reçu de la Compagnie les témoignages de reconnaissance que lui mérite son ouvrage, vrai monument de gloire pour lui et les Six Corps[1]. »

Nous arrivons à la dernière année des Six Corps, car les registres des délibérations s'arrêtent au 14 décembre 1789, et il semble qu'à cette date, et avant même le décret de mars 1791, leur rôle puisse être considéré comme virtuellement terminé.

Jusqu'en août 1789, les registres des Six Corps ne présentent qu'un intérêt secondaire. Le 14 février 1789, on assiste en corps à l'enterrement de M. d'Ormesson, premier président du Parlement, et on va complimenter son successeur ; le 1er mai 1789, on rédige, pour demander le maintien des maîtrises et jurandes, un cahier appelé *Vœu général du commerce de Paris*, destiné à être transmis à l'Assemblée, et suivi bientôt d'un second mémoire intitulé : *Observations du commerce de la ville de Paris relatives aux corporations*. Ces plaidoyers en faveur des communautés passèrent presque inaperçus au milieu des graves événements qui signalèrent les premières séances des Etats.

Le 4 août, les gardes vont féliciter l'Assemblée à Versailles ; Delafrenaye, premier garde, prononce une harangue à laquelle répond Chapelier, président de l'Assemblée ; le 28 août, de nouveaux compliments sont adressés à La Fayette et à Bailly. L'orateur de la députation réclame en ces termes, et au nom des Six Corps, l'appui du maire de Paris : « Vous persuaderez l'Assemblée

1. *Archives Nationales*, Registres des Six Corps, KK. 1343, p. 145.

nationale de la nécessité absolue des corporations dans une grande ville. Vous la convaincrez qu'en vain votre génie vaillant veillerait sur toutes les parties de la police intérieure, si une discipline particulière ne rassemblait sous vos yeux les différentes classes de citoyens et d'artisans qui peuplent cette immense cité[1]. » Bailly paraît avoir eu un moment, en effet, la tentation de prendre en mains la cause des communautés. Le 12 novembre, il se rendit en personne dans les bureaux des Six Corps et fit espérer le maintien des communautés, promettant en tout cas d'appeler sur cette question la sérieuse attention de l'Assemblée. En fait cette bonne volonté demeura sans effet et l'attente des Six Corps fut vaine : se fier à l'énergie de Bailly, c'était bâtir sur du sable.

Dès le mois d'octobre 1789, au surplus, les événements se précipitent. Le roi est ramené de vive force à Paris par les hordes révolutionnaires; les Six Corps s'honorent en restant les courtisans du malheur et en envoyant comme en des temps meilleurs, leurs gardes porter leurs félicitations au souverain. « Daignez, ô le plus chéri des rois, abaisser un regard de bonté sur le commerce et les arts. Que votre Cour retrouve dans la capitale sa splendeur et sa pompe et nos maux seront bientôt réparés. — L'indigent occupé à des travaux utiles s'éloignera des foyers de la séduction. Du travail et de l'activité, l'ordre public renaîtra. » Peu après, en novembre 1789, les Six Corps s'imposent une contribution patriotique; mais l'heure n'est plus aux délibérations de la paix lorsque la société chancelle sur ses bases ; les *Registres des Six Corps*, ce journal si riche en documents intéressants pour l'histoire des corporations de métiers, s'arrêtent au 14 décembre 1789; la dernière délibération qui y soit relatée est celle par laquelle on renonce à aller, selon l'usage traditionnel,

---

1. *Ibid.*, KK, 1343, p. 159.

féliciter en robes les ministres et faire les visites d'usage, « attendu les troubles actuels et les malheureuses circonstances où l'on se trouve[1] ».

Nous sommes arrivés à la dernière page de l'histoire de la corporation et il ne nous reste plus qu'à raconter sa fin. Mais auparavant il paraît utile de rechercher quelles étaient sur cette grave question du maintien ou de l'abolition des maîtrises et jurandes, les tendances de l'opinion et de dresser un inventaire fidèle des vœux ou avis exprimés par les collèges appelés à élire les députés aux Etats Généraux et enregistrés dans les cahiers soumis à l'Assemblée.

Les députés aux Etats Généraux étaient, comme on le sait, nommés par une élection à plusieurs degrés. Pour l'élection des députés du Tiers Etat, qui comptait, à lui seul, la moitié des représentants, on se conformait aux règles suivantes : Dans les villes, les corporations de métiers nommaient un électeur par cent maîtres ; les négociants en gros, médecins et bourgeois choisissaient, de leur côté, deux électeurs par cent têtes. L'assemblée de ces électeurs du premier degré rédigeait le cahier de la ville dans lequel figuraient les vœux émis par les corporations ou par les bourgeois dans leurs réunions préparatoires et nommait à son tour les électeurs du second degré qui, réunis aux électeurs des campagnes, formaient l'assemblée du bailliage secondaire. Cette assemblée rédigeait à son tour le cahier du bailliage secondaire et nommait les électeurs du troisième degré qui se rendaient au bailliage général où ils délibéraient sur la rédaction du cahier du bailliage général (ou de la sénéchaussée) et élisaient enfin les députés aux Etats. Les cahiers de ces diverses assemblées électorales constituent donc des documents du plus haut intérêt en ce qu'ils reflètent

---

1. *Archives Nationales*, KK. 1343, p. 162.

exactement l'opinion de la classe moyenne sur toutes les questions à l'ordre du jour, et spécialement sur le grand débat toujours ouvert depuis l'édit de mars 1776 sur le maintien ou la suppression des institutions corporatives.

Un grand nombre de cahiers du Tiers renferment des vœux relatifs aux maîtrises et jurandes, mais la portée de ces délibérations est loin d'être la même. Certains vœux n'ont qu'un intérêt purement local : tels celui des ébénistes de Marseille qui demandaient à être établis en jurandes et celui des fabricants d'étoffes de Troyes qui tendait à ce que le salaire des ouvriers ne pût être augmenté ni diminué qu'en assemblée générale de la communauté. D'autres ont une portée plus générale mais un intérêt secondaire : tels le vœu émis par le Tiers d'Orléans, demandant que si les communautés étaient maintenues il fût interdit aux commerçants en gros d'entreprendre sur le détail, et les vœux très nombreux ayant pour objet la suppression du vingtième imposé à l'industrie et l'établissement d'un impôt unique sur les revenus fonciers ou industriels.

La question capitale du maintien ou de la suppression des communautés fut examinée, non seulement dans les assemblées du Tiers, mais encore dans plusieurs assemblées de la noblesse, plus rarement dans des assemblées du clergé. Si on laisse de côté les vœux qui tendaient simplement à ce que la question fût mise à l'étude (noblesse du Bugey; noblesse de Touraine; bailliages d'Alençon, de Dourdan, de Lyon, de Metz), ou à ce qu'il fût fait des règlements relatifs aux communautés (Calais), on constate dans les cahiers l'existence d'un double courant. Les uns demandent nettement la suppression des corporations, alors que les autres se prononcent en principe pour leur maintien, tout en réclamant certaines réformes.

Contrairement à ce que l'on pourrait croire, les ordres privilégiés sont plutôt favorables à la suppression des communautés, dans l'espoir que la liberté de la concurrence amènera la baisse du prix des denrées. Tandis que presque aucun de leurs cahiers ne demande le maintien des jurandes[1], leur suppression est réclamée par les cahiers de la noblesse d'Autun, d'Auxerre, de Blois, de Lyon, de Dombes, de la Rochelle, de Lunéville, du Quercy, de Riom, de Saint-Quentin, de Verdun, du Vermandois et de Noményen Lorraine, ainsi que par ceux du clergé d'Auxerre, d'Agen, de Clermont-Ferrand, de Saint-Quentin, du Vermandois, de Ponthieu et d'Armagnac. Toutefois, dans la grande majorité des assemblées, le clergé et la noblesse se désintéressèrent de la question.

Le Tiers, au contraire, discuta cette question avec passion, ainsi que l'atteste le grand nombre des vœux émis à ce sujet.

I. — Cahiers favorables a la suppression des communautés

La suppression pure et simple des communautés est réclamée par les cahiers des assemblées suivantes des divers degrés : sénéchaussée d'Auray, bailliages de Domfront, de Saint-Dizier, du Berry, ville de Chalais, communauté d'Istres, Tiers Etat de Briey, Caux, Clermont-Ferrand, Colmar, Comminges, Coutances, Agen, Amiens, Auxerre, Blois, Bouzonville (Lorraine), Bayonne (trois ordres), Châteauneuf-en-Thimerais, Dauphiné, Digne, Dombes, pays de Foix, Forcalquier, Laon, la Rochelle, Maine, Melun, Montfort-l'Amaury (les trois ordres), Montargis, Nemours, Nivernais, Ploërmel, Pont-l'Evêque, Rouergue, Poitou, Ponthieu, Riom, Mirecourt, Saumur, Saint-Quentin, Troyes, Vannes, Villeneuve-de-Berg.

1. A Périgueux cependant l'assemblée de la noblesse, en demandant que les communautés fussent soumises à un impôt spécial, se prononce implicitement pour leur maintien.

Les motifs invoqués sont les suivants : « Les jurandes et les maîtrises sont contraires à la liberté des citoyens et aux progrès de l'industrie ». (Tiers d'Agen.) « Les entraves mises au commerce et à l'industrie doivent être détruites, les jurandes abolies, la faculté d'acquitter les droits de jurande ne prouvant nullement le talent. » (Tiers de Bar-le-Duc.) « Le commerce ne se soutient que par l'émulation, et c'est frapper l'industrie et les talents d'un coup meurtrier que de leur donner des entraves. » (Tiers de Forcalquier.)

La liberté de l'industrie n'exclut pas, de l'avis général, une réglementation nécessaire. « On y pourvoira par l'établissement d'un régime universel pour chaque espèce de profession, suivant lequel les aspirants seront tenus de faire apprentissage et chef-d'œuvre. » (Amiens.) « On conservera les apprentissages, épreuves et même les réceptions pour les professions importantes à l'ordre public. » (Maine.) « Il sera établi un ordre pour les maîtres, mais le nombre n'en sera pas limité. » (Bayonne.)

II. — Cahiers favorables au maintien des corporations

Peu de cahiers renferment des vœux exprès en faveur du maintien des corporations. Mais, par contre, un grand nombre d'entre eux se prononcent en ce sens, soit explicitement en demandant le retour au régime antérieur à 1776, soit implicitement en réclamant des réformes de détail qui supposent nécessairement la permanence des institutions corporatives. Alors que la question du maintien ou de la suppression des communautés était partout posée et discutée avec ardeur, l'assemblée électorale qui se bornait à réclamer des réformes déterminées dans l'organisation du système corporatif se rangeait par là même évidemment du côté des défenseurs de ce système.

Des vœux exprès en faveur du maintien pur et simple des communautés ne furent émis que par les collèges suivants : les cinq sénéchaussées d'Anjou, les villes de Besançon, Coutances, Dax, Etampes, Lille, Mantes et Nérac, les bailliages ou sénéchaussées de Saint-Sever-en-Bigorre, Vitry, Sainte-Menehould et Toulon[1].

D'autres assemblées vont encore plus loin et réclament le retour à l'ancienne organisation des communautés par l'abolition des édits d'août 1776 et des édits ultérieurs de 1777 et 1779 qui en avaient appliqué les dispositions à la province. Un vœu de ce genre est émis par le Tiers de Beauvais, qui reproche à la nouvelle législation d'avoir réuni des corporations qui n'ont entre elles aucun rapport et qui ajoute : « Toutes les corporations désirent être remises à l'ancien régime. » Les bailliages de Nancy et de Châlons-sur-Marne se prononcent également en ce sens. Le cahier de la sénéchaussée du Beaujolais, en demandant l'abrogation de l'édit de 1777, réclame la plus grande liberté pour les arts et métiers, sauf à donner telle loi qu'on jugera convenable pour le maintien des corporations et leur police sans frais. Le Tiers Etat de Douai demande dans l'intérêt des communautés que l'on renonce à créer des offices et à délivrer des lettres de maîtrise. Le cahier de Loudun réclame, lui aussi, l'abolition des droits de maîtrise créés par l'édit de 1777 et l'inspection des commerçants par les syndics de leur corporation. Le bailliage d'Artois se prononce en faveur du privilège exclusif pour les corps et demande que défense soit faite aux magistrats de recevoir à la maîtrise des charpentiers, serruriers, etc.

Le cahier du Tiers d'Angoulême émet l'avis suivant: « L'édit de février 1776 avait peut-être donné trop

1. L'industrie des corporations sera respectée et encouragée (Anjou). Lille réclame l'abolition des privilèges exclusifs, sauf les droits des corps d'arts et métiers réunis en jurandes.

d'extension à la liberté des individus ; mais celui du mois d'avril 1777 semble ne les avoir renouvelés qu'en faveur du fisc. Il faudrait donc supprimer le tarif ; chaque communauté formerait une corporation où l'on serait reçu gratuitement devant l'officier de police après un apprentissage bien constaté. »

Enfin, de nombreux cahiers réclament des réformes impliquant le maintien des corporations. On demande la suppression de la vénalité des arts et métiers (Pont-à-Mousson), l'interdiction du colportage et la convocation obligatoire d'assemblées professionnelles quand plusieurs jurandes la réclament (Dijon), l'abolition du privilège en vertu duquel les maîtres parisiens peuvent s'établir en province sans stage préalable (Marseille), le droit pour les veuves des maîtres et agrégés de continuer le commerce de leurs maris sans payer de nouveaux droits (Reims et Rouen), l'interdiction de la multiplicité des brevets permettant au même individu de s'établir dans plusieurs villes (Sainte-Menehould), la suppression des maîtrises d'arts et métiers dans les petites villes, chefs-lieux d'élection ou non, l'artisan y étant trop pauvre pour vivre d'un seul état (Beaugency).

La seule conclusion qu'il soit permis à l'historien impartial de tirer de cette grande consultation de 1789 nous montre donc l'opinion des villes[1] flottante et incertaine sur

---

[1]. Dans les campagnes l'immense majorité des cahiers de paroisses ne font aucune mention du maintien ou de la suppression des maîtrises, silence facilement explicable, les artisans et marchands des villages n'ayant en fait et malgré l'ordonnance de 1581 jamais été groupés en communautés. Les rares cahiers de paroisses rurales qui s'occupent des maîtrises réclament leur suppression (voir par exemple dans la *Collection des documents inédits sur l'Histoire économique de la Révolution française*, *Cahiers du bailliage de Blois*, publiés par le Dr Lesueur et M. Cauchie, Blois 1907, les vœux des paroisses de Villamblain — p. 296 — et de Thiville — p. 327, — ainsi que du bourg plus important de Mer — p. 93; — et dans la même collection : *Cahiers de la Sénéchaussée de Nîmes* publiés par M. Bligny-Bondurand, 1908 — p. 557 — le vœu de la paroisse

cette question primordiale du maintien ou de la suppression de la corporation. Si les vœux favorables au maintien de la corporation ont un léger désavantage numérique, cette infériorité est plus que compensée par ce fait que les bailliages et les villes dont ils émanent sont en général plus peuplés et plus riches que les collèges où l'opinion contraire a triomphé. Lille, Rouen, Reims, Nancy, Marseille, l'Artois et l'Anjou, c'est-à-dire les plus grandes villes et les contrées les plus industrieuses de la France, tiennent pour les corporations. Le parti abolitionniste ne réunit au contraire la majorité des suffrages que dans des villes de second ordre, telles qu'Amiens, Blois, Laon, Saumur, Saint-Quentin, et plusieurs des provinces qui lui sont acquises comptent parmi les plus pauvres de la France; telles sont: le Berri (Sologne), le Nivernais (Morvan), les pays de Foix et de Dombes, les parties montagneuses de la Provence (Digne et Forcalquier). En résumé, les deux partis paraissent se partager également l'opinion des provinces.

A Paris également l'esprit public n'est guère moins irrésolu. Dans la banlieue de la grande ville huit paroisses seulement sur quatre cents examinent la question et se prononcent pour l'abolition des communautés [1]. Les faubourgs, en guerre de temps immémorial avec les communautés, se joignent naturellement à ce vœu. Mais l'opinion de Paris lui-même est plus difficile à dégager. Dans une des assemblées préparatoires du Tiers, tenue aux

de Nages et Solorgues). Les habitants des campagnes devaient être plutôt partisans de la suppression des maîtrises, car la liberté du commerce et de la concurrence leur semblait pouvoir amener une diminution du prix de marchandises dont ils étaient non vendeurs, mais acheteurs.

1. Le cahier d'une paroisse suburbaine d'Orléans, Saint-Jean de la Ruelle, se plaint de ce que l'on empêche les habitants de faire le métier de tailleur ou de tenir boutique sans payer le choix de maîtrise de la ville d'Orléans, à raison de ce qu'ils sont dans ce qu'on appelle la banlieue. (Collection de l'*Hist. économique de la Révolution*. Cahier d'Orléans par M. BLOCH, 1906, I, 45.)

Théatins, on demande que les avantages et les inconvénients des corporations soient pesés, et on ajoute « qu'elles sont une entrave à la liberté du commerce »; mais, dans une autre assemblée tenue en l'église des Mathurins, on se borne à demander que la direction des communautés soit confiée à la chambre de commerce et qu'il soit remédié aux inconvénients résultant de l'Edit de 1777. Enfin, le cahier général du Tiers de Paris *intrà muros* formule les revendications suivantes sous l'article commerce : « Art. 18. On restituera aux veuves des marchands les droits qu'elles avaient avant 1776 de continuer le commerce de leur mari sans payer une nouvelle réception. Art. 19. Les marchands exclus des charges pour n'avoir pas payé le droit de confirmation pourront être réadmis à ces charges. Art. 20. Les apprentissages seront rétablis comme le seul moyen de fournir au commerce des sujets doués des connaissances qu'il exige. » Il semble donc qu'en définitive l'assemblée du Tiers à Paris ait été plutôt favorable au maintien des corporations, sous la condition que certaines réformes seraient réalisées.

Les communautés d'arts et métiers avaient été appelées dans les assemblées primaires à rédiger des cahiers et à formuler des vœux. Ces cahiers n'ont encore été publiés que pour un petit nombre de départements en même temps que ceux des paroisses des bailliages[1]. La grande majorité des communautés demandent tout naturellement le maintien de leurs privilèges et quelques-unes entreprennent de réfuter les arguments de l'école de Turgot. « On a, dit-on, le projet d'abolir les maîtrises, — porte le cahier des pépiniéristes du faubourg Saint-Marceau à Orléans. Nous ne regardons pas cette abolition comme avantageuse :

1° Un nombre considérable d'étrangers viendra s'établir

1. Dans la Collection de documents pour l'*Histoire économique de la Révolution*.

en France et privera les naturels du pays d'une grande partie des avantages attachés à leur profession ;

2° Les jeunes gens n'étant point assujettis par la loi à faire un apprentissage d'une durée convenable à la nature de l'état auquel ils se destinent quitteraient le plus souvent trop tôt leurs maîtres et ne se donneraient pas le temps d'acquérir des connaissances suffisantes sur leurs professions. »

Les tapissiers d'Orléans tracent un tableau idyllique du régime corporatif et entrevoient les dangers les plus graves si la liberté du commerce était proclamée :

« La loi a érigé des corps de communautés, a créé des jurandes, a établi des règlements pour prévenir les fraudes en tous genres et pour remédier à tous abus, pour veiller également sur l'intérêt des vendeurs et sur celui de l'acheteur, pour entretenir entre eux une confiance réciproque.

Si l'on anéantissait les jurandes, si l'on abolissait les règlements, ce serait détruire les ressources de toute espèce que le commerce lui-même doit désirer pour sa conservation. Chaque fabricant, chaque artiste, chaque ouvrier se regarderait comme un être isolé dépendant de lui seul et libre de donner dans tous les écarts d'une imagination souvent déréglée. Toute subordination serait détruite ; il n'y aurait plus ni poids, ni mesures ; la soif du gain animerait tous les ateliers. Tout ouvrier voudrait travailler pour son compte. Les maîtres actuels verraient leurs boutiques abandonnées. »

Les selliers, bourreliers, carrossiers de cette même ville d'Orléans demandent que « si les maîtrises doivent subsister, il soit rendu des règlements pour maintenir les droits de chaque communauté afin que chaque membre qui la compose ne puisse être inquiété dans son état par le membre d'une autre communauté qui aurait des fonctions analogues aux siennes. » On reconnaît bien là le vieil esprit corporatif toujours défiant et qui du reste, il faut l'avouer, avait en 1789 quelques sujets d'alarmes non chimériques.

Les cordonniers d'Orléans[1], comme du reste nombre de corporations, souhaitaient le retour à l'ancien état de choses antérieur à la réorganisation des corporations qui suivit leur suppression par l'Edit de Turgot; ils auraient aussi vivement désiré ne pas payer les quatre visites réglementaires plus de 40 sols par an.

Toutefois il se rencontra des communautés pour réclamer la suppression de toutes maîtrises et jurandes. Il n'est pas surprenant que cette réforme ait été inscrite en tête du cahier de Messieurs les avocats[2] qui, en leur double qualité de philosophes amis des nouveautés et de consommateurs, devaient d'avance être acquis à la cause de la liberté du commerce. Mais certaines corporations purement ouvrières d'Orléans se prononcent également contre les maîtrises : tels les galochiers[3]. « L'institution des maîtrises, disent-ils, est contraire au droit naturel; elle enlève impitoyablement aux pauvres le peu d'avances qu'ils auraient. Ces dangereux établissements ne sont pas moins contraires aux intérêts de la société qu'aux droits de la nature. Ils favorisent le monopole, empêchent la concurrence et sont des sources de rivalités odieuses. » C'est qu'en effet les galochiers sont une corporation de pauvres artisans ne travaillant que pour des gens du peuple comme eux et ne pouvant faire des souliers neufs; avec l'abolition des maîtrises ils acquerront le droit de faire concurrence à leurs tyrans, MM. les cordonniers.

Les maîtres bonnetiers demandent eux aussi la liberté du commerce. « Plus de corporations et de maîtrises que celles dont la liberté peut nuire au public. » C'est qu'il

---

1. Bloch, II, 184.
2. Ibid., II, 73.
3. Ibid., II, 264.

s'agit encore ici de maîtres ouvriers ; les bonnetiers faiseurs de bas travaillent à façon pour les marchands fabricants. Ils expliquent que s'ils ne payaient pas de maîtrises et s'ils étaient désunis de la corporation des marchands fabricants, ils feraient des apprentis qui ne s'éloigneraient pas et embrasseraient cette profession.

On eût pu croire, à en juger par l'ardeur avec laquelle cette question des jurandes avait été discutée dans les assemblées électorales et par le nombre des vœux auxquels elle avait donné lieu, que la Constituante l'inscrirait à l'ordre du jour de ses premières délibérations. Il n'en fut rien. Dans la célèbre nuit du 4 août, l'Assemblée vota bien sans discussion la réformation des jurandes. Mais ce vote, qui pouvait à la rigueur rallier les suffrages des partisans comme des adversaires du régime corporatif, laissait intacte la question de principe si nettement posée dans les assemblées de bailliages [1].

L'orage qui devait fondre sur les corporations couva encore deux ans avant d'éclater. Enfin, le 15 février 1791, Dallarde, rapporteur du comité des contributions publiques, monta à la tribune pour déposer un projet de loi sur le nouvel impôt des patentes et demanda qu'on liât le vote de cet impôt à « un grand bienfait pour l'industrie et le commerce, à la suppression des maîtrises et jurandes ». Le discours de Dallarde, véritable réquisitoire contre la corporation, reproduit presque servilement tous les arguments des physiocrates : « La faculté de travailler est un des premiers droits de l'homme et les jurandes lèsent ce droit. Elles sont, en outre, une source d'abus en raison de la longueur de l'apprentissage, de la servitude du compagnonnage, des frais de réception ; elles nuisent au public en restreignant le commerce. » Crain-

1. Un député du Beaujolais, se rapprochant du bureau, n'avait guère été plus clair en demandant la réforme des lois relatives aux corporations et leur réduction aux termes de la justice et du droit commun.

drait-on la multiplicité des ouvriers? Dallarde, fidèle disciple de Quesnay, répond par cette affirmation *a priori* que le nombre des artisans est toujours proportionnel aux besoins de la consommation et limité par eux. Craindrait-on une fabrication incomplète et frauduleuse? Ici encore il faut compter sur la liberté et sur la bienfaisante émulation qu'elle engendre. Il faut donc abolir les corporations; le commerce ne sera plus soumis à d'autres charges qu'à l'acquittement du nouvel impôt sur le revenu industriel, appelé patente, que l'on crée pour remplacer les anciens vingtièmes.

Si rapide avait été la marche des idées depuis deux années que les corporations ne trouvèrent aucun défenseur dans l'assemblée. Un représentant, Bégouen, voulut même enchérir sur la proposition de Dallarde et combattit l'impôt proposé. Finalement la loi nouvelle fut adoptée[1]; elle consacrait la suppression des corporations dans ses articles 2 et 8 ainsi conçus:

« Art. 2. — A compter du 1er avril prochain, les offices de perruquiers, barbiers étuvistes, les droits de réception des maîtrises et jurandes, et tous privilèges de professions sont supprimés.

« Art. 3. — A compter du 1er avril prochain, il sera libre à tout citoyen d'exercer telle profession ou métier qu'il trouvera bon après s'être pourvu d'une patente et en avoir acquitté le prix. »

Toutefois, la suppression des maîtrises n'avait pas lieu sans indemnité. L'art. 3 stipulait le remboursement des offices de perruquiers, barbiers, étuvistes. Les art. 4 et 5 renfermaient des dispositions analogues:

« Art. 4. — Les particuliers qui ont obtenu des maîtrises et jurandes, ceux qui exercent des professions en

---

1. C'est la loi des 2-17 mars 1791. (V. Duvergier, *Collection des lois et décrets*, t. II, p. 281, et le *Moniteur des 17, 18 février, 4 et 29 mars 1791*.)

vertu de privilèges remettront leurs titres au commissaire chargé de la liquidation de la dette publique pour être procédé à la liquidation des indemnités qui leur sont dues.

« Art. 5. — Les citoyens reçus dans les maîtrises et jurandes depuis le 1ᵉʳ avril 1790 seront remboursés de la totalité des sommes versées par eux. »

Les maîtres reçus antérieurement devaient subir sur le prix de leur maîtrise une déduction d'un trentième par année de jouissance. Toutefois, cette déduction ne devait jamais excéder les deux tiers du prix total. En fait, ces indemnités ne furent payées que partiellement et à grand'peine. Le crédit alloué pour cet article avait été fixé à 40 millions, chiffre très insuffisant pour indemniser intégralement les maîtres. L'obligation d'accepter le paiement en assignats accrut encore la perte résultant de cette insuffisance du crédit voté et nombre de commerçants furent ruinés par le décret des 2-17 mars 1791.

Telle fut la fin des corporations de métiers. Quelques lignes insérées dans une loi de finances suffirent pour abolir une institution qui, depuis près de sept siècles, avait été le fondement même de l'organisation du travail national. La Révolution ne distingua pas entre le rôle économique de la corporation et son rôle social, entre ceux de ses règlements qui constituaient des entraves à la liberté et ceux qui protégeaient la faiblesse, entre ses bienfaits et ses abus. Elle ne songea même pas à conserver à la société nouvelle l'abri de l'édifice où avaient vécu si longtemps côte à côte le riche et le pauvre, le patron et l'ouvrier; elle fit table rase des coutumes antiques et des traditions séculaires. 1791 vient clore l'ère de la corporation; le règne de l'individualisme va commencer.

LIVRE VII

Etude sur l'Evolution de l'Idée corporative
de 1791 à nos jours. — Le présent et l'avenir

CHAPITRE PREMIER

ÉVOLUTION DE L'IDÉE CORPORATIVE DE 1791 A NOS JOURS

Section I. — **La Révolution, l'Empire et la Restauration (1791-1830).** — Exécution de la loi du 17 mars 1791. — Loi du 14 juin 1791. — Premières tentatives en faveur du rétablissement des corporations. — Leur échec.

Avec la loi des 2-17 mars 1791, qui supprima la corporation en France, a pris fin la partie purement historique de cette étude. Dégagé désormais des liens de toute organisation corporative, effort purement individuel de l'artisan, manifestation libre et spontanée (ou du moins tenue pour tel) d'activités et d'énergies que nulle réglementation n'enchaîne, mais aussi que nulle solidarité ne rapproche, le travail, tel que la société contemporaine l'a constitué, offre sans doute un vaste champ aux investigations de l'économiste, du statisticien et de l'homme d'Etat, mais il n'a rien de commun avec les institutions dont nous nous sommes proposé d'étudier le développement historique et le rôle social.

Toutefois, s'il ne peut entrer dans notre esprit de retracer l'histoire du travail et des travailleurs au XIX° siècle et au début du XX°, il nous paraît au contraire que notre étude historique doit avoir pour complément nécessaire et pour épilogue l'analyse des divers états de l'opinion et des transformations successives de la législation qui à maintes reprises, au cours de ce siècle, ont attesté la vitalité de l'idée corporative et marqué en même temps l'évolution de cette idée, depuis les projets mis en avant sous la Restauration pour la reconstitution pure et simple des anciennes maîtrises et jurandes jusqu'à l'organisation des syndicats professionnels par la loi du 21 mars 1884, organisation elle-même toute provisoire et sujette à une prochaine et intégrale revision. Cette étude, complétée par l'historique du mouvement syndical contemporain, amènera, nous l'espérons, la démonstration de cette vérité que si l'on a pu supprimer les institutions corporatives, l'idée que représentait le principe corporatif luimême, c'est-à-dire ce grand devoir d'union et de solidarité des travailleurs d'une même profession ou d'un même métier, est demeurée au fond même de l'âme de notre nation, moins encore comme un legs du passé que comme une espérance pour l'avenir.

La loi des 2-17 mars 1791, qui supprimait les corporations eut pour effet immédiat de mécontenter gravement le haut commerce et de susciter dans le bas peuple des métiers une vive agitation. Tandis que dans la séance du 14 avril Buzot dénonçait à la Constituante les agents de change et les courtiers de commerce qui demandaient à être maintenus dans la propriété de leurs charges et qui en furent aussitôt dépouillés[1], chez les ouvriers, dans l'esprit desquels la loi nouvelle avait allumé de subites convoitises et dont beaucoup espéraient que la suppression des communautés n'était que le prélude de la dépossession des patrons, les esprits étaient en pleine fermentation. Les charpentiers et les imprimeurs, qui de tout temps avaient compté parmi les artisans les plus turbubulents, tenaient déjà des conciliabules en vue de forcer les patrons à augmenter le prix de la journée de travail. On voulait empêcher les ouvriers et les particuliers qui les occupaient de faire entre eux des conventions amiables, « ou l'on fixait un taux de travail que l'on prétendait ensuite imposer par la violence[2] ».

Tout d'abord tolérées par la municipalité, ces assemblées finirent par inquiéter les autorités[3]. Ces groupements d'artisans surexcités par les passions du moment, acquis d'avance aux idées ultra-révolutionnaires, pouvaient être redoutables, si leur force venait à être exploitée par quelque démagogue comme Marat dont la popularité croissait tous les jours et qui s'étaient formellement déclaré le partisan des corporations dont il eût voulu faire les instruments de ses haines et de son ambition. Déjà, la Commune, par un arrêté du 23 avril, avait interdit tout concert en vue d'imposer un tarif déterminé ou d'obtenir certains avantages; cet arrêté n'avait reçu aucune exécution. La Constituante eut bientôt à son tour à délibérer sur une situation qui chaque jour devenait plus menaçante.

---

1. *Moniteur* du 16 avril 1791.
2. Discours de Chapelier. *Moniteur* du 15 juin 1791.
3. Des émeutes ouvrières avaient également éclaté sur divers points depuis le début de la Révolution : à Saint-Etienne notamment les tisseurs révoltés (août 1790) se rendent maîtres de la ville et forment une municipalité révolutionnaire; l'ordre est rétabli non sans peine et le 4 novembre 1790 on guillotine à Lyon les meneurs : trois hommes et une femme. A Lyon (juillet 1790) les ouvriers en soie se révoltent et pendant plusieurs mois le drapeau rouge flotte sur l'Hôtel de Ville. Germain MARTIN, *Les associations ouvrières du XVIII° siècle*, 1900. p. 192-194.

Le 14 juin 1791, Chapelier montait à la tribune de l'Assemblée pour lui dénoncer une contravention aux principes constitutionnels qui supprimaient les corporations, contravention de laquelle, disait-il, naissaient les plus grands dangers. Il insistait avec énergie sur ce qu'il appelait à tort la résurrection des corporations dont la direction était passée aux mains des séditieux. « On force les ouvriers de quitter leurs boutiques, lors même qu'ils sont contents du salaire qu'ils y reçoivent; on veut dépeupler les ateliers et déjà plusieurs ateliers se sont soulevés; différents désordres ont été commis. »

Jusqu'ici Chapelier, en dénonçant une agitation qu'à bon droit il jugeait dangereuse et en demandant que la liberté du travail fût protégée contre toute violence, accomplissait un véritable devoir social. Tout au plus eût-on pu lui objecter qu'il avait lui-même inconsciemment contribué, en accordant son suffrage à la loi du 17 mars, à faire naître ces désordres dont il se plaignait. En supprimant brusquement toute réglementation, en proclamant en pleine période révolutionnaire l'émancipation inconditionnelle et illimitée de l'artisan, on avait déchaîné des appétits qu'il était impossible d'assouvir. Mais la motion de Chapelier allait dépasser de loin son but apparent et consacrer une des plus criantes injustices législatives en supprimant pour l'artisan seul la liberté d'association dont jouissaient alors, au moins nominalement, les autres citoyens et en le condamnant ainsi à un isolement forcé. Tel fut l'objet de l'odieuse loi du 14 juin 1791, un des monuments les plus remarquables qu'ait édifiés la tyrannie se couvrant du masque de la liberté.

Les motifs invoqués par Chapelier offrent un étrange amalgame des idées les plus contraires, image du désordre des esprits à cette époque troublée. Il place sa proposition sous l'invocation de principes tels que le droit de tout citoyen au travail dont les socialistes de tous les temps ont fait la base de leurs systèmes. « Les assemblées dont il s'agit se sont dites destinées à procurer des secours aux ouvriers de la même profession, malades ou sans travail; mais qu'on ne se méprenne pas sur cette assertion : *c'est à la nation, c'est aux officiers publics en son nom à fournir des travaux à ceux qui en ont besoin pour leur existence et à donner des secours aux infirmes.* Les distributions particulières de secours, lorsqu'elles ne sont pas dangereuses par leur mauvaise administration, tendent au moins à faire renaître les corporations. »

Chapelier entend donc que l'État se constitue non seulement le protecteur, mais le curateur universel. L'État doit en effet procurer à chacun des moyens d'existence; il semble alors que l'on doive lui reconnaître le droit d'intervenir dans le contrat de travail et d'en régler les conditions, de manière à ne pas permettre que l'on aggrave arbitrairement les charges qui pèsent sur lui. Au contraire, Chapelier ne prohibe pas seulement toute association, mais condamne toute immixtion de l'État dans les conventions particulières et n'admet pas même qu'il exerce un contrôle supérieur sur l'organisation du travail. « C'est aux conventions libres d'individu à individu à fixer la journée pour chaque ouvrier; c'est ensuite à l'ouvrier à maintenir la convention qu'il a faite avec celui qui l'occupe. » Chapelier n'apercevait pas que ce qu'il nommait la « convention libre » ne serait trop souvent autre chose que l'exploitation du faible par le fort, du moment où tout droit de s'entendre, de se concerter, de s'éclairer, d'opposer à la force du capital l'union du travail, serait refusé à la classe ouvrière. Le système de Chapelier ne laissait place qu'à cette alternative : ou la loi nouvelle ne serait pas obéie et l'on verrait se constituer des associations ouvrières d'autant plus dangereuses qu'elles seraient clandestines, ou cette loi serait strictement exécutée, et l'équilibre nécessaire entre le patron et l'ouvrier serait rompu au détriment de ce dernier dans l'âme duquel, avec le sentiment de son infériorité présente, ne s'éteindrait jamais l'ardent désir de la revanche.

Mais l'heure n'était guère favorable aux conseils de la prudence ni aux inspirations de la justice. La proposition de Chapelier parut à la fois le corollaire naturel de la loi du 17 mars et le moyen le plus propre à rétablir l'ordre. On vota donc sans discussion les huit articles de la loi proposée par Chapelier, dont les dispositions essentielles sont les suivantes :

« Art. 1er. — L'anéantissement de toutes espèces de corporations de même état ou profession étant l'une des bases de la Constitution, il est défendu de les rétablir sous quelque prétexte que ce soit.

« Art. 2 — *Les citoyens de même état ou profession, les ouvriers et compagnons d'un art quelconque ne pourront, lorsqu'ils se trouveront ensemble, se nommer de président, ou secrétaire ou syndic, tenir des registres, prendre des arrêtés, former des règlements* SUR LEURS PRÉTENDUS INTÉRÊTS COMMUNS.

« Art. 3. — Il est interdit à tous corps administratifs ou municipaux de recevoir aucune adresse ou pétition sous la dénomination d'un état ou profession, d'y faire aucune réponse; et il leur est enjoint de déclarer nulles les délibérations qui pourraient être prises de cette manière et de veiller soigneusement à ce qu'il ne leur soit donné aucune suite, ni exécution. »

Les sanctions pénales de cette loi étaient rigoureuses. Elle édictait contre les auteurs ou instigateurs de conventions tendant à n'accorder leurs travaux qu'à un prix déterminé une amende de 500 livres, la suppression pour un an des droits civiques et l'exclusion de tous les travaux publics (art. 4 et 5).

Si oppressive que fût cette loi, elle fut obéie et son

exécution paraît avoir amené la dispersion des associations ouvrières visées par elle et que l'on affectait de confondre avec les anciennes corporations dont elles étaient séparées par toute la distance qui sépare une institution régulière et pacifique de groupements anarchiques et insurrectionnels[1]. Les sociétés politiques et les clubs recueillirent en partie l'héritage de ces associations et offrirent un asile inviolable aux fauteurs de discordes et à l'écume des anciens métiers impatiente de prendre sa revanche des longues années d'ordre et de discipline qui lui avaient été imposées. Quant aux véritables travailleurs, marchands et ouvriers, ils courbèrent la tête sous l'orage révolutionnaire et attendirent avec toute la France que l'aurore se levât enfin sur des jours meilleurs.

Le Consulat, puis l'Empire inaugurèrent une ère nouvelle et le même génie qui rêvait au dehors pour la France l'héritage et les frontières de l'ancienne Rome voulut avant tout asseoir sur d'indestructibles bases la société moderne et procéder à la refonte de nos lois et de nos institutions. Il était naturel qu'au cours de ce travail de réédification et de réorganisation, le régime corporatif qui pendant de longs siècles avait fonctionné en France lui apparût comme une des solutions les plus naturelles du problème de l'organisation du travail. Déjà plusieurs des corps privilégiés autrefois érigés en offices, les avoués, les huissiers, les notaires avaient été rétablis sous leur ancienne forme (lois du 27 ventôse an VIII et du 25 ventôse an IX), et l'exercice des professions relevant de la méde-

---

1. Il importe toutefois de ne rien exagérer. Toute association ouvrière ne disparut pas. Les *compagnonnages*, ces sociétés secrètes d'artisans, se perpétuèrent sous la Révolution, sous l'Empire et la Restauration ; la police impériale dut même s'avouer impuissante à les dissoudre. (Voir notre livre : *Le Compagnonnage*, p. 83 et suiv.) Mais les compagnonnages, admirables institutions de secours mutuels et d'enseignement professionnel, ne se hasardèrent pas à cette époque, ou du moins très rarement, à entrer en conflits avec les patrons ou l'autorité. Il en fut autrement après 1830.

cine allait être soumis à une réglementation minutieuse (lois du 19 ventôse et du 21 germinal an XI). Un rapport de Regnault de Saint-Jean-d'Angély présenté le 10 germinal an XI au Corps législatif atteste qu'à cette époque la question du rétablissement des corporations fut sérieusement agitée. Sans se prononcer nettement en faveur des institutions corporatives, Regnault de Saint-Jean-d'Angély regrette la stabilité qu'elles assuraient au travail et déplore les abus auxquels a donné lieu la liberté illimitée du commerce.

« Les conventions entre les ouvriers et ceux qui les emploient étaient soumises, écrit-il, à des règles observées avec un religieux respect, et depuis on s'en est joué impunément. Il y avait trop peu de marchands et d'artisans pour que le consommateur trouvât une garantie contre le monopole dans la concurrence. Et depuis, la confusion des états a porté vers le négoce une multitude d'hommes peu éclairés qui en ont méconnu les principes et compromis les succès. » Regnault de Saint-Jean-d'Angély dit ensuite les prétentions excessives des ouvriers, les artifices déloyaux de la concurrence, la perversion des règles de l'apprentissage, les malfaçons et les tromperies des fabricants; mais, à la conclusion, l'auteur se dérobe. Il expose que plusieurs systèmes ont été proposés : le rétablissement pur et simple des métiers, le groupement des marchands par quartiers, le contrôle par des syndics, la création d'une marque nationale de garantie. « Toutes ces idées et bien d'autres encore ont été discutées par le gouvernement; aucune n'a paru atteindre sûrement le but qu'il se propose. » Il se borna donc à déposer un projet qui devint la loi du 22 germinal an XI[1] et dont les dispositions se résument : 1º dans la création de chambres consultatives des manufactures, fabriques, arts et

---

1. DUVERGIER, *Collection des lois et décrets*, t. XIV, p. 192. — *Moniteur* du 23 germinal an XI.

métiers (tit. I) ; 2º dans la répression du délit de coalition soit de patrons en vue d'abaisser injustement les salaires, soit d'ouvriers en vue d'amener une cessation concertée du travail ou d'empêcher le travail d'autrui[1] ; 3º dans la réglementation du contrat d'apprentissage, qui pourra être résolu en cas d'inexécution des engagements ou de mauvais traitements de la part du maître, d'inconduite de l'apprenti ou de clause léonine. Le patron ne pourra embaucher un apprenti ou un ouvrier sans se faire représenter le congé d'acquit ou le livret constatant qu'il est libre de tout engagement (tit. III).

En somme, la loi du 22 germinal an XI laissait les choses en l'état. Elle aggravait même l'œuvre de la Constituante en édictant des pénalités nouvelles contre le délit de coalition. L'espérance des partisans de l'ancienne organisation du travail était déçue. Une pétition de 300 marchands de vin fut alors adressée au Gouvernement pour demander le rétablissement des anciens corps d'état en général et du leur en particulier. Leur plan était simple. La profession de marchand de vin était érigée en corps et régie par un conseil de six membres se réunissant deux fois par semaine. Le temps de service exigé pour parvenir à la maîtrise était de quatre ans. Chaque maître devait payer 1.000 francs pour se faire enregistrer et ne pouvait ni tenir plus d'une boutique, ni exercer d'autre profession. Par un sentiment des plus honorables et qui étonnerait sans doute singulièrement bien des marchands de vin d'aujourd'hui, les pétitionnaires demandaient eux-mêmes qu'il fût interdit de vendre du vin s'il n'était naturel et qu'un marchand de vin condamné pour mouillage ou falsification ne pût avoir de cave en ville. Enfin des

---

1. Le délit de coalition est puni plus sévèrement s'il est commis par des ouvriers que par des patrons ; le maximum de l'emprisonnement est alors de trois mois au lieu d'un mois. Ces articles furent plus tard remplacés par les art. 414 et suiv., Code pénal.

visites trimestrielles devaient avoir lieu pour rechercher les fraudeurs.

Cette pétition était sans doute dictée par les plus louables intentions; mais la requête des marchands de vin, ainsi que toutes celles qui furent rédigées dans le même sens jusqu'en 1830, péchait par la base. On peut regretter l'état économique antérieur à 1791, mais non le ressusciter. Proposer en 1805 de rétablir les droits de jurande, l'interdiction du cumul, la limitation du nombre des maîtres, c'était parler au public une langue qu'il ne comprenait plus; c'était au milieu d'une société déjà revêtue des sombres habillements du XIX° siècle, se présenter en perruque poudrée, en pourpoint et en haut-de-chausses comme au temps où M. d'Argenson donnait audience aux gardes des Six Corps, et les haranguait au nom du roi.

Quant à concevoir l'idée d'une corporation adaptée aux besoins nouveaux de l'industrie et du commerce, débarrassée de tous les obstacles et de toutes les vieilleries qui la ridiculisaient; quant à songer à utiliser pour la réconciliation des classes cette prodigieuse puissance de l'association professionnelle et à en faire non plus le garde du corps du passé, mais la vedette de l'avenir, il ne faut pas s'étonner que de tels projets aient dépassé de beaucoup l'horizon des pétitionnaires de 1805, puisque à cette date un Regnault de Saint-Jean-d'Angély lui-même s'avouait impuissant à se faire une opinion sur cette matière.

La réponse à la pétition ne se fit pas attendre. La Chambre de commerce de Paris, organe du haut commerce, qui était très hostile au rétablissement des corporations, répliqua par un rapport dû à M. Vital Roux, dans lequel sont repris et développés tous les anciens arguments de Bigot Sainte-Croix. Les abus des anciennes communautés y sont complaisamment énumérés et la théorie classique de la concurrence, seul régulateur possible des transactions, y est affirmée avec une imperturbable confiance.

« Laissons à la concurrence le soin de régler les prix ; ils seront toujours dans une proportion équitable ; les qualités seront meilleures ; les goûts seront plus variés, les ouvriers plus laborieux et les consommateurs mieux servis. » Vital Roux conclut en demandant que la loi détermine la nature et les effets du contrat d'apprentissage, les obligations réciproques des ouvriers et des patrons, les moyens de réprimer les infidélités, les abus de confiance de la part des ouvriers. Pas un instant, il ne songe à examiner si la probité et la confiance peuvent ainsi se décréter au *Moniteur* et si en maintenant obstinément abaissées les barrières qui séparent le travail et le capital, il ne se montre pas plus imprévoyant et plus inhabile encore que ces petits marchands dont le bon sens pratique avait su, sinon indiquer clairement le remède, du moins reconnaître l'origine du mal.

La pétition des marchands de vin n'aboutit à aucun résultat. La marche alors si rapide des événements et les guerres incessantes du règne détournèrent de cette grave question l'opinion publique. Napoléon paraît avoir songé en 1812 à mettre à l'étude un projet de réorganisation des corporations ; mais ce projet n'eut aucune suite.

Cette période du Consulat et de l'Empire avait vu pourtant rétablir deux des anciennes communautés de métiers : celles des boulangers et des bouchers.

Ces deux professions étant indispensables à l'alimentation publique et leur exercice ayant donné lieu à des troubles graves au temps de la Révolution, Napoléon obéit à une pensée politique en les soumettant à une réglementation particulière.

La liberté de la boulangerie avait été proclamée par la Constituante sous la réserve d'une taxe établie sur les maîtres boulangers. Un arrêté consulaire du 19 vendémiaire an XI régla la perception de cette taxe et organisa les boulangers en corps d'état régi par quatre syndics élus par vingt-quatre notables. Le nombre des maîtres illimité en droit était en fait limité par l'obligation d'obtenir du préfet de police une autorisation difficilement accordée. Un cautionnement était obligatoire et des visites étaient pratiquées dans les boulangeries.

Avec de légères variantes, l'organisation de la boucherie avait été réglée sur les mêmes bases par des décrets de germinal an VIII et de l'an X. Les bouchers avaient à leur tête six syndics élus par trente d'entre eux ; les maîtres versaient un cautionnement de 1.000 à 3.000 francs. Ils devaient approvisionner leurs étaux et faire leurs achats par l'intermédiaire de la Caisse de Poissy, établissement public de crédit qui servait d'intermédiaire entre les bouchers et les éleveurs. Enfin le nombre des maîtres était limité [1].

Le retour des Bourbons ne pouvait manquer de réveiller les espérances des partisans des corporations qui se confondaient alors avec les admirateurs du passé. On sait quelle furieuse réaction politique remplit les premières années de la Restauration et quelle revanche les partisans de l'ancien régime surent prendre de leur longue impuissance. Le moyen et le petit commerce, dont beaucoup de membres encore vivants avaient connu autrefois et regrettaient l'ancienne organisation corporative, trouvaient donc pour leur cause un auxiliaire précieux dans l'exaltation monarchique du moment. Il leur suffisait de rappeler que la suppression des corporations était l'œuvre de la Révolution et que l'usurpateur s'était constamment refusé à rétablir ces associations pour créer dans la noblesse et la bourgeoisie royaliste un courant d'opinion favorable à leurs vœux ; ils ne manquaient pas d'ailleurs de faire valoir la stabilité dont le travail était autrefois redevable à une stricte réglementation et de faire remarquer quels

1. A Paris, ce nombre fut d'abord de 310, puis de 500.

avantages la société et la monarchie pourraient retirer d'institutions aussi conservatrices.

Ces idées trouvèrent un premier écho au sein de la Chambre introuvable de 1816, où l'un des rapporteurs de la Commission du budget, M. Feuillant, mentionnait entre autres réformes le rétablissement des jurandes et maîtrises comme nécessaire sous tous les rapports. La dissolution de la Chambre décrétée le 5 septembre sur les conseils du duc Decazes coupa court à ce projet.

La Chambre nouvelle, plus modérée, inspira sans doute peu de confiance aux partisans des corporations dont l'action devint alors extraparlementaire. Une pétition rédigée par M. Levacher-Duplessis et signée de quatre notables négociants fut remise au roi le 16 septembre 1817, au nom des marchands et artisans de la ville de Paris[1]. Les signataires y dénoncent la démoralisation croissante du commerce, la rupture de l'ancienne solidarité entre patrons et ouvriers, la violation des règles de l'apprentissage; cette requête s'élève parfois jusqu'à l'éloquence lorsqu'elle énumère les maux qui sont la conséquence d'un individualisme sans mesure. Malheureusement les pétitionnaires ont de la corporation une conception rétrograde en désaccord avec les idées modernes; ils ne conçoivent pas la toute-puissance de l'évolution économique qui s'oppose à la résurrection de règlements surannés et s'obstinent à identifier la notion de l'association professionnelle avec celle du monopole.

Cette fois encore, le signal de la résistance au mouvement en faveur de la corporation fut donné par la Chambre de commerce de Paris. Dans sa séance du 18 octobre 1817 cette Chambre se prononça formellement contre la pétition et

---

1. Cette pétition a pour titre : « *Requête au roi et mémoire sur la nécessité de rétablir le corps des marchands et les communautés des arts et métiers.* » Paris, 1817, in-4°.

vota la réimpression de l'ancien rapport de Vital Roux contre les corporations.

Au surplus les contradicteurs ne firent pas défaut. M. Pillet-Will, banquier et disciple des économistes, publia vers la fin de 1817 une réponse à la pétition[1]. Duplessis avait écrit que les professions industrielles étaient livrées à la plus honteuse licence, que la mauvaise foi la plus insigne avait pris la place de la probité. Pillet-Will s'inscrit en faux contre ces accusations qu'il taxe d'exagérées. Sans doute, il y a des procédés regrettables, des réclames fallacieuses, mais le client n'en est pas plus dupe que de ces affiches de restaurateurs où l'on annonce d'excellents dîners à 20 sous (p. 29). Duplessis déplore à tort la concurrence : c'est elle qui provoque le génie (p. 31). On objecte l'exemple de l'Angleterre. Mais les corporations n'y ont jamais été que locales, et d'ailleurs Birmingham, Manchester, villes libres, ne sont-elles pas par leur population et leur richesse fort au-dessus d'York et de Canterbury, villes réglementées? « Encouragez-la, écrit l'auteur en terminant, cette industrie, au lieu de faire revivre d'anciennes constitutions qui tariraient la source de ses richesses... Dirigez l'ambition et l'espoir des fabricants par l'exportation; ainsi par de sages encouragements, vous féconderez l'industrie. »

En 1818, un autre économiste, M. Costaz, reprenait la même thèse dans son *Essai sur l'administration*, et identifiant les institutions corporatives avec la corporation telle qu'elle fonctionnait à la fin de l'ancien régime, il avait beau jeu à démontrer le caractère suranné d'une telle réglementation.

Devant cette levée de boucliers contre laquelle il trouvait peu d'appui dans la Chambre modérée de 1817, Levacher-Duplessis attendit une occasion plus favorable pour

1. *Réponse au Mémoire de M. Levacher-Duplessis ayant pour titre : Requête, etc.*, par M. PILLET-WILL. Paris, Didot l'aîné, 1817, in-8°.

revenir à la charge. Cette occasion parut un instant s'offrir en 1821. Le meurtre du duc de Berri, suivi de la chute du ministère Decazes, remplacé par le duc de Richelieu, avait soulevé l'opinion contre le parti libéral que l'on rendait moralement responsable de ce crime. On entendait partout proclamer la nécessité de gouverner avec fermeté et d'en finir avec la politique des concessions. Duplessis jugea l'heure opportune pour renouveler sa pétition aux deux Chambres. Cette fois encore il eut à compter avec l'opposition de la Chambre de commerce de Paris, qui par une délibération en date du 17 mars se déclara résolument hostile au projet[1].

Le pétition devait échouer comme les précédentes. Le ministère Richelieu n'eut en effet pas le loisir d'étudier une réforme de cette importance; il dut faire face aux difficultés incessantes que lui créaient la défiance de l'extrême droite et l'hostilité de la gauche. Après sa chute, en décembre 1821, les progrès des sociétés secrètes, le complot de la Rochelle, les affaires d'Espagne détournèrent l'opinion de cette question[2]; une fois de plus, la tentative avait avorté.

Elle ne devait plus être renouvelée sous la Restauration. On ne peut, en effet, attribuer une telle portée à une pétition adressée en 1829 par 34 entrepreneurs de la ville de Paris qui demandaient à la Chambre des pairs d'organiser par une loi les chambres syndicales chargées de surveiller l'exercice des professions relatives au bâtiment. Cette requête toute spéciale avait pour but de conférer une juridiction professionnelle aux chambres syndicales du bâti-

1. *Moniteur* du 24 mars 1821. La délibération porte les signatures de Pillet-Will, du baron Davilliers, de François Delessert, d'Odier.
2. Elle donna lieu à deux brochures : l'une hostile d'ANQUETIL aîné : *Un mot concernant les jurandes*, 1821, l'autre favorable de M. BÉNARD, président du tribunal de commerce d'Arras ; *Mémoire sur l'établissement des maîtrises*, 1823.

ment, mais non de rétablir une corporation. La Chambre des pairs passa à l'ordre du jour[1].

Section II. — Louis-Philippe (1830-1848). Premiers symptômes d'une réaction en faveur de l'idée corporative. — Buchez. — Villeneuve-Bargemont. — Gérando.

Le règne de Louis-Philippe est une époque de transition dans l'histoire de l'économie sociale. Depuis la chute de l'ancien régime, l'opinion publique avait été détournée de l'étude des faits sociaux[2] par une succession de révolutions, de guerres ou de conflits politiques dont le tumulte n'était guère favorable à la discussion d'un débat aussi abstrait que celui de l'organisation du travail. Avec la République de 1848, au contraire, l'amélioration du sort des classes pauvres, le droit au travail, la refonte des lois constitutives de la société, la délimitation des droits de l'Etat et de l'individu sont autant de problèmes qui éveilleront dans tous les esprits un intérêt passionné et dont aucun régime politique parlementaire ou autocratique, monarchique ou républicain ne sera plus libre à l'avenir de se désintéresser. Placé entre ces deux époques, dont la première semble avoir presque ignoré la question sociale à laquelle la seconde a subordonné toutes les autres, le règne de Louis-Philippe vit pour la première fois se manifester, sous les formes les plus diverses, avec cette pitié pour la souffrance humaine qui n'est le monopole d'aucune école et d'aucun parti, l'ardent désir d'y porter remède et de rétablir entre les heureux et les déshérités de ce monde,

---

1. *Moniteur* du 8 avril 1829.
2. Les pétitions signées sous la Restauration en faveur du rétablissement des communautés et qui d'ailleurs passèrent presque inaperçues, s'inspirent en effet beaucoup moins d'une pensée de réforme sociale que de l'intérêt professionnel de l'industrie entendu au sens le plus étroit.

entre les classes dirigeantes et les classes laborieuses, une harmonie fondée sur la fraternité et sur la justice.

Les écrivains et les économistes qui sous le règne de Louis-Philippe ont abordé l'examen et cherché la solution du problème social peuvent se ranger en deux catégories. Les uns procèdent de l'idée socialiste et veulent attribuer à l'Etat, qui lui-même en répartira les revenus à chacun selon ses besoins ou ses services, la propriété de toutes les richesses[1]; les autres, respectueux de la propriété et de la liberté humaine, ne croyant pas qu'il soit utile ni avantageux de détruire de fond en comble l'édifice social pour en reconstruire un nouveau, mais désireux plutôt d'en consolider les fondements et d'en réparer les brèches, consacrent tous leurs efforts à la recherche des causes génératrices du conflit social et des moyens propres à opérer la réconciliation des classes. A cette dernière école, se rattachent les écrivains qui, considérant l'instabilité du travail et l'isolement du travailleur comme deux des causes les plus graves du mal dont la société moderne est affectée, songèrent à remédier au mal au moyen de l'association professionnelle, c'est-à-dire de la corporation soit libre, soit législativement organisée.

La cause des corporations qui depuis la Révolution n'avait en effet que des défenseurs sans autorité allait être plaidée à nouveau devant l'opinion par des avocats autrement éloquents et habiles que le rédacteur de la pétition

---

1. Ces doctrines sont développées notamment dans l'*Organisation du travail* de Louis BLANC, publiée en 1839 et dans le célèbre *Avertissement aux propriétaires* de PROUDHON en 1842. Le fouriérisme et le saint-simonisme sont également au fond, sous une forme plus élevée et plus originale, des manifestations de l'idée socialiste. Sur ces doctrines voir LEVASSEUR, *Histoire des classes ouvrières de 1789 à 1870*, Rousseau, 1904, t. I, p. 677 à 721, et II, p. 3 à 58; — S. CHARLÉTY, *Histoire du Saint-Simonisme*, 1896; — ALHAIZA, *Historique de l'Ecole sociétaire fondée par Ch. Fourier*, Paris, 1894; — ISAMBERT, *Les Idées socialistes en France de 1815 à 1848*, Alcan, 1906.

des marchands de vin de 1805 ou que l'honnête Levacher-Duplessis.

Déjà sous la Restauration une voix s'était fait entendre très timidement, il est vrai, et à un point de vue encore étroit, en faveur des institutions corporatives. Cette voix était celle de Sismondi alors dans tout l'éclat de la renommée qu'il s'était acquise avant même son *Histoire des Français* par son *Histoire des républiques italiennes* et son *Traité de la richesse commerciale*. L'évolution des idées par laquelle cet auteur avait été amené malgré lui à rendre hommage au principe corporatif est digne de remarque. Dans ses *Nouveaux Principes d'économie politique* (1819) Sismondi débute en effet par une condamnation très nette des anciennes jurandes. Mais les souffrances des ouvriers contemporains, l'abandon auquel les condamne un individualisme forcené ne le laissent pas indifférent. Il déplore l'égoïsme de certains patrons ainsi que la charité mal entendue et mal réglée de beaucoup d'autres. « Chaque fabricant, écrit-il, reconnaîtra si, lorsque l'entretien d'un homme coûte 20 sous par jour, il ne vaut pas mieux les lui donner à lui-même en récompense immédiate de son travail que de lui en donner huit comme gages et douze à titre d'aumône », et Sismondi en arrive à regretter à ce point de vue l'œuvre des corporations. « Il est bien évident, écrit-il, que si les métiers pouvaient être rétablis dans un but de charité seulement et si les chefs du métier étaient dans l'obligation de fournir du secours à tous les pauvres de leur métier, on mettrait un terme aux souffrances tout comme à cet excédent de production qui fait la ruine du commerce » (p. 360).

Sismondi n'insiste pas davantage sur ce projet à peine ébauché dans ses écrits, et qui n'était sans doute chez l'historien de la France qu'un ressouvenir de l'admirable institution de la confrérie du Moyen Age. Mais le germe qu'il avait jeté dans les esprits ne devait pas demeurer inféeond et bientôt d'autres que lui allaient dégager plus clairement cette conception de la corporation nouvelle, non plus fermée et jalouse comme les communautés de la fin de l'ancien régime, mais ouverte à tous les travailleurs dont elle apaise les différends et secourt les misères, moderne par l'activité et l'esprit de progrès, chrétienne par la charité.

L'idée corporative évoquée par Sismondi[1] fut recueillie et développée dès le début du règne de Louis-Philippe par un ancien Saint-Simonien qui alliait à un esprit profondément religieux d'ardentes convictions démocratiques. Dans un article du *Journal des Sciences morales et politiques*, du 17 décembre 1831, Philippe Buchez développait tout un plan d'organisation corporative du travail dans la haute industrie. Il proposait de créer des syndicats composés mi-partie de fabricants et de contre-maîtres (ces derniers représentant les patrons), avec mission de fixer un taux minimum des salaires. Ces syndicats correspondraient entre eux, se transmettraient réciproquement tous les avis relatifs à des offres ou à des demandes d'emplois. Ils surveilleraient l'apprentissage et l'éducation professionnelle, fonderaient des institutions de prévoyance, s'interposeraient pour la conciliation des litiges entre patrons et ouvriers. Quant aux ouvriers de la petite industrie, Buchez leur conseillait de constituer des associations coopératives et d'unir leurs efforts pour arriver ainsi à la fusion du travail et du capital.

---

1. Dans le domaine des faits, l'association professionnelle est surtout représentée sous Louis-Philippe, par le compagnonnage qui, toutefois, entre en décadence ; c'est le compagnonnage des charpentiers qui prend la tête de la grève de 1845, à Paris. (Voir le livre de BLANC : *La Grève des charpentiers*, Paris, 1845, et notre livre : *Le Compagnonnage*, p. 112, 134 et suiv.) — D'autres groupements professionnels à caractère militant apparaissent, notamment à Lyon. (Voir, à ce sujet, FESTY : *Le Mouvement ouvrier au début de la Monarchie de Juillet* (1830-1834), Paris, Cornély, 1908.)

Comme Sismondi et Buchez, le comte de Villeneuve-Bargemont, ancien conseiller d'Etat, auquel un long séjour à la tête des préfectures de la Loire-Inférieure et du Nord avait appris à connaître les populations ouvrières, était demeuré vivement frappé de ce fait qu'à l'accroissement considérable de la richesse publique depuis la Révolution n'avait pas correspondu une amélioration de la condition morale, ni même, en un certain sens, de la condition matérielle de l'ouvrier, mieux payé sans doute, mais plus exposé aux chômages et privé de toute assistance dans la vieillesse et dans la maladie. L'animosité de la classe laborieuse contre la classe riche, l'indifférence égoïste d'en haut pour en bas apparaissaient déjà à cette époque comme un danger grandissant pour le pays et pour la société. A ces maux Villeneuve-Bargemont ne croyait pas qu'il fût impossible de remédier, et dans son livre *L'Économie politique chrétienne* (1834) il définit très nettement les conditions nécessaires, d'après lui, à la rénovation de la société.

La première de ces conditions, c'est le réveil du sentiment religieux, base essentielle de toute société stable et que tout gouvernement clairvoyant devrait appeler à son aide pour moraliser le peuple et l'éclairer sur ses devoirs[1]. Mais à l'influence morale doit s'ajouter l'action plus immédiate des lois et des institutions. Villeneuve-Bargemont est ici naturellement conduit à proposer le rétablissement des institutions corporatives. Il voudrait qu'un jeune ouvrier sortant d'apprentissage fût examiné gratuitement par un jury impartial sur son instruction élémentaire et sa capacité industrielle. L'absence de certificat rangerait l'ouvrier dans la catégorie des simples apprentis. Les anciennes corporations seraient remplacées par l'association de tous les ouvriers d'une profession,

---

1. *L'Économie politique chrétienne*, t. I, p. 82.

qui seraient autorisés à se réunir pour choisir des syndics et délibérer sur leurs intérêts communs; on organiserait ainsi des sociétés de secours mutuels, des écoles; mais il serait interdit de s'occuper de la fixation des salaires.

Ce plan assurément généreux donne prise à certaines critiques et renferme certaines lacunes. Villeneuve n'indique pas notamment par quels moyens pratiques se constitueront ces associations et s'il sera fait appel dans ce but à l'intervention de l'Etat. D'autre part, en interdisant aux corporations toute délibération, même consultative, sur le taux des salaires, il les dépouille de leur attribution la plus nécessaire, il leur enlève le pouvoir d'interposer leur arbitrage dans les conflits les plus graves et les plus fréquents, ceux qui ont pour cause les demandes d'augmentation ou le refus de subir une réduction de ces salaires.

Cependant l'idée en quelque sorte ressuscitée par Sismondi faisait son chemin. Un autre économiste, M. de La Farelle, la développait à nouveau en 1842 dans son *Plan d'une réorganisation des classes industrielles*. Son système peut se résumer ainsi : distribution de tous les marchands et ouvriers en corps de métiers, mais sous la réserve du droit de chacun de se refuser à en faire partie et de continuer à exercer son état; division des membres en maîtres, compagnons, apprentis; temps d'apprentissage et examen. Chaque communauté aura son règlement et nommera un syndicat où les ouvriers seront représentés. Les syndics auront un pouvoir disciplinaire, mais ne pourront s'immiscer dans la fabrication, ni limiter le prix de vente ou de main-d'œuvre. Un bureau central des arts et manufactures sera créé au Ministère.

Dans un ouvrage intitulé : *De la misère des classes laborieuses en France et en Angleterre*, un autre auteur, M. Buret[1], exposait un plan différent. Dans chaque com-

1. V. l'analyse de ce système dans la *Revue des Deux-Mondes*, du 1ᵉʳ mars 1841, article de M. Cochut.

munauté les maîtres et ouvriers nommeraient un *Conseil de famille.* Ce Conseil de famille arrêterait le taux des salaires, sanctionnerait les contrats d'engagements des ouvriers et garderait les livrets. Des délégués de toutes les industries du canton s'assembleraient, sous la présidence du juge de paix, en Tribunal investi d'un pouvoir judiciaire équivalent à celui des prud'hommes. Les syndicats de canton délégueraient au chef-lieu des mandataires qui, à leur tour, nommeraient un député au Corps législatif. Ce système offre un caractère original en ce que, le premier, il trace à la corporation son rôle d'arbitre naturel des litiges professionnels entre patrons et ouvriers. On peut, il est vrai, conserver des doutes en ce qui touche la possibilité d'établir la taxation uniforme des salaires admise par M. Buret, et son projet de représentation nationale du travail, en soi fort intéressant, est difficile à réaliser. Cet auteur n'en a pas moins eu le mérite d'exposer dans toute son ampleur la mission réservée à l'association professionnelle.

Pour terminer cette énumération des écrivains qui sous le règne de Louis-Philippe ont contribué à l'évolution de l'idée corporative, il nous reste à citer le témoignage d'un homme de cœur et de talent, qui ne saurait être rangé à vrai dire parmi les partisans de la corporation, mais dont l'opinion est intéressante à consulter comme un indice de la réaction qui s'accomplissait alors dans les esprits les plus libéraux contre l'individualisme excessif et l'état d'abandon où la société laissait l'artisan. Nommé pair de France par Louis-Philippe, le baron de Gérando[1] publia en 1841 son livre sur les *Progrès de*

---

[1]. Le baron de Gérando, âgé de 21 ans en 1793, avait pris part à la révolte de Lyon contre le régime terroriste. Blessé et fait prisonnier, il échappa à la mort en s'évadant et se réfugia en Suisse où il fut commis chez un négociant. Rentré en France après l'amnistie accordée aux Lyonnais, il servit d'abord dans l'armée qu'il quitta peu après. Il fut tour à tour secrétaire général du Ministère de l'intérieur, puis maître

l'industrie où il dénonçait avec énergie la démoralisation croissante des basses classes, « le surmenage qui engendre le goût des plaisirs grossiers et sensuels, l'extrême division du travail qui abrutit l'ouvrier. En présence de ces périls, l'ouvrier a-t-il du moins un guide, un protecteur ? *Qu'a-t-on substitué à la protection qui dérivait des corporations ?* A qui l'ouvrier s'adresse-t-il dans ses malheurs ? Le plus souvent il est livré à lui-même ». Un tel préambule paraît indiquer une tendance d'esprit favorable à la reconstitution des corporations. Mais la tyrannie du préjugé qui associait nécessairement à ce mot l'idée d'un monopole était encore si forte, même sur des intelligences d'élite, que Gérando recule devant cette conclusion. Il se prononce seulement en faveur de la fondation de sociétés amicales analogues aux sociétés de ce genre déjà existantes en Angleterre. Il recommande aussi l'établissement de comités de patronage composés de citoyens notables placés à la tête des institutions de prévoyance et devant exercer sur l'ouvrier une action toute morale. Leur action sera corroborée par la diffusion de bonnes publications.

Il s'en fallait toutefois que les économistes fussent tous d'accord avec Gérando pour reconnaître l'impuissance où se trouvait la société de protéger l'ouvrier et la faillite du système purement individualiste consacré par la loi si tyrannique de juin 1791. Tandis que les socialistes réclament l'absorption de toutes les énergies individuelles et la confiscation de la propriété privée par l'Etat, tandis que Villeneuve-Bargemont et les écrivains de son école demandent à l'association professionnelle le redressement des injustices et le soulagement des misères sociales, d'autres économistes, fidèles aux idées du XVIII⁰ siècle

---

des requêtes au Conseil d'Etat, fonctions qu'il conserva sous la Restauration. Gérando était membre de l'Institut depuis 1806. Il a laissé de nombreux ouvrages philosophiques et quelques études d'économie sociale

dont Jean-Baptiste Say et Bastiat continuent avec éclat la tradition, persistent à repousser l'intervention de toute autorité, qu'elle vienne de l'Etat ou de la corporation, dans les rapports d'individu à individu [1]. Ces économistes ne veulent toujours voir dans la corporation qu'une institution parasitaire, dont l'action vient déranger l'équilibre universel dû à la libre concurrence [2]. Le plus illustre représentant de l'école libérale, Rossi, n'hésitait pas à condamner les corporations et à traiter d'utopie rétrograde le projet de les rétablir [3].

Tel était l'état des esprits lorsqu'éclata la Révolution de février 1848.

Section III. — Deuxième République (1848-1852). — Plans de réforme sociale; leur échec.

Aucune époque de notre histoire n'a vu éclore autant de projets de réforme sociale ni élaborer plus de systèmes ayant pour but commun le bonheur de l'humanité que cette Révolution de février 1848 saluée avec un si ardent enthousiasme par les classes ouvrières. L'idée corporative, du moins entendue en son sens propre, c'est-à-dire en tant qu'association de tous les travailleurs d'un même corps d'état, ne tira cependant pas un profit direct de cette orientation nouvelle de l'opinion, ni de l'intérêt qu'éveilla chez tous les hommes de cette génération le sort des classes laborieuses. Tous les systèmes mis en avant par les réformateurs de 1848, qu'ils s'appellent

1. On consultera, non sans intérêt, à ce sujet, l'article de M. AUDIGANNE sur l'organisation du travail (*Revue des Deux-Mondes*, 1ᵉʳ mars 1846).
2. Dans son ouvrage sur la liberté du travail, un des chefs de cette école, M. Dunoyer, va jusqu'à condamner toute intervention de l'Etat, relativement à la législation des établissements insalubres ou de la protection du travail des enfants dans les manufactures (t. II, p. 363 et 369).
3. *Cours d'Economie politique*, tome I, leçon 18.

Proudhon, Louis Blanc, Victor Considérant ou Cabet, ne sont, en effet, que des manifestations diverses de l'idée socialiste qui absorbe dans l'Etat les forces corporatives aussi bien que les énergies individuelles. L'heure n'était guère favorable en effet à l'élaboration de réformes prudentes et méthodiques. L'imagination populaire surchauffée exigeait que l'on créât le bonheur universel sur-le-champ et par décret. Il se trouva des politiciens pour le lui promettre. Les ateliers nationaux, la proclamation du droit au travail, l'encouragement à la reprise violente du capital, tels furent les premiers fruits de cette agitation à laquelle les défenseurs de l'ordre social, Léon Faucher, Wolowski et Michel Chevalier n'opposaient que les doctrines classiques de l'économie politique.

La Révolution de 1848 contribua pourtant indirectement au progrès de l'idée corporative, en développant dans un autre but, il est vrai, l'idée d'association. Les commotions violentes de cette époque avaient en effet reformé entre les ouvriers de la même profession des liens depuis longtemps rompus. On avait vu des artisans se réunir par atelier, par corps de métier ou par compagnonnage. Le 21 mars, Paris, étonné, était le témoin d'une grande manifestation pacifique. 10.000 compagnons de tous les devoirs, de tous les états, tous en habits de fête, porteurs de leurs cannes, défilaient par les quais, la rue Montmartre, la place de la Bourse et les boulevards, pour aller à l'hôtel de ville assurer de leur fidélité le gouvernement de la République.

Aux séances du Parlement du travail réuni au Luxembourg, on vit figurer des délégués de tous les métiers choisis par leurs pairs. L'ancien esprit de corps que n'avait pu détruire complètement la loi du 14 juin 1791 et qui eut un soudain réveil affirma une fois de plus sa force que le désordre ne manque jamais d'utiliser lorsque la société la laisse sans direction.

A un autre point de vue encore, la Révolution de 1848 favorisa indirectement le réveil des idées corporatives en multipliant les associations coopératives ouvrières [1]. Sans doute, ces associations issues de l'initiative privée, groupements d'efforts individuels poursuivant un but purement économique et temporaire, diffèrent profondément de la corporation, syndicat collectif et permanent de tous les artisans d'un corps d'état, organisation dotée d'attributions multiples et juridiction sanctionnée par la loi. Le mouvement coopératif de 1848, qui, mal conçu et mal conduit, devait échouer lamentablement [2], n'en est pas moins un indice de plus de cette renaissance de l'esprit d'association qui devait prendre à la fin du XIX° siècle une si éclatante revanche de la proscription édictée contre lui à la fin du XVIII°.

La faillite des plans d'organisation sociale rêvés par les réformateurs de 1848 n'empêcha pas du reste la seconde République, il faut le reconnaître, de travailler utilement à plusieurs points de vue à l'amélioration de la condition de l'ouvrier. L'œuvre législative de ces quatre années est en effet loin d'être négligeable; de cette époque datent diverses réformes dont plusieurs sont hautement louables.

La première de ces réformes et la plus utile, à notre sens, fut réalisée par la loi du 9 septembre 1848, qui limita à douze heures le travail des adultes dans les usines et manufactures. Que l'on admette ou non en théorie pure la légitimité de la réglementation du travail par l'Etat, il n'est guère possible de méconnaître qu'il ait le droit et le

1. Le promoteur de ces associations se défendait, du reste, avec énergie de vouloir ressusciter l'ancienne corporation. « Gardez-vous écrivait-il en 1849 à des ouvriers coopérateurs, de tracer autour de votre association un cercle infranchissable ou même difficile à franchir. Ce serait revenir au tyrannique et odieux système des jurandes et des maîtrises. » Louis BLANC, *Histoire de la Révolution de 1848*, t. I, p. 209.

2. Sur plus de soixante associations coopératives, fondées en 1848, une dizaine seulement ont survécu.

devoir de protéger la race et d'interdire tout acte qui aurait manifestement pour effet d'en affaiblir la vitalité. Une législation qui protège la reproduction du gibier et du poisson, qui interdit sévèrement l'infliction de sévices aux animaux domestiques, ne peut se désintéresser de la santé d'êtres humains appartenant aux classes les plus dépendantes et les plus laborieuses. Or, bien que l'on puisse citer certains tempéraments exceptionnellement vigoureux qui échappent à cette règle, il paraît hors de doute que, pour l'immense majorité des hommes, une durée de travail de douze heures constitue un maximum au delà duquel la tension nerveuse de l'organisme devient extrême et l'équilibre des forces naturelles est en danger d'être rompu.

La loi du 25 novembre-1er décembre 1849 sur les coalitions fit disparaître une inégalité injustifiable dans les pénalités applicables au délit de coalition, qui relativement douces jusqu'alors pour les patrons délinquants (6 jours à 1 mois de prison et 200 à 3.000 fr. d'amende), étaient au contraire fort sévères contre les ouvriers reconnus coupables du même délit (2 à 5 ans de prison pour les auteurs principaux, 1 à 3 mois pour les complices). Les contrevenants ouvriers ou patrons encoururent désormais une peine de 16 jours à 3 mois de prison et de 16 à 3.000 fr. d'amende (2 à 5 ans de prison pour les chefs).

L'électorat aux Conseils de prud'hommes fut aussi réorganisé par le décret du 27 mai-5 juin 1848 sur des bases nouvelles. Tous les patrons, chefs d'atelier, contre-maîtres, ouvriers devinrent électeurs à 21 ans et éligibles à 25 ans. Les patrons et les contremaîtres nommèrent au scrutin de liste un nombre de candidats triple de celui des membres à choisir; les ouvriers élisaient parmi ces candidats les prud'hommes patrons, et les prud'hommes ouvriers étaient élus de la même manière par les patrons. Les conseils présidés alternativement par un patron et un ouvrier étaient renouvelables tous les trois ans par tiers.

L'apprentissage fut réglementé à nouveau par la loi du 22 février 1851. Aux termes de cette loi l'acte d'apprentissage doit être reçu soit par un notaire, soit par un greffier de justice de paix; il relate les conventions des parties. Le maître qui engage un apprenti doit être majeur (art. 4). S'il veut loger chez lui une jeune fille mineure (art. 5), il doit être marié et n'avoir encouru aucune condamnation soit pour crime, soit pour attentat aux mœurs, soit à une peine de plus de trois mois d'emprisonnement pour vol, filouterie, escroquerie, etc. (art. 6). Il doit se conduire en bon père de famille, surveiller la conduite de l'apprenti et ses mœurs (art. 8, § 1). Il ne doit pas faire travailler l'apprenti âgé de moins de quatorze ans plus de dix heures; de quatorze à seize ans, l'apprenti doit avoir deux heures de liberté par jour pour s'instruire, et il est défendu de le faire travailler de nuit (art. 9). Le maître doit instruire son apprenti (art. 12, § 1). Celui-ci, de son côté, lui doit fidélité, obéissance et respect (art. 11, § 1). L'apprenti qui aurait été malade ou absent pendant plus de quinze jours devrait compte à son maître à la fin de l'apprentissage du temps pendant lequel son travail a été interrompu (art. 11, § 2).

Pendant les deux premiers mois de l'apprentissage le contrat peut être résolu sans indemnité par la volonté de l'une des parties; c'est le *temps d'épreuve* des anciens statuts des corporations. Ce délai écoulé, le contrat peut encore être résolu de plein droit par la mort du maître ou de l'apprenti (art. 15, § 1), par l'appel de ce dernier sous les drapeaux (art. 15, § 2), par la condamnation du maître à l'une des peines ci-dessus énoncées (art. 15, § 3), par le décès de la femme du maître. Le contrat peut encore être résolu sur la demande de l'une des parties et par sentence du juge de paix ou du conseil des prud'hommes, notamment pour inexécution des conditions (art. 16), ou pour inconduite habituelle du maître ou de l'apprenti (art. 16, § 3).

Il convient encore de mentionner une loi fort humaine du 14 mai 1851, réduisant le privilège du patron pour avances faites à son ouvrier et ne lui permettant d'inscrire ces avances sur le livret de ce dernier que jusqu'à concurrence de 30 francs, la retenue étant d'ailleurs limitée au dixième.

Cette énumération des lois et décrets promulgués de 1848 à 1852 montre assez à quel point le sort de la classe ouvrière préoccupait le législateur de cette époque. Le grave problème que soulèvent l'organisation du travail et la condition du travailleur est désormais posé devant l'opinion, et la recherche de sa solution va s'imposer à l'avenir à l'attention et aux méditations de tous les gouvernements.

Section IV. — **Napoléon III (1852-1870).** — **Abolition de la loi sur les coalitions (1864).** — **Constitution de nombreux syndicats.**

L'histoire doit au gouvernement de Napoléon III cette justice que nul plus que lui ne se montra soucieux du bien-être moral et matériel de l'ouvrier, plus préoccupé d'atténuer les misères dont il souffre, d'assurer aux vétérans et aux invalides du travail un refuge contre les cruautés du sort. Sous Louis-Philippe, l'étude des questions sociales avait été abandonnée aux discussions toutes théoriques des penseurs et des économistes. La classe bourgeoise dont la monarchie de Juillet était la parfaite émanation ne voyait dans la recherche d'un mieux social qu'une dangereuse utopie; tout au plus les Chambres consentaient-elles, en adoptant la loi de 1841, à protéger le travail des enfants employés dans les manufactures contre un surmenage par trop scandaleux. Avec le second Empire, l'économie sociale entre, si l'on peut ainsi parler, dans les conseils du Gouvernement. Conscient de la lourde responsabilité qui pèse sur un pouvoir personnel, Napoléon III s'entoura d'hommes compétents, au premier rang desquels il faut citer Le Play, l'illustre auteur de la *Réforme sociale* et des *Ouvriers européens*. Il provoqua l'avis des grands industriels, des anciens ouvriers devenus patrons, des ouvriers eux-mêmes, de tous ceux qu'une expérience professionnelle rendait particulièrement aptes à fournir un témoignage autorisé dans la grande enquête ouverte sur les conditions du travail. Les dix-huit années du règne attestent un effort continu et patient, une tendance persévérante vers le progrès social.

Le premier acte législatif du nouveau régime fut la loi du 1er juin 1853 sur les conseils de prud'hommes, qui recula de 21 à 25 ans l'électorat et de 25 à 30 ans l'éligibilité à ces conseils. On corrigea une anomalie évidente de la loi de 1849, en rangeant les contremaîtres parmi les ouvriers. L'élection des prud'hommes jusqu'alors à deux degrés devint directe dans chaque catégorie et assura ainsi la liberté du suffrage auparavant faussée par l'obligation de voter entre des candidats désignés à l'avance par des électeurs patrons en ce qui touche les candidats ouvriers et inversement. Les conseils renouvelables par moitié tous les trois ans jugèrent désormais sans appel les litiges inférieurs à 200 francs.

Cette loi fut bientôt suivie par celle du 22 juin 1854, qui rendit obligatoire la tenue des livrets d'ouvriers; cette disposition était conçue à la fois dans l'intérêt du patron à qui le livret permettait de recouvrer ses avances, et dans celui de l'ouvrier dont il constatait les services.

Ces réformes particulières ne permettaient toutefois encore de rien augurer sur les idées du gouvernement relativement à la liberté du travail et au droit d'association.

Mais l'opinion ne devait pas longtemps demeurer incertaine à cet égard.

Le programme économique de Napoléon III peut tout entier se résumer dans cette formule : la liberté du commerce. Il 1 e pouvait donc être question pour un gouvernement qui s'inspirait de tels principes de rétablir la corporation privilégiée d'avant 1791, mais au contraire, de supprimer toutes les entraves qui gênaient encore le développement de certaines industries : c'est pourquoi un décret de 1858 supprima la corporation des bouchers conservée jusque là dans un intérêt de police, en même temps qu'un décret du 22 juin 1863 proclamait la liberté de la boulangerie. Mais le gouvernement impérial ne croyait pas que la liberté commerciale impliquât nécessairement l'interdiction pour les travailleurs de se concerter sur leurs intérêts communs; il jugeait au contraire que la liberté de coalition était le corollaire de la liberté commerciale : il s'engagea donc résolument dans cette voie en proposant et en faisant voter la loi du 25 mai 1864.

Aux termes de l'art. 414 du Code pénal modifié par la loi du 27 novembre 1849, toute *coalition, soit de la part des patrons en vue de forcer l'abaissement des salaires, soit de la part des ouvriers en vue de faire cesser le travail dans un atelier*, constituait *ipso facto* un délit dont les auteurs principaux étaient punis de deux à cinq ans de prison et dont les complices étaient passibles d'un emprisonnement de six jours à trois mois et d'une amende de 16 francs à 3.000 francs. Ces dispositions pénales étaient appliquées avec rigueur par les tribunaux, alors même que les coalisés s'étaient abstenus de tout acte de violence ou d'intimidation. S'il est cependant un droit sacré entre tous, c'est bien celui qui consiste à délibérer avec ceux que leurs intérêts rapprochent des vôtres et à unir ses efforts aux leurs. « Sous notre régime, disait M. Emile Ollivier dans son rapport sur la loi de 1864, chaque ouvrier peut offrir ou refuser son travail et en fixer les conditions, comme chaque maître est libre d'accepter ou de ne pas accepter ces conditions. Or, ce qui est licite pour l'individu, pour plusieurs, comment cela deviendrait-il illicite et condamnable *parce que ceux qui ont le même intérêt et les mêmes besoins et qui ont entre eux les liens naturels qu'amène cette communauté de besoins et d'intérêts se sont concertés pour agir ensemble librement et arrêter pacifiquement une résolution commune*[1] ? »

Ces paroles du rapporteur de la loi de 1864 paraissaient n'avoir trait qu'à une réforme précise et délimitée, à la revision d'un article du Code pénal ; en réalité, leur portée était beaucoup plus étendue. Si en effet des patrons ou des ouvriers ont le droit de se concerter et de délibérer pacifiquement sur leurs intérêts communs, il n'est guère possible de leur dénier le droit de se grouper en des associations permanentes. La liberté d'association est le corollaire de la liberté de réunion ; qui proclame la première reconnaît implicitement la seconde. L'exposé de principes de M. Emile Ollivier, qui allait présider lui-même à la rédaction de la loi de 1864, équivalait donc virtuellement à la dénonciation de la loi du 14 juin 1791 et renfermait en germe le principe de la liberté de l'association professionnelle qui devait être législativement sanctionnée par la loi du 21 mars 1884.

Conformément aux conclusions du rapporteur, le délit de coalition disparut donc du Code pénal et le nouvel art. 414 ne punit plus que les *violences, voies de fait, menaces ou manœuvres frauduleuses ayant eu pour but d'amener ou de maintenir une cessation concertée du travail pour forcer la hausse ou la baisse des salaires;* à ce délit dont les auteurs étaient punis d'un emprisonnement

1. Sur les origines et sur la discussion de la loi de 1864, voir l'article de M. Emile Ollivier : La Liberté des coalitions (1864). — *Revue des Deux-Mondes*, 1ᵉʳ juillet 1901.

de 6 jours à 3 ans et d'une amende de 16 à 3.000 francs s'ajoutait celui d'*atteinte au libre exercice de l'industrie ou du travail commis à l'aide d'amendes, défenses, proscriptions, interdictions concertées*, qui fut puni d'un emprisonnement de 6 jours à 3 mois et d'une amende de 16 francs à 300 francs (art. 416). Jules Favre avait justement combattu la rédaction élastique et équivoque de cet article de la nouvelle loi. « Avec un tel article, disait-il, si j'avais l'honneur d'être le ministère public, on pourrait me donner la plus innocente des coalitions, elle n'échapperait pas à la poursuite et à la condamnation. » De fait, ainsi qu'on le verra par la suite, les coalitions furent encore dans maintes occasions considérées comme délictueuses et donnèrent lieu à des poursuites correctionnelles. Mais malgré tout, un grand résultat était acquis ; la liberté de coalition avait été proclamée. La rédaction vicieuse d'un article de loi se corrige ; une liberté reconquise ne s'abdique plus.

La loi du 25 mai 1864 fut donc une des causes génératrices du grand mouvement syndical contemporain dont l'origine se place sous le second Empire et qui devait aboutir à la loi du 21 mars 1884. D'autres causes secondaires contribuèrent à créer ce mouvement ; ce fut d'abord l'essor donné aux Expositions universelles et l'envoi de délégations ouvrières à l'Exposition de Londres en 1863. Les délégués revinrent très frappés des résultats obtenus par les *Trade-Unions* et exprimèrent le désir de suivre leur exemple[1]. En 1867, l'Exposition de Paris donna une force nouvelle à ces aspirations. Les délégués demandèrent au ministre la suppression des livrets, le droit de réunion et l'organisation de chambres syndicales ouvrières. Il leur fut répondu que, pour l'organisation des chambres d'ouvriers en syndicats mixtes ou autres, l'administration laisserait toute liberté aux intéressés. C'était reconnaître

---

1. V. à ce sujet LEVASSEUR, *Histoire des Classes ouvrières depuis 1879*, 2ᵉ édition (1904), t. II, ch. VII. *L'Association ouvrière*, p. 624.

nettement des associations que la loi n'avait pas encore formellement autorisées. Des conférences eurent lieu entre les 400 délégués ouvriers représentant 114 professions et une commission d'encouragement composée de 70 membres que présidait M. Devinck. Les droits du travail et leur conciliation possible avec ceux du capital y furent discutés plus pacifiquement, mais aussi plus utilement que dans l'orageux Parlement du travail de 1848.

La loi de 1867 sur les sociétés ne fut pas, elle non plus, étrangère aux progrès de l'idée corporative et l'émancipation des sociétés industrielles et commerciales contribua pour une part à la résurrection des associations professionnelles, en démontrant aux travailleurs la merveilleuse puissance de l'union et de la solidarité.

Ainsi encouragé par le gouvernement, le mouvement syndical ne devait pas tarder à se développer. Il est temps d'en étudier les premières manifestations, tant chez les patrons que chez les ouvriers.

Syndicats patronaux. — Les syndicats de patrons sont les plus anciens et quelques-uns d'entre eux sont même antérieurs à la Révolution de 1848. Telles les chambres syndicales des entrepreneurs de charpente et des maçons créées en 1807 et 1809, celle des entrepreneurs de pavage (1810), celle des charrons (1844). Toutefois le nombre de ces syndicats fut longtemps insignifiant; on n'en comptait encore que onze à Paris en 1845 et ces associations étaient à peu près inconnues en province.

De 1852 à 1860, un certain nombre de syndicats de patrons se constituèrent et fondèrent, en 1859, sous le titre d'*Union nationale du commerce et de l'industrie*, une vaste ligue des intérêts professionnels distincte du groupe dit de la *Sainte-Chapelle* fondé en 1860 et qui comprenait les industries du bâtiment. L'impulsion était donnée et le mouvement ne s'arrêta plus; de nouvelles chambres syndicales s'organisèrent en grand nombre : celle des chapeliers (1860), celle des bijoutiers, joailliers et orfèvres (1864), celle de la ganterie (1861), etc.

En 1867, l'Union nationale dont le siège social était et est encore établi 10, rue de Lancry, avait reçu l'adhésion de quarante-deux chambres syndicales; quatorze autres chambres étaient affiliées au groupe de la Sainte-Chapelle.

Les chambres syndicales de patrons se proposaient un triple but : elles devaient : 1° veiller aux intérêts généraux de la profession et se faire auprès des pouvoirs publics les interprètes des vœux de la corporation; 2° fournir des arbitres compétents au tribunal de commerce et s'efforcer d'obtenir par l'organisation d'une juridiction arbitrale intérieure le règlement des litiges entre leurs membres ; 3° enfin, concilier, si faire se pouvait, les conflits qui viendraient à s'élever entre patrons et ouvriers, ou, si toute tentative de conciliation échouait, établir entre les patrons une solidarité qui leur permît de résister utilement aux revendications des ouvriers qui seraient jugées inacceptables. Les statuts de la chambre syndicale des patrons chapeliers faisaient appel aux ouvriers que l'on exhortait à s'organiser, eux aussi, en société corporative; les deux syndicats devaient se mettre en rapport et s'efforcer de régler pacifiquement tous les différends entre patrons et ouvriers, afin d'éviter une grève toujours ruineuse pour les uns et les autres.

Syndicats ouvriers. — Ces syndicats sont d'origine très récente. Jusqu'en 1864 en effet les pénalités édictées contre le délit de coalition, pénalités peu redoutables pour les chambres syndicales de patrons qui ne portaient guère ombrage à la justice, constituaient un obstacle presque insurmontable à l'établissement de chambres syndicales ouvrières. La loi de 1864 elle-même ne dissipa pas tout d'abord complètement les craintes des ouvriers qui ne savaient si cette loi ne cachait pas un piège habilement tendu. Aussi le nombre des chambres syndicales ouvrières antérieures à 1867 est-il très minime. On ne peut guère citer que celles des typographes, la plus ancienne (1839), des mouleurs (1863), des chapeliers (1865), des relieurs (1864). Mais après l'Exposition de 1867, le mouvement corporatif ouvrier allait s'accélérer. A la suite des conférences tenues passage Raoult, où des personnages officiels, tels que M. Devinck et M. Lévy, maire du XIe arrondissement, les assurèrent de toute la bienveillance du gouvernement, les délégués décidèrent de transformer en chambres syndicales les associations de bienfaisance et de crédit mutuel déjà existantes. Ces associations étaient assez nombreuses; on peut citer notamment l'association de crédit mutuel des bronziers (1860), la chambre de prévoyance et de solidarité des ouvriers bijoutiers (1865), et la société de crédit mutuel et de solidarité de la céramique (1867). Ces sociétés limitaient en principe leur rôle à des œuvres d'assistance mutuelle, mais plus d'une fois cependant des tendances plus ambitieuses s'étaient manifestées parmi leurs membres. Dès 1865, par exemple, un groupe important d'ouvriers bronziers avait demandé que l'association de crédit mutuel prit en mains la défense des intérêts généraux de la profession. Ces sociétés apportèrent au mouvement syndical l'appui d'institutions déjà en plein fonctionnement et de capitaux relativement importants.

Le programme des syndicats ouvriers différait tout naturellement de celui des syndicats patronaux. Les chambres syndicales ouvrières déclaraient poursuivre l'organisation de la défense des intérêts ouvriers au point de vue du salaire et de la durée du travail ainsi que la fondation d'institutions d'assistance et de prévoyance (caisses de secours mutuels, de chômage, de retraites), enfin le développement de l'instruction par la création de cours et d'écoles professionnelles et l'ouverture de bibliothèques. En principe, un tel programme n'avait rien que de parfaitement légitime. Certains syndicats eurent la sagesse de s'y tenir. Les statuts des chaudronniers, par exemple, témoignent dans toutes leurs dispositions d'un esprit de conciliation vraiment digne d'éloges. Il est dit notamment dans ces statuts que le conseil syndical interviendra autant que possible dans les conflits entre patrons et ouvriers. S'il échoue, on examinera de près l'affaire et, seulement au cas où il apparaît que les réclamations de l'ouvrier sont justifiées, la chambre syndicale lui accordera une allocation sur la caisse de chômage et soutiendra ses prétentions. Tous les statuts de syndicats ne reflètent pas cette prudence et ce désir de conciliation. Les bronziers dont la grève fit grand bruit en 1867 avaient adopté des statuts animés d'un esprit déplorablement agressif et injuste. Les ouvriers de chaque atelier y étaient déclarés juges des salaires; les tarifs revisés par eux devaient être présentés ou plutôt imposés aux patrons; toute réduction sur ces tarifs devait être énergiquement repoussée (art. 19). La mise à l'index était prononcée contre les patrons récalcitrants, et cette mise à l'index emportait pour tout ouvrier syndiqué l'obligation d'aller dénoncer aux collecteurs qui siégeaient en permanence tout ouvrier syndiqué ou non qui travaillerait au-dessous du tarif. Cet irrégulier était déclaré « préjudiciable aux intérêts de la profession » (*sic*), déclaration ou plutôt condamnation que les hommes d'action du syndicat se chargeaient sans doute de ne pas laisser sans sanction.

Le second Empire avait donné l'impulsion au mouvement syndical. Sous la troisième République, ce mouvement va s'accélérer et le syndicat, cette forme nouvelle de l'association professionnelle, va prendre la place considérable qu'il lui était réservé d'occuper dans l'histoire sociale des vingt-cinq dernières années.

Section V. — **La troisième République.** — **Multiplication des syndicats libres.** — **Loi du 21 mars 1884 sur les syndicats professionnels.** — **Commentaire de cette loi : doctrine et jurisprudence.** — **Projets de revision de la loi de 1884.**

Arrêté pendant les années 1870-71 par la guerre, l'invasion et la Commune, le mouvement syndical reprit dès 1872. Les groupes corporatifs que les événements avaient dispersés se reconstituèrent; d'autres groupes se formèrent. La liberté des associations professionnelles, c'est-à-dire l'abrogation des entraves légales (la loi du 14 juin 1791 et l'art. 416 du Code pénal) qui s'opposaient encore à leur développement fut réclamée en toute occasion par les représentants des classes ouvrières comme la plus indispensable des réformes. Cette liberté, les délégués des ouvriers français aux Expositions de Vienne (1873) et de Philadelphie (1876), la revendiquent tour à tour. Des vœux tendant à son rétablissement sont émis successivement par les congrès ouvriers de Paris (1876) de Lyon (1878), de Marseille (1879), du Havre (1880), et de Reims (1881)[1], et ce ne sont pas seulement les ouvriers socialistes parmi lesquels se recrutent surtout les adhérents aux syndicats représentés à ces congrès qui réclament l'abrogation de la loi de 1791. Dès 1875, le congrès catholique de Reims s'est associé à ce vœu en réclamant dans un esprit, il est vrai, très différent « la réorganisation des corporations fondées sur l'esprit chrétien et appropriées aux conditions nouvelles de la vie moderne ». Il n'est pas jusqu'aux associations purement professionnelles et étrangères à toutes tendances politiques ou reli-

---

1. Voir Léon DE SEILHAC, *Les Congrès ouvriers en France de 1876 à 1897*. Paris, Colin, 1899; et : *Les Congrès ouvriers en France* (2ᵉ série, 1894-1907). Paris, Lecoffre, 1908. Voir aussi *infra*, ch. ɪɪ.

gieuses qui ne tiennent à affirmer la solidarité de tous les ouvriers unis pour reconquérir leurs libertés, et le congrès corporatif des boulangers de France tenu en 1877 proteste, lui aussi, contre « la funeste loi de 1791, qui interdit les associations d'ouvriers appartenant aux mêmes corps d'état et qui a empêché jusqu'ici l'organisation de sociétés professionnelles locales et à plus forte raison une union de tous les ouvriers de France ».

En même temps, et comme pour justifier ces revendications, plusieurs exemples mettaient en évidence la contradiction choquante entre les idées théoriquement incontestées qui proclamaient le droit des travailleurs d'assurer par une libre entente la défense de leurs intérêts (droit virtuellement reconnu par l'abrogation de la loi sur les coalitions en 1864) et l'inexplicable maintien dans nos Codes de dispositions pénales inconciliables avec cette liberté (loi de 1791 et art. 416 du Code pénal.) C'était d'abord un arrêt de la Cour de cassation du 28 août 1873 (Dalloz, *Recueil de jurisprudence périodique*, 1873, 1re part., p. 448) rejetant le pourvoi formé contre un arrêt de la Cour de Lyon qui avait condamné à l'amende et à la prison, par application de l'art. 416 du Code pénal, des ouvriers fondeurs coupables d'avoir posé comme condition de la reprise de leur travail le renvoi d'un ouvrier. C'était un arrêt de la Cour de Paris déclarant délictueuse une résolution par laquelle des ouvriers chapeliers de Paris s'engageaient à ne pas travailler pour le compte d'un chef d'industrie tant que ce dernier n'aurait pas consenti aux ouvriers occupés dans l'un de ses ateliers les mêmes conditions de salaire qu'il accordait lui-même à ceux d'un autre atelier et qui correspondaient au tarif établi par le syndicat[1].

---

[1]. Cette résolution était ainsi conçue : « Les ouvriers chapeliers de Paris, mettant en application le principe de la solidarité, déclarent : La maison Crespin qui a deux ateliers à Paris, l'un 1, rue Vitruve, et l'autre

Ces décisions de la jurisprudence étaient sans doute légales. Il n'en est pas moins vrai qu'elles ne correspondaient plus à l'opinion de plus en plus favorable à la liberté d'association. La tolérance administrative dont bénéficiaient les syndicats patronaux formait d'ailleurs contraste avec les rigueurs dont les syndicats ouvriers étaient l'objet de la part des tribunaux. On s'expliquait mal la dissolution de l'Union des ouvriers rubaniers de Saint-Etienne ou de l'Union des ouvriers sur métaux de Lyon, quand on voyait d'autre part se constituer librement, avec l'autorisation tacite et parfois même bienveillante, de l'autorité, des centaines de syndicats patronaux. Parmi les syndicats ouvriers eux-mêmes, du reste, un grand nombre n'étaient pas inquiétés et fonctionnaient sans entraves. On les laissait tenir publiquement leurs congrès ; on les consultait même officieusement sur l'opportunité de telle ou telle réforme à l'ordre du jour, et au demeurant les syndicats tant ouvriers que patronaux se multipliaient acquérant chaque jour une force et une cohésion plus grandes. En 1881, il existait déjà à Paris 138 associations de patrons avec 15.000 membres et 150 chambres syndicales ouvrières ne groupaient pas moins de 60.000 adhérents; en province, fonctionnaient 350 syndicats ouvriers [1]. La logique, le bon sens et l'intérêt supérieur de l'ordre public voulaient que le sort d'un aussi grand nombre d'associations ne demeurât pas plus longtemps en suspens et que l'on optât entre l'une de ces deux solutions : ou l'application rigoureuse des lois existantes qui autorisaient la dissolution de ces associations par l'autorité publique, ou la pro-

---

rue Simon-le-Franc, refusant le tarif de la Société pour l'atelier de la rue Vitruve, les ouvriers de la rue Simon-le-Franc, bien que payés au tarif, quittent le travail jusqu'à l'acceptation du tarif pour leurs camarades » (V. dans le *Journal officiel* de 1883, Chambre des députés, Documents parlementaires, le rapport de M. LAGRANGE, annexe, n° 1766, p. 396).

1. DUCROCQ, *Cours de droit administratif*, t. I, p. 719.

clamation de la liberté des associations professionnelles par la suppression des lois qui entravaient leur fonctionnement; c'est à cette dernière solution que le législateur allait s'arrêter.

Déjà, en 1878, M. Lockroy avait saisi la Chambre des députés d'un projet de loi ayant pour objet la reconnaissance légale des syndicats professionnels. Les événements politiques qui amenèrent la dissolution de la Chambre et de nouvelles élections générales empêchèrent la discussion de ce projet. Mais l'idée ne tardait pas à être reprise. Le 22 novembre 1880, M. Cazot, ministre de la justice, déposait au nom du gouvernement un projet de loi sur la liberté des associations professionnelles. Après avoir rappelé dans quelles circonstances avait été promulguée la loi des 14-17 juin 1791 interdisant aux citoyens exerçant une même profession de délibérer ou de faire des règlements en commun *sur leurs prétendus intérêts communs*, l'exposé des motifs[1] ajoutait : « Ces mesures
« qui aujourd'hui peuvent paraître excessives étaient alors
« nécessaires pour briser les résistances et déjouer les
« manœuvres des privilégiés *d'octroi royal* qui avaient
« si longtemps imposé au travail le joug de leur régle-
« mentation et confisqué à leur profit la liberté des con-
« trats[2].

« Mais aujourd'hui cette nécessité existe-t-elle encore,
« ou tout au moins existe-t-elle au même degré? Serait-
« il à craindre, si l'on se départissait des rigueurs de la
« loi des 14-17 juin 1791, de voir renaître les corporations

---

1. *Journal officiel* du 29 novembre 1880, annexe n° 3029.
2. Cette explication historique est de pure fantaisie. Les maîtres des corporations songeaient, en vérité, en 1791, à tout autre chose qu'à se soulever. On sait que les émeutes dont s'effraya la Constituante et qui déterminèrent le vote de la loi de 1791, furent purement ouvrières. La loi de 1791 fut vivement attaquée par un publiciste [qui certes n'était pas un *privilégié d'octroi royal*, par Marat.

« oppressives des temps passés? ou pourrait-on redouter
« des coalitions d'intérêts préjudiciables à l'ordre public
« et à la prospérité du pays? »

Après avoir rappelé qu'un grand nombre d'associations syndicales s'étaient constituées malgré les prohibitions de la loi de 1791 et avoir constaté que ces syndicats n'avaient occasionné ni troubles, ni désordres, l'exposé des motifs poursuivait en ces termes:

« L'expérience ayant démontré que, sans aucun dan-
« ger[1], les membres d'une même profession peuvent se
« constituer en société libre et permanente pour l'étude
« et la défense d'intérêts communs, nous estimons qu'il
« y aurait avantage à régulariser une situation irrégulière
« et à faire disparaître une interdiction légale qui n'a
« plus aujourd'hui sa raison d'être. »

Le projet de loi du gouvernement soumis à l'examen d'une commission fut l'objet d'un rapport de M. Allain-Targé[2] et adopté en première lecture par la Chambre des députés le 9 juin 1881. Au cours de la discussion, un député, M. Cantagrel, s'était déclaré hostile au projet, non pas qu'il se refusât à admettre la liberté des syndicats, mais parce qu'à son avis il était préférable de voter une loi générale qui proclamât la liberté de toutes les associations. Cette idée fut reprise au Sénat, saisi à son tour du projet de loi, dont le rapporteur fut M. Marcel Barthe[3], par un membre de la droite, M. Brunet, qui dans

---

1. M. Cazot se montre ici aussi mauvais prophète qu'il s'était révélé mauvais historien. La liberté de l'association professionnelle est un droit primordial et nous sommes de ceux qui estiment cette liberté, même avec tous ses périls, préférable à la compression et à l'individualisme. *Malo periculosam libertatem.* Mais prétendre que la liberté syndicale n'*offre aucun danger* et que l'ordre public n'a rien à redouter des syndicats, c'était là un paradoxe sur le mérite duquel, après la formation de la Confédération du travail et trente-huit ans d'expérience, nous sommes aujourd'hui fixés.
2. *Journal officiel, Chambre, Déb. et doc. parl.*, 1881, p. 361.
3. V. le rapport, *Journal officiel*, juin 1882, *Sénat*, annexe n° 296, p. 329.

la séance du 1ᵉʳ juillet 1882 demanda vainement l'ajournement de la loi pour permettre au gouvernement de déposer un projet de loi général sur les associations. Bien que combattu par MM. Buffet et Jouin[1], le projet, maintenant défendu au nom du gouvernement par un puissant avocat, M. Waldeck-Rousseau, profondément amendé au surplus, ainsi qu'on le verra par la suite, était adopté en première lecture par le Sénat le 31 juillet 1882 et faisait retour à la Chambre devant laquelle le débat s'élargit et donna lieu à une belle lutte oratoire. Les doctrines sociales les plus opposées, celles de l'économie politique classique et du laisser-faire aussi bien que celles de l'école catholique et de l'école révolutionnaire, furent développées à la tribune par MM. de Mun, Frédéric Passy, Lockroy, Martin Nadaud, Floquet, Clemenceau[2] et, sans qu'une seule voix s'élevât contre la loi nouvelle, les orateurs de chaque parti saisirent cette occasion unique d'affirmer publiquement leurs principes et de dire dans quel esprit et avec quelles espérances ils voteraient la liberté des associations professionnelles.

Après cette passe d'armes entre les champions des diverses écoles, le projet fut adopté, avec rétablissement de quelques-unes des dispositions supprimées par le Sénat. Renvoyé de nouveau le 28 juillet 1883 à cette assemblée, ce projet fut adopté par elle sous la forme définitive, le 23 février 1884, et par la Chambre des députés, le 13 mars de la même année. La loi de 1884 a été depuis notablement amendée par la loi du 12 mars 1920. Il nous reste à étudier en détail les dispositions combinées de

---

[1]. Ce dernier orateur déclarait, dans la séance du 6 juillet 1882 (*Officiel* du 7), que le projet établissait, au profit d'une catégorie de citoyens, un privilège et, par conséquent, une injustice; il le qualifiait d'inutile et de dangereux.
[2]. Les socialistes purs manquaient seuls au rendez-vous. Mais à la Chambre de 1881 le socialisme ne comptait, pour ainsi dire, pas de représentants; le radicalisme de M. Clemenceau était alors l'expression des idées les plus avancées représentées au Parlement.

ces deux lois fondues en une seule par le législateur de 1920[1].

L'art. 1ᵉʳ de la loi du 21 mars 1884 est ainsi conçu :

Sont abrogés la loi des 14-27 juin 1791 et l'art. 416 du Code pénal.

Les articles 291, 292, 293, 294 du Code pénal et la loi du 10 avril 1834 ne sont pas applicables aux syndicats professionnels.

En dehors de la loi des 14-27 juin 1791 sur laquelle il est superflu d'insister[2], l'art. 1ᵉʳ de la loi de 1884 abroge l'art. 416 du Code pénal : Cet article, modifié par la loi du 25 mai 1864, punissait d'un emprisonnement de 6 jours à 3 mois et d'une amende de 16 à 300 francs ou de l'une de ces deux peines seulement tous ouvriers, patrons et entrepreneurs d'ouvrages qui à l'aide d'amendes, défenses, proscriptions, interdictions prononcées par suite d'un plan concerté, auraient porté atteinte au libre exercice de l'industrie et du travail. La suppression de cet article ne fut obtenue qu'avec peine du Sénat qui par son premier vote le maintenait. « L'art. 416, disait au Sénat

---

1. Bibliographie. — De nombreux commentaires de la loi du 21 mars 1884 ont paru depuis sa promulgation. Parmi les principaux nous signalerons tout particulièrement l'excellent ouvrage de M. PAUL PIC, *Traité élémentaire de législation industrielle*, 5ᵉ édition, Rousseau, 1922. Citons encore : BERGERON, *Du droit des syndicats d'ester en justice*, Rousseau, 1896, in-8ᵒ. — BRUNSCHVIG, *La responsabilité civile des syndicats à raison des atteintes à la liberté du travail*, Paris, Boyer, 1902. — CROUZEL, *Un syndicat professionnel peut-il imposer par la grève ou la menace de grève à un patron le renvoi d'un ouvrier ?* Paris, Rousseau, 1898, broch. in-8ᵒ. — COUROT, *Le syndicat demandeur en justice dans l'intérêt de ses membres*, Paris, Larose, 1900. — MARAIS, *Les syndicats professionnels et la jurisprudence*, Marchal, 1908. — GLOTIN, *Etude historique, juridique et économique sur les syndicats professionnels*, 1889, in-8ᵒ. — DUFOURMANTELLE, *Manuel pratique de droit industriel*, 1892, tome I. — HUBERT VALLEROUX, *Les Corporations d'arts et métiers et les syndicats professionnels en France et à l'étranger*, 1885, in-8ᵒ (p. 359 à 373). — GEMAHLING, *Les actions syndicales en justice pour la défense de l'intérêt professionnel*, Rousseau 1912. — CÉLIER, *Commentaire de la loi du 12 mars 1920* (très bref). *Recueil général des lois et arrêts 1920.* — PIOT, commentaire des lois du 21 mars 1884 et du 12 mars 1920; petite brochure, *Rec. gén. des Lois et arrêts 1920.* — Les arrêts et jugements que nous reproduisons sont empruntés aux recueils périodiques de Sirey, de Dalloz et de la *Gazette du Palais*.

2. V. *supra*.

M. Marcel Barthe, ne punit pas le concert arrêté ; il ne punit même pas la prononciation d'amendes, de défenses, de damnations, etc. Il ne punit ces faits que quand ils portent atteinte à la liberté du commerce et de l'industrie. » A quoi le rapporteur de la Chambre des députés, M. Lagrange, répondait fort justement : « On n'aperçoit pas clairement comment ces manœuvres peuvent ne porter aucune atteinte au libre exercice du travail, à moins qu'elles ne restent à l'état purement platonique. » Et M. Lagrange rappelait l'opinion de M. Ribot, qui était alors le chef du groupe le plus modéré de la gauche. « En ce qui concerne l'art. 416, disait M. Ribot, il faut l'abroger non seulement pour les syndicats professionnels, mais d'une façon générale, parce qu'il punit le concert pour amener la cessation du travail, lorsque ce concert se traduit par des amendes ou des interdictions. Or, il est incontestable que si vous donnez aux syndicats la liberté de s'organiser avec la pensée qu'ils pourront s'organiser à l'état de lutte, il faut leur permettre de procéder au moins vis-à vis de leurs membres par certaines sanctions, certaines amendes ou interdictions dont nous n'admettrons pas la validité au point de vue civil, mais qui au point de vue pénal ne peuvent être l'objet d'une incrimination. »

L'art. 416 fut donc abrogé et, par suite, l'entente concertée entre ouvriers ayant pour but, *même à l'aide d'amendes, défenses, proscriptions*, etc., d'amener la cessation du travail, a cessé d'être délictueuse. La jurisprudence a fait de cette disposition nouvelle de la loi plusieurs applications. Ainsi le tribunal civil de Lyon a jugé, le 13 mai 1885, que le fait par des ouvriers de préparer une grève n'est plus un délit, même s'ils ont eu recours pour atteindre ce but à des affiches ou insertions, pourvu que ces affiches ou insertions ne renferment aucune allégation pouvant nuire à l'honneur ou à la considération du chef d'industrie contre lequel la grève est provoquée (*Gazette du Palais*, 1885-2-supp. 133).

Plus récemment, il a été jugé par le tribunal civil du Havre (12 novembre 1894, *Gazette du Palais*, 1894-2-655) que l'entente pour le maintien des salaires, autrefois interdite par l'art. 416, C. pén., étant aujourd'hui licite en vertu de l'art. 1ᵉʳ de la loi du 21 mars 1884, il est permis à un syndicat professionnel de prendre des mesures pour la fixation des salaires à un taux déterminé, pourvu qu'il n'ait pas recours à la violence et aux manœuvres frauduleuses.

Mais l'interprétation de l'art. 1ᵉʳ de la loi du 21 mars 1884 a donné lieu en jurisprudence à une autre difficulté. En effet, de ce que l'entente concertée en vue d'amener, même à l'aide d'amendes, défenses, proscriptions, etc., la cessation du travail n'est plus délictueuse, c'est-à-dire n'entraîne plus contre les ouvriers syndiqués l'application de pénalités correctionnelles, s'ensuit-il nécessairement que ceux qui, patrons ou ouvriers, sont lésés dans leurs intérêts par ces amendes, défenses ou proscriptions, ne soient pas en droit de poursuivre civilement contre leurs auteurs l'allocation de dommages-intérêts en raison du préjudice qui leur a été causé ? En d'autres termes, l'art. 1ᵉʳ de la loi de 1884 a-t-il eu seulement pour effet, en abrogeant l'art. 416, de supprimer le délit prévu par cet article, tout en réservant, le cas échéant, l'action civile aux intéressés, ou a-t-il, en ôtant tout caractère illicite à l'entente concertée en vue de la cessation du travail, établi en faveur des ouvriers syndiqués le droit absolu de préparer et de conseiller la grève sans être, en aucun cas (sauf, bien entendu, s'il y a eu injure ou diffamation), passibles de dommages-intérêts ?

Telle est la question capitale qui s'est déjà posée plusieurs fois devant les tribunaux. Cette question a été résolue par la jurisprudence à l'aide de la distinction suivante qui nous paraît très juridique et, dans l'état actuel de la législation, très raisonnable. L'intervention du syndicat qui a eu pour effet d'amener la grève était-elle justifiée par la défense d'un des intérêts économiques, industriels ou commerciaux de la profession (art. 3), cette intervention est légitime et les membres du syndicat ne peuvent être passibles de dommages-intérêts, il en sera notamment ainsi lorsque la grève aura eu pour but une augmentation des salaires alloués aux ouvriers ou à une catégorie des ouvriers de la profession.

Mais si, au contraire, la cessation du travail a été provoquée dans un but étranger à la défense des intérêts professionnels, le syndicat est passible de dommages-intérêts envers celui aux intérêts duquel il a porté indûment préjudice. Il en sera notamment ainsi lorsque la grève concertée a eu pour but d'imposer à un patron le renvoi d'un ouvrier qui s'est retiré de l'association ou qui refuse d'en faire partie[1]. Voir dans le sens de cette distinction : Cassation, 22 juin 1891, (SIREY, 1893, 1re partie, p. 41), Chambéry, 14 mars 1893 (SIREY, 1893, 2e partie, p. 139), Lyon, 3 mars 1894 (DALLOZ, 1894.2.306, note de M. Planiol) et 15 mai 1895 (SIREY, 1896.2.30), Paris, 31 mars 1896 (SIREY, 1896.2.98) et 5 février 1901 (D. 1901.2.427), Limoges, 10 juin 1902 et sur pourvoi Req. 25 janvier 1905 (D. 1905.1.155). Montpellier, 20 février 1908 (D. 1909.5.). Chambéry, 4 octobre 1910 (D. 1911.2.187). L'arrêt de Lyon du 3 mars 1894 a statué sur

---

1. Il en serait autrement si les ouvriers exigeaient le renvoi d'un ouvrier, non par ce motif qu'il n'est pas syndiqué, mais parce qu'il travaille à un salaire inférieur au salaire normal des autres ouvriers. En pareil cas, le syndicat agirait dans la limite de ses attributions, c'est-à-dire pour la défense des intérêts généraux de ses membres, et l'ouvrier éconduit par le patron menacé d'une cessation générale du travail ne pourrait, à notre avis, prétendre à des dommages-intérêts. La jurisprudence paraît être en ce sens : les arrêts ci-dessus relatés constatent, en effet, que le renvoi de l'ouvrier auquel ils accordent des dommages-intérêts n'a pas été poursuivi par les ouvriers syndiqués *dans un intérêt professionnel*, ce qui implique que s'il en eût été ainsi, la solution eût été différente.

une espèce fort intéressante. Un ouvrier nommé Oberlé, employé à l'usine Carré, à Oullins, travaillait aux pièces dans un atelier de cristallerie, quand le syndicat des tailleurs de cristaux d'Oullins voulut le forcer à partager le travail aux pièces dont il avait seul le bénéfice avec un ouvrier congédié, nommé Engeras. Sur son refus et à l'instigation du syndicat, les ouvriers de l'usine Carré se mirent en grève, subordonnant la reprise du travail au renvoi d'Oberlé. Intimidé, le patron céda : Oberlé, congédié, poursuivit alors, contre les membres du syndicat, la réparation du préjudice à lui causé. Cette demande fut accueillie par le tribunal, puis par la Cour de Lyon dont l'arrêt est ainsi motivé :

« Considérant qu'il résulte, tant du texte de la loi nouvelle que des principes exposés dans les travaux préparatoires, que la loi du 21 mars 1884 a eu pour objet unique de protéger les ouvriers dans leurs intérêts professionnels vis-à-vis des patrons en les autorisant à se concerter entre eux pour la libre discussion de leurs salaires ; mais que la faculté accordée par la loi est limitative, qu'elle ne peut être étendue au delà du règlement des difficultés qui s'élèveraient directement entre les patrons et leurs ouvriers ; que, dans l'espèce, il ne s'agit nullement d'un conflit survenu entre tous les ouvriers de l'usine et leur patron sur une question relative à des intérêts professionnels, mais uniquement d'une difficulté soulevée entre ouvriers syndiqués, par les membres du syndicat qui ont réclamé l'exclusion de celui d'entre eux qui ne voulait pas se soumettre à l'autorité du syndicat. »

A plus forte raison, est-il interdit aux syndicats de diffamer, par la voie des journaux, un ouvrier non syndiqué, de même qu'un ouvrier démissionnaire ou exclu du syndicat. La loi du 21 mars 1884 n'a pas eu pour but de déroger à la loi du 29 juillet 1881 sur la diffamation. Bordeaux, 13 juin 1894 (*Revue des Sociétés*, 1894.1.436),

Paris, 5 févr. 1901 (D. 1901.2.427), 7 déc. 1903 *Gazette des tribunaux* (30 janv. 1904). Toutefois la convention par laquelle des entrepreneurs s'obligent envers un syndicat ouvrier à n'employer que des ouvriers affiliés à ce syndicat est licite alors qu'elle est temporaire, dictée par un désir de conciliation et non par la pensée de nuire à d'autres ouvriers. Cass. 24 octobre 1916 (D. 1916.1.246). En conséquence le dit syndicat ne commet pas un acte illicite en réclamant et obtenant en vertu de cette convention le renvoi d'ouvriers non syndiqués. Même arrêt.

Par application de la même jurisprudence il a été jugé que la mise à l'index d'un patron est légitime lorsqu'elle a eu lieu pour la défense d'un intérêt professionnel. (Req. 25 janvier 1905 déjà cité.)

Mais il y a abus manifeste de la part du syndicat ouvrier qui a prononcé la mise à l'index contre un patron alors que la grève ayant pris fin, aucun intérêt professionnel n'était plus en jeu. Paris, 5 février 1901 (D. 1901.2.427). A plus forte raison un syndicat ouvrier engage sa responsabilité lorsqu'il interdit *avec menaces* à tous les ouvriers de travailler chez tel ou tel patron. L'abrogation de l'article 416 du Code pénal n'a pas supprimé en effet le délit de violences, menaces, voies de fait et manœuvres frauduleuses dans le but de porter atteinte au libre exercice de l'industrie et du travail (art. 414). *Même arrêt.*

Certaines décisions de justice paraissent subordonner la légitimité de la mise à l'index à cette condition que la mise à l'index n'ait pas reçu une publicité extraprofessionnelle notamment par voie d'affiches apposées dans un lieu public ou encore au moyen d'une interdiction de travailler signifiée à des ouvriers qui ne faisaient pas partie du syndicat. Paris, 5 février 1901 précité et Trib. civ. Douai, 7 mai 1902 (D. 1903.2.329). Cette doctrine nous semble bien contestable. Le syndicat, pourvu qu'il poursuive la défense d'un intérêt professionnel a le droit d'employer les moyens propres à atteindre ses fins. Or rien ne peut être plus utile au succès de ses efforts qu'une propagande tendant à déterminer les ouvriers même non syndiqués à s'abstenir de travailler chez tel patron ou encore qu'un appel à l'opinion publique. Leur refuser ce moyen d'action, c'est, à notre avis, limiter arbitrairement leurs droits.

La disposition finale de l'article 1er a perdu tout intérêt pratique depuis que la loi du 1er juillet 1901 a proclamé la liberté d'association et abrogé les textes visés au dernier paragraphe de l'article.

Si les ouvriers syndiqués peuvent, aux termes de la loi du 21 mars 1884, se réunir librement pour la discussion de leurs intérêts professionnels et user de propagande pour recruter des adhérents à leurs syndicats, cette réunion et cette propagande ne sauraient avoir lieu dans l'usine ou le chantier sans la volonté du maître. Les ouvriers qui agissent ainsi commettent un abus dont le maître peut, s'il en est résulté pour lui un préjudice, demander la réparation aux termes de l'art. 1382, C. civ.

Spécialement le maître dont les ouvriers ont abandonné le chantier à la suite de l'intervention dans le chantier même de grévistes qui leur ont intimé l'ordre de partir, sous peine de se voir expulser de force, peut demander la réparation du préjudice que ces faits lui ont causé. Et cette réparation peut être demandée à celui qui a organisé et préparé l'intervention des grévistes, encore bien qu'il se soit prudemment tenu à l'écart et n'ait pas fait irruption dans le chantier, s'il est constant, d'ailleurs, qu'il a été l'âme et le chef de l'entreprise et qu'en sa qualité de trésorier général du syndicat des ouvriers il a eu sur ceux-ci une autorité particulière et en a entraîné plusieurs de gré ou de force. Bourges, 19 juin 1894 (*Gaz. Pal.*, 1894.2.57).

Art. 2. — *Les syndicats ou associations professionnelles, même de plus de vingt personnes, exerçant la même profession, des métiers similaires ou des professions connexes concourant à l'établissement de produits déterminés, pourront se constituer librement sans l'autorisation du Gouvernement.*

Au cours de la première discussion à la Chambre des députés (9 juin 1881), M. Beauquier avait déposé un amendement tendant à autoriser la création de syndicats entre personnes, exerçant des professions même non similaires. Cet amendement fut rejeté et la jurisprudence considère avec raison comme essentielle à la validité d'un syndicat la condition qu'il soit formé entre personnes exerçant des industries au moins similaires. Il a été jugé en ce sens qu'il y a infraction à l'art. 2 de la loi de 1884, lorsque dans un syndicat dénommé syndicat des professeurs libres sont admis non seulement des professeurs de belles-lettres, sciences et arts libéraux, mais encore de soi-disant professeurs de menuiserie, de couture, de coupe et jusqu'à des concierges et lingères employés chez des chefs d'institutions. Paris, 4 juillet 1890 (Sirey, 91.2.7). V. encore : Trib. corr. Villeneuve-sur-Lot, 29 juin 1892 (Dalloz, 94.2.4), Paris, 29 novembre 1892 (*Gazette du Palais*, 93.1.20), Cassation, 18 février 1893 (Sirey, 96.1.377), Douai, 1ᵉʳ février 1904 (Dalloz, 1905. 2.105).

L'art. 2 de la loi de 1884 n'autorise pas seulement les syndicats exclusivement composés de patrons ou d'ouvriers, mais encore les syndicats mixtes composés à la fois de patrons et d'ouvriers. C'est ce qui résulte très nettement de la discussion de la loi au cours de laquelle un amendement de M. de Mun en faveur des syndicats mixtes fut repoussé sur cette observation de M. Floquet[1] :

---

1. *Journal officiel*. — *Chambre*. — *Débats parlementaires*, 1883, p. 1352.

« Si l'amendement a seulement pour objet d'autoriser les syndicats mixtes de patrons et d'ouvriers, il n'est pas nécessaire. La loi est conçue en de tels termes que les syndicats de patrons et d'ouvriers sont possibles. »

Art. 3. — *Les syndicats professionnels ont exclusivement pour objet la défense des intérêts économiques, industriels, commerciaux et agricoles.*

La disposition de l'art. 3 a pour but d'empêcher les syndicats de dégénérer en associations politiques ou religieuses. Il a été jugé en ce sens que le fait par un syndicat de s'occuper de questions étrangères aux intérêts industriels, par exemple de la création de corporations religieuses, des moyens de propager un journal ou d'encourager des pèlerinages ouvriers, constitue une infraction à la loi du 21 mars 1884 et entraîne l'application des peines prévues par cette loi et la dissolution du syndicat. Cassation, 18 février 1893 (*Gazette des Tribunaux* du 26 février 1893). Il a été jugé encore qu'un syndicat commet une faute justifiant l'allocation de dommages-intérêts s'il inflige une amende à l'un de ses membres pour refus de participation à une manifestation ayant un caractère exclusivement politique (celle du 1er mai) et l'exclut du syndicat pour refus de paiement de l'amende. Cass. 16 novembre 1914 (D. 1917.1 64).

Chaque syndicat peut agir dans la limite et pour la défense des intérêts industriels, économiques ou agricoles de sa profession.

Voir sur ce point (*infrà*, p. 675-677) le texte et le commentaire du nouvel article 5 consacrant pour les syndicats le droit d'ester en justice et d'exercer devant toutes les juridictions des actions dans l'intérêt de la profession qu'ils représentent.

Le texte de l'article 3 d'après lequel les syndicats ont exclusivement pour objet la défense des intérêts économiques, industriels, commerciaux et agricoles ne doit pas être interprété trop étroitement.

Ainsi un syndicat n'excède pas ses attributions en se préoccupant des intérêts sociaux, intellectuels et moraux de ses membres, en s'attachant à développer leur culture générale, en combattant l'alcoolisme, l'immoralité. De telles initiatives concourent indirectement, il est vrai, mais efficacement, à servir les intérêts généraux de la profession. Un artisan ou un employé instruit, au courant des préceptes de l'hygiène, tempérant, prémuni contre les tentations de la débauche, aura à valeur technique égale, une supériorité marquée sur un travailleur auquel on n'aura enseigné que la pratique de son métier.

Les administrateurs d'un syndicat qui feraient acte de commerce pourraient être déclarés en faillite et le syndicat lui-même, s'il était prouvé qu'il ne poursuit en réalité qu'un but commercial, pourrait être dissous.

Art. 4. — *Les fondateurs de tout syndicat professionnel devront déposer les statuts et les noms de ceux qui, à un titre quelconque, seront chargés de l'administration ou de la direction.*

Ce dépôt aura lieu à la mairie de la localité où le syndicat est établi, et à Paris à la préfecture de la Seine.

Ce dépôt sera renouvelé à chaque changement de la direction ou des statuts.

Communication des statuts devra être donnée par le maire ou par le préfet de la Seine au procureur de la République.

Les membres de tout syndicat professionnel chargés de l'administration ou de la direction de ce syndicat devront être Français et jouir de leurs droits civils.

(Les dispositions suivantes ont été ajoutées par la loi du 12 mars 1920). *Les femmes mariées exerçant une profession ou un métier pourront sans autorisation de leurs maris, adhérer aux syndicats professionnels et particper à leur administration et à leur direction.*

Les mineurs âgés de plus de seize ans peuvent adhérer aux statuts des syndicats sauf opposition de leurs père, mère ou tuteur. Ils ne peuvent participer à l'administration ni à la direction.

Pourront continuer à faire partie d'un syndicat professionnel les personnes qui auront quitté l'exercice de leur fonction ou de leur profession si elles l'ont exercée au moins un an.

Le dépôt des statuts n'est exigé que des syndicats définitivement constitués et non des syndicats d'études ou en voie de formation. Cette solution ressort des déclarations du Ministre de l'intérieur : « Je crois, disait M. Waldeck-Rousseau, que lorsque vous aurez décidé que les syndicats devront rendre publics leurs statuts, vous n'aurez pas fait autre chose que d'appliquer aux associations ce qui est actuellement la loi des société, à savoir que pendant le temps où ces associations cherchent leur voie, discutent sur les formes qu'elles se proposent d'adopter, il n'est pas permis d'exiger qu'elles apportent des statuts définitifs, puisqu'elles n'existent pas. Mais le jour où elles constitueront une association définitive, où leurs statuts seront arrêtés, elles auront à remplir l'obligation imposée par la loi[1]. »

La déclaration des noms des président, vice-président, secrétaire, etc., d'une section de syndicat est obligatoire si cette section a un bureau spécial. Bourges, 1ᵉʳ mai 1902 (Dalloz, 2. 412).

Il a été jugé que les fondateurs d'un syndicat professionnel ne peuvent se prétendre dispensés de l'obligation

---

[1]. Par arrêt du 13 mars 1895 (Sirey, 96. 2. 189), la Cour d'Amiens a jugé que la disposition de l'art. 4, § 1, qui prescrit le dépôt des noms des administrateurs ou directeurs ne s'applique pas à la délibération du syndicat qui maintient le directeur dans ses fonctions.

de déposer les statuts du syndicat, sous le prétexte que, l'administration les a connus en fait et a mis ces fondateurs en possession d'un local dénommé Bourse de travail. Paris, 26 janvier 1894 (*Rev. des Sociétés*, 1894.1.295.)

Les pièces que les fondateurs de syndicats professionnels sont tenus de déposer à la mairie de la localité où le syndicat est établi sont exemptes du timbre. Décision du ministre des finances du 21 juillet 1884, Sol. Régie, 25 mars 1885 (Sirey, 86.2.24).

La communication de la liste déposée à la Mairie des noms des administrateurs d'un syndicat ne peut être refusée aux tiers qui la demandent. Conseil d'État, 5 juillet 1912, (D. 1916.3.7.)

Le § 5 de l'art. 4, aux termes duquel les administrateurs et directeurs de tout syndicat doivent être Français et jouir de leurs droits civils, rend inaptes à remplir ces fonctions non seulement les étrangers, mais encore tous ceux qui ne jouissent pas de la plénitude de leurs droits civils, c'est-à-dire : 1° les individus qui ont encouru la dégradation civique ou l'une des peines auxquelles cette dégradation est attachée (travaux forcés à perpétuité ou à temps, détention, réclusion, bannissement); 2° ceux qui ont été privés d'une partie de leurs droits civils par suite de condamnations correctionnelles (C. pén., art. 42); 3° les individus déchus du droit de puissance paternelle (loi du 24 juillet 1889).

Les §§ 6 et 7 du nouveau texte présentent des solutions nouvelles du reste sans grand intérêt pratique. Si en fait les femmes mariées et les mineurs ne pouvaient se syndiquer sans l'autorisation des maris ou tuteurs, l'autorisation tacite était toujours présumée dans la pratique.

Le § 8 donne satisfaction à un vœu souvent formulé en permettant aux personnes ayant quitté l'exercice de leur fonction ou profession de *continuer* à faire partie d'un syndicat professionnel si elles ont exercé leur fonction ou profession au moins un an.

Faut-il interpréter strictement ce texte et dénier à ceux qui ont quitté la profession alors qu'ils n'étaient pas syndiqués le droit d'*entrer* dans un syndicat, attendu que la lettre du § 8 autorise seulement les anciens ouvriers à *continuer* à faire partie d'un syndicat? Cette opinion restrictive a été soutenue [1]. Nous sommes d'un avis différent pour trois motifs : 1° dans le rapport de M. Chéron, au (Sénat, Doc. parf. 1917, p. 181), le texte initial était ainsi conçu « pourront *continuer* à faire partie d'un syndicat professionnel les personnes qui auront quitté l'exercice de la profession si elles l'ont exercée pendant cinq ans au moins, et si au moment de leur *admission* ils l'avaient quittée depuis moins de quatre ans ». Les derniers mots impliquant l'idée d'un membre qui a sollicité son inscription au syndicat après avoir quitté la profession, semblent montrer que le mot *continuer* n'a pas un sens restrictif. Le texte a été modifié depuis, il est vrai, mais nous ne croyons pas que cette modification ait eu une portée restrictive à l'égard des anciens ouvriers non encore syndiqués qui voudraient se syndiquer ; 2° le projet Barthou de 1903, auquel se réfère le rapport Chéron, admettait les anciens ouvriers ayant exercé cinq ans et n'ayant pas quitté la profession depuis *plus d'un an à entrer dans le syndicat;* 3° on n'apercevrait pas nettement le fondement de cette discrimination.

Art. 5. — *(Nouveau texte). Les syndicats professionnels jouissent de la personnalité civile. Ils ont le droit d'ester en justice et d'acquérir sans autorisation à titre gratuit et à titre onéreux des biens meubles ou immeubles.*

Ils peuvent devant toutes les juridictions exercer tous les droits réservés à la partie civile relativement aux faits

---

1. V. Piot, *Les syndicats professionnels,* Commentaire de la loi du 12 mars 1920, p. 6.

portant un préjudice direct ou indirect à l'intérêt collectif de la profession qu'ils représentent.

Ils peuvent, en se conformant aux autres dispositions des lois en vigueur, constituer entre leurs membres, des caisses spéciales de secours mutuels et de retraites.

Ils peuvent en outre affecter une partie de leurs ressources à la création d'habitations à bon marché et à l'acquisition de terrain pour jardins ouvriers, éducation physique et hygiène.

Ils peuvent librement créer et administrer des offices de renseignements pour les offres et les demandes de travail.

Il peuvent créer, administrer et subventionner des œuvres professionnelles telles que institutions professionnelles de prévoyance, laboratoires, champs d'expérience, œuvres d'éducation scientifique agricole ou sociale, cours et publications intéressant la profession.

Ils peuvent subventionner des sociétés coopératives de production ou de consommation.

Ils peuvent, s'ils y sont autorisés par leurs statuts et à condition de ne pas distribuer de bénéfices même sous forme de ristournes à leurs membres :

1° Acheter pour les louer, prêter ou répartir entre leurs membres tous les objets nécessaires à l'exercice de leur profession, matières premières, outils, instruments, machines, engrais, semences, plants, animaux et matières alimentaires pour le bétail ;

2° Prêter leur entremise gratuite pour la vente des produits provenant exclusivement du travail personnel ou des exploitations des syndiqués, faciliter cette vente par expositions, annonces, publications, groupements de commandes et d'expéditions sans pouvoir l'opérer sous leur nom et sous leur responsabilité.

Ils peuvent passer des contrats ou conventions avec tous autres syndicats, sociétés ou entreprises. Tout con-

trat ou convention visant les conditions collectives de travail est passé dans les conditions déterminées par la loi du 25 mars 1919.

Les syndicats peuvent déposer en remplissant les formalités prévues par l'article 2 de la loi du 23 juin 1857, modifiée par la loi du 3 mai 1890, leurs marques ou labels. Ils peuvent dès lors en revendiquer la propriété exclusive dans les conditions de la dite loi.

Ces marques ou labels peuvent être apposés sur tous produits ou objets de commerce pour en certifier l'origine ou les conditions de fabrication. Ils peuvent être utilisés par tous individus ou entreprises mettant en vente ces produits.

Les peines prévues par les articles 7 et 11 de la loi du 23 juin 1857, contre les auteurs de contrefaçons, imitations, appositions ou usages frauduleux des marques de commerce seront applicables en matière de contrefaçons, appositions ou imitations ou usages frauduleux de marques syndicales ou labels. L'article 463 du Code pénal pourra toujours être appliqué.

Les syndicats peuvent être consultés sur tous les différends et toutes les questions se rattachant à leur spécialité.

Dans les affaires contentieuses, les avis du Syndicat seront tenus à la disposition des parties qui pourront en prendre communication et copie.

Il n'est dérogé en aucune façon aux dispositions des lois spéciales qui auraient accordé aux syndicats des droits non visés dans la présente loi.

Les immeubles et objets mobiliers nécessaires à leurs réunions, à leurs bibliothèques et à leurs cours d'instruction seront insaisissables.

Il en sera de même des fonds de leurs caisses spéciales de secours mutuels et de retraites dans les limites déterminées par l'article 12 de la loi du 1ᵉʳ avril 1898 sur les sociétés de secours mutuels.

Les syndicats professionnels ont le droit d'ester en justice, sans autorisation préalable, pour la défense des intérêts énoncés à l'article 3. Ces syndicats ne peuvent être cependant représentés valablement en justice que par un mandataire habilité, quant à ce, soit par les statuts, soit par une délibération. Un syndicat professionel régulièrement constitué peut donc exercer l'action civile devant les tribunaux de répression relativement à des actes délictueux préjudiciables aux intérêts économiques, industriels ou commerciaux qu'il représente. Cass., 2 février 1911 (D. 1911.1.417); 5 avril 1913 (1914.1.65). Ainsi un syndicat de marchands de meubles est recevable à réclamer des dommages-intérêts des commissaires priseurs qui en vendant au public à l'amiable des meubles neufs leur font une concurrence illégale. Cass., 25 janvier 1910 (D. 1912.1.395). De même un syndicat de pharmaciens est recevable à intervenir dans des poursuites intentées à un commerçant non-pharmacien qui a vendu des produits pharmaceutiques. Cass., 11 janvier 1913 (D. 1915.1. 62). Mais un syndicat professionnel n'est fondé à intervenir que si les intérêts économiques qu'il représente ont été directement lésés par le fait délictueux. Cass., 17 février 1912 (D. 1913.1.329). Spécialement un syndicat est irrecevable à intervenir dans un procès dans le simple intérêt individuel d'un de ses membres. Bordeaux 10 juin 1918 (D. 1919.2.55).

Les syndicats peuvent acquérir à titre onéreux; *a fortiori* ils peuvent faire des actes d'administration. Aucune disposition ne défend aux syndicats de prendre des immeubles à bail, quel qu'en soit le nombre et quelle que soit la durée du bail, ni de prêter, ni de vendre ou échanger leurs immeubles : ces divers actes ne sont soumis à aucune autorisation administrative. » (*Circulaire ministérielle* du 23 août 1884; *Journal officiel* du 29 août 1884). Il en est *a fortiori* de mêm sous l'empire de la loi nouvelle (Piot op. cit., p. 9).

Les syndicats professionnels peuvent acquérir à titre gratuit.

Le nouvel article 5 a consacré formellement ce droit qui était sous l'empire de la loi de 1884 admis par la jurisprudence, mais contesté par certains auteurs [1]. Les syndicats peuvent notamment recevoir des dons manuels.

Le texte nouveau supprime toute limitation en ce qui concerne la faculté d'acquérir des immeubles (l'ancien article 6 ne permettant aux syndicats d'acquérir que les immeubles nécessaires à leurs réunions, bibliothèques et cours professionnels.)

Le nouvel article 5 déclare insaisissables les immeubles nécessaires aux réunions, bibliothèques et cours professionnels. Le texte voté à la Chambre étendait cette insaisissabilité à tout le patrimoine syndical.

Aux termes du § 4 de l'article 5, les syndicats peuvent *sans autorisation*, mais en se conformant aux autres dispositions de la loi, constituer entre leurs membres des caisses spéciales de secours mutuels.

Bien que constituée par le syndicat, la société de secours mutuels est gérée par des administrateurs spéciaux et régie par des statuts particuliers. Elle est soumise à toutes les prescriptions et tenue de remplir toutes les formalités établies par la loi du 1er avril 1898. Toutefois on admet que le syndicat pourrait créer sans formalités une caisse intérieure non alimentée par des ressources ou cotisations spéciales, ayant un but général de solidarité ou de résistance (Piot, p. 12).

Un syndicat professionnel peut créer des caisses spéciales de retraites. Il devra se conformer, du moins s'il s'agit d'une caisse autonome aux ressources spéciales, à la

---

1. Cf. HUBERT VALLEROUX, *Revue des Sociétés*, 1886, p. 331. En sens contraire, la grande majorité des auteurs et la jurisprudence, notamment. Tribunal civil de la Seine, 17 mai 1905 (*Gazette des Tribunaux*, 11 juillet 1905).

loi du 5 avril 1910. Le dernier § de l'article 5 déclare insaisissables les fonds des sociétés de secours mutuels et de retraites dans les limites déterminées par l'article 12 de la loi du 1er avril 1898 c'est-à-dire jusqu'à concurrence de 360 francs pour les rentes et 3.000 francs pour les capitaux assurés.

L'avoir des caisses non spéciales constituées à l'intérieur du syndicat et alimentées par ses ressources générales ne bénéficie pas du privilège d'insaisissabilité, lequel n'appartient qu'aux caisses spéciales d'une part et de l'autre aux immeubles et biens mobiliers du syndicat nécessaires à ses bibliothèques, réunions ou cours professionnels. Cette solution résulte *a contrario* du texte de l'article 5 et aussi du rejet par le Sénat du texte primitif de la Chambre qui déclarait insaisissables les immeubles, biens mobiliers dépendant non seulement des œuvres de mutualité, mais des œuvres de solidarité et de chômage. Cette solution est importante car elle laisse exposés à une saisie éventuelle les fonds d'une caisse de solidarité simple ayant par exemple pour but de soutenir une grève [1].

Les dispositions des §§ 4, 5 et 6 autorisant les syndicats à entreprendre diverses œuvres économiques et sociales (habitations à bon marché; jardins ouvriers, offices de renseignements et de placement, œuvres d'éducation professionnelle) se passent de commentaires. Il est évident que ce texte élargit notablement les attributions des syndicats qui sous le régime de la loi de 1884 pouvaient d'autant moins construire des habitations ouvrières, acquérir des terrains pour jardins ouvriers, des champs d'expérience, que leur faculté d'acquérir des immeubles était limitée à ceux nécessaires à leurs réunions, bibliothèques et cours professionnels.

1. Piot, *op. cit.*, p. 13; Célier, Commentaire de la loi du 12 mars 1920, *Recueil général des lois et arrêts*, 1920, p. 403.

Les syndicats peuvent subventionner des sociétés coopératives de production ou de consommation. Il n'est pas question des sociétés coopératives de crédit, mais comme l'observe M. Piot *(op. cit.*, p. 13) le droit pour les syndicats de concourir à la formation de banques populaires pour le petit et le moyen commerce et la petite et moyenne industrie résulte de la loi du 13 mars 1917 (art. 10) de même que celui de participer à la création de caisses de crédit agricole résulte de la loi du 5 août 1920.

Les §§ 8, 9 et 10 concèdent aux syndicats divers droits dont les syndicats agricoles seront les principaux, mais non les seuls bénéficiaires. Dans la grande majorité des cas ce seront les syndicats agricoles qui achèteront pour les louer, prêter ou répartir entre leurs membres des matières premières ou machines (engrais, semences, etc.), mais il pourra arriver que des syndicats ouvriers professionnels et surtout des syndicats patronaux fassent usage de ces facultés. Les syndicats ouvriers en useront surtout s'ils sont en liaison avec des coopératives.

Le § 8 interdit aux syndicats toute distribution de bénéfices *même sous forme de ristournes*. Cette disposition interdit-elle toute ristourne même celle qui n'est que la restitution d'un trop perçu ? M. Piot pense que les trop perçus peuvent être restitués (p. 10). La distinction entre les ristournes — bénéfices et les ristournes trop — perçus étant de fait souvent délicate, il sera prudent de s'abstenir de toute ristourne. Nous traiterons plus loin des conventions collectives passées par les syndicats.

Les § 12, 13 et 14 consacrent pour la première fois officiellement le droit pour les syndicats de certifier l'origine et les conditions de fabrication de tous leurs produits en y apposant leurs marques ou labels. Ces marques seront protégées contre toute contrefaçon par la loi du 23 juin 1857. Il n'a encore été fait usage qu'assez rarement de cette faculté d'apposer des labels (notamment par les syndicats de la Fédération du Livre), mais cet usage paraît devoir se généraliser car le label est une protection pour l'acheteur qui y trouve une garantie collective de la bonne qualité de l'objet acquis, et aussi l'assurance que cet objet a été fabriqué par des industriels ou des ouvriers associés observant des conditions de travail à la stricte exécution desquelles il est possible qu'il attache un prix réel.

Les § 15 et 16 ne sont que la reproduction d'un texte de la loi de 1884. Un amendement de M. Saint-Venant à la Chambre tendant à rendre obligatoire la consultation des syndicats dans les différends professionnels fut retiré par son auteur.

Le paragraphe 17 stipule qu'il n'est pas dérogé aux droits conférés aux syndicats par des lois spéciales.

L'énumération des attributions des syndicats professionnels est-elle limitative? Le rapporteur au Sénat, M. Chéron, a répondu négativement à cette question (séance du 22 juin 1917, *Officiel* du 23). Les syndicats, a-t-il dit, pourront faire *tout ce que peut faire une personne civile pleinement capable.* Cette déclaration doit être bien comprise. Il est évident que la compétence et la sphère d'action des syndicats sont limitées par la loi du 12 mars 1920 et qu'un syndicat professionnel ne peut agir que dans la limite des intérêts économiques, industriels, commerciaux et agricoles entendus au sens large (v. *suprà*, p. 670-71), qu'il ne peut non plus se livrer à des actes de commerce (argument tiré des clauses lui interdisant de réaliser des bénéfices sur les opérations pour lesquelles il sert d'intermédiaire). Sa capacité est donc malgré la déclaration susdite du rapporteur beaucoup plus restreinte que celle d'une personne civile ordinaire qui peut poursuivre un but quelconque même commercial.

Art. 6. — *Les syndicats professionnels régulièrement constitués d'après les prescriptions de la présente loi peuvent librement se concerter pour l'étude et la défense de leurs intérêts économiques, industriels, commerciaux et agricoles.*

Les dispositions des articles 3 et 4 sont applicables aux Unions de syndicats qui doivent d'autre part faire connaître dans les conditions prévues au dit article 4 le nom et le siège social des syndicats qui les composent.

Ces Unions jouissent en outre de tous les droits conférés par l'article 5 aux syndicats professionnels.

Leurs statuts doivent déterminer les règles selon lesquelles les syndicats adhérents à l'Union seront représentés dans le Conseil d'administration et dans les Assemblées générales.

Le texte de la loi du 21 mars 1884 on le sait refusait toute personnalité civile aux Unions qui ne pouvaient ni ester en justice ni posséder. La loi nouvelle leur confère expressément cette personnalité.

Cette extension de la capacité des Unions avait déjà été demandée par M. Waldeck-Rousseau en 1899 et par M. l'abbé Lemire en 1902 et en 1906 mais ces propositions n'avaient pu aboutir. Si le § 4 de l'article 6 prescrit aux Unions de déterminer les règles selon lesquelles les syndicats adhérents à l'Union seront représentés dans le Conseil d'administration et dans les assemblées, il ne faut voir dans cette disposition que la volonté du législateur de prévenir toute divergence d'interprétation sur cette question. Mais les Unions demeurent libres d'organiser absolument comme elles l'entendent, la représentation des syndicats dans leurs conseils et assemblées soit qu'elles adoptent le système proportionnant le droit de représentation à l'effectif des membres de chaque syndicat, soit qu'elles préfèrent le système accordant un droit de suffrage seulement par unité syndicale quel que soit le nombre des adhérents de chaque syndicat.

Il importe de remarquer (car les confusions sur ce point sont fréquentes) que la loi n'exige nullement que des syndicats voulant se fédérer, représentent des professions ou métiers similaires ou connexes concourant à l'établissement de produits déterminés. Cette exigence de la loi (art. 2), n'existe qu'en ce qui touche les personnes voulant faire partie d'un même syndicat, mais non en ce qui concerne les syndicats qui se proposent de former entre eux une Union ou Fédération.

Art. 7. — *Tout membre d'un syndicat professionnel peut se retirer à tout instant de l'association, nonobstant toute clause contraire, mais sans préjudice du droit pour le syndicat de réclamer la cotisation afférente aux six mois qui suivent le retrait d'adhésion.*

Toute personne qui se retire d'un syndicat conserve le droit d'être membre des sociétés de secours mutuels et de pensions de retraites pour la vieillesse, à l'actif desquelles elle a contribué par des cotisations ou versements de fonds.

En cas de dissolution volontaire, statutaire ou prononcée par justice les biens de l'Association sont dévolus conformément aux statuts ou à défaut de disposition statutaire, suivant les règles déterminées, par l'Assemblée générale. En aucun cas ils ne peuvent être répartis entre les membres adhérents.

Le § 1 de l'art. 7 reconnaît à tout membre d'un syndicat le droit de se retirer à tout instant de l'association, malgré toute clause contraire : serait donc nulle la clause stipulant que le membre démissionnaire sans cause légitime devrait payer à titre d'indemnité une certaine somme au syndicat.

Le principe énoncé au § 1 de l'art. 7 a également été invoqué par la jurisprudence, concurremment avec l'art. 3 qui limite l'action des syndicats à la défense exclusive des intérêts économiques, industriels ou agricoles de leur profession, en faveur de l'opinion consacrée par les arrêts cités sous l'art. 1er et en vertu de laquelle le syndicat qui menace d'une grève un patron s'il ne renvoie un ouvrier démissionnaire du syndicat est passible de dommages-intérêts envers cet ouvrier ou ce patron.

Les tribunaux ordinaires sont seuls compétents, à l'exclusion des tribunaux de commerce, pour connaître d'une demande en paiement de cotisations formée par un syndicat contre un de ses membres. En ce sens, Tribunal de commerce de Saint-Nazaire, 16 juin 1894(*Gazette du Palais*, 94.2.81).

Le membre démissionnaire ne peut en principe réclamer aucune part dans l'actif social. M. Marcel Barthe avait proposé au Sénat lors de la discussion de la loi de 1884 d'accorder à tout membre démissionnaire une part proportionnelle à la part pour laquelle il aurait contribué à la création de l'actif social. « Si vous voulez, « disait M. Barthe, sauvegarder la liberté individuelle, « il faut dire *formellement* qu'un membre du syndicat en « se retirant ne perdra pas son droit dans l'actif social. » Cet amendement fut rejeté sur cette observation du rapporteur : « Les droits que les membres du syndicat pourraient conserver sur l'actif social seront fixés par les statuts. » En définitive, les statuts corporatifs peuvent accorder au membre démissionnaire le droit de réclamer une part de l'actif social; mais nous croyons avec M. Barthe que dans le silence des statuts une disposition *formelle* de la loi eût été nécessaire pour que ce droit appartînt au membre démissionnaire.

Le membre démissionnaire d'un syndicat peut continuer à faire partie de la société de secours mutuels ou de retraites constituée par le syndicat (art. 7, § 2) : bien que le texte ne le dise pas formellement, nous croyons cette règle applicable, *nonobstant toute clause contraire*. Tel paraît être en effet l'esprit de la loi.

Si la caisse de secours n'est pas alimentée par des cotisations spéciales payées directement par ses membres, mais au moyen d'un prélèvement sur les fonds du syndicat, le membre démissionnaire du syndicat continue-t-il à pouvoir faire partie de la société de secours mutuels? Non, d'après M. Glotin (p. 294); cet auteur justifie ainsi son opinion :

« Le démissionnaire ne verserait plus aucune cotisa-
« tion; il profiterait seulement des avantages de la
« société : il pourrait exiger des secours, sans bourse
« délier, au détriment des syndiqués. Est-ce que l'art. 7
« commande cette injustice? En aucune façon; il parle
« d'une société de secours mutuels à l'actif de laquelle le
« membre aurait contribué par des cotisations ou des
« versements de fonds. Or, dans notre hypothèse, il n'a
« rien versé en réalité pendant l'association à la caisse
« de secours mutuels : il n'y avait pas de cotisations à
« payer. C'est le syndicat lui-même qui, en tant que per-
« sonne morale, contribuait à l'actif de la société. Certes,
« ces subventions provenaient des cotisations des mem-
« bres, mais elles étaient les cotisations du syndicat et
« non celles de la caisse de secours. » (En ce sens égale-
« ment Paul Pic, 3ᵉ édit., § 418, et G. Piot *op. cit.*, p. 16).

Ce raisonnement ne nous paraît pas exact : il repose tout entier sur cette idée qu'il *n'y avait pas de cotisations à payer à la caisse de secours;* or, cette énonciation est, selon nous, très contestable. Sans doute, il n'y a pas eu de cotisations *directement versées* à la société de secours mutuels; mais il ne suit pas de ce fait qu'il n'y ait pas eu de cotisations perçues en fin de compte par cette caisse; sur les cotisations payées par les membres du syndicat, une partie représentait, en effet, les cotisations dues à la caisse de secours. Sans doute, c'est le syndicat qui percevait ces cotisations, mais il ne les percevait *qu'à la charge de procurer à ses membres les avantages attachés à la qualité de membres de la caisse de secours;* il était une sorte de fidéicommissaire légal grevé de restitution au profit de la caisse de secours mutuels. Par suite, le membre démissionnaire a réellement *contribué* à l'actif de la caisse de secours et peut réclamer le bénéfice de l'art. 7, § 2. Quant à l'objection tirée de ce qu'il serait injuste qu'un membre démissionnaire du syndicat pût sans bourse délier faire partie de la société de secours mutuels, on peut répondre qu'il serait tout aussi inique d'exclure de la société de secours mutuels le membre qui avant de se retirer du syndicat a pendant des années contribué par ses cotisations à alimenter la caisse des deux associations.

Au surplus, l'anomalie que l'on signale n'est pas sans remède. Le Tribunal saisi du litige pourrait, croyons-nous, décider en pareil cas que tout membre démissionnaire du syndicat sera tenu, s'il entend continuer à faire partie de la société de secours mutuels, de payer une cotisation équivalente à la part que représente dans chaque cotisation payée au syndicat le prélèvement opéré au profit de la caisse de secours. En effet, si le législateur a voulu concéder au membre démissionnaire le droit de continuer à faire partie de la caisse de secours, c'est évidemment à la condition que ce dernier continuera à payer à cette caisse sa cotisation.

Si tout membre du syndicat peut se retirer de cette association, le syndicat a-t-il le droit de prononcer contre ses membres la peine de l'exclusion? Il faut distinguer.

Si un membre n'a contrevenu à aucune des obligations essentielles qui lui étaient imposées par les statuts, l'exclusion ne peut-être prononcée contre lui. Spécialement outrepasse son droit et viole la règle de sa constitution l'assemblée générale d'un syndicat qui prononce l'exclusion contre l'un de ses membres à raison d'expressions blessantes renfermées dans une lettre de celui-ci à l'adresse d'un des membres du syndicat. C'est donc avec raison que le membre exclu dans de telles conditions demande sa réintégration sur les listes du syndicat. Dijon, 4 juillet 1890 (*Gaz. du Palais*, 1890.2.196). De même lorsqu'un article des statuts dispose que tout membre qui compromettra par des actes d'indélicatesse la considération du syndicat sera exclu, l'exclusion ne peut être prononcée, prétendûment en conformité avec l'esprit des statuts, contre un membre qui n'a commis aucun acte indélicat, mais qui a simplement négligé de répondre à deux convocations. Trib. civil Seine, 5 avril 1900 (DALLOZ, 1900.2.160).

Au contraire, l'exclusion peut être prononcée contre ceux des membres du syndicat qui ont manqué à leurs engagements tels qu'ils sont déterminés par les statuts. Rouen, 24 mai 1890. (SIREY, 92, 2ᵉ partie, p. 20. — Journal *La Loi* du 15 août 1890). Spécialement un syndicat professionnel a le droit d'expulser un de ses membres qui contrevient au but fondamental de la constitution du syndicat, but formellement énoncé par les statuts, en acceptant de travailler pour un salaire inférieur à celui fixé par le syndicat. Trib. civil du Havre. 12 novembre 1894 (*Gaz. du Palais*, 94.2.655).

Il semble résulter de l'arrêt précité de Rouen du 24 mai 1890 qu'un syndicat n'aurait jamais le droit de priver un de ses membres, sans son consentement, du bénéfice de l'association, mais pourrait seulement poursuivre contre lui la résiliation du contrat s'il avait manqué à ses engagements, tels qu'ils sont déterminés par les statuts, et que, dans ce cas, les tribunaux seuls auraient compétence pour statuer sur la contestation conformément à l'art. 1134, C. civ. Cette doctrine nous semble trop absolue. Sans doute le membre exclu par un syndicat peut toujours, s'il conteste le bien-fondé de son exclusion, réclamer sa réintégration devant les tribunaux civils,

Lorsqu'aux termes des statuts d'un syndicat l'exclusion ne peut-être prononcée qu'après enquête sur ces faits déterminés, la délibération d'après laquelle un membre est exclu doit à peine de nullité, mentionner la cause de l'exclusion, Cass. (D. 1914.5.30.). Mais sous cette réserve le syndicat a le droit de prononcer lui-même l'exclusion ; il doit seulement appeler le membre incriminé à fournir ses explications. Faute par le syndicat d'avoir mis le membre dont l'exclusion est demandée à même de présenter sa défense, ce dernier pourrait réclamer en justice l'annulation de la mesure prise contre lui. Trib. civil de Toulon, 14 février 1901 (*Droit*, 16 mars 1901).

Le membre exclu du syndicat continue à faire partie de la société de secours, s'il ne s'est pas mis dans le cas d'être également exclu de cette société.

L'article 7 § 3 prévoit la dissolution d'un syndicat soit volontaire, soit par décision de justice. La première ne peut être prononcée sauf disposition contraire des statuts qu'avec le consentement de tous les syndiqués, tout au moins *dans le cas où le syndicat est formé pour une durée déterminée* car la fixation de ce terme implique de la part de chaque syndiqué un droit personnel à réclamer la continuation de l'association jusqu'à ce terme. Si le syndicat a été formé sans fixation d'une durée déterminée la dissolution pourrait à notre avis être votée à la simple majorité des voix. La dissolution volontaire prévue par la loi serait du reste en pratique irréalisable si l'unanimité était requise dans tous les cas (*Contrà*, Piot, p. 17).

La dissolution par décision de justice se conçoit lorsqu'une prescription essentielle de la loi a été violée (*infrà*, art. 8). Pourrait-elle en dehors de ce cas et de toute disposition spéciale statutaire être prononcée par application de l'art. 871 du Code civil pour justes motifs, par exemple pour mésintelligence profonde entre les syndiqués mettant le syndicat dans l'impossibilité de réaliser son objet ?

Nous ne le pensons pas. Les syndicats régis par une loi spéciale ne sont pas des sociétés et le texte même de l'art. 1871 paraît bien inapplicable aux syndicats lorsqu'il prévoit l'annulation d'une société parce que l'un des associés a manqué à ses engagements ou qu'une infirmité habituelle le rend inhabile aux affaires de la société.

La dissolution du syndicat ainsi que l'observe très justement M. Piot (p. 18) n'entraîne pas nécessairement celle des Caisses autonomes de prévoyance créées par lui.

ART. 8. — *Les infractions aux dispositions des art. 2, 3, 4, 5 et 6 de la présente loi seront poursuivies contre les directeurs ou administrateurs des syndicats et punies d'une amende de 16 à 200 francs. Les tribunaux pourront, en outre, à la diligence du procureur de la République, prononcer la dissolution du syndicat et la nullité des acquisitions d'immeubles faites en violation des dispositions de l'art. 6.*

Au cas de fausse déclaration relative aux statuts et aux noms et qualités des administrateurs ou directeurs l'amende pourra être portée à 500 francs.

Cet article 8 n'est autre que l'ancien article 9 de la loi de 1884.

Le remaniement opéré par le législateur de 1920 dans le texte de la loi de 1884 n'a pas été ici fort heureux. Il est évident que la phrase concernant la nullité des acquisitions d'immeubles faites en violation des dispositions de l'article 6 n'a été reproduite que par erreur puisque le nouvel article 6 ne traite plus aucunement des acquisitions d'immeubles, lesquelles sont en vertu du nouvel article 5 parfaitement licites. C'est là un bel exemple de cette étourderie qui n'épargne pas plus le législateur que les simples particuliers. Ainsi on a purement et simplement reproduit l'ancien article 9 devenu le nouvel article 8 sans se préoccuper s'il cadrait bien avec la loi nouvelle ; il aurait fort bien pu se faire que la référence de la première phrase aux articles visés de l'ancien texte, constituât une nouvelle inexactitude car si les anciens articles 2, 3, 4 et 6 édictent des prohibitions ou formulent des limitations, il est difficile à première lecture d'apercevoir les infractions aux dispositions de l'article 5 qui peut viser l'article 8. Faut-il admettre que cette infraction serait de la part d'un syndicat le fait de réaliser des bénéfices sur les achats, locations ou prêts de matières premières, outils, instruments, machines, engrais qu'il a procurés à ses membres ? (art. 5, § 8 et 9). L'affirmation nous paraît devoir être admise car un syndicat qui agirait habituellement de la sorte serait une vraie société de commerce et pourrait être dissous. En ce sens, Piot, p. 19.

Le projet du Gouvernement ne punissait que le défaut de dépôt des statuts; au contraire, le texte voté par le Sénat en 1884 non seulement punissait les infractions aux art. 2 à 6, mais déclarait applicables aux syndicats les art. 23 et 24 de la loi du 29 juillet 1881 relatifs aux excitations et provocations à commettre certains délits. Cette dernière disposition a disparu du texte définitif de l'art. 9 (devenu en 1920 l'article 8), par suite d'un compromis entre les deux Chambres. Doit-on en conclure que les auteurs des provocations à des crimes et délits commis dans les réunions des syndicats ne seront passibles d'aucune peine ? Il faut distinguer. Si les discours incriminés ont été tenus dans une véritable assemblée syndicale, c'est-à-dire dans un lieu où seuls les membres du syndicat étaient admis, les discours ayant le caractère des excitations ou provocations dont il vient d'être parlé ne peuvent en aucun cas constituer un délit. Si au contraire, ces excitations ou ces provocations se sont produites dans une réunion publique organisée par les membres du syndicat, il y a lieu d'appliquer les dispositions pénales de droit commun (art. 23 et 24 de la loi du 29 juillet 1881 art. 293, C. pénal); des réunions publiques n'ont plus en effet à aucun titre le caractère d'assemblées syndicales et ne sauraient bénéficier des immunités dont jouissent les réunions de cette catégorie[1]. En ce sens, Ledru et Worms, p. 170, Glotin, p. 339.

Il a été jugé que lorsque les fondateurs de plusieurs syndicats, ayant un siège social commun (la Bourse du travail), ont omis de faire la déclaration légale et le dépôt des statuts, les contraventions encourues sont distinctes et la condamnation ne saurait être prononcée solidairement contre les membres responsables des divers syndicats. Mais la réunion, à la Bourse du travail, des membres délégués par chaque syndicat, sous les noms de comité général et de commission exécutive, avec pouvoir de subventionner les grèves et de favoriser, même par des avances de fonds, la création de nouvelles Bourses du travail, constitue une union de syndicats tenue de faire connaître à l'autorité les noms des syndicats qui la composent ; et cette formalité ne saurait être considérée comme légalement remplie par cela seul que les noms des syndicats, membres de l'union, sont énumérés dans l'*Annuaire de la Bourse du travail*, cette publication ne pouvant suppléer à la déclaration légale qui émane des personnes auxquelles incombe l'obligation de faire cette déclaration. Dans ce dernier cas, une seule et même contravention a été commise par plusieurs, et la condamnation doit-être prononcée solidairement contre tous les contrevenants. Paris, 26 janvier 1894 (*Revue des sociétés*, 1894.1.295).

Les circonstances atténuantes ne sont pas applicables en cas de contravention aux articles précités. Ces délits se prescrivent par trois ans (art. 638, Code d'instruction criminelle).

---

[1]. La même règle nous paraît devoir être suivie au cas de réunions composées de membres de plusieurs syndicats, à moins que ces syndicats ne forment une union constituée conformément à l'art. 5.

Aux termes du même art. 8 les tribunaux peuvent, à la diligence du procureur de la République, prononcer la dissolution des syndicats, en cas d'infraction aux dispositions précitées. Il a été jugé que la dissolution des syndicats, facultative pour les tribunaux, s'impose lorsque les prévenus, mis en demeure par l'autorité, ont persisté dans une résistance absolue, en déclarant qu'ils étaient décidés à ne pas obéir à la loi ; mais il doit être fait en appel une application modérée de la peine à ceux qui se sont soumis à la loi depuis le jugement. Paris, 26 janvier 1894, précité.

Il a été encore jugé que si le défaut de dépôt des statuts et des noms des administrateurs entraîne la nullité d'un syndicat, il n'en est pas de même de l'infraction à la disposition de l'art. 4, § 3, qui prescrit de renouveler à chaque changement de direction le dépôt à la mairie des noms des administrateurs. Paris, 20 janvier 1886 (SIREY, 87.2.129).

ART. 9. — *La présente loi est applicable aux professions libérales.*

Une loi spéciale fixera le statut des fonctionnaires.

Avant la loi nouvelle, la question de savoir si les personnes exerçant des professions libérales pouvaient ou non se syndiquer était controversée. La jurisprudence de la Cour de Cassation déniait à ces personnes le droit de former des syndicats, arguant de ce fait que les travaux préparatoires avaient constamment affirmé la volonté du législateur de restreindre les effets de la loi aux patrons et salariés de l'industrie, du commerce et de l'agriculture (arrêt du 27 juin 1885, Dalloz, 1886.1.137). La Cour de Cassation avait persisté dans sa jurisprudence après la promulgation de la loi du 30 novembre 1892 accordant le droit syndical aux médecins, chirurgiens et sages-femmes, jugeant que cette loi avait un caractère exceptionnel et que par *a contrario* on était fondé à refuser ce droit syndical à toutes les autres professions libérales. (En sens contraire un jugement du Tribunal de la Seine du 10 mars 1890, *Droit* du 11 mars 1890, Paul Pic, *Traité de législation industrielle* 4⁵ édition, p.388 et notre *Histoire des corporations*, 2⁵ édition, p. 671).

Désormais la question est résolue. Les personnes exerçant des professions libérales pourront se syndiquer. Il en est ainsi sans difficulté des professeurs libres, des journalistes, des hommes de lettres, des architectes. Des ecclésiastiques peuvent-ils se syndiquer? L'affirmative nous paraît certaine. Peu importe que *stricto sensu* l'état ecclésiastique ne soit pas, à proprement parler, une profession, mais plutôt un ministère. Ce sont là subtilités de linguistique. Au sens large du mot profession considéré comme mode d'emploi habituel et social de l'activité et de l'intelligence humaine, le ministère ecclésiastique est bien une profession et peu importe que la poursuite d'un gain pécuniaire ne soit pas le but du sacerdoce du moment où il est admis par l'usage que l'ecclésiastique comme l'artiste et l'homme de lettres a droit d'attendre tout au moins de l'exercice de ses fonctions une rétribution minima telle que l'obtiennent les prêtres attachés à une paroisse, les prédicateurs, les professeurs ecclésiastiques, etc., etc., rétribution assurant sa subsistance. Du reste comme on l'a remarqué, *la législation fiscale elle-même a tranché la question en assujettissant les ministres des cultes à l'impôt cédulaire sur le revenu des professions libérales* (Piot p.3. Celier *Recueil général des lois et arrêts*, *1920* p. 401). Peu importe que les ecclésiastiques aient ou non la liberté d'user du droit syndical en vertu des lois canoniques. Il suffit de constater que la loi de 1920 ne les exclut en aucune façon. *Contrà*, Pic, 5ᵉ éd., p. 241.

En ce qui concerne les professions libérales régies par des règlements publics comme les notaires, avoués, avocats, agents de change nous pensons que l'exercice du droit syndical est incompatible avec leur organisation corporative particulière qui ne prévoit pas la constitution de syndicats (Pic, *ibid.*, p. 240, Celier, *ibid.*, p. 402; *Contra*, Piot, p. 6).

Nous arrivons à la question si grave du droit syndical des fonctionnaires que l'article 9 élude, on l'a vu, en renvoyant la solution à une loi ultérieure. Il n'est pas possible de ne pas traiter ici ce grave problème. Nous croyons devoir tout d'abord reproduire pour en exposer les données essentielles encore inchangées les pages de notre deuxième édition consacrées à ce grand débat :

Les fonctionnaires publics de tous ordres, agents, employés, ouvriers de l'État, des départements et des communes ont-ils le droit de se syndiquer ? Il est superflu de retracer ici des événements qui sont encore présents à toutes les mémoires : grèves des facteurs et des ouvriers des arsenaux, des employés et ouvriers des chemins de fer de l'État, revendication du droit syndical par les instituteurs, poursuites exercées, campagne en faveur du droit syndical pour les employés de ministères, les maîtres répétiteurs, etc.

Il importe à notre avis de distinguer selon que l'on examine cette question délicate au point de vue strictement juridique ou au point de vue législatif; il importe aussi de ne pas confondre, comme on le fait trop souvent le droit de grève et le droit syndical.

Au point de vue juridique, les fonctionnaires sont-ils fondés à exercer :

1º Le droit de grève ?

2º Le droit syndical ?

Le *droit de grève* est formellement refusé à tous les fonctionnaires qui détiennent une portion de l'autorité publique (art. 123 et 124 du Code pénal[1]). Les fonction-

---

1. Art. 123. Tout concert de mesures contraires aux lois pratiqué soit par la réunion d'individus ou de corps dépositaires de l'autorité publique, soit par

naires qui par l'un des moyens exprimés part l'art. 123 (réunion, députation ou correspondance entre eux) concerteraient des mesures contre l'exécution des lois ou *contre les ordres du Gouvernement* sont passibles du bannissement. Le texte peut-être critiqué, jugé trop sévère, draconien ; il existe et il vise, à n'en pas douter, toute grève de fonctionnaires détenant une portion de l'autorité publique. Dans une telle grève en effet on rencontre forcément une entente par réunion, députation ou correspondance en vue de contrevenir aux ordres permanents du Gouvernement, qui sont d'assurer le service.

Il est bien certain par contre que les art. 123 et 124 sont inapplicables aux fonctionnaires qui ne détiennent aucune portion de l'autorité publique [1], *a fortiori* aux ouvriers salariés de l'État, des départements ou des communes (ouvriers des établissements industriels de l'État : arsenaux, chemins de fer de l'État, établissements de Sèvres et des Gobelins, manufactures de tabacs ou d'allumettes).

Le *droit syndical* appartient-il aux fonctionnaires ? Cette question, disons-nous, est tout à fait indépendante de la précédente. Le droit de coalition ou de grève a été reconnu en France (loi du 25 mai 1864) vingt ans avant

députation ou correspondance entre eux sera puni d'un emprisonnement de deux mois au moins et de six mois au plus contre chaque coupable qui pourra de plus être condamné à l'interdiction des droits civiques et de tout emploi public pendant dix ans au plus.

Art. 124. Si par l'un des moyens exprimés ci-dessus il a été concerté des mesures contre l'exécution des lois ou contre les ordres du gouvernement, la peine sera le bannissement.

1. Cette délimitation est souvent très difficile à établir. Les préfets, sous-préfets, trésoriers-payeurs généraux, receveurs, percepteurs, magistrats de tous ordres, gendarmes, agents de police, gardes champêtres sont évidemment des onctionnaires d'autorité. Mais pour d'autres fonctionnaires il peut y avoir doute. On a découvert récemment que certains sous-agents des postes avaient le droit de dresser dans des circonstances déterminées procès-verbal et que par suite ils détenaient une part de l'autorité publique. En tout cas, dans le droit actuel le principe de la distinction mis pour la première fois en évidence par M. Berthélemy, *Traité de droit administratif*, 5ᵉ éd., p. 46-53-54 est incontestable; il résulte de l'art. 123 du Code pénal.

que la liberté d'association professionnelle fût proclamée par la loi de 1884. Ces deux droits ne sont donc nullement indivisibles et inséparables. Si de droit commun ils appartiennent à tous les travailleurs, ce principe comporte en notre matière et pour le droit de grève une exception procédant des art. 123 et 124 du Code pénal qu'aucune loi n'a abrogés. Mais de ce que certains fonctionnaires sont privés du droit de grève il ne s'ensuit pas que le droit syndical leur soit nécessairement retiré.

Quel texte de loi au surplus exclurait pour eux la liberté de se syndiquer, liberté de droit commun depuis la loi de 1884? Ce texte ne saurait être l'art. 123 ou 124 du Code pénal; ces articles ne punissent que le concert contre l'exécution des lois ou contre les ordres du Gouvernement. Mais la grève n'est pas le but unique d'un syndicat; il peut encore créer des institutions de prévoyance et d'enseignement, présenter des pétitions au pouvoir public (sans aucune idée de révolte), défendre en un mot légalement et pacifiquement les intérêts professionnels de ses membres.

Mais observe-t-on, pour parvenir à ces fins, es fonctionnaires n'ont nullement besoin de créer un syndicat, il leur suffit de fonder une association professionnelle en vertu de la loi de 1901. Une telle association sera certainement licite; un syndicat est inutile.

Nous avouons notre incapacité à apercevoir pourquoi et comment une association de fonctionnaires serait licite si un syndicat ne l'est pas. Il est inexact en tous cas de dire que l'association confère à ses membres les mêmes avantages que le syndicat puisque des syndicats professionnels peuvent, sans aucune autorisation, recevoir des dons et des legs, faculté refusée aux associations [1].

---

[1]. Voir *Annales du Musée social*, 1906, p. 61-68, notre rapport sur les avantages comparés qui résultent de la constitution soit d'un syndicat professionnel, soit d'une association.

On dit encore communément le syndicat plus dangereux que l'association. Il est clair que si un gouvernement est trop faible pour faire respecter la loi, toute liberté publique devient dangereuse; car elle dégénère facilement et impunément en licence. Mais *en soi* l'argument ne vaut rien et il serait aisé de prouver que l'association en vertu de la loi de 1901 peut, au service de la faction révolutionnaire, être plus dangereuse que le syndicat. En effet :

1° Les fondateurs de tout syndicat sont tenus de déposer à la mairie les statuts et les noms des administrateurs. Aucune obligation de cette nature n'est imposée aux fondateurs d'une association qui ne prétend pas à la personnalité civile.

2° Peuvent seules former un syndicat les personnes exerçant la même profession ou des métiers similaires (art. 2, loi de 1884). Cette disposition exclut les personnes étrangères à la profession, les purs politiciens qui au contraire pourront librement entrer dans une association professionnelle.

3° Les directeurs et administrateurs de tout syndicat doivent être Français (art. 4 de la loi de 1884). Rien n'empêchera au contraire des agitateurs italiens ou belges de prendre la direction d'associations professionnelles créées en vertu de la loi de 1881.

4° Les syndicats professionnels ont pour but exclusif l'étude des intérêts économiques, industriels, commerciaux et agricoles (art. 3, loi de 1884). Ils ne peuvent s'occuper de questions politiques ou religieuses. Les associations formées conformément à loi de 1901 pourront au contraire officiellement participer à des campagnes politiques.

La distinction que l'on se plaît souvent à faire entre la bonne association professionnelle et le méchant syndicat est donc passablement puérile. Il est difficile d'autre part d'admettre l'argument d'école d'après lequel les fonctionnaires seraient unis à l'État non par un contrat de salaire, mais par un contrat de droit public leur imposant des devoirs spéciaux incompatibles avec les libertés syndicales [1]. Un texte formel du Code pénal (art. 123-124) a paru nécessaire, même sous le premier Empire, pour interdire les coalitions des fonctionnaires tendant à provoquer la désobéissance aux lois ou aux ordres du Gouvernement. Mais il n'existe aucune loi d'exception refusant aux fonctionnaires le droit d'association soit en vertu de la loi de 1884, soit en vertu de la loi de 1900, du moment où ces associations ne contreviennent pas aux articles 123 et 124 du Code pénal [2].

La même question devait tout naturellement se poser devant le Parlement lorsque fut mis à l'étude le projet de revision de la loi du 21 mars 1884. Le projet de loi primitif déposé par M. Chéron (annexe à la séance du 10 février 1916) ne renfermait aucune disposition sur ce point, mais dans son exposé oral à la séance du 21 juin 1917, le rapporteur rappelait en l'approuvant la thèse soutenue jusqu'alors par tous les Gouvernements. « Les fonction-

---

[1]. Nous avons le regret de nous trouver sur ce point spécial en désaccord avec M. Paul Pic (*op. cit.*, 5ᵉ édition, p. 243).

[2]. Voir dans les *Annales du Musée social* de 1904, p. 203, 209, 265-278, le rapport de M. Cheysson. Conformément aux conclusions de M. Cheysson, la Section des Associations ouvrières du Musée s'est prononcée en faveur d'un texte refusant le droit de grève au personnel des services publics administrés directement par l'Etat, les départements ou les communes et dont l'arrêt momentané serait une cause de perturbation fâcheuse pour la vie nationale ou locale. Une commission locale composée de hauts fonctionnaires et de magistrats (et non une commission mixte composée de représentants du Gouvernement et du personnel, ainsi que l'avait demandé la minorité de la Section) serait organisée dans chaque Ministère, examinerait les réclamations des fonctionnaires et émettrait un avis consultatif (la minorité de la Section eût voulu : *une sentence arbitrale*). Des sanctions seraient instituées : révocation ou amende garantie par la saisie d'un cautionnement. — Ce projet, amendé toutefois dans le sens des opinions de la minorité, nous paraît offrir la meilleure solution de ce délicat problème. Le statut des fonctionnaires ne peut évidemment être régi à tous égards, d'après, le droit commun, et il paraît légitime d'interdire la grève aux fonctionnaires dont les services sont indispensables pour le maintien de l'ordre public ou à la défense nationale, si d'ailleurs on leur donne toutes les garanties d'une juridiction arbitrale impartiale. Avec ces réserves essentielles nettement précisées, le droit syndical pourrait être reconnu aux fonctionnaires.

naires publics pour la défense de leurs droits peuvent s'associer mais sous le régime de la loi du 1er juillet 1901, ils ne peuvent pas, se syndiquer parce que du droit de syndicat découle le droit de coalition [1], qui ne saurait être attribué à ceux qui détiennent une part de la puissance publique. Les ouvriers de l'État des départements, des communes peuvent au contraire se syndiquer parce qu'ils ne sont liés à proprement parler que par un contrat de travail avec la collectivité qui les emploie.

Mais la question ne pouvait être ainsi traitée par prétérition. Nous la trouvons soulevée pour la première fois dans le rapport, à la Chambre des députés, de M. Lauche (annexe à la séance du 5 septembre 1918). Ce rapport est assez singulièrement rédigé. Après avoir affirmé que le droit syndical ne peut plus être contesté puisqu'on leur a permis de se grouper dans la forme prévue par la loi du 1er juillet 1901 M. Lauche ajoute aussitôt que ce groupement ne donne pas aux travailleurs la satisfaction qu'ils réclament et qu'il faut, « *leur donner le droit au syndicat* », droit qu'un instant avant il affirmait leur appartenir. Quoiqu'il en soit le rapport proposait d'accorder le droit syndical aux ouvriers et employés gestionnaires de l'État qui ne détiennent aucune partie de la puissance publique.

Ce texte fut modifié par la suite, ainsi que l'expliquait M. Lauche à la Chambre le 21 février 1919. Il était, d'après lui; trop difficile d'opérer le départ entre les fonctionnaires détenant ou non une part de la puissance publique. La délimitation était délicate, notamment à propos des postiers et des employés de chemins de fer, qui peuvent, en certains cas, dresser procès-verbal. Le rapporteur proposait donc un texte nouveau. La présente loi est applicable aux professions libérales, aux fonctionnaires, employés et ouvriers de l'État des départements

---

1. Nous avons essayé d'établir la proposition directement contraire (*suprà*, p. 696).

et des communes à l'exception : 1° des militaires de tous grades; 2° des fonctionnaires et agents de police; 3° des magistrats de l'ordre judiciaire, 4° des préfets et sous-préfets.

Mais le Gouvernement redoutait cet octroi pur et simple des libertés syndicales aux fonctionnaires et M. Colliard soutint un texte additionnel d'après lequel la cessation concertée du travail dans les administrations publiques de l'État, des départements et des communes entraînerait la rupture de contrat de travail et non sa simple suspension, solution d'ailleurs déjà admise par la Cour de Cassation mais contestée par divers auteurs. Ce texte du reste limité aux fonctionnaires aurait eu cette conséquence singulière de fournir un argument *a contrario*, aux partisans de la doctrine opposée à celle de la jurisprudence en ce qui concerne toutes les grèves survenues dans l'industrie ou le commerce. Si un texte spécial a été nécessaire pour décider que *dans les services publics*, la grève rompt le contrat de travail ne s'ensuit-il pas, eût-on dit, sans doute, que *de droit commun*, la grève n'est qu'une suspension dudit contrat? La Chambre du reste rejeta cette addition par ce motif indiqué par le rapporteur qu'elle ne discutait pas actuellement une loi sur le droit de grève, mais une loi sur les syndicats professionnels[1].

Le projet ainsi modifié revint au Sénat le 4 mars 1919. Mais dans la haute assemblée, le Gouvernement trouvait un point d'appui plus sûr qu'à la Chambre pour étayer ses conceptions. Il reprit le texte originaire consacrant la distinction entre les agents de gestion qui peuvent se

---

1. M. Jean Lerolle présenta sur le fond des observations très justes qui contribuèrent à éclairer le débat. Il fit observer que du moment où l'on reconnaissait aux fonctionnaires le droit de s'associer en vertu de la loi de 1901, il n'existait aucune bonne raison pour leur refuser le droit au syndicat mais que par contre l'octroi de ce droit n'impliquait aucunement celui du droit de grève. C'était dénouer une confusion qui manifestement existait dans beaucoup d'esprits et que, malgré tout, on retrouve encore trop souvent dans les discussions.

syndiquer et les agents d'autorité qui ne le peuvent pas et il fit admettre un paragraphe spécial d'après lequel toute interruption de service des administrations publiques de l'État, des départements et des communes est interdite. Les fonctionnaires de ces administrations qui cessent le travail à la suite d'un plan concerté sont considérés comme démissionnaires. Des règlements d'administration publique devaient déterminer les droits et obligations des fonctionnaires et fixer leur statut. Cette rédaction nouvelle fut adoptée le 19 mars malgré une opposition de M. Flaissières qui protesta au nom du salariat.

De nouveau la Chambre était saisie et cette fois le rapporteur M. Lauche mieux inspiré que dans son précédent rapport observait très justement que des dispositions de ce genre ne pouvaient prendre place dans une loi sur les syndicats professionnels et qu'en tous cas il était inadmissible de faire régler par de simples décrets d'administration publique c'est-à-dire par le Conseil d'État et le Ministre une question aussi grave que le statut des fonctionnaires. La discussion assez confuse qui s'engagea amena la Chambre à maintenir son texte primitif, mais en ajoutant aux catégories de fonctionnaires ou agents de l'État auxquels le droit syndical était refusé des catégories nouvelles comme les ambassadeurs et les conseillers d'État. C'était friser le ridicule ; on n'aperçoit guère sauf dans les revues de fin d'année, des syndicats de ces très hauts fonctionnaires pas plus que des syndicats de maréchaux ou de ministres! La Chambre parut en avoir tardivement la conscience car ces textes baroques une fois votés, elle adopta aussitôt un amendement de M. Jean Lerolle portant qu'une loi spéciale réglerait le statut des fonctionnaires, amendement d'une inspiration heureuse car il réservait pour le Parlement un droit législatif que le Sénat avait paru abdiquer ; il préparait au fond la disjonction nécesssaire de toute disposition relative au droit de grève d'avec la délibération sur le droit syndical.

Cette disjonction finit par être admise par le Sénat le 31 décembre 1919, et ratifiée par la Chambre le 18 juillet 1920. L'amendement Lerolle repris par M. Chéron est devenu la dernière partie de l'article 9.

Si la disjonction du texte relatif au droit de grève des syndicats de fonctionnaires publics se justifie, on peut regretter que le Parlement n'ait pas d'une manière générale sanctionné au profit de tous les fonctionnaires, employés et agents de l'État le droit de former des syndicats, droit qui ne saurait en équité leur être dénié. Une remarque importante doit cependant être faite. En réponse à une question de M. Lafont constatant qu'en tous cas il existait dès maintenant des syndicats de fonctionnaires et s'inquiétant de savoir quel serait leur sort le Ministre a formellement promis de respecter *le statu quo*. Cette promesse n'engageait sans doute que le Ministre alors au pouvoir. En fait, elle constitue jusqu'à nouvel ordre une sorte de promesse d'immunité donnée aux syndicats de fonctionnaires.

Le projet de loi sur le statut des fonctionnaires annoncé par le Gouverment a été déposé par lui sur le bureau de la Chambre le 1er juin 1920, (*Officiel* du 2. Documents parlementaires, p. 1534). Ce projet règle les questions ci-après : recrutement et avancement des fonctionnaires, discipline, organisation du service public, groupements de fonctionnaires. Les fonctionnaires pourraient (art. 20) constituer pour la défense de leurs intérêts corporatifs des « groupements professionnels ne poursuivant aucun but politique et soumis aux prescriptions de la loi du 1er juillet 1901 ; les unions ne pourraient se former qu'entre fonctionnaires appartenant à la même administration centrale ou au même service extérieur ou entre fonctionnaires de services distincts mais de fonction semblable (art. 21), toute union avec d'autres groupements serait interdite. »

Ces groupements (art. 22) jouissent de la capacité civile réglée par les lois du 21 mars 1884 et du 12 mars 1920. Leur direction ne peut être confiée qu'à des fonctionnaires en activité de service. Ils peuvent (art. 23) saisir directement les chefs de service et les ministres de toutes les questions se rattachant aux intérêts professionnels de leurs membres, poursuivre devant le Conseil d'État l'annulation de toutes mesures entachées d'excès ou de détournement de pouvoir sans préjudice des recours individuels des intéressés. L'article 24 édicte contre les contrevenants aux articles précédents la peine d'une amende de 16 à 1.000 francs pouvant en cas de récidive être élevée à 10.000 francs. La dissolution du groupement pourra être prononcée. Les directeurs de groupements et d'unions coupables d'avoir provoqué les fonctionnaires à la cessation concertée de leur service seront punis d'une amende de 10.000 à 15.000 francs et d'un emprisonnement de six jours à deux ans sans préjudice de la dissolution du groupement et de l'union.

Tel est ce projet qui nous paraît à tous égards fort mal venu. Il tend à créer un type vague et hybride dit « groupement » qui oscille tantôt entre l'association prévue par la loi du 1er juillet 1901, aux formalités de déclaration et aux prescriptions de laquelle il est déclaré soumis (art. 20) et le syndicat professionnel dont il a la capacité. Cet amalgame de deux types juridiques pourra donner lieu à bien des difficultés d'interprétation et contient en germe bien des controverses. Interdire de confier la direction ou l'administration de ces groupements à d'anciens fonctionnaires (art. 22), c'est déroger nettement à la loi du 12 mars 1920 et paraître par avance justifier le reproche de vouloir écarter les seules personnes qui auraient à l'égard de l'administration une complète indépendance. L'interdiction de la grève se justifie sans doute en ce qui concerne les fonctionnaires d'*autorité* et même ceux des agents de gestion dont les services sont indispensables à la vie sociale, mais le projet ne distingue pas et tend à refuser le droit de grève sans distinction à tous les employés, agents et ouvriers de l'État, des départements et des communes si on les considère comme des fonctionnaires. C'est dépasser le but. Nous en dirons autant des pénalités proposées qui, pour les fonctionnaires détenant une partie de l'autorité publique se superposent aux pénalités édictées par les articles 123 et 124 du Code pénal. Ces pénalités nouvelles sont excessives et en fait bien difficilement applicables ; il n'est guère possible d'envisager la condamnation à deux ans de prison et 15.000 francs d'amende du président d'un « groupement » de postiers ou d'employés de ministère ayant dirigé une grève ! La disposition originaire proposée par le Gouvernement qui tendait à considérer comme démissionnaires les fonctionnaires et agents de l'État qui cesseraient le travail à la suite d'un plan concerté paraissait une sanction tout à la fois plus modérée et mieux adaptée aux circonstances à supposer toujours qu'il s'agisse exclusivement des fonctionnaires d'autorité et des agents dont les services sont indispensables à la vie sociale.

Art. 10. — *La présente loi est applicable à l'Algérie et aux colonies.*

Toutefois les travailleurs étrangers engagés sous le nom d'immigrants ne pourront faire partie des syndicats.

Nous avons réservé jusqu'ici le commentaire du § 11 de l'article 5 de la loi nouvelle. « *Les syndicats peuvent passer des conventions avec tous autres syndicats, sociétés ou entreprises.* Tout contrat ou convention visant les conditions collectives de travail est passé dans les conditions déterminées par la loi du 25 mars 1919. » Il nous est impossible de reproduire ici toutes les dispositions très détaillées et complexes de cette loi sur les conventions collectives de travail. Il suffira de rappeler que la loi en question donne pouvoir aux syndicats professionnels de contracter au nom de la collectivité qu'ils représentent en vertu, soit de leurs statuts, soit d'une délibération spéciale du groupement, soit de mandats spéciaux ou écrits donnés par les adhérents. Sinon la convention collective doit être ratifiée par une délibération spéciale. La convention doit être écrite et déposée au greffe du secrétariat du Conseil des prud'hommes du lieu où elle a été passée ou au greffe de la justice de paix du lieu s'il n'y existe pas de conseils de prud'hommes. La convention est conclue ou à durée déterminée (qui ne peut excéder cinq ans), ou à durée indéterminée. Les sections III et IV de la loi précisent les conditions des adhésions et des renonciations à la convention comme aussi ses effets. L'article 31 autorise les groupements parties à la convention à intenter une action en dommages-intérêts aux autres groupements, eux aussi parties à la convention, aux membres de ces groupements, à leurs propres membres, à toutes personnes liées par la convention. Enfin l'article 31 établit une exception à un principe jusqu'alors réputé intangible de notre droit public et qui s'énonçait ainsi : « En France nul ne plaide par procureur ». Désormais les groupements parties à la convention collective de travail peuvent exercer toutes les actions qui naissent de cette convention en faveur de chacun de leurs membres sans avoir à justifier d'un mandat de l'intéressé pourvu que ce dernier ait été averti et ait déclaré ne pas s'y opposer. En somme cette législation est très souple et tout en donnant une sanction aux engagements pris, évite d'en faire un lien perpétuel ou de trop longue durée, tenant sagement compte des changements que les événements et l'incessante évolution du marché économique et du marché du travail peuvent amener dans les relations entre employeurs et salariés. Il est trop certain du reste — et le législateur de 1919 en eut la pleine conscience — qu'en pareille matière le rôle de la loi est bien limité et doit se borner à offrir un cadre commode et solide dans lequel puissent s'inscrire les conventions des collectivités contractantes, mais que la libre volonté de ces dernières est en fin de compte l'élément dominant et essentiel.

CHAPITRE II

LE MOUVEMENT SYNDICAL DEPUIS LA LOI DU 21 MARS 1884

Trente-huit années se sont écoulées depuis le vote de la loi du 21 mars 1884 et il semble qu'il devrait être aisé aujourd'hui d'exposer avec clarté et d'apprécier avec une rectitude absolue les conséquences de cette grande réforme législative. Il n'en est rien et tout au contraire la tâche de l'historien du mouvement syndical contemporain apparaît comme étrangement difficile et délicate si, renonçant aux généralités faciles et banales comme aussi se tenant en garde contre les confusions et les erreurs de jugement courantes dans la presse et dans les milieux mondains ou bourgeois, il tente de dresser un inventaire sommaire, mais aussi fidèle que possible des événements et des idées. Combien par exemple il est difficile de discerner dans la masse puissante, mais si mobile et si inconsistante des syndicats ouvriers[1] se qualifiant de révolutionnaires, l'intensité réelle des courants et des contre-courants qui la traversent et qui l'entraînent dans une direction ou une autre s'ils ne la font tourbillonner sur place! Syndicalistes, dits hier encore majoritaires, ralliés à un programme minimum opportuniste qui rappelle beaucoup le vieux socialisme d'État d'il y a trente ans

---

1. D'après la dernière statistique officielle connue au moment où nous écrivons, statistique déjà ancienne (*Bulletin de l'Office du travail*, 1915) il existait au 1ᵉʳ janvier 1914 : 4.846 syndicats ouvriers avec 1.026.302 membres et 233 syndicats mixtes avec 51.111 membres.

teinté de syndicalisme, — syndicalistes extrémistes dont l'union est bien plus apparente que réelle et chez lesquels la tendance communiste et politique s'oppose au syndicalisme fédéraliste et libertaire, — ce sont là sans doute, pour ne parler que des organisations d'avant-garde, deux partis différents, mais combien d'organisations syndicales, combien d'individus flottant entre ces partis ou même, contre toute logique, acceptant de servir en même temps sous plusieurs étendards, revendiqués par suite tantôt par les violents, tantôt par les modérés, tantôt par les politiciens, rebelles par suite à toute classification précise, influencés par les circonstances et communiquant ainsi au prolétariat syndiqué ce caractère d'indétermination qui l'a jusqu'ici rendu incapable d'une action persévérante et réfléchie! « *Connais-toi toi-même!* » disait l'oracle de Delphes à ses visiteurs. Le syndicalisme français pris dans son ensemble et bien qu'il soit unanime dans son aspiration vers un mieux social s'ignore encore puisqu'il n'a pas su opter nettement entre les formules très contradictoires que lui proposent ses chefs et ses conseillers. Un rapide historique du mouvement syndical depuis 1884 justifiera cette proposition.

Les syndicats ouvriers. — Historique de 1884 à 1922
La Confédération générale du travail

Les premiers syndicats ouvriers qui s'étaient formés après la guerre de 1870 avaient été caractérisés par l'influence prépondérante des modérés. « Nous ne sommes pas des utopistes insensés professant la haine de tout ce qui existe », déclarait Chépié, le président du Congrès de Lyon (1876). Il fut surtout question dans ce Congrès de coopération et d'institutions de prévoyance[1]. Au Congrès de Marseille (1879) et bien qu'un ordre du jour nettement collectiviste ait déjà été voté, les coopérateurs et les mutualistes n'avaient pas été encore éliminés. Leur éviction violente et définitive ne s'accomplit qu'au Congrès du Havre (1880). Ce Congrès clôt la période dite *mutuelliste* du syndicalisme.

De 1880 à 1895 s'ouvre pour le syndicalisme français une phase nouvelle qui pourrait être dite *période politique*, période toute remplie des querelles maintenant oubliées qui surgirent entre guesdistes et possibilistes, entre broussistes et allemanistes[2]. Citons parmi les faits les plus intéressants de cette période : au premier Congrès corporatif (Lyon 1886) le vote en faveur de la journée de huit heures; au Congrès de Bordeaux (1888) le vote en faveur de la grève générale; au Congrès de Calais (1890) le début de l'agitation en faveur de la célébration par un chômage universel de la fête du 1ᵉʳ mai. M. Jules Guesde et ses amis étaient alors les chefs les plus écoutés des syndicats ouvriers qu'ils dirigeaient dans les voies du socialisme politique. Ce socialisme intransigeant sans doute dans ses revendications, était transigeant, au moins jusqu'à un certain point, dans sa tactique, car il autorisait parfaitement ses adeptes à prendre part aux élections législatives ou municipales, à briguer des mandats de députés, de conseillers généraux ou municipaux, à accepter les fonctions de maires et à collaborer bon gré, mal gré à ce titre à l'œuvre gouvernementale.

---

1. « Vous raisonnez toujours comme si vous n'aviez encore devant vous que ce mouvement professionnel d'inspiration purement corporative limité à la défense du salaire et à la réduction de la journée de travail que vous avez trouvé devant vous lorsque en 1876-1877 vous avez repris en France la propagande socialiste interrompue par la Commune. » (Discours de LAGARDELLE au Congrès socialiste de Nancy, 14 août 1907.)

2. On trouvera le récit détaillé de ces événements dans l'excellent ouvrage de M. DE SEILHAC, *Les Congrès ouvriers 1876-1879*, 1ʳᵉ série (Paris, Colin, 1897). Il est impossible de bien comprendre les origines du syndicalisme sans avoir étudié de près les faits complexes et embrouillés pour l'examen desquels M. DE SEILHAC est un excellent guide. La seconde partie de cet ouvrage, *Les Congrès ouvriers (1897-1906)* a paru en 1909 (Lecoffre).

Nous rappelons cette conception parce qu'elle devait, quelques années plus tard, être violemment critiquée et que sa négation radicale devait fournir au syndicalisme révolutionnaire son arme la plus tranchante.

Précisément cette *nouvelle école*, ainsi que certains de ses partisans aiment à la nommer venait de naître au moment même où le guesdisme se croyait tout-puissant. C'est au premier Congrès des Bourses du travail (Saint-Étienne 1892) que fut créée la *Fédération des Bourses*, c'est-à-dire le premier et longtemps le seul important organe du syndicalisme révolutionnaire[1]. Les Bourses du travail étaient alors une institution nouvelle, la plus ancienne, celle de Paris, ayant été inaugurée le 3 février 1887. L'œuvre des Bourses au point de vue de l'organisation et de la propagande révolutionnaire a été vraiment capitale. Tandis que la *Fédération Nationale des Syndicats ouvriers* constituée en 1886 par les guesdistes n'exista guère que sur le papier, tandis que la *Confédération générale du travail* fondée au Congrès de Limoges (1895) n'exerça sur le mouvement ouvrier qu'une influence insignifiante jusqu'à sa fusion avec la Fédération des Bourses (1902)[2], les Bourses du travail et leur Fédération parvinrent rapidement à conquérir une réelle autorité sur les milieux ouvriers. Le groupement régional est en effet un échelon indispensable entre la Fédération d'industrie ou de métier qui unit tous les syndicats d'une même profession et la Confédération générale qui prétendrait établir un lien entre toutes les

---

[1]. Voir PELLOUTIER. *Histoire des Bourses du travail*. Origine, institution, avenir. Paris, Schleicher, 1902. De 1892 à 1901, date de sa mort, Pelloutier a pris une part prépondérante à l'organisation du syndicalisme et des Bourses du travail. Son ouvrage est une mine précieuse de renseignements pour l'histoire syndicale de ces dix années.

[2]. « Depuis sa création (avoue le rapport du Comité confédéral en 1902), la Confédération générale du travail n'a pas donné, il faut l'avouer franchement, tout ce qu'on attendait d'elle. Elle n'a progressé qu'avec une extrême lenteur; elle a vécu péniblement d'un budget de quelques centaines de francs. La propagande a été presque nulle, ses résultats insignifiants. »

Fédérations corporatives[1]. On comprend bien que tous les syndicats d'une même profession puissent se coaliser pour former une Fédération nationale d'*industrie ou de métier*; mais avant de réunir dans une *organisation nationale générale* cette multitude de syndicats de corporations différentes (fédérés ou non nationalement) il était indispensable de préparer le terrain, de travailler à créer des organisations intermédiaires et régionales qui serviraient de liens entre des syndicats si différents et s'emploieraient à leur faire comprendre la nécessité d'une entente pour la défense non plus seulement de leurs intérêts corporatifs particuliers, mais encore de leurs intérêts de classe comme aussi pour la création et la gestion de certaines institutions économiques pour le bon fonctionnement desquelles des organisations locales ou départementales étaient appelées à rendre de grands services. Telles étaient les idées dont s'inspiraient Pelloutier et ses amis; l'événement leur donna raison car la concentration des forces syndicalistes n'a été rendue possible que par les Bourses du travail. Ces Bourses furent saluées avec sympathie par les radicaux alors au pouvoir, et les chefs de la Confédération du travail, continuateurs de l'œuvre inaugurée par la Fédération des Bourses, auraient pu, non sans quelque raison,

---

[1]. Les principales causes de l'échec de la *Fédération nationale des syndicats et groupes corporatifs ouvriers* furent, d'après Pelloutier (p. 75), « l'erreur inexplicable qui consistait à vouloir affilier directement à une Fédération nationale des unités syndicales qui comprenaient la nécessité, pour gérer convenablement leurs intérêts, de Fédérations aussi étroites que possible, régionales, départementales et même locales ; l'impossibilité consécutive à cette erreur, où se trouva le Conseil national de la Fédération de rendre aux centaines de groupes ouvriers épars sur le territoire le moindre service ; enfin et surtout l'intention manifeste de ce Conseil de faire de la Fédération non pas un instrument d'émancipation économique empruntant exclusivement ses moyens à l'action corporative, mais une pépinière de militants guesdistes dévoués surtout à l'action parlementaire. » « La Fédération des Bourses au contraire possédait tous les éléments de succès. Elle se composait d'unions locales qui joignaient à l'attrait de la nouveauté l'avantage de répondre à un besoin et dont l'administration était personnellement intéressée au développement des syndicats et au progrès des études économiques » (p. 65).

redire au parti radical, ce que disait jadis Victor Hugo au marquis, hôte ancien du salon des Feuillantines :

La Révolution vous plut toute petite.

La nouvelle Fédération des Bourses devait se développer rapidement[1]. En février 1892, il n'existait encore que quatorze Bourses isolées et ne se prêtant aucun appui mutuel. « En juin 1895, la Fédération comptait 34 Bourses avec 600 syndicats; en 1896 quarante-six avec 862 syndicats. A l'ouverture du VIIe Congrès tenu par la Fédération le 21 septembre 1898 à Rennes, le Comité annonçait l'existence de 51 Bourses groupant 947 syndicats. Enfin au 30 juin 1900, c'est-à-dire à la veille de l'ouverture du VIIIe Congrès (Paris, 5-8 septembre) il existait 57 Bourses contenant ensemble 1.065 syndicats soit 48 o/o du nombre total des syndicats ouvriers industriels répartis sur le territoire français. Sur 57 Bourses, 48 faisaient partie de la Fédération et groupaient 870 syndicats » (PELLOUTIER, *op. cit.*, p. 77).

Le but immédiat de ces Bourses était la fondation d'institutions économiques intéressant les syndiqués : offices de placement, secours de chômage, secours contre les accidents, service de l'enseignement (bibliothèques, musées professionnels, cours), service de la propagande (études statistiques et économiques, coopération, etc.), « service de résistance », organisation des grèves et des caisses de grève, agitation contre les projets de lois inquiétants pour l'action syndicale (PELLOUTIER, *ibid.*, p. 86). En réalité et bien que Pelloutier, esprit organisa-

---

[1]. A l'inauguration de la Bourse centrale de Paris (22 mai 1892) M. Sauton, président du Conseil municipal de Paris, affirmait la volonté de ce Conseil de laisser aux Chambres et groupes corporatifs la direction et l'administration des services de la nouvelle institution. Le Préfet de la Seine, M. Poubelle, répondait d'avance au reproche qu'on pourrait lui faire de laisser s'installer dans la Bourse des groupes constitués irrégulièrement. « *En quoi cela me regarde-t-il ?* » Cela le regardait si bien qu'un an plus tard, le 6 juillet 1893, lui-même fermait la Bourse du travail convaincue d'avoir donné asile à des syndicats illégaux.

teur et pratique en dépit de ses idées révolutionnaires, expose dans son livre des vues intéressantes sur les institutions de prévoyance et d'enseignement, bien que sur certains points des efforts intelligents se soient employés à la création d'œuvres économiques, ce fut surtout l'entente en vue de la grève que poursuivirent les Bourses de travail [1].

A peine créée, la Fédération des Bourses commençait à réagir, bien qu'encore avec une certaine circonspection contre l'influence guesdiste; elle était à ce point de vue servie par les événements. Le Congrès corporatif de Paris s'ouvrait le 13 juillet 1893, quelques jours seulement après la fermeture de la Bourse du travail par le ministère Charles Dupuy. Une grande effervescence régnait dans les milieux syndiqués et Pelloutier put sans peine faire voter une résolution invitant tous les syndicats ouvriers à adhérer à leurs Fédérations de métier ou à en créer s'il n'en existait pas, à se former en *Fédérations locales ou Bourses du travail*; puis ces Fédérations locales et ces Bourses devaient se constituer en Fédérations nationales.

Le Congrès émettait enfin le vœu « que la grève générale fût mise à l'ordre du jour de tous les Congrès ouvriers et que la Fédération nationale des syndicats et la Fédération des Bourses se fondissent en une seule et même organisation ». L'idée d'une Confédération générale du travail telle qu'elle s'est réalisée pleinement

---

[1]. Le mauvais vouloir des patrons (mauvais vouloir du reste assez explicable vu l'hostilité que leur témoignaient les syndicats ouvriers) empêchait les services de placement de prendre un grand développement et jusqu'à la loi du 14 mars 1914 qui a permis la suppression des bureaux de placement privés, c'était à ces bureaux que les patrons s'adressaient; il est douteux qu'ils recourent volontiers aux offices créés par les Bourses du travail. Le *viaticum* a été par contre organisé pratiquement par diverses Bourses; mais la tentative de Pelloutier pour l'établissement d'un *viaticum collectif* a échoué. Les ressources de la Fédération consistaient dans une cotisation de 1 franc par mois et par syndicat pour chaque Bourse ne comptant pas plus de 5 syndicats et 0 fr. 20 cent. par syndicat pour les Bourses comptant plus de 5 organisations syndicales.

depuis lors (au Congrès de Montpellier, 1902) était déjà en germe dans cette résolution.

Le 17 septembre 1894 s'ouvrit à Nantes le Congrès dit de fusion (VI⁰ Congrès national corporatif) qui devait prononcer entre les socialistes de la vieille école partisans de l'action politique (guesdistes) et les socialistes qui prétendaient limiter leur action sur le terrain syndical tout en l'accentuant dans le sens le plus révolutionnaire (Fédération des Bourses). Le combat s'engagea de suite sur la question de la grève générale que repoussait le parti guesdiste et que voulaient faire proclamer les syndicalistes. Ces derniers trouvèrent un allié éloquent dans un jeune avocat de Nantes qui soutint avec ardeur la thèse de la grève générale. « Je considère la grève générale, disait-il, comme une formule, comme un moyen puissant. Quelques esprits qui suivent la politique croient qu'ils arriveront au problème social par des réformes. Tant mieux pour eux ! Mais s'ils croient qu'ils arriveront à détruire le régime de la pièce de cent sous pour le remplacer par le travail, sans secousse, ils se trompent... Dans six ans on va faire l'Exposition universelle : supposez que quatre mois auparavant vous mettiez le Gouvernement en demeure de voter des lois sur les Trois Huit, la caisse de retraites, etc. — vous le forceriez par la grève générale ; car il serait bien embarrassé pour faire son Exposition[1] ». Cet avocat de la grève générale s'appelait M. Aristide Briand.

Le vote à la tribune donna ce résultat : 65 voix pour la grève générale, 37 voix contre. Les guesdistes se retirèrent aussitôt et depuis lors tout lien fut rompu entre eux et les syndicalistes. Le débat sur la fusion entre les deux Fédérations perdait tout intérêt : on n'entendit plus jamais parler de la Fédération guesdiste des syndicats.

---

1. *Compte rendu des travaux du Congrès tenu à Nantes* du 17 au 22 sept. 1894. Nantes, 1894, p. 30.

La Fédération des Bourses restait par contre maîtresse de la place.

Le VII⁰ Congrès corporatif (Limoges, septembre 1895) consacra en principe la victoire du syndicalisme révolutionnaire et cependant une erreur de manœuvre retarda de sept ans la concentration définitive du parti. C'est en effet dans le Congrès de Limoges que fut votée la création d'une organisation « unitaire et collective » dite Confédération générale du travail. Cette Confédération devait avoir pour objet exclusif d'unir *sur le terrain économique les travailleurs en lutte pour leur émancipation intégrale;* elle devait se tenir en dehors de toutes les écoles politiques et grouper : les syndicats, les Bourses du travail, les Unions ou Fédérations locales, départementales ou nationales de syndicats de diverses professions, la Fédération des Bourses. Elle serait administrée par un Conseil national composé d'un délégué pour chacune des unions locales. Les Fédérations nationales de métiers et la Fédération des Bourses auraient droit chacune à trois délégués. Les cotisations mensuelles variaient de 1 à 10 francs suivant le chiffre de leurs membres [1].

L'unité était donc réalisée... sur le papier. En réalité des querelles personnelles la rendirent pendant longtemps impossible. Pelloutier et ses amis redoutant de ne pas avoir la haute main sur le comité confédéral obtinrent à la Fédération des Bourses le vote d'une résolution par laquelle cette organisation refusait de s'unir à la Confédération. Celle-ci était par là même frappée d'impuissance.

L'hostilité entre Lagailse, secrétaire général de la Confédération, et Pelloutier, secrétaire général de la Fédération des Bourses, paralyse de 1895 à 1901 les efforts de ceux qui rêvent de l'unité syndicale un instant entrevue

---

1. VII⁰ Congrès national corporatif (Limoges, du 23 au 28 septembre 1895), p. 52, 56, 86 (texte des statuts), et DE SEILHAC, p. 286.

au IX⁰ Congrès corporatif (Toulouse, 1897), mais aussitôt évanouie. Les deux adversaires se disputent la même clientèle, celle des syndicats, que Pelloutier tente de maintenir groupés *régionalement* par Bourses, tandis que Lagailse travaille, du reste sans aucun succès, à ruiner cette influence des Bourses pour lui substituer celle de la Confédération. Au Congrès des Bourses tenu à Rennes en 1898 il avait été décidé de demander que la nouvelle Confédération ne fût composée que : 1° des Bourses du travail (entièrement acquises aux idées de Pelloutier); 2° des Unions nationales *de métiers*. Les syndicats isolés comme les Unions départementales ou locales auraient donc été laissés aux Bourses qui eussent ainsi retenu sous leur influence les organisations syndicales les plus actives. Cette proposition fut rejetée au Congrès corporatif qui se réunit à Rennes aussitôt après le Congrès des Bourses ; mais il fut décidé qu'une entière autonomie serait concédée tant à la Fédération des Bourses qu'à la Confédération générale du travail.

La mort de Pelloutier survenue le 13 mars 1901 et la retraite définitive de Lagailse allaient enfin rendre possible la concentration et l'unification depuis longtemps attendues des forces syndicales révolutionnaires. L'artisan principal de cette œuvre de réconciliation fut Niel, de Montpellier, qui au Congrès des Bourses à Nice (17-21 septembre 1901) prononça un chaleureux plaidoyer en faveur de l'unité ouvrière. Il proposa la création d'une seule organisation : la Confédération générale du travail, qui serait constituée non par la fusion pure et simple, mais par la soudure de la Fédération des Bourses et de la Fédération nationale des syndicats. A ceux qui lui objectaient : « Voilà une organisation solide pleine de vie qui a rendu de grands services et vous voulez la faire disparaître », il répondait : « La Fédération des Bourses subsistera, ses éléments existeront toujours. On ne lui enlèvera que son caractère central. » Il cita un article de Pelloutier publié en 1897 et dans lequel le vigoureux champion des Bourses admettait : au sommet l'union du Conseil corporatif et du Comité fédéral des Bourses du travail c'est-à-dire au fond le principe même de la Confédération. Bref, par 42 voix contre 5, il fut décidé qu'un projet d'unité ouvrière serait mis à l'ordre du jour du prochain Congrès[1]. A Lyon où s'ouvrit quelques jours plus tard le XIIe Congrès corporatif, Niel fut moins heureux; par 246 voix contre 191, l'admission dans la Confédération des Fédérations régionales et locales fut votée, ce qui équivalait à un refus d'unir les deux organisations centrales, car jamais la Fédération des Bourses n'eût accepté à aucun titre l'interposition d'un organe quelconque entre elle et les Fédérations régionales et locales. Mais l'*unité* était proche ; elle devait être réalisée dès l'année suivante.

Le XIIIe Congrès national corporatif (VIIe de la Confédération, Montpellier, 22 septembre 1902) fut après celui de Nantes (1894), qui vit l'expulsion des guesdistes, le plus important entre tous ceux que tinrent jusqu'en 1914 les syndicats ouvriers[2]. C'est en effet de ce Congrès que date la réunion définitive de la Fédération des Bourses à la Confédération du travail (ou Fédération des Fédérations de syndicats). C'est ce Congrès qui a vraiment mis un terme à l'antagonisme entre les deux organisations centrales : l'une à base régionale, l'autre à base corporative et qui a soudé en un bloc compact et menaçant les forces révolutionnaires du syndicalisme.

Le Congrès s'ouvrait sous des auspices favorables car peu de jours auparavant les Bourses du travail réunies en

---

[1]. IXe Congrès national des Bourses du travail (Nice, 17-22 septembre 1901), p. 42 et 54 (discours de Niel).

[2]. Sur ce Congrès, voir l'étude très lucide et très complète de M. Charles Rist, *Le XIIIe Congrès national corporatif de Montpellier et l'unification des forces syndicales* (Mémoires du Musée social, 1903, n° 1).

Congrès à Alger avaient définitivement admis le principe de l'unité pourvu que celle-ci laissât intacts le titre et l'autonomie administrative et financière de la Fédération des Bourses et que le taux des cotisations fixé pour ces Bourses ne fût pas changé.

D'après le rapport du Comité confédéral, la Confédération groupait en 1902, 35 Fédérations et syndicats nationaux et 14 syndicats non fédérés comptant au total environ 100.000 syndiqués. Niel exposa une fois de plus les considérations qui justifiaient, d'après lui, sa proposition d'unité. « L'unité ouvrière, disait-il, c'est l'image vivante de la Solidarité. La peur de la concentration ne se comprend plus dans une organisation générale où chaque rouage conserve sa liberté absolue, chaque fraction d'organisation son autonomie personnelle. Et puis, qu'entendez-vous au juste par ce mot si effrayant de centralisation? Est-ce que lorsque vous voulez que dans une ville les ouvriers d'une corporation se syndiquent pour revendiquer leurs droits, vous ne désirez pas que tous aillent au syndicat? Et n'est-ce pas là de la centralisation?

Est-ce que lorsque vous voulez faire comprendre à des syndicats d'un même métier ou d'une même industrie qu'ils se feront plus rapidement justice en se fédérant, vous ne désirez pas que tous ces syndicats se fédèrent ? Et n'est-ce pas là de la centralisation ?

Est-ce que vous n'engagez pas les syndicats de métiers différents à se grouper par villes ou régions dans les Bourses du travail et n'est-ce pas là de la centralisation? »

Après une discussion très animée le principe de la fusion ou plutôt de la fédération fut voté et les statuts de la C. G. T. adoptés; ils ont été depuis lors notablement modifiés, nous les analyserons plus loin (p. 766).

Le Congrès de Bourges (XIV° Corporatif, VIII° de la Confédération) devait voir le triomphe des violents contre les modérés (réformistes) représentés surtout par la Fédération du Livre et son courageux secrétaire général M. Keufer. Il s'ouvrit le 12 septembre 1904 par la lecture du rapport du Comité confédéral (section des Fédérations), rapport qui permit de constater les progrès considérables du mouvement syndicaliste depuis l'unification. Le nombre des Fédérations nationales adhérentes était passé en deux ans de 30 à 52; celui des syndicats affiliés de 1.043 à 1.792, soit une augmentation de 749 syndicats. 110 Bourses de travail étaient représentées à la Confédération au lieu de 83 en 1902. Le plus parfait accord n'avait cessé de régner entre les deux sections administrées par des hommes animés par les mêmes idées et que ne divisaient plus des antipathies personnelles. Le Comité confédéral rappelait quelle part il avait prise en octobre 1902 à la grève corporative des mineurs et un peu plus tard à celle des inscrits maritimes à Marseille. Par solidarité internationale, la C. G. T. avait donné son appui en avril 1903 aux organisateurs de la grève générale déclarée en Hollande. Elle avait exigé et obtenu des dockers de Bordeaux, de Dunkerque, du Havre et de Marseille que nul navire venant d'un port hollandais ou y allant ne serait déchargé ou chargé [1].

La section des Bourses s'enorgueillissait de sa propagande antimilitariste décidée au Congrès des Bourses (Alger, 1902). Ce Congrès avait adopté l'ordre du jour suivant : « *Le Congrès engage les Bourses du travail à faire de la propagande antimilitariste sous tous les moyens et sous toutes les formes, en leur laissant leur autonomie.* » Cette exhortation fut écoutée et les Bourses firent imprimer et distribuer à plus de 100.000 exemplaires l'odieuse brochure intitulée : *Le Manuel du Soldat*. L'auteur principal de cette brochure fut acquitté par le jury.

[1]. *XIVᵉ Congrès national corporatif* (VIIIᵉ de la Confédération) tenu à Bourges du 12 au 20 septembre 1906, compte rendu, p. 15.

Le Comité confédéral dont un rapport d'ensemble précédait ceux des sections, mettait surtout en évidence les deux campagnes entreprises pour la suppression des bureaux de placement (obtenue par la loi du 14 mars 1904) et en faveur de la journée de huit heures.

L'événement le plus saillant du Congrès fut l'entrée en ligne du parti modéré ou réformiste qui, en proclamant hautement son attachement inébranlable à la cause de la solidarité ouvrière, répudia, par la voix de Keufer, les doctrines antipatriotiques, la grève générale et l'action directe.

« Je n'ai pas ici plus qu'Yvetot, disait Keufer, à dissimuler mes conceptions particulières. Je suis de ceux qui pensent que la France a le devoir rigoureux, absolu d'assurer son existence et son intégrité si elle veut continuer à faire rayonner son action sociale.

« Au point de vue des doctrines qui se partagent le prolétariat français, laquelle devons-nous adopter? Chaque parti : les collectivistes, les partisans de la conquête des pouvoirs publics, affirment la supériorité de leur solution, alors que les anarchistes combattent avec une extrême énergie l'action légale.

« Moi qui suis un positiviste, je n'accepte ni l'une ni l'autre doctrine. Est-ce que les libertaires feront à leurs adversaires un délit d'opinion?

« Nous n'admettons pas que la transformation morale se fasse par la révolution brutale. Il faut d'autres moyens pour nous conduire vers l'idéal auquel chacun de nous aspire; il faut une longue préparation mentale.

« Et sur l'action directe, violente, je tiens à affirmer que nous la considérons comme funeste aux travailleurs, non par parti pris, mais parce que nous considérons que la violence n'est pas le meilleur moyen pour obtenir satisfaction, pour avoir des améliorations. La méthode d'action révolutionnaire amènera fatalement des représailles dont les travailleurs seront victimes. »

Keufer s'expliquait d'autre part au sujet du reproche d'avoir tenté la conciliation avec les patrons en acceptant l'institution des commissions mixtes.

« Oui, nous avons toujours pensé qu'il était de notre intérêt de chercher dans ces commissions, sans abdiquer le moins du monde notre indépendance, le maximum de résultats.

« Et d'ailleurs, n'y a-t-il que nous qui ayons employé ces procédés? Renard, des Textiles, me contredira-t-il quand je rappellerai qu'en des circonstances récentes son organisation a cherché, elle aussi, à assurer, même par la grève, le fonctionnement de commissions mixtes? Pourquoi alors nous jeter l'anathème?... Nos camarades d'Autriche, d'Allemagne, d'Angleterre ont réussi par cette méthode à obtenir un maximum de résultats au sujet de la diminution des heures de travail... Pourquoi n'obtiendrions-nous pas en France des résultats identiques?

« On nous a reproché notre méthode d'action dans les grèves. La Métallurgie elle-même suit la même voie, emploie les mêmes moyens en insérant dans ses statuts que ses syndicats, avant de cesser le travail, doivent prendre l'avis du Comité de l'Union fédérale. »

Ainsi s'affirmait, non sans courage, au nom des 10.000 travailleurs du Livre le programme modéré, respectueux de la légalité, évolutionniste et non révolutionnaire qui rappelle si bien celui du vieux Trade Unionisme anglais. Sans oser aller jusqu'à s'associer ouvertement à ces déclarations, Guérard, secrétaire général de la Fédération des Chemins de fer, apportait à Keufer un appui réel en combattant avec lui la thèse ultrarévolutionnaire. « Je n'approuve pas, disait-il, la tactique de Keufer et du Livre que je considère comme trop modérée, mais je considère d'autre part que l'action directe n'est pas dirigée contre le patronat, mais bien contre certains travailleurs. Nous ne devons pas rejeter certaines lois sur les accidents. L'initiative des pouvoirs publics n'est pas toujours à dédaigner. La violence n'étant que le mouvement d'un moment et non un mouvement réfléchi, il arrive souvent que celui qui la préconise n'a ni la volonté, ni l'énergie de la continuer. »

Les syndicalistes ne se firent pas faute de protester. On entendit deux apologies de l'action directe : l'une par Bousquet, délégué de l'Alimentation, l'autre par Latapie, délégué des Métallurgistes. Keufer fut pris personnellement à partie par le délégué de la Bourse de Rennes qui, rapprochant dans un amusant commérage, des noms d'organisations et de personnes notoirement adversaires irréconciliables, prétendit que le secrétaire du syndicat typographique de Rennes « dirigeait un journal jaune et avait, avec Marc Sangnier du *Sillon,* organisé des conférences comme à Fougères et un congrès comme à Saint-Malo! » Pouget, puis Griffuelhes intervinrent et le rapport confédéral fut approuvé par 825 voix contre 369, 14 bulletins blancs et 20 nuls. Le syndicalisme révolutionnaire l'emportait; mais, tout compte fait, son triomphe avait été disputé et le parti réformiste avait rallié autour de lui près d'un tiers des délégués; avec la représentation proportionnelle qui eût donné aux grands syndicats un nombre de voix en rapport avec leur importance, il eût peut-être vaincu.

Le débat reprit précisément sur cette question de la représentation proportionnelle. Keufer prouva clairement qu'en Allemagne, en Angleterre, au Canada, aux États-Unis, il était tenu compte, pour l'attribution des suffrages, du nombre des membres de chaque Fédération. Sur 43 organisations fédérales adhérentes à la C. G. T. on en trouve 20 comptant 114.000 membres et 23 n'en comptant ensemble que 22.500. Dans un vote qui aurait lieu par unités fédérales, 22.500 syndiqués écraseraient les 114.000 autres! Le vote par syndicats présente les mêmes anomalies.

Mais la représentation proportionnelle était redoutée par les révolutionnaires dont elle détruirait la puissance. Leurs orateurs la combattirent prétendant qu'elle amènerait l'annihilation du droit des minorités (comme si ce droit des minorités pouvait être de dominer la majorité), qu'elle équivaudrait à la suppression de la solidarité ouvrière en subordonnant toute initiative à des calculs purement matériels de chiffres et de majorité (comme si ces calculs ne s'imposaient pas même avec le vote par unités syndicales!)

Finalement la R. P. fut repoussée par 822 voix contre 388. Un dernier vote fut émis en faveur de la journée de huit heures et du recours à l'*action directe*[1].

L'année 1905 fut marquée par les événements que l'on sait. En vue de réprimer la campagne antimilitariste qui se poursuivait et qui se manifesta au départ de la classe appelée sous les drapeaux par la distribution du numéro spécial de la *Voix du Peuple*, numéro accompagné de dessins outrageants pour l'armée nationale, le gouvernement retira le 12 octobre 1905 à la C. G. T. la jouissance du local de la Bourse du travail. Au printemps de cette même année, la C. G. T. avait invité les syndicats allemands à commencer, d'accord avec elle, une agitation contre toute éventualité de guerre à propos du Maroc. Les Allemands opposèrent à cette invite antipatriotique une fin de non recevoir[2].

---

1. « La question de la conquête de la journée de 8 heures obsède de plus en plus la classe ouvrière. Par quels moyens l'obtenir? Deux voies s'indiquent : la première consiste à attendre sa réalisation d'en haut, de cette puissance qu'est le Parlement; la seconde à ne compter que sur la force consciente des organisations syndicales. Le second moyen est seul efficace, mais il nécessite une ardeur inlassable. C'est une besogne révolutionnaire qui implique une activité de tous les instants. » Discours de Pouget, *Compte rendu*, p. 215.

2. « Le secrétaire confédéral partait à Berlin pour proposer aux camarades allemands l'organisation d'une démonstration internationale simultanée à

L'année suivante (1906) fut particulièrement troublée.

La conquête du repos hebdomadaire, la revendication du droit syndical par les fonctionnaires, employés et ouvriers de l'État (instituteurs, sous-agents des postes et télégraphes, personnel des arsenaux, etc.), les terreurs qu'inspira l'approche de la journée du 1er mai 1906 à la partie la moins héroïque de l'aristocratie et de la bourgeoisie parisiennes, ce sont là des souvenirs sur lesquels il est superflu d'insister. S'il n'amena pas la fin du monde bourgeois, ce 1er mai provoqua nombre de grèves. Par un curieux hasard, ce furent les travailleurs du Livre qui commencèrent les hostilités (8 avril). Cette grève n'aboutit à aucun résultat par suite de l'indiscipline d'une minorité qui refusa d'accepter les sages conseils de Keufer et de transiger à des conditions raisonnables. Le 25 avril, les bijoutiers et les orfèvres cessaient leur travail pour le reprendre trois semaines plus tard moyennant certaines concessions. Puis se succédèrent (2 mai) les grèves des ouvriers de la voiture, des terrassiers, des charpentiers, des menuisiers, des peintres, des maçons et tailleurs de pierres, des lithographes, des ébénistes, des sculpteurs. Le rapport confédéral pour 1906 évalue à 150.000 l'effectif de ces grévistes auxquels s'ajoutèrent bientôt 50.000 métallurgistes, mécaniciens, mouleurs en cuivre, ferblantiers. En province, la grève éclatait à Lorient, à Hennebont, à Brest, etc.

Le Congrès d'Amiens se réunit le 8 octobre 1906, et dura jusqu'au 16. A bien des égards, ce Congrès ne fait que répéter celui de Bourges. Comme à Bourges, la majorité des délégués se prononça en faveur de l'antimilitarisme et de l'antipatriotisme en adoptant par 488 voix contre 310 et 49 bulletins nuls l'ordre du jour

Berlin et à Paris. Ils opposèrent un refus motivé, la législation impériale ne permettant pas aux syndicats de semblables manifestations. » (*Compte rend du Congrès d'Amiens*, oct. 1906, p. 9.)

Yvetot[1]. La question des 8 heures fut longuement discutée. Keufer fit observer que, dans 150 villes, les typographes avaient conquis la journée de neuf heures ou au moins de neuf heures et demie avec augmentation proportionnelle du salaire. Étaient-ils donc blâmables de ne pas s'être obstinés à suivre la tactique du tout ou rien? — En général, on reconnut la faute que l'on avait commise en indiquant en quelque sorte au patronat et aux autorités la date fixe à laquelle on tenterait un mouvement, le 1er mai. Le citoyen Clément recommanda la grève *par échelons;* un autre orateur blâma les grèves pacifiques, les *grèves de moutons* comme celles qui avaient eu lieu en mai. Le Congrès décida de laisser au Comité confédéral le soin de fixer la date du mouvement pour la journée de huit heures. — Le projet de loi sur le contrat collectif déposé le 2 juillet 1906 par le ministre de la justice fut repoussé.

A un point de vue toutefois, le Congrès d'Amiens fut l'occasion d'une manifestation nouvelle. Il vit l'échec d'une tentative pour créer un lien entre le syndicalisme et le socialisme politique. La Fédération des Textiles demandait que le Comité confédéral fût invité à s'entendre, lorsque les circonstances l'exigeraient, avec le Conseil national du parti socialiste unifié. Sa motion fut rejetée par 724 voix contre 33, les auteurs mêmes de la proposition s'étant abstenus et un ordre du jour rédigé par Griffuelhes fut adopté, affirmant la mission révolutionnaire du syndicalisme et le principe de la grève générale, comme l'entière liberté pour tout syndiqué de participer, en dehors de son groupement corporatif, à

---

1. Cet ordre du jour se termine ainsi : « Dans chaque grève l'armée est pour le patronat; dans chaque conflit européen, dans chaque guerre la classe ouvrière est sacrifiée au profit de la classe patronale, parasitaire et bourgeoise. C'est pourquoi le XVe Congrès approuve et préconise toute action de propagande antimilitariste et antipatriotique qui peut seule compromettre la situation des arrivés et arrivistes de toutes classes. »

telles formes de lutte correspondant à sa conception politique ou religieuse. Nous reviendrons sur cet ordre du jour qui sous le nom de *Charte d'Amiens* est devenu une sorte de Bible du syndicalisme, mais une Bible que chacun interprète à sa manière.

Le Congrès d'Amiens attesta l'énorme développement pris par la C. G. T. Elle comprenait, en octobre 1906, 61 Fédérations groupant 2.399 syndicats et 203.273 membres.

Les recettes de la section des Bourses ont été en deux ans (1ᵉʳ juin 1904-31 mai 1906) de 15.566 fr. 85, ses dépenses de 13.845 fr. 60. Les recettes de la section des Fédérations ont atteint, pour le même exercice, 20.586 fr. 85, les dépenses 19.324 fr. 05.

Du Congrès d'Amiens à celui de Marseille (1908), l'action syndicaliste n'a fait que s'accentuer. Elle s'est manifestée au profit des ouvriers cordonniers lors du lock-out de Fougères (janvier-février 1907). Elle a provoqué directement la grève soudaine des électriciens qui plongea Paris dans l'obscurité (8 mars 1907), organisé les meetings d'indignation contre la répression armée des troubles de Narbonne (13 juillet), soutenu les grèves des boulangers et des garçons de café (avril), des inscrits maritimes de Marseille (mai), des ouvriers chaussonniers de Raon-l'Étape (juillet), des mineurs de Lens (novembre), enfin, en 1908, les grèves du bâtiment si nombreuses à Paris.

En 1908 la C. G. T. a redoublé d'activité et d'audace. La manifestation du 20 janvier pour l'application intégrale de la loi sur le repos hebdomadaire ne fut guère qu'un incident; mais, en juillet, les événements de Villeneuve-Saint-Georges prirent les proportions d'une véritable émeute. Le 30 juillet 1908, des milliers d'ouvriers venus de Paris engagèrent la lutte contre la troupe qui, pour se défendre, dut faire usage de ses armes; il y eut de nombreux blessés et même plusieurs morts. Les syndicats décidèrent alors que, pour protester contre ces « fusillades », toutes les corporations ouvrières chômeraient le 3 août. Il s'en fallut de beaucoup que ce mot d'ordre fût ponctuellement obéi. Paris s'aperçut surtout du chômage en apprenant ce matin-là que, par suite de la grève des typographes, les journaux n'avaient pu paraître. De son côté, le gouvernement fit arrêter les principaux militants de la C. G. T. et les retint en prison plusieurs mois; ils bénéficièrent d'un non-lieu peu de temps après le Congrès de Marseille.

Ce congrès de Marseille, s'ouvrit le 5 octobre 1908, en présence de 500 délégués porteurs de 1.118 mandats (dont 1.102 incontestés) soit 280 de plus qu'à Amiens.

Le rapport du Comité confédéral, imprimé et distribué aux délégués, résumait l'œuvre de la C. G. T. de 1906 à 1908. Ce rapport débute par la reproduction d'un manifeste dit *Réponse au Sénat*, et par lequel le Comité se prononce contre le projet gouvernemental sur les retraites ouvrières. Au système de la capitalisation qui consiste à accumuler pendant 25 ans les versements opérés et qui est qualifié de *vaste escroquerie*, le Comité confédéral préfère la répartition qui consiste à distribuer aux ayants droits en 1908 les sommes recueillies en 1907, et ainsi de suite. De la sorte, le bénéfice des retraites est immédiat et par ce système le taux de la retraite de suite acquise à chaque vieillard serait supérieur à la somme distribuée au bout de 25 ans par l'*escroquerie à la capitalisation*.

Le rapport fait ensuite l'historique des grèves et des luttes ouvrières récentes ci-dessus énumérées; il flétrit avec conviction le Gouvernement[1], proclame la volonté arrêtée de faire exécuter sans atténuation la loi sur le

---

1. Voir, p. 10, le factum intitulé *Gouvernement d'assassins* où le Comité célèbre la révolte du 17e. « Au milieu de ces horreurs, un réconfort nous vient : dans un sursaut de conscience un régiment, le 17e de ligne, a mis crosse en l'air ; tel qu'il est, ce geste est la justification de notre propagande antimilitariste. »

repos hebdomadaire, s'indigne des manœuvres des Compagnies d'assurances qui prétendent, sous prétexte de fraudes à éviter, dénier aux victimes d'accidents du travail le droit au libre choix de leur médecin. « Les militants, conclut le rapport, ont résisté aux attaques, aux brutalités, aux persécutions d'un patronat et de gouvernants rageurs et réacteurs jusqu'à la férocité. Rien ne nous fut épargné et pourtant la C. G. T. fit face à tout, répondit à tous les coups, n'a rien abandonné. Elle reste debout plus forte, plus vivante que jamais. »

Cette dernière assertion est pleinement confirmée par les rapports des deux sections des Fédérations et des Bourses. Le premier constate qu'en septembre 1908 la C. G. T. groupe 2.586 syndicats contre 2.435 et 294.398 syndiqués contre 203.273 en juillet 1906. L'adhésion de la Fédération des Mineurs (30.000 membres) et les progrès de la Fédération du Bâtiment dans laquelle se sont fondues les anciennes Fédérations des Maçons, des Menuisiers, des Charpentiers et qui groupe 40.000 membres, expliquent en grande partie cet accroissement considérable.

De même les Bourses sont au nombre de 157 groupant 2.028 syndicats (contre 135 Bourses avec 1.609 syndicats en 1906 et 110 avec 1.349 syndicats en 1904). L'organisation régionale se développe comme l'organisation corporative.

Le journal hebdomadaire la *Voix du Peuple* (organe de la C. G. T.) tire à 6.340 numéros (abonnements, 2.300). Les recettes se sont élevées du 1er juin 1906 au 30 juin 1908 à 53.066 fr. 15 et les dépenses à 53.421 fr. 25.

Après un salut aux victimes de Draveil et de Villeneuve-Saint-Georges, la discussion s'engagea dès le 5 sur le rapport du Comité confédéral. Au nom des modérés, Renard (des Textiles) critiqua ce Comité qui n'avait pas craint d'exposer à la légère la classe ouvrière à une catastrophe. Il est souverainement téméraire, observe l'orateur, d'engager un conflit sans préparation et sans argent ; il faudrait auparavant augmenter les cotisations, constituer un fonds de réserve. « Tant que vous ne pourrez pas donner aux grévistes à peu près ce qu'ils gagnent en travaillant, vous n'arriverez à rien. » « On ne fait pas la guerre avec des ronds de carotte », ajoute pittoresquement Renard, auquel un révolutionnaire, Mathieu, réplique : « Et vous, vous voulez faire la révolution derrière votre bol de tisane ! On ne crée une armée révolutionnaire que par l'action. » Deux des chefs de l'extrême gauche syndicaliste, Merrheim, secrétaire de la Métallurgie, et Luquet, secrétaire confédéral par intérim, parlent à leur tour, ce dernier avec une réelle éloquence. « Vous essayerez, dit Luquet, de frapper de suspicion le Comité confédéral. Laissez cela aux bourgeois, à leurs journaux ; si quelqu'un peut dire de telles choses, ce ne peut être des ouvriers. C'est votre attitude qui permet les crimes gouvernementaux ! » Renard de son côté déchaîne l'orage en disant qu' « il ne faut pas que les hommes utiles à l'organisation soient à la merci de quelques fous ». Finalement le rapport du Comité confédéral est approuvé par 947 voix. Ce vote toutefois n'a pas une grande signification, personne, même les modérés, ne voulant, par solidarité, infliger un blâme direct aux Griffuelhes, aux Yvetot, aux Pouget, emprisonnés pour la cause, ainsi que prend soin de le rappeler l'ordre du jour voté. Dans un Congrès ouvrier cet ordre du jour était la carte forcée. Dans la séance du 7 octobre, on s'occupe des rapports avec le Secrétariat international de Berlin, rapports interrompus depuis 1905 par suite du refus des syndicats étrangers de laisser mettre à l'ordre du jour des conférences internationales les questions de la grève générale, des huit heures et de l'antimilitarisme qui, d'après eux, ne sont pas de la compétence des syndicats, mais ne doivent être discutées que par les Congrès socialistes internationaux. Cette conception fort compréhensible en Allemagne, en Autriche, en Angleterre, en Belgique, où les syndicats ouvriers sont plus ou moins les alliés de la *Social Démocratie,* paraît monstrueuse à nos syndicalistes qui ont depuis longtemps rompu avec le socialisme politique. Seuls les réformistes souhaitent la reprise des relations avec le Secrétariat international dont l'action s'exercerait dans un sens modérateur. Guérard et Niel sont leurs avocats. Niel spécialement plaide habilement la cause de la réconciliation en reprochant au Comité d'avoir violé la résolution votée à Amiens, résolution qui n'impliquait pas la rupture des rapports, mais bien leur reprise en demandant la discussion des questions de la grève générale, des huit heures et de l'antimilitarisme. « Il est regrettable, dit-il, que la France fasse *cavalier seul* ».

Le débat est interrompu après un premier vote approuvant *pour le passé* la conduite du Comité. Il est repris plus tard et clos par le vote de la proposition Merrheim, qui donne mandat au Comité confédéral de répondre aux convocations du Bureau international en lui demandant de mettre à l'ordre du jour de la prochaine conférence la question d'un congrès international du travail (à organiser) où seraient continués les efforts pour que soient examinées les questions dont la discussion jusqu'ici fut refusée. Mais cette fois la victoire du Comité est plus modeste ; il triomphe seulement par 722 voix contre 444 données à la thèse réformiste.

Le 8 octobre, on discute sur la question fort grave, mais assez embrouillée des *Fédérations d'Industrie et des Fédérations de Métiers*. Continuera-t-on à admettre les Fédérations de métiers formées entre ouvriers d'une spécialité, d'une branche d'industrie ou les obligera-t-on à se fondre dans les Fédérations d'industrie ? En réalité sous cette controverse se cache l'antagonisme des révolutionnaires et des réformistes. Les premiers visent surtout Coupat, le secrétaire général de la *Fédération des Mécaniciens* (5.000 membres), organisation modérée que l'on voudrait fondre et noyer dans la *Fédération des Métallurgistes* dirigée par des révolutionnaires, Merrheim, Latapie, Blanchard. De part et d'autre on argumente. « Si l'on n'admet que la Fédération d'Industrie, dit Bajat des mécaniciens de Marseille, tous les peintres, tous les charpentiers qui changent d'industrie (qui du Bâtiment, par exemple, passent dans les Chemins de fer) devront-ils changer d'organisation ? » « On rêve l'unité fédérale en tenant compte uniquement de la matière première qu'emploient ces métiers, dit Bouillé. Alors il faudra que l'Habillement fusionne avec les Textiles, le Livre avec le Papier ? C'est impossible ! »

Latapie répond que les patrons se fédèrent par industrie. La caisse des métallurgistes perçoit 800.000 francs de cotisations. Avec les engagements souscrits, les industriels peuvent résister à six mois de grève générale. Les ouvriers doivent donc unifier aussi leurs organisations. D'ailleurs les spécialités s'en vont. En huit jours un ouvrier apprend à faire marcher une fraiseuse !

Malgré une belle défense de Coupat qui conteste les dernières assertions de Latapie et qui dénonce le procès de tendance fait à sa Fédération, la proposition de la Métallurgie est votée par 919 voix contre 180. Dans un délai de 6 mois, les syndicats des mouleurs, des mécaniciens et des métallurgistes devront se réunir en Congrès pour tenter de réaliser l'unité par industrie. C'est un coup sensible pour les réformistes.

La représentation proportionnelle est repoussée une fois de plus par 741 voix contre 383 après une discussion où se renouvellent les arguments pour et contre développés dans les précédents Congrès. C'est toujours la rivalité d'intérêts des grandes Fédérations et des petites ; les opinions sur cette question ne correspondent pas toujours à la classification des partis. Ainsi Niel, réformiste, est adversaire de la R. P.

Tout naturellement l'*antimilitarisme* et l'*antipatriotisme* étaient à l'ordre du jour. Il est douloureux de constater qu'à Marseille et en l'absence de Keufer dont on se rappelle la belle déclaration à Bourges (1904), *aucun orateur n'a plus osé se déclarer patriote*. Les réformistes Niel et Guérard qui ont pris la parole dans ce débat se sont bornés à mettre en avant des arguties de procédure, à soutenir que la question du patriotisme ou de l'antipatriotisme « relevait uniquement de la conscience individuelle ». Guérard s'est efforcé de montrer qu'il ne suffisait pas pour émanciper les travailleurs de propager l'hervéisme et qu'après une guerre malheureuse, quand il y avait annexion, « les propriétaires ne cessaient pas de l'être (propriétaires) et que même s'il n'y avait pas annexion, il y aurait au moins versement d'une indemnité que paieraient les travailleurs ». Cette raison d'économie serait donc la seule considération qui pût engager un ouvrier français en cas de guerre, sinon à défendre son pays, tout au moins à ne pas le poignarder en s'insurgeant en face et au profit de l'ennemi[1] ! L'argumentation des modérés s'est pendant tout le débat maintenue à cette hauteur[2].

---

1. Peut-être convient-il de faire une exception. Dans son discours dirigé contre la motion ultra-antipatriotique et hervéiste de l'Union des syndicats de la Seine (motion engageant les organisations ouvrières à répondre à toute déclaration de guerre par la grève générale, Niel s'écria à un moment : « La motion de la Seine aurait pour conséquence d'affaiblir le syndicalisme. *Qui osera commettre cet assassinat?* » Mais Niel appela-t-il la grève générale révolutionnaire en cas de guerre un assassinat parce qu'elle ouvrirait les routes d'invasion à l'ennemi ou parce qu'elle affaiblirait le syndicalisme? En tout cas, l'orateur comme effrayé de son audace s'empresse de protester « qu'il ne pousse pas l'amour du sabre et de la patrie jusqu'à l'adoration (on s'en doutait un peu) et de reconnaître l'utilité de la propagande antimilitariste pour montrer le rôle de l'armée dans les grèves… »

2. On objectera peut-être que se trouvant en minorité dans une assemblée en majorité antipatriote, les réformistes étaient tenus à beaucoup de prudence.

Les antipatriotes eux se montrèrent plus francs; ils présentèrent et firent voter par 681 voix contre 421 et 43 bulletins blancs une motion ainsi conçue :

> Le Congrès confédéral de Marseille rappelant et préconisant la décision d'Amiens, considérant que l'armée tend de plus en plus à remplacer à l'usine, aux champs et à l'atelier, le travailleur en grève quand elle n'a pas pour rôle de le fusiller...
> Considérant que l'exercice du droit de grève ne sera qu'une duperie tant que les soldats accepteront de se substituer à la main-d'œuvre civile et consentiront à massacrer les travailleurs, le Congrès se tenant sur le terrain purement économique (!) préconise l'instruction des jeunes gens pour que, du jour où ils auront revêtu la *livrée militaire*, ils soient bien convaincus... que dans les conflits entre le capital et les travailleurs, ils ont pour devoir de ne pas faire usage de leurs armes contre leurs frères.
> Les travailleurs considérant que les frontières géographiques sont modifiables au gré des possédants, ne reconnaissent que les frontières économiques séparant les deux classes ennemies, la classe ouvrière et la classe capitaliste.
> Le Congrès rappelle la formule de l'Internationale : « Les travailleurs n'ont pas de patrie! »
> Considérant qu'en conséquence toute guerre n'est qu'un attentat contre la classe ouvrière, qu'elle est un moyen terrible et sanglant de diversion à ses revendications, le Congrès déclare qu'il faut, au point de vue international, faire l'instruction des travailleurs afin qu'en cas de guerre entre puissances, les travailleurs répondent à la déclaration de guerre par une déclaration de grève générale révolutionnaire [1].

Mais nous nous demandons si *défendre de la sorte* l'idée du patriotisme et la ravaler à un si bas niveau, ce n'est pas concourir aussi très activement à la destruction du sentiment patriotique dans l'âme populaire. Les antipatriotes, eux du moins, ont la prétention de soutenir une thèse intellectuelle et ne discutent pas en chicaneaux.

1. Merrheim a, paraît-il, déclaré après le vote que c'était par omission que l'adjectif internationale n'avait pas été ajouté après ces mots : grève générale révolutionnaire. Mais la rectification n'a qu'une valeur relative; la réserve qu'elle exprime n'est jamais nettement formulée dans les discours des révolutionnaires; elle paraîtrait *réactionnaire*, elle exposerait quiconque insisterait au soupçon d'être un réformiste. On habituait alors de plus en plus les assemblées révolutionnaires à acclamer la grève pure et simple en cas de guerre; si on ajoutait des réserves, c'était après coup, ou sous une forme volontairement ambiguë.

L'année 1909 fut marquée au point de vue syndical par la grève des agents et sous-agents des postes et télégraphes (14-23 mars). Cette grève qui soulevait la question si grave du droit syndical des employés de l'État aboutit à la victoire des grévistes sauf en ce qui concernait le départ réclamé par eux de M. Simyan sous-secrétaire aux P. T. T. Sur tous les autres points ils obtinrent gain de cause et ainsi que le notait un excellent observateur des faits sociaux, M. Léon de Seilhac, le ministre des Travaux publics, M. Barthou qui avait d'abord « essayé d'user de la méthode énergique et d'impressionner les postiers par un langage comminatoire [1] effectuait quatre jours plus tard une complète volte-face en entrant en négociations avec un syndicat que le Gouvernement avait toujours considéré jusque là comme illégal. « La grève des postiers, concluait à bon droit M. de Seilhac, est un événement des plus graves. Elle a mis en lumière la puissance des associations de fonctionnaires devant lesquelles en définitive le Gouvernement s'est trouvé réduit à capituler en sauvant plus ou moins la face et elle a révélé la possibilité de leur entente avec les autres corporations en vue d'une tentative de grève générale. »

Ces prédictions devaient se vérifier sans retard; au cours des mois suivants, de nombreuses grèves éclatèrent un peu partout, en avril grève de Méru signalée par des violences et des sacs d'usines; mai nouvelle grève des postiers qui cette fois échoua; le 18 et le 19 tentative de grève générale bientôt avortée presque aussitôt que déclarée; le 25 grève des inscrits maritimes à Marseille.

---

1. « Nous déclarons, disait le 19 mars M. Barthou à la Chambre, qu'il est de notre devoir absolu de ne pas entrer en composition avec les rebelles. Une semblable attitude de notre part serait à la fois l'abdication du Gouvernement et celle de la Souveraineté nationale » Le 23 mars, autre air de flûte. « Le syndicat régulièrement constitué des ouvriers des Postes et Télégraphes m'a fait savoir hier qu'il désirait me faire une communication. Je n'ai pas hésité à accorder aux délégués du personnel en grève l'audience demandée » (*Annales du Musée Social*, avril 1909, p. 119 à 125, article de M. de Seilhac sur cette grève).

Après avoir paru terminée, cette grève reprenait en juin. L'heure était aux violents et M. Niel, réformiste, qui s'était à grand'peine maintenu jusque là dans les fonctions de secrétaire général de la C. G. T. démissionnait le 26 mai et était remplacé le 13 juillet par M. Jouhaux alors représentant de la fraction la plus avancée.

L'événement important de l'année 1910 fut le vote définitif de la loi sur les retraites. Les grèves continuaient à se multiplier (mars grève violente à Halluin et au Chambon, (Loire); avril grèves à Marseille et à Graulhet; mai grèves à Marseille et à Méry-sur-Oise (carriers); juin grève des employés des Tramways Nord à Paris et du personnel des chemins de fer du Sud, enfin en octobre la grande grève des cheminots qui commencée le 8 octobre se termina par la reprise conditionnelle du travail le 11 du même mois.

Ce mois d'octobre 1910 avait vu la réunion du XVII° Congrès à Toulouse du 3 au 10 octobre. Plus que jamais les extrémistes y dominèrent et tous les votes consacrèrent pour eux des victoires. Cette tendance est suffisamment accusée par ce passage du rapport moral relatif à la loi du 5 avril 1910 sur les retraites, rapport approuvé par 100 voix contre 97. « De nouveau la classe ouvrière est menacée d'une colossale escroquerie! Nos dirigeants veulent par la loi sur les retraites, frapper les travailleurs d'un impôt nouveau. En effet le projet est basé sur la cotisation annuelle de 9 francs pour les hommes, de 6 francs pour les femmes, de 4 francs 50 pour les jeunes ouvriers. Les patrons paieront une taxe identique. Cette taxe patronale sera encore fournie par le travail exploité. L'État capitalisera annuellement 160.000.000 de francs qui par intérêts composés constitueront au bout de 40 années un capital de onze milliards 500 millions, en 80 années 15 milliards. Que fera-t-on de cet argent? Cette capitalisation permettra en cas de conflagration internationale de trouver des fonds pour soutenir la guerre. Où placera-t-on cet argent? Dans des exploitations capitalistes. L'argent des ouvriers servira à leur exploitation, etc., etc. On applaudissait à tout rompre, la même violence se trahissait à d'autres égards par des discours antipatriotiques et malgré une courageuse intervention de Liochon (du Livre) on conspuait l'armée française et la patrie. L'extrait suivant du discours de Bousquet donnera une idée du ton de ses harangues. « Il y a assez de flics et de policiers. Je prétends que les soldats doivent être sabotés comme de vulgaires renards (*applaudissements*) et je termine en criant : à bas les patriotards et vive la patrie de l'humanité tout entière (*applaudissements*)[1]. »

La motion votée par 1.229 voix contre 21 protestait contre toute réforme :

Contre le projet de loi sur le contrat collectif tout en admettant que ce contrat peut apporter des garanties de sécurité passagère pourvu que les salariés en exercent le contrôle ;

Contre l'arbitrage obligatoire incompatible avec les fonctions dévolues aux syndicats ;

Contre le projet de loi relatif à la capacité commerciale des syndicats attendu que dans la situation actuelle le rôle de défense des intérêts généraux du prolétariat leur suffit, sans ajouter à leur lourde tâche des préoccupations d'ordre industriel et commercial, que les sociétés coopératives sont suffisamment indiquées pour réaliser ces opérations[2].

La C. G. T. groupait en 1910, 57 fédérations comprenant 3.012 syndicats.

L'année 1911 fut l'année d'Agadir. Le 1ᵉʳ juillet, on ne l'a pas oublié un aviso allemand la *Panther* vint s'embosser dans le port marocain « *voll Verlangen* » tout chargé de réclamations, comme le disait quelques mois après à

---

[1]. Compte rendu officiel du XVIIᵉ Congrès (p. 191).
[2]. C'est aussi pleinement notre avis sur ce point spécial.

Munich une chanson pangermaniste de circonstance, que le bureau allemand du Congrès des classes moyennes eut le tact exquis de faire chanter dans une réunion censée amicale offerte aux délégués (parmi lesquels des Français dont nous étions).

La C. G. T. eut pendant ces jours critiques l'attitude la plus nettement antipatriotique; ainsi le rapport moral au Congrès du Havre de 1912 déclarait que l'Allemagne s'était inquiétée à bon droit de nos agissements militaires et rejetait la responsabilité du conflit sur « nos requins coloniaux. » Elle essaya d'organiser un mouvement syndical franco-allemand contre la guerre et proposa une rencontre à Berlin de délégués français, anglais, allemands mais la Commission syndicale allemande arguant d'impossibilités matérielles, déclina cette offre et proposa un simple voyage d'études des délégués français qui se terminerait par un grand meeting public contre la guerre. On saisit la différence. Les syndicalistes français voulaient agir internationalement, les Allemands n'admettaient que des paroles. La C. G. T. finit par accepter et ses délégués allèrent à Berlin où dans un grand meeting on se grisa d'idéologies humanitaires. Le 4 août nouveau grand meeting à Paris salle Wagram, suivi le 24 septembre d'un autre à l'Aéro-Park. On se vanta d'avoir par ces manifestations écarté la guerre!

Cette année 1911 vit en mars les grèves des marins de Terre-Neuve à Cancale et des dockers à Bayonne et en juillet la grève du bâtiment qui engagée pour la conquête de la journée de 9 heures sans baisse des salaires échoua complètement. L'année 1912 ne vit éclore qu'une grande grève celle des inscrits maritimes dans les principaux ports (juin à septembre).

Le XVIII° Congrès corporatif, le dernier avant la guerre, s'ouvrit au Hvre le 16 septembre 1912 et dura jusqu'au 23. Le nombre des Fédérations adhérentes à la C. G. T. était alors de 53 contre 57 en 1910, celui des syndicats de 2.837 contre 3.012 en 1910, la légère diminution des Fédérations et des syndicats s'expliquant par diverses fusions notamment par celle des deux Fédérations des métaux et des mécaniciens (la première, révolutionnaire ayant absorbé la seconde réformiste, que dirigeait Coupat). Par contre la C. G. T. qui ne comptait en 1904 que 300.000 membres dont 200.000 cotisants, en avait en 1912 600.000 dont 400.000 cotisaient [1].

Les débats de ce congrès reflètent le même esprit d'intransigeance qui prévalait déjà dans tous les Congrès antérieurs. En ce qui concernait les retraites seulement il semble que tout en maintenant formellement l'opposition de principe la C. G. T. influencée sans doute par quelques réclamations fut moins éloignée qu'auparavant de l'idée d'accepter cette réforme. L'ordre du jour constate, que, grâce à l'ardente campagne poursuivie par la C. G. T., le Parlement a été obligé d'introduire dans la loi certains changements (loi de finances du 27 février 1912)[2]. Mais on continue à protester contre les versements ouvriers, contre le système de la capitalisation, contre l'insuffisance du taux des retraites. On charge cependant le Comité confédéral d'apprécier en temps opportun le projet de loi annoncé sur l'invalidité qui pourrait accorder au travailleur infirme une retraite quel que soit son âge.

Le Congrès émit aussi des vœux en faveur de la semaine anglaise, contre la loi Millerand-Berry qui permettait d'envoyer dans des sections spéciales les jeunes soldats condamnés pour provocation à l'insoumission ou à la désertion ou pour injures à l'armée à deux peines d'emprisonnement d'une durée totale de trois mois au moins. On adopta une motion nouvelle confirmant la

---

1. *Compte rendu du XVIII° Congrès corporatif*, p. 59.
2. Loi élevant à 100 francs l'allocation viagère de l'État et abaissant à 60 l'âge normal de la retraite.

fameuse Charte d'Amiens qui séparait nettement l'action syndicale de l'action politique en excluant cette dernière comme laissée à l'appréciation individuelle de chacun. L'année 1913 vit s'accentuer encore si c'était possible le mouvement révolutionnaire syndicaliste qui s'affirma dans de nombreuses manifestations antimilitaristes (16 mars, 25 mai), accompagnant la campagne ouverte dans l'armée contre la loi du service militaire de trois ans (mutineries de soldats à Toul, à Belfort, à Rodez, en mai). Novembre vit se déchaîner la grève générale des mineurs du Nord (18 au 24 novembre). Cette grève fut en somme couronnée de succès, car le Sénat qui longtemps avait prétendu faire sanctionner un texte accordant 150 jours de dérogations à la journée de 8 heures dans les mines dut céder et réduire à 60 les jours où la durée du travail pourrait être prolongée. L'opinion générale du pays s'inquiétait sérieusement de cette recrudescence d'agitation et M. Barthou revenu après quelques tergiversations à la manière forte annonçait au Sénat qu'il allait réprimer énergiquement l'action néfaste de la C. G. T. Il déposait en même temps un projet tendant à élargir les facilités données aux syndicats professionnels par la loi de 1884, projet devenu six ans plus tard la loi du 12 mars 1920.

L'action chaque jour plus violente de la C. G. T. coïncidant avec l'aggravation de la situation internationale avait amené un état d'inquiétude générale et déterminé par contre-coup dans les milieux les plus sains et les plus patriotes de la nation un courant dans le sens de l'union et de la vigilance. Le vote de la loi de trois ans en 1913, l'élection à la présidence de la République de M. Poincaré (janvier 1914) furent en grande partie le résultat de ce « Garde à vous » instinctif d'un grand peuple à la veille d'un grand conflit. Dès le début de l'année 1914, cependant les signes étaient menaçants La grève générale des mineurs éclata le 24 février sauf dans le Nord et le Pas-de-Calais où M. Basly réussit à la prévenir [1].

Les élections générales de mars amenaient à la Chambre une majorité radicale-socialiste, ce parti étant électoralement le mieux organisé et ayant eu l'appui de presque tous les Gouvernements depuis vingt ans. Tous les observateurs des faits sociaux constataient avec peine la faiblesse du pouvoir [2]. Nos représentants à l'étranger et ceux de la Russie signalaient d'autre part des symptômes alarmants plus aisément perçus sans doute à Pétrograd, à Vienne, à Berlin qu'à Paris où on se refusait en général à croire le péril imminent. Il paraît certain, comme on l'a parfois remarqué, que l'empereur allemand ne se décida à déclancher le grand conflit que parce qu'à tous égards le moment lui parut propice : embarras de l'Angleterre en Irlande où tout l'Ulster menaçait de se révolter, grèves et mouvements ouvriers en Russie, campagne antimilitariste en France fortement exagérée par les rapports des agents allemands qui représentaient les tumultes militaires de 1913 causés par le mécontentement de la loi de trois ans comme la preuve d'une désagrégation totale de l'armée française. On sait ce qu'il advint : 28 juin, assassinat de l'archiduc héritier d'Autriche, 24 juillet, ultimatum austro-hongrois à la Serbie, 31 juillet, assassinat de Jaurès, 1er août, décret de mobilisation générale, 3 août, déclaration de guerre de l'Allemagne.

Qu'arriverait-il alors? Quelle serait après tant d'excitation, tant de votes antimilitaristes et antipatriotiques l'attitude non pas de la Nation, celle-là n'était pas dou-

---

1. « Il y a trente ans qu'on bataille pour avoir les retraites. On vient de l'accorder aux mineurs à 55 ans avec 2 francs par jour et des allocations aux veuves et orphelins. Il vaut mieux accepter que de tout rejeter », disait M. BASLY, cité par les *Annales du Musée social*, février 1914.
2. Le socialiste Muller venu à Paris le 1er août 1914, y affirmait qu'en cas de guerre les social-démocrates se dresseraient contre leur gouvernement. Or trois jours plus tard tous les députés social démocrates au Reichstag votaient les crédits de guerre.

teuse, ni même de la classe ouvrière dans son ensemble, mais de cette minorité ouvrière des grands centres, minorité violente, perpétuellement agitée, travaillée par tous les ferments de dissolution sociale et nationale? L'assassinat de Jaurès le grand tribun ne donnerait-il pas le signal de l'insurrection générale des faubourgs parisiens, des corons du Nord et de Carmaux? L'espoir même de voir se révolter de leur côté les frères allemands, ne provoquerait-il pas l'émeute comme le chancelier de Bethmann l'espérait fermement? Question poignante, dramatique énigme. Le sort du pays, on peut le dire, était en suspens, car un jour de perdu ou même un retard de quelques heures dans l'immense tâche de la mobilisation et de la concentration et la défaite pouvait être immédiate, irrémédiable.

On sait ce qu'il en advint. L'histoire de France compte d'admirables pages, elle en compte peu d'aussi belles que le récit de ce début d'août où d'un seul élan l'âme entière de la Nation s'élança au secours de la Patrie menacée. La C. G. T., les syndicats révolutionnaires, le parti socialiste, les anarchistes mêmes demeurèrent immobiles sans rien tenter, sans ébaucher un geste de protestation ou de résistance. Les trains n'eurent pas une heure de retard ; sur toute l'étendue du territoire pas un acte de sabotage ou de révolte ne fut signalé. A la Chambre, l'Union Sacrée fut proclamée, le départ des mobilisés eut lieu au milieu de l'émotion indescriptible et d'un enthousiasme, d'une ardeur contenue dans les campagnes, prompte à se répandre en manifestations émouvantes dans les villes. Le père conduisait lui-même son fils au train qui allait l'emporter, la mère, la fiancée en l'embrassant ne lui disaient que des mots de courage et d'espoir. Toute la France comme dans l'immortel bas-relief de Rude chantait le *Chant du Départ*. Où étaient-ils alors les farouches rédacteurs des ordres du jour antipatriotiques de Toulouse et du Havre, les pourfendeurs du militarisme, les croisés de la guerre à la guerre? Disparus, évanouis, inexistants. Le grand souffle du patriotisme avait dans une prodigieuse rafale balayé tous ces miasmes et toutes ces pestilences.

D'aucuns ont cherché à ce phénomène des explications d'ordre positif. On a mis en avant les rigueurs de l'état de siège qui évidemment ont exercé sur quelques meneurs une influence salutaire. D'autres ont fait honneur de cette attitude du prolétariat socialiste à Jouhaux qui effectivement, par son discours prononcé aux obsèques de Jaurès déconseilla l'insurrection et servit la cause nationale. Mais la vérité est bien plus belle encore. Elle a été proclamée par Merrheim dans son discours prononcé au XX⁰ Congrès corporatif à Lyon le 18 septembre 1919.

« Pour juger les événements il faut se replacer dans la situation où nous nous trouvions. Nous étions complètement désemparés, affolés! nous n'étions pas nombreux à oser dire : Même si l'on doit nous fusiller au fond de l'impasse, nous devons retourner rue Grange-aux-Belles. Pourquoi? parce qu'à ce moment la classe ouvrière soulevée par une vague formidable de nationalisme n'aurait pas laissé aux agents de la force publique le soin de nous fusiller ; elle nous aurait fusillés elle-même [1] ».

En face des dramatiques événements qui se succédèrent d'août 1914 à septembre 1915, le syndicalisme révo-

1. Ce témoignage est confirmé par tous les orateurs des deux tendances qui ont traité ce sujet, même par les extrémistes. « Jamais, disait Méric, (même Congrès, p. 36) jamais je ne vous ai reproché de ne pas vous être insurgés au début car on voyait le 2 août le premier jour de la mobilisation des ouvriers que l'on prétendait révolutionnaires crier « A Berlin! » Beaucoup de syndiqués, de révolutionnaires couraient à la frontière comme des fous! »

« Souvenez-vous, disait Sirolle, des cheminots ; souvenez-vous, Merrheim et Bourderon, de notre milieu de cheminots où à quelques-uns nous avons essayé de nous élever contre le nationalisme qui régnait en maître dans notre corporation (ibid, p. 192) Monatte, lui-même est aussi formel (p. 105). « Je ne ferai pas, au Bureau confédéral le reproche de n'avoir pas déclanché la grève devant la mobilisation. La vague a passé et nous a emportés. Mais si la masse pouvait à ce moment se laisser entraîner, il est des hommes qui devaient attendre que le vent eût passé pour se redresser. »

lutionnaire s'abstint donc totalement. Jouhaux était commissaire de la Nation puis siégeait d'abord à la Commission des allocations, ensuite au Comité du Secours National[1]. Merrheim a conté à Lyon qu'en novembre 1914, il s'était trouvé réuni aux bureaux de la *Vie ouvrière* avec Trotsky et Martoff mais que l'entente n'avait pu se faire car, disait-il, nous étions loin des principes de tactique que préconisait dès ce moment-là le camarade Trotsky. Il est aisé de deviner en quoi consistait ce désaccord. Trotsky voulait, et Merrheim ne voulut pas déchaîner en France la guerre civile à cette date du reste impossible, même si Merrheim l'eût tentée.

La première année de la guerre s'écoula ainsi sans aucune tentative du syndicalisme contre la guerre. Le premier symptôme d'un changement d'attitude se produisit à propos de la Conférence de Zimmerwald (septembre 1915). Le parti socialiste s'abstint d'envoyer des délégués à Zimmerwald ; deux syndicalistes français Merrheim (aujourd'hui majoritaire) et Bourderon (minoritaire) s'y rendirent ; le premier a raconté ce qui s'y passa. Entre les deux Français et le délégué allemand Ledebour, ce furent presque des embrassades. « L'attitude admirable de Ledebour, dit Merrheim, fut pour nous un grand soulagement. C'est lui qui, après avoir lu notre motion nous dit : « Camarades français vous avez oublié de parler de la Belgique, nous voulons que la violation de la Belgique soit stigmatisée dans la motion franco-allemande ! » C'était faire aux représentants de la C.G.T. la partie belle ! Du reste, Allemands et Français s'entendaient sur un point capital, les uns et les autres voulaient

---

[1]. Il est pitoyable de voir comment Jouhaux a essayé au Congrès de Lyon (1919) d'excuser, grâce à divers prétextes, un rôle très honorable et dont il eût dû être fier. « S'il fut commissaire à la Nation, il ne fut pas pour défendre la guerre mais pour aller dans les départements regrouper les camarades. Commissaire aux allocations? il ne le fut que pour éviter des refus d'allocation aux syndiqués révolutionnaires. Le Comité de Secours National? Il jure n'y avoir jamais rencontré Mgr Amette, etc., etc. (p. 231 du Compte rendu du Congrès de Lyon)

bien lancer de vagues appels à la paix et convier le prolétariat de tous les pays « à une action internationale simultanée et concertée », campagne au fond peu compromettante car en pleine guerre, avec les difficultés de communication, la censure, les états de siège, il était peu probable que le prolétariat international répondit de sitôt et simultanément à de telles incitations. La résolution restait donc forcément platonique. Mais Lénine présent à Zimmerwald voulait bien davantage. Il mettait Français et Allemands, comme disent les bonnes gens, au pied du mur. Il les sommait de laisser là les déclarations et appels au prolétariat universel pour engager immédiatement, *fût-ce isolement*, une action dans le sens de la cessation des hostilités. « Lénine, a raconté Merrheim, était pour la création immédiate d'une Troisième Internationale. Il disait : « Rentrés de Zimmerwald chez vous, *vous devez déclarer la guerre des masses contre la guerre* ». Je répondis à Lénine. Je ne suis pas venu ici pour créer une Troisième Internationale. Je suis venu pour jeter le cri de ma conscience angoissée au prolétariat de tous les pays pour qu'il se dresse internationalement dans une action commune contre la guerre. Quant à la grève de masses, ah! camarade Lénine, je ne sais pas même si j'aurai la possibilité de retourner en France et de dire ce qui s'est passé à Zimmerwald, c'est loin de pouvoir prendre l'engagement de dire au prolétariat français : « dressez-vous contre la guerre! » La réponse des Allemands que l'on ne nous communique pas dut être encore plus catégorique. Les prudences l'emportèrent sur les ardeurs révolutionnaires. La résolution votée à Zimmerwald, si elle indigna alors les patriotes, était au fond bien anodine de la part des révolutionnaires et il est piquant de constater qu'à bien des égards elle n'est qu'une anticipation de quelques-uns des principes plus tard affirmés, presque en termes identiques, par le président Wilson.

On y réclamait « une paix sans annexions ni indemnités de guerre, excluant toute pensée de violation des droits et des libertés des peuples. » « Cette paix ne doit, disait-on, conduire ni à l'occupation de pays entiers ni à des annexions partielles. Pas d'annexions ni avouées, ni masquées, pas d'assujettissement économique, le droit des peuples de disposer d'eux-mêmes doit être le fondement inébranlable dans l'ordre des rapports de nation à nation. »

Au retour de Zimmerwald, pour la première fois, encore bien timidement, s'ébauche une campagne contre la continuation de la guerre. Des réunions rue de Bretagne mettent aux prises Merrheim zimmerwaldien et Renaudel plus ou moins social-patriote. Cette campagne n'a d'abord aucun succès « la masse, a conté Merrheim, s'écartait. J'ai pu la réveiller cette masse non pas avec les résolutions de Zimmerwald, mais avec des questions de salaires, quand les grèves de femmes ont commencé pour les salaires (printemps de 1917) c'est alors seulement que la masse est venue aux organisations. Mais même si j'avais été arrêté à mon retour de Zimmerwald et fusillé, la masse ne se serait pas levée. Elle était trop écrasée sous le poids des mensonges de la presse et des préoccupations générales de toute nature de la guerre [1]. »

Ce n'est donc qu'après un peu moins seulement de trois ans de guerre que l'agitation révolutionnaire et internationaliste a repris avec vigueur et avec un caractère menaçant pour la défense nationale [2].

L'histoire de cette triste période est connue. Les responsabilités de quelques hommes ont été établies. Les uns ont payé de douze balles au Polygone de Vincennes

---

1. Nous passons sous silence comme insignifiants des épisodes sans portée tels que la Conférence confédérale d'août 1915 ou le rôle de Comité dit pour la reprise des relations internationales.
2. *Congrès de Lyon*, sept. 1919, p. 173.

leur trahison payée à prix d'argent; d'autres ont été condamnés en Haute-Cour à des peines plus douces. C'était l'époque tragique où échoua l'offensive sur le Chemin des Dames, l'époque des accusations sourdes contre le général Mangin que l'on osait nommer le Boucher, l'époque des mutineries militaires au III° Corps et ailleurs. Indubitablement les chefs cégétistes furent mêlés à ces manœuvres mais ils paraissent beaucoup plutôt avoir été entraînés qu'avoir dirigé le mouvement. L'impulsion à n'en pas douter venait d'ailleurs, ils la subissaient sans enthousiasme. Il faut lire du reste dans le discours de Jouhaux au Congrès de Lyon le récit de ces événements. Ce récit est éloquent. On y voit le Ministre de l'Intérieur d'alors, M. Malvy, se faire l'humble disciple de la C. G. T., elle-même l'instrument conscient ou non des agitateurs grévistes internationalistes. M. Malvy en était venu au point de ne vouloir prendre aucune mesure sans en avoir discuté avec le représentant de la C. G. T. et sans lui demander l'attitude qu'il devait avoir! Il est permis de dire qu'alors pendant quelques semaines ce fut la C. G. T. ou plutôt derrière cet écran une coterie d'agitateurs suspects au premier chef qui gouverna Paris.

L'instinct national providentiellement réveillé sauva Paris et la France en portant au pouvoir l'homme énergique qui seul alors, et pour de nombreuses raisons, pouvait étouffer le défaitisme déjà ouvertement à l'œuvre : cet homme fut Clemenceau.

Avec l'arrivée au pouvoir de Georges Clemenceau le défaitisme avait trouvé son maître et le ministre de l'Intérieur ne se rendait plus chaque jour au rapport de la C. G. T. pour savoir ce qu'il avait à faire [1]. Les mani-

---

1. Sur le rôle de son prédécesseur Malvy voici le témoignage de Jouhaux : « Un homme se dressait en face des militaires et s'opposait à ce que leurs mesures fussent acceptées. S'agissait-il de perquisitions, d'arrestations, toujours cet homme se dressait dans le Gouvernement et déclarait : Si vous accomplissez cet acte je me retire » (discours de Jouhaux, Congrès de Lyon, p. 233) La

festations du syndicalisme cessèrent dès lors d'être dangereuses pour le pays. Le Congrès de Clermond-Ferrand réuni à la fin de 1917 se borna à des résolutions platoniques en faveur de la paix et il convient de dire à l'honneur de Merrheim et même de Bourderon que leur pacifisme et leur internationalisme n'allèrent pas jusqu'à favoriser alors comme ils avaient failli le faire, un peu plus tôt en 1917, les desseins de l'ennemi.

« Il y avait alors, a dit Merrheim, un état d'esprit épouvantable dans la population. Toute la France anxieuse s'attendait à un effort formidable de la part de l'Allemagne qui, disait-on, préparait une offensive terrible. Un jour (mars 1918) on apprend que l'attaque est déclenchée et qu'une armée anglaise a lâché pied. Les Allemands ont percé le front anglais, ils sont à 85 kilomètres de Paris. Voilà la situation. Nous nous redressons car *nous ne voulons pas faire subir à la France la paix de Brest-Litowsk*. Pouvions-nous appeler la classe ouvrière à l'action au moment où nous étions vaincus?» (*ib.*, p. 178). En juillet 1918 se réunit le XIX° Congrès corporatif à Paris. Nous n'insisterons pas sur ce Congrès d'où ne pouvait et ne devait sortir aucune résolution ferme et précise et qui se borna à l'expression de vagues affirmations en faveur de la Paix. Malgré ces aspirations pacifistes l'atmosphère était chargée d'électricité. C'était à l'époque du bombardement de Paris par les Berthas, on entendait de la salle des séances le bruit des explosions qui se succédaient à intervalles réguliers déterminant chez les assistants quelque nervosité et aussi quelques

grève de la couture éclate, M. Malvy fait venir patrons et délégués de la C.G.T. ; après avoir entendu ces derniers il déclare : « Voilà les paroles auxquelles j'adhère. Je vous demande, patrons, d'apporter ici l'esprit de conciliation. Sinon je ne puis répondre de l'ordre (*sic*)! » La grève de l'habillement suit. « On respire » dit Jouhaux, un vent d'émeute. Les députés déclarent qu'une telle situation ne peut durer. Le ministre de l'intérieur ne veut pas prendre de mesures d'ordre *sans en avoir discuté avec le représentant de la C. G. T.* (*ibid.*, p. 234). On croit rêver !

indignations. Il arrivait, comme l'ont rappelé des témoins aux Congrès suivants, qu'en entendant les détonations certains délégués criaient aux extrémistes : « Voilà la réponse de vos amis ! » réponse catégorique en effet à ceux qui avaient toujours prétendu que la Sozialdemokratie allemande se lèverait toute entière pour empêcher toute guerre future et y parviendrait[1].

Et puis ce fut la Victoire : l'armistice du 11 novembre 1918 et la paix du 30 juin 1919. Dès lors une activité pour ainsi dire fiévreuse succéda à la stagnation des années de guerre. Nous rappellerons seulement sous forme d'éphémérides les événements qui se succédèrent de novembre 1918 à septembre 1619 (XXe Congrès corporatif) nous réservant de les caractériser ensuite à grands traits.

14 décembre 1918. — La délégation de la C. G. T. va saluer à Paris le président Wilson et le féliciter d'avoir proclamé à la face du monde les principes d'arbitrage international qui sont les siens.

15-16 décembre. — Premier Comité confédéral national. Il adopte les articles d'un programme minimum comprenant les revendications suivantes :

Une paix juste (pas de guerre économique, Société des nations. Création d'un Office international de transport et de répartition de matières premières permettant à chaque nation de spécialiser ses forces de production et de répandre ses produits dans le monde, pas de représailles. Désarmement général).

Participation ouvrière à la Conférence de la paix.

Rétablissement des libertés constitutionnelles; droit de réunion ; droit de parole; droit d'intervention des syndicats ouvriers dans les questions de travail.

---

1. Ce Congrès de 1918 vota par 908 voix contre 253 une résolution de confiance au Comité confédéral affirmant les principes déjà proclamés à Zimmerwald en les précisant davantage. « Pas d'annexion ; droit des peuples à disposer d'eux-mêmes ; reconstitution dans leur indépendance des pays actuellement occupés, pas de contribution de guerre, ni de guerre économique, liberté des mers et des detroits, arbitrage obligatoire dans les litiges internationaux, Société des nations, réprobation de toute intervention armée en Russie. »

Journée de huit heures, contrôle ouvrier au moyen de l'institution d'un Conseil économique national aidé par des Conseils économiques régionaux.

Reconstitution des régions dévastées sous le contrôle d'organismes nouveaux composés de délégués des producteurs et des consommateurs. Réorganisation économique dirigée par la classe ouvrière.

Retour à la Nation des richesses nationales.

Lutte contre les fléaux sociaux.

Pour les ouvriers étrangers égalité de conditions des salaires, de durée de travail, contrôle ouvrier de l'immigration. Extension des assurances sociales (invalidité, maladies professionnelles). Lutte contre la vie chère avec suppression des droits de douane sur les denrées alimentaires. Modification du mode de répartition des charges budgétaires, impôt nouveau sur les héritages.

5 au 9 février 1919. — Conférence syndicale internationale de Berne. Elle s'occupa surtout de la Charte internationale du travail et formula tout un projet de réformes ouvrières, (enseignement primaire obligatoire, limitation à 6 heures par jour du travail des jeunes gens de 15 à 18 ans, à 8 heures par jour et 48 par semaines du travail des adultes. Repos hebdomadaire d'au moins 36 heures, du samedi au lundi matin, droit de coalition et d'association reconnus, etc.) Le principe d'une nouvelle Internationale syndicale fut également voté.

Deuxième Comité confédéral national (23-24 mars), revendication de la journée de huit heures précédant de peu le vote de la loi (promulguée le 23 avril). Le comité proteste contre l'impôt sur les salaires.

Premier mai 1919 signalé par diverses bagarres.

Les mois de juin et de juillet 1919 furent marqués par une série de grèves parisiennes dans l'habillement et dans les métaux. L'historique de cette dernière grève, dans le rapport moral de la C. G. T. au XXe Congrès international, est très instructif. On y voit très nettement la lutte entre la Fédération des métaux (majoritaire, Merrheim) et la minorité extrémiste (Bestel et Rimbaud) dont les adhérents se livrent à des violences, envahissent le local de la C. G. T., couvrant d'injures ses dirigeants. Le Conseil fédéral résiste au courant gréviste et ose affirmer « que les solutions basées uniquement sur l'augmentation des salaires ne sont pas des solutions durables au malaise qui perturbe le travail car cette hausse est suivie constamment d'une hausse égale du coût de la vie. » Une grève éclate dans le personnel du Métropolitain. Diverses grèves de mineurs éclatèrent aussi. On put un instant croire à une grève générale internationale de 24 heures pour le 21 juillet, grève décidée en principe par la Commission administrative de la C.G. T. (3 juillet). Au dernier moment la C.G.T. recula et décida d'ajourner le mouvement d'où la polémique ardente dont il sera bientôt question à propos du XX⁰ Congrès.

Congrès syndical international d'Amsterdam (26 juillet-3 août) créant la II⁰ Internationale dite d'Amsterdam. C'est dans ces conditions que s'ouvrit à Lyon le XX⁰ Congrès corporatif (XIV⁰ de la C.G.T.) 15-21 septembre 1919. Il fut caractérisé d'abord par des attaques des extrémistes contre l'attitude de Jouhaux et de ses lieutenants sinon au début de la guerre (on reconnut, comme il a été dit, qu'en août 1914 toute action antimilitariste eût été impossible) du moins plus tard en 1915 et en 1917. Mais surtout on reprocha aux dirigeants de la C. G. T. d'avoir collaboré avec le gouvernement à diverses reprises et d'avoir, par la décision de la Commission administrative du 18 juillet, fait échouer le projet de grève générale prévue pour le 21 juillet. Monmousseau, Tommasi, Monatte, Bourderon, Verdier firent en termes véhéments le procès de Jouhaux et de Dumoulin[1].

[1]. Voici, à titre d'échantillon, quelques extraits de ces discours. Les uns, dit Verdier veulent diriger le mouvement ouvrier en l'incitant à collaborer avec le Gouvernement, en le rapprochant du patronat. Je le conçois tout autrement Il faut l'arracher à l'influence étatiste et patronale (p. 78). Monmousseau critique le programme minimum de la C. G. T. « Ce programme, dit-il, a sur le terrain

Si l'attaque fut vive, la défense la dépassa encore en énergie et bien différents des modestes réformistes d'autrefois, résignés à se laisser couvrir d'injures et à plaider seulement les circonstances atténuantes, Dumoulin et Jouhaux passèrent de suite avec vigueur à la contre-attaque. « Vous nous reprochez, disait Dumoulin, la collaboration de classes ? Expliquons-nous. Est-ce que vous oubliez que nous sortons d'une longue période durant laquelle l'unique patron a été l'Etat, le Gouvernement, qu'ainsi presque toujours les grèves, les revendications s'adressaient à l'Etat, au Gouvernement ? Est-ce nous qui amenions ces grévistes au ministère du travail ? Est-ce que c'est la C. G. T. ? Je m'adresse à tous les syndicats qui ont eu des revendications soutenues par des grèves. Toutes ces grèves ont abouti au ministère du travail. Est-ce la C. G. T. qui allait chercher les syndicats, qui les a influencés ? La collaboration de classes ne trouve pas son origine à la Commission administrative, mais dans es syndicats » (p. 204) et Jouhaux développait la même argumentation. « Je ne suis allé voir le gouvernement de Clemenceau que parce que les militants de Paris et de Province, les syndicats me l'ont demandé. Eh quoi ? manque-t-il du charbon dans un coin de la France, manque-t-il des wagons, on vient à la C. G. T. et on nous dit : Il faut aller voir le Gouvernement. Et le secrétaire de la C. G. T. y va ! Est-ce que nous sommes responsables

économique confondu les intérêts des hommes d'Etat avec les intérêts du syndicalisme, ceux des patrons, des exploiteurs, des profiteurs de la guerre avec les intérêts de ceux qui travaillent. Puisque les capitalistes seuls assument dans le monde la responsabilité de ces ruines, de ces désastres, qu'ils réorganisent comme ils l'entendent la vie économique du pays » (p. 45). Il est curieux de constater avec quel accent Monmousseau parle du scepticisme qu'il reproche aux majoritaires; on croirait entendre un apôtre s'indigner contre d'anciens fidèles devenus renégats. « On vient nous dire : La masse n'est pas mûre. Je ne sais pas si elle est mûre, mais je demande comment elle mûrira. Elle mûrira par l'action constante des militants qui n'auront pas perdu la Foi, qui ne seront pas sceptiques. Que les sceptiques laissent au moins à ceux qui n'ont pas l'espérance au cœur, le soin d'éduquer leurs camarades, qu'ils ne plongent pas le prolétariat sous la vague de ce scepticisme (p. 54). »

de cette collaboration ? » Quant au reproche de ne pas avoir déclanché la grève générale annoncée pour le 21 juillet, Jouhaux répondit victorieusement en faisant l'historique des événements de juin-juillet. Le mouvement avait été fixé à cette date du 21 juillet dans l'espoir de lui donner un caractère international dans l'attente d'une grève générale en Angleterre, en Italie, mais les syndicats parisiens se montrèrent hésitants, plusieurs déclarèrent ne pouvoir agir. Déclancher la grève dans ces conditions était courir à un échec certain. Du reste Jouhaux avait le meilleur argument de fait à faire valoir. La C. G. T. était alors florissante elle comptait 1.360.000 membres contre 600.000 en 1912. Le moyen de faire le procès d'un Comité confédéral qui avait obtenu de tels résultats ? Par 1.393 voix contre 588 le rapport moral fut approuvé et par 1.633 voix contre 324 on adopta le projet de résolution du Bureau, projet très long et qu'on peut résumer à grands traits comme il suit. On constate comme un fait la lutte des classes qui ne disparaîtra qu'avec la suppression de ces classes et de leurs privilèges. On confirme la Charte d'Amiens. La C. G. T. groupe en dehors de toute école politique tous les travailleurs conscients de la lutte à mener pour la disparition du patronat et du salariat (suit le texte entier de la résolution d'Amiens sur laquelle nous reviendrons) mais de cette Charte d'Amiens affirmant non seulement la lutte de classes mais la nécessité de l'expropriation capitaliste (ce qui veut dire du capitalisme) et de la grève générale, la déclaration de Lyon fait un commentaire inattendu. Elle admet bien l'action directe mais « on ne peut laisser croire que cette action trouve son expression exacte et exclusive dans des actes de violence et de surprise ni qu'on ne puisse la considérer comme une arme pouvant être utilisée par des groupements extérieurs au syndicalisme (allusion évidente au parti socialiste communiste).

C'est parce qu'ils sont producteurs que le syndicat appelle à lui tous les travailleurs et c'est l'utilisation de leur fonction productive qui est la puissance de l'organisation ouvrière. Continuer la production pour satisfaire les besoins des hommes, l'accroître pour mettre à la disposition de tous une plus grande quantité de richesses consommables, ainsi se traduisent les préoccupations auxquelles la situation mondiale donne une gravité formidable. »

La devise doit être : *Produire* ; il y a certes loin de ce mot d'ordre à celui du syndicalisme d'avant-guerre formulé à Amiens : *grève générale*, *action* directe (au sens de sabotage).

L'ordre du jour affirme — bien entendu — le caractère révolutionnaire du mouvement syndical mais si son action doit avoir pour effet de « libérer le travail de toutes les servitudes, cette conception se fonde non par l'Autorité mais par les Échanges, non sur la domination mais sur la réciprocité, non sur la souveraineté mais sur le contrat social. » La résolution tente ensuite de justifier le principe des conventions collectives de travail s'étendant à un atelier, une région ou une corporation. « Elles possèdent une valeur de transformation parce qu'elles limitent l'autorité patronale, parce qu'elles ramènent les relations entre employés et employeurs à un marché. » On amoindrit ainsi l'absolutisme patronal en introduisant dans l'usine le contrôle du Syndicat (p. 256). Le Congrès se déclare prêt à travailler à la réorganisation industrielle. La motion recommande dans ce but la nationalisation industrialisée sous le contrôle des producteurs et consommateurs des grands services de l'économie moderne, des transports terrestres et maritimes, des mines, de la houille blanche, des grandes organisations de crédit.

L'exploitation directe par la collectivité des richesses

collectives est, affirme la résolution, une condition essentielle de la réorganisation économique. Mais vu l'impuissance des organismes politiques et le caractère bourgeois du pouvoir, on ne doit pas augmenter les attributions de l'État d'où la nécessité de confier la propriété nationale aux intéressés eux-mêmes, producteurs et consommateurs. « La motion se termine par le témoignage obligatoire de sympathie à la Révolution russe, sympathie qui, on le sait, n'empêche pas Jouhaux, Dumoulin et leurs amis d'être injuriés avec la dernière violence par Lénine et ses partisans qui les traitent de social-traîtres.

Cette analyse de la motion de Lyon permet, nous y reviendrons, de mesurer la distance franchie depuis 1914.

Peu après le Congrès de Lyon, les délégués de la C. G. T., partaient pour Washington où la Conférence internationale du travail se réunit et adopta une série de résolutions auxquelles les délégués de la C.G. T. avaient collaboré. Mais le fait saillant de la période comprise entre les Congrès de 1919 et de 1920, fut la grande grève des chemins de fer d'avril à mai 1920. Cette grève, appuyée par une grève concomitante des Mineurs et des Inscrits maritimes, dura plusieurs semaines et aboutit à un échec total déterminé tout à la fois par la défection du personnel des réseaux du Nord et de l'Est et par un fait nouveau en France : l'entrée en ligne de jeunes volontaires, élèves de l'École polytechnique, de l'Ecole centrale, de l'École des ponts et chaussées, des Écoles des arts et métiers qui acceptèrent de monter sur les locomotives, de manœuvrer des aiguilles, etc., pendant que des personnes de bonne volonté s'enrôlaient dans les Unions Civiques pour servir comme buralistes ou lampistes. Cet échec eut un contre-coup terrible. Plus de 20.000 cheminots furent congédiés et découragée, la masse ouvrière se retira des syndicats. En janvier 1920, la Fédération des cheminots comptait 333.000 membres elle n'en avait plus que 100.000 en décembre de la même année. La C. G. T. elle-même, qui groupait près de 2 millions d'adhérents en avril 1920, voyait descendre cet effectif en décembre à 600.000, chiffre cité au cours du même mois de décembre par M. Faure, directeur du *Populaire*, au Congrès de Tours du parti socialiste unifié.

Il fallait s'attendre à des attaques furieuses contre les dirigeants de la C. G. T. On n'aime guère les généraux malheureux. Les attaques se produisirent en effet au XXI° Congrès corporatif (Orléans 27 septembre-2 octobre 1920.) En dehors du thème facile de l'échec des grèves de mai, elles portèrent sur le grief ordinaire de la collaboration de classes, sur le Conseil économique du travail, sur le B. I. T. La motion minoritaire reproduit toutes ces accusations. « Un mois après la clôture du Congrès de Lyon une délégation confédérale, sans mandat du Congrès, partait pour Washington pour participer à une Conférence internationale du travail organisée en vertu de l'*inique traité de Versailles*, par la Société des Nations, cette Sainte Alliance des États capitalistes... Elle participait à son travail. Procédant du même état d'esprit, les dirigeants de la C. G. T. ont constitué une Académie du travail sous le nom de *Conseil économique du Travail* Conseil extérieur au mouvement. » La motion explique que ce Conseil économique ne répond pas aux aspirations du prolétariat car il aurait dû être créé uniquement au sein des syndicats. On critique vivement les projets du C. E. T. tendant à la nationalisation industrialisée des services publics, mais avec rachat par voie d'amortissement des actions des chemins de fer et des mines, avec garantie d'un intérêt aux capitalistes expropriés, avec maintien à la tête des entreprises des anciens directeurs. La nationalisation ne se conçoit qu'avec la confiscation. On ne fait pas l'économie d'une révolution. La C. G. T., une fois de plus, a navigué dans les eaux de droite. Il faut la remettre dans la bonne route. Ce sera l'œuvre des noyauteurs : des groupes d'ouvriers syndicalistes doivent se former dans les ateliers, les usines, fabriques, magasins et banques. Ils formeront les éléments propres à supprimer la direction capitaliste et patronale qui sera remise aux organismes qualifiés pour en assurer la gestion.

A ces critiques, Jouhaux, Dumoulin et leurs amis opposèrent comme ils l'avaient fait à Lyon une tactique à la fois défensive et offensive. Ils rappelèrent les vraies causes de l'échec de la grève de mai. « Vous étiez 450.000 cheminots, dirent-ils. Il y a eu seulement 220.000 grévistes. Vous nous reprochez d'être allés à Washington. Nous n'y avons pas fait autre chose que ce que font chaque jour au Parlement les députés communistes vos amis. Vous dites que vous n'avez pas besoin de la législation internationale du travail, ajoutait Jouhaux — peut-être ! En tous cas dans bien des pays, l'Inde, le Japon, l'Afrique, il n'en est pas de même ; nous défendions ces travailleurs indigènes exploités. Notre collaboration avec le B. I. T. de Genève ? mais ce bureau ne surveille pas seulement l'application des lois ouvrières ; il présidera dans l'avenir à la répartition des matières premières (??) N'est-ce pas là une théorie révolutionnaire ? Le Conseil économique du Travail ? Mais il prépare la nationalisation des services publics, premier acte de la socialisation que nous demandons. » Merrheim, venant à la rescousse, s'en prit à Lénine qui déchaînait sur les chefs syndicalistes une campagne de calomnies. Frossard aujourd'hui léniniste demandait en 1918 qu'on se plaçât sur le terrain de la défense nationale. « Je me dresse contre la dictature bolcheviste comme il se dressait alors contre l'impérialisme allemand ». Que deviendraient du reste les syndicats sous le régime bolcheviste ? et Merrheim prouvait que la Révolution russe avait annihilé les syndicats, que le IX° Congrès du parti communiste avait placés sous la surveillance de petits groupes communistes (avril 1920) de même que le Conseil central panrusse des syndicats est sous la surveillance du Comité central du parti communiste.

Les « majoritaires », comme on les nommait, eurent encore la majorité. Par 1.515 voix contre 552 données à la motion minoritaire on adopta la motion déposée par le Bureau confédéral. Cette motion déclare à nouveau irrévocable la Charte d'Amiens, déclare le but du syndicalisme incompatible avec les institutions actuelles, mais aussitôt tempérant ces délarations de principe, la motion affirme la valeur révolutionnaire des conquêtes qui améliorent la vie des travailleurs, recommande la nationalisation industrialisée, le contrôle ouvrier. Elle proclame l'utilité du C. E. T. et du B. I. T. de Genève, ce dernier devant assurer aux colonies et petits pays le bénéfice des lois ouvrières. Enfin bien entendu, on vote une résolution de sympathie de rigueur pour la révolution russe.

Ce texte présente une fois de plus ce double caractère : *en théorie* déclarations générales révolutionnaires, mais dans l'*application* acceptation de collaboration par voie de prise de contact et de discussion avec les institutions gouvernementales créées dans l'ordre de la protection e de l'organisation du travail. Indomptable et intransigeante avant 1914, la C. G. T. s'humanise, tempère sinon son langage du moins sa tactique et s'achemine tout doucement, en prononçant encore de belle phrases écarlates, vers une honnête parlementarisation ressemblant assez à un radicalisme social embourgeoisé

La période comprise entre les Congrès d'Orléans et de Lille se caractérise, non comme la précédente par des grèves sensationnelles, mais par l'hostilité croissante entre les extrémistes qui essayent de faire pénétrer partout l'influence communiste par le moyen des C. S. R. (Comités syndicalistes révolutionnaires) composés de noyauteurs déterminés et les majoritaires toujours disciplinés et cohérents, mais perdant visiblement du terrain. Nous laisserons quant à présent de côté les poursuites correctionnelles dirigées contre la C. G. T. et le jugement prononçant la dissolution toute platonique de cette organisation pour traiter plutôt de ce duel à mort entre les deux partis syndicalistes, duel à reprises multiples et qui n'est pas près de finir.

Le 9 février 1921, les majoritaires prennent l'offensive au Comité confédéral national. Une motion que votent 34 Fédérations et 68 Unions contre 5 Fédérations et 26 Unions, constate que les C. S. R. dirigés par Moscou pour pratiquer le noyautage, sont des organes de division qui tarissent le recrutement et disqualifient les militants, qu'il importe de préciser, que l'adhésion à ces Comités constitue un acte d'hostilité déclaré à la C. G. T. L'organe des minoritaires *la Vie ouvrière* réplique du tac au tac : « Ni Jouhaux ni le Bureau confédéral n'ont le droit de nous mettre à la porte. Seul un Congrès a ce pouvoir ». Et l'article rappelle les récentes victoires remportées par les extrémistes à l'Union des Syndicats de la Seine, dans plusieurs fédérations (alimentation, cuirs et peaux) et Unions départementales (Rhône, Moselle, Cher)[1]. Provoqués les majoritaires passent aux actes. Au Congrès des employés (26-27 mars) on exclut les syndicats des comptables, des voyageurs, des instituteurs libres de la Seine qui avaient adhéré à la IIIe Internationale[2].

D'autres exécutions analogues devaient suivre, par exemple en mars à la Fédération des métaux. L'exclusion des syndicats adhérents à Moscou était ratifiée le 20 mai par un vote de la Fédération internationale syndicale d'Amsterdam, mais en fait, ces exclusions demeurè-

---

1. *Vie ouvrière* du 18 février 1921.
2. *Information sociale* du 3 avril 1921.

rent exceptionnelles et les syndicats communistes continuèrent à braver le Bureau confédéral comme en faisait foi la protestation publiée en mai par le Comité central des C. S. R. Les révolutionnaires remportaient entre temps de nouvelles victoires en juin au Congrès des cheminots où par 55.140 voix on adoptait la thèse de Monmousseau contre 53.677 voix à la thèse cégétiste (Bidegaray). En juin également les minoritaires gagnaient les Unions départementales de la Corrèze et de la Haute-Vienne, en juillet celles de la Seine-Inférieure, des Pyrénées-Orientales, de la Savoie, de la Loire.

Ce même mois de juillet 1921, vit cependant se produire un fait très important et sur lequel nous reviendrons dans un autre chapitre.

Le Ier Congrès syndical international tenu à Moscou avait adopté un ordre du jour subordonnant absolument tous les syndicats à la discipline bolcheviste et décidé : 1° que toutes les mesures devaient être prises pour le groupement ferme des syndicats dans une organisation de combat avec un centre dirigeant, l'Internationale rouge des syndicats unifiés; 2° des liens aussi étroits que possible devaient être établis avec la Troisième Internationale communiste avant-garde du mouvement révolutionnaire dans le monde entier basée sur la représentation réciproque au sein des deux organes; 3° cette liaison devait avoir un caractère organique et technique et se manifester dans la préparation et la réalisation des actes révolutionnaires. Les délégués français Rosmer, Tommasi (de la Fédération des voitures, ex-coureur cycliste), Godonnèche avaient signé cette capitulation des syndicats devant Lénine et Zinovieff.

Il parut cette fois aux minoritaires eux-mêmes que Moscou exagérait. Cette domestication froissait cette horreur du joug toujours intacte au cœur des ouvriers français les plus internationalistes. Et puis à la veille même du Congrès de Lille était-il vraiment possible de donner un démenti si sanglant à la Charte d'Amiens qui affirme l'indépendance du syndicalisme à l'égard des partis politiques, de mettre ainsi le syndicalisme à la remorque du parti communiste? On ne le crut pas et dès que le vote des délégués français à Moscou fut connu ce fut un tolle. Le Comité central des C. S. R. désavoua ses délégués[1], proclama à nouveau l'autonomie syndicale. « Le syndicalisme révolutionnaire faillirait à ses traditions d'autonomie syndicale s'il acceptait cette résolution. Une Internationale rouge fondée sur cette conception serait incapable de rallier les mouvements syndicaux révolutionnaires [2] » ; le Comité réclamait la réunion d'un nouveau Congrès international.

Le Congrès de Lille (XXIIe corporatif) s'ouvrit le 25 juillet sous l'impression de cette nouvelle en somme de nature à servir les minoritaires car si elle n'enlevait pas positivement à leurs adversaires, du moins elle affaiblissait leur principal argument ; il devenait plus difficile d'accuser les extrémistes d'être les esclaves soumis de Moscou. Il n'était pourtant pas possible de reculer et l'affiliation à Moscou des C. S. R. fut le thème sur lequel après une séance tumultueuse le 29 au cours de laquelle des coups de feu furent échangés, s'engagea la discussion la plus âpre. Les orateurs minoritaires tirèrent parti du désaveu de Tommasi. « Je dis que c'est insensé, s'écriait Digat, quand un parti veut se mettre aux ordres d'un Comité directeur. » Nous n'avons jamais renié répondit Mayoux, l'autonomie syndicale. « Que l'on reste à la porte de Moscou le temps qu'il faudra, mais que l'on n'accepte aucune subordination [3]. »

1. Les majoritaires virent dans cette attitude des C. S. R. une pure habileté et le 16 juillet l'*Atelier* dénonçait la tactique nouvelle de leurs adversaires « Ne pas parler de Moscou. Drapeau en poche ».
2. *Vie ouvrière* du 22 juillet 1921.
3. *Peuple* du 29 juillet.

A quoi Dumoulin répliquait. « C'est pour les besoins de votre politique que vous désavouez votre mandataire. On est venu dire à la tribune que Moscou était synonyme d'un soleil lumineux qui se levait. Or, que voit-on? ces mêmes hommes discuter la révolution russe, disqualifier leur mandataire[1] ».

C'était jeter le gant aux communistes. Il fut relevé et emporté par son ardeur, Monatte en demandant que l'on rompit avec Amsterdam avoua cette fois, en dépit d'une dissidence passagère, la solidarité de ses amis avec Moscou. « Quand on se dit révolutionnaire et qu'un pays a fait sa révolution c'est là que doit siéger l'Internationale. Nous demandons le retrait d'Amsterdam, d'une Internationale politicienne, nationaliste, parlementaire. Il n'est pas vrai que les Russes imposent servilement leur Révolution[2]. Allez plus loin que nous, dit Léninc[3] *(sic)*, faites mieux que nous, mais faites. Or, vous ne faites rien. »

Jouhaux répliquait que le mouvement syndical avait besoin de se développer au milieu d'un État industriellement prospère. Moscou était donc contre-indiqué. « On a dit que la C. G. T. n'avait rien fait contre le chômage. Évidemment. Essayer de faire aboutir la thèse ouvrière sur les reconstructions dans le Nord dévasté, c'est ne rien faire. Monatte affirme notre inaction, mais agir aujourd'hui serait agir à contre-temps. Il n'y a qu'à semer des idées. » Puis ce coup droit « la Fédération de l'alimentation flétrit notre politique de collaboration de classes. Mais elle vote l'adhésion aux commissions paritaires. Il faudrait pourtant être logique! (Applaudissements). » Et cet autre : « On nous reproche de collaborer avec le pouvoir pour la reconstructions des régions dévastées; préfériez-vous que ce soient Loucheur et ses capitalistes qui recons-

---

[1]. *Peuple* du 30 juillet.
[2]. *Peuple* du 31 juillet.
[3]. Que devient alors la fameuse thèse marxiste dite « catastrophique »?

truisent en réalisant des bénéfices monstrueux sur votre travail ? [1] »

Le Bureau confédéral triompha, mais de peu. Le rapport moral fut voté le 28 par 1.556 voix contre 1.348 et 46 abstentions. On vota le 30 par 1.572 voix contre 1.325 et 66 abstentions, une motion déclarant qu'il y avait contradiction entre l'indépendance syndicale et toutes les formes d'une action politique qui mettrait le mouvement à la remorque d'un parti. On approuva le programme de la C. G. T. : reconstruction des régions dévastées, nationalisations industrialisées des grands services publics, assurances sociales, contrôle ouvrier, résistance aux tentatives du patronat contre les salaires et les heures de travail, conformément à la Charte d'Amiens qui précise que le syndicalisme doit agir pour l'accroissement du mieux-être des travailleurs et la réalisation d'améliorations immédiates. La motion proclame la fidélité à Amsterdam. Elle reconnaît à tous le droit d'exprimer librement leurs opinions mais réprouve les injures entre militants. Les minorités conservent leurs droits mais doivent s'incliner devant les décisions prises en Congrès; sous aucun prétexte les groupements d'affinités et de tendances ne peuvent se substituer à l'organisation corporative départementale ou nationale. De même qu'un syndiqué ne peut adhérer à deux syndicats, ni un syndicat à deux fédérations, les groupements confédérés s'interdisent d'appartenir à deux Internationales syndicales [2] ».

1. *Peuple* du 31 juillet.
2. *Peuple* du 31 juillet. Il est intéressant de voir comment dans l'un des deux votes décisifs celui sur le rapport moral (28 juillet) se sont partagées les voix des syndicats des principales fédérations. Les majoritaires l'ont emporté dans les fédérations suivantes : agriculteurs 70 voix contre 28 ; l'éclairage 68 contre 21 ; les employés 48 contre 25 ; l'habillement 47 contre 30 ; les postes 120 contre 49 ; le sous-sol 80 contre 38 ; les textiles 80 contre 75 ; le livre 97 contre 44 ; les cuirs et peaux, les transports, les verriers, les services publics. Par contre, les minoritaires l'emportèrent chez les cheminots 279 voix contre 175, le bâtiment 188 contre 96 ; les métaux 126 contre 103 ; l'ameublement 43 contre 16. L alimentation était partagée 63 contre 63 (*Information sociale* du 18 août).

Cet ordre du jour exécutait nettement les C. S. R. Il signifiait aux syndicats un ultimatum en apparence catégorique. *Amsterdam* ou *Moscou*, il fallait opter.

Alors la lutte recommence avec plus de violence que jamais et chaque parti marque alternativement un succès ou un échec. A la fin d'août, les minoritaires conquièrent l'une des Unions départementales les plus importantes, celle des Bouches-du-Rhône[1]. Les C. S. R. décident de continuer plus que jamais leur action. Les syndicats minoritaires présentent des candidats au Conseil national de la C. G. T. où des élections ont lieu le 19 septembre. Ces candidats échouent obtenant cependant 53 et 54 voix contre 70 à 73 données aux majoritaires Bidegaray, Merrheim, Perrot. La motion minoritaire qui protestait contre l'exclusion de tout syndicat par interprétation tendancieuse de la discipline syndicale est rejetée et la résolution votée confirme pleinement celle de Lille. « Le fait de substituer à l'action des syndicats celle des C.S.R., d'opposer à celle des Fédérations celle des sous-comités fédéraux aboutit à une désorganisation profonde des forces ouvrières[2]. Cette attitude de fermeté provoque une émotion très vive dans les milieux syndicalistes révolutionnaires[3]. Tandis que plusieurs fédérations, celle de l'habillement, celle des employés, celle des services publics, celle de l'agriculture procèdent à des

---

1. L'*Atelier* du 27 août. La résolution condamne toute exclusion.
2. L'*Atelier* du 24 septembre.
3. « Des centaines de milliers de syndiqués, dit Monatte, ne se laisseront pas faire. S'il le faut le prolétariat français aura aussi sa C.G.T. revenue à la santé et au syndicalisme révolutionnaire. » Dans l'*Humanité* du 24 septembre, Monmousseau traite la motion de la C.A. de criminelle. Texte en mains un syndicat majoritaire peut exclure un de ses membres coupable seulement d'avoir critiqué la Charte de Lille. Quinton, secrétaire des C. S. R. (cité par l'*Information sociale* du 29 septembre) s'en prend à la poignée de cuisiniers qui ont essayé d'accommoder le syndicalisme à la sauce bloc des Gauches ! Enfin le Comité des C. S. R. (Quinton, Besnard, Fargues) proteste publiquement et rappelle qu'autrefois en 1904 on a respecté la liberté d'opinion de la Fédération du Livre contraire alors à la journée de 8 heures votée au Congrès de Bourges. (*Information sociale* du 29 septembre).

exclusions de syndicats adhérents à Moscou, l'Union des syndicats de la Seine par 79 voix contre 2 se solidarise avec les C. S. R. et dénonce à l'opinion le caractère « divisionniste »*(sic)* de la résolution votée par le Conseil national, le 19 septembre. On convoque un Congrès des minoritaires pour le 23 décembre. On court à la rupture.

Fin décembre 1921 cette rupture est accomplie. Le 25 décembre s'est réuni le fameux Congrès dit unitaire justement parce qu'il devait faire et fit en effet le schisme attendu. Ce Congrès groupait, disent les organisateurs, 1.528 syndicats (dont 250 dans les seules corporations du bâtiment, 64 dans les industries textiles, 25 dans l'alimentation). Les séparatistes affectèrent pour la forme de vouloir éviter une scission. Ils offrirent une transaction sur les bases suivantes : Les syndicats se retireraient des C. S. R. laissant aux syndiqués le droit d'y adhérer individuellement. Par contre ils réclamaient le retrait de toutes les exclusions prononcées, contre des syndicats extrémistes, la reconnaissance de la Fédération extrémiste des cheminots, le respect de l'autonomie syndicale. La C. G. T. devrait convoquer de suite un Congrès, composé des délégués de toutes les Unions. La réponse à cet ultimatum fut rapide; le 26 décembre la Commission administrative de la C. G. T. déclarait ne pas avoir à tenir compte des décisions d'un Congrès irrégulier dont la réunion constituait un acte d'indiscipline caractérisé. La C. A. contestait absolument la prétention de ses adversaires d'avoir groupé 1.528 syndicats, beaucoup des syndicats comptés n'ayant jamais été confédérés alors que la C. G. T. ancienne groupait 3.996 organisations. Dorénavant des cartes et des timbres spéciaux seraient délivrés aux syndicats afin de prévenir toute confusion. La nouvelle C. G. T. immédiatement créée par les révolutionnaires, eut son siège 212, rue Lafayette. Elle n'a plus actuellement rien de commun avec la C. G. T. de la rue Grange-aux-Belles[1].

[1]. Dans la très grande majorité des Fédérations la majorité des syndicats est restée fidèle à la vieille C. G. T. : sous-sol, transports, textiles, agriculture, employés, service de santé, ports et docks, cuirs et peaux, métaux, services publics, habillement, chapellerie, spectacle, éclairage et forces motrices (*Peuple* du 21 et du 26 décembre 1921).

CHAPITRE III

LE MOUVEMENT SYNDICAL DEPUIS LA LOI DU 21 MARS 1884
(*Suite*).
L'ORGANISATION INTÉRIEURE DE LA C. G. T.

Aux termes de ses statuts (art. 1) la C. G. T. a pour but « le groupement des salariés pour la défense de leurs intérêts moraux, matériels, économiques et professionnels. Elle groupe en dehors de toute école politique tous les travailleurs conscients de la lutte à mener pour la disparition du salariat et du patronat. Nul ne peut se servir de son titre pour un acte politique.

La C. G. T. est constituée par : 1° les fédérations nationales d'industrie et 2° les Unions départementales de syndicats divers (art. 2). Nul syndicat ne pourra faire faire partie de la C. G. T. s'il n'est fédéré nationalement (par industrie) et adhérent à l'Union départementale (U.D.) de son département (art. 3). Donc la C. G. T. a une double base professionnelle et régionale qui correspond à deux catégories d'intérêts reliant d'une part les syndicats de mêmes professions, d'autre part tous les syndicats d'une même région départementale.

Administration de la C. G. T. — Elle est confiée à un Comité national composé des délégués (si possible les secrétaires) des Fédérations et U. D. adhérentes, ces délégués sont élus pour deux ans (art. 4). Le Comité national élit dans son sein une Commission de contrôle de 6 membres et une Commission administrative (C. A.)

de 30 membres (art. 5). Les litiges entre syndicats ou entre Fédérations sont réglés par arbitrage selon une procédure spéciale (art. 6).

Commission de Contrôle. — Elle veille à la bonne gestion financière des divers services de la C.G.T. (art. 7).

Comité National. (C. N.) — Il se réunit 3 fois par an et extraordinairement sur convocation de la C. A.

Bureau. — Ses membres sont nommés par le Comité National et révocables par lui. Le bureau est composé d'un secrétaire général M. Jouhaux, de trois secrétaires adjoints MM. Laurent, Dumoulin et d'un trésorier Calveyrac. Les secrétaires s'occupent de toutes les affaires confédérales : relations des fédérations et des U. D. et de la C. G. T., préparation du journal statistique. Ils ne peuvent faire acte de candidats à aucune fonction politique (art. 11 à 13).

Cotisations. — La C. G. T. reçoit de chaque Union départementale et de chaque Fédération une cotisation de 20 francs par 1.000 membres et par mois, de chaque syndicat isolé de 0 fr. 20 centimes par membre et par mois.

Un prélèvement de 15 p. 100 sur les cotisations est opéré pour le *viaticum*.

Les articles 17 à 20 des statuts règlent des questions d'administration intérieure.

Congrès. — Tous les deux ans en septembre a lieu un Congrès auquel sont représentés tous les syndicats, chacun d'eux n'ayant droit qu'à une voix quel que soit son effectif. Les Fédérations et les U. D. ne sont pas représentées directement à ces Congrès mais peuvent ensuite tenir des conférences particulières (art. 21 à 25).

La C. G. T. est adhérente au Secrétariat international syndical d'Amsterdam (art. 26). Elle est basée sur le principe du fédéralisme et respecte la complète autonomie des organisations qui la composent et ce conformément aux statuts (art. 26 et 27); le siège social de la C. G. T. est 212, rue Lafayette.

Pour mémoire (car ce jugement n'est pas définitif et il est même extrêmement douteux que le Gouvernement ait l'intention de poursuivre l'action judiciaire intentée par un précédent cabinet ce qui serait faire le jeu des extrémistes), rappelons qu'un jugement de la IIe Chambre correctionnelle du Tribunal de la Seine en date du 14 janvier 1921 a prononcé la dissolution de la C. G. T. pour *vice de forme* : omission du dépôt des statuts, des noms des directeurs et administrateurs, du nom et du siège social des syndicats adhérents; *admission de syndicats non déclarés, de syndicats illégaux* (syndicats de fonctionnaires — enseignement laïque, P. T. T. etc.,)[1], *pour menées révolutionnaires* que le jugement énumère en rappelant que les syndicats ne peuvent poursuivre que des buts professionnels. La C. G. T. a prétendu créer un État dans l'État, imposer à l'État régulier de tolérer la réalisation de conceptions politiques unilatérales. Elle s'est employée par l'action syndicaliste révolutionnaire à soutenir des manifestations si nettement politiques que la classe ouvrière retenue par un instinct plus sûr à refusé de les suivre.

---

1. Le jugement pose ainsi en principe, sans l'appuyer de justifications, l'illégalité des syndicats de fonctionnaires. On a vu (*suprà*, p. 696) que cette solution est loin d'être universellement admise même par des jurisconsultes qui ne sont nullement suspects de sympathie pour le mouvement révolutionnaire.

LE SYNDICALISME RÉVOLUTIONNAIRE A L'HEURE PRÉSENTE. LES DIVERSES ÉCOLES

Le programme révolutionnaire de la C. G. T. d'avant-guerre

Ce n'est pas seulement aux points de vue politique, économique et moral que la guerre mondiale aura creusé un abîme entre la France de 1914 et celle d'à présent, c'est aussi au point de vue social et cette vérité, souvent proclamée n'est nulle part plus évidente que dans l'histoire du syndicalisme. De 1894 date du Congrès de Nantes dont on a lu plus haut le récit jusqu'en 1914, l'inventaire des doctrines syndicalistes révolutionnaires est des plus aisé à dresser et nous le ferons en quelques pages simplement reproduites de notre édition de 1909 à laquelle jusqu'à la déclaration de guerre nous n'aurons eu à cet égard rien à changer. Mais, ainsi qu'on a déjà pu s'en convaincre par l'historique qui précède, à peine le canon s'était-il tu que le décor changeait brusquement. Les mêmes hommes sont apparus pour la plupart avec une mentalité entièrement différente et ce ne sont pas les convertis aux idées de modération qui seuls se sont renouvelés. Les extrémistes eux aussi ne sont plus les mêmes. Comme la carte du monde, les caractères, les intelligences, les sensibilités semblent entièrement transformés. Déjà le chapitre précédent nous a permis de dessiner cette métamorphose brusque opérée sous l'influence d'une révolution sans précédent. Mais cet exposé chronologique représentant sous leur forme dynamique et mouvante des événements et des hommes, risquerait de laisser dans les esprits les plus éclairés quelque incertitude sur le fond même des aspirations et des idées. Sans nous dissimuler qu'il est périlleux de prétendre fixer une image d'un mouvement qui décrit d'incessantes ondulations et qui n'est plus tout à fait aujourd'hui ce qu'il était hier, nous pensons qu'il est utile de tenter d'étudier à l'état statique la philosophie du syndicalisme d'hier et d'à présent. C'est seulement par ces comparaisons entre la physionomie morale de plusieurs générations que l'on peut espérer tracer la courbe d'une évolution, mesurer les progrès ou le recul de certaines influences et par là donner une idée à peu près exacte des aspects si mobiles du syndicalisme ouvrier.

Et d'abord pour marquer le point de départ et de repère il est temps d'esquisser un tableau de ce qu'était jusqu'en 1914 — et cela depuis vingt ans — la doctrine révolutionnaire dont Karl Marx était le dieu, Pelloutier le prophète et Georges Sorel le docteur.

La thèse essentielle développée par cet écrivain dans ses célèbres articles du *Mouvement socialiste* (1906), *Réflexions sur la violence*[1], n'est pas une œuvre strictement personnelle. Mais l'auteur a su dégager très nettement et mettre en lumière l'idée révolutionnaire dont s'inspirent les syndicalistes, idée où se combinent la critique marxiste et l'idéal anarchiste (non pas, bien entendu, anarchiste au sens individualiste de Stirner, mais au sens libertaire d'un Proud'hon ou d'un Kropotkine).

Le syndicalisme révolutionnaire, emprunte telle quelle à Marx sa critique de l'ordre social actuel ; il s'approprie ses réquisitoires et se dispense même le plus souvent de s'y référer. On ne discute pas avec un condamné à mort.

Mais si le syndicalisme admet sans sourciller la doctrine de Marx sur le travail considéré comme l'unique source de la valeur et sur l'extorsion dont l'employeur se rend coupable en s'appropriant indûment la valeur créée

---

[1]. Réunis en volume en 1908 (publication des *Pages libres*).

par le surtravail de l'ouvrier, il regimbe déjà contre la thèse de l'accumulation capitaliste devant conduire fatalement les spoliateurs à leur propre ruine et plus encore contre la conception matérialiste tendant à éliminer de l'histoire tous les facteurs idéologiques.

« Marx (observe l'auteur des *Réflexions sur la violence*[1], Marx a écrit son fameux livre sur le Capital en 1860, en Angleterre, en présence d'une bourgeoisie industrielle, riche et énergique qui paraissait devoir justifier toutes ses vues en restant résolument dans son rôle de classe privilégiée exploitant le plus possible le travail de l'ouvrier et amassant ainsi sur sa tête les colères et les responsabilités qui, un jour, amèneraient sa ruine.

« Suivant Marx, le capitalisme est entraîné en raison des lois intimes de sa nature dans une voie qui conduit le monde actuel aux portes du monde futur avec l'extrême rigueur que comporte une évolution de la vie organique. Cette doctrine est évidemment en défaut si la bourgeoisie ou le prolétariat ne dressent pas l'une contre l'autre, avec toute la rigueur dont elles sont susceptibles, les puissances dont elles disposent; plus la bourgeoisie sera ardemment capitaliste, plus le prolétariat sera plein d'un esprit de guerre. »

Mais les prévisions de Marx sur les crises catastrophiques et l'expropriation finale des expropriateurs seront infirmées, leur réalisation tout au moins sera ajournée si les classes dirigeantes mollissent dans leur résistance, si elles cherchent à temporiser. « Si les bourgeois, égarés par les blagues des prédicateurs de morale et de sociologie reviennent à un idéal de médiocrité, cherchent à corriger les abus de l'économie conservatrice et veulent rompre avec la barbarie de leurs anciens, alors une partie

---

1. *Réflexions sur la violence*, p. 43.

des forces qui devaient produire la tendance du capitalisme est employée à l'enrayer ; du hasard s'introduit et l'avenir du monde est complètement indéterminé. Cette indétermination augmente encore si le prolétariat se convertit à la paix sociale ou simplement s'il considère toutes choses *sous un esprit corporatif,* alors que le socialisme donne à toutes les contestations économiques une couleur générale et révolutionnaire. »

Pour combattre cet assoupissement du prolétariat provoqué par ces narcotiques : les lois protectrices du travail, l'arbitrage et la conciliation, les institutions patronales, les contrats collectifs, — le syndicalisme se servait de ces réactifs violents, mais salutaires : l'action directe et la grève générale.

« Le syndicalisme s'efforce d'employer des moyens d'expression qui projettent sur les choses une pleine lumière, qui les posent parfaitement à la place que leur assigne la nature, qui accusent toute la valeur des forces mises en jeu... Le langage ne saurait suffire pour produire de tels résultats d'une manière assurée ; il faut faire appel à des ensembles d'images capables d'évoquer ce bloc et par la seule intuition, avant toute analyse réfléchie, la masse des sentiments correspondant aux diverses manifestations de la guerre engagée contre la société moderne. Les syndicalistes résolvent parfaitement ce problème en concentrant tout le socialisme dans le *drame de la grève générale.* » (P. 89).

La *grève générale!* tel était donc non pas seulement le moyen à employer, mais le but à poursuivre, l'idéal à montrer au regard des foules, le mythe qu'il fallait leur faire adorer[1].

---

1. « Il faut juger les mythes comme des moyens d'agir matériellement. C'est l'ensemble du mythe qui importe seul. La grève générale est le mythe dans lequel le socialisme s'enferme tout entier », p. 94. M. Sorel insiste longuement sur cette nécessité de susciter chez les ouvriers syndiqués un enthousiasme révolutionnaire qu'il ne craint pas de comparer à la ferveur des premiers chré

La grève même localisée, même limitée à une corporation est un excellent exercice propre à aguerrir les troupes révolutionnaires. « La grève apporte une clarté nouvelle; elle sépare mieux que les circonstances journalières de la vie, les intérêts et les manières de penser des groupes de salariés... Toutes les oppositions prennent un caractère de netteté extraordinaire quand on suppose les conflits grossis jusqu'au point de la grève générale; alors la société est bien divisée en deux camps et seulement en deux sur un champ de bataille. »

Ce n'était pas seulement G. Sorel, mais aussi tous les écrivains comme tous les militants du syndicalisme qui acceptaient cette religion nouvelle de la grève générale. « C'est dans l'idée de la grève générale qu'est contenue l'essence même du socialisme. » (Ed. BERTH, *Le Mouvement socialiste*, avril 1904.) « Le mode d'action qui permettra à la classe ouvrière de mener à bien son émancipation intégrale a son expression dans la grève générale. La grève générale est la cassure matérielle entre le prolétariat et la bourgeoisie qu'a précédé la cassure morale et idéologique par l'affirmation de l'autonomie de la classe ouvrière. Ce refus de continuer la production dans le plan capitaliste ne sera pas purement négatif; il sera concomitant à la prise de possession de l'outillage social et à une réorganisation sur le plan communiste effectuée par les cellules sociales que sont les syndicats. » (POUGET, *La Confédération générale du travail*, p. 47.) « Pour le syndicalisme, la pratique et la théorie se confondent. C'est pourquoi l'idée de la grève générale s'est si naturellement substituée dans l'esprit des masses à l'idée de la Révolution politique. » (LAGAR-

---

tiens ou à l'ardeur guerrière des soldats de la Révolution et de Napoléon. Nous sommes loin, on le voit, de la conception matérialiste de l'histoire et c'est un véritable idéalisme révolutionnaire, un mysticisme que l'on prêchait aux adeptes de la *nouvelle école*.

delle, *Le Syndicalisme et le Socialisme en France.* p. 50 du volume intitulé *Syndicalisme et Socialisme*, Rivière, 1908.) — « Je ne puis mieux faire, écrivait encore Griffuelhes (*L'Action syndicaliste*, p. 31), que de me placer derrière cette définition si nette et si claire que contient une communication du syndicat des maçons de Reims parue dans la *Voix du Peuple* du 8 mai 1904. Il y est dit : « Passant en revue les questions portées à l'ordre du jour, Guyot explique que la grève générale ne peut être que la Révolution elle-même, car, comprise autrement, elle ne serait qu'une nouvelle duperie. Des grèves générales corporatives ou régionales la précèderont et la prépareront. »

En attendant la grève générale la C. G. T. d'avant guerre recommandait de recourir à d'autres moyens révolutionnaires susceptibles d'une application immédiate :

1° L'*action directe*, c'est-à-dire, d'après Griffuelhes, « une manifestation spontanée ou réfléchie sans intervention d'agent extérieur, de la conscience et de la volonté ouvrière et ce indépendamment de son intensité » (*op. cit.*, p. 36). La formule est vague et embarrassée ; mais les syndicalistes la comprenaient très bien et il était jugé sans doute plus prudent de s'en remettre à leur entendement prompt et sûr. L'*action directe*, c'est la violence exercée directement sur les personnes ; c'est le pillage de la boutique d'un patron récalcitrant ; ce sont les voies de fait contre un ouvrier qui persiste à travailler malgré la grève ; c'est la lutte à main armée engagée, comme à Villeneuve-Saint-Georges, contre la police ou la troupe.

2° Le *boycottage* et le *label*. Le boycottage est la mise à l'index d'un industriel ou d'un commerçant hostile à la classe ouvrière. Tous les syndiqués sont avertis d'avoir à s'abstenir de rien acheter au producteur ou au négociant boycotté. Le *label*, au contraire, est la recommandation des produits d'un industriel ou d'un commerçant qui a accepté les conditions syndicales et qui est autorisé à apposer sur tous ces produits une estampille spéciale dite *label*.

3° Le *Ca'Canny* et le *sabotage*. Le *Ca'Canny* (terme emprunté au vocabulaire des unionistes écossais) est la consigne donnée aux syndiqués, de travailler le moins possible et, selon l'expression populaire, de n'en donner au patron que pour son argent. *A mauvaise paie, mauvais travail!*

Le sabotage est une aggravation du *Ca'Canny*. On ne se borne plus à travailler mollement: on détériore autant que possible la marchandise, on gaspille la matière première. Des ouvriers déchargeurs de charbons font exprès de laisser tomber à l'eau de temps en temps un bloc de houille; au bout de la journée, ils peuvent arriver à faire perdre à leur employeur la valeur d'un sac ou d'un demi-sac; on les congédie; leurs remplaçants, s'ils en ont reçu l'ordre, agissent de même. A la veille d'une grève des ouvriers boulangers jettent du pétrole dans le four; des mécaniciens lancent du sable dans les machines; des garçons coiffeurs *font exprès* de couper, en lui faisant la barbe, le client qui par son arrivée tardive retarde l'heure de la fermeture, etc.

4° *L'antimilitarisme*. Il s'exerçait par la distribution de brochures antimilitaristes aux soldats, par des conférences auxquelles on les attirait, par l'insertion dans les journaux du parti de lettres anonymes de troupiers qui dénonçaient la prétendue cruauté de tels ou tels de leurs chefs, etc.

5° *La propagande dans les ateliers et administrations de l'État, des départements et des communes*. La campagne en faveur du droit syndical des fonctionnaires a puissamment servi cette propagande, l'État n'ayant pas compris la nécessité de donner à son personnel certaines garanties contre l'arbitraire administratif et ayant ainsi laissé libre carrière aux agitateurs.

Quel était donc, dira-t-on peut-être, le programme positif du syndicalisme? *Il n'en avait pas.* Le marxisme condamne toute hypothèse construite par les utopistes en ce qui touche l'avenir. Marx estimait que le prolétariat n'a point à suivre les doctes leçons des inventeurs de solutions sociales, mais à prendre tout simplement la suite du capitalisme. « *Il n'est pas besoin de programmes d'avenir;* les programmes sont déjà réalisés dans l'atelier *(sic)*. » (Sorel *op. cit.*, p. 108.)

Cet acte de foi dans l'omniscience du prolétariat, dans sa pleine capacité d'assurer à jour fixe et au lendemain de la Révolution le bonheur universel, c'était avant 1914 tout le syndicalisme révolutionnaire. Les ouvriers vainqueurs organisent pour le mieux le travail social; on produira plus en travaillant moins. Les paysans associés en des groupes autonomes viendront échanger leurs denrées contre les produits manufacturés de la ville. L'âge d'or renaîtra, à supposer qu'il ait jamais existé; le paradis terrestre n'est pas derrière nous; il est devant nous[1].

L'après guerre. — Le syndicalisme de la C. G. T. Internationale d'Amsterdam. — Esprit révolutionnaire. — Théorique et opportunisme effectif. — Le programme minimum actuel de la C. G. T. — Répudiation de l'action directe. — Conseil économique du travail. — Nationalisations industrialisées. — Contrôle ouvrier, etc. — Organisation et forces actuelles de la C. G. T.

Tel était donc à la veille de la guerre le programme accepté par la grande majorité des syndicats adhérents

---

[1]. Voir la brochure intitulée *Réponse à Jaurès. Grève générale réformiste ou grève générale révolutionnaire.*

à la C. G. T. Sans doute une minorité professait, au fond, des idées plus tempérées, réformistes même. Mais faute d'une entente et d'un contre-programme bien défini, faute de chefs ces syndicats réformistes mal encadrés et timorés étaient complètement annihilés, entraînés même dans l'orbite du mouvement extrémiste comme le prouve l'énorme majorité obtenue par les résolutions ultra-révolutionnaires encore votées au Havre en 1912.

La situation est actuellement entièrement renversée. Le syndicalisme est nettement coupé en deux. Une partie qui jusqu'ici tout au moins apparaît la plus nombreuse s'est convertie à des idées infiniment plus modérées que celles dont s'inspirait la C. G. T. d'avant guerre, tandis qu'une autre fraction a conservé une attitude intransigeante qui cependant diffère à bien des égards par la tactique, et même chez beaucoup par le fond, de la doctrine qui vient d'être exposée.

Nous essaierons de retracer les aspects divers du syndicalisme né de la guerre et d'abord nous traiterons de la tendance représentée par la majorité de la C. G. T. de 1914 à 1921 et actuellement par cette ancienne majorité ayant désormais rompu tous liens avec l'autre fraction minoritaire qui a usurpé le même titre de C. G. T. et crée une organisation rivale adhérente à Moscou.

Etudions d'abord la C. G. T. de la rue Lafayette, celle des anciens majoritaires, celle de Jouhaux et de ses amis, que veut-elle ? que repousse-t-elle ? quel est son but ? quelle est sa tactique ?

L'analyse des tendances et des doctrines de la nouvelle C. G. T. peut se ramener à deux points :

1° Ce qu'elle ne veut pas, ou plutôt ce qu'elle ne veut plus.

2° Ce qu'elle veut dans le présent et dans l'avenir.

Ce qu'elle ne veut plus, c'est au fond tout ce que voulait au moins dans le présent la C. G. T. d'avant août 1914.

Ceci demande à être bien compris. Il est évident que tout au moins dans ses déclarations cette antinomie n'existe pas. La C. G. T. n'a cessé d'affirmer en toute occasion, qu'elle conservait le même idéal social que par le passé : disparition du patronat et du salariat, émancipation totale des travailleurs qui seraient mis en possession des instruments de travail, avènement de la société socialiste. Mais outre qu'il y a bien des manières de concevoir cette Société future et que (nous le verrons bientôt) même à ce point de vue la doctrine cégétiste actuelle a largement et directement dévié de son ancienne ligne, cette conception de l'avenir n'est pas tout. La détermination de la tactique à adopter *dans le présent* constitue une part très importante, la plus importante du programme d'un parti, d'abord parce que l'image que la masse ouvrière peut se faire de ce que sera la Société dans un siècle ou un demi-siècle n'influe pas sur sa conduite, son attitude et ses résolutions au même titre que la manière dont elle se représente les réalités présentes et dont elle établit son plan de conduite par rapport à celles-ci, ensuite parce qu'en définitive une modification de la tactique adoptée influe profondément à son tour sur la mentalité ouvrière et l'incline à envisager tout autrement que par le passé la Société future, à reviser complètement son processus intellectuel, ses aspirations et ses revendications. Georges Sorel a raison de dire que ce qu'on espère réagit sur ce qu'on fait, que le mythe révolutionnaire de la grève générale par exemple est générateur de toute une foi populaire dont les conséquences sont illimitées. Mais ce que l'on fait réagit aussi sur ce que l'on espère.

Modifier une tactique, le plus souvent, c'est du même coup modifier une foi et une doctrine. C'est là ce qui est précisément advenu dans l'évolution de la C. G. T. Il est possible de le prouver.

On croit rêver quand on lit dans le livre, d'ailleurs très intéressant de Jouhaux (p. 17), que la C. G. T. n'a jamais comme se l'imaginent les bourgeois, prêché l'action directe, entendue au sens de préparation violente du désordre, alors que le sabotage a été acclamé dans de nombreux Congrès, celui de Toulouse en 1897 par exemple, et celui de Paris (1900) alors qu'il a été rédigé par Pouget notamment de véritables cours de sabotage. Mais peu importe. Ce désaveu de l'action directe, sous la plume du chef actuel, de la fraction majoritaire de la C. G. T. est un fait de première importance qui permet de mesurer la distance parcourue depuis 1914. Si manifestement inacceptable que soit ce désaveu, pour quiconque a la plus légère notion de l'historique du mouvement syndicaliste, il est capital ce passage du même livre (p. 191) où Jouhaux explique que l'action directe n'est pas (nous dirions nous, *n'est plus*) la chaussette à clous, ni l'émeute, ni la barricade, ni le désordre et le pillage, c'est tout simplement le fait que les ouvriers se décident à régler eurs affaires eux-mêmes à l'aide de leurs propres forces. Si la répudiation de la violence est nette, la définition positive est bien vague, peut-être parce que l'auteur s'est senti très embarrassé. Il est expliqué plus loin que « l'action directe c'est le fait que le travailleur prend au corps ses adversaires du patronat, qu'il nie la valeur intermédiaire de l'État, qu'il considère, comme nécessaire et suffisante, l'action purement économique qu'il peut mener sur le terrain de la production, qu'il admet la possibilité de frapper de paralysie et de mort l'organisme social par l'arrêt de la production » (p. 173)[1]. Mais cela dira-t-on, c'est la grève générale qui ne se concilie pas

---

1. *Le syndicalisme et la C. G. T.*, éd. de la Sirène, 1920.

aisément avec la répudiation de l'action directe entendue au sens de violence car la grève générale ne peut être que violente ou inefficace.

Eh bien, non, la C. G. T. si elle ne repousse pas en principe la grève générale révolutionnaire, la déconseille en fait dans le présent. Après des pages fort brumeuses où il prétend exposer la genèse de l'idée de grève générale, Jouhaux nous apprend que la grève générale ne peut-être si l'on entend qu'elle dépasse la portée d'une convulsion, que la manifestation décisive d'un prolétariat apte à reconstruire le monde selon sa conception propre (p. 171). Le prolétariat est-il dès à présent prêt à cette tâche? Toute la doctrine des chefs de la C. G. T. qui sera exposée plus loin répond négativement sinon on ne concevrait ni les déclarations répétées sur la nécessité d'étudier les réformes sociales dans le Conseil Economique du Travail, ni toute la campagne de la C. G. T. en vue de préparer le prolétariat à son rôle de producteur, ni la demande d'un contrôle ouvrier impliquant un patronat à contrôler, ni l'appel aux techniciens de l'U. S. T. I. C. A., ni la proclamation du stade préliminaire à la socialisation générale des nationalisations industrialisées. Si le prolétariat, selon la formule même de Jouhaux est en possession d'un plan lui permettant dès à présent de reconstruire le monde, qu'est-il besoin de toute cette tâche éducative? qu'attend-on pour déclencher la grève générale?

Les faits du reste parlent haut, la C. G. T. a jugé impossible en juillet 1919 d'abord puis en mai 1920, de tenter avec succès la grève générale à Paris. Elle n'a plus depuis lors — et pour cause, ses effectifs fondant, son autorité étant méconnue par une fraction minoritaire importante — entrepris aucun mouvement d'ensemble [1].

---

1. La pensée de la C. G. T. est du reste nettement formulée dans maint écrit. Ainsi dans l'*Atelier* du 22 et du 29 janvier 1921, Dumoulin montre clairement

Son scepticisme à l'égard de la grève générale dans le présent est manifeste.

Donc pas de sabotage ni (du moins d'ici à longtemps de grève générale révolutionnaire).

Et l'antimilitarisme? S'il était une doctrine stéréotypée du syndicalisme c'était bien celle-là, l'historique des Congrès corporatifs est à chaque page l'illustration de cette vérité. On l'a vu la guerre a, Dieu merci, donné un démenti éclatant à ces théories et Jouhaux lui-même loin de prêcher le sabotage de la mobilisation a rendu des services éminents à la défense nationale en même temps, reconnaissons-le bien haut, qu'à la classe ouvrière.

Ici cependant c'est toujours la même méthode. On prétend retenir le mot en désavouant la chose. « L'antimilitarisme, répond Jouhaux, nous nous en recommandons encore mais qu'est-ce au juste? Est-ce la peur du service militaire obligatoire? est-ce l'horreur de la caserne (sic)? est-ce le dégoût de la discipline? il serait faux de le croire ».

Si les syndicalistes n'ont « ni l'horreur de la caserne, ni le dégoût de la discipline » et par suite peuvent parfaitement faire de bons soldats qu'est-ce donc au fond que leur antimilitarisme? il n'est pas plus redoutable que l'action directe (interprétation nouvelle). « Cet antimilitarisme n'était qu'une protestation contre l'armée chien de garde du capital, une hostilité des travailleurs contre le fait de retenir à la caserne pour des tâches improductives des hommes jeunes et par dessus tout une manifestation contre le chauvinisme, le militarisme (*ibid*,. p. 180). L'internationalisme de la C. G. T. n'a jamais été une trahison ». « Tant des nôtres sont tombés de la Mer du

---

toutes les difficultés d'une grève générale. « Tout ne serait pas dit par la prise de possession des usines. A quoi cela servirait-il si les acheteurs manquent? Vous vous emparerez, dites-vous, des bijouteries, des taillerres de diamants, des fabriques d'autos? A quoi cela vous mènera-t-il, si comme c'est certain, la clientèle de ces industries de luxe vous boycotte, ne vous achète rien ».

Nord aux Vosges, les masses ouvrières ont participé d'un tel élan à cette lutte effroyable que la calomnie ne peut les atteindre ni les viser »[1].

Maint autre passage du même livre affirme la conception nouvelle, laquelle, par un heureux revirement aboutit à cette conséquence : les travailleurs si ennemis de la guerre qu'ils soient[2] ont quoi qu'en dise la formule trop fameuse, tout de même une patrie et ils ne rougissent pas de l'avoir vaillamment défendue[3].

Nous voici bien loin de la doctrine syndicaliste d'avant-guerre ainsi que le constateront avec amertume (on le verra bientôt) les syndicalistes d'extrême-gauche. Ajournons à plus tard l'examen de leurs doléances et de leurs réquisitoires et voyons quelle est la nouvelle doctrine de la C. G. T. Cette doctrine elle est plutôt nuageuse. Bien que ses éléments soient disséminés à travers des textes épars : discours de Jouhaux et de Dumoulin et de leurs partisans dans les Congrès corporatifs, articles de l'*Atelier* et du *Peuple*, à travers le flot de paroles encombrées de

---

1. On eût bien étonné les Yvétot, les Griffuelhes et la plupart des chefs syndicalistes d'avant guerre en leur disant qu'un jour viendrait où l'on traiterait de calomnie le reproche qui pourrait être fait à des ouvriers syndiqués de ne pas avoir coopéré de toutes leurs forces à une guerre fût-elle nationale! L'ordre du jour Jouhaux voté au XVI⁰ Congrès corporatif (Toulouse 1910) par 900 voix sur 1.357 suffrages exprimés, portait que les frontières géographiques sont modifiables au gré des possédants. *Les travailleurs ne reconnaissent que les frontières économiques* séparant les deux classes ennemies : la classe capitaliste et la classe ouvrière. Le Congrès rappelle la formule de l'Internationale; les travailleurs n'ont pas de patrie. Il déclare qu'il faut au point de vue international faire l'éducation des travailleurs pour qu'en *cas de guerre entre puissances, ils répondent à la déclaration de guerre par une déclaration de grève générale révolutionnaire* (*Compte rendu*, p. 313).

2. Si l' « antimilitarisme » consiste simplement à considérer la guerre comme un épouvantable fléau et à être résolu à tout faire (l'honneur et les grands intérêts du pays sauvegardés) pour éviter la guerre, alors tout le monde en France est antimilitariste... à commencer par le maréchal Foch qui, après avoir loué du centenaire de Napoléon salué aux Invalides le grand vainqueur, proclamait dans son allocution les bienfaits de la Paix : « Messieurs, au-dessus de la Guerre il y a la Paix ! »

3. « Les prolétaires répondirent à l'appel qui leur était adressé. Ils partirent. *Avec le même élan qui les entraînait à proclamer leur haine de la guerre ils s'en furent rejoindre* » (*ibid.*, p. 192). Les ouvriers *se donnèrent de toute leur force à l'œuvre de défense*, non seulement ceux qui étaient au front, mais ceux qui étaient à l'usine » (*ibid.*, p. 194).

redondances et de répétitions de cette littérature où la fuite du mot propre est la règle, de même que la recherche des phrases grandiloquentes et des circonlocutions verbeuses et vagues [1] il est croyons-nous possible d'en dégager les idées suivantes.

Tout d'abord on sent que toute cette doctrine porte la marque de l'époque où elle est née c'est-à-dire du lendemain de la guerre (1918-1920). On entendait alors retentir de tous côtés un hymne à la production. Produisons, produisez! La guerre disait-on, non seulement a couvert le sol de la France et de la Belgique d'effroyables ruines, mais elle a presque complètement arrêté la production dans tous ces pays belligérants et l'a considérablement entravée chez les neutres, d'où un déficit formidable dans les fabrications industrielles comme dans les productions agricoles. Avant tout il faut combler ce déficit. La production est le grand devoir de l'heure présente. Elle conditionne pour l'ouvrier la réalisation de ses aspirations comme pour l'industriel la reprise des affaires et la réouverture d'une ère de profits.

Donc travail intensif, production illimitée telle doit être la devise. « L'homme, écrit Jouhaux, est producteur ou parasite. Si le syndicalisme a un sens, s'il a une valeur c'est qu'il constitue à la fois une représentation des producteurs et une organisation de la production » (*op. cit.*, p. 15). « Plus de citoyens (s'écrie de son côté Maxime Leroy) des Producteurs! Nous sentons tous que le devoir de chaque homme est de travailler, d'être un producteur c'est-à-dire un être utile à la communauté. Le type nouveau qui s'élabore en ce moment aux champs et dans les usines sera plus universel que l'honnête

---

[1]. Ceci ne s'applique évidemment pas au livre de Maxime Leroy, *Les techniques nouvelles du syndicalisme* (Garnier, 1921). Toutes réserves faites sur le fond, ce livre, œuvre d'un véritable écrivain, est le meilleur guide à travers le dédale embrouillé des doctrines du néo-syndicalisme.

homme ou le citoyen d'hier sans cesser d'être attaché à son temps par tout un ensemble de circonstances et de conditions qui le particularisent, ce type c'est celui du producteur. Par le producteur c'est le travail qui désormais sera le moyen et l'objet de cette délicate opération d'abstraction de l'homme s'efforçant d'être le seul arbitre de ce qu'il voit et espère [1]. »

Cette tâche de la production, le prolétariat est prêt à l'assumer de suite et dans sa plénitude tant dans les régions dévastées qu'à l'intérieur. Mais il serait bien naïf de sa part d'accepter une charge pareille sans demander des garanties, sans poser ses conditions. Ce cahier des revendications nouvelles a été dressé une première fois par la C. G. T. le 24 novembre 1919 [2], puis approuvé par le Comité national confédéral les 15 et 16 décembre de la même année. Ce programme, dit minimum, demeure encore l'ossature même du système cégétiste nouveau style, mais à la condition de le compléter comme nous le ferons par l'énoncé des articles principaux du programme du Conseil Économique du travail créé en 1920.

Le programme minimum de novembre 1919 réclamait :

1º La conclusion d'une paix juste ayant pour base les 14 propositions du président Wilson : Société des Nations ; pas de guerre économique de représailles ; spécialisation des forces de production de chaque nation ; création d'un Office international de transport et de répartition des matières premières ; internationalisation des colonies ; pas d'annexion ; droit des peuples à disposer d'eux-mêmes.

2º Participation ouvrière à la Conférence de la paix [3].

---

1. M. Leroy, *Les valeurs techniques du syndicalisme*, p. 39.
2. On trouvera ce programme *in extenso*, p. 205-213 du livre de Jouhaux, *Le syndicalisme et la C. G. T.*
3. Cette participation a été pleinement accordée. Des délégations ouvrières ont siégé à la Conférence de Washington prévue au traité de Versailles et complément direct de ce traité.

3° Reconnaissance de toutes les libertés de réunion, de parole.

4° Le travail ne doit plus être une marchandise que le capital accepte ou refuse à son gré; reconnaissance du droit syndical des fonctionnaires; droit d'intervention des syndicats dans les questions de travail.

5° La journée de huit heures [1].

6° Le contrôle ouvrier. Il sera bientôt traité en détail de cette revendication.

7° Reconstitution des régions économiques par des organismes collectifs nouveaux, dotés de la personnalité civile et gérés par les représentants des producteurs et des consommateurs.

8° La réorganisation économique avec développement continu de l'outillage national et la diffusion de l'enseignement technique. Les considérations exposées sous cet article renfermaient en germe le principe des nationalisations futures. Nous reviendrons sur ce point.

9° Retour à la Nation des richesses nationales. Cet article du programme mal différencié du précédent et de celui qui postulait le contrôle ouvrier, demandait que « rien de nécessaire à la vie personnelle, familiale ou nationale ne fût livré à des intérêts privés *(sic)*, sans que le contrôle collectif les obligeât à diriger leurs efforts [2], dans le sens le plus conforme aux intérêts généraux ». Ce contrôle s'exercerait au nom de l'Etat par les producteurs et consommateurs et serait maître du règlement de la production, des conditions de travail, de salaire, de la prévoyance, de la répartition des profits au delà des intérêts normaux ou des dividendes limités et des réserves d'assurance contre les pertes. Pour les produits essentiels, le monopole s'imposera.

10° Lutte contre les fléaux sociaux, alcoolisme, taudis,

---

1. Cette revendication a été sanctionnée par la loi du 23 avril 1919.
2. Les efforts des intérêts!

assurance sociale¹ contre le chômage, maladie, invalidité, vieillesse ².

11° Règlementation applicable aux ouvriers étrangers qui auront le droit de travailler en tous pays, mais ne devront pas être payés moins que les nationaux. Les immigrations seront surveillées par les organisations ouvrières.

12° Extension de l'assurance sociale, ceci fait double emploi avec le § 10, en précisant davantage cependant. Extension de l'assurance sur les accidents aux maladies professionnelles³; que tout travailleur ait droit à une retraite lui permettant de vivre normalement⁴, développement de la législation sur l'hygiène ; création d'un Office international du travail⁵.

13° Lutte contre la vie chère par la suppression des droits de douane sur les denrées alimentaires⁶ et toutes les matières de chauffage, d'éclairage. Création d'un service public d'alimentation populaire qui pourra réquisitionner les produits et les fournira sans bénéfices aux consommateurs. L'Office sera géré par des délégués des travailleurs et des consommateurs.

---

1. Encore une revendication qui n'a proprement rien de révolutionnaire « le principe de l'assurance sociale a été admis, il n'est plus guère contesté ; dans presque tous les pays sa réalisation se poursuit progressivement partout.
2. Qui conteste la nécessité de ces campagnes ? il est à noter pourtant qu'à quelques très honorables exceptions près les partis avancés absorbés par leur lutte contre le capital ont beaucoup moins fait que les gouvernements et la classe bourgeoise pour lutter contre ces fléaux. Ce n'est pas un socialiste, c'est M. Ribot qui est l'auteur des lois sur les habitations à bon marché et contre le taudis : quel homme d'Etat socialiste a lutté contre l'alcoolisme, comme M. Siegfried ? Les assurances sociales repoussées jusqu'en 1914 par la C. G. T. étaient soutenues par le parti dit bourgeois. Enfin qui a lutté le plus contre l'immoralité : les religions ou le socialisme ?
3. Réalisé par la loi du 25 octobre 1919.
4. L'assurance retraite créée par la loi du 5 avril 1910 n'a pas eu d'adversaires plus acharnés que les syndicats révolutionnaires et la C. G. T. d'avant guerre. Sur ce point enregistrons un heureux revirement.
5. Depuis longtemps projetée, cette création a été réalisée par application du traité de paix et un B. I. T. établi à Genève.
6. Cette demande échappe à toute discussion. Le plus fougueux libre échangiste conviendrait que la suppression immédiate de tout droit de douane sur le blé étranger équivaudrait à la mort pure et simple de l'agriculture française qui fait vivre 48 0/0 de la population de la France.

14° Répartition des charges budgétaires, application intégrale de l'impôt sur le revenu et sur les bénéfices de guerre, impôt nouveau sur les héritages.

La C. G. T. déclare que ce programme « est un programme minimum qui doit être immédiatement réalisé ».

Tel est ce fameux programme minimum si touffu, mais qui se distingue des manifestes antérieurs de même origine, par la précision de ses énonciations. Parmi les revendications formulées il en est qui déjà ont reçu satisfaction (journée de huit heures, assurance des maladies professionnelles, institution d'un Bureau international de travail). Il en est d'enfantines comme celle qui tend à la suppression immédiate de tous droits de douane sur les produits alimentaires (le blé notamment). Il en est de bien intentionnées, mais banales et anodines, comme celles réclamant la lutte contre les fléaux sociaux. Mais quoique l'on en puisse penser, il est certain que ce programme renferme au moins quelque chose de nouveau et de bien à lui. Il est implicitement la répudiation très nette du programme extrémiste d'avant guerre, du programme de la lutte à outrance et au couteau contre le capital et l'État bourgeois, lutte par le sabotage, par l'antimilitarisme, par la grève à jet continu. Ce programme accepte au contraire la collaboration sous toutes ses formes avec l'État bourgeois et élabore un système social de transition dit des Nationalisations industrialisées. Entre les deux systèmes, l'opposition malgré les explications alambiquées de Jouhaux saute aux yeux. Mieux inspiré, M. Maxime Leroy se garde de nier l'évidence, mais essaye d'atténuer l'impression créée par son aveu, à l'aide d'un commentaire ingénieux. « Deux dates, dit-il, deux doctrines. En 1900, la grande idée qui domine l'action ouvrière, c'est la grève générale. En 1920, c'est le projet de nationalisation industrialisée des grands services d'utilité publique.

« En 1900, idée destructive, en 1920, idée constructive. Antithèse saisissante, mais est-elle exacte? » Et l'habile avocat du néo-syndicalisme tente une explication d'allure hégélienne; après tout, l'idée de grève générale était liée à une idée de construction future tandis que l'idée de la nationalisation industrialisée est liée à l'action de la C. G. T., partant à la grève générale.

A ceci deux réponses. Abstraction faite des idées strictement personnelles de M. Leroy, jamais les théoriciens de la grève générale ni ses propagandistes n'avaient formulé un système constructif et le plus célèbre d'entre eux, M. Sorel se défendait de rien préciser à cet égard. *Fa ra da se* aurait-il dit volontiers du syndicat, donc l'idée de grève générale mythe puissant pour le progrès des idées révolutionnaires n'était aucunement constructive en soi. Il ne semble pas plus exact de dire que la nationalisation industrialisée est liée à l'idée de grève générale puisqu'elle est liée à l'action de la C. G. T. Ceci, nous en demandons pardon à M. Leroy, ressemble beaucoup à un sophisme, car précisément l'idée de grève générale très nette jusqu'en 1914 s'embrume à partir de 1918, et l'arme autrefois reluisante et aiguisée pour l'attaque évoque maintenant plutôt l'idée d'une de ces épées de carton comme on en voit dans les magasins d'accessoires des théâtres de mélodrame.

Il nous reste à examiner de plus près le programme d'avenir élaboré pour le compte de la C. G. T. par ce Conseil économique du travail ou C. E. T., aréopage un peu disparate où l'on a vu siéger de savants économistes comme M. Gide, un professeur de droit coopérateur très compétent, M. Bernard Lavergne, M. Jouhaux et M. Dumoulin, enfin des représentants de techniciens ingénieurs, chimistes, etc., groupés dans une association professionnelle dite par abréviation l'U. S. T. I. C. A. (Union des techniciens de l'industrie, du commerce et de l'agriculture).

Qu'est-ce donc que ce C. E. T. dont il a été tant parlé et qui doit révolutionner le monde moderne? Il est constitué par quatre organisations : la C. G. T.; la Fédération nationale des coopératives de consommation; la Fédération nationale des fonctionnaires; enfin l'Union des techniciens l'U. S. T. I. C. A. Il est présidé par le secrétaire général de la C. G. T. Chacune de ces organisations représente donc un élément du marché économique la première et la dernière, la production, la technique, la seconde, la consommation, la troisième, les fonctionnaires. Le G. E. T. comprend un comité de répartition du travail et neuf sections d'étude : Outillage national (transports, P. T. T.). (Organisation économique, contrôle et gestion, économie nationale). Production industrielle. Production agricole. Finances et crédit. Vie sociale (hygiène, organisme, assurances sociales). Enseignement. Commerce. Régions dévastées. Chaque section est composée de trois délégués de chacune des quatre Fédérations constituantes, et nomme deux secrétaires. Ces sections (petits Soviets en germe), sont, nous dit avec fierté M. Leroy (tant la bureaucratie garde au moins dans les mots son prestige!), de petits Ministères! La réunion des dix-huit secrétaires forme le Comité de répartition du travail. Ces sections pas plus que le comité directeur n'ont, le pouvoir de décision réservé au Congrès de la C. G. T. Il s'agit, nous dit-on, de constituer un vrai gouvernement.

Suit le plan de tout un vaste système de réorganisation économique. Chaque industrie devra s'organiser en un syndicat lequel effectuera les achats de matières premières pour ses adhérents, établira pour chaque usine affiliée le contingent à produire, prononcera sur la nécessité d'améliorer ou de modifier l'outillage des usines agrégées, sur l'augmentation du personnel, sur la fermeture des usines dans l'intérêt général, sur le déplacement des centres (mesures qui devront être approuvées par le conseil supérieur des syndicats et par le comité directeur de l'Economie nationale). Il tendra à la standardisation, à la production en série et à bas prix. Près de chaque syndicat un comptoir de ventes sera chargé d'écouler les produits. Il répartira les commandes qu'il aura seul qualité pour recevoir. On prévoit un Conseil général des syndicats industriels, organe coordonnateur des syndicats et une direction de l'Economie nationale constituée par l'ensemble des délégués des organismes, enfin un Office général de statistique.

Quelle formidable machinerie suppose un tel système? On veut remplacer la bureaucratie et c'est une forêt de Comités, c'est une armée de fonctionnaires que l'on nous propose. En prenant connaissance de cette organisation nous avons eu de suite le sentiment du déjà vu. Au vrai, nous étions en présence d'une très vieille connaissance. Tout ce système n'est, sous un faux nom et un masque transparent que la très ancienne organisation des *Cartells allemands*[1]. Pas un trait ne manque à l'appel, centralisation des commandes par un bureau *(Verkaufstelle)*, répartition par le même bureau avec établissement pour chaque établissement du contingent à produire, évidemment d'après la capacité de production *(Leistungsfahigkeit)*, fermeture avec indemnité des usines à outillage démodé, etc. Quant à la standardisation et à la fabrication en série, on sait que c'est la « tarte à la crème » des novateurs, bien que de l'aveu des vrais experts cette fabrication en série ne convienne qu'à un nombre très limité d'industries et soit à déconseiller nettement pour les fabrications d'art et de luxe comme celles précisément dont la France a la spécialité.

---

1. Nous nous excusons de prier le lecteur désireux de vérifier notre assertion de bien vouloir jeter un coup d'œil sur notre volume *Cartells et Trusts*, 3ᵉ édition, 1909 où il trouvera décrit ce mécanisme.

Mais dira-t-on ce système imaginé ou remis à neuf par le C. E. T. est en tous cas un système applicable à toute l'industrie et par là se différencie des méthodes, des cartells allemands lesquels supposent au début l'adhésion des industriels intéressés. Sans doute, mais c'est là précisément le grand écueil. Qu'un système pareil puisse réussir entre de grandes entreprises dont les chefs se connaissant personnellement, sont tous d'accord pour se soumettre pour un temps à des conventions par eux librement délibérées et acceptées, c'est ce que prouve l'expérience de l'Allemagne. Mais en serait-il de même si ce système était introduit *obligatoirement* et *partout* même dans les industries où jamais la syndicalisation n'a été tentée, où tout au moins elle n'a pas atteint à beaucoup près ce degré de rigueur et de concentration? *Tout est là*, de telles abdications de la liberté individuelle, d'ailleurs exceptionnelles et temporaires, sont compréhensibles lorsqu'elles sont volontaires, mais peuvent-elles être imposées? A supposer l'affirmative, qui veillera à ce que tout ce formidable appareil ne devienne pas de la part des syndicats un instrument d'oppression et d'exploitation tant d'une minorité des syndiqués que des consommateurs. La Direction de l'Economie nationale? mais elle est constituée par l'ensemble des délégués des divers organismes, c'est-à-dire par les groupements même dont il faudra surveiller les abus. On nous parle d'un Office de répartition et de consommation qui évitera les accaparements et les hausses. Mais on néglige de nous dire comment il s'y prendra. En somme, ce que l'on suggère c'est de supprimer d'un trait de plume toute la liberté de l'industrie et du commerce, toute la concurrence et d'admettre que ce régime des syndicats et des comités, ce soviétisme tout puissant aura aussi la science et la sagesse infuses. C'est une autocratie mi-industrielle, mi-bureaucratique que l'on nous propose. Il est à craindre qu'elle n'aboutisse tout d'abord à un inextricable chaos d'où finirait sans doute par surgir le despotisme écrasant d'une oligarchie de capitalistes et de spéculateurs. Le processus paraît bien en ce moment même se dessiner dans la Russie soviétiste.

Il restait à étudier la question des industries et des services d'État dont la nationalisation paraît s'imposer aux docteurs du C. E. T.

Comment organiser ces branches de la production ? Le C. E. T. a repoussé le type coopératif qui ne représente pas une société de consommateurs ou d'ouvriers unis en coopératives. Il a repoussé également le type étatiste pur parce qu'il considère l'État comme incapable industriellement et aussi comme une puissance trop partiale pour représenter l'intérêt général ; l'État n'est qu'une bureaucratie d'autant plus routinière qu'elle est sans liens de travail et de collaboration économique avec l'ensemble des intérêts de la Nation ».

Le système proposé peut s'analyser ainsi. Les entreprises nationalisées seraient constituées en régies autonomes, gérées par un Office national que dirigerait un Conseil central, ce dernier nommerait une Direction générale.

« Le service de la régie devrait être divisé en régions. Le directeur général nommerait des directeurs régionaux, auprès de chaque directeur régional fonctionnerait un conseil régional de contrôle ».

Jusqu'ici il n'a été question que d'une régie déterminée, celle des chemins de fer par exemple. Au-dessus de toutes ces régies et les reliant serait créé un Conseil supérieur des exploitations nationales, au-dessus duquel il y aurait encore une direction de l'Économie nationale. Spécialisation de chaque branche d'industrie, autonomie de son administration, décentralisation régionale ; coordination de toutes les branches, ainsi se résume ce tableau des institutions. Maxime Leroy, *Op. cit.*, p. 148-149.

Les règles relatives à la composition des Conseils, tant centraux que régionaux sont intéressantes à étudier en ce qu'elles assignent une part d'autorité aux représentants d'intérêts divers :

Par exemple le Conseil des chemins de fer comprendra par tiers 1° des représentants des producteurs [1], savoir huit ouvriers et employés et huit techniciens délégués par la Fédération nationale des travailleurs de chemins de fer;

2° Des représentants des usagers délégués suivant des proportions à déterminer par la C. G. T. [2], par les organisations patronales d'industries, par les organisations viticoles et agricoles, par la Fédération des coopératives de consommation [3];

3° Par des représentants des intérêts de la collectivité nationale désignés par le Comité directeur de l'Économie nationale. Les membres du Comité central seraient nommés pour six ans et renouvelables par moitié. Les membres des Conseils régionaux seraient élus d'après un système analogue et tripartite ouvriers et employés — usagers — et délégués de la collectivité.

Ainsi composé le Comité central aurait des attributions très importantes. Il répartirait les services entre les trois directions : voie, traction, secrétariat. Il nommerait et révoquerait les trois directeurs généraux. Il déterminerait les traitements, approuverait le budget, déciderait des emprunts à émettre, des contrats collectifs à conclure. Il serait à la fois un Parlement professionnel et un Conseil d'administration (*ibid.*, p. 157.)

Telle est cette organisation compliquée — édifice à plu-

---

[1]. On veut dire « des transporteurs ».
[2]. Pourquoi la C.G.T.? sa représentation fait double emploi avec celle du personnel ouvrier.
[3]. Ces trois groupes d'associations à titre d'usagers et d'expéditeurs.

sieurs étages —, de conseils représentatifs. On parlementarise ainsi l'un des services où l'unité de direction et la promptitude des décisions paraît le plus nécessaire. Il semble bien, du reste, que le principe admis ses applications devraient encore se développer. Quand on a édicté la règle de la représentation élective dans un service public l'extension de celle-ci à tous les degrés s'impose tôt ou ou tard. Après le conseil par région, il faudra établir (pourquoi non?) le conseil de gare; la gare n'est-elle pas une unité ferroviaire ? Tout doit être parlementarisé, soviétisé.

A notre avis il faut une forte dose d'illusion pour croire qu'un pareil système soit capable de donner de bons résultats. Que le service des chemins de fer ait donné lieu à des abus fréquents, abus souvent intolérables, c'est certain; que l'Administration des chemins de fer et tout spécialement de l'Ouest-État, ait manifesté en particulier à l'égard de ses voyageurs un sans-gêne scandaleux, c'est indubitable. Mais en quoi la gestion serait-elle améliorée par l'institution d'une sorte de condominium à trois (et même à beaucoup plus, car dans chacune des trois catégories les délégués seraient les mandataires de groupes différents)? En quoi l'établissement de cette pléiade de conseils avec leurs délibérations, discussions interpellations, rapports, commissions, sous-commissions, etc., faciliterait-il la rapidité dans l'expédition des affaires et améliorerait-il le fonctionnement du service ? Autant vaudrait dire qu'un navire serait mieux dirigé si deux pilotes étaient en même temps à la barre. Tous ces délégués, représentant des intérêts sinon en conflit, du moins bien distincts, seraient appelés à juger des questions dont beaucoup échapperaient totalement à leur compétence. Les délégués des hommes d'équipe, des lampistes, des membres des sociétés de consommation (braves gens associés pour se procurer à meilleur marché le pain et les denrées d'épicerie) voteraient le budget et les emprunts c'est-à-dire prononceraient sur les questions les plus techniques (construction de lignes nouvelles, transformation du matériel roulant, des appareils de signalisation.) Une telle gestion serait trop évidemment un triomphe nouveau du culte de l'Incompétence dénoncé par M. Faguet. Que deviendront à travers tous ces palabres de comités bizarres, l'esprit de suite et de coordination dans la gestion d'une exploitation si prodigieusement compliquée? Les mauvais résultats d'une telle désorganisation ne semblent pas douteux. Des réformes s'imposent sans doute dans les administrations publiques. Déjà les droits du personnel ont été sauvegardés dans une très large mesure par une règlementation protectrice (institution de conseils de réseau, statut du personnel, etc.). Les droits des voyageurs pourraient être pris en considération par des dispositions analogues et audience pourrait leur être donnée légalement par leur admission dans un Conseil de contrôle spécial, mais non dans un Conseil de gestion dont les attributions excéderaient leur compétence et engageraient leur responsabilité. Aller plus loin, confier *la gestion* à des aréopages composés de délégués du personnel et des usagers, c'est à la fois compromettre la discipline, confondre les rôles et rendre pratiquement impossible le fonctionnement d'entreprises qui n'appartiennent après tout ni au personnel qu'elles emploient, ni à leur clientèle d'expéditeurs et de voyageurs ou à telle ou telle catégorie de citoyens, mais *à la Nation toute entière*. On peut en dire autant de tous les services publics que le C. E. T. entend nationaliser plus ou moins industriellement.

Avant d'aborder l'examen des doctrines du communisme et du syndicalisme minoritaire et extrémiste il nous faut sans trop nous y attarder rendre compte d'un débat accessoire mais non négligeable engagé entre les deux camps sur la question de l'observation ou de la violation de la Charte d'Amiens, texte sacro-saint en apparence mais avec lequel chacun prend des libertés car on y voit ce qu'on veut y voir. Les extrémistes reprochent aux majoritaires d'avoir méconnu la Charte d'Amiens, ceux-ci leur retournent le grief. On dirait des adeptes d'une religion se recommandant les uns et les autres d'un Livre saint mais prétendant l'interpréter de manières différentes et se traitant mutuellement d'hérétiques.

Qu'est-ce donc en définitive que cette Charte d'Amiens ? C'est tout simplement l'ordre du jour final proposé le 13 octobre 1906 par Griffuelhes à l'issue du XV° Congrès corporatif (IX° de la C. G. T.) et ainsi conçu :

> La C.G.T. groupe, en dehors de toute École politique, tous les travailleurs conscients de la lutte à mener pour la disparition du salariat et du patronat. Le Congrès considère que cette déclaration est une reconnaissance de la lutte de classe qui oppose sur le terrain économique tous les travailleurs en révolte contre toutes les formes d'exploitation et d'oppression tant matérielles que morales mises en œuvre par la classe capitaliste contre la classe ouvrière.
>
> Le Congrès précise par les points suivants cette affirmation théorique.
>
> Dans l'œuvre revendicatrice | quotidienne, le syndicalisme poursuit la coordination des efforts ouvriers, l'accroissement du mieux-être des travailleurs par la réalisation d'améliorations immédiates telles que la diminution des heures de travail ; l'augmentation des salaires, etc.
>
> Mais cette besogne n'est qu'un côté de l'œuvre du syndicalisme. Il prépare l'émancipation intégrale qui ne peut se réaliser que par l'expropriation capitaliste ; il préconise comme moyen d'action la grève générale et il considère que le syndicat, aujourd'hui groupement de résistance, sera dans l'avenir le groupement de production et de répartition, base d'organisation sociale.
>
> Le Congrès considère que cette double besogne, quotidienne et d'avenir, découle de la situation des salariés qui pèse sur la classe ouvrière et qui fait à tous les travailleurs quelle que soit leur opinion ou leurs tendances politiques ou philosophiques, un

devoir d'appartenir au groupement essentiel qu'est le syndicat.

Comme conséquence en ce qui concerne les individus, le Congrès affirme l'entière liberté pour l'individu syndiqué de participer, en dehors du groupement corporatif, à telles forces de lutte correspondant à sa conception philosophique ou politique, se bornant à lui demander en réciprocité, de ne pas introduire dans le syndicat les opinions qu'il professe au dehors.

En ce qui concerne les organisations, le Congrès décide qu'afin que le syndicalisme atteigne son maximum d'effet, l'action économique doit s'exercer directement contre le patronat, les organisations confédérées n'ayant pas, en tant que groupements syndicaux, à se préoccuper des partis et des sectes qui en dehors et à côté peuvent poursuivre en toute liberté, la transformation sociale[1].

Tel est le credo syndicaliste auquel chacun rend hommage et que l'on se jette mutuellement à la tête en se traitant de rénégats.

La vérité est que ce texte, où il y a de tout, de l'intransigeance et de l'opportunisme, se prête à toutes les interprétations et que chacune des deux écoles est fondée à y voir la confirmation anticipée de ses doctrines et la condamnation de celles de ses adversaires.

Laissons de côté l'affirmation initiale que la C. G. T. poursuit *l'abolition du patronat et du salariat*. Tous les socialistes de droite ou de gauche peuvent se recommander de cette déclaration et même avec eux certains sociologues étrangers au socialisme pourraient se l'approprier. On concevrait en effet par exemple un régime de production coopérative compatible avec le maintien de la propriété privée et de l'héritage, mais où le patronat proprement dit aurait disparu.

La lutte de classes, l'expropriation capitaliste sont déjà des dogmes purement socialistes. Mais à la rigueur les majoritaires peuvent soutenir qu'ils conservent au moins

---

1. *XV⁰ Congrès national corporatif. Amiens 1906*. Compte-rendu, p. 170-171 (Bibliothèque du Musée Social n° 6778.)

comme des buts idéaux dont la réalisation est simplement différée ces articles de la Charte d'Amiens.

Mais les partisans de la C. G. T. de la rue Lafayette ne peuvent déjà plus arguer de même en ce qui concerne la grève générale. Le Congrès préconise comme moyen d'action la grève générale. Il est hors de doute qu'ici les extrémistes ont beau jeu à dénoncer la palinodie de leurs adversaires. La grève générale est maintenant écartée en fait, sinon en droit, par les majoritaires et cette évolution à elle seule équivaut à une complète volte-face.

Seulement les majoritaires de l'ancienne C. G. T. prennent aussitôt leur revanche à d'autres égards. Ils ne manquent pas de faire observer :

1° Que la Charte d'Amiens postule l'accroissement du mieux-être des travailleurs par la réalisation d'améliorations immédiates telles que la diminution des heures de travail, l'augmentation des salaires, etc.[1]. La C. G. T. a incontestablement obtenu sur ces divers points d'importants résultats.

2° Que la Charte d'Amiens affirme l'entière liberté pour le syndiqué de professer en dehors du syndicat telles opinions et de participer à telles formes de lutte politiques ou philosophiques (!) qui peuvent lui agréer[2]. Elle pose en principe que les organisations syndicales n'ont pas comme telles, à se préoccuper des partis et des

---

1. A leur tour les extrémistes répondent qu'avant 1914 on envisageait bien ces améliorations mais non comme le résultat d'une concession volontaire de la bourgeoisie capitaliste, comme la conséquence d'un accord entre le prolétariat et l'État bourgeois (c'est ainsi que Jouhaux a réussi à obtenir les 8 heures et le relèvement des salaires) mais comme le fruit d'une victoire prolétarienne arrachée par la force. Toute la doctrine syndicaliste révolutionnaire d'avant 1914 est en effet conforme à cette conception.

2. A ce compte ont fait observer les polémistes minoritaires, des syndicalistes chrétiens devraient donc (à supposer que leurs croyances le leur permissent) être acceptés dans les rangs du syndicalisme ouvrier ? Cette conséquence paraît avoir été redoutée par Lénine et c'est là une des raisons qui ont dû l'inciter à vouloir la formation d'un parti communiste, élite socialiste qui seule sera investie de la dictature du prolétariat.

sectes qui en dehors et à côté, peuvent poursuivre la transformation sociale.

On ne peut, disent Jouhaux et ses amis, condamner d'avance plus expressément les alliances entre le syndicalisme et le parti socialiste que veulent faire conclure les extrémistes et *a fortiori* la subordination de l'action syndicale à l'Internationale communiste de Moscou qui poursuit une action politique internationale.

Sur ce dernier point, on le verra par l'analyse des doctrines du syndicalisme communiste présentées dans le prochain chapitre, la critique de l'ancienne C. G. T. paraît très forte.

Résumons-nous. La Charte d'Amiens est un document obscur et quelque peu contradictoire, susceptible de gloses très diverses. En réalité aucun des deux syndicalismes d'après-guerre ne lui est resté fidèle. La C. G. T. a répudié l'idée de la grève générale et avec elle, toutes les méthodes de violence dont il ne fut pas question dans un manifeste édulcoré, mais qui on l'a vu furent acclamées dans tous les Congrès réunis de 1894 à 1912, y compris ce même Congrès d'Amiens. Il est donc certain, comme nous pensons l'avoir établi, que la C. G. T. a évolué dans un sens réformiste [1].

Mais d'autre part il n'est pas douteux qu'avant 1914 le syndicalisme avait établi en dogme sa neutralité politique, et se refusait à toute entente avec le parti socialiste plié aux exigences du jeu parlementaire, participant aux élections, aux délibérations de la Chambre, etc. Les communistes, on le verra bientôt, ont au contraire lié l'action politique à l'action syndicale. A cet égard ce sont

[1] Ce même Congrès, dont osent se recommander les syndicalistes relativement modérés d'aujourd'hui, organisateurs du C. E. T. alliés du B. I. T. et qui on l'a vu (et ceci est à leur honneur) ont concouru à la Défense nationale adoptait par 488 voix contre 310 et 49 bulletins blancs l'ordre du jour Yvetot affirmant « que la propagande antimilitariste et antipatriotique devait devenir chaque jour plus intense et plus audacieuse (Compte rendu d XV° Congrès corporatif, p. 175).

eux qui ont renié la Charte d'Amiens. Celle-ci — à part peut-être quelques syndicalistes libertaires d'extrême-gauche rebelles non-seulement aux disciplines moscovites, mais aux influences du socialisme politique français — n'a plus en réalité de fidèles. C'est le Livre Saint d'une religion désertée.

La Confédération Générale du Travail Unitaire (C. G. T. U.) Internationale de Moscou. — Unité apparente. — Divisions réelles. — Les deux tendances. — Le communisme politique (Subordination du syndicalisme aux directives de Moscou). — Le syndicalisme fédéraliste révolutionnaire (Autonomie du mouvement). — Les C. S. R.

Entre les modérés (C. G. T. adhérente à Amsterdam) et les extrémistes (C. G. T. U. adhérente à Moscou) la scission est actuellement définitive, autant du moins qu'il est possible d'appeler ainsi un événement dans ce milieu si mouvant et si ballotté du syndicalisme. Après avoir étudié les doctrines et l'organisation des premiers, il nous faut examiner le programme, l'organisation et la tactique de la seconde.

En apparence, on pourrait être tenté de croire que les extrémistes sont d'accord entre eux. Les nécessités de la tactique les ont le plus souvent amenés à faire bloc dans les Congrès corporatifs généraux et dans les Congrès des Fédérations. Monatte, Péricat, Monmousseau, Mayou, Tommasi, Verdier ont paru mener en bonne harmonie le combat contre les chefs de la C. G. T. de la rue Lafayette auxquels ils n'ont pas épargné les attaques sans que celles-ci aient jamais atteint au degré de violence des invectives de Lénine contre les social-traîtres, les renégats et les social-patriotes. Les uns et les autres ont demandé le retrait de l'adhésion à Amsterdam et l'affiliation à Moscou. Au fond et en réalité deux tendances partagent les extrémistes. Les uns se relient étroitement aux bolchevistes de la IIIe Internationale dont ils acceptent les directives et dont ils exécutent avec obéissance les ordres. D'autres, n'adhèrent à Moscou que du bout des lèvres, plutôt par protestation contre le programme trop incolore à leur avis de Jouhaux et de ses amis, mais ils n'ont aucun goût pour le servage, vieille institution nationale de la Russie que l'on avait cru abolie et que Lénine prétend ressusciter à son profit vis-à-vis des prolétaires socialistes du monde entier. Ce sont des fédéralistes et des libertaires.

Et d'abord les syndicalistes communistes. Il faut pour comprendre les idées et la tactique de cette Ecole, faire abstraction du programme syndicaliste français d'avantguerre, idées aujourd'hui remplacées par d'autres, directement issues de l'évolution russe. Etudier le programme de la fraction communiste du syndicaliste français c'est étudier Moscou.

Quelle est la doctrine de la IIIe Internationale? Au point de vue purement dogmatique, Lénine l'a dit et redit, c'est purement et simplement le Marxisme. Le bolchevisme, a-t-il écrit notamment[1] est né en 1903 sur le terrain idéalement sûr de la théorie marxiste. Ce n'est pas beaucoup dire car le marxisme, tout au moins dans sa partie positive et constructive si nuageuse et si obscure, a été interprété de bien des manières; le marxisme syndicaliste et libertaire de G. Sorel et de Lagardelle ressemble aussi peu que possible au marxisme étatiste de feu Fournière ou de M. Georges Renard.

Laissant de côté la partie critique du marxisme, le

---

1. *La maladie infantile du communisme* (1920, p. 13).

seul patrimoine commun de tous ceux qui se recommandent de l'auteur du *Capital*, voyons comment Lénine a compris l'organisation, la tactique et l'avenir du socialisme. Ces idées peuvent se résumer ainsi ; dans un avenir sans doute très lointain, alors que toutes les forces de réaction auront été écrasées, alors que tous les hommes seront vraiment égaux, il sera possible d'établir la société sur les bases d'un droit égal de suffrage pour tous. Mais c'est là un état social dont nous sommes extrêmement éloignés. Actuellement les forces capitalistes, réactionnaires, militaristes, cléricales sont encore vivaces et puissantes. Pour les combattre il faut instaurer la dictature du prolétariat qu'il définit ainsi. « La dictature du prolétariat c'est la guerre la plus absolue, la plus impitoyable d'une classe nouvelle contre la bourgeoisie, dont la puissance est composée non seulement de la force du capital international, des liaisons internationales de la bourgeoisie, mais encore de la force de l'habitude, de la force de la petite production, car il reste encore sur cette terre, pour notre grand malheur, une très grande proportion de petite production. Or la petite production enfante le capitalisme et la bourgeoisie[1]. »

Cette dictature ne doit pas reculer devant les moyens les plus violents puisque le salut de la Révolution est à ce prix. Elle sera excercée tant que besoin sera, non pas par tout le prolétariat mais seulement par une petite phalange d'hommes sûrs et dévoués. « Le parti communiste est une fraction la plus avancée de la classe ouvrière. Il se crée par la sélection des travailleurs les plus conscients, les plus dévoués, les plus clairvoyants. Tant que le Gouvernement n'est pas conquis par le prolétariat et tant que ce dernier n'a pas affermi sa domination, le Parti communiste n'englobera dans ses rangs qu'une

---

[1]. *Ibid*, p. 11.

minorité ouvrière[1]. Ce n'est que lorsque la dictature prolétarienne aura privé la bourgeoisie de moyens d'action tels que la Presse, l'Ecole, le Parlement, l'Eglise, que tous les ouvriers *ou du moins la plupart* pourront entrer dans les rangs du parti communiste »[2].

Cette théorie d'une petite minorité directrice régnant, gouvernant par la terreur la masse de la Nation, on sait comment Lénine l'a appliquée, mais il a toujours tenu à en défendre la légitimité. Son livre ou plutôt son violent pamphlet contre Kautsky : *La révolution prolétarienne et le renégat Kautsky* développe et défend cette thèse avec une énergie sauvage et une puissance d'invective parfois saisissante. Il répond à tous les arguments de Kautsky et souvent il a pour lui la logique et la vérité historique. Son adversaire avait invoqué l'exemple de la Commune de Paris qui avait admis même les bourgeois à voter. Plaisanterie! dit Lénine, les bourgeois étaient en grande partie à Versailles, les autres étaient intimidés, épouvantés, réduits à merci. Du reste Paris avait la prétention d'imposer le régime de la Commune à toute la France, déjà c'était la dictature communiste!

« Du reste, il est absurde de réclamer comme Kautsky, le suffrage universel. Ce serait faire la partie trop belle aux exploiteurs auxquels depuis de longues générations, leur instruction, leur richesse, les habitudes acquises ont fait une place à part contre les exploités dont la masse même dans les républiques bourgeoises les plus avancées,

---

1. Lénine lui-même a avoué qu'il n'y avait en Russie pas plus de 600.000 bolchevistes. Encore une récente épuration a-t-elle éliminé comme tièdes et suspects environ 30 0/0 de ce nombre (*Maladie infantile du communisme*, p. 46).
2. *Statuts et Résolutions de l'Internationale communiste II° Congrès de l'Internationale communiste*, Petrograd, Moscou, 19 juillet, 7 août 1920. Dans le même manifeste on observe que les syndicats ouvriers chrétiens font aussi partie de la classe ouvrière. Or ce serait commettre la plus lourde faute que d'admettre des ouvriers de cette trempe dans le prolétariat militant. « Il faut non pas s'adapter aux éléments ouvriers arriérés, mais élever la classe ouvrière au niveau de l'avant-garde communiste ».

demeure opprimée, inculte, apeurée[1]. » La seule méthode c'est la terreur exercée par le prolétariat agissant en vertu de son pouvoir dictatorial. C'est du reste là, se conformer quoiqu'en dise Kautsky le renégat aux enseignements de Marx : la force est l'accoucheuse des sociétés.

Voilà le programme général. Quelle sera la tactique ? L'axe de cette politique communiste c'est le petit groupe des militants. Ce groupe agira par tous les moyens et se gardera bien de négliger l'action politique dont le syndicalisme d'avant-guerre a eu le plus grand tort de se désintéresser. Ici éclate une différence essentielle entre les syndicalistes et les communistes. Les premiers, d'après la Charte d'Amiens, devaient répudier toute alliance avec des partis politiques, se borner à la lutte de classe sans prendre part aux élections, sans accepter le concours de bourgeois socialistes sans tenter d'émeutes à la manière de Blanqui, mais seulement des mouvements professionnels, grèves corporatives ou générales. Le Communisme professe une toute autre doctrine. La phalange de militants qu'il organise s'intitulera ouvertement « Parti communiste », l'Internationale communiste répudie l'opinion suivant laquelle le prolétariat peut accomplir sa révolution sans former un parti politique. Toute lutte de classe est une lutte politique[2]. La nécessité d'un parti politique ne disparaîtra qu'avec les classes sociales lorsque les classes ouvrières seront devenues entièrement communistes[3]. » Il importe de créer dans tous les pays un parti communiste unique, même si dans ces pays la préparation du prolétariat semble encore peu avancée. Il importe de tenter partout la conquête du pouvoir politique[4].

---

1. *La révolution prolétarienne*, p. 40-45.
2. *Statuts et Résolutions de l'Internationale communiste*, 2ᵉ Congrès de l'I. C.) Pétrograd, Moscou, 19 juillet, 7 août 1920, p. 42.
3. *Ibid*, p. 48.
4. *Statuts et Résolutions de l'I. C.*

Que devient à travers toute cette politique communiste le rôle des syndicats? Il ne disparaît certes pas, mais au lieu d'être prépondérant il devient secondaire. Le syndicat au lieu d'être un but devient un moyen ; au lieu d'être une force libre, il devient un simple agent d'exécution. Dans toutes les organisations sans exception : syndicats, unions, associations, doivent être formés des groupes ou noyaux. Cette constitution d'une élite de militants à la fois propagandistes et surveillants est d'autant plus nécessaire que le véritable communiste au fond se défie des syndicats [1]. « Cette politique syndicale (on pourrait plutôt dire anti-syndicale de la troisième Internationale), a été définie dans les articles, § 9, 10, 11 et 16 du fameux manifeste de Lénine contenant les 21 conditions notifiées à tous les partis socialistes, conditions qui ont amené la scission du parti socialiste unifié au Congrès de Tours. Il est indispensable de rappeler les termes de cet ukase.

« ART. 9. — Tout parti désireux d'appartenir à l'I. C. doit poursuivre une propagande persévérante et systématique au sein des syndicats, coopératives et autres organisations. *Des noyaux communistes doivent être formés.* Leur devoir est de révéler à tout instant la trahison des social-patriotes et les hésitations du Centre [2].

---

[1]. Un obstacle grave au mouvement révolutionnaire c'est l'existence d'une petite aristocratie ouvrière relativement stable. Elle bénéficie de meilleures conditions de rétribution, elle est pénétrée d'un esprit de corporatisme étroit de petite bourgeoisie. Elle constitue le véritable point d'appui de la deuxième I. C. d'Amsterdam, (*ibid.*, p. 19), Georges Sorel pourtant si syndicaliste exprimait la même crainte à l'égard des Syndicats trop nombreux. « Ils hésitent à se lancer dans les aventures. Les fédérations ouvrières très étendues en viennent à considérer les avantages que leur procurent la prospérité des patrons et à tenir compte des intérêts nationaux » *Matériaux pour servir à l'histoire du socialisme. L'avenir socialiste des syndicats*, p. 68. On ne peut mieux justifier les espérances de ceux qui comme nous attendent d'un syndicalisme développé et sagement évolué, l'action la plus salutaire au point de vue des rapports entre employeurs et salariés.

[2]. De même on exigera la subordination complète des élus du parti au Comité central de l'I. C. (Moscou). On analysera attentivement leurs discours, on provoquera l'exclusion immédiate de ceux qui manifesteraient une tendance contraire au programme de l'I. C., *ibid.*, p. 16.

Ces noyaux seront complètement subordonnés à l'ensemble du Parti.

Art. 10. — Tout parti appartenant à l'I. C. doit combattre avec énergie l'l. C. des syndicats jaunes *(sic)*, fondée à Amsterdam. Il doit par contre concourir de tout son pouvoir à l'Union internationale des syndicats rouges adhérents à l'I. C. communiste.

Cette organisation qui subordonne complètement on le voit, les syndicats aux partis communistes est complétée par l'article 8 des statuts de l'I. C. « Les syndicats qui se placent sur le terrain du Communisme et forment des groupes internationaux sous le contrôle du Comité exécutif de l'I. C. constituent une section syndicale de l'I. C. Les syndicats envoient leurs représentants au Congrès mondial de l'I. C. par l'intermédiaire du parti communiste de leur pays. La section syndicale de l'I. C. délègue un membre près du Comité exécutif de l'I. C. et réciproquement ».

Cette décision autoritaire a été confirmée et accentuée au Congrès syndical international des syndicats rouges tenu à Moscou en juillet 1921, parallèlement au III° Congrès international de l'I. C. communiste. Il semble que les organisateurs aient redouté une opposition à leurs vues, car dans l'organe extrémiste le plus qualifié, la *Vie ouvrière* (8 juillet), un des délégués français, Rosmer, écrivait que les délégués convoqués à Moscou étaient les uns communistes, les autres syndicalistes révolutionnaires. « Parmi ceux-ci, les uns sont membres des partis communistes, les autres ayant gardé de fortes préventions contre les partis politiques n'appartiennent à aucun parti, leur activité révolutionnaire se déroule dans le cadre syndical. »

Cette opposition très réelle dans les divers pays ne se produisit pas à Moscou où les communistes bolchevistes l'emportèrent haut la main. Par 282 voix contre 25, le

Congrès syndical rouge vota un ordre du jour affirmant que l'élimination de la bourgeoisie, de la gestion, de la production, ne pouvait être réalisée que par la dictature du prolétariat et du parti communiste, que la logique de la lutte de classes exigeait l'unification complète des forces du prolétariat. Par suite : 1° toutes les mesures devaient être prises pour le groupement le plus ferme des syndicats révolutionnaires dans une organisation de combat unifiée avec un centre dirigeant unique, l'Internationale rouge des syndicats ouvriers;

2° Des liens aussi étroits que possible devaient être établis avec la III° I. C. communiste, avant-garde du mouvement révolutionnaire basé sur la représentation réciproque des deux organes de libération;

3° Cette liaison devait avoir un caractère organique et technique et se manifester dans la préparation conjointe et la réalisation d'actes révolutionnaires sur une échelle nationale et internationale;

4° Le Congrès affirmait la nécessité de tendre à l'unité des organisations syndicales et à *une liaison étroite entre les Syndicats rouges et le Parti communiste.* La résolution était signée pour la France par Rosmer, Tommasi et Godonnèche, pour la Russie par Losovsky, Tzierovich et Rikoff, par Tom Mann pour l'Angleterre, par Heckert pour l'Allemagne, etc.

C'était un vrai pacte d'esclavage, Moscou devenait le seul maître, le despote du syndicalisme comme du parti communiste. On sait quelle scission s'était déjà produite à Tours dans le Parti socialiste en 1920. Sans aller jusqu'à une scission les syndicats minoritaires français se cabrèrent devant de telles exigences et les membres les plus notables des C. S. R., c'est-à-dire des organisations de noyautage désavouèrent les délégués qui avaient signé le revers On proclama hautement l'autonomie syndicale. « Le syndicalisme révolutionnaire, disait la lettre collective, faillirait à ses traditions s'il acceptait cette résolution. Une Internationale fondée sur cette conception serait incapable de rallier les mouvements syndicaux-révolutionnaires et de remplir son rôle. Fidèle à la Charte d'Amiens, le syndicalisme français revendique son indépendance. Il était déclaré que les délégués français avaient outrepassé leur mandat. Ce désaveu signé par Monmousseau, Semard, Quinton, Monatte, Verdier fut approuvé par le Comité central des C. S. R., Besnard, Fargues, Racamond (*Vie ouvrière* du 22 juillet 1921).

Cet incident marque la double tendance qui se rencontre chez les syndicalistes, les uns unitaires, professant aveuglément la foi communiste et se tournant vers Moscou comme les musulmans vers la Mecque et les autres fédéralistes voulant rester autonomes[1]. Il faudrait toutefois se garder de croire à l'existence de deux camps nettement séparés à l'intérieur du syndicalisme extrémiste. Les choses sont loin d'être si simples. Au fond les novateurs slaves ont commis surtout une faute de tactique ; ils ont voulu trop brusquer le dénouement et emporter la place sans tenir compte de la mentalité française qui, même chez les révolutionnaires, n'admet guère ces procédés d'Orient. Mais il est certain qu'en dehors de l'ancien coureur cycliste Tommasi et de Rosmer plus spécialement visés, il existe néanmoins dans les syndicats et fédérations de nombreux admirateurs et défenseurs des Soviets dont l'influence est sur eux considérable et dont l'exemple est célébré avec enthousiasme[2]. La lecture des compte-

---

[1]. Voir dans la *Vie ouvrière* des 21 et 28 janvier 1921 la polémique très caractéristique entre Martinet prêchant l'adhésion des syndicats au parti socialiste lequel maintenant instruit par Moscou reconnaît l'utilité de la dictature prolétarienne et Lemont hostile à l'adhésion et au parti socialiste composé en grande partie de petits bourgeois avec lesquels on peut collaborer mais sans jamais mêler les rangs.

[2]. Un syndicaliste révolutionnaire qui a joué autrefois un rôle assez important dans la C. G. T. nous disait : « Vous ne pouvez vous imaginer avec quelle ferveur on parle de Lénine et de Trostky dans nos milieux ouvriers syndicalistes. On entend dire partout : d'autres avaient mis le socialisme en formules ;

rendus des Congrès ne laisse aucun doute à ce sujet. Le parti syndicaliste extrémiste apparaît en somme dans son ensemble comme un assemblage d'hommes unis par une haine commune de la société bourgeoise et de la C. G. T. réformiste, sympathiques à la Révolution russe et agissant le plus souvent d'accord, mais entre lesquels se révèle en certaines occasions à la lueur d'un événement ou d'une profession de foi une dissidence profonde, les uns, les communistes, acceptant pourvu que l'on y mette quelques formes, la doctrine de la dictature prolétarienne entendue au sens précisé par Lénine, les autres demeurés fidèles à la conception du syndicalisme autonome, répudiant toute attache avec les partis politiques et poursuivant, conformément à la Charte d'Amiens, le triomphe de la classe ouvrière sans aucune compromission avec les partis bourgeois. Cette dernière fraction a conservé en somme les doctrines propres au syndicalisme d'avantguerre. C'est elle qui a tenté en juillet 1919, puis en mai 1920, de traduire ses idées en actes et de déclencher la grève générale. L'échec complet de ces tentatives a déterminé dans le prolétariat un certain découragement et a renforcé déjà aux dépens de la tendance fédéraliste, les autres tendances : celle de droite (C. G. T. de Jouhaux) et celle de gauche (communisme). Le syndicalisme autonomiste et fédéraliste plus conforme à l'esprit aux aspirations de la fraction avancée de la classe ouvrière française est momentanément arrêté ou retardé dans son évolution. L'avenir dira si décidément il doit faire place au communisme ressuscitant la thèse des luttes politiques, de l'alliance avec les intellectuels, de l'opportunisme révolutionnaire prêt à recourir à tous les moyens et à se

---

ils avaient écrit, ils avaient parlé sur le socialisme. Mais les Russes, les premiers l'*ont réalisé* ». Comme nous rappelions les conséquences désastreuses du régime bolcheviste, notre interlocuteur nous répondit qu'elles étaient imputables à l'Entente qui avait boycotté la Russie, à la sécheresse de l'été 1921, etc.

servir de toutes les armes ou s'il doit, après une éclipse temporaire, retrouver la faveur des milieux les plus avancés et continuer à représenter leurs aspirations et leurs sentiments au fond surtout libertaires et anti-étatistes. La seconde hypothèse nous paraît la plus probable.

Le syndicalisme catholique. — L'école catholique sociale, sa doctrine, son programme. — Les syndicats catholiques du commerce et de l'industrie.

L'étude du puissant mouvement ouvrier socialiste et syndicaliste qui évolue depuis près de soixante ans (car sa naissance est on le sait très antérieure à la loi de 1884 et doit se reporter au mouvement de la première Internationale ouvrière sous le second Empire) ne doit pas faire perdre de vue les autres aspects du mouvement syndical ouvrier. Après le syndicalisme révolutionnaire l'organisation syndicale la plus importante est sans contredit celle qui se rattache à l'École catholique sociale. A la vérité cette organisation ne s'est pas développée dans toutes les directions avec là même vigueur. Très vivace chez les employés de commerce et de banque et aussi dans plusieurs milieux du travail féminin et des professions libérales, elle est beaucoup moins avancée, parfois même encore rudimentaire, dans les milieux purement ouvriers et surtout chez les travailleurs de la grande industrie concentrée (métallurgie, mines, textiles, etc.).

Tel qu'il est le syndicalisme catholique est déjà incontestablement une force sociale et plus encore une force morale. La Confédération des travailleurs catholiques ne groupe pas moins de 125.000 membres. c'est-à-dire un effectif égal très probablement à celui de la C. G. T. U.

extrémiste. Mais cette phalange vaut plus encore par la qualité que par le nombre. Une intime cohésion unit tous ces travailleurs. Parmi eux pas de non valeurs, pas d'unités purement nominales. Tous sont animés d'une même foi religieuse et sociale, tous sont unis par les liens d'une fraternité réelle et agissante, tous mettent en commun leurs affections, leurs deuils, leurs espoirs. Tous aussi ou tout au moins l'immense majorité d'entre eux, on peut le dire, concilient avec leurs principes et leurs convictions catholiques un esprit par ailleurs très moderne qui les porte à se déclarer solidaires des revendications de leurs frères de travail socialistes ou non dans ce qu'elles peuvent avoir de juste, qui les incite à ne repousser de la société contemporaine ni les institutions politiques et démocratiques qu'elle s'est librement donnée, ni tout ce qui, dans les mœurs, les idées, les sentiments de leurs concitoyens, leur semble compatible avec l'intégrité de leur conscience et la sincérité de leur pensée. Les syndicats ouvriers, les travailleurs et les travailleuses catholiques syndiqués veulent qu'on le dise et qu'on le sache. Ils entendent être et rester des Français et des Françaises de leur temps. Profondément respectueux de la France du passé qu'ils aiment et qu'ils admirent, ils n'orientent cependant pas leur marche vers l'arrière et ils ont l'ambition passionnée d'être les artisans loyaux et dévoués qui contribueront le plus ardemment et si possible le mieux à construire la cité française de l'avenir.

Exposer dans son ensemble la doctrine catholique sociale dont se recommande le syndicalisme catholique ne saurait entrer dans le plan de ce livre. Cette doctrine puise ses principes dans l'enseignement général de la théologie et de la morale chrétienne interprétées par les docteurs de l'Église plus spécialement par Saint Thomas et rappelés solennellement dans l'*Encyclique Rerum novarum* par Léon XIII. Ces principes comportent on le sait l'obligation pour chaque homme d'observer les prescriptions de la Justice commutative et de la fraternité chrétienne. Le travailleur doit obéissance à son patron dans le service qu'il exécute sous ses ordres, il doit s'acquitter de sa tâche avec conscience et honnêteté. Mais les devoirs de l'employeur sont aussi très stricts. Il doit à l'ouvrier non une rémunération quelconque uniquement fixée par le jeu hasardeux de l'offre et de la demande mais lui assurant à lui et à sa famille immédiate les moyens de vivre honorablement sans que sa santé et sa dignité d'homme soient compromises.

Ces principes déclare l'*Encyclique Rerum novarum*, sont très généralement méconnus. « Tous principes et tous sentiments religieux ont disparu des lois et des institutions publiques et ainsi peu à peu les travailleurs isolés se sont vus livrés à la merci de maîtres inhumains et à la cupidité d'une concurrence effrénée. Une usure dévorante est venue accroître le mal. A cela il faut ajouter la concentration entre les mains de quelques-uns de l'industrie et du commerce devenus le partage d'un petit nombre ». Après avoir écarté les faux remèdes, le socialisme, et rappelé la nécessité d'une croyance religieuse même pour assurer une exacte justice sur terre l'Encyclique définissait le rôle de l'État et recommandait aux intéressés la création de « corporations ouvrières qui embrassent à peu près toutes les œuvres ». « *Nous voyons avec plaisir se former partout des sociétés de ce genre soit composées des seuls ouvriers soit mixtes*. Il est à désirer qu'elles accroissent l'efficacité de leur action ». Léon XIII se gardait toutefois par une sage réserve de prescrire un mode d'organisation uniforme de ces associations. « Nous ne croyons pas qu'on puisse donner des règles certaines et précises pour déterminer le détail de ces statuts et règlements. Tout dépend du génie de chaque nation, des essais tentés, de l'expérience acquise, du genre de travail et d'autres circonstances. Tout ce qu'on peut dire c'est qu'on doit prendre pour règle universelle et constante que ces corporations doivent fournir à chacun de leurs membres les moyens les plus propres à atteindre le but qu'ils se proposent : l'accroissement le plus grand possible pour chacun, des biens du corps et de l'esprit ».

Sous l'impulsion de cette haute parole des syndicats nombreux tant patronaux qu'ouvriers sont venus grossir le nombre de ceux qui s'étaient formés. Nous les passerons en revue tout à l'heure, toute une École de penseurs, de jurisconsultes et de sociologues catholiques s'était du reste formée dès 1871 ; d'abord sous la direction du comte de Mun et de M. de la Tour du Pin qui groupèrent pendant plus de trente années, une pléiade d'écrivains, membres de l'Œuvre des Cercles, collaborateurs de la revue l'*Association catholique*. Cette œuvre d'études sociales a été reprise depuis 1904 par les Semaines sociales de France[1] présidées d'abord par M. Henri Lorin puis par M. Eugène Duthoit. L'essence même de la doctrine résumée sous sa forme la plus claire et la plus pratique est contenue dans la déclaration de la Réunion des revues catholiques d'économie sociale[2]

---

1. Fondées en 1904, à Lyon par MM. Marius Gonin et Boissard avec la collaboration des R. P. Antoine et de Pascal, de MM. Turmann et Martin Saint-Léon.
2. Sur l'école catholique sociale on pourra consulter Antoine, *Manuel pratique d'Economie sociale*, 6ᵉ édition, Alcan, 1921 ; De Mun, *Discours*, tome I. (Poussielgue, 1881) ; *La conquête du peuple* (Lethielleux, 1908). La Tour du Pin. *Vers un ordre social chrétien* (librairie Nationale 1907) ; Duthoit, *Pages catholiques sociales* (Lecoffre, 1912) ; *Vers l'organisation professionnelle* (Action populaire, 1919) ; L. Grégoire, (Georges Goyau), *Le Pape, les catholiques et la question sociale* (Perrin, 1895) ; Max Turmann, *Le catholicisme social*. (Alcan, 1909) ; Eblé, *Les écoles catholiques d'économie sociale* ; la collection de la revue l'*Association catholique* (ne paraît plus) celle des *Semaines sociales*, la *Chronique sociale de France* ; sur le programme syndical notre brochure l'*Organisation professionnelle de l'avenir* (épuisée). Les principaux représentants de l'école catholique sociale sont actuellement MM. Duthoit, R. P. Sertillange, Deslandres, Boissard, abbé Calippe, Crétinon, Goyau, abbé Thellier de Poncheville, Max Turmann, Anglade. Ce dernier, réalisateur de tout premier ordre, a rassemblé autour de son Union des

de juillet 1897. Le système adopté se résume dans la formule : l'Association libre dans la profession organisée.

L'*Association libre*, c'est-à-dire liberté pour tous les travailleurs de former tous les syndicats qui leur conviennent; maintien à ces syndicats de tous leurs droits, de toutes leurs prérogatives actuelles, extension même de ces droits et de ces prérogatives, notamment en ce qui touche le droit d'acquérir et de contracter.

La *Profession organisée*, c'est-à-dire création d'un lien obligatoire et légal entre tous les travailleurs exerçant une même profession, établissement de corps d'état organisés comme il suit :

1° *Tous les membres de chaque profession dans une circonscription à déterminer devront être inscrits d'office sur une liste spéciale par les soins de l'Administration publique, comme cela a lieu pour l'inscription maritime ou les conseils de prud'hommes.*

2° *Les membres de chaque profession inscrits sur cette liste constitueraient le corps professionnel.*

3° *Chaque corps professionnel aurait des règlements spéciaux auxquels seraient soumis les membres de la profession.*

A la tête de chaque corps professionnel serait un conseil composé de délégués des patrons et des ouvriers de la profession : à notre avis, les non syndiqués devraient avoir comme les syndiqués le droit de nommer des représentants à ce conseil. *Si la profession est organisée, le syndicat* — quoi qu'en pense M. Barthou — *ne serait nul-*

---

syndicats agricoles du Plateau Central (Rodez) un faisceau d'institutions économiques et sociales vraiment exemplaires). Le centre de l'action et de la propagande sociales est à Lyon, 16, rue du Plat, où est établi le secrétariat général des *Semaines sociales* et de la *Chronique* sous la direction de M. Gonin. L'école catholique sociale est représentée au Parlement par des hommes d'Etat tels que MM. de Lamarzelle et de Las Cases au Sénat; de Gailhard-Bancel, Boissard, Duval-Arnould, Chabrun à la Chambre des députés. Les trois derniers nommés sont aussi professeurs aux Semaines sociales.

lement obligatoire. Nous admettrions volontiers cependant que les travailleurs syndiqués obtinssent certains privilèges électoraux, un droit de vote plus étendu que les non syndiqués : *jura vigilantibus prosunt*.

Les corps professionnels seraient investis du pouvoir de faire des règlements d'application des lois générales sur le travail ; ils fixeraient les coutumes de la profession. Les décisions prises devraient évidemment, pour être obligatoires, réunir la majorité des voix dans chacune des deux catégories : patrons et ouvriers. Autrement, les ouvriers plus nombreux imposeraient en toutes circonstances leur volonté aux employeurs, ce qui est inadmissible. Les décisions qui seraient de nature à réagir sur les intérêts du public ou de l'Etat devraient être ratifiées par le Parlement.

Le corps d'Etat, avons-nous dit, comprendrait : 1º les chefs d'établissements ; 2º les salariés qui, dans les affaires d'intérêt commun — mesures à prendre contre le chômage, contre la concurrence étrangère, etc., pourraient délibérer en commun. Mais des assemblées générales exclusivement composées de patrons et d'ouvriers seraient convoquées pour discuter les affaires concernant spécialement soit le patronat, soit le prolétariat. La même dualité éventuelle se retrouverait en ce qui touche le conseil de la profession. Les délégués ouvriers et patrons siégeraient ensemble s'il s'agissait d'aviser à prendre des mesures d'exécution relativement à un intérêt corporatif général, séparément s'il s'agissait de la défense de leurs intérêts de classe.

Le conseil professionnel serait un conciliateur et un arbitre éventuel tout indiqué pour statuer sur les conflits du travail ; il pourrait, alors, s'adjoindre un tiers arbitre désigné d'avance et qui serait, par exemple, un magistrat, un ancien professionnel ou toute autre personnalité d'une compétence et d'une indépendance éprouvées.

Enfin il serait peut-être possible — bien que nous ne nous dissimulions pas les difficultés que rencontrerait la réalisation d'un si grand projet — de reviser la composition de la Chambre des députés ou du Sénat, en réservant, dans ces assemblées politiques, une place aux mandataires de l'industrie, du commerce, de l'agriculture, c'est-à-dire du travail national. Jusqu'ici, les élus du peuple représentent exclusivement des intérêts régionaux et locaux. Les intérêts professionnels eux aussi seraient enfin défendus. Même si on limitait au début à un quart ou à un cinquième des sièges la part du travail, cette réforme, qui pourrait être combinée avec la représentation proportionnelle[1], devrait être saluée comme du meilleur augure pour l'avenir politique de notre pays.

Telle est la doctrine. Par quelles réalisations s'est-elle affirmée dans l'ordre syndical?

Cette question peut se poser sous une forme simplifiée. Quelles sont aujourd'hui les organisations syndicales catholiques?[2]

La première et la plus importante des Fédérations de syndicats de travailleurs catholiques est la Fédération des Syndicats d'employés, siège social, 5, rue Cadet, Paris, président Zirnheld qui groupe 160 syndicats et 37.000 adhérents.

Le Syndicat parisien des Employés du Commerce et de l'Industrie fut fondé, le 13 septembre 1887, par dix-sept jeunes gens tous membres d'une confrérie religieuse, l'association Labre et anciens élèves des Frères de la Doctrine chrétienne. Les débuts furent pénibles. A la fin de 1888 on ne comptait encore que 100 adhérents et en

---

1. Voir à ce sujet, Eug. DUTHOIT, *Le suffrage de demain*, Perrin, 1907, ch. III : *Pourquoi souhaiter un Sénat professionnel et comment l'organiser ?*
2. Consulter sur ce sujet G. de Mercier. *Les syndicats catholiques du commerce et de l'industrie* (*La Vie universitaire*, 1920).

mars 1889 la caisse contenait exactement 17 fr. 85. Mais le syndicat qui en 1890 s'installa rue des Petits-Carreaux était réservé à un bel avenir. En 1900, il groupait déjà 2.000 membres et obtenait une médaille d'argent à l'Exposition universelle. En 1909, les syndiqués étaient 5.000, en juillet 1914 ils étaient 8.000 et le syndicat qui entre temps avait son siège, 13, boulevard Poissonnière faisait l'acquisition d'un immeuble 5, rue Cadet. Son effectif actuel est de 11.000 membres répartis en une soixantaine de sections de la région parisienne et 18 sections de province.

Le syndicat est administré par un Conseil composé de 21 membres élu par l'Assemblée générale et renouvelable par tiers tous les ans. Ce conseil nomme un Bureau, un Président (M. Zirnheld), deux vices-présidents, un secrétaire général (M. Gaston Tessier), un secrétaire, trésorier et un trésorier adjoint. Ses principaux services sont :

Le *placement* remarquablement organisé car les patrons savent trouver au Cadet des employés sérieux et consciencieux.

Les *cours professionnels* de comptabilité, d'allemand, d'anglais, d'espagnol, de sténographie.

Les *groupes professionnels* qui réunissent les employés d'une même branche.

Les *commissions d'études*[1] qui passent en revue les questions ayant trait à tous les intérêts professionnels, prévoyance, enseignement professionnel, protection des travailleurs et le journal *l'Employé* qui sert de trait d'union aux syndiqués et les tient au courant de tous les faits de nature à appeler leur attention.

Les *comités de conférences* où se forment de futurs orateurs et propagandistes.

---

1. Dont se sont surtout occupés deux hommes d'un dévouement éprouvé, MM. Verdin et Despond.

La *coopération*. — Une société coopérative s'est formée en 1907 et procure à ses membres tant par un système de remises chez les marchands adhérents que par des achats collectifs faits en fabrique des prix particulièrement avantageux.

Le *restaurant* où pour 2 fr. 75 on peut prendre un repas sain et substantiel.

La *mutualité*. — Moyennant un versement de 2 francs par mois le syndiqué adhérent à une société filiale du syndicat, la Fraternité commerciale a droit, en cas de maladie, à la gratuité de l'assistance médicale et pharmaceutique ; à un secours de 2 francs par jour pendant 3 mois, puis de 1 franc pendant 3 autres mois. Les femmes en couches reçoivent 2 francs pendant 21 jours. La société sert une retraite à ses adhérents âgés de 60 ans.

Une *caisse de prêts gratuits et de secours* aux syndiqués momentanément aux prises avec de graves embarras.

Une *commission des soldats* qui procure des emplois aux soldats libérés et assure aux jeunes soldats un bon accueil dans leur ville de garnison.

Des *villégiatures syndicales* ont été organisées à diverses reprises notamment à Onival-sur-Mer en 1907.

Le syndicat des employés n'est nullement un syndicat jaune. A plusieurs reprises il s'est joint aux syndicats avancés lorsqu'il a cru leurs revendications justifiées (il a notamment pris part à une grève des employés de banques). Mais il se distingue des syndicats socialistes en ce qu'il ne se résout à la grève qu'à contre cœur et après avoir épuisé tous les moyens qui pourraient amener une entente équitable. Il n'est nullement l'ennemi né des patrons et son esprit de conciliation, qui n'exclut pas la résolution de défendre énergiquement les droits et les intérêts du travail, lui a valu l'estime des chefs d'entreprises.

Les Syndicats Féminins Catholiques

On compte trois groupements principaux.

L'Union centrale des syndicats professionnels féminins 5, rue de l'Abbaye, présidente Mlle Decaux, créée à Paris en 1902. L'effectif de l'Union est de 26.000 syndiquées et de 11 syndicats. Cette union ne s'est constituée que le 13 juin 1906 mais plusieurs des syndicats qui la composent créés sous l'inspiration des religieuses de Saint-Vincent de Paul sont antérieurs, notamment ceux des institutrices privées, des dames employées de commerce, des ouvrières de l'habillement. Les plus nombreuses sont les dames employées 12.000[1], les ouvrières de l'habillement 5.000.

Les syndicats dits de l'Abbaye ont créé des institutions de placement (2.500 effectués pendant l'année 1920), de prévoyance, d'enseignement, d'assistance mutuelle, de coopération nombreuses et bien administrées. Une coopérative fournit aux adhérentes les denrées de première nécessité : pain, charbon, vin, pommes de terre; des remises de 3 à 15 % sont accordées par divers commerçants. Des restaurants coopératifs ont été ouverts, celui du siège social sert 50.000 repas par an. Une société de secours mutuels assure contre la maladie et sert des retraites. Des bibliothèques, des conférences, des cours professionnels, de langues vivantes, de sténo-dactylographie, etc., sont très suivis; l'Union est intervenue lors de l'élaboration de la plupart des lois sociales intéressant le travail féminin (loi sur le repos hebdomadaire en 1906, sur le minimum de salaire dans la couture 1915; sur la semaine anglaise 1917). Elle a participé à la conclusion de nombreuses conventions collectives.

La Fédération française des Unions de syndicats professionnels féminins, 4, rue de Sèze ; présidente

---

1. Adhérentes à la *Fédération des employés* de la rue Cadet.

Mlle Debray, s'est créée en 1909 et compte actuellement 14.000 adhérentes. Elle se divise en Unions régionales qui groupent des syndicats divers : employées de banques et assurances, employées de commerce, ouvrières en vêtements, ouvrières à domicile, produits chimiques, livre, blanchisserie, ouvrières parfumeuses, etc. Chaque section est dirigée par un comité d'action et de propagande élu par les syndiquées. Les cotisations mensuelles sont 0 fr.75 pour les ouvrières et 1 franc pour les employées. La Fédération a créé naturellement tous les services syndicaux d'usage : mutualité, placement, enseignement professionnel, conférences ; elle organise dans ses sections des réunions d'études et aussi de récréation et publie un organe très lu (7.000 exemplaires tirés) *la Travailleuse*.

Les deux Unions susdites l'Abbaye et la rue de Sèze ont créé en 1920, d'accord avec les patrons de la couture, des commissions mixtes chargées d'étudier les conditions de travail, de rémunérations, etc. La même entente a amené à diverses reprises la signature de conventions collectives notamment dans l'industrie de la couture : fixation amiable du taux de l'indemnité de vie chère, de la majoration à 50 % du salaire des heures supplémentaires. Une autre convention collective a été conclue dans les mêmes conditions le 9 mars 1920 dans l'industrie de la couture parisienne : fixation du salaire minimum des ouvrières des diverses spécialités.

Les Syndicats Catholiques de l'Isère dirigés par une femme de grand mérite Mlle Poncet, ont fondé une Union Fédérale qui groupe environ 6.000 membres ouvrières gantières. Ces syndicats ont réagi contre le mouvement révolutionnaire très fort dans l'Isère, et rendu de grands services, notamment pendant la guerre par l'ouverture d'ateliers de chômage et par la négociation d'accords avec les patrons en vue de la fixation de salaires minima.

Les Syndicats Lyonnais créés jadis par Mlle Rochebillard (1899), qui fut la première à ouvrir la voie menant à l'organisation professionnelle sont dirigés actuellement par Mlle Jacolin [1].

Les syndicats féminins catholiques unis ont emporté des succès remarquables aux élections pour le Conseil supérieur du Travail où ils ont fait élire trois représentantes, (Mlles Beckmans, Debray, Vandervliet), et aussi au Conseil des prud'homme (décembre 1920). Nous citerons simplement le Syndicat Mixte de l'Aiguille, 35, rue Boissy-d'Anglas, qui a pris d'excellentes initiatives notamment par l'établissement de maisons de famille et de restaurants coopératifs.

Les Syndicats ouvriers catholiques

Les syndicats d'ouvriers sont loin sauf chez les cheminots d'avoir l'importance des groupements syndicaux d'employés. Cependant là aussi il existe un mouvement qui mérite d'être signalé.

On peut distinguer plusieurs centres d'associations, en premier lieu celui qui a son siège rue Cadet n° 5, dans le même immeuble que les syndicats d'employés. On compte une dizaine de ces syndicats : chauffeurs d'automobiles, ouvriers du vêtement, imprimeurs, ameublement, parfumeurs, bijoutiers, produits pharmaceutiques mais surtout métallurgistes et ouvriers du bâtiment. Des Fédérations des textiles, du vêtement, de la métallurgie ont été créées. Tous ces syndicats ont manifesté leur activité à diverses

---

1. Une institution en liaison avec la Fédération de la rue de Sèze, l'Ecole normale sociale catholique dirigée par Mlles Butillard et Novo (56, rue du Docteur-Blanche) a créé tout un enseignement féminin destiné surtout aux jeunes filles de la bourgeoisie qui peuvent, l'expérience l'a prouvé, donner une collaboration très précieuse aux présidentes de syndicats. Cette école concourt ainsi très utilement à l'œuvre du rapprochement des classes dans un sentiment d'affectueuse coopération entre les femmes catholiques et françaises.

reprises notamment celui de la chaussure par le règlement arbitral d'un litige collectif survenu en 1920, dans une usine de Seine-et-Oise.

Longtemps les cheminots catholiques se sont contentés de faire partie d'une association extra-syndicale l'Union Catholique du Personnel des chemins de fer groupant 60.000 membres. Mais depuis trois ans s'est formé un véritable syndicat qui compte maintenant 20.000 membres et est dirigé par un Conseil général de 56 membres nommés par les Assemblées générales des sections de réseau et une Assemblée générale. Il existe des sections de réseau avec des assemblées et des conseils propres, des sections régionales techniques (organes consultatifs) et des sections locales. Le Syndicat a concouru à l'élaboration du statut du personnel récemment établi. Un règlement spécial prévoit le règlement par arbitrage, des difficultés qui surviendraient entre l'Administration et son personnel. Le Syndicat a fait place le 1er janvier 1921 à une Fédération des syndicats de cheminots de France.

Il convient encore de mentionner les Syndicats Chrétiens d'Alsace et Lorraine qui avant la guerre comptaient de 6 à 8.000 membres et n'avaient pu éviter le contact et l'alliance avec les organisations allemandes du Centre. La Fédération de ces syndicats groupe 20.000 membres sous la présidence de M. Bilger, député. Il existe enfin, dans diverses régions et spécialement en Franche-Comté, en Champagne et dans le Nord, des groupements professionnels d'inspiration catholique.

Les Confédérations Nationale et Internationale des Travailleurs Chrétiens

Il restait à souder ces organisations dans une vaste Confédération Nationale. Cette organisation de coordination et de centralisation des efforts fut créée en novembre 1919; elle groupait alors 331 syndicats et 90.000 membres. Elle compte actuellement 23 Unions locales, 7 Fédérations de métiers, 753 syndicats et sections et 125.000 membres affiliés, les unités principales étant la Fédération des employés avec ses 37.000 membres, les deux Unions féminines celle de la rue de Sèze et celle de la rue de l'Abbaye, la Fédération professionnelle des syndicats de cheminots avec ses 20.000 adhérents, la Fédération des syndicats d'Alsace-Lorraine, avec ses 20.000 membres. Cette Confédération qui d'après ses statuts s'inspire de la doctrine sociale définie par l'Encyclique *Rerum Novarum*, a tenu déjà deux Congrès. Elle a élaboré un programme social comportant le recours à l'arbitrage pour la solution des conflits du travail et la création de Commissions mixtes représentant la profession organisée, elle a poursuivi une active propagande dans tout le pays, convoqué des Congrès régionaux, organisé des conférences. La Confédération estimant que la grève des chemins de fer était avant tout révolutionnaire, a prêté en cette circonstance son concours à la cause de l'ordre. Elle a collaboré aux études ayant pour but de combattre la vie chère, etc. Son président est M. Zirnheld, son secrétaire général M. G. Tessier, tous deux président et secrétaire de la Fédération des employés. Après le 1er Congrès (mai 1920), un second s'est réuni à Paris, du 14 au 16 mai 1921.

La Confédération française des travailleurs chrétiens a réussi à faire élire aux dernières élections par le Conseil supérieur du Travail 9 des candidats qu'elle présentait dans 14 groupes (sur 24). 8 des élus appartiennent à la C. F. T. C.

Une Confédération Internationale des Travailleurs Chrétiens s'est formée Rotterdam en juin 1920. Elle groupe plus de trois millions de membres.

Groupements ouvriers divers.

D'autres organisations syndicales existent en dehors des syndicats socialistes et chrétiens.

Il convient de citer : la Confédération Nationale du Travail (18 syndicats et 21.724 adhérents)[1] siège social 5, rue Cochin, secrétaire général, M. Lambert. Cette Confédération a eu son origine dans les syndicats libres créés dès 1911 et groupés autour d'une Bourse Libre du Travail. Le syndicalisme national, est-il dit dans la déclaration adoptée par le 4ᵉ Congrès (octobre 1918) n'est ni vert(?) ni rouge, ni jaune. La déclaration explique ensuite que le syndicalisme national s'abstient de toutes discussions d'ordre religieux, repousse la lutte des classes et l'antipatriotisme et proteste contre le reproche de subordonner l'action syndicale ouvrière à des « influences supérieures [2] ». La Confédération a fait campagne contre la loi de huit heures, contre la tentative de grève générale de juillet 1919, contre les grèves de février-mars 1920.

L'Union Générale des Syndicats Réformistes (35, rue Bonaparte) créée le 1ᵉʳ mars 1919. Cette Union groupait en 1920, 41 syndicats et 13.386 membres. Son programme est très modéré et nettement antirévolutionnaire.

Les Compagnonnages

On croit généralememt que les anciennes associations de compagnons du Tour de France [3] ne sont plus qu'un

---

1. D'après les chiffres communiqués à l'Office du Travail.
2. C'est-à-dire sans doute *patronales*.
3. Nous avons étudié ces associations dans un livre spécial, *Le compagnonnage, son histoire, ses coutumes, ses rites* (Colin, 1901). Les détails qui suivent nous ont été fournis par les compagnons et notamment par le compagnon Saunier que nous remercions ici tout particulièrement.

souvenir. C'est là une erreur. Ces belles institutions que George Sand nommait si justement la Chevalerie du Peuple se sont modifiées assurément mais n'ont pas disparu, encore que de 1848 à 1900, et du fait du triomphe du machinisme, elles aient perdu évidemment beaucoup de leur importance. Cette décadence du vieux compagnonnage paraît toutefois n'avoir plus guère progressé depuis une vingtaine d'années et les compagnonnages depuis cette époque ont conservé la plupart de leurs adeptes. Sans doute on ne fait plus le voyage traditionnel du Tour de France. Mais l'enseignement professionnel est plus que jamais en honneur dans les Devoirs et leur vaudra sûrement des concours et des adhésions dans l'élite de la classe ouvrière. On a très sagement abdiqué les vieilles rancunes qui séparaient les adeptes des divers rites, pour se réunir dans un esprit de fraternité et de généreuse émulation. Les compagnons restent étrangers aux excitations de la lutte de classe. Ils se contentent de travailler de tout leur pouvoir et sans se mêler de politique, à l'amélioration morale et matérielle du sort des artisans. Les compagnons méritent les sympathies et les encouragements de tous les vrais amis des ouvriers. Puissent leurs belles sociétés refleurir et perpétuer dans le prolétariat français les traditions de probité, d'honneur et d'amour du travail qui les ont illustrées dans le passé !

Les compagnons de Salomon (Gavots), de Maître Jacques (Dévorants) de Soubise (Drilles) subsistent mais se sont unis dans une Fédération Intercompagnonnique à laquelle a adhéré l'Union Compagnonnique, le siège social est 16, rue Charlot, secrétaire, le compagnon Boyer; organe le *Compagnonnage* rédigé par le compagnon Bablot. L'effectif général des compagnons en activité est de 5.500 membres. Il existe des sièges sociaux dans 52 villes (total des sièges 130). Les principales sociétés sont l'Union Compagnonnique, 2.000 membres (retraites, orphelinat, caisse de veuves), les compagnons charpentiers du Devoir, 500 membres (mutualité, enseignement professionnel, placement), les charpentiers du Devoir de Liberté, 250 membres, les compagnons maréchaux-ferrants du Devoir, 700 membres, etc. Si l'on tient compte des anciens compagnons retirés (beaucoup sont patrons) on peut évaluer à 10.000 l'effectif total du compagnonnage.

Syndicats et Associations des Professions Libérales

Les personnes exerçant des professions libérales sont en vertu de la loi nouvelle formellement autorisées à constituer des syndicats; bien avant cette reconnaissance officielle du droit de se syndiquer il s'était formé des Syndicats de professeurs libres, d'artistes, d'écrivains (les médecins et chirurgiens à qui une loi spéciale de 1892 avait accordé ce même droit, étaient eux aussi fortement syndiqués). Nous ne pouvons passer en revue tous ces groupements de professions libérales dont beaucoup ont préféré se créer sous la forme d'associations en vertu de la loi de 1901, nous signalerons brièvement les principales organisations fédératives ou professionnelles.

La Confédération de Travailleurs Intellectuels ou C. I. T. s'est constituée le 18 mars 1920 pour représenter, coordonner, défendre les intérêts de tous ceux, hommes et femmes qui tirent leurs principaux moyens d'existence non de leur labeur manuel ou du revenu de leurs propriétés, mais du travail de leur esprit et des œuvres de la pensée. Elle poursuit les buts pratiques ci-après : 1° obtention d'un salaire minimum permettant même aux plus modestes de vivre de leur travail; 2° l'établissement d'un contrat-type obligatoire garantissant les droits de tout salarié intellectuel; 3° la constitution de retraites à 25 ans de services et 55 ans d'âge; 4° indemnité minima en cas de renvoi, etc. La C. I. T. se divise en sections, Arts Dramatique et Musical, Arts Plastiques, Enseignement, Fonctionnaires, Lettres, Presse, etc. Groupements divers. Le président est M. Romain Coolus, le secrétaire général M. de Wendel, secrétaires généraux-adjoints MM. de Tarde et Arnyvelde.

La C. I. T a créé de nombreux services dans l'intention de venir en aide aux travailleurs intellectuels, coopérative de consommation, coopérative d'édition, office de placement, bureau de documentation, conférences.

Une autre organisation qui a pour titre, la Confédération de l'Intelligence et de la Production Françaises (10, rue du Havre) a été fondée par M. Georges Valois (son président actuel) et par M. Coquelle (son secrétaire général) avec de vastes ambitions. Il ne s'agirait de rien moins que de créer toute une nouvelle organisation économique mettant la production sous le contrôle des producteurs associés dans divers groupements. Une place importante est réservée aux lettres, sciences, enseignement, médecine dont les groupements ont à leur tête des intellectuels d'Action Française, M. Charles Maurras, M. de Roux, avocat, etc. Vingt-cinq sections professionnelles sont prévues et toute une constitution a été élaborée dont on trouvera le détail à la fin du livre de MM. Valois et Coquelle. *Intelligence et production*, ce sont là jusqu'à présent des conceptions sociales plutôt que des réalisations.

Il serait trop long de citer ici les très nombreux syndicats et les associations professionnelles des professions libérales, Société des Gens de Lettres, Société des Auteurs et Compositeurs, Société Centrale des Architectes, Société des Ingénieurs Civils, Syndicats de Médecins, de Journalistes, etc., etc. (*L'Union des Syndicats Médicaux* groupait en 1914: 140 syndicats et 8.000 membres). Il existe toute une pléiade de ces groupements qui défendent de leur mieux mais avec des succès fort inégaux les intérêts de leurs membres. Les intellectuels exerçant des professions spécialisées et qui rendent des services d'ordre pratique, indiscutable et d'utilité quotidienne comme les médecins, sont mieux armés au point de vue de la lutte pour la vie que ceux dont le travail d'ordre spéculatif est d'une appréciation plus difficile pour la masse du public. Il n'existe malheureusement pas pour mesurer les valeurs intellectuelles d'instrument tel que le dynamomètre et l'on a vu trop souvent des littérateurs arrivistes exploitant une mode ou un vice public parvenir à la notoriété et à la richesse alors que d'autres portant le poids de leur scrupule et de leur haute probité, de cette pudeur qui fuit une réclame bruyante, végétaient pour souvent finir à l'hôpital.

Les Syndicats Patronaux

La dernière statistique officielle (*Bulletin de l'Office du Travail*, janvier 1915) accuse au 1er janvier 1914, 4.967 syndicats patronaux avec 403.143 membres.

Une étude générale de l'œuvre des syndicats patronaux présenterait les plus grandes difficultés [1], non certes que cette œuvre soit dépourvue d'importance; mais il est presque impossible d'en retracer un tableau d'ensemble. Elle consiste presque entièrement dans une série d'initiatives particulières et propres à chaque association, initiatives qui, rarement, se relient entre elles en vue d'un plan d'action collective. Les Fédérations patronales elles-mêmes ont beaucoup plutôt pour but d'offrir aux groupements qui les constituent diverses facilités en vue de la

---

1. A défaut de cette étude générale, voir l'ouvrage déjà ancien de HAVARD. *Les syndicats professionnels, chambres de patrons* (Bibliothèque Franklin), et aussi FAGNIEZ, *Corporations et syndicats*, 1905, p. 74-92.

gestion de leurs services syndicaux, de leur installation par exemple dans un même local, que de leur union en vue d'un objectif commun. Depuis quelques années cependant, sous la pression de l'action révolutionnaire, certaines organisations de défense patronale se sont formées et le patronat a paru s'éveiller à la conscience de ses intérêts de classe; mais ces organisations se sont d'ordinaire constituées sous un régime légal autre que celui du syndicat professionnel.

Les syndicats patronaux se sont surtout occupés de la défense des intérêts économiques de la profession, notamment en ce qui touche l'enseignement professionnel, le placement, l'assurance contre les accidents, les questions douanières, les rapports avec les pouvoirs publics, l'arbitrage entre leurs membres.

Nous distinguerons les Fédérations selon qu'elles groupent les syndicats du commerce de la moyenne industrie et de la petite (métiers), ou des syndicats de la grande industrie. Dans la première catégorie nous rencontrons :

Les principales Fédérations patronales suivantes :

Les Fédérations de professions diverses [1] telles que :

L'Alliance du Commerce et de l'Industrie (en 1914, 131 syndicats et 18.638 membres).

Le Syndicat général du Commerce et de l'Industrie, 163, rue Saint-Honoré (393 syndicats et 22.185 membres).

Le Comité central des Chambres syndicales, 44, rue de Rennes (41 syndicats et 8.569 membres).

La Confédération nationale|de la production française (21 syndicats, 1.193 membres).

---

1. Sauf indication contraire, les chiffres indiquant le nombre des syndicats et des membres se réfèrent à l'année 1920. Nous remercions ici M. Pranard, chef du Bureau des Syndicats à la Direction du Travail, qui a bien voulu nous communiquer ces renseignements.

Parmi les Unions et Fédérations de syndicats de mêmes professions, les plus notables sont :

Dans les industries du bâtiment, la Fédération nationale du bâtiment et des travaux publics, 3, rue de Lutèce (8 Fédérations, 210 syndicats, 17.500 membres); la Fédération centrale des Chambres syndicales de l'industrie du bâtiment et des travaux publics, 3, rue de Lutèce, (44 syndicats, 5.250 membres), l'Union patronale (groupe des Chambres syndicales du bâtiment, 3, rue de Lutèce, (30 syndicats, 4.100 membres).

Dans l'alimentation, le Comité de l'alimentation, 24, rue de Richelieu (26 syndicats), l'Union des syndicats de l'alimentation en gros, 3, rue de Palestro (37 syndicats), la Confédération nationale du commerce en détail, des boissons, restaurateurs et hôteliers, 4, rue Milton (13 Fédérations, 35.815 membres), le syndicat national du commerce en gros des vins et spiritueux, 19, rue Bergère; — le syndicat général de la Boulangerie, 3, rue de Palestro; le Syndicat général de la Bourse de Commerce (grains), (6 syndicats, 610 membres), le Syndicat général de la boucherie française, 15, rue du Louvre, (529 syndicats), la Fédération des syndicats des charcutiers, 10, rue Bachaumont (120 syndicats, 3.029 membres).

Dans les industries du vêtement, l'Union syndicale des tissus, matières textiles et habillement, 8, rue Montesquieu (51 syndicats, 2.401 membres), le Syndicat général des industries du vêtement, de la mode (20 syndicats).

Dans les professions diverses : le Syndicat général des cuirs et peaux, 64, rue de Bondy (31 syndicats), l'Association générale des syndicats pharmaceutiques (89 syndicats, 8.751 membres), l'Union des syndicats de libraires, 117, boulevard Saint-Germain (17 syndicats, 8.751 membres).

Le *Syndicat central des Unions fédérales*, 368, rue Saint-Honoré, s'est formé en 1897 entre groupements patronaux catholiques des diverses industries ; il comprend également des syndicats de médecins, d'architectes et de propriétaires. Il s'occupe avec zèle de la représentation et de la défense des intérêts professionnels de ses membres ; il étudie également les réformes propres à améliorer le sort des travailleurs ; c'est ainsi qu'il a fait campagne en faveur du repos dominical et qu'il a favorisé de tout son pouvoir l'œuvre d'apprentissage entreprise par un de ses membres, M. Kula[1].

Mais l'importance de ces Unions est de beaucoup dépassée par celle des très puissantes organisations suivantes qui unissent les entreprises de la grande industrie et qui ont pris la tête du mouvement de défense du patronat français. Nous citerons en toute première ligne, *l'Union des industries minières et métallurgiques, le Comité des houillères de France, l'Union des Chambres syndicales des industries textiles et le Comité des armateurs de France.* Un peu en marge de ces institutions car elles groupent des personnalités et non des syndicats, il est impossible de ne pas citer la Fédération des industriels et des commerçants de France (président M. André Lebon, secrétaire général M. Schefer), l'Union du Commerce et de l'Industrie (président M. Louis Dubois, secrétaire général M. de Maynard), la *Confédération générale de la production française*, le *Comité républicain du Commerce et de l'Industrie*. Le rôle de ces dernières organisations est toutefois beaucoup plutôt l'étude collective des problèmes économiques et sociaux et la prise de contact entre les adhérents qu'une action collective et concertée.

Cette action collective et concertée, le signal en a été donné à toute l'industrie française par l'Union des industries minières et métallurgiques, président M. Cordier et

---

[1]. Voir : *Le Syndicat central des Unions fédérales*, par Alfred Perrin (Tract n° 36 de l'Ac ion Populaire).

délégué général M. Robert Pinot. Une activité inlassable, une expérience de plus de vingt-cinq années [1], une dextérité avisée, un dévouement absolu à la cause dont il a assuré la défense ont conquis à M. Robert Pinot une autorité hors ligne dans les conseils du grand patronat. Son rôle, personne ne l'ignore a été très souvent prépondérant dans les délibérations d'où sont sorties les grandes décisions qui, à certaines heures ont servi puissamment la cause nationale [2]. Si le centre du mouvement ouvrier a été depuis 1900 la C. G. T., il n'est pas douteux qu'en réalité et bien qu'officiellement cette vérité n'apparaisse pas, le centre du mouvement patronal, a été au siège de la dite Union des industries minières et métallurgiques actuellement 7, rue de Madrid. Là est le Grand Quartier Général de la Haute Industrie Française.

Qu'est-ce donc que cette Union? Elle fédère 75 chambres syndicales (6.743 membres), représentant les plus grands établissements de France, construction d'automobiles, construction de matériel pour chemins de fer et tramways, Comité des Forges (qui fut la cellule initiale autour de laquelle se forma l'Union et demeure encore son noyau central), Comité central des houillères que nous retrouverons bientôt comme organisation autonome, constructeurs de machines d'imprimerie, syndicats des mécaniciens, des chaudronniers et fondeurs, chambre syndicale des constructeurs de navires, etc.

L'Union intervient dans toutes les questions intéressant les industries qu'elle représente : préparation des lois, application des lois et décrets concernant la produc-

---

[1]. M. Robert Pinot avait été de 1895 à 1897 directeur du Musée social et avait présidé à l'organisation première de cette grande institution.

[2]. Voir le Comité des Forges du Service de la Nation, par R. Pinot. Ceux-là même qui peuvent à d'autres égards critiquer l'action du Comité des Forges doivent reconnaître qu'en 1914, après l'occupation par l'ennemi des régions de France représentant la part la plus considérable de notre production métallurgique, le Comité et son délégué général ont servi grandement par leur énergie et leur activité la cause de la Défense nationale.

tion, le travail, questions douanières, grèves, élections au Conseil supérieur du Travail, Conférences internationales du travail, etc., etc. Elle a créé des institutions multiples : un Comité d'étude des allocations familiales qui centralise toute la documentation sur ce sujet (62 caisses de compensation existent déjà distribuant à un million de travailleurs, des allocations s'élevant à 75 millions de francs), la Caisse syndicale des retraites des Forges, de la construction mécanique, des industries électriques, la caisse syndicale d'assurance contre les accidents du travail, l'association minière et métallurgique contre la tuberculose, la caisse foncière de crédit pour l'amélioration du logement, une caisse industrielle d'assurance maritime et des transports, enfin une caisse d'assurance mutuelle contre les conséquences du chômage forcé (grèves).

Le mode d'organisation de la Caisse centrale d'assurances contre le chômage forcé créée par l'Union des Industries métallurgiques est le suivant. Cette Caisse est une Fédération de caisses mutuelles dites *primaires*, constituées par spécialités professionnelles : grosse métallurgie ; construction mécanique ; charpentes en fer et serrurerie, fonderies, etc. Chaque caisse primaire est formée pour une durée de trente ans et assure ses membres contre les conséquences pécuniaires résultant de la cessation totale ou partielle du travail dans leurs établissements en les indemnisant *des frais généraux par eux assurés* et qu'ils continuent à supporter malgré l'arrêt du travail. Ce qu'on remboursera à l'assuré ce ne sera donc pas le prix des commandes que la grève l'a obligé de refuser, mais la portion de ses frais généraux (loyer, impôts, force motrice, amortissement de l'outillage, salaires des contremaîtres et du personnel de garde) que l'exploitation eût dû couvrir normalement et que l'arrêt du travail transforme en une perte sèche. Le préjudice est ainsi limité ; il n'est pas supprimé; mais ne faut-il pas éviter qu'un patron ait un intérêt à ce qu'une grève éclate chez lui? Cet intérêt pourrait exister dans certains cas s'il était intégralement remboursé aussi bien des gains non réalisés que du dommage réel éprouvé. L'assurance étant mutuelle, chaque participant pourra être forcé de payer une prime s'élevant au maximum à 3 o/o des frais généraux par lui assurés; en fait, c'est là un maximum qui n'est pas atteint, le versement ne dépassant pas 1 1/2 o/o. Un fonds de réserve est constitué à l'aide d'économies faites sur les contributions. L'*Union des Industries minières et métallurgiques* se réserve le droit d'exercer une surveillance sur les grèves et de donner aux chefs d'établissements des conseils. L'assuré qui n'aurait tenu aucun compte de ces avis pourra être privé de son droit à une indemnité.

En 1919 et 1920, la Caisse a payé 3.400.000 francs d'indemnité au cours de 650 grèves. Le montant des frais généraux assurés atteignait au 1ᵉʳ janvier 1921 le chiffre de 101 millions [1].

Le *Comité des houillères de France*, président M. Darcy, délégué, M. Grüner fait partie comme on l'a vu de l'Union des Industries minières et métallurgiques et dans les questions d'intérêt général agit en étroit accord avec le Comité des forges. Le Comité des houillères représente en toutes circonstances les intérêts des compagnies houillères adhérentes. Il a toutefois son organisation propre de défense contre les grèves ayant institué un fonds de résistance auquel on puise en cas de nécessité. Le Comité publie des circulaires très documentées qui résument le mouvement de la production et des ventes en France et à l'étranger, le commerce extérieur, les conventions sur les salaires, etc.

L'*Union des Syndicats patronaux des Industries textiles de France* (15, rue du Louvre), a été fondée en 1900

---

1. Voir sur ces institutions J. EXPERT-BEZANÇON, *Les organisations de défense patronale* (Paulin, 1911).

et groupait en 1914, 69 syndicats (11 syndicats cotonniers, 16 des industries de la laine, 7 des industries du lin, 8 de la soie, etc.). L'Union abandonne aux syndicats la défense des intérêts spéciaux à chaque branche des industries. Elle défend tous les intérêts moraux et professionnels communs aux membres des syndicats adhérents « excepté ceux qui ont trait au libre échange ou à la protection », elle centralise tous les renseignements d'ordre général, organise toute action commune par voie de pétitionnement, de réunion ou de délégation près des pouvoirs publics. Son président est M. Carmichaël, son délégué M. André Fleury.

Le *Comité des Armateurs de France*, président M. Pérouse, a pour secrétaire un économiste connu par de belles enquêtes, M. Paul de Rousiers, auteur estimé d'études économiques et sociales sur les Trades Unions anglaises, sur les syndicats industriels, sur les grands ports, etc.

CHAPITRE IV

L'AVENIR DES INSTITUTIONS CORPORATIVES
CONCLUSIONS

La constatation d'un fait capital s'impose à tous, partisans ou adversaires des institutions corporatives. L'ère de l'individualisme est irrévocablement close. En dehors de quelques apôtres intransigeants de l'école orthodoxe, il ne se rencontre plus guère personne, pour soutenir que le règlement des conditions du travail est une affaire purement individuelle n'intéressant que l'employeur et le salarié, pris chacun isolément et indépendamment des intérêts qui les lient aux autres membres de la profession et au corps social[1]. En droit comme en fait, cette thèse est aujourd'hui universellement condamnée. Il n'est pas vrai que l'acceptation par un ouvrier d'un salaire notoirement inférieur au taux d'usage ou d'une durée quotidienne de travail supérieure à la normale soit indifférente

---

1. Ces idées ont pendant longtemps été acceptées comme des dogmes par les classes favorisées de la fortune. « La bourgeoisie française n'a pas fait preuve en matière sociale de plus de perspicacité qu'en matière économique. Séduite par la forme charmante dont Bastiat avait revêtu les doctrines optimistes de l'école orthodoxe, elle tranquillisa sa conscience par quelques charités ; on prétendit que si les ouvriers étaient malheureux c'était de leur faute : on déclara que leurs récriminations étaient absurdes ; on affirma bien haut que le but de l'industrie, c'était la production des richesses, en ajoutant que plus il y aurait de richesses, plus l'humanité serait heureuse. Qu'elle a été lamentable l'erreur de ces hommes qui ont prétendu que la concurrence engendrerait tout naturellement non seulement le progrès matériel, mais le progrès moral ! » Georges BLONDEL., *La question sociale et le devoir social* (dans le recueil intitulé *Idées sociales et faits sociaux*, Paris, 1903, p. 35).

aux travailleurs du même métier, ni qu'il leur soit interdit de s'en préoccuper. A la loi physique de l'équilibre des liquides dans les vases communicants correspond dans le domaine social la loi d'interdépendance des manifestations de la volonté et de la pensée humaines; tout acte émanant d'un être qui vit en société a ses répercussions et son incidence. Il n'est pas vrai non plus que la collectivité soit sans droit pour intervenir et mettre un terme à une situation évidemment contraire à la justice et à l'intérêt général. En s'opposant, par exemple, à l'exploitation abusive du travail de la femme et de l'enfant, le législateur accomplit sa fonction naturelle et providentielle de protecteur du faible; il protège aussi l'avenir de la race. L'adulte même est parfois fondé à se placer sous la sauvegarde des pouvoirs publics lorsque leur action se révèle comme indispensable pour mettre fin à un mal social grave et persistant. Le postulat de la liberté économique guérissant comme la lance d'Achille toutes les blessures qu'elle peut faire, ce postulat apparaît à la génération nouvelle comme l'une des pires impostures qui aient été imaginées pour décevoir la bonne foi de l'humanité. Assurément toute mesure d'intervention législative n'atteint pas son but; il en est d'inopportunes, de prématurées, d'exagérées. Mais il est impossible de soutenir que cette intervention soit toujours inutile et qu'elle constitue dans tous les cas un empiètement injustifié sur le rôle dévolu aux lois naturelles, aux harmonies économiques nécessairement bienfaisantes. La liberté dont ces lois ont doté la société du XIXe siècle ne fut trop souvent que la liberté de la souffrance.

Ces observations tendent à établir : 1° La qualification sociale des institutions corporatives et du syndicat professionnel en première ligne, pour venir en aide à l'effort individuel, pour en accroître l'efficacité par la synergie des efforts de tous les travailleurs associés.

2° La qualification sociale de l'État pour légiférer sur les questions ouvrières.

Nous réintroduisons par là même dans la sphère de la vie sociale deux éléments nouveaux que le législateur de juin 1791 en avait éliminés : l'*association professionnelle*, *la puissance publique*. L'une et l'autre, du reste, n'ont pas attendu que l'opinion publique reconnût tous leurs titres pour engager dans le domaine des rapports entre les employeurs et les salariés une action vigoureuse. L'historique retracé dans les précédents chapitres nous paraît démontrer cette proposition en ce qui touche le syndicat; quant au rôle de l'État comme protecteur du travail industriel, commercial et agricole, il s'est affirmé spécialement depuis 1884 par toute une série de réformes législatives trop connues pour qu'il soit utile de les numéroter ici en détail : lois de 1892 et de 1900 sur la durée du travail des femmes et des enfants, loi de 1893 sur l'hygiène dans les usines, fabriques et ateliers, loi du 9 avril 1898 sur les accidents du travail, loi de 1910 sur les retraites ouvrières, etc.

Nous nous proposons d'examiner — et ce sera la conclusion de cet ouvrage — quels résultats il est permis d'espérer de l'action combinée de l'association professionnelle et de l'État pour le dénouement équitable et pacifique du grand procès qui s'instruit depuis si longtemps entre le capital et le travail.

Le syndicalisme est aujourd'hui une force sociale de premier ordre dont il est devenu impossible de faire abstraction. Sans doute cette force apparaît jusqu'ici comme mouvante et soumise à des fluctuations incessantes; l'effectif des syndicats varie d'une année et souvent d'un mois à l'autre dans d'incroyables proportions. Un des dirigeants de la C. G. T., Dumoulin a pu justement comparer ces alternatives au flux et au reflux des marées; le flux révolutionnaire qui a porté si longtemps le syndicalisme ouvrier est manifestement en France dans une période de décrue à laquelle pourra succéder une nouvelle phase de crue soudaine[1]. Toute prophétie serait vaine à cet égard. Mais est-on en droit de conclure du recul dont nous sommes actuellement les témoins à la faillite du syndicalisme tout entier? Evidemment non, et cela non seulement parce que ce phénomène peut n'être qu'éphémère, mais aussi, mais surtout, pour d'autres raisons qu'il importe, croyons-nous, de mettre en évidence.

C'est un fait dont on a pu se rendre compte par l'exposé historique du mouvement syndical présenté dans le précédent chapitre qu'une différence capitale sépare le syndicalisme d'avant et celui d'après guerre. L'épouvantable cataclysme de 1914-1918 a été pour une fraction considérable de la classe ouvrière, pour la plus avancée, une terrible, mais efficace leçon de choses. Nous nous excuserons de rappeler ici le jugement qui nous a paru pouvoir être porté sur cette évolution capitale. « A tout prendre disions-nous il y a quelques mois[2], à voir les choses de haut, en négligeant les contingences, les faits secondaires pour s'en tenir aux grandes lignes, le spectacle qui nous est offert est plutôt rassurant dans son ensemble. Une révolution s'est opérée dans la mentalité du prolétariat français. Ah! sans doute on ne peut demander à des ouvriers enrégimentés depuis trente ans dans les rangs d'organisations révolutionnaires, pour qui la violence, la grève générale étaient encore hier des dogmes, de penser, de parler comme des membres d'une société savante d'Economistes ou de Sociologues. Il est dans ces milieux

---

1. « Le mouvement social de notre pays me donne l'impression de piétinement dans les lais d'une marée basse. C'est la décrue, c'est le goémon. Pourquoi ne pas le dire? la reculade du parti communiste ne ramène pas les troupes chez nous. Elles retournent à l'indifférence, à l'affaiblissement, au dégoût. C'est le goémon ! » *Atelier* du 19 novembre 1921.
2. *Le syndicalisme ouvrier d'autrefois et d'aujourdhui*, Conférence donnée, le 25 mai 1921, à l'Union du Commerce et de l'Industrie sous la présidence de M. Louis Dubois, député, ancien Ministre.

des formules consacrées et de style : la suppression du salariat, la nationalisation des moyens de production, la suppression de l'exploitation de l'homme par l'homme qui se retrouvent encore naturellement dans les vœux de la C. G. T. De même qu'à la Bourse, les ordres d'achat et de vente se hurlent au milieu d'un tapage épouvantable, de même dans les Congrès ouvriers il faut hausser la voix, déclamer contre la Bourgeoisie exploiteuse. C'est le ton, c'est la manière, c'est la coutume de la maison.

Mais au demeurant ce qui importe ce sont moins les paroles que les actes, moins les déclarations que les tendances, moins l'air que le rythme accéléré ou ralenti de la chanson.

Si l'on se place à ce point de vue on ne peut pas ne pas être surpris du grand changement qui s'est opéré dans le syndicalisme d'avant-guerre et de l'évolution vers un programme moins intransigeant, plus moderne, plus pratique, disons le mot, vers un programme opportuniste.

Deux tactiques, deux méthodes sont actuellement en présence et divisent le syndicalisme dit révolutionnaire. D'une part, celle de la troisième Internationale de Moscou qui, plus que jamais prêche l'action directe, le sabotage, en y ajoutant la propagande communiste prête à utiliser toutes les agitations politiques, tous les mouvements de la rue et d'autre part celle de Jouhaux en France, de Thomas en Angleterre, d'Oudegeest en Hollande et qui, tout en puisant encore dans le vieil arsenal collectiviste, les revendications classiques, nationalisation, suppression du salariat, etc., s'oriente en fait vers un programme de revendications et de réformes sociales limitées. Revendications souvent dangereuses certes, réformes souvent utopiques soit. Tout de même entre un programme de bouleversement universel et l'offre de discussions en vue d'une entente possible entre le nihilisme social et le néo-réformisme, entre le communisme de Lénine et le syndicalisme de Jouhaux il y a plus qu'une nuance, il y a un abîme. »

Si importante qu'elle soit *in se*, cette constatation paraîtra encore plus grosse de conséquences si on la considère en tant que révélation d'un changement de la mentalité ouvrière. Ainsi dans le syndicat ouvrier ce n'est pas uniquement, ce n'est pas nécessairement, fatalement et invinciblement l'hallali de la société présente. Avec ces bourgeois, avec ces patrons, avec aussi ces paysans, ces petits artisans que Lénine considère comme les fermes soutiens de l'ordre de choses dit capitaliste il est donc vrai que le syndicat est prêt à s'entretenir, à échanger des idées, à négocier un accord sur des points déterminés. Peu importe que par un subtil artifice qui serait un enfantillage si l'on ne connaissait la puissance des mots sur les hommes, on proteste avec indignation que ces tractations ne constituent pas « une collaboration de classes », au fond elles ne sont pas autre chose et cette prise de contact de quelque nom qu'on la baptise est un fait social de tout premier ordre car elle est le premier acte de cette politique sociale qui s'esquisse et dont l'organisation syndicale, préface de l'organisation professionnelle, aura été la manifestation initiale. Logiquement, inévitablement une détente doit suivre de loyales explications entre représentants d'intérêts divers, mais non forcément discordants et inconciliables. Ils le savaient bien les syndicalistes révolutionnaires d'avant-guerre les Georges Sorel, les Lagardelle, les Berth, et c'est pour cela qu'ils travaillaient à couper les ponts entre les deux partis dont, conséquents avec eux-mêmes, ils redoutaient la réconciliation s'ils toléraient l'envoi de parlementaires et l'ouverture de pourparlers. Le syndicalisme révolutionnaire pourra bien retrouver momentanément une partie de la faveur des masses qui l'ont abandonné. Mais il sera impuissant à empêcher que ce qui a été ne soit plus jamais, à faire que les syndicats oublient les améliorations et les succès que leur a valus une habile diplomatie, qu'entre la tactique de la course à l'abîme et celle qui tend à la poursuite du mieux social, un grand nombre de travailleurs n'aient définitivement opté : l'Ecole des syndicats est ouverte.

Une fraction importante des syndiqués étant désormais prête à accepter le principe d'une discussion contradictoire des clauses du contrat de travail, convient-il de s'effrayer outre mesure de l'exagération de certaines revendications, du caractère encore outrancier de certaines prétentions ? Nous ne le pensons pas. Les syndicats ouvriers ne sont pas seuls appelés à statuer sur ces questions. Ils ne représentent que l'une des parties en cause dans ces grands litiges collectifs. Ils ont voix au chapitre sans doute, mais ils ne sont pas des arbitres souverains. La décision finale appartiendra selon les cas, soit à la profession dans laquelle les intérêts et les droits des employeurs seront représentés et défendus, soit à la puissance publique, mandataire des intérêts généraux de la Société. Ceci étant, il est même, oserons-nous dire, salutaire que des organisations, si extrêmes que soient leurs visées, puissent se faire entendre. Dans toute assemblée, il y a place pour des partis différents, pour les champions de la conservation sociale, pour les avocats des idées les plus hardies. Les premiers tempèrent les audaces des seconds, mais à leur tour ces derniers sèment parfois des idées qui, dûment contrôlées et filtrées, épurées par une critique clairvoyante, renferment souvent le germe de véritables progrès sociaux, empêchent les esprits de somnoler et de considérer l'état présent comme définitif et parfait. Ainsi se crée peu à peu un milieu éminemment favorable à l'élaboration de la constitution politique et sociale dans une démocratie organisée.

Et d'ailleurs le danger qui pourrait résulter de l'action d'un syndicalisme révolutionnaire, à l'heure présente affaibli par les divisions internes que l'on sait, est encore affaibli par l'intervention d'un autre facteur : la création et le développement chaque jour plus significatif et plus important de forces collectives, elles aussi issues de la profession, mais qui constituent dans le monde même du travail des éléments de pondération et des contrepoids à la pesée souvent trop forte, exercée par les syndicats d'avant-garde.

C'est d'abord au sein même des masses populaires le syndicalisme catholique dont l'effectif numérique atteint actuellement, on l'a vu, un chiffre égal à celui de la G. T. U. extrémiste et qui paraît appelé à de nouvelles conquêtes.

Pour rallier les travailleurs français il ne suffit pas de leur promettre des avantages matériels il faut leur proposer un idéal : idéal révolutionnaire ou idéal religieux. Nous avons ici même noté l'analogie saisissante de style et de sentiment qui se retrouve entre les plaintes des vieux militants de la C.G.T. déplorant la perte de la foi syndicaliste, le scepticisme grandissant, le matérialisme desséchant des jeunes et les censures que des écrivains religieux à tendance pessimiste ont pu, à diverses reprises diriger contre l'"esprit du siècle. L'idéalisme révolutionnaire est un culte de plus en plus déserté ; il reste l'apanage d'un petit nombre de militants, mais il est vrai que le prolétariat dans son ensemble a été désillusionné par le spectacle de trop d'insuccès et de palinodies. Si restreint qu'il soit encore numériquement le syndicalisme catholique a du moins une foi, une espérance, un idéal. Les défiances créées et entretenues à dessein et dans un but de diversion entre l'Eglise et le peuple par la bourgeoisie voltairienne de 1830 à 1870 ont perdu beaucoup de leur acuité. Abandonnant l'attitude d'isolement qu'elle avait gardé trop longtemps et faisant énergiquement la brèche dans la barrière que l'on avait dressée entre les classes, la jeune génération intellectuelle catholique des champs et des villes a résolument marché au peuple. Des mains tendues ont été serrées. Des amitiés nombreuses se sont nouées sérieuses et durables; des collaborations se sont ébauchées. Le mouvement sans doute n'a pas encore été universel[1], il s'est plus particulièrement propagé dans certaines sphères : employés de commerce et d'industrie, syndicats féminins car la femme est douée pour ces tâches de réconciliation et d'affection d'un merveilleux pouvoir de compréhension et de persuasion, enfin syndicats agricoles. De tels efforts peuvent inquiéter et effrayer les zélateurs de la haine et des bouleversements sociaux qui veulent y voir des tentatives pour endormir le prolétariat et le bercer de vaines promesses. Il est permis d'y voir au contraire l'ébauche d'un mouvement qui à la fois spiritualiste dans son principe et pratique dans ses réalisations apportera une puissante contribution à l'œuvre de rapprochement et de pacification sociale chère aux esprits généreux de toutes les classes et de toutes les croyances.

La distance est grande du syndicalisme ouvrier même réformiste, ou catholique au syndicalisme patronal. L'association des chefs d'industrie pour la défense de leurs intérêts professionnels communs n'est pas autre chose que l'exercice d'un droit incontestable qui doit leur être reconnu dans toute sa plénitude. Il est indéniable en effet que le droit à la grève implique par voie de réciprocité le droit au lock-out. Si la lutte devient inévitable entre employeurs et salariés, elle doit s'engager à armes égales. A ce point de vue encore la fraction du public prompte à s'alarmer des témérités des syndicats révolu-

1. Il est beaucoup plus avancé dans certains pays étrangers — en Italie notamment — qu'en France.

tionnaires, peut trouver des motifs suffisants pour se rassurer dans la certitude que le patronat français a cessé depuis déjà nombre d'années d'être la force inorganique et invertébrée qu'il était encore il y a un quart de siècle. Une évolution profonde peu connue en dehors des intéressés et d'un cercle restreint de spécialistes s'est dessinée à cet égard à partir de 1900, et n'a cessé de s'accentuer jusqu'à présent. Sous l'impulsion de quelques personnalités énergiques apportant dans les conseils de la haute industrie des idées générales et des vues de politique sociale toutes nouvelles, se sont constituées des organisations de résistance, sinon de combat qui ont négocié entre les plus grandes entreprises des traités d'alliance défensive en principe, mais au besoin offensive [1]. Véritables observatoires du haut desquels la vue plonge sur un horizon étendu, ces centres d'études et d'action ont rendu d'immenses services à leurs promoteurs et adhérents, leur signalant l'approche des colonnes ennemies, les groupant pour une commune défense. Il est à regretter toutefois que ces syndicats se soient bornés d'ordinaire à user d'un droit absolu en préparant la mobilisation éventuelle des forces patronales et que ce faisant, ils aient trop souvent adopté une politique systématique d'opposition et de refus à l'égard des revendications ouvrières, subissant plutôt qu'ils ne les acceptaient toutes celles que le législateur a consacrées. Ils ont été certes de puissants freins, ils n'ont pas voulu en général être des moteurs. Par là, ils se sont le plus souvent privés du bénéfice moral qu'ils auraient recueilli en prenant eux-mêmes l'initiative des réformes qu'ils se sont laissé arracher.

Enfin le dernier et assurément le plus puissant point d'appui de la défense sociale se rencontre dans le syndi-

[1]. Il n'est pas douteux que le signal de la campagne pour la révision de la loi sur la journée de 8 heures est parti de là.

calisme agricole dont l'étude est étrangère à notre sujet mais qu'il est impossible de ne pas signaler au cours de cette rapide revue des forces sociales représentées par les associations professionnelles. Réserve faite de quelques cas exceptionnels, de quelques foyers révolutionnaires d'une aire très limitée, qui ne paraissent pas s'être étendus, le monde agricole français s'est montré complètement réfractaire à la propagande socialiste et syndicaliste de la C. G. T. aussi bien majoritaire que minoritaire. Le paysan français est profondément attaché au sol qu'il cultive et dont il possède une grande partie. Dans l'agriculture française, le simple salarié est l'exception [1]. Mais ce salarié lui-même, valet de ferme ou journalier, vivant en contact quotidien avec son patron qu'il désigne toujours sous le vieux nom de maître ne se laisse pas aisément séduire par les belles phrases des agitateurs de la ville. En vain pour capter les bonnes grâces des tout petits propriétaires, les manœuvriers du parti leur ont promis, au mépris de toute logique, de respecter leurs biens et même de leur attribuer des grands domaines confisqués. Le paysan s'est dit qu'on ne fait pas au socialisme sa part, que du jour où l'on aura nationalisé les grandes propriétés, les moyennes ne seront pas longtemps épargnées et que bientôt après viendra le tour des petites. Il a du reste ses raisons pour penser ainsi, il lui suffit s'il en a le loisir de lire les discussions des Congrès socialistes ou même d'assister à un meeting révolutionnaire pour entendre dire que cette sauvegarde donnée à la petite tenure paysanne n'est qu'un artifice temporaire commandé par les circonstances, par une sage politique et que dès qu'on le pourra on appliquera dans toute son amplitude et dans toute sa rigueur le programme de la

---

[1]. D'après le recensement de 1911, la population active exerçant la profession agricole se composait de 8.517.830 personnes sur lesquelles on comptait 5.219.414 chefs d'exploitation et seulement 3.297.765 salariés des deux sexes.

socialisation des propriétés foncières de toute nature et de toute valeur, l'exception momentanément admise en faveur de la propriété paysanne étant de toute évidence un anachronisme, une dérogation au plan général établi par Karl Marx et les docteurs du communisme. Essaie-t-on de démontrer au travailleur agricole non propriétaire qu'il sera plus heureux sous le régime communiste que dans l'ordre social actuel, on se heurte heureusement le plus souvent à une invincible méfiance de ce rural et de cet homme de bon sens. Ah! sans doute! tout n'est pas parfait il le sait dans la société présente; lui aussi il peut avoir des plaintes à formuler, des demandes à présenter, des prétentions à faire valoir. Mais à tout prendre il gagne sa vie chez son « maître »; il n'est pas mal traité par lui, ce patron est lui-même un travailleur qui donne l'exemple. Quel serait son sort si les « rouges », ceux qu'on appelle encore à la campagne « *les partageux* » venaient à triompher. Ce serait alors le gouvernement et bientôt la tyrannie des beaux parleurs de la Ville, de ces insupportables bavards et plaisantins dont il a connu pendant son service militaire quelques échantillons et dont il n'a pas eu à se louer, ayant pu constater à ses dépens leur mépris affecté pour les travailleurs de la terre et tout le vide de leur faconde. Non vraiment, ce ne serait pas la peine d'avoir fait la Révolution de 1789, d'avoir aboli la dîme et la corvée pour les rétablir maintenant sous une forme dix fois pire au profit des émules français de Lénine et de Trotsky! On ne lit guère dans nos campagnes, mais tout de même on n'ignore pas ce qu'a valu aux paysans de la Russie l'avènement du régime des Soviets!

Ces considérations tendent à démontrer que, contrairement aux appréhensions de quelques-uns, le rétablissement d'un régime corporatif ne serait pas plus le signal d'une victoire du communisme qu'il ne signifierait, ainsi que quelques attardés du libéralisme économique ou du radicalisme politique ont parfois osé l'insinuer, une résurrection des maîtrises et jurandes !! Cette dernière allégation est devenue à ce point ridicule et démodée qu'on ne l'entend plus guère formuler sauf dans quelques discours d'arrières loges maçonniques ou dans les discussions d'économie politique qui se poursuivent dans des cafés de petites villes. Tant que les projets d'organisation du travail sur des bases corporatives ont été presque exclusivement présentés par des Albert de Mun, des La Tour du Pin et leurs amis, une telle accusation pouvait être de mise et ceux qui l'articulaient étaient en droit d'escompter un succès facile déjà maintes fois obtenu, c'était l'effet sûr; mais du jour où le syndicalisme cette autre forme du corporatisme était inscrite en tête du programme révolutionnaire, du jour où des Paul Boncour, des Durkheim, des George Sorel attendaient du Syndicat l'avènement du règne de la justice sociale, il devenait évidemment difficile de dénoncer tout plan d'organisation professionnelle comme une manœuvre tentée par les partisans de l'Ancien régime. Après avoir rendu de si longs et de si honorables services l'argument devait être relégué au magasin des vieux accessoires et c'est ce qui a été fait.

Tous les éléments semblent donc aujourd'hui réunis pour la refonte des institutions constitutionnelles de la France, dans le sens d'une organisation des forces professionnelles. Il est même permis de dire que l'évolution législative a déjà commencé dans cette direction et qu'elle est parvenue à un point assez avancé. La loi du 21 mars 1884, en a marqué le début. Puis ce furent le décret du 1ᵉʳ septembre 1892, sur le Conseil supérieur du Travail et les élections à ce Conseil faites sous les auspices et par les soins des syndicats, la loi du 17 juillet 1908, sur les Conseils consultatifs du travail (loi peu appliquée sans doute, mais qui demeure comme un symptôme), la loi sur les conventions collectives de travail, la loi du 12 mars 1920, élargissant dans les proportions que l'on sait la capacité civile des syndicats. L'idée syndicale, nous dirons plus, l'idée professionnelle, progresse à vue d'œil, non pas peut-être en droite ligne mais selon un rythme giratoire et en spirales. Elle cerne en quelque sorte le législateur, elle occupe peu à peu toutes les issues par lesquelles il pourrait se dérober à une décision qui recule, mais qui s'impose de plus en plus à lui. La puissance publique subit en effet une force de choses, elle cède à une pression exercée en tous sens par le prolétariat révolutionnaire comme par les travailleurs catholiques, par les syndicats agricoles, par les syndicats patronaux eux-mêmes en dépit qu'ils en aient, puisque pour combattre la révolution, ils ont dû lui prendre ses propres armes. Elle cède encore à la poussée de l'opinion, au courant chaque jour plus fort qui s'établit partout chez les intellectuels comme chez les travailleurs manuels et qui les entraîne vers l'association professionnelle, comme vers la meilleure sauvegarde de leurs droits. Elle cède enfin pour tout dire au dynamisme de la logique, à la loi de l'évolution historique des sociétés. Ce n'est pas la nature seulement qui selon un mot célèbre a horreur du vide, c'est la Sociologie, c'est l'histoire. La révolution de 1791, a renversé un ordre économique et social. De toutes nécessités un ordre nouveau doit être créé. Cet ordre ne peut plus, on l'a démontré [1], s'appuyer uniquement sur la loi du nombre, il doit chercher de nouvelles bases et la plus solide, est sans contredit celle qui repose sur le travail, sur la profession.

Ce principe admis comment en venir à l'application ?

---

1. Voir les écrits de Charles BENOIST.

Comment transformer en institutions du droit public, des institutions jusqu'ici considérées comme ne procédant que du droit privé ? Comment créer sans violenter les minorités, la législation professionnelle autonome sous le contrôle supérieur de l'État? Ce sont là de graves problèmes qui ne se résolvent pas en quelques mots, ni en quelques jours. Des systèmes ont déjà été élaborés. Nous les avons exposés au cours de cet ouvrage. Tour à tour nous avons décrit dans leurs grandes lignes les projets des catholiques sociaux résumés dans la formule : l'Association libre dans la Profession organisée, celui du Conseil économique du Travail et de M. Maxime Leroy, D'autres sociologues, MM. Hauriou, Durkheim, Duguit, Charles Benoist [1], sans donner des schémas aussi précis de la future organisation professionnelle en ont en quelque sorte modelé le cadre et tracé l'esquisse générale.

Ces tentatives que l'on peut apprécier diversement, sont toutes intéressantes et méritoires car pour faire aboutir une réforme il est nécessaire qu'à un moment donné ses partisans concentrent leur pensée, essaient de lui donner une forme concrète et prennent leurs responsabilités. Nous n'avons pas nous-même caché nos préférences pour l'un de ces systèmes. Mais il serait vain cependant de penser qu'une transformation aussi radicale de notre organisation constitutionnelle et administrative puisse être réalisée intégralement avant le jour où l'idée dont elle s'inspire se sera vraiment emparée des esprits, avant le jour où l'évolution qui la porte sera parachevée. Les sociétés n'avancent pas par bonds. Alors même qu'une Révolution comme celle de 1789, ou celle de 1917 où sombra le Tzarisme paraît témoigner du contraire, l'observateur perspicace se rend compte

---

1. Hauriou, *Principes de Droit public*. — Durkheim, *Division du travail social*. — Duguit, *Le droit social et le droit individuel*, p. 126. Ch. Benoist. *La crise de l'État moderne*.

que la commotion souvent prise pour une cause des grands bouleversements dont elle a été le point de départ n'a pas été leur véritable cause efficiente mais seulement leur cause occasionnelle. Certains témoins de ces événements tragiques ont parfois émis l'opinion qu'il aurait tenu à peu de chose de les éviter. Une initiative habile, une inspiration heureuse eût pu donner en effet un autre tour aux choses, prévenir telle catastrophe, amortir tel choc. Mais les grands changements que préparait l'histoire ne s'en seraient pas moins produits. Si Louis XVI au 10 août n'avait pas défendu aux Suisses de tirer sur les émeutiers des faubourgs, il y aurait eu une journée révolutionnaire de moins, peut-être la Terreur eût-elle été évitée, mais le cours de la Révolution n'aurait pas été pour cela détourné. L'ancien régime n'eût pu ressusciter, comme se le figuraient à Coblentz certains émigrés. Un torrent peut être arrêté quelques instants, par un rocher, mais il faut qu'il se fraye une issue; nulle puissance humaine ne saurait le refouler au glacier dont il est sorti. Inversement on n'accélère pas arbitrairement la marche des idées et des faits; il faut qu'un processus naturel leur creuse leur lit. C'est du travail accumulé des générations, c'est de la convergence en partie inconsciente des sentiments et des aspirations, c'est de la lente poussée des instincts que naît une tendance nouvelle peu à peu précisée et accentuée. Un jour vient où l'œuvre ainsi progressivement élaborée, limée, polie et en quelque sorte façonnée au tour par des générations qui l'ont rêvée, qui l'ont pensée, qui l'on voulue, arrivée au degré nécessaire de maturation, émerge des formes embryonnaires où elle s'achevait et apparaît à la lumière. Ce jour-là les législateurs, les faiseurs de constitutions peuvent bien intervenir pour enregistrer sa naissance, pour lui donner un nom et un matricule. Mais ils ne sont pas plus ses créateurs que l'officier de l'état civil n'est le père de l'enfant dont il dresse l'acte de naissance.

L'instant marqué pour la genèse de cette Société professionnelle est-il arrivé dès maintenant ? Nous n'oserions l'affirmer. Est-il proche ? Nous le croyons sans pouvoir bien entendu risquer à cet égard aucune prophétie.

Trop de signes, trop de symptômes annoncent l'ouverture prochaine d'une ère nouvelle pour que cette attente soit indéfiniment déçue. Une seule circonstance pourrait peut-être ajourner encore pour un temps plus ou moins long la réalisation de ces espérances, ou même les condamner à un lamentable avortement : l'inexistence d'une élite suffisamment nombreuse, suffisamment préparée, de chefs ouvriers et patronaux capables d'assumer la mission de créer, de diriger ces organisations, de les orienter vers leurs fins naturelles et rationnelles.

Ce serait en effet mal interpréter le sens et la portée de la loi d'évolution historique dont il vient d'être parlé que d'en distraire arbitrairement un de ses éléments essentiels : la part de liberté et de volonté des hommes, à qui leur intelligence et leur volonté ont assigné pendant toute la période préparatoire une mission éminente de commandement et d'organisation. S'il existe, comme nous le croyons fermement, une force latente et acquise qui se développe à travers la vie des collectivités humaines et qui les pousse dans une direction donnée c'est, nous l'avons dit, et il importe de ne jamais l'oublier, à la pensée et à l'action libres de l'homme qu'il appartient dans une large mesure de discipliner ces énergies élémentaires et de leur frayer un chemin vers l'avenir. Prétendre que l'humanité est régie par une fatalité aveugle serait assimiler les destinées humaines à la vie inconsciente de végétaux ou à la vie purement instinctive de l'animal.

Il est, il est vrai, des courants d'idées qui ne se rebroussent pas, des stades de civilisation définitivement clos vers lesquels tout l'effort du génie humain ne fera pas rétrograder l'humanité. Certaines directives de l'histoire sont des prescriptions impératives. Mais le point de direction général une fois donné, bien des routes demeurent ouvertes ; il en est de sûres, il en est de dangereuses, il en est de courtes, il en est de longues, certaines sont dans un parfait état d'entretien; d'autres sont de véritables fondrières et aboutissent à des marécages.

Il n'en est pas autrement en ce qui concerne la question qui nous occupe. Comme le repas d'Esope la constitution sociale des sociétés de demain peut-être composée des meilleures institutions ou des pires bien que les unes et les autres prétendent participer de l'idée d'organisation professionnelle. Exista-t-il jamais caricature plus hideuse d'une société fondée sur ce principe que le régime des Soviets ? Cependant on pourrait faire observer que ce régime comporte, de la base au sommet, une série d'institutions que l'on prétend représenter le travail ; soviets d'usine, soviets d'ouvriers et de soldats de tous les degrés et de toutes les circonscriptions. Seulement en réalité ce n'est pas la profession, ce n'est même pas le prolétariat, c'est une coterie politique qui peuple ces clubs et impose ses volontés à tout un peuple asservi.

L'un des premiers et l'un des plus grands devoirs de l'heure présente c'est donc la formation de cette élite de promoteurs, de chefs, d'administrateurs d'organisations et d'associations professionnelles. Si le groupement des travailleurs dans les cadres de syndicats s'impose, il n'en est pas moins vrai que l'avenir de ces institutions dépend de l'énergie du bon sens, de l'expérience des hommes qui président à leur gestion. Une collectivité humaine ne peut pas plus prospérer faute d'une intelligence directrice qu'un navire ne peut manœuvrer de manière à éviter les écueils et revenir à bon port s'il n'est commandé par un bon capitaine et guidé par un bon pilote. Déjà en France et à l'étranger on a vu se révéler plusieurs de ces *leaders* capables de créer, d'animer, d'orienter des unions professionnelles patronales, ouvriers, ouvrières ou agricoles et de former autour d'eux une phalange, un état-major de collaborateurs capables de les seconder immédiatement et de les remplacer dans l'avenir. Plus tôt se constituera cette aristocratie du talent, du savoir et du dévouement, cette aristocratie dont aucune démocratie digne de ce nom ne saurait jamais prendre ombrage et qu'elle doit bien plutôt appeler de ses vœux et saluer avec reconnaissance, plus tôt sera réalisée la grande réforme de l'organisation professionnelle du travail.

Tout sera-t-il dit, la Société aura-t-elle trouvé sa formule définitive lorsque cette organisation de la profession sera enfin devenue une vérité constitutionnelle? Certains l'ont pensé et il est frappant de constater qu'encore maintenant la plupart des esprits novateurs ne vont pas au delà dans leurs conceptions d'avenir, semblant identifier les intérêts et les droits des travailleurs de toutes catégories avec ceux de la Nation toute entière. Pour ces écrivains et ces penseurs, donner au travail sa représentation et sa loi, c'est donner satisfaction à tous les besoins, c'est résoudre tous les problèmes. Cette conception trouve son expression la plus extrême chez les socialistes et syndicalistes révolutionnaires, pour lesquels seul existe le prolétariat, mais des sociologues de tendances très différentes, pénétrés eux aussi de l'idée que le travail est l'élément capital dans la vie humaine, croient avoir donné au régime social futur une base suffisamment solide et stable en le fondant exclusivement sur la notion de la solidarité entre travailleurs de même profession.

Si partisan que l'on puisse être d'une organisation

professionnelle, on doit croyons-nous considérer ces vues comme vraiment trop étroites. La profession embrasse sans doute une part considérable des intérêts et des activités sociales; elle ne les comprend pas toutes. La profession assure à l'homme ses moyens d'existence et c'est beaucoup assurément. Mais elle laisse de côté d'autres catégories de besoins et de droits, en première ligne ceux du consommateur. C'est un pur sophisme que de dire « tout chef d'industrie et tout salarié étant à la fois producteur et consommateur, le syndicat ou le corps professionnel peut cumuler les deux fonctions de champion des producteurs et des consommateurs. » Ce raisonnement est défectueux. La tendance naturelle de tout syndicat industriel, s'il est composé de chefs d'entreprises, sera d'augmenter les prix de vente pour accroître ses bénéfices, s'il est composé d'ouvriers d'obtenir un relèvement des salaires. Ni les uns ni les autres ne seront arrêtés un instant par la crainte de voir ces relèvements de tarifs réagir sur le coût général de l'existence. On ne verra pas davantage les syndicats patronaux ou ouvriers engager la lutte économique pour obtenir une diminution du prix de vente des denrées ou marchandises étrangères à leur spécialité; le temps, l'expérience, les moyens d'action, sans doute aussi la bonne volonté, leur feraient du reste défaut pour engager des campagnes de ce genre qui provoqueraient infailliblement des représailles de la part de ceux qu'elles atteindraient. Une organisation professionnelle sans aucun contre-poids risquerait donc de donner prise au reproche d'égoïsme corporatif d'où il suit que les consommateurs eux aussi doivent pouvoir constituer des groupements chargés de les représenter et de faire valoir leurs plaintes ou leurs revendications dans les conseils de la Nation. Les coopératives de consommation, les ligues de consommateurs paraissent désignées pour assumer cette fonction et pour former les éléments des corps consultatifs qui représenteraient les intérêts de cet ordre. En vain prétendrait-on que les pouvoirs publics, Parlement et Ministères, n'ont pas besoin de ces délégations pour se rendre compte des mesures à prendre en faveur du public acheteur. L'expérience de ces dernières années a trop prouvé le contraire et trop mis en évidence cette vérité que *les intérêts collectifs non spécialement défendus par des groupements créés et armés à cet effet sont exposés à être méconnus*. Il est évident que le jour où l'un des deux grands facteurs du marché économique, *l'offre*, aura dans des corps constitués, dans des organismes publics, sa représentation permanente auprès du Gouvernement et des Assemblées politiques, les mêmes droits ne pourront être refusés aux Chambres, aux représentants de l'autre facteur *la demande*.

On peut même concevoir l'organisation et la reconnaissance par l'Etat et par la législation d'autres intérêts, tout d'abord ceux de la région. A la condition de ne rien admettre qui puisse, nous ne dirons pas briser, mais même affaiblir l'unité nationale, une sage décentralisation, un très prudent régionalisme seraient, de l'avis de bons esprits, un progrès considérable. Décongestionner l'administration, la décharger d'attributions qui souvent dépassent sa compétence, donner aux corps élus des diverses régions une certaine autonomie dans la sphère des questions et des affaires qui les concernent, ce serait contribuer à réveiller la vie provinciale que tend à étouffer une tutelle trop étroite exercée sur les départements et les communes. Peut-être pourrait-on découvrir d'autres domaines où l'initiative collective des citoyens trouverait aussi à s'employer très utilement si l'Etat consentait à l'encourager et à se l'associer au lieu de la traiter en ennemie. Dans une nation idéaliste comme la France, le souci des intérêts moraux et intellectuels devrait être mis au premier rang et l'appel à toutes les bonnes volontés, à tous les dévouements, à toutes les activités ne serait pas de trop pour aider à combattre ces fléaux sociaux : l'alcoolisme, la pornographie, la dépopulation des campagnes, la propagande malthusienne. A tous ces points de vue et à la condition bien entendu que les pouvoirs publics gardiens du lien national et arbitres entre les intérêts divergents conservent la souveraineté nécessaire, une refonte de la constitution et de la législation de notre pays serait sans doute un grand bienfait. Il apparaît de plus en plus que le vice des institutions politiques actuelles doit être cherché dans l'absence de tout organe intermédiaire entre l'individu isolé, impuissant, citoyen de nom et sujet de fait, et l'Etat incompétent, ballotté entre des courants contraires, trop souvent l'instrument conscient ou non des coteries politiques, administratives ou financières. Le revirement déjà commencé dans l'ordre professionnel par la création et l'incroyable essor des syndicats de toute nature, se poursuivra par le développement plus lent, plus difficile, mais indispensable lui aussi, des associations de toute nature qui entreprendront d'organiser et de défendre les intérêts collectifs. Le législateur alors interviendra, érigera en institutions du droit public les organisations émanées de ces groupements d'intérêts et constituant leur représentation autorisée, leur donnera une sorte d'investiture et les associera à son action sans abdiquer sa souveraineté. Au terme de cette évolution s'entrevoit déjà comme une conséquence presque fatale une révision et une refonte de tout notre droit politique et public. Un ordre nouveau s'instaure peu à peu sous nos yeux. Nous ne pouvons assurément en discerner dès à présent tous les détails, mais déjà s'esquissent ses contours et ses formes générales. L'État démocratique de l'avenir ne sera plus le pouvoir absolu, l'autocratie impersonnelle dévolue à deux assemblées élues au cours d'une consultation effervescente ou indifférente, trop souvent faussée par toutes sortes de malentendus ou de manœuvres, mais un Conseil suprême, une émanation de toutes les vies et de toutes les volontés collectives groupées selon un plan rationnel et logique autour de fédérations autonomes et responsables. Ce jour-là seulement, il sera permis de dire que la société moderne enfin dotée de la charte à laquelle elle aspire, aura retrouvé son équilibre.

ANNEXES

I. Les Corporations de Constantinople au Xe siècle

La découverte faite en 1892 par un érudit suisse, M. Nicole, autorise peut-être dans une mesure restreinte une conjecture nouvelle en ce qui concerne l'origine des métiers. Le document mis au jour et qui était conservé à la Bibliothèque de Genève est un Edit promulgué par le Préfet de Constantinople, Edit que M. Nicole[1] croit pouvoir placer sous le règne de l'empereur byzantin Léon VI le Sage (886-912) mais qu'un érudit allemand M. Stockle[2] a prétendu faire dater seulement du règne de Nicéphore Phocas (963-969). Quoiqu'il en soit la comparaison de cette réglementation byzantine avec celle des métiers de Paris telle qu'elle nous apparaîtra bientôt au XIIIe siècle révèle à côté de différences foncières, certaines analogies assez frappantes. Assurément il ne s'ensuit pas que les métiers de Paris aient été un simple calque de l'organisation du travail constantinopolitain. La constitution de nos métiers a une origine nettement nationale. Elle est sortie, on le verra, de l'évolution même de nos institutions et de nos mœurs, elle a été un fruit de cette renaissance universelle qui avec la paix restaurée, vint tout renouveler ou féconder sur notre sol. Mais est-il impossible que pendant les séjours faits par les Croisés dans la capitale de l'Empire d'Orient soit en 1096-1097,

---

[1]. Nicole, *Le Livre du Préfet ou l'Edit de Léon Le Sage*, Genève, Georg, 1894.
[2]. *Spatromische und byzantinische Zunfte*. Leipzig, Dietrich, 1911, p. 147-148.

soit lorsqu'ils se rendirent maîtres en 1203 de la ville et fondèrent un Empire latin, la réglementation des corporations de cette ville ait fixé l'attention de certains d'entre eux, de ces esprits curieux comme on en trouve dans toute grande armée? Est-il impossible que revenus en France, quelques-uns des Croisés aient fait part aux conseillers du Roi, aux légistes et aussi aux notables bourgeois de ce qu'ils avaient noté d'intéressant dans la vie industrielle sur les bords du Bosphore? l'hypothèse après tout n'est pas inadmissible et semblerait fortifiée par quelques rapprochements assez caractéristiques.

Sans doute entre les deux institutions la confusion n'est pas possible, nos métiers parisiens du XIIIe siècle sont contrôlés par le prévôt du roi, mais conservent sous son autorité une autonomie très large. Le prévôt confirme plus qu'ils n'innove. Il prend toujours l'avis des jurés, il respecte les franchises corporatives. C'est un magistrat qui préside en arbitre, non en autocrate, aux destinées des artisans régis par des lois justes qui ne blessent jamais la dignité humaine. Quelle différence avec Constantinople où l'illustrissime Préfet de la Ville dirige tout, commande à propos de tout, ne laisse pour ainsi dire qu'une tâche d'exécution aux chefs des métiers. La même différence se retrouve à propos des sanctions. A Paris prévaut la vieille coutume franque des compensations pécuniaires, des amendes. A Constantinople c'est une discipline d'esclave, ce sont des châtiments dégradants. Presque à chaque article du livre du Préfet on lit comme un refrain : quiconque aura commis telle contravention sera fouetté et rasé. On sent que pour tenir en respect cette grécaille rouée et malhonnête, seuls les châtiments corporels étaient efficaces. C'est la discipline de la bastonnade que les Turcs n'ont pas inventée.

Sous ces réserves et sans entrer dans le détail de la très curieuse organisation des métiers byzantins décrite dans l'Edit, voici quelques coïncidences assez remarquables entre ces règlements et ceux que codifiera, quatre siècles plus tard, Etienne Boileau.

Tout d'abord en ce qui concerne l'approvisionnement en matières premières et en produits importés du dehors. Ici se rencontre déjà une clause que nous retrouverons dans notre Livre des Métiers, l'interdiction d'aller au-devant des marchands apportant dans la capitale leurs denrées, ceci afin d'éviter tout accaparement. « Tout *metaxoprate* (marchand de soies grèges) convaincu de voyager hors la ville pour acheter de la soie grège cessera d'appartenir à la corporation (ch. VI, § 12). Quiconque se portera hors la ville à la rencontre des marchands de porcs et y fera des achats sera fouetté et exclu du métier (charcutiers, XVI, § 2). » Une autre règle inspirée du même esprit de justice et d'égalité le lotissement règle fréquente à Paris au XIII⁰ siècle apparaît déjà à Byzance chez le *prandioprates* ou marchands d'étoffes de soie syriennes comme aussi chez les marchands de soie grège (Ch. V, § 2 et 3, VI, § 8)[1].

Le Livre du Préfet fixe les lieux de fabrication et de vente des marchandises, les orfèvres ne doivent travailler l'or et l'argent que dans les ateliers sis au *Mese*, artère centrale de la capitale (Ch. II, § 2). Les marchands d'étoffes syriennes vendront à l'Embole (V, § 2), les charcutiers place du Taure (XVI, § 3). Nous retrouverons, sinon imposée par le Prévôt, du moins en fait cette localisation de l'industrie à Paris au XIII⁰ siècle.

On serait surpris de ne trouver aucune règle prohi-

---

1. Les règlements de Byzance renferment sur le juste prix nombre de clauses qui font défaut à Paris où sans doute la coutume suppléait à l'absence d'une loi écrite. Les épiciers ne peuvent vendre au détail qu'avec un bénéfice maximum de 2 milliarises par sou d'or (ou 16, 3/4 0/0). Tout charcutier qui vendra à un prix trop élevé sera fouetté, rasé, chassé du métier. Chez les marchands de soies grèges, le bénéfice du marchand est limité à un milliarise par sou d'or ou 8, 1/3 0/0 mais seulement pour les ventes faites à « *plus pauvres que le vendeur* ». L'influence de l'esprit chrétien est manifeste dans ces dispositions.

bant le travail du dimanche si, comme Stockle l'observe (*op. cit.*, p. 116) la *Novelle* 54 de Léon VI n'avait déjà interdit tout travail en ce jour du Seigneur. Le carême est comme plus tard à Paris, rigoureusement observé : la vente des moutons cesse au premier jour du Carême (VI, § 5) et le savonnier qui fabriquait du savon avec de la graisse animale était après les corrections de rigueur, chassé du métier (XII, § 8).

Les prescriptions sur la façon et la qualité des marchandises à mettre en vente rappellent celles qui figureront dans le Livre des Métiers. Il est interdit par exemple au fabricant de soierie de teindre la soie grège avec le suc du murex, au cérulaire ou fabricant de cierges de changer le calibre ou la longueur des cierges, aux savonniers de vendre du savon gaulois, etc.[1].

Mais plus que des analogies de détail une remarque d'ensemble est à retenir. Cette réglementation si précise, à certains égards si étroite, du travail et de la vente était inconnue et des Grecs et des Romains. On l'a vu, les *collegia* de Rome semblent n'avoir guère été que des sociétés de secours mutuels et des confréries[2]. Pour la première fois avec l'Edit de Léon le Sage nous sommes en présence d'une véritable charte du travail que les compagnons de Godefroy de Bouillon et plus tard les conquérants de Constantinople n'ont pu ignorer. Lui ont-ils emprunté quelques éléments du régime corporatif qui

---

1. Les rapports entre les maîtres et les artisans menuisiers, marbriers, serruriers et autres payés à la tâche sont réglés par un chapitre spécial (XXII). L'ouvrier qui interrompt sans raison un travail commencé est rasé, banni et doit rendre les avances reçues. S'il a cessé le travail pour cause de manque de matériaux il peut s'engager ailleurs et se plaindre au préfet. La crise des loyers sévissait déjà sans doute car les règlements punissent les manœuvres employées pour faire hausser le loyer de l'atelier d'un confrère et prendre son local (Lingers, IX, § 4, épiciers, XIII, § 6).

2. Les corporations byzantines se rattachaient-elles directement aux collèges romains? Voir pour l'affirmative Stockle, p. 135 à 141 et pour la négative Gehrig, das Zunftwesen in Constantinopel (*Jahrbuch f. Nationalokonomie*, 3 Folge, Band 38, 1909, p. 590). En tous cas aucune trace des règles sur l'hérédité des professions établie au Bas-Empire ne semble plus subsister dans la constitution des métiers sous Léon Le Sage.

s'implante en France à partir du XII⁰ et s'y développe pleinement au XIII⁰ siècle? Il est impossible de l'affirmer, mais l'hypothèse en soi n'a rien d'invraisemblable.

II. Les métiers de Montbéliard

La principauté de Montbéliard bien que géographiquement dépendante de la Franche-Comté forma jusqu'à la Révolution une seigneurie étrangère, possession de la maison de Wurtemberg à laquelle elle avait été apportée en dot en 1397 lors du mariage d'Henriette de Montfaucon, héritière des anciens seigneurs de ce nom, avec un comte de Wurtemberg. L'histoire des corporations montebéliardaises retracée dans un excellent ouvrage[1] nous offre l'image curieuse d'une organisation corporative en terre de langue française, mais de religion protestante et assujettie très strictement aux règles de la Réforme.

Les statuts des métiers de Montbéliard datent de la fin du XV⁰ siècle (Merciers, 1491, couturiers, 1494, chapeliers, 1497, bouchers, 1495) mais les métiers étaient sûrement plus anciens dans cette ville. MM. Nardin et Mauveaux estiment qu'ils remontent comme métiers jurés à la fin du XIV⁰ siècle. « D'abord les artisans montbéliardais furent régis par des métiers qu'ils s'étaient librement donnés. Plus tard ces conventions cessèrent d'être respectées. On eut recours à ces seigneurs qui donnèrent une force nouvelle aux règles en les transformant en ordonnances impératives où l'intérêt public passe au premier plan. Plus tard encore le pouvoir du même seigneur finit par se substituer à celui du maître en chef et l'indé-

---

[1]. Léon Nardin et J. Mauveaux, *Histoire des corporations d'arts et métiers des ville et comté de Montbéliard*, Paris Champion, 1910, 1 vol. Les renseignements qui suivent sont empruntés à ce livre.

pendance des sociétés décrut, jusqu'à la fin de l'ancien régime[1]. »

L'administration de Montbéliard était entre les mains de neuf bourgeois élus ayant à leur tête un magistrat dit maître bourgeois en chef. La corporation avait son assemblée délibérante et son chef exécutif, le maître en chef, qui rendait compte annuellement de sa gestion.

L'apprenti devait faire profession de la religion évangélique luthérienne suivant la confession d'Augsbourg. Il débutait par une période d'essai pour permettre de voir s'il était apte au métier. Il recevait parfois un petit salaire. Ainsi pendant les six derniers mois de l'apprentissage l'apprenti cordonnier était payé.

Une disposition originale inconnue dans les métiers français était celle qui limitait le nombre des compagnons : deux pour chaque maître chez les cordonniers et les tonneliers, trois chez les chamoiseurs. Le compagnon devait recevoir un salaire « honnête et proportionné. »

Très intéressants sont les détails concernant le compagnonnage au sens d'institution de secours mutuels entre artisans et le voyage d'études analogue à celui qui existait dans notre Tour de France. Les artisans montbéliardais voyageaient eux aussi mais non en France, pays étranger et où leur religion les eût fait mal accueillir. Ils allaient donc en Suisse et en Allemagne. Le voyage durait deux ans (filandiers) ou trois (tonneliers). Le compagnon arrivant dans une ville se rendait à l' « Herberge » tenue par le Père (Herr Vater). Celui-ci remplissant l'office du rouleur de nos Compagnonnages, adressait le nouveau venu aux maîtres qui pouvaient l'occuper, en suivant l'ordre du tableau. Faute de place on l'envoyait au maître en chef qui lui remettait un secours en nature sorte de *viaticum* (dit en allemand *Geschenk* ou cadeau) lui per-

1. *Ibid.*, p. 73.

mettant de gagner la ville la plus proche. L'herberge hospitalisait au besoin le compagnon malade ou sans travail.

Les compagnons cordonniers en particulier avaient fondé une société de secours mutuels où la cotisation était de 2 sols par mois. Les pauvres compagnons passant par la ville sans y séjourner recevaient un secours de 8 sols. Les compagnons malades avaient droit à 40 sols par semaine s'ils étaient hors d'état de travailler, sinon la société fixait la quotité du secours à accorder (statuts de 1722).

Le métier était dirigé, comme il a été dit, par un maître en chef assisté de lieutenants visiteurs. Le maître en chef connaissait comme juge de premier ressort, des litiges entre maîtres et compagnons, mais la juridiction supérieure appartenait à l'assemblée du métier qui statuait sur les différends professionnels, sur les contraventions aux règlements, sur tous faits du métier à l'exception des infractions commises par des personnes exerçant abusivement le métier, infractions déférées à la justice seigneuriale.

Tout travail était interdit le dimanche. Les boucheries devaient être fermées pendant les prêches du dimanche et du mercredi.

Les statuts de Montbéliard renferment une disposition analogue au lotissement ayant pour but d'empêcher tout accaparement et de permettre aux confrères d'un maître qui avait fait un achat en gros avantageux d'avoir part au marché.

A la Révolution la principauté de Montbéliard conquise en 1793 par l'armée de Hoche fut réunie au territoire français. Les corporations furent donc abolies en vertu de la loi de mars 1791. En fait les deniers provenant de la liquidation au lieu d'être versés au Gouvernement comme le prescrivait la loi, restèrent acquis à la Municipalité.

Martin Saint-Léon.

TABLE DES MATIÈRES

	Pages.
Avant-propos de la première édition	V
— — de la deuxième édition	XVII
— — de la troisième édition	XXV

LIVRE PREMIER
ORIGINE DES CORPORATIONS DE MÉTIERS

Chapitre I. — La corporation antique. — Les collèges d'artisans à Rome. — Leur histoire. — Nomenclature, organisation et condition juridique de ces collèges. — Les collèges d'artisans dans la Gaule romaine 1

Chapitre II. — Les guildes germaniques et anglo-saxonnes 35

Chapitre III. — Origines de la corporation de métier en France. — Thèses diverses : a) survivance de traditions corporatives romaines, — b) la cour domaniale considérée comme berceau de la corporation. — La renaissance sociale, industrielle et commerciale au xii⁰ siècle 52

LIVRE II
LA CORPORATION AU XIII⁰ SIÈCLE

Chapitre I. — Histoire de la rédaction du *Livre des Métiers*. — Organisation générale de la corporation 79

Chapitre II. — Hiérarchie de la corporation. —

	Pages
Apprentis. — Valets. — Maîtres..................	87
Section I. — De l'apprenti	87
Section II. — Des valets........................	100
Section III. — Des maîtres......................	108
Chapitre III. — Administration de la corporation..	120
Section I. — Pouvoir exécutif. — Maîtres de métiers. — Gardes jurés. — Leurs fonctions.......	120
Section II. — Contrôle du pouvoir exécutif. — Assemblées délibérantes.......................	124
Section III. — Personnalité civile de la corporation. — Son patrimoine. — Son budget	126
Section IV. — Procès entre corporations, entre maîtres et compagnons ou apprentis. — Conflits de compétence	128
Section V. — Vie extérieure de la corporation. — Ses relations avec l'autorité publique. — Sa participation aux événements politiques.......	133
Chapitre IV. — Réglementation du travail et de la vente..	136
Section I. — Réglementation du travail...........	136
Durée de la journée............................	136
Bonne exécution du travail. (Visite, marque.).	148
Section II. — Réglementation de la vente. — Limitation de la concurrence. — Lotissement et colportage. — Halles et marchés...............	150
Terres seigneuriales. — En quel sens sont-elles au XIIIe siècle des lieux privilégiés.............	161
Chapitre V. — Condition économique du maître et du valet...	163
Section I. — Condition économique du maître. — Taxes sur l'industrie. — La fortune privée des artisans d'après le *Registre de la Taille* de 1292.	163
Section II. — Condition économique du valet. — Son salaire. — Ses dépenses.................	183

Chapitre VI. — Confreries. — Assistance mutuelle.	190
Chapitre VII. — Enumération et groupement des corporations au XIIIᵉ siècle......................	195
Section I. — Marchands de l'eau.................	195
Section II. — Alimentation......................	197
Section III. — Construction.....................	202
Section IV. — Métaux...........................	203
Section V. — Industries textiles................	205
Section VI. — Habillement et équipement......	209
Section VII. — Ameublement....................	213
Section VIII. — Industries d'art et de piété......	214
Section IX. — Industries diverses...............	216
Section X. — Professions annexes à la médecine. Chirurgiens, barbiers, apothicaires.............	218
Section XI. — Statistique générale des métiers en 1292.......................................	219

LIVRE III
LES CORPORATIONS DE 1328 A 1461

Chapitre I. — Histoire politique des corporations (1328-1461). Etienne Marcel. — Les Maillotins. — L'insurrection cabochienne...................	229
Chapitre II. — Histoire législative des métiers de 1328 à 1461.......................................	243
Chapitre III. — Histoire intérieure des corporations. — Condition économique de l'artisan. — Compagnonnage. — Chef-d'œuvre. — Hiérarchie entre les corporations...........................	252

LIVRE IV
HISTOIRE DES CORPORATIONS DE 1461 A 1610

Chapitre I. — Les corporations sous les règnes de

	Pages
Louis XI, de Charles VIII et de Louis XII.........	263
Section I. — Les corporations sous Louis XI (1461-1483). Nouveaux règlements de métiers. — Organisation méthodique des métiers. — Bannières. — Premières lettres de maîtrise.....	263
Section II. — Les corporations sous Charles VIII (1483-1496) et Louis XII (1496-1515). — L'imprimerie. — Première période de la Renaissance.	268
Chapitre II. — Les corporations sous François Ier (1514-1547), Henri II (1547-1559) et François II (1559-1560)..	272
Section I. — Deuxième période de la Renaissance. — Beaux-Arts. — Industrie. — Commerce..	272
Section II. — Abus dans le fonctionnement de la corporation. — Compagnonnage obligatoire. — Exagération des frais de réception et de chef-d'œuvre. — Suppression des confréries (1539). — Réorganisation (1540), puis suppression (1559) du guet bourgeois. — Echecs au monopole de la corporation par la fondation et les franchises de l'Hôpital de la Trinité (1545-1553), par la multiplication des lettres de maîtrise et la création des offices. — Les Six Corps. — Première suppression de la dignité de roi des merciers (1544). — Salaires au début du XVIe siècle..	280
Chapitre III. — Les corporations sous les règnes de Charles IX (1560-1574), Henri III (1574-1589) et Henri IV (1589-1610). — Edits de 1581 et 1597. — Rôle politique des gens de métiers pendant la Ligue. — L'industrie sous Henri IV...............	294
Appendice aux livres I, II, III et IV. — Les corporations de province depuis leurs origines	

jusqu'en 1610	307
Section I. — Les corporations du Midi (Provence et Roussillon)	308
Section II. — Les corporations du Sud-Ouest (Aquitaine)	318
Section III. — Les corporations du Centre de la France (Lyonnais, Bourgogne, Auvergne, Limousin, Touraine, Berri)	322
Section IV. — Les corporations de l'Ouest (Bretagne, Anjou, Poitou, Maine)	329
Section V. — Les corporations du Nord-Ouest (Normandie)	337
Section VI. — Les corporations de l'Est (Champagne, Lorraine, Alsace)	339
Section VII. — Les corporations du Nord (Beauvais, Picardie, Artois, Flandre)	357

LIVRE V

HISTOIRE DES CORPORATIONS DE 1610 A 1715

Chapitre I. — Louis XIII (1610-1643). — Etats généraux de 1614. — Cahiers du Tiers. — Edit de 1625. — Rôle patriotique des corporations en 1636	373
Chapitre II. — Louis XIV. — Première période du règne (1642-1661). — Edits financiers de 1646. — Taxes et créations d'offices. — La Fronde (1648-1652)	382
Chapitre III. — Deuxième période du règne de Louis XIV (1661-1685)	389
Section I. — Colbert (1661-1685). — Règlements généraux sur la fabrication (1666-1669). — Compagnies de commerce. — Manufactures et monopoles	389

Section II. — Édit de 1673. — Accroissement du nombre des corporations. — Tendances à la centralisation. — Suppression des lieux privilégiés et des juridictions seigneuriales. — Restriction des privilèges des marchands suivant la Cour. — Les Six Corps............................ 399

Chapitre IV. — Troisième partie du règne de Louis XIV (1685-1715). — Édits financiers de 1691. — Création, puis rachat des offices de jurés, auditeurs des comptes, trésoriers des causes communes... 410

Chapitre V. — Fonctionnement des institutions corporatives au XVIIe siècle. — Apprentissage. — Compagnonnage. — Maîtrise. — Gardes et jurés. — Règlements sur la fabrication et la concurrence. — Confréries. — Juridictions corporatives. — Procès entre corporations. — Déclaration de 1703.. 420

Chapitre VI. — Statistique des corporations et condition économique de l'ouvrier en 1715.......... 446

    Métiers relatifs à l'habillement.................. 448
        — à l'armement et à l'équipement. 453
    Industries textiles............................... 454
    Métiers relatifs à l'alimentation.................. 455
        — aux métaux communs.......... 464
        — aux métaux précieux et aux pierres précieuses.............. 469
    Industries du cuir............................... 473
        — du bâtiment......................... 474
        — de l'ameublement..................... 476
    Industries diverses.............................. 478
    Arts libéraux et métiers annexes.................. 492
    Résumé. — Condition économique de l'ouvrier au XVIIe siècle. — Son salaire.................. 501

LIVRE VI

HISTOIRE DES CORPORATIONS DE 1715 A LEUR ABOLITION DÉFINITIVE (1791)

Pages

CHAPITRE I. — Les corporations sous le règne de Louis XV (1715-1774).............................. 505
 Section I.—Première partie du règne (1715-1740). — Système de Law. — Son influence sur le commerce. — Sa chute. — Mesures fiscales. — Droit de confirmation et lettres de maîtrise. — Revision des comptes et liquidation des dettes des communautés.............................. 505
 Section II.—Deuxième partie du règne de Louis XV (1740-1774). — Embarras financiers. — Contribution des corporations aux dépenses des guerres de la succession d'Autriche et de Sept Ans. — La milice (1743). — Création des inspecteurs contrôleurs (1745). — Souscription de 1759 et offre d'un vaisseau de guerre. — Suppression (1757), puis rétablissement (1767) des lettres de maîtrise. — Continuation de la revision des comptes. — Edit relatif aux emprunts (1763)......... 511

CHAPITRE II. — Décadence de la corporation au XVIII° siècle. — Etat de l'opinion................ 516
 Section I. — Esprit exclusif des communautés. — Leur résistance au progrès................ 516
 Section II. — Controverse économique. — Ecole du laisser-faire (Quesnay, Dupont de Nemours, Diderot). — Ecole restrictionniste (Galiani, Necker). — Questions des grains et de la toile peinte....................................... 520
 Section III. — Premières attaques contre le régime corporatif. — Edit de 1755 sur l'admission à la maîtrise. Echec du projet sur l'hé-

rédité des maîtrises (1759). — Réduction de la durée des privilèges (1762). — Liberté du commerce de gros (1765).................... 527

Chapitre III. — Tableau de la corporation à la veille de l'Edit de 1776.............................. 533

Section I. — L'individu....................... 533

Section II. — La communauté. — Administration. — Législation. — Comptabilité. — Lieux privilégiés. — Statistique des communautés de Paris...................................... 545

Section III. — Les associations de compagnonnage et les grèves............................. 557

Chapitre IV. — Louis XVI (1774-1792). — Ministère de Turgot (1774)................................ 569

Section I. — La suppression des corporations à l'ordre du jour. — Mémoires de Bigot Sainte-Croix et de Delacroix.......................... 569

Section II. — Edit de suppression des corporations (février 1776)............................ 578

Chapitre V. — Reconstitution des corporations. — Leur nouvelle organisation (août 1776). — Leur histoire jusqu'en 1791. — Leur suppression définitive... 585

LIVRE VII

ÉTUDE SUR L'ÉVOLUTION DE L'IDÉE CORPORATIVE DE 1791 A NOS JOURS. — LE PRÉSENT ET L'AVENIR

Chapitre I. — Evolution de l'idée corporative de 1791 à nos jours....................................... 619

Section I. — La Révolution, l'Empire et la Restauration (1791-1830). — Exécution de la loi

du 17 mars 1791. — Premières tentatives en faveur du rétablissement des corporations. Leur échec.................................. 619
Section II. — Louis-Philippe (1830-1848). — Premiers symptômes d'une réaction en faveur de l'idée corporative. — Buchez. — Villeneuve-Bargemont. — Gérando...................... 634
Section III. — Deuxième République (1848-1852). Plans de réforme sociale; leur échec......... 642
Section IV. — Napoléon III (1852-1870). — Abolition de la loi sur les coalitions (1864). — Constitution de nombreux syndicats......... 647
Section V. — La troisième République. — Multiplication des syndicats libres. — Lois du 21 mars 1884 et du 12 mars 1920 sur les syndicats professionnels. — Commentaire de ces lois : doctrine et jurisprudence.................... 650
    Les syndicats de fonctionnaires............ 694
CHAPITRE II. — Le mouvement syndical depuis la loi du 21 mars 1884........................ 706
    Les syndicats ouvriers. — Historique de 1884 à 1922. — La Confédération générale du Travail. 708
CHAPITRE III. — Le mouvement syndical depuis la loi du 21 mars 1884 (*Suite*).................. 766
    L'organisation intérieure de la C. G. T...... 766
    Le syndicalisme ouvrier à l'heure présente. — Les diverses écoles........................ 769
    Le programme révolutionnaire de la C. G. T. d'avant-guerre............................ 769
    L'après-guerre. — Le syndicalisme de la C. G. T.-Internationale d'Amsterdam......... 776
    La Confédération générale du Travail unitaire ou C. G. T. et l'Internationale. — De Moscou. 800

Le syndicalisme catholique.................. 810
Les syndicats féminins catholiques 819
Groupements ouvriers divers. Compagnonnages........:............................. 824
Syndicats des professions libérales.......... 826
Les syndicats patronaux................... 828
CHAPITRE IV. — L'Avenir des institutions corporatives. — Conclusions........................ 837

ANNEXES

I. — Les corporations de Constantinople au X⁰ siècle................................... 859
II. — Les métiers de Montbéliard............ 863
Table des Matières......................... 867

St. Denis. — Imp. J. Dardaillon.

www.ingramcontent.com/pod-product-compliance
Lightning Source LLC
Chambersburg PA
CBHW070854300426
44113CB00008B/827